国家社科基金重大课题"中华文化的海外传播创新研究"
（项目编号：14ZDA056）

清华新闻传播文丛

柳斌杰 陈昌凤 ◎ 主编

郭镇之 ◎ 主编

中华文化的海外传播创新研究

中国社会科学出版社

图书在版编目(CIP)数据

中华文化的海外传播创新研究/郭镇之主编. —北京：中国社会科学出版社，2021.12

（清华新闻传播文丛）

ISBN 978-7-5203-9279-2

Ⅰ.①中… Ⅱ.①郭… Ⅲ.①中华文化—文化传播—研究 Ⅳ.①G125

中国版本图书馆 CIP 数据核字（2021）第 219290 号

出 版 人	赵剑英	
责任编辑	郭晓鸿	
特约编辑	杜若佳	
责任校对	师敏革	
责任印制	戴　宽	

出　　版	中国社会科学出版社
社　　址	北京鼓楼西大街甲158号
邮　　编	100720
网　　址	http://www.csspw.cn
发 行 部	010-84083685
门 市 部	010-84029450
经　　销	新华书店及其他书店
印　　刷	北京明恒达印务有限公司
装　　订	廊坊市广阳区广增装订厂
版　　次	2021年12月第1版
印　　次	2021年12月第1次印刷
开　　本	710×1000　1/16
印　　张	34.25
插　　页	2
字　　数	543千字
定　　价	198.00元

凡购买中国社会科学出版社图书，如有质量问题请与本社营销中心联系调换

电话：010-84083683

版权所有　侵权必究

前　　言

书稿付印前，有一些必要的信息，在这里以"前言"的方式作些说明。

一　课题缘起和研究过程

本书稿的基础是国家社会科学基金重大课题"中华文化的海外传播创新研究"（项目编号：14ZDA056）的最终成果。2014年年底项目启动，至2019年年底结项通过，用时5年。

根据扬长避短、注重质量的原则，本课题在项目申请阶段否决了大规模量化调查统计的研究方法，主要采用的是包括文献研究、专题研究和案例研究在内的质化方法。在学术实践的过程中，深度访谈、理论辨析、文本分析和符号研究的具体方法采用较多。

2014—2018年在本研究的主体阶段，课题组开展了文献搜索，在已有研究基础上，借鉴其他研究者的经验和成果，进行理论探索，陆续邀请合作者加盟。本项目申报时只有25名课题组成员。在课题进行中，多名学有专长的作者以参与写作的方式加入了研究，并应邀撰写发表文章及大量未发表的资料性文稿。最终，本课题组成员将近50名（详见附录一"课题组主要成员和撰稿人名单"），在学术期刊上发表了阶段性研究文章50余篇，约40万字（详见附录二"课题过程发表成果"）。其后，项目首席专家郭镇之教授在整合课题组研究成果的基础上，拾遗补阙，归纳整理，编写出30余万字的研究报告，另附阶段性研究成果，送呈结项，并顺利通过。虽然由于篇幅的限制，本书未能纳入全部七八十万字的研究成果，但所有研究成果提供的资料和信息，以及从中结晶而成的认知与启示，都是本书思想的重要来源。

本书与原报告还是有相当不同的，因为报告所要体现的是研究的过程，而书稿需要呈现的却是研究的结果。在成书时，主编对33万字的研究报告进行了结构调整和大量删减，重新进行了文字编辑。并从阶段性研究成果中，挑选文章，重新编辑，以"代表性文本"的方式呈现其精华。此外，在项目完成之后，研究工作也没有停止。因此，本书增加了少量对结项过程中和结项结束后新发事件的分析。

二　致谢

将必须交代的具体事项说明完毕，就可以静心诚意地说出那份沉甸甸的感谢了。需要感谢的对象很多。首先，如果没有全国哲学社会科学办公室委托并资助的这个项目，我和同事们便无法获得必要的资源从事这项极有意义的研究，也无法以相对从容的淡泊心态潜心钻研。因此，我特别感谢项目组织者和不知姓名的评审专家给予我们的这个宝贵机会。其次，我非常非常感谢课题组的同事和在不同阶段以各种方式参与项目的专家学者。是你们，时时给予我精神的激励和实际的支持，使我获得启示、灵感，不断调整研究的方向、路径和节奏。

还有很多个体的和机构的帮助者。国内外的学者，无论是课题组的成员还是偶遇的朋友，在与我探讨这一话题时，无不认真而直率地表达意见。在国内大大小小的学术会议和（包括香港、澳门、台湾在内的）调查活动中，在国外（如以色列、日本、瑞士、波兰）的学术论坛和高校课堂上，课题组成员从同行的讨论那里获得了无数点拨。在文献研究的过程中，我们发现了那么多精辟的观点、中肯的分析，从中受益无穷——通过这样的学习，研究者变聪明了，变灵敏了，对许多似乎早就知道的事情产生了更深刻的理解和更清晰的洞察。一些学术同人还慷慨地为书稿撰写其擅长的学术部分，使课题组获益良多，也使书稿无论从深度还是广度方面都大为增进。

中国新闻史学会的存在及近年来的频繁学术活动，为我们提供了极多的交流机会。大连外国语大学于2017年设置的"中华文化海外传播大连论坛"，简直像是为我们的课题量身定做。研究期间，国家外文局曾委托我们进行话语研究，开拓了课题组的理论视野。课题组成员也积极地利用各种学术平台，汇报我们的成果，听取各种批评意见，与同人切磋交流。在澳门大学、香港中文大学、香港浸会大学、北京大学、南京大学、浙江大学、复旦大学、暨南大学、广东外语外贸大学、河南大学、郑州大学、贵州民族大学、云南理工大学、云南师范大学、湖南科技大学、河海大学，许多地方都分享过我们的学术汇报，都留下了我们调查研究的足迹。清华大学的科研指导部门和财务部门以宽厚的方式保障了我们研究的自由，并给予了各种具体的指导；而清华大学新闻与传播学院的同事，无论是学术性的教师还是行政类的职员，都给予我及时而有效的帮助。没有大家的帮助，这个项目是无法顺利完成的。

清华大学新闻与传播学院资助了书稿的出版。责任编辑郭晓鸿女士以认真负责的态度完成了将书稿变为著作的过程。

当然，学术研究是一项永远不可能穷尽的事业，我深深了解它的开放性和不完美性。随着无数次的修订、增删，不断反复，心头总是伴随着彷徨与遗憾。这份成果会有不少难以避免的缺憾，还存在继续改善的空间。当然，这些不足之处理应由我个人承担。在此，也期盼学界同人不吝赐教！

千言万语最后汇成一句话：谢谢大家！

郭镇之
2020 年 7 月 30 日

课题组主要成员和撰稿人名单[①]

曹书乐：清华大学新闻传播学博士，清华大学新闻与传播学院副教授
常　江：清华大学新闻传播学博士，清华大学新闻与传播学院副教授
丁晓利：清华大学新闻学硕士，《中国国门时报》记者
冯若谷：清华大学新闻传播学博士，北京工业大学文法学部社会学系讲师
扶黄思宇：上海大学新闻学硕士，（上海）跨境银行间支付清算公司文员
郭镇之：中国人民大学新闻学博士，清华大学新闻与传播学院教授
何明星：北京师范大学文学博士，北京外国语大学中国海外汉学研究中心教授
姜可雨：武汉大学跨文化传播学博士，湖北大学艺术学院讲师
李　冰：中国传媒大学新闻传播学博士，北京交通大学语言与传播学院副教授
李　漫：清华大学新闻传播学博士，比利时达伽马欧洲外交与国际关系学院教授，奥地利萨尔茨堡大学历史系高级研究员
李　梅：（澳大利亚）麦考瑞大学国际传播学博士，麦考瑞大学软实力研究中心助理研究员
李习文：清华大学新闻传播学博士，国防大学政治学院副教授
李亚东：清华大学新闻学学士，就职于四达时代公司
李　智：北京大学外国哲学博士，中国传媒大学传播研究院教授
梁悦悦：清华大学新闻传播学博士，中央民族大学文学与新闻传播学院讲师
梁　韵：澳门大学传播学硕士，深圳弘金地体育产业有限公司商务开发经理
刘　健：清华大学新闻传播学博士，云南师范大学传媒学院讲师
罗　青：中国传媒大学新闻传播学博士，中国传媒大学国际传播研究中心教授
马诗远：中国传媒大学新闻传播学博士，北京第二外国语大学英语学院副教授

---

① 按姓氏拼音顺序排列，身份为时任职务。

课题组主要成员和撰稿人名单

任海龙：北京大学博士研究生，北京语言大学高级翻译学院讲师

申惠善：清华大学传播学博士，韩国汉阳大学国际学大学院中国研究所研究教授

史安斌：美国宾州大学比较文化和传播学博士，清华大学新闻与传播学院教授

孙有中：复旦大学世界文化史研究方向博士，北京外国语大学副校长

汤　嫣：北京交通大学新闻与传播学硕士，北京交通大学党委宣传部干部

田　源：英国布里斯托大学戏剧系影视制作专业硕士，中央电视台纪录频道主任编辑

万　婧：清华大学新闻传播学博士，广东外语外贸大学新闻与传播学院讲师

王　珏：北京师范大学文学硕士，《人民日报》政文部记者

王立俊：英国威斯敏斯特（Westminster）大学新闻学硕士，上海SMG融媒体中心副主任

王润泽：中国人民大学新闻学博士，中国人民大学新闻学院教授

王　曦：清华大学新闻传播学博士，北京大学考古文博学院博士后

温　庆：中国传媒大学国际传播学硕士，中国传媒大学国际传播学博士研究生

吴嘉莉：中国传媒大学国际传播学硕士研究生

吴　玫：加拿大康考迪亚（Concordia）大学传播学博士，澳门大学社会科学学院传播系副教授

徐　佳：清华大学新闻传播学博士，复旦大学新闻学院副教授

古力米拉·亚力坤：中央民族大学新闻学硕士，编剧

杨丽芳（Yang Lai Fong）：马来西亚泰莱大学（Taylor's University Malaysia）博士、传播学院副教授

杨　颖：厦门大学传播学博士，厦门大学新闻传播学院助理教授

尹　鸿：北京师范大学文学博士，清华大学新闻与传播学院教授

张　渤：中国传媒大学新闻传播学博士，西安外国语大学新闻与传播学院讲师

张施磊：北京大学国际关系专业硕士，中央广播电视总台外语频道新媒体新闻编辑部副主任

张小玲：英国诺丁汉（Nottingham）大学博士，英国诺丁汉大学中国宁波校区首席教授

张咏华：复旦大学传播学博士，上海大学新闻传播学院教授
张梓轩：清华大学新闻传播学博士，北京交通大学语言与传播学院副教授
章　蓉：日本东京大学社会情报学博士，日本《朝日新闻》记者，东京大学客座研究员
赵　菁：香港中文大学博士，中国社会科学院大学人文学院讲师
赵丽芳：中国传媒大学新闻传播学博士，中央民族大学新闻与传播学院教授
赵　莹：澳门大学传播学硕士，珠海博易数据技术有限公司研究员
朱文博：澳门大学传播学硕士，中国外文局对外传播研究中心助理研究员

阶段性研究成果(2014—2019)[①]

1. 梁悦悦：《华语电视在马来西亚：市场竞争与社会整合》(2014a)，《东南亚研究》2014 年第 4 期。

2. 梁悦悦：《海外华语电视与中国电视"走出去"——以【中国好声音】在马来西亚的"本土化"传播为例》(2014b)，《对外传播》2014 年第 10 期。

3. 史安斌、王曦：《从"现实政治"到"观念政治"——论国家战略传播的道义感召力》，《人民论坛·学术前沿》2014 年第 12 期。

4. 郭镇之、吴玫：《中西文化交汇的起点——澳门地区历史与中外交流》，《全球传媒评论》2015 年第 9 期。

5. 张梓轩、曹玉梅：《现代化中国的不同形象呈现——纪录片【建筑奇观】、【超级工程】比较研究》，《中国电视》2015 年第 2 期。

6. 梁悦悦：《西方传播学语境下的族裔媒体研究：总结与反思》，《国际新闻界》2015 年第 2 期。

7. 郭镇之、张咏华：《立足国内，对外传播——王立俊访谈录》，《全球传媒学刊》2015 年第 3 期。

8. 郭镇之：《文化认同与国际传播——对话香港城市大学媒体与传播系副主任、副教授何舟》，《南方电视学刊》2015 年第 4 期。

9. 冯若谷：《"身份互塑"与"关系文化"——建构主义国际关系理论视野下的对外传播观》，《现代传播·中国传媒大学学报》2015 年第 5 期。

10. 李冰、汤嫣、张梓轩：《主流媒体国际传播的新特点——以新华社 Twitter 两会报道为例》，《新闻与写作》2015 年第 5 期。

11. 郭镇之、冯若谷：《"软权力"与"巧用力"：国际传播的战略思考》

[①] 按照发表先后顺序。

(2015a),《现代传播·中国传媒大学学报》2015 年第 10 期。

12. 郭镇之、冯若谷:《中国对外传播的巧用力》(2015b),《当代传播》2015 年第 6 期。

13. 徐佳:《国际传播研究有多"国际"?——兼评【金砖国家媒体概览】》,《全球传媒学刊》2015 年第 4 期。

14. 李习文、郭镇之:《"抗战中国"与世界反法西斯盟国的媒体交往与宣传合作》,《新闻与传播评论》2015 年。

15. Zhang, Xiaoling, Zhenzhi Guo and Tony Hong, Spreading Chinese culture in a smarter way. ChinaDaily. com. cn. http：//www. chinadaily. com. cn/kindle/2015 - 12/08/content_ 22661408. htm, 2015 - 12 - 08.

16. 吴玫、梁韵:《对外活动品牌的构建:中国—东盟博览会的符号聚合与复诵》,胡飞荣《中国国际传播发展报告》,2015 年。

17. 郭镇之:《国际传播要巧用力》(2016a),《江西师范大学学报》(哲学社会科学版) 2016 年第 1 期。

18. 姜可雨、王晓晔、张洋:《不在场的对话:公共外交中的距离建构和话语缺失——以米歇尔访华的新闻报道为例》,《新闻知识》2016 年第 1 期。

19. 郭镇之、杨颖、张小玲、杨丽芳:《关于 BBC 中国主题纪录片的两次国外小型受众调查》,《国际传播》2016 年第 1 期。

20. 盛夏:《电视剧【深夜食堂】中日本文化的传播》,《青年记者》2016 年第 2 期。

21. 郭镇之:《公共外交、公众外交,还是别的什么?》(2016b),《全球传媒学刊》2016 年第 2 期。

22. 郭镇之、张小玲、王珏:《用文化的力量影响世界:试论中国文化中心的海外传播》,《新闻与传播研究》2016 年第 2 期。

23. 赵丽芳、古力米拉·亚力坤:《新疆媒体对中亚的传播策略分析》,《当代传播》2016 年第 2 期。

24. 王润泽:《孔子学院功能定位与安全发展的战略思考》,《新闻春秋》2016 年第 2 期。

25. 郭镇之、张小玲:《海外中国文化中心发展策略思考——以孔子学院为镜鉴》,《新闻春秋》2016年第2期。

26. 万婧:《讲好中国经典故事——【西游记】的改编与海外传播》,《对外传播》2016年第5期。

27. 郭镇之:《新型电视:中国网络视频的传播》(2016c),《兰州大学学报》(社会科学版)2016年第6期。

28. Chang, Jiang（常江）, Hailong Ren（任海龙）, How native cultural values influence African journalists' perceptions of China: in-depth interviews with journalists of Baganda descent in Uganda（《本土文化因素对非洲记者关于中国形象认知的影响:基于在东非国家乌干达的深度访谈》）, Chinese Journal of Communication, 2016, 9 (2)。

29. 田源、汤嫣:《中外合拍纪录片在历史题材领域的创新——基于【金山】的研究》,《对外传播》2016年第9期。

30. 郭镇之:《"客观中立"的中国故事更有利于对外传播——对BBC纪录片【中华的故事】的话语分析》(2016d),《对外传播》2016年第12期。

31. 杨丽芳、郭镇之、杨颖:《跨宗教纷争的新闻报道:马来西亚中文报纸、英文报纸和马来语报纸的框架设置》,《新闻与传播评论》2016年第1期。

32. 杨颖:《旁观中国:波兰教授Bogdan Goralczyk访谈录》(2017a),《对外传播》2017年第2期。

33. 郭镇之、梁悦悦、李亚东:《中国影视作品在东非的数字化传播》,《电视研究》2017年第1期。

34. 郭镇之:《推进传播创新、讲好中国故事》(2017a),光明网,2017年2月23日,http://wenyi.gmw.cn/2017-02/23/content_23807303.htm。

35. 郭镇之、杨颖:《概念作为话语:国际传播中的引进与输出》,《新闻大学》2017年第2期。

36. 杨丽芳、丁晓利:《中华文化在马来西亚的传播——中文教育和华文报纸扮演的角色》,《国际传播》2017年第2期。

37. 梁悦悦:《金砖国家经验与全球媒介研究创新——约瑟夫·斯特劳巴哈教授访谈》,《国际新闻界》2017年第3期。

38. 郭镇之:《"侨二代"与中华文化的海外传播》(2017a),《国际传播》2017年第3期。

39. 吴玫、朱文博：《符号策略与对外传播——一个基于主题分析法的案例》（2017a），《对外传播》2017年第6期。

40. 朱敏、郭镇之：《华文教育 网络传播》，《教育传媒研究》2017年第5期。

41. 郭镇之：《旅游服务差，国家形象不会好》（2017c），《环球时报》2017年8月16日。

42. 吴玫、朱文博：《中国文化走出去面临的国际舆论困境》（2017b），《经济导刊》2017年第11期。

43. 杨颖：《短视频表达：中国概念对外传播的多模态话语创新实践》（2017b），《现代传播·中国传媒大学学报》2017年第11期。

44. Zhang, Xiaoling & Zhenzhi Guo, "The Effectiveness of Chinese Cultural Centres in China's Public Diplomacy", In Daya K. Thussu, Hugo de Burgh, and Shi, Anbin (eds.), *China's Media Go Global*, NY: Routledge, 2017: 185-198.

45. 郭镇之、李梅：《公众外交与文化交流：海外中国文化中心的发展趋势》，《对外传播》2018年第2期。

46. 郭镇之：《"讲故事"与"讲道理"：中国的新闻报道与话语创新》（2018a），《新闻与写作》2018年第2期。

47. 张咏华、王立俊、扶黄思宇：《地方对外传播媒体的传播路径研究——以上海外语频道为例》，《新闻爱好者》2018年第3期。

48. 姜可雨：《跨国传播视阈下受众研究的嬗变》，《湖北大学学报》（哲学社会科学版）2018年第6期。

49. 郭镇之：《多元一体讲好中国故事》（2018b），《对外传播》2018年第9期。

50. 郭镇之：《"旅侨"概念及中华文化的海外传播》（2018c），《现代传播·中国传媒大学学报》2018年第11期。

51. 吴玫、赵莹：《世界休闲之都——澳门媒体形象中非博彩元素符号研究》，《澳门研究》2018年第2期。

52. 姜可雨：《移情、反思、质疑：美食类纪录片跨文化传播的解码分析——基于一项对武汉来华留学生的质性研究》,《现代传播·中国传媒大学学报》2019 年第 1 期。

53. 郭镇之:《电视文化交流与亚洲文明共建》(2019a),《对外传播》2019 年第 4 期。

54. 刘健、郭丽梅、方汉:《面向东南亚的国际传播思考——以云南日报报业集团为例》,《传媒》2019 年第 4 期(上)。

55. 杨颖:《海外学术视野中的孔子学院形象研究》,《国际传播》2019 年第 3 期。

56. 郭镇之:《理论溯源:文化地理学与文化间传播》(2019b),《全球传媒学刊》2019 年第 2 期。

57. 郭镇之:《乘机出海》(2019c),《全球传媒学刊》2019 年第 3 期。

58. 吴嘉莉、冯若谷:《对外传播中的"策略性叙事"——以中美经贸摩擦媒体系列报道为例》,《对外传播》2019 年第 7 期。

目 录

导论 走向世界的中国与中华文化

绪论 创新中华文化的海外传播 …………………………… 3
从"现实政治"到"观念政治"
　　——论国家战略传播的道义感召力 ………………… 19
国际传播要巧用力 ………………………………………… 30

形势 中华文化海外传播面临的挑战

中华文化海外传播的目标与形势 ………………………… 43
"中华文化"研究概貌 ……………………………………… 66
"国家形象"概念述评 ……………………………………… 79
中国对外传播面临的挑战及对策 ………………………… 87

回顾 中国国际交流与文化传播的历史

中华文化的国际交流与中国文化"走出去" ……………… 97
孔子学院的功能定位与安全发展 ………………………… 118
中国文化中心的发展镜鉴 ………………………………… 124

学理 对外宣传与全球传播的理论基础

文化与政治、宣传与传播:学术基础与理论思路 ………… 135
对外宣传的现代化:西方的观点与美国的历程 ………… 151
文化全球化:经验研究与理论发展 ………………………… 166

理论溯源：文化地理学与文化间传播 ………………………………… 179

地缘　以亚洲为例的文化地理观察

文化地理：从文化区域出发 …………………………………………… 195
日本近代的对外文化交流 ……………………………………………… 204
中华文化在马来西亚的传播 …………………………………………… 217
新加坡的多元文化与华语电视 ………………………………………… 230
中国电视剧在越南的传播 ……………………………………………… 244

传者　新时代环境下的多元传播力量

出海实践：对外传播者的成就与挑战 ………………………………… 259
借船出海、乘机出海 …………………………………………………… 276
西方传播学语境下的族裔媒体研究 …………………………………… 284
"旅侨"概念及中华文化的海外传播 …………………………………… 295

内容　话语叙事视角下的传播文本

对传播内容的文本研究和话语分析 …………………………………… 309
韩国纪录片《超级中国》中的中国形象 ……………………………… 324
《中华的故事》所讲的中国故事：BBC纪录片的叙事话语 ………… 339
短视频表达：中国概念对外传播的多模态话语创新 ………………… 346

受众　复杂多样的跨国传播接受者

对国际受众及其效果的研究与调查 …………………………………… 355
跨国传播视域下受众研究的嬗变 ……………………………………… 372
本土文化因素对非洲记者关于中国形象认知的影响 ………………… 380
关于BBC中国主题纪录片的两次国外小型受众调查 ……………… 396

对策　新媒介条件下中华文化海外传播的战略与策略

新渠道、新话语：新媒介环境中的战略与策略 ……………………… 409

概念作为话语：国际传播中的引进与传播 …………………………… 438
对外传播与多模态话语研究 …………………………………………… 449
澳门媒体形象中的"非赌城"符号研究 ………………………………… 458
"软权力"与"巧用力"：国际传播的战略思考 ………………………… 472

结论　创新中华文化海外传播的对策建议

中华文化海外传播的对策建议 ………………………………………… 487
"讲故事"与"讲道理"：国际传播中的新闻报道与话语创新 ………… 511
结语　多元一体，讲好中国故事 ………………………………………… 520

导论

走向世界的中国与中华文化

作为本书开篇的第一部分，"走向世界的中华文化"包含三个篇章。首先是绪论"创新中华文化的海外传播"（郭镇之），其中概括介绍了本研究的概念界定及研究范围、理论基础和研究思路、研究过程及方法和发现的结果，包括研究的贡献、经验和不足之处，使读者对本研究的概况及本书的内容有大致的了解。

其后，作为研究范例的代表，列入了两篇研究成果。一篇是《从"现实政治"到"观念政治"——论国家战略传播的道义感召力》（史安斌、王曦）；另一篇是《国际传播要巧用力》（郭镇之），两篇论文通过时代及环境的变迁，从对外传播转型的必要性和可能性提出了中国和中华文化走向世界的总体性问题和战略对策。

绪论　创新中华文化的海外传播

本书是一项国家社会科学基金资助的重大项目研究课题（项目编号：14ZDA056）的最终成果。研究伊始，研究者便对课题的几个关键词，"中华文化""海外传播""创新"，亦即本研究的基本范围、主要内容和操作路径，进行了初步的界定。

第一节　题解：关键词释义

一　中华文化

本研究的第一个核心主题是"中华文化"。与"中华文化"概念相同的还有"中国文化"（这两个词的英文都是 Chinese culture）。当然，在中文及大中华文化圈的高语境交流中，它们有细微的差别："中华文化"偏重传统中国与传统文化；"中国文化"更接近当代中国及共和国文化。本课题更希望传播现实中国的文化，虽然沿袭课题名称，采用"中华文化"的用语，但与"中国文化"视同一类；只是在行文中，根据语境的侧重，选择采用。

对"中华文化"，本研究作了宽泛但是分层的界定。根据课题组的认识，中华文化并非仅指传统文化，而是包括历史传承与现实发展在内的现存文化，是古今交汇的族群文化、多地融合的混成文化、中西交流的开放文化、与时俱进的生活文化，是历史与现实交融、传统与现代交汇、包容性的、杂糅状态的文化，亦即我们界定的"华夏大地海纳百川的传统文化及其当代形式＋近代以来被纳入中国的西方现代文化＋当代中华人民共和国创造的政治经济文化＋港澳台融汇中西的杂糅文化＋域外（海外）华人传承并发展的祖籍文化"。

本课题的初衷原本是单纯的文化传播，意在将中华文化的精华元素与美好遗存散播全球，与世界人民共享。但随着研究问题的深入，研究者发现，这种"一厢情愿"的良好愿景在现实的全球世界并不容易实现。在中华文化走出去的海外传播过程中，意识形态、政治立场、国家形象和道路体制是绕不过去的争议话题。经过初步的文献分析和进一步的学术梳理，本课题确定了包括两个方面文化的研究思路——宣传性的政治传播与交流式的跨文化传播。

二 海外传播

"海外传播"是另一个核心主题，涉及对外传播的对象和目的。"海外"这个概念，传统上指中华大地范围之外的一切国家和地区；但近代以来的历史与国情，又赋予"海外"特殊的含义：它既指外国，也包括同属中国但处于中华人民共和国境外的台湾地区和同属中国但处于不同政治体制下的香港、澳门地区。"海外传播"的范围比"国际传播"等明确的国家范围要模糊。本课题所界定的"海外传播"，是指一切面向中国大陆（内地）境外的传播与交流，既包含对不同国家及地区民族和人民的传播，也包含对不同制度下所有海外华人的跨界传播。

这种跨界传播穿透的，既有物理的边境，如国境，又有想象的边界，如文化。对此类传播，历来有"国际传播""全球传播"以及更加中国化的"对外传播""走出去"等各有侧重的实践提法；也已经构建出"跨文化传播""文化间传播"等学术概念。这些提法和概念大同小异，都指不同地区、不同文化、不同群体之间的传通交流。本课题根据不同的场合、不同的语境混用这些近义词。

与"传播"相关的一个重要概念是"宣传"。宣传无论好坏，都是普遍的人类行为；只是由于现代话语的标签作用，使英文 propaganda 成为让当代人避之唯恐不及的贬义词。事实上，当代传播学就是传统宣传学的升级版。海外传播、对外传播更是离不开国际宣传、对外宣传的经验与策略。本研究在中性的意义上理解"宣传"一词，将它与"传播"视为近义词，并根据上下文交替使用。

三　创新

最后一个核心的主题就是——"创新"。创新的对象多为行动与产品，更强调创新实践对原有方法的改进和在现实中产生的效用。在本研究开始阶段，课题组便树立了理论创新、方法创新、知识创新和策略创新的目标，致力于不同层次的体系创新，力求在吸取前人经验的基础上努力探索中华文化海外传播的新理念、新路径和新方法。

根据文献总结的以往经验、理论和实践，本研究重点探索了一些新的理论思路、实践渠道和操作方法。一方面，本研究认同主流媒体、传统渠道、常规方式在海外传播中的主导作用；另一方面，考虑到中国对外传播的严峻现实，又借助于对"非传统思维""非主流途径""非常规方式"的总结，主张另辟蹊径，别出心裁，挖掘跨学科的理论思路，探索异质性的文化区域，理解差异化的文化心理，针对不同目标群体，利用有效的国际渠道，动员广泛多元的民间力量，发挥新媒介符号融合的创造能力，借势用力，将宽广意义上的中华文化分层次、按对象、有目标地传播出去。

本课题的最终目标，是为构建总体性、系统化的战略策略献计献策；通过国家形象的改善和传播能力的增强，提高中华文化的全球影响力。

第二节　学术:理论背景与研究思路

中华文化海外传播的当代背景是现代化与全球化，是工业革命特别是信息革命以来人员、资金、技术、商品的全球流通导致的世界格局和全球秩序的剧烈变化，从而带来传统文化的转型和"文明的冲突"。全球化趋势带来的全球传播现象引发学者对时代新命题的理论探讨。

对地理分布和区域格局的专门化研究，推动了地缘政治经济文化研究，产生了区域研究和文化地理学等特定领域。这些研究从政治经济版图和民族文化特征等角度对全球不同国家和地区、各种复杂的交往关系及互动趋势进行探索，催生了全球化（globalization）、本土化（localization）、全球本土化（glocalization）等理论框架和文化地理学（cultural geography）研究领域。

一 学理脉络：全球本土化与文化地理学

"全球化指以现代社会生活为特征的国际联系和国际依赖的网络迅速发展并日益紧密"（Tomlinson，J.，1999：174）的趋势。对于当代全球化的总体趋势及互动现象，学者们并无异议；对全球化的文化后果及其价值判断，却是争议的焦点。

与手段直接、效果明显的政治经济全球化不同，文化的全球传播及区域接触带来了追随、抵抗、兼容、改造等复杂的本地反应。"本土化"即本地人民对文化全球化抵抗式反应的一种理论概括。本土化（也称"本地化"）与全球化各自立足本地与全球两种立场，是对立的两极观点；比较折中的观点是全球本土化，主张全球与本土的共存和适应。

（一）文化全球化与全球本土化

在全球化/本土化双向博弈的语境中，关于本地文化与外来文化之间的关系，更精细的实施策略发展出来，如"本土全球化"和"全球本土化"。前者指外来者将自身（本土）文化加以全球包装，以便广泛传播的策略，最好的例子是日本动漫和游戏产品均包装成"无日本味"的全球文化模式，以利于世界流行；后者指外来文化对本地文化的适应性改变，如许多全球文化产品的出口商针对不同地区的文化禁忌和爱憎情感，作出适应性的调整，包括语言、名称、产品形象及性格特征等。面向全球的产品必须进行适应本地的设计改变，亦即"全球性思考，本土化操作"（Think globally, and act locally），才能被当地接纳。这是日本企业家首先提出的产业发展思路。

美国社会学家罗伯逊（Roland Robertson）从日本引进了"全球本土化"的灵感，创新出 glocalization 这个概念。罗伯逊主张从文化视角理解全球化。文化的全球化就是世界的压缩及其作为一个整体之感觉的强化。全球整体意识表明文化是一个综合的、多元的、关系的概念。全球本土化意味着文化的趋同与文化的分殊是两种互相依存、同时发生的现象，普遍化与特殊化趋势共存。全球文化本身，就是各种地方文化的组合、融合，亦即杂糅（Robertson, R., 1992)。

当然，全球化并不意味着整个世界均匀地混合成为一体。按照美国社会学家沃勒斯坦（Immanuel M. Wallerstein）的世界体系理论，全球被分为支配性的中心与附属性的边陲，不同国家根据自身的政治、经济、文明等条件，各自在世界格局中占有不同位置（核心—半边缘—边缘）（沃勒斯坦，2013）。

（二）文化地理学与区域研究

当代社会科学按照一定的标准（政治、经济、文化等），将世界划分为若干区域进行分别研究。这种区域可能是一个国家，可能是居于国家层级之上的各种文化地理联合体或者联系体，也可能是位于国家层级之下的地区和地方。此类研究中，最主要的理论资源有文化地理学，最重要的学术实践有区域研究。

文化地理学（Cultural geography）起源于19世纪，研究文化现象在空间上的形成与分布，研究各种文化之间交叉、重叠、差异、变化的各种关系，及其与地理环境之间的联系。文化地理学以文化的"地形"而非国家的边境为区分界限，研究各种层级的区域（如亚太地区、东南亚、华文圈）的文化现象，考察语言、习俗等文化的接近性特征，寻找文化心理的相似、认同及差异、冲突。文化地理学关于文化生成、文化扩散与文化整合的研究取向为传播研究提供了有益的思路。

区域研究（Area studies）历史稍短，但影响更大。与文化地理学侧重自然形成的人文传统不同，区域研究由二战中逐渐成为全球领袖的美国发起，目标是全球政治。区域研究视野开阔，根据不同的地理环境、政治体制、经济形态和文化特征，针对不同类型、不同层次的国家和地区进行分类、分层的个案研究，在差异甚大的跨学科实践基础上进行总体的对象认知，并为国家制定战略对策。按照不同的类型和层级标准，区域研究既体现为国别研究，又包括基于地理形成的区域共同体（如欧盟、东盟国家）研究，不仅有对语言文化区域（如阿拉伯地区、大中华地区、讲英语或者法语民族）的研究，也有对宗教（如伊斯兰教及其不同派别）影响区域的研究，等等。区域研究还很关注宗主国与殖民地的跨时空文化传承关系，并发展到对流散族群和移居现象文化意义的探讨，以及对虚拟的"想象共同体"的研究。

二 研究思路：宣传性传播与交流式传播

关于国际传播、全球传播、对外传播包括海外传播等论题，学者的研究基本上可以分为两大路径：一个偏重现实主义，以国际关系、国际政治、国际传播为主流，侧重国际宣传与国家形象等研究取向，是为"宣传性传播"；另一个偏向理想主义，尊重不同国家的文化特征，以文化理解、文化解释、文化沟通、文化交融为职志，本研究称为"交流式传播"。

（一）宣传性传播的研究思路

国际关系的理论发展，经历了现实主义、自由主义和建构主义等不同历史阶段。现实主义的国际关系理论认可丛林法则、强权政治，认为在一个无政府主义的世界中，国家实力决定国家关系。而自由主义理论则在认同国家实力差距的基础上，主张一种更加平等、互助合作的国家关系。建构主义理论在"不确定性"和互动关系方面更进一步，特别重视制度、政策、实践对国际关系的形塑作用，认为行为主体及其能动观念可以在很大程度上改变全球政治、国际格局和国家地位。而新闻宣传、国际传播就是这种观念主导的能动行为。

新闻宣传和国际传播的新近发展和最近概括，是战略性传播（strategic communications）。战略传播融合了现实主义和建构主义两种国际政治和国际关系思路，是以观念政治辅助现实政治的传播思想。传播学界认为，战略传播是一种新的国际传播发展趋势[①]。

（二）交流式传播的研究思路

交流式传播致力于不同文化间人们的信息和情感沟通，相信人与人之间可以相互理解，全球文化可以逐步交融。这种认知，来自世界主义的理念。

世界主义又称世界公民主义，来源复杂、观点众多。世界主义的理想是一种全球人类共同参与的政治社会，和平共处、和谐共存。世界主义的新版本"新世界主义"立足于"人类命运共同体"的世界观（邵培仁、周颖，

---

① 李沫（记者）及对话专家史安斌、姜飞、耿雁生、钱文荣：《战略性传播：国家利益争夺前沿的较量》，《中国国防报》2016年12月8日第4版。

2017），是以跨文化交流为基础的全球包容性和开放性体系（邵培仁、王军伟，2018）。当然，世界主义的理想实现起来有点困难：在这个充满不同政治、经济、社会、文化群体和各种国与国、人与人之间利益冲突的世界中，融合是一个相当艰难和十分漫长的过程。

基于现代化的全球趋势，文化研究学者提出了有关文化断裂（Appadurai, A., 1990）、文化累积和文化接近（Straubhaar, J. D., 1991）、文化嫁接（Kraidy, M., 2005）等一系列"现代"概念，其中对文化融合最宽泛的解释是文化杂交理论（伯克，2016）。

第三节 实践：研究的过程和主要结论

本研究采用的研究方法主要分为两大类。第一大类是文献研究，即搜集、梳理和辨析相关理论的背景知识、相关主题的发展状况及相关问题的前人研究，以综述的形式呈现。文献资料奠定的研究基础是重要的学术铺垫。

第二大类是专题研究，亦即本课题组在前人研究基础上进行的自主研究，这些经验取向的研究重点有两个：一个是新媒介；另一个是视听传播。专题研究又可细分为几类：一类是探索性的实证研究，大多采用小型的案例调查方式；另一类是理论分析，采用概念推理等思辨方式；还有一类战略策略探讨，试图构建一个有机的中华文化海外传播整体框架。本课题的主要方法是定性研究。实地调查、深度访谈、案例研究、文本批评、符号学分析、多模态修辞及话语分析、幻想主题分析等，是更为具体的研究方法。

一 研究实施及主要结果

本课题遵循目标—形势—历史—理论—实践—策略的路径，进行文献梳理、专题研究和策略探索，最终形成结论和建议。

在研究的过程中，除了团队原有的研究者以不同的方式介入调查研究，撰写阶段性研究成果之外，随着新发现的问题和研究思路的不断调整，课题组又邀请新的作者加入团队，纳入了他们的专业研究。此外，课题组还获得了几个配套委托研究课题，如"新媒介时代讲好中国故事之话语策略研究""对外传播中多模态话语的运用及策略研究""海峡两岸广播电视交流合作路径设计与模式创新研究"等，从不同侧面及深度丰富了选题。

归纳起来，课题的文献、理论和实证、对策研究主要有以下这些。第一，是关于全球趋势、国外经验和中国文化走出去情况的文献研究。特别是，课题组根据文化接近和易于实施的原则，以亚洲的日本、马来西亚、新加坡、越南和东部非洲为例，开展了国别性、地区性专题研究；对于国际传播的行业研究，重点搜集了有关电影的国际交流、图书的外译出版、电视媒体走出去的资料，重点关注了孔子学院的全球影响和海外中国文化中心的文化传播，将中华文化的海外传播置于广阔的背景中。

第二，关于概念和理论的思辨性研究。研究者基于观念政治转型和国家形象建构以及全球本土化、文化地理学、宣传现代化等理论背景，对"中华/中国文化""海外传播""文化间传播""软权力""巧用力""公众外交""文化接近性"等概念及其实践，进行了梳理、廓清与整合，提出了另辟蹊径、别出心裁、创新概念、改善实践的一些理论思路，志在理论话题的深入挖掘。

第三，关于电子传播媒介和网络视听传播的专题性实证性研究。如研究者对新媒介的传播渠道、传播方式与传播方法的创新实践进行的观察，对新型电视（网络电视和网络视频）及其媒介特征、发展过程、传播现状与存在问题的扫描与分析；如采用批判性话语分析、多模态修辞和话语研究、符号融合理论与幻想主题分析等符号学方法对全球性大众媒体及其传播案例的分析和中外叙事内容及传播策略的文本和实践分析与对比，对广告宣传片及宣传性网络短视频的案例研究及对不同受众群体关于中国故事的接受研究，等等，涉及传播渠道、传播者、传播内容、传播对象及其接受和传播策略及效果的多面维度。

第四，关于中华文化海外传播创新的战略策略建构研究。在对专题研究的选题和内容进行整合的基础上，本课题建议国家构建国际传播包括中华文化海外传播的创新型制度架构；强调了设计传播效果评估指标体系的极端必要性。

二　研究发现与对策建议

中华文化的海外传播及其创新研究是一个十分宽泛的领域，可以采取不同思路从多种角度进行研究。本研究认同两种基本立场：国家利益与人类命运；主要采取两种思路：观念政治的宣介与不同文化间传播。本课题主张，重视非传统思维、非主流渠道和非常规方式的创新作用，另辟蹊径，别出心裁，软硬结合，以柔克刚，善用巧力，巧妙用力。

（一）研究的主要发现

调查研究发现，中华文化的海外传播任重道远、挑战严峻。首先，国家形象仍然是中国有效对外传播的最大软肋。近年来，中国在政治传播方面灵活性增加，其努力和变化是得到关注和肯定的；然而，中国在全球的总体形象并未得到根本改变，反而因为骤然上升的经济地位和大张旗鼓的国际宣传，在某种程度上印证了中国的"崛起"印象。在对外传播中，中国尤其要警惕西方符号和话语的陷阱，避免笨拙用力。

其次，近年来，一些走出去"工程"声势浩大，取得了令人瞩目的影响，大大提高了中华文化的能见度；但中国对自身形象的定位与海外对中国形象的认知之间存在巨大差异。中华文化全球推广的激进手段、自称"厉害"的话语方式，国内外舆论存在的深刻分歧和明显争议，必须面对。要通过宣传方式的全套现代化方案，增强国际传播的正面影响力。

再次，不同地区的受众对同样内容的传播，解读和反应有非常明显的差异，涉及本国文化及本国与中国的关系。同时，受众对中国的印象大多来自本国媒体的传播，其影响力远远超过来自中国的内容。因此，文化传播要借势用力、因势利导，将中国的优质文化、中国的美好形象通过"买船""租船"与"借船"等多种渠道"借机"传扬出去，才能增益国与国、民与民之间的友好关系，与世界分享中华文明的精髓和中国文化的精华。

最后，在国际交流中，民间力量大有可为。应该借助文化接近性的传播规律，创新受众接受的各种渠道、方式与方法。在国际交往中，柔性的公众外交潜力巨大。只有理解不同的文化及习俗，才能树立可亲、可爱、可信的中国形象。

（二）研究的策略思考

通过理论辨析、实证调查、深度访谈与研讨对话，在大量文献与案例、定性与定量、理论与实证等方面研究的基础上，考虑到传统理念、常规途径、主流方法在中华文化海外传播中遭遇的挑战与困境，本书主张：就战略而言，文化传播更多采用公众外交、文化贸易等国际通行且行之有效的途径和方法；文化走出去主要依靠民间社群的作用和力量。

就策略而言，文化传播需要对一些特殊关系进行反思。例如，1) 主流与主体：国家新闻传播媒体是对外传播的主流，即中坚，而庞大的公民多元群体则构成了中华文化海外传播的主体。2) 海内与海外：在全球化的时代，对外传播的概念已经由地理的变为对象的，由固定的变为流动的，传播内容必须通盘考虑，随机调整。3) 宣教与交流：宣传必须注意话语、叙事、概念与符号的隐藏意义与采用动机，而中国深厚的文化资源和民间灵活的实践能力，可以产生文化交流的无限动力。4) 主体与客体：作为传媒消息接收者的全球公众越来越具有独立批判意识，他们不仅自行解读消息，积极寻求信息，而且努力成为消息的制造者和主动的传播者。5) "造船"与"借船"：除了主流媒体的全球布局、自行出海（"造船"）之外，对外传播还可以与当地媒体开展互惠性有偿合作（"买船"和"租船"），并利用西方媒体涉华传播（"借船"）的时机，在全球提高中国声音的有效性。6) 长远与短期：文化产品短期的市场繁荣并不能代表文化影响的深入持久。文化积累是一种"慢工出细活儿"的持续耕耘，文化传播的效果取决于长期的影响力。7) 引进与输出：文化交流、文化贸易是文化传播的两种主要渠道。中国文化既要走出去，也要让外面的文化和他国的人民走进来。8) 成就与效果：海外传播的效果评估最常见的做法是以"投入几何"的回答代替"产出多少"的问话，确认有效传播及其实际效果是一个亟待解决的问题。

据此，本课题就传播者、传播对象、传播途径与传播内容以及最重要的传播效果创新，提出了整体性的看法及建议：1) 动员中华文化的多元传播力量；2) 拓展中华文化的传播渠道与沟通方式；3) 创新中华文化的传播内容；4) 研判中华文化传播的接收者；5) 落实中华文化的传播效果。总之，要解放思想，在吸取前人经验的基础上大胆创新，设计不同层次的战略策略框架。

(三) 研究的对策建议

传播效果是中华文化走出去产生的实际成果与真正影响，是中华文化海外传播创新的落脚点。本书认为：效果评估是海外传播最重要的一环，迄今也是最薄弱的一环。因此，中国的对外传播必须构建公开透明、持续一致的绩效评估体系。

为了提高对外传播的实际效果，很有必要建立一个分门别类的总体协调机构，构建一种传播互动的灵活机制。也就是说，虽然底层需要放松（放开、放宽），顶层却要联通（联合、协调、沟通、统一）。从传播者的构成（主流媒体、民间力量）、传播对象的调查了解（文化区域和目标人群）、传播内容的开发创造（文化产品的形式和流派）、传播渠道的开拓扩展（硬的设施、软的模式）等，都需要有通盘考虑、灵活处置，都需要针对性的决策。

针对目前我国对国际传播的实际效果缺乏准确判断的状况，本课题建议强化对国际传播效果的定性、定量调查和数据分析，以提高决策的科学性和战略策略的精准性。

考核对外传播的效果，要摒弃"重政绩""轻实效"的惯性，以准确、有效的科学评估标准为指导，不断寻求改进之策，将对外传播的资助、考核、评估与激励机制建立在真实可靠的基础上。

国际传播效果评估指标体系应该是一个既有定性因素又有量化方法，既有具体指标又有可调性参数，既有联系又有区别的整体性有机框架。显然，测评指标体系的建构需要各方面专家的广泛参与，经过分阶段、试验性的各种调试，并在实践中反复验证修改，才能完善起来。

三 研究的创新贡献与不足之处

本研究树立了一些创新目标，希望在理论、方法、知识和策略方面都有新的发现，得出一些不随声附和的结论。至于结果如何，则需要接受专家学者和社会大众的评估和检验。在总结时，也发现了本研究的一些不足之处。

(一) 本研究的创新贡献

在理论创新方面，本研究界定了中华文化、国际传播（海外传播的另一提法）、创新策略的概念含义；考察了全球化、文化间传播、国家形象等研究领域的历史与趋势，梳理了文化地理学的理论基础，对宣传现代化的进程及其本质进行了评析；对"软权力""公众外交"等系列概念作出了学术辨析，指出概念的话语本质和引进与传播概念所应抱持的清醒态度。

在方法创新方面，本课题除常规的文献研究之外，也借鉴符号聚合理论和幻想主题分析、多模态修辞及话语分析等创新的方法，进行文本分析、话语分析、受众研究，取得了一些独特的观察结果。

在知识创新方面，本课题对主流媒体的创新实践、多元主体的传播参与、外国媒体的涉华传播进行了多侧面、多层次的探索。

本研究的落脚点是战略策略创新。在战略策略创新方面，本研究借鉴各种传播思路，主张用巧力另辟蹊径，巧用力以柔克刚，动员多种传播力量，软硬结合，因势利导，摆事实讲道理，在国际上争取话语权。同时，通过民间交流和文化传播，讲好中华民族与全球各族人民声息相通、休戚与共的接近性故事，讲好中国改革开放的新鲜故事，培养信任及好感，让中华文化成为全球普世文化中的有机成分和重要部分。

就对策建议而言，本课题主张依靠网络视频新媒介的想象力和创造性，发挥民间力量的广泛作用及灵活机动性，采取借船出海和趁机出海的策略，兵分两路（主流宣传国家队与文化交流民间市场）、合纵连横，优化中国的国际环境，改善中华民族的生存地位。此外，本课题建议构建中国海外传播效果的评估体系，包括操作性指标，以正确判断和评估国际传播的真实影响和实际效果，并改善课题资助及评审办法，最终目标是提高中华文化的全球影响力。

（二）研究的不足之处

本研究的主要不足之处在于以下几点。1）限于人力、物力、财力，未能开展大规模的量化调查研究，只在必要和可能时采用现成数据，进行二度分析；而原始数据的调查目标与本课题未必完全吻合，质量也未必理想。特别是，原本希望借助大数据进行分析研究的设想，最终因数据来源等问题，未能实现。2）中华文化的海外传播创新涉及的面非常广；本课题专注于电子新媒介和视听新媒体的传播，相对于"中华文化的海外传播"这个几乎无所不及的研究领域而言，关注范围仍然嫌窄。3）中华文化海外传播的受众亟待研究；但限于能力和条件，本课题最终只进行了有限条件下的有限研究，大多是小规模的、探索性的、启发式的，远远不能代表面上的全部情况。特别是，对不同地区、不同国家的分别研究严重不足。4）本书希望尽量保持学者研究的独特性和精彩处。在最终的书稿中，虽然进行了思路的整合与框架的调整，但由于课题范围的广泛性和作者及各个专题研究的分散性，本书稿"集体创作"的特点仍然比较明显，尚未形成完全统一的概念用语和论述风格。

（三）进一步探索的方向及可能深入的领域

研究越深入，需要进一步探索的课题越多。例如，就传播渠道而言，各种从事海外传播的传播媒介和传播方式，各种文化形式的创新路径，都可以分别研究，例如社交媒介与移动化传播，特别是网络游戏等新媒介的发展。它们可能对最难攻克的西方文化壁垒具有消解性力量。

研究者需要关注各种新形式新内容的非新闻媒介对外传播。如国际教育和海外办学的经验得失等基础性的文化传播；又如对认知的改变具有根本性作用的出入境旅游等亲身体验和文化接触，都可以有更专门的研究和更深入的发现。

就传播对象而言，需要对各个区域、国家和地方的文化及其与中华文化之间的关系进行持续深入的研究。中华文化包括传统文化和当代文化、全国文化与区域文化、普遍文化和特殊文化、高雅文化与通俗文化，发现当地的文化形势及其与中华文化的接近性和差异性，可以针对性地进行交流与传播。

在传播者中，应该动员并关注以"侨"为代表的中华文化在全球的潜在力量，充当海外传播的二传手，成为中国与外国、中华民族与其他民族之间的纽带与桥梁。应该关注中国"走出去"的海外企业与当地人民之间的文化关系，关注新兴行业（如网络直播）和人员流动（如海外投资、经商、办企业和出入境旅游）等方式无意中产生的文化形象及传播关系，特别注意青少年及其流行文化在推广当代中华文化中的作用，使中华民族的年轻世代成为与世界交往的有生力量。

就研究方法的扩大而言，建议研究机构针对全球受众进行可持续、可对比的大规模量化抽样研究，或者借助数据库对专题进行全数据分析。这种研究可以是不同专题的一次性研究，也可以是历时性的、可对照的持续项目，长期坚持，如国家外文局的《中国国家形象全球调查》。关键是调查态度的客观性，结果的可信性，从而在全球赢得广泛的公信力。

就国际传播的效果研究而言，建立一个综合性动态化的量化评估体系，极为需要，非常迫切；设计综合框架，开发分类指标的量化测评体系，质量亟待提高。这项重要的工作需要顶层的统一协调和学界的通力合作。

第四节　架构：本书的结构与布局

一　本书的结构：篇章内容

本书稿由课题首席专家、本书主编郭镇之编排。按照"问题—史论—研究—对策"的基本思路，分为十三个部分。除"前言""课题组成员名录"和"阶段性研究成果目录"之外，主要章节分为十个部分：导论（介绍整个研究的背景和过程，提出总体问题和战略对策，使读者对整个研究有一个整体的印象）；形势（对"中华文化""海外传播"的"创新"研究进行目标设置，并对完成这一任务的国际形势进行了环境扫描，主要涉及国际舆论中的中国形象）；回顾（行业性的历史扫描，选择电影的国际交流、图书外译出版和电视"走出去"等专题，以文献综述的方式对中国文化的对外传播进行问题梳理）；学理（梳理了与研究相关的一些基础性理论思路和研究脉络，如"对外宣传的现代化"、"文化全球化"和"文化地理学"，以此烛照进一步研究的框架与路径）；地缘（以亚洲为例的文化地理观察，在文化地理学的指引下，挑选了与中国地理接近的东亚和东南亚区域，根据不同的特点选择性地进行区域文化专题研究）；传者（探讨包括各种非传统概念的传播者如外媒和华侨在内的多元传播力量的作用）；内容（以纪录片、宣传片等视频内容为主要关注点，研究话语视角下的传播）；受众（聚焦跨国传播对象，研究不同地点和类别的传播接受者及对其的传播效果和影响）；对策（通过对新媒介传播渠道创新经验的调查及其延伸分析，概括得出战略策略革新之策）；结论（基于调查研究形成的形势判断与创新认识，进一步提出建立国家层面的国际传播协调机构，并构建权威性效果评估体系的建议）。在每个部分开始，有一个导引性的概括论述章节（郭镇之撰写），其后纳入不同研究者撰写的代表性专题研究文章2—4篇，以展示研究更丰富的细节。

在研究过程中，课题组发表了近60篇各种类型的研究成果。除研究过程中正式署名课题的文章之外，还有未署课题号的报刊发表和在课题结项过程中发表的文章。专题研究文本的益处是体现了研究思考的深度和文本逻辑的一致性；缺点是专题之间在方向与维度上的差异性。成书时，为了更好地体现单篇研究文章的深度，更为了体现专题研究的独特价值，在十个主题研究部分中，总共纳入了29篇专题研究文本，按照一定的逻辑线索重新编排。不过，因本书容量所限，删改（有些篇章量还很大）并重新编辑了文本。然而，虽然删改尽可能征询了作者的同意，但所选部分是否为原作精华，以及在一次次反复的文字修订中，是否有误解，是否能够完全体现作者的原意，还是需要就可能出现的错误预先向作者表达歉意的。

本书目前这种非整体性的原因，是"中华文化的海外传播创新研究"这个宏大题目所具有的强大的包容性和由众多学者分别进行的独立思考——人的思想，特别是学者的思考，是很难整齐划一的。主编在书稿中尽力作出了整合逻辑、弥合裂隙的努力。当然，这个整合工作是需要由主编本人完全负责的。

二 本书的布局：专题内容

就体例而言，本书标题在目录中主要分两层：表示主题的部分和表示题目内容的篇章。在篇章下面分为"节"（如"第一节"）、"目"（如一、）及余下项，（一）、1、（1）、1），均不显示在目录中。

作为综合性而非纯理论的研究，本书尽量简明扼要，力避烦琐，力求说明问题。因此，虽然对影响到本书思考的数不尽的思想来源心存感恩，但在文献引证方面，只援引了最必要的出处。同时，为了便于读者阅读，参考文献也置于每一篇章之后。

参考文献

Appadurai, A., "Disjuncture and difference in the global cultural economy", *Theory, Culture &*

Society, 1990, 7 (2).

Kraidy, M., *Hybridity, or The Cultural Logic of Globalization*, Philadelphia: Temple University Press, 2005.

Robertson, R., *Globalization: Social Theory and Global Culture*, Sage Publications, London, 1992.

Straubhaar, J. D., "Beyond media imperialism: asymmetrical interdependence and cultural proximity", *Critical Studies in Media Communication*, 1991, 8 (1).

Tomlinson, J., *Globalization and Culture*, Cambridge: Polity Press, 1999.

［英］伯克，彼得：《文化杂交》，杨元、蔡玉辉译，译林出版社2016年版。

邵培仁、王军伟：《传播学研究需要新世界主义的理念和思维》，《教育传媒研究》2018年第2期。

邵培仁、周颖：《国际传播视域中的新世界主义："命运共同体"理念的流变过程及动力机制研究》，《浙江社会科学》2017年第5期。

［美］伊曼纽尔·沃勒斯坦：《现代世界体系》，郭方等译，社会科学文献出版社2013年版。

从"现实政治"到"观念政治"[*]

——论国家战略传播的道义感召力

习近平总书记在2014年7月15日召开的"金砖国家"第六次峰会上提出了"坚定不移提高道义感召力"的方针，号召"金砖国家"联合起来，主持公道，弘扬正义，放大在国际事务中的"正能量"。"道义感召力"概念的提出体现了以"恒久道义"为核心、以软实力为手段的"王道"逐步取代以"既得利益"为核心、以硬实力为手段的"霸道"的历史潮流，为"大国外宣"提供了理论基础和实践指南。

传统的对外宣传工作升级为国家的战略传播，不能仅仅服务于"现实政治"（realpolitik），更应当体现"观念政治"（noopolitik）。从我国综合国力和舆论环境的变化看，"观念政治"的理念与"增强道义感召力"的方针彼此呼应，有助于我们认清当前外宣工作中的"短板"，为强化国家战略传播机制开辟新的方向，谋划新的路径。

第一节 从"现实政治"到"观念政治"："大国外宣"的理论基础

21世纪的新兴媒体蓬勃发展，全球"互联"的Web 1.0时代逐步演变为人人"社交"的Web 2.0时代，并且正在向"人工智能"的Web 3.0时代迈进。在媒介生态不断变化和新闻传播走向"全球化、全民化、全媒化"的当

---

[*] 本文发表于《学术前沿·二十四个重大问题研究》[2014年12月（下）期]。作者史安斌，清华大学新闻与传播学院教授；王曦，清华大学博士，现为北京大学考古文博学院博士后。本文经郭镇之删减、编辑。

下，传统的以民族—国家为基本单位开展的"国际传播"（international communication）已经被更广泛、更多元的"全球传播"（global communication）所取代。从实践的层面来看，信奉"内外有别"原则的对外宣传（外宣）也应升级为更具想象力、更符合新闻规律和传播生态的"公众外交""国家品牌行销"（nation branding）等（史安斌，2012：21-25）。

全球新闻传播生态的变化日渐改变传统地缘政治和国际关系的理念和方式。政府主导的"官方外交"之外，通过互联网和社交媒体的"连结"作用，一些跨越民族—国家边界的非传统力量，如非政府组织（NGO）、公民联盟和民间机构等，也在"公众外交"的舞台上发挥着日渐重要的作用。传统的国际政治和官方外交是基于现实世界的地理空间展开的；而互联网和移动社交媒体的蓬勃发展则为"公众外交"开拓了更为广阔的以虚拟社群为"节点"的"赛博空间"（cyberspace）。在此背景下，美国的国际关系学者朗菲尔特和阿奎拉（David Ronfeldt & John Arquilla）提出了"观念政治"的理念，以区分作为传统外交概念基石的"现实政治"（Ronfeldt & Arquilla, 2009）。本文以他们的论述为基础，结合对近年来相关研究的梳理[①]，对两个概念做出如下的区分（见下表）：

"现实政治"与"观念政治"概念比较

	现实政治	观念政治
主体	以"民族—国家"和"政府"作为"单位"	以非传统力量（NGO等）和虚拟社群作为"节点"
平台	地理空间	赛博空间
出发点	强调自身利益与义务	强调共同福祉与责任
手段	依靠自然与人力资源、经济、军事等"硬实力"	依靠文化、价值观、传媒等"软力量"
准则	强权即公理；以斗争和角力求和平（胜利属于力量更强大的一方）	道义战胜强权；以价值观的竞争求和平（胜利属于故事讲得更好的一方）
传播方式	基于信息管控的宣传和灌输	基于信息分享的对话与说服
信息符码	以自身利益为诉求的主控性符码	以人类利益为诉求的普遍性符码
结果	零和；短期的权力平衡（"一家独大"）	共赢；持久的和谐共存（"和而不同"）

[①] 近年来提出的类似概念还有"赛博政治"（cyberpolitik, Rothkopf, 1998），"网络政治"（netpolitik, Bollier, 2003），"信息政治"（infopolitik, de Gouveia & Plumridge, 2005），等等。

应当强调的是,"观念政治"与"现实政治"之间并非对立和替代的关系。"观念政治"是为了适应全球传播变局而提出的一种理念,是对传统"现实政治"理念的有益补充和延伸,正与"官方外交"与"公众外交"之相得益彰同理。"观念政治"的提出,是为了让"现实政治"的传统理念与时俱进,超越"胡萝卜加大棒"式的传统外交策略。

第二节 开展"大国外宣"的时机分析

近年来,中国经济的飞速增长带动了国家综合实力和国际地位的不断上升。2008年北京奥运会的成功举办,标志着中国作为"新兴大国"在全球舞台上闪亮登场。同年爆发的"金融海啸"使得经济发展一枝独秀的中国先后超越德国和日本,坐上了世界各国经济总量(GDP)"亚军"的位置。

相形之下,我国媒体的国际影响力和在国际舆论场的话语权仍然薄弱,与日渐强大的"硬实力"不相匹配。在中国地位加速上升的同时,西方媒体针对中国的"议程设置"和舆论攻势一浪高过一浪,国际新闻传播领域"西强我弱"的格局尚未改变。中国国家硬实力与软实力之间的"二律背反"趋势日渐突出:一方面,是经济实力节节上升;另一方面,却是国家形象排名步步下滑,"大国崛起"与"挨骂"时代同时到来。

BBC委托的全球公众意见调查和皮尤调查中心民意调查[①]结果表明,我国对外传播的力度、广度和深度距离全球民众的"期待视野"还有不小的差距。但适时而有效的传播会起到影响甚至扭转舆论走向的作用。这预示着我国开展以"大国外宣"为核心的国家战略传播"恰逢其时"。

"战略传播"(strategic communication)是美国政府在"9·11"事件发生后为了适应全球化变局主张的一个新理念。美国国家战略传播是以国家为主体,以政府部门和部分军事单位为执行方的舆论调控和对外宣传,是目标清晰、系统化的全球攻略,有助于巩固美国在全球的领导地位(美国国防部,

---

① 关于世界上两个重要的全球公众舆论调查数据,可以查阅与BBC有关的世界公众意见网站(http://www.worldpublicopinion.org)和皮尤调查中心网站(http://www.pewglobal.org/)。

2009）。有效的国家战略传播既可以内聚民心，又可以外结盟友，更重要的是，可以加强世界范围内对目标国的传播管控能力，从总体上改善国家形象，提升全球舆论影响力。时任美国总统奥巴马将国家战略传播的目标归结为三点：第一，使目标国受众认同其与美国之间的相互利益；第二，使国内民众和目标国受众相信美国在全球事务中的建设性作用；第三，使国内民众和目标受众将美国视为应对全球挑战的令人尊敬的伙伴（美国国防部，2011）。

由是观之，国家战略传播与一般意义上以"信息"为主要内容、服务于"现实政治"的对外宣传有着本质的差别。战略传播是基于"观念政治"的考量，以价值观和意识形态作为主要内容，增强对目标国受众的"道义感召力"，最终达到"入脑赢心"（winning the hearts and minds）的目标。从目前我国所处的国际舆论形势来看，由"现实政治"上升为"观念政治"，将外宣提升为国家战略传播的时机已经成熟。

第三节　提高"道义感召力"是国家战略传播的当务之急

据美国皮尤（Pew）研究中心2013年的调查，中国在科技、商业贸易等领域已经被非洲、拉美国家的民众视为与美国等量齐观的强国。在"硬实力"的指标上，非洲和拉美民众认为中美两国已经接近；但在"民主价值观"一项上，有73%的非洲民众和43%的拉美民众则认为美国是"民主的代表"，说明绝大多数非洲和拉美民众对中国的价值观没有认知与认同，更不认为中国是"民主"的代表[①]。这当然是西方观点长期影响的结果。

与欧美等西方国家相比，拉美和非洲的民众虽然对中国的认同度较高，但对中国价值观的了解却十分有限。按照哈佛大学教授约瑟夫·奈（Joseph Nye）的定义，"软实力"的核心就是一个国家在文化、政治制度和对外政策上所具有的吸引力和感召力。因此，"提高道义感召力"应当是推进和深化"大国外宣"、开展国家战略传播的当务之急。

---

① 详见皮尤报告：http://www.pewglobal.org/2013/07/18/americas-global-image-remains-more-positive-than-chinas/。

德国古典哲学家黑格尔曾经断言："中国是一切例外之例外。"这是国际舆论场盛行的"中国例外论"的经典阐述。中国的经济奇迹"无与伦比"，奥运会、世博会都"无与伦比"，中国的文化、政治制度和对外政策都可以"无与伦比"，但对国际社会却不一定具有道义上的感召力，个中缘由之一，就是我们在开展外宣工作时过于强调中国自身的独特属性，因而陷入西方主流思想界"中国例外论"的话语"陷阱"，没有找到与国际社会主流价值观的契合点。

从历史和文化传统来看，中国并不"例外"。中国所具有的五千年文明和思想传统以公平正义为本，致力于道德的完善，并强调道德的约束力。在当下，中国政府坚持"依法治国""以德治国"的基本原则，与"提升道义感召力"的方针是一致的。

与政治、经济、文化和军事等国际关系中的"现实政治"要素相比，"道义"是一个更具普世性的切入点，是"观念政治"的体现。建立更加公平合理的国际秩序，追求"道德"和"正义"，是全人类社会共同的理想。从这个角度切入，我们就可以增强外宣工作的影响力和感召力，引发国际社会的认同和共鸣。

按照国际关系理论奠基人摩根索提出的"政治现实主义"原则，所有国家都试图用全人类的道德原则来掩饰自己特殊的愿望和行动。美国政府向全世界推销"民主""人权"之类"普世价值"，也是为了掩盖了战略意图——例如通过战争攫取石油资源。2003年伊拉克战争期间，美国全国广播公司（NBC）把报道的主题词设定为"通向自由之路"（Road to Freedom）就是一个典型的例证。在很大程度上，这是用"观念政治"迷惑国际社会，结果造成当时国际舆论"一边倒"地支持小布什政府发动非正义战争的局面。

在对外传播中我们应该强调，中国的崛起不走美英等西方列强"国强必霸"的老路，应该让世界各国人民相信"中国与世界其他国家一同崛起"（rise with the rest）和"中国梦与各国人民的梦想是相通的"，赢得国际社会在道义上的支持，为实现"两个一百年"的奋斗目标创造良好的国际舆论环境。

第四节 "现实政治"与"观念政治"的失衡：外宣的"短板"

"观念政治"和"道义感召力"的理念可以帮助我们认清我国外宣工作存在的"短板"。长期以来，我国的外宣工作是为内政和外交的现实需要而服务的，在"道德"和"正义"的层面上发掘不够，以至于造成了"中国人重利轻义""中国没有价值观可以输出"的效果。外宣工作完全受制于内政外交的实际考量，结果是"形式大于内容"，缺乏能够被主流国际社会接受的核心价值观的有力支撑。本文结合以下四个案例，拟对我国外宣工作的"短板"做一点深入分析。

【案例1】我们大力推行的"和谐社会"和"科学发展观"主要服务于国内现实政治的需要，从修辞学的角度看，属于开放性、多义性的模糊用语，可以做出迥然不同的解读，有时甚至被外界——尤其是一些预先设置立场的西方主流媒体——做出自相矛盾的解读。例如，"科学发展"针对的是"粗放经营""野蛮发展"，这种表述虽然符合国内经济社会发展的现状，可以被国内受众理解，但从对外传播的角度来看，这种提法陷入了西方主流知识界自20世纪60年代以来便严厉批判的"科学主义""发展主义"的窠臼，恰好印证了当下"中国只注重经济发展和物质利益，缺乏幸福感和人文关怀"的外部指责。这与我们大力倡导"科学发展"的宗旨南辕北辙。

【案例2】2013年11月，我国政府宣布划设"东海防空识别区"。由于事先没有根据舆情进行战略传播的议题规划，缺乏适当的预热和铺垫，突然抛出的这个热点"话题"引起了国际舆论的强烈反弹，备受质疑。有关部门对此回应道："你有，我为何不能有"，并列举美国、欧盟、日本多年前就划定"防空识别区"的事实。虽然有中国的道理，但这种诉诸情感的回应一味强调中国自身利益和"现实政治"的诉求，未能在"道义感召力"上深入开掘，不仅在方式上显得生硬，而且陷入了西方主流媒体预设的"国强必霸"的话语陷阱。

【案例3】近些年来，我国与世界各国的经济交往日益深入，对外投资迅速增长，国际影响力不断提高。但总体来看，中国经济实力的大幅度提升未能有效推动核心价值观的传播，而反过来看，核心价值观的国际传播也未能有效支持中国经济的海外扩展。大多数涉外企业缺乏对外宣工作的认识，没有设立长效性的公共关系和对外传播机制，缺少在所投资国长期发展的规划，只强调企业效益和经济利益，忽视"道义感召力"尤其是"企业社会责任"（CSR）方面的战略规划和传播。少数海外投资企业更是与所在国居民关系紧张，在危机发生时进退失据，未能赢得道义上的支持。例如，澳大利亚国会议员、矿业大亨帕尔默因与中方企业发生争端，在媒体上公然发表辱华言论，声称中国"有计划地掠夺"澳洲的资源。虽然这场闹剧最终以他的公开道歉收场，但作为当事方的中国企业却自始至终未发一言，未能以强有力的事实，从道义层面上驳斥"中国掠夺资源"论，这种"沉默是金"的对策为今后可能重演的形象危机埋下了伏笔。

【案例4】"中国梦"的对外宣传也体现了在强化"道义感召力"方面的"短板"。"中国梦"的宣传虽然在国内成效显著，在全球也形成了一定的声势，但由于传播理念和传播方式的差异，引发了外国媒体和舆论的一些误读。我们从"服务现实政治"的思路出发，强调民族复兴、国家崛起，较少提及中国应当承担的国际责任，也未能有效回应全球社会对中国的期待，努力提升"中国梦"的道义感召力。因此，一些西方主流媒体把"中国梦"歪曲为"复兴中华帝国梦"，是"向全球推行威权主义"之梦，是"不惜代价追财敛富"的梦，等等。这说明中国梦在对外传播方面还亟须挖掘潜力与拓展空间。

向国际社会宣传"中国梦"，应当顺应国际主流舆论的变局，积极回应国际主流民意的诉求。2008年金融危机后，世界上越来越多的人认识到，美国梦实际上是全球1%权贵阶层的梦，给地球带来了环境恶化和资源枯竭的后果，导致贫富悬殊和社会阶层的分崩离析。2010年秋季爆发的"占领华尔街"运动影响遍及全球；2013年5月下旬连瑞典这样的西方福利资本主义的典范国家也爆发了持续一周的骚乱，都是"美国梦"日渐式微的明证。与此同时，国际主流思想界和学术界也在热烈讨论"全球99%的结盟"（solidarity of global 99%），期盼中国能够成为"全球99%"梦想的代言人。

2013年3月，习近平总书记在十二届全国人大一次会议的闭幕会上再次系统阐述了"中国梦"的概念，其中值得关注的两个要点是："中国梦归根到底是人民的梦"，"是让每个普通人共享人生出彩的机会"。如果从更为广阔的全球视角来解读这两个要点，那么我们就会发现，中国梦作为"人民"的梦，不仅是包括中国在内的世界各国普通民众可以切身感受到的梦想，而且是全球环境和资源可以负荷得起的美好愿景。"中国梦"不是美国梦着力渲染的"个人奋斗""发财致富""出人头地"，而是基于中国传统中庸之道的"人生出彩"、生活"小康"的理念。这种梦想恰恰是对占全球99%的中产阶层和下层民众可能产生吸引力的源泉，也是我们提升"中国梦"道义感召力的依据所在。

第五节　强化国家战略传播机制：提升"道义感召力"的途径

为提升国家重大政策、议题和举措的道义感召力，增强对外传播的有效性和影响力，应当强化对外宣传工作的多部委联席会议机制。在重大政策（尤其是对外政策）、重大议题（例如"中国梦"）、重大举措（例如"中国企业走出去"）等出台之际，在"道义"层面上作精心的议题策划和深入的意涵挖掘，不能一味强调国家现实政治需要，更要在观念政治层面上求得广泛认同。

应当像抓国家安全、互联网管理等大事务那样，把外宣工作上升到国家战略层面，进行规划和实施。从美国的经验看，国家战略传播机制建基于一系列的部门联动机制，由总统直接领导"国安委"（NSC）；国安委统一领导国务院、国防部、广播管理委员会、国际发展署、国家情报联合体、国家反恐中心等涉外机构。这些部门各负其责，如国务院主导公众外交和公共事务，国防部主管信息运作。这种跨部门联动运作体系值得借鉴。当前，我国也可以建立一个统一领导的适合国情和内政外交需求的国家战略传播机制。

在提升道义感召力的方式和方法上，应当引入"议题管理"（issue management）的理念，根据国际舆情的变化和目标国受众的实际需要，可以在以下几个方面开展工作。首先，以国际公共事务为重点，向国际社会传播中国在参与全球治理方面所起的积极作用和构建"命运共同体"的长远目标，增强中国的"道义感召力"。在关乎人类共同利益的国际公共事务中，中国可以倡导平等互信、包容互鉴、合作共赢的价值观，维护国际公平正义；可以就国际金融危机、打击恐怖主义、裁军、限制核武器和生化武器、环境保护和治理、防治艾滋病、打击毒品犯罪、保障粮食安全等几大全球关切的问题做出及时回应；可以借助白皮书、新闻发布会和政要访谈等多种传播平台强调人类福祉和国际共识，积极参与全球治理机制的完善，尤其是要注意体现和反映发展中国家和新兴经济体各国的合理诉求。

与此同时，以周边区域合作为重点目标，以中华传统文化价值观为载体，传播"共生共荣"的道义理想。周边区域国家属于"大中华文化圈"的辐射范围，与中国共享中华传统文化和价值观。新一届中央领导集体提出共建"丝绸之路经济带""海上丝绸之路"等，都体现了中国发展区域合作的崭新思路。只要尊重共享的文化价值观，而不是坚持单方面的经济利益，便可以增强中国对周边国家的"道义感召力"。

此外，以"中国发展道路"为载体，提高中国对发展中国家的道义感召力。经济发展是广大发展中国家最为关心的问题，中国发展道路既是发展中国家关注的焦点，也是传播中国核心价值观的最好载体。外宣工作应根据广大发展中国家的实际情况，有针对性地传播中国的经验，传播中国发展的新理念，展示中国发展的新动力，说明中国发展的新空间，维护和发展开放型世界经济，推动实现国与国之间经济交往的合作、互利、共赢。特别是建立各种信息和传播联动机制，在国际新闻舆论场上共同为新兴国家的发展创造良好的国际舆论环境。就合作、互利、共赢而言，建立"金砖国家信息和传播联动机制"可以成为提升"道义感召力"的起点，通过设立"金砖国家媒体和传播联盟"这类组织或协调机制，打破以美国、英国传媒机构为主体对信息和文化市场的"双重垄断"，为新兴国家的发展相互提供道义支持，推动建立更加公正、合理的全球传播新秩序。

在国际形势和全球传播发生深刻转型的背景下,中央决策层审时度势,在党的十八届三中全会上明确提出"建设国际一流媒体,提高国际传播能力和加强对外话语体系建设"的方针。习近平同志对加强和改进对外宣传工作还提出了新的要求——"打造融通中外的新概念、新范畴和新表述""讲好中国故事、传播好中国声音、阐述好中国特色"。国家有关部门对新华社、《人民日报》、中央电视台、中国国际广播电台、《中国日报》和中国新闻社等六大中央级外宣媒体加大投入力度,资源优化整合,同时还开办了一些新的媒体平台,建立了更多的公众外交渠道,如"孔子学院"等对外传播中华文化的系统工程。

在全球化的时代背景下,随着新闻和媒介文化的生产者、内容与受众共享某个特定民族—国家参照系的趋势逐渐减弱,新的传播格局或逻辑已经显现。1977年,英国媒介社会学家杰瑞米·滕斯托尔(Jeremy Tunstall)出版了一本日后被广为引用的著作《媒体是美国的》(The Media are American)。三十年后,他开始认识到,这样的论断并没有持续的说服力,美国只是这个多极世界中的一极。因此,他把该书新版改名为《媒介曾经是美国的》(The Media were American)。如今,美国媒体在全球传播体系中日渐式微,为金砖国家等"世界其他地区的崛起"(the rise of the Rest)提供了契机。在"全球、全民、全媒"的新型传播格局下,任何单方面强化某一特定民族—国家利益与诉求的传播行为,必然受到冷遇或挑战。因此,以服务国家利益和塑造国家形象为目的、依靠举国动员来发起、依赖行政权力来推进、试图向世界强行推广特定文化价值观的国际传播,需要向基于全球受众信息交流的自发需要、超越一国立场并关注全球人类共同话题的全球传播转变,服务于特定民族国家的国际传播,要向推动整个世界沟通与治理的全球传播转型。"观念政治"超越"现实政治"已经成为不可抗拒的时代潮流。随着中国作为"新兴大国"的重要性日益凸显。将服务于"现实政治"的传统外宣升级为体现"观念政治"的国家战略传播,在坚持国家核心利益的前提下承担应尽的国际责任和义务,推动全球治理,提升中国的"道义感召力",将成为实现我国外宣工作理念和实践创新的根本出发点和落脚点。

参考文献

Ronfeldt, David & John Arquilla, "Noopolitik: A New Paradigm for Public Diplomacy", in *The Handbook for Public Diplomacy*, Routledge, 2009.

U. S. Department of Defense（美国国防部）, Dictionary of Military and Associated Terms, 2011.

U. S. Department of Defense（美国国防部）, Strategic Communication Joint Integrating Concept, 2009.

史安斌:《全球·全民·全媒》,《国际传播前沿研究》, 清华大学出版社2012年版。

国际传播要巧用力[*]

自从 1990 年美国政治学者小约瑟夫·奈（Joseph S. Nye, Jr.）提出 soft power（本文译为"软权力"[①]）的概念，尤其是 2004 年奈和其他美国学者加入 smart power（本文译为"巧用力"[②]）的概念，以补充包括 hard power（硬实力）在内的概念体系之后，美国和中国是讨论这些概念最多的两个国家。美国作为发明国家自不待言；而中国，有必要采纳这个美国品牌的概念系列吗？如果需要，中国应该如何采纳这种政治战略的思路？

第一节 "权力"系列：美国的概念与中国的问题

一 美国创造的一个概念体系

奈提出"软权力"（soft power）的概念体系，有十分鲜明的美国背景。最初，这个概念是针对保罗·肯尼迪（Paul Kennedy）的"美国衰落"论而提出的。奈针锋相对地提出：美国并未衰落，美国的硬实力尤其是经济力量虽然下滑，但它还有"软权力"，可以对世界产生强大的同化力（亦即拉拢收编的能力）。当时，"软权力"的概念并没有在全球引起很大的关注。然而，

---

[*] 本文作者郭镇之，原发表在《江西师范大学学报》（哲学社会科学版）（2016 年第 1 期）上，此次发表，经过文字编辑和修改，加入了两篇相关论文（郭镇之、冯若谷，2015a；郭镇之、冯若谷，2015b）中的少量内容。

① Soft power 在中国的通用译法是"软实力"，主要指文化资源的潜在力量。本研究认为，"软权力"的译名更接近 power 的政治学含义和奈的原意。

② Smart（聪明、灵巧）不是一种既定力量的本质，而是一种随时发挥的"能力"。巧力量（smart power）是一种动态实践，是在扫描形势、盘点资源的基础上巧妙实施的策略行动，因此，本研究主张将 smart power 译为"巧用力"或者"用巧力"。

后来的事实证明：奈的预见具有相当大的正确性。随着苏东剧变、冷战结束，美国开始一家独大，成为单极霸权世界的领导者。此时，以奈为代表的美国政治精英认为，征服敌对阵营的硬力量可以暂时收敛，而同化全球的软权力应该登场了。不过，世纪之交，全球性的金融危机使得"美国衰落"论再度盛行。

为了对抗内部兴起的"唱衰论"，2004 年，奈进一步强调，美国不仅有软权力，而且能通过 smart power 软硬兼施，灵活发力（Nye，2004）。另一位担任过白宫官员的美国智库学者诺索尔（Suzanne Nossel）也使用了这个用语，解释为假他人之手，实现美国的目标（Nossel，2004）。由于这些描述性概念及其体系逻辑并不严谨，分析也欠科学，美国国内对"硬""软""巧"这些涉及"权力"、"实力"和"用力"的概念体系及其策略解释一向见仁见智（Wilson，2008）。

一本权威的社会学词典对 power 的概念进行界定，作出了"资源分配"、"使用计划"和"战略角色"的三重区分，根据这种定义，一份兰德咨询报告提出了对 power 的三重表述法，即"资源"（Resources）、"战略"（Strategies）和"结果"（Outcomes），以此作为测量国家影响力的基本思路（Tellis，et al.，2000）。

就概念而言，power（力量）包括多种含义，如"实力"（资源）、"权力"（影响力即思想领导权）和"作用力"（实施）。"硬""软""巧"等各种性质的力量发挥作用的方式也不尽相同，例如："实力"指潜在的力量；"权力"指控制的能力（可以实现的影响力）；"作用力"指实施的努力（策略）。这种概念体系及复合、细分的框架（Etzioni，1968；Tellis，et al.，2000）对中国整体性笼统思维的习惯方式具有弥补的作用。实力所指的资源、潜力是发挥影响力的可能性而非现实性。权力（尤其是软权力）是通过关系的建构实际产生的影响力。而用力（策略的选择）则是调动资源、运用各种软硬能力的实施过程。因此，有良好资源（无论软硬）未见得能够产生期望的实践效果（影响），"如何做"（是否灵巧）是一个关键的问题。

在一篇对 hard power、soft power 和 smart power 的概念进行学术辨析的研究综述（Wilson，2008）中，威尔逊（Ernest J. Wilson）对"smart power"的

概念界定是："一个行为者结合软、硬力量，以两者相互加强的方式使得该行为者的目标足以有效地和高效地推进的能力"（Wilson，2008：2），也被称为灵巧战略（smart strategies，Wilson，6）。

"巧力量"等一系列概念的提出，主要因为小布什政府时期美国对外政策偏重军事打击，不聪明地使用军事力量，并引起了反弹，因而需要重新构想与实施国家权力的新方式（即软权力）。这是 soft power 和 smart power 概念提出的背景。同时，中国的崛起据说也是概念提出的一大动因：因为美国发现，中国开始重视软权力的发挥；并且，中国的魅力攻势虽然不无缺点，但很多方面做得的确巧妙而成功（Wilson，4）。

二 "力量"概念体系与中国现实的关联性

中国是被卷入"软权力"的概念争议的。当奈重申 soft power 的概念体系，特别是传播"巧用力"概念的时候，有一个重要的背景，就是中国作为经济和文化大国的崛起，特别是2008年北京奥运会的"中国"品牌营销。此后，国际社会一再以"软权力"的视角关注和评价中国，例如中国企业走入非洲的行为和孔子学院全球建设的举动。不过，"软权力"在美国是励志话语，"巧用力"是智库教导政客的应对之策；而用在中国身上，概念的意义便大不相同了：软权力意味着争夺领导权，巧用力则显示心机深重。西方政治精英一方面用"硬实力"作为"中国威胁论"的证据，另一方面用"软权力"作为"中国阴谋论"的标签，软硬兼施，尽力阻遏这个潜在的"竞争者"。可见，在西方导向的全球舆论场，中国早被西方贴上标签，置于被动挨批的局面。

中国并不打算称霸全球。然而，自从中国采用"文化软实力"等政治术语以来，尽管采用了比较缓和的译名（"实力"而非"权力"），中国依然被贴上"追逐软权力（霸权）"等标签，被置于聚光灯下。因此，现在不是中国是否选择"权力"概念的问题，而是外界对中国的观察已经离不开这个国际思考的"框架"。

"巧用力"是美国学者给美国政府的对策建议，但反而应该引起中国的高度重视。这是因为，在当今时代，软权力（影响力、同化力）主要指思想的领导权和行动的引导力,这种权力建立于对方心悦诚服的认同和心甘情愿的接纳之上。其间,国家形象的认可度与价值观念的感召力是关键因素。然而,在全球舆论中,中国的形象早已被西方负面"界定",被"标签化"甚至"污名化"。中国的问题在国际上常常被他人判断和表达,中国没有进行解释的话语权,甚至缺少"辩诬"的机会——说了也没人听。而以先入为主的印象和主观揣度的动机,按照既定的思维框架观察事物,是非常常颠倒,黑白可能混淆——而中国恰恰是最可能被哈哈镜观照的对象。

好在关于"力量"的系列概念还有讨论的空间;文化场域还能成为"概念论争"、"知识协商"甚至"意识形态斗争"的舞台。这些来自美国、具有学理"合法性"的概念,也可以成为文化谈判的平台。在讲究"学术平等"的国际公共空间,总不能"只许州官放火不许百姓点灯"吧?于是,经由"软权力"等话语概念的途径,中国不仅可以在国际传播的策略方面获得提示,还可能在政治学的理论领域发出自己的声音。

第二节　国际传播用巧力

软权力提示我们:必须赢得人心;巧用力提示我们:避免鲁莽行事。本文认为,软权力、巧用力的概念显示了一种侧重思想影响和文化传播、手法机动灵活的战略思考,这些是可以为中国所借鉴的。就国际传播而言,要树立中国良好的国家形象和对世界发挥应有的影响力,可以借助美国概念,但须立足防御地位,力求在全球话语中获得正当性。

一　"巧用力"概念解释

奈对 smart power("巧")的解释,主要是"软硬兼施"。2009年,奈多次发表文章,说明只有"变得灵巧""结合硬力量和软力量两种策略,才能达到美国的目的。"(Nye,2009b:160)在《卓越领导》杂志上的一篇文章,标题就是"巧力量:一种软硬混合"(Nye,2009a)。诺索尔对 smart power 的解释则更多地指"假手于人""借势用力"。她说:"巧力量意味着美国自己的手脚并不总是最好的工具：美国的利益是通过调动代表美国目标的其他人来推进的，是通过联盟、国际机构、审慎的外交和思想的力量来实现的"（Nossel，2004：7）。可见，smart power 是指一种混合了资源性潜力、实际的控制能力与具体的施展行为在内的许多相关现象。

2006 年，美国智库战略和国际研究中心（Center for Strategic and International Studies，CSIS）成立了一个两党合作的"巧力量研究委员会"（CSIS，Commission on Smart Power），为下一届政府的外交政策支招。这个由奈担任联合主席的委员会在报告中对"巧力量"的界定是："巧力量非硬非软——它是两者的巧妙结合。巧力量意味着利用硬和软两种力量开发出一种整合了战略、资源基础和成套工具以达到美国目标的能力。这是一种途径，既强调强大的军事力量，但也在联盟、合作伙伴与各种层次的情势方面投入大量心力，以扩展美国的影响力，并建立美国行动的合法性"（Armitage，2006：7）。这种定义综合了奈与诺索尔两种思路——软硬兼施和借势用力，报告还提出了包括建立伙伴关系和开展公共外交的关键性策略。

真正使"巧用力"这个词时兴起来的政治人物是美国前国务卿希拉里·克林顿。在奥巴马提名她担任国务卿的国会听证会上，她表达了自己对 smart power 的理解，并且承诺，如果她担任国务卿，灵巧战略将是她外交政策的核心。不久后，她果然带领美国重返亚太，四两拨千斤，实践了用巧力和巧用力的理念。

二 巧用力软硬兼施

按照以上的概念分析，"巧用力"偏近战略，是在比技巧和战术更高的层次上进行的力量搭配、资源调动和方案制定。巧用力的目标是通过软硬力量的结合，采取借势用力的方式，以随机应变的策略实施最终达到国际传播的影响力，甚至某种程度的控制能力（如导向性和话语权）。

就国际传播而言，什么是硬实力？全球传媒架构、网络基础设施、人员布局、渠道设置等物质资源，包括财政拨款等资金投入便是。什么是软实力？特有的历史遗产、价值观、意识形态、社会制度等文化要素便是。那么，什么是国际传播的软权力呢？权威性、公信力等足以产生思想和行为影响力的效果就是。而巧用力则是在这些资源和要素之间进行的调动与整合。巧用各种力量，特别是文化资源的吸引力，使世界人民了解中国、喜欢中国；树立公信力与可靠性，在全球建构积极的中国形象并营造对中国而言良好的国际环境，才能影响全球公众认同中国的理念并支持中国的事业。

不过，软硬力量之间的关系并不像乍看之下那么简单。它们有时互相促进、相得益彰；有时南辕北辙、目标相左。例如，中国近年来经济的发展和军事实力的上升，的确提高了中国的国际地位；但这也恰恰成为让美国政治学家担心的现象或者"症候"，并竭力阻遏中国的影响力。

相比于其他方面的影响力（军事、经济包括传统文化），中国传播方面的影响力（公信力、权威性，亦即软权力）却是软肋——它来自中国当代制度和文化标签的弱势地位，也来自各种媒介的不同传播：一方面，是西方长期的强势话语及其赋予中国的不利形象；另一方面，也和中国的对外传播缺乏战略的针对性和有效性相关。中国的传播未能提供雄辩的话语，赋予中国军事力量的增长以合法性和正当性；也未能以有力的事实，支持中国经济增长的合理性及可靠性。中国当前与意识形态、制度、价值观相关的软权力推广甚至带来负面的传播效果。

中国硬实力持续增强而软权力始终滞后的反差拖了整个国家影响力的后腿，有时甚至产生矛盾的作用。例如，中国企业对非洲的"走出去"战略虽然带来了醒目的经济成果，但与所在国人民不时发生的文化误解却使中国的形象受损。孔子学院是另外一个例子。本来，孔子学院的目标应是通过中国语言文化的软实力提升中国在世界上的影响力。但孔子学院以经济资助开道，动作过多、过快、过猛，在体现中国经济实力和传统文化魅力的同时，却增加了"中国威胁论"的负面效应，也波及中国的国际形象。与此相比，中国传媒的全球出击虽然也导致了一些负面评论，但由于世界公认的新闻自由理念和跨国传媒公司的实践先例，以美国为首的西方世界要公然反对却师出无名。而更可能的情况是，中国传媒走出去劳师袭远，效果甚微，它们受到的批评少，恰恰说明中国的官办传媒并未使西方世界感到真正的威胁——软权力的效果不就表现于对方的感受吗？

硬力量使用不当，软权力承受损失。合法性是一个更重要的问题。据奈分析，2003年美国出兵伊拉克的军事战争堪称成功；但从软权力的角度看，却使美国元气大伤——由于避开了联合国的批准，美国的战争行为受到了全球社会对其合法性的质疑，也削弱了美国吸引同伴的能力（奈，2013）。因此，中国在全球的硬实力发展及其展示，一定要取得国际社会的承认和全球公众的好感，才能发挥正面作用。

三 用巧力借势用力

历史经验证明，中国的良好国际形象，往往来自别人的传播。早在中国共产党执政之前，埃德加·斯诺、安娜·路易斯·斯特朗、艾格尼丝·史沫特莱等来自西方的记者的客观报道曾为中国共产党及其地方政权洗刷了部分污渍。中华人民共和国成立之后，被围攻的红色中国在国际上也曾得到少量同情性的文学再现。例如五六十年代韩丁（William Hinton）的长篇纪实文学《翻身》先后在中国和美国出版，使美国人民了解到中国土地改革的真实一幕。而20世纪70年代跟随美国总统来华采访的CBS电视片制片人峨夫·德拉斯宁（Irv Drasnin）的《误解中国》（Misunderstanding China）曾引起美国公众关于美国对华政策的反思。

用外国人的眼和嘴表达的中国形象，比中国自己费力塑造的国家形象要更真实、更客观，也更有利。但是，这种"宣传"一定要发自真心，出自诚意，才能打动人心，产生真正的影响效果。中国现在雇用了很多外国人，在国家媒体中担任记者、编辑、改稿人。但这些人只是（外语）喉舌与（报道）工具。他们很少有机会表达自己的独立见解和独特思想——他们的报道也很少能够产生真正的影响，他们甚至不能成为类似中国电视节目主持人那样的"明星"，这些异国面孔起到的传播作用有限。

中国的自我传播当然也很重要，但需要两条腿走路——官方与民间并举，并相互配合。以往中国的对外传播重官方、轻民间，重视正式的文化交流，忽视文化经济的市场发展。然而事实证明，在一个大众文化时代，民间文化经营具有官方文化交流不具备的作用，公众文化外交可以对外国公众产生更大的影响。巧用力的思路需要采取更加平衡的资源配置，以民间力量和文化市场的方式走出去。例如，文化部有关机构自20世纪80年代便开始在全球各地建立海外中国文化中心，持续组织流动的演出；但在很长的时间里反响不足。近年来，文化部大力调动内外部资源，与各类中外文化机构合作。按照海外文化中心的经验，中华文化的传播不仅需要国内合作，更需要借助外力；不仅表现于偶尔一见的高端文化国际交流，更存在于日复一日的国际市场演出。

第三节　国际传播要巧用力

"巧用力"是一个来自国际关系领域的美国概念，是针对包括中国在内的"竞争对象"的美国战略思路。但软硬结合、借势用力的思想也可能为我所用，成为中国应对全球竞争有备而来之策和在国际传播中处理好软硬张力的有效战略。

本文认为，应从政治学的核心概念——"权力"——出发，在国际政治和国际传播的学术脉络中寻找 soft power 的研究框架。根据政治学和国际政治对权力的细分概念和对"软权力"的本质定义，以及对国际传播的现实分析，本研究提出，用"有形的（军事、经济）力量"来解释 hard power，译为"硬实力"。在用文化资源等潜在的影响能力指代 soft power 时，译为"软实力"；而以"控制关系""话语权"等无形的影响力来理解 soft power 时，则译为"软权力"。同时，在以策略、应用等实践方法可能预见的有效性来解释 smart power 时，可以译为"用巧力"或者"巧用力"。在当前中国的国际传播实践中，资源性的"硬实力"不是问题，"软实力"也没有大的问题；作为"影响力"表现和结果的"软权力"是个重要问题；而策略性的"巧用力"则是关键问题。

中国国力的强盛——软硬实力——是国家立足的基础。灵巧使用硬实力的最高境界是怒而不威。目前中国的软实力主要表现在具有魅力的传统文化遗产上，必须进行现代改造，特别是与当代的先进文化一道，才能形成中国的文化影响力。中国在制度和思想上面临严峻的舆论挑战，缺乏国际话语权和思想影响力。软权力是中国的软肋，需要通过进一步的内部改革和有效的国际传播加以改进。

中国的国家形象早已被西方舆论涂抹了色彩。缺乏实际接触和亲身了解的全球绝大多数公众的"观点"都来自媒介的"观察",包括想象,在很多情况下是无意中偏颇甚至有意识歪曲的。带着一副被扭曲的面孔,中国的传播无论多么努力地解释和辩诬,在不明真相甚至抱有成见的眼睛看来,仍然是丑陋或者可怕的。

那么,如何塑造中国的国际形象?自己吹嘘不如让他人评说,尤其是让那些声誉良好、态度客观者评论。自说自话带有强烈的"主观"暗示,好朋友的夸奖先天地带来"不可信"的预期。客观评说可能有好有坏,但公允之言才更令人信服。中国应该开门迎客,欢迎独立的观察和批评。批评并不可怕,传播的实际效果很难以当事人的感觉衡量。当初安东尼奥尼的《中国》纪录片曾经让中国某些人大为震怒,也让大多数中国人心生不快,但相对于丑化中国的流行宣传,安氏的客观态度实际的传播效果其实有"纠偏"的作用。当后现代的世界不再相信纯粹的天使与恶魔时,有好说好、有坏说坏的评论可能产生较真实、更有利的结果。例如,许多观察和调查表明,因为西方舆论一直把中国说得太不堪,来自西方国家的大多数游客,对中国反而总体印象良好。目睹中国的外来游客根据他们的实地观察和亲身体验,有好说好、有坏说坏,会给世界描绘一个更接近实际的中国面貌。这种面貌可能不如我们期望的那么美好,但一定不会比坐在屋子里想象"专制国家"的情形更糟。

介绍中国文化,应大力动员民间力量,协调文化市场,这也是公众外交的一种方式。中华文化要在海外生根落地、开花结果,最大的机会在于民间力量和市场推广,民间机构有动力,市场活动有动机,能够千方百计推陈出新,绞尽脑汁赢取观众,它们是中国文化走入国际舞台真正的生力军。市场管理也是一种"用"。商业公司需要的,是更多的政策支持和法律监管,使其按渠而流,按轨而驰。

"巧用力"是一个大话题。中国文化需要整体设计并理性调适,以有效的渠道与智慧的方式传播到全球,才能不断提高影响力。只有在辨清中国文化的各种传播资源、潜力的基础上,合理搭配,灵活调动,才能形成有效的合力。

参考文献

Armitage, Richard and Joseph Nye, "A smarter, more secure America, CSIS Commission on Smart Power", *Center for Strategic and International Studies*, 2006.

Etzioni, Amitai, *The Active Society: A Theory of Societal and Political Processes*, London: Collier-Macmillan, New York, Free Press, 1968.

Nossel, Suzanne, *Smart Power*, *Foreign Affairs*, Mar./Apr., 2004.

Nye, Joseph S, Jr.. "Smart Power, It's a blend of soft and hard?", *Leadership Excellence*, Feb. 2009. ABI/INFORM, 2009a.

Nye, Joseph S. Jr., *Soft Power: The Means to Success in World Politics*, New York: Public Affairs, 2004.

Nye, Joseph S. Jr., "Get Smart: Combining Hard and Soft Power", *Foreign Affairs*, Vol. 88, No. 4 (July/August 2009b).

Tellis, Ashley J., et al., *Measuring National Power in the Postindustrial Age*, Santa Monica, Calif: RAND, 2000.

Wilson, Ernest, J. III., "Hard Power, Soft Power, Smart Power, The ANNALS of the American Academy of Political and Social Science", March, http://ann.sagepub.com/cgi/content/refs/616/1/110, 2008.

郭镇之、冯若谷：《"软权力"与"巧用力"：国际传播的战略思考》（2015a），《现代传播·中国传媒大学学报》2015年第10期。

郭镇之、冯若谷：《中国对外传播的巧用力》（2015b），《当代传播》2015年第6期。

［美］约瑟夫·奈：《软实力：权力，从硬实力到软实力》，马娟娟译，中信出版社2013年版。

形势

中华文化海外传播面临的挑战

改革开放以来，中国加入全球化世界，经济驶入快车道。与此同时，社会关系、文化生活包括政治生态也在发生深刻的变化。全球化隐含的"现代"性质使中国迅速进入前现代、现代化和后现代交叉并存且复杂交织的当代环境，中华文化也以前所未有的混杂状态呈现于世。21世纪的中华文化是融合的；面向海外传播的"中华文化"则必须是创新的。

本部分纳入四个篇章。第一篇是导论性质的"中华文化海外传播的目标与形势"（郭镇之），题解与界定本研究的关键概念；扫描中国文化传播面临的媒介环境。其后展示了本课题的三篇代表性研究文献："'中华文化'研究概貌"（李漫）和"'国家形象'概念述评"（李智），从史、论两个角度拓宽了本课题的研究思路；"中国对外传播面临的挑战及对策"（郭镇之）则是对挑战形势与创新目标的一种回应。

中华文化海外传播的目标与形势

中华文化是活的文化，是生生不息的中华民族古今融合、中外交汇、多地互动产生的混成文化，也是开放性的现代文化。面向全球传播中华文化，首先要对面向海外传播的"中华文化"进行界定和解释。

第一节 目标：混杂时代的中华文化海外传播

在本书中，"中华文化"基本上与"中国文化"同义，只在语意上有微妙的差异。"中华文化"与"中国文化"在许多外国语言的翻译中都是一样的（例如英语 Chinese culture）。不过，在高语境的汉语言环境和大中华文化圈的交流中，它们却有细微的差别。大体说来，"中华文化"偏重古代中国与传统文化；"中国文化"更接近当代中国及共和国文化。包容性的中国文化、中华文化是混杂多元的，是融会贯通的。本书更希望传播现实中国的文化，即包括传统文化和共和国文化在内的当代文化、现存文化。虽然在行文中大多采用"中华文化"的用语，但与"中国文化"视同一类，并根据语境分别选用。

一 融会贯通的中华文化

提到"中华文化"，人们首先想到的是传统文化，如经史子集、儒道释经典等学术遗产，以及建筑、武术、中医、戏曲包括饮食习俗等传统生活方式的遗存。在历史和文化学者的学术话语中，"中华文化"或"中国文化"的重点也是传统文化、经典文化。但是，今日中国的文化并不是业已逝去或者正在消亡的遗迹和遗产，而是从历史上传承下来、与当今国人血脉相通的生活形态。世界人民对中国形象的认知也不完全来自历史传统，还包括对近代以来中国在不同历史时期文化表征和社会现象的总体理解。文化是割不断的传承，是多种元素的融汇。中国的文化现实是通过接触、交往、竞争、融合的过程，异文化相互影响，逐渐改造，经日积月累而集成的杂糅文化。

本书对当代中华文化范围的界定是宽泛的，包括：1）中华民族的传统文化及其当代发展；2）近代以来从西方传入的现代文化；3）中华人民共和国成立以来新创的政治经济文化；4）港澳台地区传承和创造的当地文化；5）海外华人继承和发展的祖籍文化。

（一）古代中华大地上各族群人民多源融合的传统文化

就传统文化而言，古代的"中华民族"本来就是文明和文化的概念，而不是种族的概念。几千年来逐步形成的中华民族是由历史上不同族群的人民及其文化求同存异，相互融合而形成的统一体。早在近代以前，中华民族就不是单纯由炎黄子孙组成的华夏族群，而是由中原人民与周边所谓的"东夷""南蛮""西戎""北狄"融合而成的混合民族。历史上，中华民族经历过多个朝代的大规模种族融合，民族融合的潮流一直涓涓不断。"汉人"的概念到汉朝才出现；"汉民族国家"则更是一种近代定义。

西方"民族国家"的现代概念不适用于中华民族。早在历史上，确定中华民族的含义就不是以遗传学、人种学、生物学的起源方式，而以是否继承文明和采纳文化为判断"夷""我"的方式。按照梁启超的观点，中华民族有大民族和小民族之分。对外国人，中国是一个大的民族（中华民族）；但在中华民族内部，又可细分为很多小的民族，即族裔、族群。因此，民族指包括许多族群在内的文化共同体，各族群人民共处于中华民族的大家庭。正如历史学家顾颉刚所说："中华民族是一个。"有学者建议，整个中华民族应以nation 称呼，翻译为"民族"；而各个下属民族，包括汉族，都应用 ethic group 称呼，翻译为"族群"。①

中华文化也是融合的。中国传统文化就是中华大地上各族群人民在生存

---

① 马戎：《中国是否存在国家分裂风险？》，《文化纵横》2018 年 1 月 7 日，http：//www.sohu.com/a/215231492_ 232950。

和发展的过程中不断吸纳各种来源的文化元素，逐步融合而创造出来并传承下去的文化遗产及其当代表现；同时，中华文化也是多元的，它既包括各族群人民长期共同生活统一形成的同构性稳定文化，也包括不同族群保留至今、色彩纷呈的异质性文化元素。主流文化和特殊文化都是中华文化对外传播的宝贵资源。

（二）近代以来中华文化在与西方文化交汇中吸纳的现代文化

就中华文化与西方文化交汇的现代化过程而言，今天的中国文化也是中外融合特别是中西交流的产物。

近代以来，中华大地经历了由闭关锁国走向门户开放的过程。特别是民国时代，从西方引进的科学技术等现代文明将新的文化源头和制度元素加入中华文化发展的潮流中。来自西方的现代生产方式和制度理念等文化遗产是全人类的宝贵财富。科学技术的引进，为中国生产力的发展提供了机遇；现代化观念如"民主""法治"概念的传播，也促进了中国政治文化的变迁。这些新的西方文化因素，已经在中国人民的当代生活中扮演着重要角色。

特别重要的是，近代中国经过长期摸索，选择了诞生于德国的马克思主义和发展于俄罗斯的列宁主义作为指导思想，使得本来源自西方学术理论的马列主义革命方案引导了中国现代化的独特道路，并发展成为当代中国的官方文化、主流文化。

今天，来自全球但主要来自西方的现代、后现代文化包括影视节目，也深刻地影响着当代中国社会。虽然这些文化影响好坏并存，需要批判性地吸取；但当代中国文化早已容纳了西方文化中的很多元素，并建构出一种"你中有我，我中有你"的混合文化，以及千姿百态的生活方式、文化样式，却是不争的事实。这也是中国文化得以与全球化世界沟通的现实基础。

（三）当代中国社会经历的实践转型和文化创新

中华人民共和国成立以后，中国的现代化转入一种新的发展道路；中华文化的发展也伴随着实践转型和文化创新，从革命到改革。

中华人民共和国成立以来创造出的无产阶级文化（常常被称为"红色文化""革命文化"）是当代中国历史中最醒目的文化要素，也是目前世界上辨识中国的首要标志。这种文化曾长期与资本主义文化隔绝与半隔绝。改革开放以来，中国与世界密切交流，互利互动，融合了西式现代化方案，带来了经济的飞速发展和社会的巨大变动，又创造出另外一些混合文化。这种复杂样貌的当代文化创造出具有中国特色的经济奇迹，也成为吸引世界关注的独特个案。它们需要以一种全球可以理解的方式介绍出去、传播开来。

当代中国的革命和改革是人类历史上极为独特的文化现象。当代中华文化的海外传播不仅不能忽视中华人民共和国成立以来新中国的各种文化传统和创新尝试，而且应该将其视为民族文化中的一些亮点，向世界展示及解释。当然，这种推介应该实事求是。面对质疑和猜测，开诚布公的态度更容易取得文化的肯定与认同。

（四）港澳台地区传承和创造的中华当地文化

中华人民共和国成立之后，香港、澳门和台湾等地区经历了不同于内地的发展道路，目前还在探索"一国两制"的制度文化。香港和澳门已经回归祖国。尽管台湾目前尚未与大陆统一，并且与内地存在竞争、对垒等许多复杂的因素，但它一身二任：既是大陆当代政治文化的传播对象，也是中华传统文化和当地当代文化面向全球的传播主体。

港澳台文化始终是中华文化中的重要元素。在大陆改革开放前的长时期内甚至曾经是中华文化的主要代表。港台地区的文化产品走向世界早于内地，一度造成很强的全球影响。例如，华文和汉语教育的全球传播者主要是台湾知识界。香港的功夫片曾在20世纪六七十年代横扫东南亚，甚至进入欧美国家，成为中华文化的一大标志。香港和台湾的传播增加了中华文化在全球的能见度。世界人民分不清这个Chinese，那个Chinese，我们当然也乐见"一个中国"的多元文化在全球传播。如今，在与大陆日益密切的合作中，香港、澳门和台湾的文化界也是中华文化海外传播的有生力量。

（五）海外华人继承和发展的中华祖籍文化

近现代以前，便有一波又一波华人走向海外。改革开放以来，新一批华人移民又陆续融入世界。目前，定居全球的华人总数逾6000万，比世界上大多数国家的人口还要多。

全球华人在世界各地都创造出延续中华传统、适应当地生活的独特文化，例如唐人街景观。这些地方的文化表现增强了中华文化在全球的影响，也在文化互动中建构出一种包容性的全球华人文化。特别是改革开放以来走向海外的旅居者和新移民，更是一支不容忽视的文化力量。借助新媒介和新技术，他们与内地的联系直接、迅捷，越来越密切，成为中国与世界相互了解的关键桥梁。

可见，中华文化是活的文化，是古今融合、中外交汇、多地互动的混成文化，也是开放性的现代文化。对于这样宽泛的文化目标，任何研究者都不可能"一网打尽"，而只能立足擅长的领域，选择代表性的案例，发掘新颖的传播角度，力求讲述不一般的文化"故事"。

二 与时俱进的海外传播

在本书中，"海外传播"是中国文化面向境外所有地区的传播。就概念而言，海外传播属于相似概念系列术语的大家庭，这些概念包括"国际传播"、"全球传播"、"跨国（跨境）传播"、"对外传播"和"海外传播"等。

这些相似概念中，最常用的是"国际传播"。国际传播传统上指大众传播媒介针对大范围匿名的外国受众开展的大规模传播活动。近年来，随着新的信息科技与传播媒介的发展，国际传播的传播者、传播对象、传播渠道、传播内容和传播范围都出现了变化，所产生的传播效果及其测评方式，与传统的大众传播差异巨大。

同时，由于跨越国境的传播常常是不同种族人群、不同文化群体之间的传播，所以，"跨文化传播""文化间传播"等涉及民族和族群之间差异和冲突的文化传播，也成为传媒关注的目标和学者讨论的概念。

（一）国际传播与国际宣传

在"国际传播"概念的系列家庭中，其实还有一个更重要的"国际宣传"概念。说服性、劝导性的信息传播最初被称为 propaganda（汉语"宣传"），穿越国界的宣传，就是"国际宣传"。直至英文 propaganda 成为一个贬义词，宣传才更多采用"传播"的用语，"国际宣传"也被"国际传播"所取代。可以说，传播是宣传的升级版，也是科学化、现代化的宣传。

但在当代中国，"宣传"并不是一个"坏词"；在中文语境（包括台湾地区）中通行无阻；只是为了照顾西方人的感受，才在英文中以"传播"（communication)和"宣布"(publicity)代替"宣传",用"国际传播"代替"国际宣传"。

对国际宣传的关注最早出现于第一次世界大战,也就是电子传播"被发现"的时候。电报技术使大众宣传跨越国境即时传播,在信息沟通和国际政治中得到广泛应用。"传播学"及其概念则起源于第二次世界大战的国际宣传。二战时期的国际广播常常用无线电针对特定国家和目标地区进行"电波战""心理战",影响那些通过收音机即时获取境外消息的普通民众,国际广播就是传播发起国政府的宣传行为。两次世界大战使国际宣传的意识和国际传播的话语开始流行。

不过,随着"宣传"概念的内涵虚化、外延扩大,当代国际传播的宣传技巧日臻娴熟,宣传气息则大为减弱。"国际传播"以泛化的方式成为替代"国际宣传"的委婉用语。当今的国际传播普遍用于不同形式、各种内容的越境传递,但意识形态色彩有所降低,说服方式日趋隐蔽和柔化。

对"国际传播"可以有宽、严两种理解方法。早期,在严格的意义上,它指以国际宣传为目标的政治传播;其后,在更宽泛的意义上,它包括一切交流形式的跨越国境及民族的文化传播。

(二)国际传播与全球传播

国际传播一般指针对境外特定地区和对象的传播,有点像适需对路的订制服务;全球传播是面向全球所有地区的传播,更接近各取所需的选单服务。国际传播的主要目的在于国际关系、国际政治;全球传播的目标是全球市场、全球商业。作为国际宣传升级版的国际传播,其内容以新闻宣传为核心,志在深入人脑,赢得人心;而全球传播的许多内容虽然表面上也是新闻报道和资讯消息,却盯准市场,意在招揽人群,赢得钱包。"全球传播"一词泛指针对全球范围受众的整体性传播,越来越多的全球传播娱乐频道都被利润所驱动,以大众消遣为诉求。

虽然现在国际传播与全球传播的概念都被用于更广泛的场合,但它们的核心内容是新闻时事。就宣传的意图而言,国际传播的概念偏硬,全球传播意味偏软。全球传播更擅长对突发性、事件性新闻及其舆论的报道,政治意味较弱;而国际传播却始终无法完全摆脱原生的政治色彩及宣传基因,尽管它现在已经被用于指称日益广泛的文化活动。

在需求更独特的文化传播方面，无论是国际传播还是全球传播，都更强调目标对象及方式方法，更多采取地方化策略。例如，《美国国家地理》杂志已经有了中国等多个国家的版本。作为全球电视频道的《探索·发现》也已本地化。文化内容的全球传播实际上已经不是全球同步的即时传播，而是针对不同时区的定向传播。

在言及跨越国界的传播时，"国际传播"仍然是目前使用最广的术语，在宽泛的情况下代表一切跨越边境的传播。不过，随着通信卫星和广播卫星等可以覆盖全球的新兴传播媒介技术的成熟，无论是在实践中还是在用语上，"全球传播"都有取代国际传播的趋势。为了获得最大的市场，获取最大多数受众的关注和信任，全球传播媒体大多采取中立性的立场、标榜客观公正的态度。新闻传播以对事件和观点的报道为主，将倾向性的立场寓于对事实的叙述中，避免宣传。弱化宣传腔的全球传播可以抵消全球公众对传统国际宣传的心理反感和政治抵触，专业性的风格与模式也更容易获得受众的信赖。

（三）海外传播与对外传播

"对外传播"与"海外传播"都是中国词语，原来更多采用的是"对外宣传"和"海外宣传"。这两种用语都意味着以我为主、设定目标的宣传和传播，范围和对象各有侧重。原本，"对外宣传/对外传播"主要针对其他国家的人民；而"海外宣传/海外传播"则特指甚至专指对港澳台地区特殊的境外宣传（以区别于"国际宣传"及"国内宣传"）。事实上，对港澳台（自香港、澳门回归以后，主要针对台湾地区）的新闻传播、政治宣传至今仍然是海外传播的重要目标。不过，现在的"海外传播"常常泛指对中国大陆以外所有地区的对外传播，包括对外国的宣传与传播。

"海外传播"与"对外传播"虽然都指面向境外的传播，但是听起来，"海外传播"相比"对外传播"，内外界限不那么分明，文化距离相应缩短，与推广中华文化的目标更为和谐一致，听来也更柔和，更友好，更适用于文化之间的交流与传播。因此，目前在许多场合，"对外传播"已经被"海外传播"的用语所取代。而在全球化的语境中，"海外传播"的意义也包罗万象，约等于"国际传播""全球传播""对外传播"，包括对全球所有国家和境外所有地区人民的传播。

就中华文化的全球传播而言，长期以来，原本作为海外传播主要对象的港澳台地区却是中华文化特别是传统文化海外传播的积极力量。也就是说，港澳台既是内地中国文化的传播客体，又是中华文化面向全球的传播主体。本书主要将港澳台人民视为中华文化的传播力量。

本书根据不同的范围和侧重点，也根据不同的语境，交替使用"全球传播"、"国际传播"、"海外传播"与"对外传播"以及其他相似的概念，包括"对外宣传"和"国际宣传"。按照中文的语意，它们都是中性词。

（四）跨国传播及跨文化传播

很长时期以来，"跨国"亦即"越境"（cross-border）并不是新名词。跨国传播（cross-border communication）也不是国际传播的学术性概念，而仅指跨越国家边境的传播现象，基本与"国际传播"同义，但偏近双边来往。

随着新技术的发展和公众传播的泛化，近期有学者对"跨国传播"进行了新的解释。这种新的观点主张，国际传播经历了国际化、全球化和跨国化三个阶段，目前已经进入跨国传播的新阶段。跨国传播基于多极化国际关系的格局，立足于世界主义的哲学基础，更强调网络化的传播视角，基本采用移动新技术和网络新传媒，由普通人而非专业传播者作为传播主体，借助个体公民和非政府组织的推动力进行传播，形成更加民主的扁平化组织结构，从而创造出多重、动态、建构的身份认同，以及杂糅的现代性表征与后现代文化（卢嘉、史安斌，2013）。注重互联网、移动传播的新技术变迁和时代变化，是"跨国传播"概念的一大优势。这种新理念的重点似乎是信息在全球范围跨越国界的自由流通。同时，建构的身份认同和杂糅的文化特征也关涉另一组名词——文化传播——及其相关的概念体系。

"跨文化传播"（cross-cultural communication）和"文化间传播"（intercultural communication）在20世纪先后出现，是学术思路的文化传播概念。跨文化传播研究诞生于第二次世界大战后期，来源于战后逐步建立起全球领导地位的美国。为了应对日益增长的向全球输送美国文化的任务，1946年3月，美国国务院成立外交学院（Foreign Service Institute，FSI），从事对外事务雇员的培训。基于实践的需要，培训的目标是提高文化交流的能力；培训的内容主要是语言交流能力和文化人类学知识。

就跨文化的语言培训而言，最早诞生的法语联盟早在1883年便启程走向全球，主要针对法属殖民地进行法语教学。1934年，英国文化协会成立，并以稳扎稳打的英语教育在全球推广这个"第二语言"。早期跨文化的语言培训有政府背景，培训机构向外国人教授本国语言的这种教育活动或可称为语言外交。其后，1951年转型的德国歌德学院和近年来成立的西班牙塞万提斯学院、韩国世宗学院等，都以非盈利机构的方式经营，独立于政府部门。细水长流的文化教育成为目标之一；但语言外交其实也是题中应有之义。

美国搭英语文化霸权的便车，不需要政府费力扩张国际语言教育。虽然官办的对外宣传媒体美国之音（Voice of America，VOA）也出于实用的动机教授简单的交流语言，但美国在全球的语言教育大多是商业性的、市场化的。美国特别善于文化的市场传播——好莱坞在收割全球利润的同时，也在推广美国品味、美国价值观及美国意识形态的积极形象。

虽然最初美国的跨文化传播研究和培训主要出于国际传播的需要，但后来，作为移民国家的美国，国内种族关系日益紧张，文化冲突日益尖锐，解决族裔之间文化沟通的跨文化传播研究被提上议事日程，甚至取代了国家之间文化关系的显要性。不过，吸取了跨文化传播经验的国际传播实践，对文化差异的敏感性日益增强，对不同文化的研究领域不断拓展。

文化间传播的概念包括国际传播和跨文化传播，是对不同文化（包括不同国别文化）之间关系进行的广泛意义的传播研究，也是对跨文化传播开创的研究领域的理论化。

随着对文化特征、文化关系、文化冲突、文化理解的研究不断发展，"跨文化传播"的概念已经深入人心。然而，传统的跨文化传播的研究思路也有一定的局限性。首先，美国的跨文化传播研究越来越关注国内的族裔沟通；其次，跨文化传播的研究方法更关注具体情境中个体之间的人际传播，而非媒介化传播，视野比较狭窄。于是，有学科手册（Asante & Gudykunst, 1989）根据"人际"/"中介"、"互动"/"比较"四极关系的视角，将文化间的传播区分为四大类研究：1）偏重人际与互动传播的，是不同文化群体、种族、国家之间个体的互动研究（文化间人际传播研究）；2）偏重人际和比较传播的,是对不同文化内部人际传播之间的比较研究(人际传播文化间比较研究);3)偏重通过媒介和互动传播的,是代表国家的传播媒体(例如国际广播电台)对其他国家(民族)人民进行的大众传播(国际传播研究);4)偏重媒介和比较传播的,是对不同国家的大众媒体及其传播进行的比较研究(媒介体制比较研究、媒介内容比较研究等)。

近来,有学者试图用 transcultural 这个新的概念去概括不同文化主体之间移情理解、换位思考等交流关系与传播活动,解释为非传统西方中心的、赋权民众特征的"'新全球化时代'媒介文化传播当中'我中有你,你中有我'的新趋势":"在两种或多种文化的交流和对话中产生了文化的转型和变异,这就是'转'"(史安斌,2018:3)。也因此,可以将 transcultural communication 译为"转文化传播"(赵月枝,2019)。

在此之前,有 transnational ("跨国",如跨国公司,transnational corporation)修订了 international ("国际",如国际关系,international relations)的概念,用 trans-这个前缀代替 inter-这个前缀,意在表达相近却不同的含义:international 更侧重国家政体之间的区别化,而 transnational 却更重视穿越民族国家之间边境的整体性。与此类似,transcultural 的含义比 intercultural 更倾向于文化的"融合"性。

Trans 的前缀在英文中,有多种含义,如"转移""转换""转变"的意思,这是"转文化传播"译名的来由;还有"穿越""穿透""通过""自由往返"的意思,可以译为"穿""越""透""通"。将 transcultural communication 翻译为转文化传播,理解为转型与变异,当然不错。不过,用"穿越""通透"来表达在传播中设身处地的思考和理解,使文化得以沟通及融合,似也可以。中华文化海外传播最需要关注的是文化差异、文化冲突等不同文化之间的传播关系,最需要解决的是文化认同、文化接纳等不同文化之间的沟通问题。所以,用"通文化传播"(或者"融文化传播")来解释这一新的名词及其所代表的人类共同体和谐理想,也是可能的选项。这也就是费孝通先生所说的"各美其美,美人之美,美美与共,天下大同"。

面向海外进行的中华文化传播既是不同国家之间的传播,又是针对不同民族和不同文化人群的传播。本书所界定的"海外传播",是指一切与中国大陆（内地）境外的传播与交流，亦即包含对不同制度下、不同文化中人民的所有传播，它既包括国际传播、全球传播、跨国传播等越境性传播，也包括跨文化传播、文化间传播等穿越式传播。在本研究中，同时或者交替使用这些意义大同小异的近义词，并根据不同的语境和所强调的重点，表达意见，阐述观点。

既是传播，便有"我对你说"的宣传目标（对外传播）；但在现实环境中，又不能不考虑"你来我往"的交流态势（文化间传播）。这是一种错综复杂的关系，需要随机应变的能力。中华文化海外传播创新研究的目标是找到适当的路径、渠道、方式和方法，增进世界对中国的认可，在全球扩大中华文化的影响。

三　另辟蹊径的创新实践

就概念而言，"创新"与"发现""发明"不尽相同。发现是对已有事物的知觉，发明是创造出新的事物。而创新，既有发现的含义，指对原有事物的新认识，又有发明的含义，指对原有事物的再创造。创新不是凭空出现的全新事物，这与发明不同，也不是对原有事物的单纯认知，应从发现更进一步。创新是在原有事物基础上的新发挥、新创造，可以产生新的价值与意义。在当代产业化的语境中，创新往往与产品的革新和价值的增殖有关，又常常与市场等实际的效果相连。在本课题中，研究者力图在理论、方法、知识等方面都有所突破，在战略策略方面则深入挖掘改进措施。

（一）中华文化海外传播的创新目标

在理论创新方面，本研究除了重新界定"中华文化"、"海外传播"和"创新"目标的基本含义之外，还廓清了文化地理学、文化全球化、宣传现代化等一些相关领域的研究基础，并辨析了一系列与中华文化海外传播创新研究相关的学术理念，如宣传/传播、公众外交、文化传播、文化接近性等。本研究认为，必须弄懂弄通外语概念的本意、外国论述的语境和西方话语的动机，而不能望文生义，拿来就用，甚至率尔操觚，谬加比附。理论和话语创新的最终目的，是建构具有中国特色的普适性概念机制与话语体系，并为世界所理解、接受并认同。

在方法创新方面，本研究大体区分了文献研究与实证调查两大分支。文献研究是对他人已有研究成果的进一步综合概括，是我们的起跑线；实证研究是课题组自身对相关专题的选择性探索。我们的发现，都是基于前人成果之上的探索。我们的研究，也希望为后人提供上升的阶梯、前行的路径。

在知识创新方面，本研究采用文献研究和理论分析的方法，对"全球化""本土化""文化地理学""区域研究""文化杂交/文化杂糅""文化嫁接""宣传现代化""国家形象""软权力（软实力、软力量）""巧用力/用巧力""公众外交（公共外交）""话语分析""文化传播""文化接近性"等以及"叙事分析""符号分析"等相关领域进行大量的知识"考古"研究，在此基础上，力求辨明概念、辨清语境、辨析用语，创造真正符合中国实际的新知识、新经验。

在战略策略创新方面，本研究基于前人经验，挖掘创新建议，力图构建系统性的传播策略框架体系。例如，基于中国传统的宣传和传播重视"内外有别"的总体策略，强调在文化地理和区域研究的基础上采用"外外有别"和一国一策、一地（例）一策的具体化设计；针对全球化时代、后现代语境中内外混杂的传播现状，建议对"非传统思维""非常规方式""非主流途径"的创新实践进行探索，总结软硬结合、借势用力、合纵连横、借船出海的传播策略。由于创新是本研究的主要目标，更多的思考阐述如下。

（二）中华文化海外传播的创新思路

对中华文化的海外传播，本研究提出了一些创新思路。例如，根据"文化接近"和"文化杂糅"的时空特点，确定了以文化地理学的文化圈层为指导的研究框架，获得了一些新理念、新资讯、新数据。根据新媒介时代注重视听感官体验、移动接触行为倾向短视频的传受特征，以网络+音视频（例如宣传性短视频）为研究焦点和关注对象。以多模态话语分析和符号聚合理论等新的理论视角，对传播实践进行实证分析，提出了一些新观点、新见解。本研究还力图提供理论性和系统化的传播对策，从体制—机制—路径—措施等方面进行系统性的设计，推动传播实践的创新。

最终，就中华文化的海外传播创新，本研究的核心观点是：中华文化的海外传播关键是要别出心裁、另辟蹊径，在吸收既存经验、发挥传统优势的同时，特别关注非传统思维和非常规方式，借鉴非主流途径及另类实践，全面构建新的传播路径、传播渠道、传播方法和传播策略。

面向海外传播中华文明，展示中国文化，视野应该更开阔。传播内容应该兼容并包，传播渠道可以四通八达。致力于讲述真实、多面的中国故事，才能在全球塑造本真及良好的中国形象。

第二节　环境：国家形象与世界舆论

对社会主义中国及其国营传媒机构来说，西方社会的负面印象由来已久。长期以来，西方话语始终在国际舆论场上占据主导地位，中国媒体在传播观念、传播技巧、话语体系等方面则存在明显的劣势，"有理说不出""说了传不开"（程曼丽，2017：7）。从1978年到2008年，中国改革开放已有30年。虽然经济实力发生了巨大变化，但在外交关系上一直秉持"韬光养晦""搁置争议"的原则，在国际事务中总体上表现出隐忍、克制、低调的特点，"没有进入国际舆论的'聚光区'"（程曼丽，2015：4）。

中国获得2008年夏季奥运会主办权之后，从2004年开始，全国从上到下开始了新一轮"让世界了解中国"的对外宣传。不过，精心准备、完美呈现的北京奥运会似乎并没有给中国带来预期的形象加分，反而遭遇又一波"中国威胁论"的攻击。日益强盛的中国陷入被动局面。"走出去"的中国传媒和中华文化面临极大的挑战。

一　国家形象及中国形象

国家形象是"国内公众和国外公众对该国构成要素的基本特征的总体评价，是国家的核心软实力"（孙有中，2009：294）。国家形象（national image）常常等同于国际形象（international image），是与国际政治、国际关系相关的政治学概念，国家形象是人们对该国政治、经济、文化、教育等方面的综合认识，具有整体性和一定的稳固性（Wang, H., 2003：47）。国家形象可以是行为者在自己头脑中形成（自我投射）的，也可以是在其他人头脑中产生

（投射他人）的，前者可称为"自形象"，是行为主体的自我认识或者对他人刻意维护的印象；后者称为"他形象"，是不以行为者自我意志为转移、客观上由他人自主形成的行为者图像（Wang, H., 2003: 53）。

（一）大众传媒与中国形象

在传媒中介的世界中，情况更加复杂。有本国传媒自我塑造的国家形象（自塑形象），也有他国传媒通过各种符号系统描绘和塑造的一国形象（他塑形象）。传媒塑造的国家形象与一国的实际情况既可能大体一致，也可能相去甚远；既可能是蓄意美化的形象，也可能是恣意的丑化，全看传媒与被塑造国的关系，以及形塑的动机、方法和效果。传媒可以打造外在景观；但在他人心目中，一国的形象只能是他塑的、他人头脑中内化的印象。

大众传媒与国家形象密切相关。国家形象是认知者主观建构的产物；而传媒的建构往往具有真实的影响力。李普曼（Walter Lippmann）早就在《公众意见》一书中指出，每个人都会用头脑去"看"他不能亲身接触的世界上大部分地方，并用想象为自己构建"真实可信"的外部世界图景（李普曼，1989）。在国际传播领域，缺乏实际交流渠道及亲身接触经验的全球公众基本上是通过传媒（尤其是国际传媒，往往是西方传媒）了解别的国家，并形成对该国认知（形象）的。

在西方传媒主导的国际话语格局中，中国处于十分不利的局面。在很长的时间里，中国形象被严重损害，"定型"为丑陋、凶恶的动物（如西方概念中的"恶龙"dragon），而不是中国人更喜欢的熊猫。西方受众心目中的中国形象在很大程度上是他们从本国媒体报道中获得的，是西方媒体"想看到并想让人看到"的中国，而不一定是"实际存在"的中国。

媒介的传播是否可信，能否有效，源于媒体与受众的关系及其传播的公信力。按照全球流行的西方自由主义媒介理论，大众传媒理应是遏制国家权力的批评力量。因此，对中国这样媒体与国家捆绑一处的体制，批判理念产生的负面形象常常同时投射到国家与媒体身上。国际传播的公信力，往往既取决于媒体，又取决于国家，还取决于媒体与国家的关系：如果国外公众不相信某个国家，就可能不信任这个国家的媒体；而媒体的传播如果遭人诟病，也损害国家形象。也就是说，国家形象与媒介形象是相互构建、相互成全或者相互连累的。中国的主流媒体如果能够成功地走进其他国家的人民并有效发挥影响力，的确可以改变中国的形象；但他国人民是否信赖中国媒体，却在很大程度上取决于他们是否相信中国这个国家。因此，中国传媒能否成功地走出去，目前迫切需要解决的，是国家形象的问题。

（二）中国形象的国际认知

历史上，海外民众特别是西方社会对中国的认知，大致经历过几个阶段——从艳羡到怜悯，从鄙视到敌对。在古代的丝绸之路上，西域以及更远处的人民尚缺乏与中华大地的直接接触，他们对这个遥远国度的美好想象，大多来自丝绸、瓷器、茶叶等器物及其自然带有的美妙品质。近代以来，在传教士及旅行者笔下的中国，愚昧落后然而纯朴天然。一度，世界对遥远的中华形象的描述曾经饱蘸溢美的墨汁，彼时的欧洲对中国充满了向往和憧憬，启蒙运动的先驱者莱布尼兹、伏尔泰等曾将其中华文化的精髓融入资产阶级的思想解放运动。等到资本主义开始全球征服时，中国成为被西方列强瓜分的贫弱对象。而当社会主义中国与资本主义西方进入长期对抗时，中国就变成了可恨、可怕的敌人，此时，西方传媒对"红色中国"的宣传常常充斥着意识形态的负面解读。而欧美等西方国家对中国形象的界定具有"一锤定音"的话语权。

人口众多的中国曾触发西方种族主义者的"黄祸"想象。改革开放以来，40多年经济体量的不断增长、世界经济排名的迅速上升、军事力量的持续增强，加上某些中国人不切实际的自我期许和自信心爆棚的豪言壮语，都在无意中呼应了"中国崛起"对西方世界的威胁感。特别是进入21世纪之后，"中国威胁"的论调一直此起彼伏。虽然"修昔底德陷阱"实际上指的是"守成大国"因恐"老大"地位被取代而作出的过度反应，但也成为反制新兴力量崛起的流行话语。

实际上，中国的崛起面临内外交织的一系列问题。不仅历史上的负面因素依然存在，并未消失，关于中国再度强盛的现实也常被夸张，并被赋予不利解读。通过科学方法检测到的中国国际形象总体上令人担忧。

二 建构的形象与互动的舆论

采用"科学"及量化方法进行调查研究的实践，起源于工业发达国家。

近年来，中国也日益重视量化调查方法，并以数据方式展示全球对中国国家形象的认知。

（一）西方的国际舆论调查与中国形象

全球舆论调查机构对中国的关注，可以追溯到20世纪50年代。当时，围绕是否应该让中国加入联合国这一议题，美国的盖洛普公司等舆论调查机构开始发布涉及中国的调查数据（丁晓利，2017：5）。1971年，中国重返联合国，继而改革开放。中国逐渐融入世界，全球对中国的观感也逐步发生变化。进入21世纪，国际舆论调查机构将中国纳入常规调查的重点范围。

2008年北京奥运会的成功举办，成为中国赢得世界关注的关键节点。在此前后，以从事全球舆论调查的皮尤研究中心（Pew Research Center）和BBC世界报道部为代表的涉及全球国家形象的舆论调查，无形中引导着有关中国形象的国际舆论。皮尤研究中心于2005年将中国形象列入国际调查项目。在一篇"中国的乐观主义：繁荣带来满意"[①]的总结中，态度温和客观，数据显示，在16个被调查的国家中，中国人对生活的满意程度是最高的（72%：19%）。此后，国内主流媒体《人民日报》和新华社对皮尤调查的多次引用，使得皮尤调查特别是其"全球态度与趋势"（Global Attitudes & Trends）项目逐渐走进中国公众的视野。

1. 皮尤全球态度调查

2007年的皮尤调查认为，全球日益增长的反美主义极大地提升了中国形象；然而它又预言：中国不断增长的军事和经济力量也可能在未来几年促进反华情绪。2009年，在源自美国的全球性金融危机中，皮尤报道说，世界舆论认为中国变得更加强大；而美国变得不那么重要了。随着此消彼长的世界地位，2011年，美国人对中国的警惕与日俱增，将崛起的中国视为美国这个"世界唯一超级大国"地位的挑战者。2013年，在被皮尤调查的39个国家中，有8个视中国为领导性的经济力量，G2（意谓"两个超级大国"）的论调开始引人注目。2014年，在欧洲、中东、拉丁美洲、非洲和亚洲进行的调查中，全球舆论认为美国在衰落，中国在崛起，相信中国会取代美国成为领

[①] "China's Optimism: Prosperity Brings Satisfaction-and Hope", November 16, 2005, https://www.pewresearch.org/global/2005/11/16/chinas-optimism/.

导世界的超级大国,49%的被访公众说,中国终将或者已经取代美国的位置,只有34%的人不同意。特别是欧洲调查对象中,有60%的人同意,只有33%的人说不可能[①]。在2015年的调查中,"担忧中国"已经成为美国民众的一种主流民意。2017年皮尤调查报告显示:美国将中国视为竞争对手;不过,全球民意调查仍然认为美国的经济领导力量超过中国;与此同时,在过去10年中,美国人对中国的否定意见增长了11%[②]。

中国的国际形象,舆论反馈最好的是遥远的非洲和拉丁美洲,以及中东地区。东南亚国家随着与中国关系的变化,民众的评价起落不定。中国和日本的相互评价一直是最低的,而韩国民众对中国的看法也日渐趋于负面。美国人对中国形象的评价一直稳定地趋向负面;欧洲国家则在总体的批评态度中表现出一定的弹性。这些民意调查的发现未必就是真实世界的准确反映,但它在一定程度上显示了国际舆论的状况及趋势。特别重要的是,它还在很大程度上构建了中国的国际形象,并引导着全球公众对中国的态度。

作为一个商业机构的市场产品,皮尤公司强调其"全球态度与趋势"调查方法的科学性、客观性,而将观点及对舆论的引导寓于调查资料中。就中国形象而言,通观2001—2017年"全球态度调查"报告所反映的公众舆论,总的趋势是肯定中国的经济进步、改革成就;但对中国的军事增长屡有微词,同时,借"舆论"之口,基本否定中国的政治制度特别是人权状况。

2. BBC全球扫描调查

英国广播公司(BBC)是享有国际声誉的公共服务媒体。从事全球服务的BBC世界报道部与从事国际调查和咨询的跨国公司全球扫描(Globe Scan)等机构合作,从2005年开始,对包括中国在内的世界代表性国家进行定期调查,要求调查对象就这些国家的印象进行"正面"或者"负面"的感知反

[①] http://www.pewresearch.org/fact-tank/2014/07/14/5-key-takeaways-on-global-views-of-the-u-s-and-china/.

[②] 关于中国形象,可在皮尤网站上查找:http://www.pewresearch.org/topics/country-image/,也可以查找:https://www.pewresearch.org/topics/china/。如Globally, More Name U.S. Than China as World's Leading Economic Power (AUGUST 23, 2017); In global popularity contest, U.S. and China-not Russia-vie for first (AUGUST 1, 2017); Americans have grown more negative toward China over the past decade (FEBRUARY 10, 2017). 这几篇调查报告2019年都列在https://www.pewresearch.org/topics/china/page/3/上。

馈，并连续发布 BBC 全球民意调查报告（A Global Scan Poll for the BBC）①。

在最初的 2005 年对 23 个国家的调查中，14 个国家认为中国具有正面影响，平均 48% 持支持态度，30% 持反对态度。值得注意的是，当时对日本持负面态度的人占 22%，只有 25% 的人持正面态度，53% 的人没有表态。BBC 全球调查认为，对中国的积极态度得益于其经济作用，而非军事潜力。有 16 个国家的多数人说，如果中国在经济上变得更强大，将是件好事；而 17 个国家的多数人说，如果中国军事上变得更强大，是件坏事②。

此后 BBC 对各国观点的"全球扫描"调查基本都涉及中国。总体看来，在十多年来的调查中，大多数国家对中国的评价逐渐从正面偏向负面。例如，2006 年，世界舆论对中国的评价虽有下滑，但好于美国；大多数国家（包括亚洲国家）对中国日益增长的经济力量并不担心。不过，到了 2011 年，面对中国日益增长的实力，担忧上升了③。对比 2014—2017 年，在跟踪的 17 个国家中，对中国持肯定态度的调查对象从 43% 下降到 41%。持否定态度的则从 40% 上升到 42%，有几个国家的否定态度成为调查以来的最高数字，尤其是印度，否定百分比从 35% 升到 60%，肯定比例下降了 14 个百分点，为 19%，成为 2005 年以来最低的数值④。2014 年的印尼也从否定的 28% 增加到 50%，肯定则从 52% 变为 28%。这也是自 2005 年调查以来，印尼调查中首次发现大多数人不认同中国在世界上的作用。这些变化当然与国际关系的冲突相关。美国对中国的态度一直比较稳定：反感的占 70%，好感的占 22%。拉丁美洲对中国的态度总体上是正面的。非洲总体上对中国态度友好，如 2014 年尼日利亚对中国好感度高达 85%，反感度仅 10%，是被调查的所有国家中最亲近中国的。

西方全球民意调查采用的程序，虽然就科学性而言似乎无懈可击，所得数据也大致可信，但因为调查者特定的思路和可控的因素，并不能完全代表真实的世界情况。同时，全球舆论也是瞬息万变、难以捉摸的。然而，调查

---

① 这些调查报告均可在网上获得。地址：https://globescan.com/tag/bbc-world-service-survey/；部分内容也可在另一家机构（"世界民调"）的网站获得。地址：http://worldpublicopinion.net。
② http://worldpublicopinion.net/23-nation-poll-who-will-lead-the-world/.
③ http://worldpublicopinion.net/rising-concern-about-chinas-increasing-power-global-poll/.
④ 对比 2005 年报告，当时印度对中国的好感率是 66%，名列最友好国家之一。

得来的状况及其变化可以在一定程度上反映事物发展的趋势；同时，广为传播的调查结果也可能成为拟态环境，在很大程度上引导公众对事物的判断和对形势的认知。从这个意义上说，全球舆论调查对塑造中国形象的重要性不言而喻。

（二）东南亚邻国的中国形象调查

与中国地理最接近、文化最相似的地区之一，是东南亚。关于东盟国家人民心目中的中国形象，新加坡知名智库"尤索夫·伊萨克（Yusof Ishak[①]）东南亚研究所"于2020年发布调查报告《东南亚态势：2020》（The State of Southeast Asia：2020），呈现了东南亚精英阶层对中国和美国的看法。

在某种程度上，尤索夫·伊萨克东南亚研究所的调查结果印证了许多中国人对"强势崛起"的自我感觉。例如，研究发现，东盟各国对美国对抗中国的能力失去信心。《环球时报》引述国际传媒的评论称："无论在经济还是政治和战略层面，中国都已被认为是东南亚地区最具影响力的大国"，当被问及如果被迫在中美之间选边站时，受访者的选择出现明显分裂。整体选择偏向美国，53.6%，但选择中国的也有46.4%。东盟10国中，有7个国家（老挝、文莱、缅甸、马来西亚、柬埔寨、泰国、印尼）更青睐中国，而不是美国；越南、菲律宾和新加坡选择了美国，尤其是与中国存在南海争端的越南和菲律宾分别以压倒性的85.5%和82.5%的优势倾向美国。[②] 不过，与中国人乐观的自我感觉不同的是，东南亚精英们对"影响增强"的解读不一定是正面的、积极的——东南亚人质疑中国的崛起并非和平，因此，对中国影响力的增长与其说是钦佩，不如说是恐惧。正如新加坡早报网上的一篇报道指出的："亚细安（东盟）国家普遍认为中国的经济、政治与战略影响力已超越美国，同时对这个现象越来越担忧。"[③]

2020年的报告是东南亚研究中心延续2019年同一主题的调查报告——

[①] 新加坡首任总统的名字。
[②] 辛斌、王盼盼：《普遍承认美国影响力下降，但也质疑中国非和平崛起　东南亚精英阶层复杂看中美》，《环球时报》2020年1月17日第3版。
[③] 林展霆、陈锐勤、蔡新友、卢芳楷：《东南亚国家怎么看待中国的崛起——一份针对亚细安10国官员、商界与学界人士做的详细调查报告》，2020年1月16日，https：//www.zaobao.com.sg/znews/sea/story20200116－1021447。

《东南亚态势：2019》（The State of Southeast Asia：2019）。对中美哪个是本区域最具经济影响力的国家这个问题，2020年调查者中79.2%认为是中国，比2019年报告中的73.3%增加近6个百分点，而选择美国的7.9%，与上一年持平。在美国传统上较占优势的政治与战略层面，2020年有52.2%的受访者认为中国在本区域最具影响力，比2019年的45.2%高；选择美国的则从30.5%降低至26.7%。[1] 可见，认为中国国力增强，影响力变大，并不必然意味着肯定与好感，对中国而言也并不一定是"好事"。

（三）中国的国家形象全球调查

从2012年至2015年，国家外文局对外传播研究中心（现在的当代中国与世界研究院）课题组连续四次发布年度全球舆论调查报告——《中国国家形象全球调查报告》，调查样本逐年增多，涉及议题逐渐多样。2018年和2019年，又分别发布了第五次（2016—2017年）和第六次（2018年）的调查结果，聚焦中国人、中国文化、中国制造、中国品牌、中国政府等对象在国际上的形象。调查认为："中国整体形象好感度稳中有升"，"中餐、中医药、中国高铁等中国文化与科技元素继续成为国家形象亮点"。[2] 中国形象海外总体得分逐年提高；中国国际贡献度不断提高；中国制造正转向中国创造，中国产品正转向中国品牌，一句话，中国整体的国家形象是良好的。由于采用数量化科学方法，委托国际权威调查机构连续规范进行操作，外文局的全球调查优于国内一些机构自行开展的中国形象调查。

中国外文局历年的调查报告显示：中外关系影响海外民众对中国的评价，国家形象受国际关系的重大影响；有访华经历者对中国态度更积极，实地观察和直接交流更有利于中国形象，亲身接触的中国比媒体（特别是西方媒体）表现的中国更加可亲、可信；海外民众最想通过中国媒体了解的是中国传统文化，中医、武术、餐饮是中国文化的典型代表。这一方面显示，外国民众对中国的当代文化了解不足，认知有限；同时也说明，他们对中国传媒提供

---

[1] 关于《东南亚态势》报告的具体内容，可见：The State of Southeast Asia：2020 Survey Report 和 The State of Southeast Asia：2019 Survey Report. 发布者是 ASEAN Studies Centre at ISEAS-Yusof Ishak Institute.

[2] 当代中国与世界研究院课题组：《2016—2017年中国国家形象全球调查分析报告》，《对外传播》2018年第2期。

的政治图景缺乏关注。另外，海外受访者最期待中国在经济和科技领域发挥更大作用，反映出他们对中国的制度和道路兴趣不足。

（四）不同视角的中国形象

通过检视皮尤、BBC、新加坡东南亚研究所和中国外文局关于国际舆论的全球调查，可以发现，通过调查提问的视角和框架，外国调查机构与中国调查机构呈现的中国形象异中有同。

中外调查都发现：发达国家和发展中国家对中国形象的认知分歧较大。"和平""中立"的中国形象在发展中国家民众中接受度较高，发达国家则对中国在未来世界和平中的作用持怀疑和观望态度。中国外文局的调查与皮尤调查和BBC调查一致的发现还包括：中国人对自己国家的看法倾向正面；外国青年人对中国的经济发展看法更积极。不过显然，"他塑"与"自塑"的中国形象是大不相同的。

代表西方观点的皮尤调查和BBC调查与中国调查的结果差异较大，而这两个西方调查之间却是小异而大同。BBC印象式的宏观调查（对各国"正面"或者"负面"的感知反馈）与皮尤侧重具体问题调查（内含不同时期、不同专题的大量问题）的思路虽然有异，却不约而同地得出相似的结论。首先，受访国家对中国的好感度因国而异，西方发达国家的欧洲、北美对中国的形象评价整体为负面，南美、非洲、中东、北非地区的发展中国家对中国的整体评价较为正面。中国的"威胁"形象在西方世界尤其是美国民众中相当明显，近年来在周边国家也有所上升；对中国政府的治理、中国的人权状况和环境保护问题，全球舆论存在大量非议。同时，希望中国更多承担全球责任的论调也在升温。

舆论调查机构推出的形象，主要是调查者眼中的真实。然而，不管这些调查得来的舆论是否符合实际，在多大程度上符合实际；重要的问题在于——这些舆论很有影响力，它们会成为许多人判断现实的依据。例如，美国智库学者黄育川2016年5月3日在美国《国家利益》双月刊网站发表题为"中国最危险的敌人是全球舆论"的文章，起因便是盖洛普当年2月22日发表题为"美国人认为中国目前是头号经济大国"的舆论调查。根据这次年度盖洛普调查，大多数美国人对中国日益增强的经济实力感到担忧，认为中国不值得信任，反感中国宣扬自己的发展方式和价值观。而据芝加哥全球事务学会的民意调查，在美国有近一半的受访者认为中国是军事威胁，在欧洲则有三分之一①。

黄育川的文章指出，对中国崛起的判断在西方引起了严重的不安全感。从全球来看，东欧人对中国的看法比较正面。在西欧，官方与民间的认知差别也很大。德国公众对中国的态度比其他欧洲人更为负面，是因为"充满敌意的媒体起到了推波助澜的作用。"而英中两国民众则"展开了广泛的互动，加上旅游和教育领域的交流，以及双赢的金融和服务联系"，因而削弱了敌意。在亚洲，由于历史原因和地区争端，日本、越南和菲律宾民众对中国的看法不像亚洲金融危机之后几年那样正面了。在拉丁美洲和非洲，因为中国带动了当地经济的发展，人们对中国崛起的看法就比较正面。黄育川认为，中国日益增长的经济实力和动用这种实力谋求建立"新型大国关系"的意愿使全球安全忧虑明显增长，也使得公众对日益崛起的中国发生了令人不安的认知变化②。几年后的中美贸易冲突似乎证实了这位学者的预见。

自从21世纪皮尤与BBC开展国家形象定期调查以来，中国将成为头号经济大国的预期一直在稳步上升。对中国而言，这种大国强盛的世界舆论未必是好事——它带来的更多的是疑虑和担忧。然而，这种预期对国内外公众的看法产生了极大的影响力，能够轻易地塑造超过中国实力的"强大"形象。

民意调查影响舆论的原因，一个是调查者标榜的"客观"立场，与舆论接收者的感觉似乎一致；另一个是数据的科学感、真实感——它们常常使意见"自然地"变为事实。其实，受众对世界、对事实的感觉也是被大众传媒长期构建起来的。而公众的这种"感觉"通过民意调查报告展示出来之后，又化为舆论，进一步影响了公众的认识及其对全球社会的感知。因此可以说，国际舆论环境是公众意见与媒体传播相互作用的结果，而中国形象在很大程度上受制于这种公众意见与媒体传播相互作用的国际舆论环境。

由于"他塑"与"自塑"的中国形象大不相同，中国民众与世界特别是

---

① 黄育川：《中国最危险的敌人是全球舆论》，https：//www.guancha.cn/HuangYuChuan/2016_05_05_359152.shtml。

② 《美学者：中国最危险的敌人是全球舆论》，参考消息网，2016年5月5日，http：//column.cankaoxiaoxi.com/g/2016/0505/1149752.shtml。

西方民众对中国的认知之间是有很大距离的。这种国际形势说明，中国面临着全球舆论的严峻挑战，中国和中华文化走向海外的道路将是长期曲折的。

参考文献

Asante, M. K., & W. B. Gudykunst, "Handbook of International and Intercultural Communication", *Sage*, 1989.

Globalscan：https：//globescan. com.

Nossel, Suzanne, Smart Power, *Foreign Affairs*, Mar./Apr., 2004.

Nye, Joseph Jr., Soft Power, *The Means to Success in World Politics*, New York：Public Affairs, 2004.

Pew Research Center：https：//www. pewresearch. org.

Tang, S. M., et al., The State of Southeast Asia：2019 Survey Report, The State of Southeast Asia：2020 Survey Report, Singapore：ISEAS-Yusof Ishak Institute, http：//www. iseas. edu. sg.

Wang, Hongying, National Image building and Chinese Foreign Policy, in *China：An International Journal* (CIJ), Volume 1, Number 1, March 2003.

http：//worldpublicopinion. net.

程曼丽：《以中国的全球战略思维重新审视海外华文传媒》，《对外传播》2015 年第 10 期。

程曼丽：《中国对外传播的历史回顾与展望（2009—2017 年)》，《新闻与写作》2017 年第 8 期。

丁晓利：《全球舆论调查机构中的中国形象》，硕士学位论文，清华大学，2017 年。

卢嘉、史安斌：《国际化·全球化·跨国化：国际传播理论演进的三个阶段》，《新闻记者》2013 年第 9 期。

史安斌：《从"跨文化传播"到"转文化传播"》，《国际传播》2018 年第 5 期。

孙有中：《解码中国形象：【纽约时报】和【泰晤士报】中国报道比较（1993—2002）》，世界知识出版社 2009 年版。

［美］沃尔特·李普曼：《舆论学》，林珊译，华夏出版社 1989 年版。

赵月枝：《跨文化传播政治经济研究中的"跨文化"涵义》，《全球传媒学刊》2019 年第 1 期。

中国外文局对外传播研究中心、当代中国与世界研究院：《中国国家形象全球调查报告》（2012、2013、2014、2015、2016—2017、2018—2019）。

"中华文化"研究概貌[*]

概述"中华文化海外传播"的研究文献,首先要确定什么是"中华文化",其次要确定"海外"指哪里。因此,本文首先从这两个概念开始,厘清所涉及的文献范畴。

第一节 概念辨析

一 何为"中华文化"

从概念使用的角度看,选用"中华文化"而非"中国文化",原因在于关注点更侧重于文化因素,避免"中国"一词天然具有的政治国家含义。换言之,使用"中华"二字,更多地指涉"文化中国"。然而,"中华文化"的"海外传播"者、研究者们,恐怕并非把二者截然分开,区别看待。这里只需提两点:首先,"中华文化"与"中国文化"在翻译成英语之后,几乎是一样的(Chinese culture),丧失了在中文中所具有的微妙差异;其次,文化传播从来就不仅仅是文化意义上的传播。因此,本文的研究文献综述,不再严格区分"中华文化"与"中国文化"。但我们将尽最大可能去理解和描绘"中华文化"的研究者、传播者们是怎样从"文化"的角度理解中国和中国文化,或者说"中华文化"的。

---

[*] 本文是李漫博士(清华大学博士,比利时达伽马欧洲外交与国际关系学院教授,奥地利萨尔茨堡大学历史系高级研究员)应邀为课题组撰写的历史文献综述,原题目为《"中华文化"研究概貌——中华文化海外传播研究文献简述》。手稿篇幅较长,经郭镇之编辑,主要删去了介绍文献书目的部分。

然而，即便是在"中华文化"一词内部，也包含着两个远未清楚定义、并且远非没有争议的概念，即"中华"与"文化"。

首先，"文化"这个概念，其定义之多便简直不可胜数。唐君毅说："广义之文化，包含宗教、哲学、文学、艺术、道德、伦理、科学、政治、经济，及技术上之发明之各方面。本文论中国文化，将限于狭义的精神文化方面，亦即关于中国文化中道德伦理宗教哲学文艺方面，不过这些范围，仍甚广。"（唐君毅，2005：73）钱穆说："'文明'、'文化'两辞，皆自西方移译而来。此二语应有别，而国人每多混用。大体文明文化，皆指人类群体生活言。文明偏在外，属物质方面。文化偏在内，属精神方面。"（钱穆，1993：1）广义的"文化"概念即"人化"，凡与人相关的一切都可包含在内，以区别于自然界，包括植物与其他动物（梁启超，1989：97）。狭义的"文化"概念则专指在一定社会经济形态和社会组织形式下人们的一般社会行为及其规范，包括衣食住行、风俗习惯、道德观、世界观在内的各种生活方式与行为规范等。而文化的产生也是基于对不同事、物的不同价值判断而产生的，即在"真假，善恶，美丑，好坏"等成对范畴中作出判断。我们只要找出某一文化对事物的判断标准，庶几便可理解这个文化。用吕思勉的话说："予谓文化者，人类理性之成绩也。"（吕思勉，2007：2）不同地区的人民因不同历史和地理环境因素的影响，而形成了自己独特的文化。正如诺贝特·埃利亚斯（Norbert Elias）在其名著《文明的进程》中所指出的，文化是表现不同民族差异性的东西，本身没有高下之分，而文明则是"使各民族之间的差异有了某种程度的减少，因为它强调的是人类共同的东西"（埃利亚斯，2013：3）。文化相对于蒙昧而言，而文明则相对于野蛮而言。文化侧重于特定历史地理条件下的社会生产力与社会规范的发展，而文明则侧重于教养与对美善的追求。本文选择的是狭义的文化概念，指那些表现民族差异性的，具有独特性的文化，即柳诒徵所言："即吾中国具有特殊之性质，求之世界无其伦比也。"（柳诒徵，2001，绪论，2）

"中华"这一概念的解释，自民国以来数不胜数。但究其实质，最重要、讨论最激烈的一点，就是在"华夷之辨"视野下，在自居为"华"的汉族之外，那些在历史上被视为"夷"的其他族裔，如满、蒙、回、藏，究竟是否为"中华"的一部分？对于这一点，有三种代表性意见。其一，就是早期的章太炎，他认为这些少数族裔不属于华夏文明,甚至在文化上还不如当时同在汉字文化圈的越南、朝鲜和日本亲近,故应排斥之。而第二种则是经过反思之后有所觉悟的晚期章太炎,以及其后的许多学者,比如顾颉刚。日本侵略激发起顾颉刚的思想巨变,提出了"中华民族是一个"的著名论点,认为所有在晚清版图中生活的不同族裔的"中国"人都属于一个民族。这就极为类似于第三种观点,即梁启超所说的"大民族"与"小民族"的观点。梁启超认为,"中华民族"对于外人、外国而言是一个大民族,而在内部又有不同的"小民族"(族群)。这三种观点概言之,即"中华"具有狭义的、广义的与折中的三个维度的意义诠释空间。

就概念来说,狭义的"中华文化"即汉族的文化,广义的"中华文化"即包含满、蒙、回、藏等少数民族文化在内的多元文化。而折中主义的"中华文化"则是知识人想象中的图景,即在外国人看来是统一的,而内部则是多样化的、多元一体的文化。本文认同广义的中华文化概念和在具体论述时分门别类的多元文化取向,主观上期许的,也是这种融合的"中华文化"在"海外"的传播。本文以下部分混合采用"中华文化"和"中国文化"的概念用语。

然而,在实际的传播语境中,出于种种历史、政治意识形态的原因,在"外人"眼中的"中华文化"其实却是狭义的"中华文化",即汉族文化。他们或有意或无意地,并不将满、蒙、回、藏这些少数民族视为中华文化或中国文化。因此,本篇文献综述的范围实际上仅涉及汉文化在海外的传播。

二 哪里是"海外"

"海外"一词原初的含义也是华夷之辨视野下的用语,"海内"指"中国","海外"指"中国"以外的所有地方。由于种种条件的限制,一般所谓的"海外"文献,基本上是指英语世界(主要是欧美发达国家)的学术文献,没有包括日本、韩国、越南等亚洲国家、阿拉伯语世界、西班牙语世界以及非洲等地区不同语言的文献。

第二节　中华文化研究概貌

海外研究者对中华文化的兴趣主要集中在三个范畴，即中华文化的古典性或前现代性、中华文化的现代性以及中华文化的后现代性。这三个范畴的划分当然是西方中心论的，但也未尝不是一个可资借鉴的文献参考框架。这三个范畴既是时间性的，同时在特定的语境中也有时是空间性的。我们且借用这个框架来作一粗略的梳理。当然，由于相关文献汗牛充栋，本文提及的，只能是极少一部分。

一　中华文化的古典性研究

中华文化的古典性是塑造中华文化独特性的主要因素，因为数千年来的中华文化仅仅是在晚清以后才真正进入了西方主导的现代性过程之中。[①] 因此，如何描述中华文化的特性，在很大程度上就是描述中华文化的古典性。这至少在新文化运动之前是没有问题的，甚至新文化运动对传统文化的批判也有助于清楚认识中华文化古典性的特点。从晚清第一次鸦片战争到民初五四运动前后十年左右，由于时代背景的特殊性，当时的中国学者对于中华文化的古典性，或者说传统中华文化的理解、阐释和争论，有助于人们较全面地理解中华文化的古典性。

晚清民初，关于中华文化有过几次重大的转折和辩论，不乏判若云泥的两极化态度。一种是保守派，一种是改革派。细分起来，各派之间也还各有内部的派别分歧，如晚清保守派分为极端守旧派和洋务派，洋务派又有西学派和康梁新学之争。到了民初，改革派又分为激进革命派和渐进改良派，文化保守主义与新文化运动，等等。本文不拟详加区分，只粗略区分为对中华文化古典性的两种态度和思潮。概括言之，是将文化区分为物质与精神两个

---

① 日本京都学派提出唐宋转型说，认为宋代中国既已进入现代。但本文所定义的现代性，是西方意义上的现代性。这是因为，西方的现代性从各个层面彻底地改变了中国人的生活习惯、社会结构和政治生态。

范畴。承认物质文化的一部分，即实用性的器物、机械，中国已经落后于西洋。由于当时的现实，对这一点基本没有争议。但对于精神文化（包括这种精神在物质文化中的凝结和体现，即审美性的器物），则有两种不同的态度，可称之为文化保守主义和文化革新主义两派。为了维护自己的观点，无论是保守主义还是革新主义，各自都对中华文化的特点作出基于不同逻辑的阐述。

主张保持中国传统文化的一派，在历史上向来是主流。但晚清以来中国衰颓，屡受外侮，这一派仍然认为，并不是由于中华文化本身出了问题，而是由于西洋奇技淫巧的发达，是器物层面的领先，至多加上制度层面的领先，而并非精神层面的高明，因此即便要学习追赶西方，也只需要学习西方的科学技术而已。魏源可以被认为是第一批传统文化派的代表人物，他在《海国图志》中首次提出"师夷长技以制夷"；其他代表人物还有改良派思想家冯桂芬，他在《校邠庐抗议》中倡议："以中国之伦常名教为原本，辅以诸国富强之术"；以及主张"中学为体，西学为用"的张之洞[①]。

主张扬弃中国传统文化的这一派，其思想渊源在历史上不乏其人，但离清末"数千年未有之大变局"最近的思想源头，可以晚明的李贽为代表。他称自己的文章是"离经叛道之作"，他的著作如《焚书》《续焚书》等，强烈抨击了占统治地位的儒家伦理对人性的束缚。到了晚清民国，由于社会现实的原因，这种反传统的思想有了更多也更广泛的思想共鸣。很多革命派思想家认为，中国积贫积弱的根本原因，就在于文化的落后，他们提出要从各个方面抛弃传统文化，甚至有人提出，连文字都要改成拉丁字母。众所周知的有陈独秀、蔡元培、胡适、钱玄同、鲁迅等人对传统文化的强烈批判。

二 中华文化的现代性与后现代性研究

中华文化在民国初年新文化运动引进"德先生"与"赛先生"的影响之

[①] 需要指出的是，"中学为体，西学为用"这个说法并非张之洞最先提出。最先提出这个概念的是光绪二十一年（1895年4月）南溪赘叟在《万国公报》上发表的《救时策》一文，其中"中学为体，西学为用"的概念首次明确见诸文字。1896年，礼部尚书孙家鼐在其《议复开办京师大学堂折》中复又提出，"自应以中学为主，西学为辅；中学为体，西学为用"。但只有在张之洞在其《劝学篇》中详细提出了洋务派的理论纲领，再次提出中体西用的概念，反对政治与社会体制改革，其后这个概念才真正广为人知，产生重要影响。

后，有了很大的变化，比如书面语与口语的趋同，传统家族制下家庭与社会伦理的崩溃，等等，这是第一次大变；无产阶级的新民主主义文化兴起，直到中华人民共和国成立后至"文化大革命"，又是一次大变；此后改革开放至今，经济自由主义与市场伦理的大规模进入，形成了另一次大变化。但这些变化发生在短短的一百多年中，尚未最终定型，面对数千年的文化史，这些现代文化转变的新因素哪些能积淀下来成为中华文化的核心因素，尚待观察。

简言之，针对前两次以及第三次文化变动中的一部分现象所作的研究，即是对中华文化现代性的研究；而针对第三次文化变动中另一部分的研究，则是对中华文化后现代性的研究。前者主要集中研究政治主体性在革命文化中的形成与体现、革命对传统文化的影响以及对新文化的催生、新旧文化冲突与交融对文化总体的影响等；后者主要集中在大城市才出现的亚文化研究、性别文化研究、商业文化研究以及市场中的人的研究等。严格来说，世界不同文化进入西方现代性之后，都具有相当程度的共同性，而所谓的本土现代性，也只是本土传统文化与西方现代性对话、冲突与共存的现象，并不能称其为本土文化，而只能称之为本土文化的现代表现形式。后现代性更是如此。因此，在这个意义上，中华文化现代性以及后现代性的研究，毋宁说是一种对中华文化古典性与西方现代性接触与反应的研究。明乎此，就会理解对于中华文化现代性的研究，为什么总体上体现得更多的是科学与"玄学"、传统与现代、中国与西方的比较视野。因为真正体现文化独特性的，是历史与地理的传统因素，而不同文化即便经过选择性准入门槛而进入某本土文化中，仍需要足够长的时间才能真正成为本土文化的一部分。从佛教成为中华文化的一部分所经历的漫长岁月和本土化改造，可见一斑。而其他看似风起云涌的文化变迁，仅仅是文化史中一个个波浪，等到其真正沉入文化历史长河之中，才能称其为这种文化的一分子。

三 中华文化研究的议程与路径

在简要勾勒了关于中华文化古典性、现代性与后现代性各自研究主旨和特点之后，本文进入体现中华文化研究议程与路径的中华文化著作。对于极为广泛的研究著作，本文只能着重提出几个直接讨论中国传统文化的重要个例——因为现在讨论的中华文化在很大程度上指涉的仍然是中国传统文化，而对中华文化现代性与后现代性的研究，在本质上是对全球化的西方现代性在特定地区（中国）具体表现形式的研究，因此本文的着重点也放在对中华文化古典性的研究之上。

首先应该提到梁启超。这不仅因为他的态度颇为独特，早期是文化革新主义而晚期是文化保守主义，代表了清末民初很多知识人的心态，因而颇值得注意；并且梁启超对中华文化古典性的主要看法在很大程度上为后来的学者设置了研究的议程。后来的研究者，不管同不同意他的意见，都无法回避他提出来的那几点中华文化的特征。因此，可以将梁启超视作近代中华文化研究的议程设置者。

梁启超在早期的《新民说》（1902—1906）以及《新大陆游记》（1904）中，极力赞扬以美国为代表的西方文化，尖锐地批评中国文化的种种弊端。而到了第一次世界大战之后写《欧游心影录》（1918—1920）时，他意识到了西方文明内部的深刻问题和弊端，开始反思自己早期对西洋文明的极力推崇，高度赞扬中国文化。他思想的转变颇能说明他对中华文化的认识。他对文化问题的界定和探讨，以及对中国文化的批判、推崇和描摹，集中在他几篇文章中，如：《科学精神与东西文化》（梁启超，1922，1989）、《什么是文化》（梁启超，1922，1989）、《研究文化史的几个重要问题——对于旧著中国历史研究法之修补及修正》（梁启超，1922，1989）、《印度与中国文化之亲属的关系》（梁启超，1924，1989）等，另外他还出过一本单行本《中国文化史》（梁启超，1927，1989）。梁启超在《中国文化史》中对于中国文化古典性特征的描述，是通过对各种形式的社会组织的描述而实现的，如婚姻，姓氏，家族及宗法，各朝代的阶级与尊卑划分，乡村与都市的权力结构与人口管理。梁启超眼中的传统中国文化可以大略概括为这几个方面：重视家族集体，忽视个体；讲究长幼尊卑等级；重视道德形而上，忽视技术理性；重视德治，而非法治；世俗化，因而"无高尚之目的"；对知识的探求有"笼统、武断、虚伪、因袭、散失（即得不到传承）"等"自秦汉以来受了二千年"的弊病（梁启超，1989：8）。由于地理和历史原因，在文化上趋向保守而不是开放；在政治文化和心理上有天下归于大一统的正统思想。我们不妨再极精简地概括梁启超对中国文化古典性的观点为：1）基于家庭伦理的社会等级制；2）社会的世俗化；3）重"道"轻"术"的文化倾向；4）自信造成的文化保守；5）对文化和政治正统的大一统期待和遵从。

除梁启超之外，曾以专著形式直接讨论中国文化的后辈学者还有很多，其中以柳诒徵和梁漱溟的著作影响最为广泛。受梁启超《中国文化史》所提出的研究议程的影响，他们的研究也在不同程度上关注社会组织形式对文化的作用和意义。但他们关于中国文化的专著各有侧重，各有特色，代表了此后中国学者对于中国文化古典性的两种研究路径或者范式。

柳诒徵代表的路径是，以历史为线索，以知识为导向，追根溯源地从礼制、职官、教育、学术、文艺、宗教等社会各个方面出发，研究精英文化的内容及其对社会风俗的影响。概而言之，即知识导向的、历史的、纵向的路径；梁漱溟代表的路径是，以问题为导向，从主题入手，比较不同文化中同样问题的不同呈现及其意义，概而言之，即问题导向的、对比的、横向的路径。

首先，是柳诒徵所代表的研究路径。柳诒徵的《中国文化史》作于1947年，自言"中国文化为何？中国文化何在？中国文化异于印、欧者何在？此学者所首应致疑者也。吾书即为答此疑问而作"（柳诒徵，2001：2）。该书分为三编。第一编自上古至两汉，讨论中国初民由部落制进于古代国家，开创独特的文化。第二编自东汉至明代，主要讨论印度文化（主要指佛教）的输入及其与中国本土文化的斗争与融合。第三编从明代至民国，讨论了中印文化衰落后西洋文化输入造成的冲击。综合言之，柳诒徵认为，第一，中国的文字对中国文化意义极为重要，因为中国的文字是唯一绵延至今的象形文字，而凭借此特点才能使中国成为一个国家，"吾国幅员辽阔，种族复杂，而能抟结为一大国家者，即恃文字为工具也"（柳诒徵，32）。第二，中国人文化自觉和自视高，有意识地将自我与非我文化熏染的他者区分开来，"文明之域与无教化者殊风。此吾国国民所共含之观念也"（柳诒徵，36）。第三，源自虞、夏的忠、孝伦理，以及周代的礼俗（包括婚丧嫁娶的程式等），成为中国文化要素，影响后世中国民间文化习俗（柳诒徵，89 - 94、138 - 196）。第四，中国文化的精髓主要通过官方赞助的典籍即官史（主要是儒家思想主导的历史编撰）而得以保留，"此帝王之以国力保存文化者也"（柳诒徵，514），因而文字媒介及其相关技术（如造纸术、毛笔、雕版等），"尤于文化有大关系"（柳诒徵，549），而传统文化就此得以从经典形态逐步转变为社会行为规范。第五，五行生克的理念，以及易经中阴阳生化的观念对中国文化以及中国人的政治思维和社会生活影响至巨（柳诒徵，95-100，133-134），民间生活风俗的各方面都存在主体民族与少数民族的互相影响。第六，佛教及道教对民间信仰和风俗的影响。第七，基于文字特点的书法和独特审美的绘画与相关艺术，从重视"形神兼至"发展成"徒得神而遗形"（柳诒徵，652），不同于西洋审美。我们不妨再将柳诒徵对中国文化古典性的观点精简概括为：1）独特的汉字文化；2）文化自觉与自信；3）忠、孝伦理与礼俗；4）官方对文化精髓的文本化；5）阴阳五行、佛道对民间信仰及风俗的影响；6）相对于逼真的细节，艺术上更重视意境的审美情趣。以上观点散见于全书各章。

另一有代表性的是梁漱溟的研究路径。梁漱溟在《中国文化要义》中，自述该书构思约始于1941年，1949年6月完成。他认为这本书是"老中国社会的特征之放大，或加详"（梁漱溟，2005：2）。梁漱溟认为，"文化就是吾人生活所依靠之一切，……文化是极其实在的东西。文化之本义，应在经济、政治，乃至一切无所不包"（梁漱溟，6）。梁漱溟与很多其他学者一样，认为中国文化有独特性、绵延性、包容性和扩散性或同化性，生命力极强，只是到了近世才出现了危机（梁漱溟，7-8）。他试图找出中国文化的特征和弊端，以警发时人。他总结了14个中国文化的特征：1）广土众民；2）偌大民族之同化融合；3）历史长久；4）不明来源的伟大力量；5）历久不变的社会，停滞不前的文化；6）几乎没有宗教的人生；7）家族制度地位至为重要并根深蒂固；8）传统物质文明与发明颇多，却未能向科学发展；9）民主、自由、平等这类要求不见提出，法制不见形成；10）重视道德，"道德气氛特重"；11）国家体系特殊，"不属普通国家类型"；12）东汉以降，为无兵的文化[1]；13）孝的文化；14）隐士的文化（梁漱溟，8-23）。他又根据各方观点，甚至包括当时日寇的看法，将中国文化的活载体（中国人）的特点总结了十条：1）自私自利；2）勤俭；3）爱讲礼貌（即爱面子）；4）和平文

---

[1] 此观点引自雷海宗《中国文化与中国的兵》。

弱；5）知足自得；6）守旧；7）马虎（模糊）；8）坚忍及残忍；9）韧性及弹性；10）圆熟老到。

  梁漱溟从这些问题点切入，比较了中国与西方对于家、集体生活与个人生活，以及种种其他方面的不同，来揭示中国文化的特异，并证明自己对于中国文化的观点，即理性早启而理智不足①，文化并非落后，而是早熟："归根结底，一切一切，总不外理性早启文化早熟一个问题而已"（梁漱溟，255）。另外，梁漱溟也承认汉字对于文化统一的作用，"中国文字为其文化统一之一大助力，信乎不差"（梁漱溟，262）。

  这两种对中国文化古典性的研究路径或范式影响极为深远。后来的中国文化研究几乎未见超出这两种范式，最多只是在深度、细节、广度、范畴上有所损益。这类研究论著和文章极多，如柳诒徵范式的有：商务印书馆的《中国文化史丛书》（共3辑，41种）、吕思勉的《中国文化史六讲》、冯天瑜的《中国文化史》、黄兴涛主编的《中国文化通史》等；梁漱溟范式的有：钱穆的《中国文化史导论》、余英时的《中国文化史通释》、韦政通的《中国文化概论》、许倬云的《中国文化与世界文化》等。

  这些研究对中国文化古典性的结论，基本上一致，即理想中的中国文化为：就政治而言，中国文化崇尚无为而治与大一统，尚贤，"君使臣以礼，臣事君以忠"；就经济而言，中国文化强调平均，"不患寡而患不均"，重农轻商；就社会组织而言，中国传统文化下的社会是依赖于教化控制，宗族内部长幼等级制，德治高于法治；就宗教而言，中国文化是世俗化的，存在祖先崇拜和多神信仰，但非西洋宗教性质；就哲学而言，中国文化重主体和直觉，讲究人与自然的统一，即天人合一，且在知识论上，中国文化有忽视知识及其对道德哲学影响的倾向，并对技术理性保持警惕；就艺术而言，比如音乐、绘画、雕塑、舞蹈、建筑甚至武术之类，中国文化倾向于艺术的生活化，不重"形"而重"神"；就语言文字而言，中国文化的独特书写系统有极大黏合力，使得中国文化在长时段中基本统一；就文学而言，中国文化倾向于性情抒发，主题多以自然为题。

---

  ① 梁漱溟所用的理性和理智，与现代语境中的词汇意义不一样。他的"理性"大致相当于"人文理性"，"理智"大致相当于"科学理性"。前者着重于"性"，后者着重于"智"。

中国知识界对中国文化古典性的研究从来都是在现实关怀中展开的，对"古"的研究是基于对"今"的关怀，是希望从对"古"的研究中理解"今"。这一点与西方的中国文化研究者有所不同。

四　海外汉学与中国研究

西方学者对中国文化古典性的研究，大致可以分为两种类型，一种被称为汉学（sinology）是出于对古典文化的热爱，另一种中国研究（Chinese Studies）是出于对中国文化现代性的关注。后者看似极为类似中国知识界的研究立足点，但实际上却是极为不同的。简单地说，中国学者是为了理解当下中国而研究古典中国，而西方的中国学学者则是为了解释当下中国而研究古典中国，并且这种研究只是他们区域研究（regional studies）的一部分。"理解"是未存先入之见，而"解释"是已存先入之见。

（一）欧洲汉学研究

对古典中国的异域文化想象，始终是欧美学者及普通大众理解中国文化的极为重要的一个部分。甚至在近代以来对中国妖魔化和田园化的东方主义二分法中，中国文化的最美好部分也来自外国学者对古典中国的异域文化想象。对于古典中国文化的美好想象，不仅在于其异域性，更在于其古典性，且涉及文化的各个方面，由此生发的研究兴趣几乎占据了传统欧洲范式的汉学研究之绝大部分。比如法国的沙畹（Emmanuel-Edouard Chavannes）、伯希和（Paul Pelliot），英国的韦利（Arthur Waley）、李约瑟（Joseph Needham），以及德国的三大汉学流派，即慕尼黑、汉堡和东德地区学派，都以研究中国文化的古典性著称。不过，有的侧重经典文本、文学，有的重视古代历史与科技，有的专攻思想史和学术史，等等。

另外，早期传教士的汉学研究著作也多关于中国文化的古典性，只是虽未明言，但都持"以'圣经'解'六经'"的态度，所以不免有神学意味，如花之安（Ernst Faber）的《自西徂东》《经学不厌精》。

（二）美式中国研究

美国范式的中国研究（China Studies, Chinese Studies）在近几十年有后来居上的趋势，以研究近现代与当代中国、中国现实问题及其历史根源（这部分涉及古典中国研究）为主，俨然有取传统汉学研究范式之地位而代之的态势。正如日本学者福井文雅在《欧美的道教研究》中指出的："汉学在传统上以文献研究和古典研究为中心，所以在研究历史较短的美国似乎感到 Sinology 一词有点过时的味道，一般称之为 Chinese Studies（中国研究）"（福井文雅，1992：221）。从汉学到中国学的范式转变也是一种现代性与古典性之争在中国问题研究方面的体现，意味着传统型学者对中国文化古典性的审美旨趣，逐渐让位于当代学者对政治社会的实用研究。

在这个问题上颇具代表性的有美国新清史学派的研究成果。"新清史"研究，如所谓的满洲四书：罗友枝（Evelyn Rawski）的《最后的皇族：清代宫廷社会史》，柯娇燕（Pamela K. Crossley）的《半透明的镜子：清代帝制意识形态下的历史与认同》，路康乐（Edward Rhoads）的《满与汉：清末民国初的群族群关系与政治权力（1861—1928）》，欧立德（Mark C. Elliott）的《满洲之道：八旗与晚期中华帝国的族群认同》，都试图解构传统中国史学界对于清史的研究，其影响和意义不仅是学术的，在很大程度上也是政治的。其学术意旨一方面是站在后殖民主义立场，反对文化和政治上的"大汉族主义"以及地缘政治上清帝国对边疆地区的"殖民"，另一方面则站在后现代主义的理论立场，解构统一的文化和统一的认同，认为少数民族，特别是清统治者满族的文化和认同并没有融入中华文化之中，也就无所谓统一的中华文化和认同。可见，这种已有自觉或不自觉预设立场的对中国文化古典性的中国学研究，与中国学者自己的研究以及汉学学者的研究是不一样的。

（三）普及读物与教材

被多数汉学研究和中国研究文献综述所忽略的，是关于中华文化通论和介绍性质的普及读物与教材，因其学术性较弱。但此类大众传播产品社会影响力大大超过严肃的学术著作。如在普通西方人中，电影《西藏七年》就远比任何关于西藏的学术专著影响力更大。这类传播品主要是关于中国传统文化的，但也包括少部分当代文化，既有面向普通大众和学生的普及读物及教材，也有面向专家同行的学术著作，既可能来自名不见经传的作者，也可能出自名动天下的学者。

普及读物多使用简单明快的叙事，如蜻蜓点水般将作者所理解的中国文化用通俗易懂的语言描述出来，品质良莠不齐，内容也深浅不等。不错的有两位美国英语文学教授（Howard Giskin & Bettye S Walsh）合编了一本书《透过"家"了解中国文化》，通过理解中国文化对"家"的重视，分析"家"在中国文化中的重要性从何而来，以及"家"在家国同构中的政治组织寓意，等等，抓住了传统中国文化的关键。英文世界中有大量涉及中国文化的专著、丛书、期刊①。

参考文献

［日］福井文雅：《欧美的道教研究》，《道教》第三卷，中译本，上海古籍出版社1992年版。

雷海宗：《中国文化与中国的兵》，商务印书馆2001年版。

梁启超：《饮冰室合集》，中华书局1989年版。

梁漱溟：《中国文化要义》，上海人民出版社2005年版。

柳诒徵：《中国文化史》，上海古籍出版社2001年版。

吕思勉：《中国文化史·中国政治思想史讲义》，天津古籍出版社2007年版。

吕思勉：《中国文化思想史九种》，上海古籍出版社2009年版。

［德］诺贝特·埃利亚斯：《文明的进程》，王佩莉、袁志英译，上海译文出版社2013年版。

钱穆：《中国文化史导论》，台北：台湾商务印书馆1993年版。

唐君毅：《青年与学问》，广西师范大学出版社2005年版。

张枬、王忍之编：《辛亥革命前十年间时论选集》第一卷上册，生活·读书·新知三联书店1960年版。

---

① 原介绍的书目篇幅很长，此处从略。

"国家形象"概念述评[*]

有关国家形象的研究成果蔚为大观。相比于国内，国际学术界关于国家形象的研究起步较早，观点较为松散、多元。国内学者的立场观点，则在趋同中也显出二元对立的差异。

第一节 西方"国家形象"概念的提出及其内涵

在西方学界，"国家形象"概念的出现是20世纪后晚近的事情。在17、18世纪的欧洲国家，对国家形象的认识只存在于少数社会精英的思想成果中，"国家形象的认识尚无法产生超越国家政治边界的影响力，甚至对本国政治的影响都微不足道"（傅新，2004：13-17）。到一战、二战时期，各国在国际传播中树立和传播国家形象的实践活动实际上是延伸到战场外的另一种博弈。

"国家形象"概念的正式出现是在冷战背景中权力政治向形象政治（image politics）的转型。国家形象研究发源于国际政治领域。美国著名经济学家博尔丁（Kenneth Boulding）既是"国家形象"（National Images）概念的提出者，又被公认为国家形象理论的奠基人。他强调国家形象的心理主观性：国家形象不等于国家事实——"是主观印象，而非客观事实"；并且认为，在国家形象的建构中有三个重要维度来源：国家的地理空间、外部对其的敌意和友谊、外部对该国的强弱判断（Boulding，1959：119-131）。这三种维度为

---

[*] 本文是李智（中国传媒大学传播研究院教授）应邀专为本项目提供的理论背景综述，经郭镇之编辑。

制定外交战略和评估国际环境提供了基础框架。博尔丁还指出了国家形象的多元性：同一个国家在不同的意识形态倾向下会形成不同的国际形象。博尔丁总结道，作为"公共形象"（public image）的国家形象是一个国家的民众在处理与另一个国家关系时携带着的固有印象（Boulding，1977：64）。国际关系学者巴洛古（Seyhmus Baloglu）等人也认为，国家形象是"对某一国家认知和感受的评估总和，是一个人基于这个国家所有变量因素而形成的总体印象"（Seyhmus Baloglu and Ken W. McCleary，1999：868－897）。美国国际政治学者霍尔斯蒂（Ole R. Holsti）认为，国家形象是在感知一个国家时形成的"信念体系"（belief system）的一部分（Holsti，1962：244－252）。芬兰外交学者拉什（Alpo Rusi）把国家形象界定为一国决策者对其他国家的"信念体系"（Rusi，1988）。

美国国际关系学家杰维斯（Robert Jarvis）确认国家形象是对国家的心理认知，并提出优化国家形象的传播策略。他认为，如果要想使人们改变与事实相悖的不正确看法或改变一定的思维定式，传播者发出大量、持续、明确的"有效信息"是关键（杰维斯，2003：198－303）。美国另一位国际关系学者赫尔曼（R. K. Herrmann）则认为，国家形象是图式化的（季乃礼，2016：104－113）。

一些从商业角度进行研究的西方学者将对"国家形象"的研究纳入品牌研究的范畴内，进而将国家形象界定为国家的"品牌形象"。贾非（Eugene D. Jaffe）和内本扎尔（Israel D. Nebenzahl）指出，商品原产国的国家形象会影响消费者对该商品及服务的态度，这就是商业中的"原产国"效应。良好的原产国国家品牌（形象）能使商品在国际竞争中更具有优势（Jaffe and Nebenzahl，2001：10）；而国家形象又是通过具有代表性的商业"国家品牌"（national brand）显示出来的。国际品牌专家罗伊（Ishita S. Roy）解释道："国家品牌""是被建构出来、用以代替'真实'共同体的象征符号，是一个意识形态的建构物"，它"利用令人迷魅的视觉符号来'固化'国家形象"（Roy，2007：569），从而道出了以国家品牌形象替代国家形象的符号学机制。

概括起来，西方学者从国际政治学、认知心理学、品牌和市场营销学等多个角度进行阐释和定义，使"国家形象"概念的内涵和外延始终处于开放、变化之中。关于国家形象有两种基本观点：一种是信念体系论，属于心理建构论；另一种是品牌论，属于符号建构论。两者都倾向于从主观主义的角度定义国家形象。

第二节　中国"国家形象"概念的界定及其内涵

自20世纪90年代后期以来，伴随着中国的崛起及其国际地位的提升，"国家形象"成为中国人文社科学界共同关注的核心议题，几乎到了理所当然、习焉不察的地步。不过，国内学者其实是在不同的概念下使用"国家形象"这一术语的。概括起来，国内关于国家形象的定义主要有以下四种。

其一是实力或文化（精神）形象论。它认为，国家形象由实际的实力或文化内涵所决定，是国家的物质和精神力量的综合体现（张昆、徐琼，2007：11-16），是"一个国家在国际社会印象中的基本精神面貌与政治声誉"（郭树勇，2005：51）。国家形象是"民族精神、意志的集中体现"（程曼丽，2007：89）。

其二是媒介（媒体）形象论。它认为，国家形象是在国际媒体中呈现的国家总体特征。如"国家形象是一个国家在国际新闻流动中所形成的形象，或者说是一国在他国新闻媒介的新闻言论报道中所呈现的形象"（徐小鸽，2000：27），是"国际性媒体通过新闻报道和言论（也即国际信息流动）所塑造的关于一个国家的形象"（郭可，2003：9）。

其三是印象（感知）形象论。这是一种较为主流的定义。它认为，国家形象是"在物质本源基础之上，人们经由各种媒介，对某一国家产生的兼具客观性和主观性的总体感知"（刘继南、何辉，2006：5）。国家形象是"一个国家在国际上的政治、经济、文化、军事和科技等诸多方面相互交往过程中给其他国家及其公众留下的综合印象"（门洪华，2005：17）。国家形象是"现实的与历史的客观存在在认识主体中所形成的模式化的总体印象和群体观念"（刘明，2007：1）。

其四是舆论（评价）形象论。它认为，国家形象的本质是国际舆论。例如，国家形象是"一个主权国家和民族在世界舞台上所展示的形状相貌及国际环境中的舆论反映"（李寿源，1999：305）。国家形象是"国际社会公众对一国相对稳定的总体评价"（杨伟芬，2000：25）。国家形象是"国家的外部公众和内部公众对国家本身、国家行为、国家的各项活动及其成果所给予的总的评价和认定"（管文虎，2000：23）。

其中，第三种和第四种定义往往交叉在一起，甚至合二为一。例如，国家形象是"一个国家内部公众和外部公众对该国的政治、经济、文化、地理等方面的认识和评价"（孙有中，2002：16）。国家形象是"社会公众对国家的客观状态的印象、看法、态度和评价的综合反映"（刘小燕，2002：61）。

上述四种定义还可以进一步归纳和概括为客体形象、媒介形象和认知形象三种国家形象理论，相应地呈现出事实性、符号性和观念性三个面向，体现了外部偏向、新闻偏向和主观偏向三种认识论偏向。

其实，如果进一步深入地分析，围绕"国家形象"的不同定义和观点，在深层次上是基于哲学预设上的差异，即本体论上的不同立场的。从本体论上看，实力或文化（精神）形象论是一种客观实在论，即认为作为客观存在的国家实力或"国家文化精神"是最根本的，是国家形象的决定性因素。媒介（媒体）形象论是一种媒介实在论，即认为作为中介性因素的媒介呈现是最根本的，是国家形象的关键性因素。而印象（感知）形象论和舆论（评价）形象论则都是属于主观实在论，即认为作为主观感觉的心理和意识是国家形象的根本所在。

如果从认识论上看，上述四种定义的本体论立场都是建立在主客体二分的基础之上，即认为国家形象是对客观实在物的主观认识或反映——无论这种认识或反映经由多少媒介要素、多么具有能动性和建构性，区别只在于把决定性因素归于客观实在还是主观认知、或者是归于客观实在与主观认知之间的媒介。因此，从根本上说，上述四种定义所界定的都是本质主义的国家形象观，即认为国家形象根源于或取决于一种有着内在本质即本身固有的根本属性及其客观状态的实物。正因为如此，上述"国家形象"概念都属于实体范畴，它所折射的是把国家形象当作被反映的实物的实体性思维（李智，2011：17）。

本质主义的国家形象观的致命弱点，在于对国家形象现实的再现力和解释力不足。这种本质主义国家形象观无法解释国际政治现实中一国的实际状况与其在国际社会中的形象之间不一致甚至背反的现象，也无法解释一个国家的"实在"变化与国家形象变化之间不同步的现象，由此提出一种反本质主义的建构主义国家形象观。这种国家形象观认为，一国的国家形象是建立在该国与他国交往互动过程中所形成的相互身份认同之上的（李智，2011：25），"反映了国家间的相互建构关系"（丁磊，2010：81），是国家在国际社会中的"身份"或"角色"，因此，"国家形象"概念是关系范畴，它所折射出的是一种关系性思维。这是关于国家形象的第五种定义，可称之为身份（角色）形象论。

第三节 关于"国家形象"基本属性及主要特征的分析

迄今为止，相比于对"国家形象"内涵的集中探讨，学界对国家形象的基本属性和主要特征的讨论比较零星，散见于有关国家形象的各种研究文献中。就国内学界而言，相对集中的论述可见于《国家形象传播》（张昆，2005）与《中国国家形象：全球传播时代建构主义的解读》（李智，2011）两部著作中。关于国家形象的基本属性和主要特征的探讨是在两种不同的国家形象观（本质主义国家形象观与建构主义国家形象观）之下展开的。

国家形象的内涵规定着国家形象的基本属性，同时又体现为它的基本属性。在西方学界，没有专门的文献探讨国家形象的基本属性。在国内学界，基于对"国家形象"内涵的不同界定，学者持有对国家形象基本属性的不同理解。本质主义国家形象观认为，作为一种主客体间认识关系的产物，国家形象具有具象性与抽象性、主观性与客观性、多维性与整体性、稳定性与变动性等四个维度的基本属性（吴献举、张昆，2016：60-61）。建构主义国家形象观则认为，作为国家间交往互动的实践关系的产物，国家形象具有持续性（同一性）、依赖性（结构性）、多重性（冲突性）、转换性（变异性）和权力性（规范性）等五个维度的基本属性（李智，2011：28-37）。概而言之，本质主义国家形象观强调国家形象的实体性一面；建构主义国家形象观对国家形象属性则持一种构成性或生成性的理解，强调国家形象的关系性或结构性的一面。

特征是可以作为事物特性的标志，是指事物显现自身特殊性的表征，是通过与其他事物的对比显现出来的。也正因此，"国家形象"的特征最为经常地通过与国家品牌、国家声誉或威望等概念的对比来阐释。

在西方学界，国家形象往往同国家品牌、国家声誉或威望等量齐观。国内学者一般也不对这些概念作出明确的区分，而持建构主义国家形象观的学者则倾向于把国家形象同国家品牌和国家声誉加以严格区分，并提出了国家形象相对于国家品牌、国家声誉的特征（李智，2011：37-41）。

相对于国家品牌，作为国家在国际社会中的身份或角色，国家形象是以国际受众为本位的，是他们的反应、印象和评价，所关涉的主要是客体的承认、认同或同意，而不只关涉主体自身的意愿和努力。从这个意义说，国家形象超越了"国家品牌"（由国家自我设计、推广和维护的用以代表国家共同体的意象符号，所关涉的只是主体自身的主观意愿和作为）（李智，2011：38-39）。

相比于国家声誉（national reputation），作为国家在国际社会中的身份或角色，国家形象的形成和获取必须经由自我认同这一环节，体现的是国家之间相互身份认同的关系，因而不只取决于国家在国际社会的认同或所获信誉或威望（李智，2011：40-41）。概而言之，持建构主义国家形象观的学者认为，国家形象具有自我认同与社会认同相结合的双重认同特征。

参考文献

Baloglu, Seyhmus and Ken W. McCleary, "A Model of Destination Image Formation", *Annals of Tourism Research*, Volume 26, Issue 4, 1999.

Boulding, Kenneth, "National images and International Systems", *Journal of Conflict Resolution*, Vol. 3, No. 2, 1959.

Boulding, Kenneth, *The Image: Knowledge in Life and Society*, Ann Arbor: University of Michigan Press, 1977.

Herrmann, R. K., et al., "Images in International Relations: An Experimental Test of Cognitive Schemata", *International Studies Quarterly*, Vol. 41, No. 3, 1997.

Holsti, Ole, R., "The Belief System and National Images: A Case Study", *Journal of Conflict Resolution*, Vol. 6, 1962.

Jaffe, E. D. and I. D. Nebenzahl, *National Image and Competitive Advantage: The Theory and Practice of Country-of-Origin Effect*, Copenhagen Business School Press, 2001.

Jarvis, Robert, *The Logic of Images in International Relations*, New York: Columbia University Press, 1989.

Roy, Ishita, "Worlds Apart: Nation-branding on the National Geographic Channel", *Media, Culture, Society*, Vol. 29, 2007.

Rusi, Alpo, "Image Research and Image Politics in International Relations-Transformation of Power Politics in the Television Age", *Cooperation and Conflict*, Vol. 23, No. 1, 1988.

程曼丽：《关于国家形象内涵的思考》，《国际公关》2007 年第 4 期。

丁磊：《国家形象及其对国家间行为的影响》，知识产权出版社 2010 年版。

傅新：《全球化时代的国家形象——兼对中国谋求和平发展的思考》，《国际问题研究》2004 年第 4 期。

管文虎：《国家形象论》，电子科技大学出版社 2000 年版。

郭可：《当代对外传播》，复旦大学出版社 2003 年版。

郭树勇：《论大国成长中的国际形象》，《国际论坛》2005 年第 6 期。

季乃礼：《国家形象理论研究述评》，《政治学研究》2016 年第 1 期。

［美］罗伯特·杰维斯：《国际政治中的知觉与错误知觉》，秦亚青译，世界知识出版社 2003 年版。

李寿源：《国际关系与中国外交——大众传播的独特风景线》，北京广播学院出版社 1999 年版。

李智：《中国国家形象：全球传播时代建构主义的解读》，新华出版社 2011 年版。

刘继南、何辉等：《中国形象——中国国家形象的国际传播现状与对策》，中国传媒大学出版社 2006 年版。

刘明：《当代中国国家形象定位与传播》，外文出版社 2007 年版。

刘小燕：《关于传媒塑造国家形象的思考》，《国际新闻界》2002 年第 2 期。

门洪华：《压力、认知与国际形象——关于中国参与国际制度战略的历史解释》，《世界经济与政治》2005 年第 4 期。

孙有中：《国家形象的内涵及其功能》，《国际论坛》2002 年第 3 期。

吴献举、张昆：《国家形象：概念、特征及研究路径之再探讨》，《现代传播》2016 年第 1 期。

徐小鸽：《国际新闻传播中的国家形象问题》，引自刘继南主编《国际传播——现代传播文集》，北京广播学院出版社 2000 年版。

杨伟芬：《渗透与互动——广播电视与国际关系》，北京广播学院出版社 2000 年版。

张昆：《国家形象传播》，复旦大学出版社 2005 年版。

张昆、徐琼：《国家形象刍议》，《国际新闻界》2007 年第 3 期。

中国对外传播面临的挑战及对策*

中国的国际环境，包括舆论环境，已经发生重大变化。自 2018 年中美贸易战呼声渐高以来，随着世界局势特别是中美关系的变化，现在大概很少有人会否认，当前中国的对外传播正面临日益严峻的挑战。

这种挑战，首先，源于中国自改革开放以来国际地位的上升；其次，则源于伴随这种变化而来的国际关系和全球舆论的改变。

第一节　国际关系与全球舆论：对外传播面临的两大挑战

中国凭借庞大的经济体量已跻身全球大国之列。据国际咨询公司的报告数据，早在 2013 年，中国已跃居全球第一大商品贸易国；2019 年，无论作为外商直接投资的目的国还是来源国，中国都居全球前两位。"然而，中国经济尚未实现与世界的全方位融合"，世界各国开始重新审视与中国的关系。"于是，贸易争端时常见诸媒体头条，技术流动面临新规审查，保护主义日渐抬头，地缘政治局势越发紧张。"（麦肯锡全球研究院，2019）。

紧张局势主要来自中美关系的根本性变化。根据最近消息，虽然中美已就第一阶段经贸协议的文本达成一致，但是，据各方人士预测，贸易问题乃至更深层次的争议仍然会旷日持久，时起波澜。

国际关系的本质是国家利益和国际政治，亦即国家之间的权力博弈，其中国家制度及其意识形态扮演着十分重要的角色。例如，虽然与美国在《美

---

* 本文作者是郭镇之，原文发表在《对外传播》2020 年第 1 期上，题目为 "中国对外传播面临的新挑战及创新对策"。

墨加协定》上争得不可开交，但作为意识形态的盟友，加拿大在中美贸易争端中却仍然站在美国一边，并在美国打击华为的"长臂管辖"中甘为美国火中取栗。以美国为首的西方世界对于社会主义中国的迅速崛起日益警惕，不惜恶意揣测中国的动机和行为。国际政治的现实变化是中国面临的第一大挑战。

在国际政治研究领域，理论谱系不断发展。现实主义的理论以理性和利益为根基，强调大国之间发生冲突及争夺霸权的必然性；自由主义的理论提倡以国际合作抑制世界冲突，强调制度、规范等非物质性因素对国际政治的极大影响；建构主义理论则更进一步，认为文化可以构建政治，国家之间的互动实践和共识观念决定着彼此身份和国际关系。国际传播就是通过构建舆论环境（包括国家形象）来塑造全球政治的文化实践。全球舆论环境是中国面临的另一大挑战。

国际关系与全球舆论是相辅相成的。国际传播也会直接影响全球舆论。不过，国际传播的舆论效果并非随心所欲、唾手可得——全球舆论受制于意识形态的既存基础，得益于现实政治与国际传播的当前表现，也指引着全球政治经济关系的未来走向。全球传播的有效性是需要验证的。

舆论是公众对现实问题的选择性反应。这种反应在很大程度上并不能反映真实的世界，也未必能切中真正的问题；但这种舆论本身就构成了真实世界的一部分，成为传播需要面对的一种"现实"。这正是建构主义主张的观点。

中国的对外传播必须直面现实主义的权力关系和自由主义的文化能动性，以对外传播的灵活策略和"巧妙"技能（本人称之为"巧用力"），冲破重重关隘，建构一种新型的国际关系，包括中国形象。

第二节 全球舆论与民意调查：关于中国形象的解读

2019年12月，自诩"非营利、非党派、非宣传"（nonprofit, nonpartisan and nonadvocacy）的皮尤（Pew）全球舆论调查公司发布了最新年度的"全球态度与趋势"民意调查结果"中国的经济增长在新兴市场大多受到欢迎；但邻国对其影响保持警惕，美国仍被视为世界头号经济强国"。调查发现，就整体形象而言，中国的经济作用得到全球普遍肯定；而军事角色却被视为威胁；中国的对外投资则受到质疑（Silver, et al., 2019）。

一　对中国形象的态度调查

在2019年皮尤调查的34个国家中，只有将近一半（16个）国家的被调查者对中国总体上以好感（favorable）为主；正负感受的整体中位值分别为40%和41%。虽然数字十分接近，但总体以非好感（unfavorable）率为主的结果，仍然引人注目。而且，趋势是在滑落中——2016年、2017年和2018年，全球对中国的好感率还分别是52%、48%和45%，且超过非好感率[①]。

皮尤调查当然不是世界观点和全球舆论的精确反映，甚至说不上完全客观——所有的民意调查都包含调查的动机和设问的结构，从而或明或暗地引导舆论的走向。不过，由于皮尤调查力求广泛的市场合法性，依靠最大多数"受众"的认可，因此要将主观性、倾向性控制到最低。而且，这些调查结果也多多少少与人们的经验吻合。从这个意义上说，皮尤等舆论调查公司在21世纪的全球界定着国家形象和世界舆论，因而具有极大的国际影响力。

根据皮尤2019年的调查，全球不同地区和国家的人民对中国的感受差距极大，好感率从71%（俄罗斯）到14%（日本，非好感率85%，为全球之最）不等。北美的美国和加拿大以负面感受为主，分别为60%和67%。"老欧洲"国家（希腊、西班牙、英国、意大利、比利时、德国、法国和瑞典）对中国的非好感率占优势，整体正负态度中位值为37%和57%，只有希腊一国以好感为主。"新欧洲"国家（保加利亚、波兰、立陶宛、匈牙利、斯洛文尼亚和捷克）中，正面态度占多数，整体好感率略高，中位值之比为43%：36%。俄罗斯与乌克兰以好感为主，好感率分别为71%、57%。中东国家（以色列、黎巴嫩、突尼斯和土耳其）对中国大多持肯定态度，只有土耳其以非好感居多（44%：37%），反感率44%，好感率37%；非洲国家（肯尼亚、尼日利亚、南非）和中南美国家（巴西、墨西哥和阿根廷）对中国全部以好感为主，

[①] 关于皮尤历年调查中有关中国的数据，可见：https://www.pewresearch.org/?s=china. 下同。

好感率最高的分别是尼日利亚（70%）和巴西（51%）。但所调查的亚太地区国家中，整体中位值正负之比为35%：56%，只有印度尼西亚正负态度相等（均为36%），其他5个国家（澳大利亚、日本、韩国、菲律宾和印度）态度都以否定为主。

不过，2019年的皮尤调查也再次证实了近年来多数调查都发现的事实：生长在全球化环境中、受冷战意识形态影响较小的新生代年轻人比年长者对中国更有好感。这为中国面向未来建构舆论环境、改善国家形象提供了努力方向。

二　全球舆论对中美地位的选边站

中国与美国的关系在很大程度上决定着中国的全球地位和国际关系。2019年，在中美贸易争议演变为贸易战的大环境下，世界公众也不由自主地对中美的全球影响力进行了对比性的舆论反映。

全球舆论对中国与美国的经济影响大多持肯定态度。在被调查的17个国家中，更多被调查者肯定中国对全球经济的积极角色（中位值66%），甚至略微超过美国（64%）；而中国的经济影响也被认为超过美国（48%相对于42%）。所有国家的被访者都认为，中国（正负比例为63%：25%）和美国（75%：19%）对其国内经济发挥了充分影响；但是，大多数国家倾向于与美国、而非中国加强经济联系（46%：32%）；值得注意的是，亚太国家一致且以最突出的比例选择了美国（53%：26%）（Silver, et al., 2019）。也就是说，影响力并不等于向心力。

三　美国和亚太国家的中国印象

据皮尤调查：随着贸易紧张局势的加剧，美国对中国的看法急转直下。2019年公众对中国的负面看法已经达到自2005年调查中国形象14年以来的最高水平（60%），超过2018年（47%）和2016年（55%，为此前最高值）。压倒多数（81%）的美国人对中国日益增强的军事力量持批评态度。中国与俄罗斯并列（均为24%），被认为是对美国威胁最大的国家。

同时，亚太地区国家对中国的作用主要持负面态度，而且从2017年至

2019年，还在增长。皮尤研究中心2017年调查了中国在亚太地区的形象，发现大多数人担心中国军事实力的增长，几乎没有邻国对此表示欢迎；中国的实力和影响力被亚太地区许多国家视为主要威胁（中位值47%），超过了美国（35%）。

2019年，亚太地区的被调查者认为，就对本国的经济影响而言，中国大于美国（中位值78%：74%），这与全球16个国家认为的美国大于中国（75%：63%）不同；但是，就对本国经济的积极影响而言，这些国家认为，美国多于中国（中位值40%：36%），却与全球总体上认为中国多于美国（48%：42%）不同。也就是说，经济影响大并不一定意味着积极影响多（Silver, et al., 2019）。

亚太国家看好它们与中国和美国的经济联系，不过中位值分别是52%与69%，美国高于中国；不看好的中位值为37%和14%，中国高于美国。所有的6个亚太国家对美国一致看好；而对中国，总体上看好与不看好的国家都是3个，各占一半（Silver, et al., 2019）。可见，亚太地区对中国形象的认知差于全球，对中国的态度逊于对美国的态度。

与皮尤齐名、分别操作的英国广播公司BBC"全球扫描"舆论调查（globalscan）最近的两次调查是2017年、2014年。扫描发现，在两次调查中，全球对中国的看法趋向消极，正面评价从平均43%降至41%，负面评价从40%升至42%，虽然下降数字不如英美明显，但负面感觉超过正面。[①] 这些接近的调查数据从旁印证了皮尤全球舆论的"客观现实"。

第三节 应对新挑战的中国对外传播

国家形象偏差、国际评价下滑，欠发达地区评价较高、富裕国家则评价较低，全球"老大"美国心怀忌惮，周边地区疑虑重重，这就是中国面对的国际环境及其舆论反映。这也是中国必须面对的由国际舆论形成的现实环境。

---

① Globalscan：https://globescan.com/sharp-drop-in-world-views-of-us-uk-global-poll/#backgrounder-country-by-country-results.

这种全球环境，只有用积极而又稳妥的国际传播才能逐步改变。

为了迎接国际关系与全球舆论的新挑战，中国的对外传播需要适应新的信息传播技术环境，另辟蹊径，构建国际传播的创新对策。本文认为，中国的国际传播必须进行现代化转型，在传统、主流与常规改革的基础上，探索非传统的传播思路，发掘非主流的传播渠道，开发非常规的传播实践。刚柔相济、持之以恒，因势利导、张弛有度，开创中国对外传播的新天地。

1. 采用灵活机动的战略战术，长线短线各司其职。此处的"长线"，指细水长流的文化传播和公众外交；"短线"，指因应形势的新闻传播和国际公关。"长线"的文化传播内容极其广泛，举凡丝绸、茶叶、熊猫、山水，包括国际旅游、文化纪录片、跨境教育、作家互访等，都可归入其类。不久前，《人民日报》介绍了"上海写作计划"12年来邀请100位来自38个国家的作家驻沪生活、写作，叙述中国故事的成功事例，[①] 这就属于公众外交的有效成果。最近在网上刷屏的"李子柒"现象，则反映了商业文化市场的积极活跃。[②] 类似经验都可以发扬光大。"长线"文化传播不必由国家担任重要角色，甚至应该刻意避免政府出面，而通过人民之间的交流（人民外交）和文化市场的调节（文化贸易），"自然而然"地发生和进行。参与国际文化传播的队伍可以海纳百川，主要依靠民间社群的作用和力量。而确保传播质量和效果的关键，则须提升文化的专业水准和传播的跨文化敏感性，这应该成为公民教育的重要组成部分。

"短线"传播指国际新闻与国际公关。新闻传播需要先声夺人，先发制人；同时，摆事实讲道理，将有关中国的事实和观点尽可能迅速、准确地传播出去，以专业的服务树立可靠的形象。例如，中国国际电视台（CGTN）节目主持人刘欣与美国福克斯财经频道电视主播翠西·里根的"跨洋"对话，就以专业的表现和超常的效果树立了中国的良好形象。在不利的国际舆论形势下，国际公关特别是危机公关应该当机立断、反应迅速，既要据理力争，又必须礼貌得体。而要做到这些，仍然需要对外传播体制机制的现代化改革，

[①] 曹玲娟：《12年来，已有100位来自38个国家的作家应邀驻沪生活、写作 他们叙述着中国的故事》，《人民日报》（2019年12月9日第12版）。

[②] 李雪钦：《李子柒为啥能在海外"圈粉"？》，《人民日报》（海外版）2020年1月1日第08版。

需要更专业的人才和更有效的队伍。

2. 加强教养与培训，促进对外传播思维方式和活动模式的深层转变。为此，本文建议思考和廓清对外传播的八种关系。

1）主流与主体：国家新闻传播媒体是主流，即中坚；庞大的多元群体则构成了对外传播的主体，即主要力量。

2）海内与海外：在全球化时代，对外传播的概念已经由地理的变为对象的，由固定的变为流动的，传统的"内外有别"原则需要升级换代，海内海外的传播策略必须通盘考虑，随机调整。

3）宣教与交流：对外传播必须改变高高在上的宣教姿态，注意话语、叙事、概念与符号的隐藏意义与采用动机；而深厚的中国文化资源和灵活的民间实践能力，可以产生文化交流的无限动力。

4）主体与客体：作为传播接受者的全球公众越来越具有自主意识，他们不仅自行解读消息，积极寻求信息，而且努力成为消息的制造者和主动传播者。他们既是客体，又是主体。

5）借船与乘机："借船"是渠道的扩展，"乘机"则是时机的利用，它们能从时、空两个维度有效地提高对外传播的能力及效果。

6）引进与输出：中国的传播既要走出去，又要引进来。文化交流和文化贸易将促进中外融合，取长补短。

7）长远与短期：对外传播既要立足长远，也要把握当下；既要主动设计，又要灵活应对，缺一不可。

8）成绩与效果：对外传播不能以"投入几何"的报告代替"影响多少"的评估，必须将有效传播落在实处。

中国的对外传播只有动员不同群体的多元传播者，研究各种新技术、新媒介的传播渠道与方式，不断开掘丰富的新闻信息和文化内容，积极研判全球不同地区和国家的传播受众，真正落实对外传播的实际效果，才能从容应对新形势、新环境下的全球挑战。

参考文献

Globalscan（全球扫描公司）：Globalscan.com.

Pew Research Center：https://www.pewresearch.org/global/search/china.

Silver, Laura, Kat Devlin and Christine Huang: China's Economic Growth Mostly Welcomed in Emerging Markets, but Neighbors Wary of Its Influence, U. S. still seen as world's leading economic power. https：//www. pewresearch. org/global/2019/12/05/chinas-economic-growth-mostly-welcomed-in-emerging-markets-but-neighbors-wary-of-its-influence/.

麦肯锡全球研究院:《2019 麦肯锡报告〈中国与世界〉完整版》,2019 – 12 – 18,https：// www. sohu. com/a/361234168_ 753835。

回顾

中国国际交流与文化传播的历史

中华大地上双向的"国际"文化传播由来已久。中国古代对外交往的主要方式是人口迁徙中的人际互动、接触、交流与传播，包括战争与贸易。丝绸之路是以实物（货品）为载体的中外交流途径；佛教传播则开启了宗教文化交流的先河。唐代玄奘的西域之行和鉴真的东渡之旅，一个是向"西方"取经，另一个是向东邻弘法。文化传播有输入也有输出，包括域外访客的游记杂书。随着地理"大发现"和资本主义掀起的全球化浪潮，世界渐渐连为一体。

本部分包含三个篇章。第一篇是综述性质的历史回顾（郭镇之），首先，梳理了中华民族对外交流和中国海外传播的简要历史；其次，以电影的国际交流、图书的外译出版和电视业走出去为例，概述中华人民共和国成立以来从国际交流到文化走出去的发展过程。第二篇关于孔子学院的研究（王润泽），第三篇关于中国文化中心的研究（郭镇之、张小玲），都从历史经验的角度审视中华文化走向海外的传播发展，特别是对快慢、软硬、隐显的策略进行了探讨。

中华文化的国际交流与中国文化"走出去"

第一节 从国际交流到文化"走出去"

近代以来,中外交流除了文化经典之外,还引进了大众传播。中国的近代报刊是模仿和学习西方的产物,它们开启了民智,培育了"新民",促进了近代中国的观念革新与制度改良。

民国时期,依托租界的外侨社群使中外交流蔚为常态。留学海外也成为知识界精英的批量来源。抗日战争成为中国加入世界格局的关键年代。彼时的外国记者深度介入中国政局,既将外界消息带入中国内地,又将中国形象展示于世界。中国以战前贫弱之身,战后一举跻身联合国五强,传播之力功不可没。借助书籍、报刊、电影等大众传播媒介,中国的历史变迁获得全球瞩目。

中国共产党领导下的边区作为民国时期的地方政府,在争取执政的长期斗争中很好地利用了对外宣传的武器。借助斯诺、史沫特莱、斯特朗等同情中国革命的外籍记者及其代表性著作,"国统区"与"解放区"赢得了几乎平等的世界目光。

一 中华人民共和国的国际交流

中华人民共和国延续了战争时期的对外传播,以合法政府的身份在世界上开展外交与外宣。中国的对外传播由此掀开了新的一页。

中华人民共和国成立之初,担任国际交流、对外传播的主要媒介是杂志和报纸,如英文的《中国画报》(创刊于1951年)、《中国建设》(1952年)、《北京周报》(1958年)。前身创办于1931年的新华通讯社是兼顾内外消息发布的国家通讯社。诞生于1952年专职海外传播的中国新闻社则将海外华侨、华人作为主要传播对象。1953年，中央新闻纪录电影制片厂正式成立，电影成为主要的视觉大众传播媒介（陈日浓，2010）。

改革开放以来，《中国日报》（China Daily）创刊于1981年，长期耕耘于英文世界，是国外"中国通"们了解中国的主要窗口。《人民日报》于1985年开始发行海外版，在海外侨界也产生了广泛的影响。起步于1941年的中国国际广播以数十种不同语言长期对全球提供音频广播。2016年年底，中国国际电视台/中国环球电视网成立。网络时代到来后，中国网于2000年成立，以多种语言24小时面向全球发布消息。

作为中国海外传播特定方式的中国传媒"走出去"项目开始于21世纪。2001年中国加入世界贸易组织后，中国企业开始走向世界，中国迅速成为全球重要经济体。2008年国际金融危机之后，中国资本开始"走出去"。2013年，中国提出"一带一路"倡议，加速实施地缘政治经济战略。

随着中国改革开放和走向国际市场的步伐，一些本职并非宣传的企业及个人，也因为走向海外而加入了国际文化交流的"红海"，成为中国对外交往的非典型代表。他们大多以"人媒体"的方式"走出去"，如批量出现的中国海外企业和大量增加的中国出境游客。他们的海外言行也在有意无意地向国际社会呈现中国形象。

不过，代表中国走向世界的主要文化象征还是大众传媒。中国文化走出去的成果也最突出地表现于主流文化机构。

二 中国主流媒体"走出去"的历程

进入21世纪以来，中国的国际传播出现了新的契机。随着国家政策的强力推动，主流媒体的海外传播开始广泛地使用一个形象的名称——"走出去"。

"走出去"的说法最初来自经济领域。2001年，中国加入世界贸易组织（WTO）后，中国企业大规模"走出去"成为有意识的国家"工程"。中国传媒的"走出去工程"也于2001年正式开始。但是，与自由贸易的中国产品（made in China）在最初"走出去"时相对顺利稍有不同，在传媒行业，中央电视台等媒体的全球布局虽然取得了一定的进展，但媒体的新闻传播活动并没有产生明显的影响力。

作为战略规划的中国国际传播能力建设始于21世纪第一个十年。随着北京奥运会的临近，2004年，中共十六届四中全会明确提出：推动中华文化走向世界，提高中国的国际影响力。当年，孔子学院等文化机构开始走向海外。2009年，新一轮"加强国际传播能力建设"计划启动（程曼丽，2015），最初"注重基础设施、网络建设以及强调落地率等经济性指标的实现"，2013年以后，进一步开启了"加强当代中国价值观的传播"新阶段（胡正荣、李继东、姬德强，2014）。

2009年6月，中共中央制订了《2009—2020年我国重点媒体国际传播力建设总体规划》，第一次明确指出增强国际传播能力、打造国际一流媒体的发展目标。同年，中共中央对外宣传办公室向《人民日报》、新华社、中央电视台、中国国际广播电台、中国新闻社、《中国日报》等主流新闻媒体投入专项资金，用于国际传播能力的建设（程曼丽，2015）。

"大外宣"的观念和国家媒体"走出去"的工程得到强化。2009年4月20日，隶属《人民日报》的《环球时报》英文版创刊，成为继《中国日报》后第二份面向全国发行的综合性英文报纸。7月1日，新华网开始试运行英语电视新闻线路，这是新华社继英文文字和图片报道之后，通过卫星、互联网向全球播发电视新闻的尝试。7月20日，中央电视台开播阿拉伯语频道，9月10日，增加俄语频道，由此形成中、英、法、西、阿、俄6种语言和8个国际频道对外传播的新格局。9月23日，中国国际广播电台"国际在线"新增6种语言网站，语种达到59种。9月30日，中共中央机关刊物《求是》杂志的英文版创刊，向海内外公开发行。2009年12月28日，被称为网络视频"国家队"的中央电视台网络电视台举行开播仪式。三天之后，12月31日，新华社宣告开办新华电视新闻网，首个中文/普通话频道于2010年1月1日播出。

2010年以来，中央重点新闻媒体"走出去"的步伐明显加快，在全球的网络布局、延伸的营销平台取得突破性进展。2011年，国家形象宣传片出现于美国寸土寸金的纽约时报广场，大屏幕上展示的中国红震撼人心。彼时，对外传播开始由追逐硬实力到强调软实力，由自说自话到寻求共同话语。2013年，开始传播"中国梦"和"人类命运共同体"等概念体系。当年九、十月间，国家主席习近平提出"丝绸之路经济带"和"21世纪海上丝绸之路"（"一带一路"）的新倡议，促成了新一轮的海外投资热潮，人员、资金、技术、标准，包括中国传媒，全方位走向世界。

第二节　中国电影的国际化

作为20世纪最国际化的传播行业，中国电影的发展脉络一直受到国际市场的强烈影响。

一　早期中国电影的国际交往

中国电影很早便走出国门。1923年商务印书馆摄制的古装片《莲花落》被一位中国商人带往菲律宾等地，在华侨聚集的南洋取得不错的票房收益。当时中国电影的国际发行主要集中在印度尼西亚、菲律宾、泰国、越南等东南亚华人聚集地区，并得到海外华侨的资金支持；在英、法、美等国家却很难进入商业市场（李亦中，2012）。

1932年12月，国民政府公布《国产影片应鼓励其制造者之标准》，提倡影片表现中华民族的光荣历史和文化精神。1935年，蔡楚生导演的联华公司影片《渔光曲》获得第一届莫斯科国际电影节荣誉奖，成为中国影片获得的第一个国际奖（李亦中，2012）。抗日战争爆发后，纪录影片承担了重要的国际宣传角色，以抗日为主题的中国电影或者发行或者赠送，传播到英、美及东南亚等许多国家。

中华人民共和国成立之后，中国电影受到国家体制和文化政策的决定性制约。改革开放以来，中国电影在各种复杂因素及内外博弈中日益趋向市场。

二　市场化改革与中外电影交流

中华人民共和国成立之后，电影实行计划经济体制，国际交流最初仅限于社会主义阵营内部，以及少量友好国家，发挥的是"铁盒外交"的作用。"文化大革命"中，中国电影的国际交流全面停滞。

改革开放后，电影行业被规定为企业性质，必须自筹资金、自负盈亏，中国电影日益走向市场。自21世纪以来，按照"入世"的要求，中国电影市场必须全面开放。于是，随着突飞猛进的产业化改革和资本化转型，中国电影市场不可避免地国际化了。

中国电影国际影响的真正彰显，始于第五代导演的崛起和《黄土地》《老井》《红高粱》的国际获奖。其后，第六代导演延续了第五代导演通过国际电影节获奖走向世界的国际传播方式，借助民间和海外资本，拍出了一些有国际影响的中国电影，批判现实，悲悯人生。

在改革开放和海外影响的双重推动下，中国电影日益融入国际市场。2001年，华人导演李安执导的内地与香港合拍武侠电影《卧虎藏龙》获得第73届奥斯卡"最佳外语片"等4项大奖，成为历史上第一部获奥斯卡奖的华语影片。2002年，张艺谋执导的《英雄》在全球票房高企。中国内地电影开始在国际商业市场崭露头角。2006年，股份制"中国电影海外推广公司"改制成立，中国电影的海外传播更加制度化、专业化、市场化。

早在1994年，有关机构作出了每年引进10部海外大片、分账营销的决定。当年年底，美国好莱坞罪案动作片《亡命天涯》进入中国，引发了观看热潮，在争议声中创造了2500万元人民币的票房奇迹。加入WTO后，10部大片增加至20部、34部；批量购进的买断价格片也获得每年30部的配额。海外电影为中国电影市场带来了活力，也形成了挑战。

2002年开始实行的新《电影管理条例》降低了行业准入的门槛，民营企业和民间资本、海外企业和资本获得电影独立制作与发行的准入机会，纷纷投资影业、合拍电影、投入院线等基础设施的建设和经营，并寻机上市。到2016年，就电影院数、银幕块数，包括最先进的屏幕数量和质量，中国已经跃居世界前列。中国电影产业越来越国际化。

三 电影市场的中外合作与竞争

改革开放以来，特别是香港回归祖国以后，香港电影或者内地与香港合拍的影片一直是国产影片稳固本土市场的重要角色。香港娱乐片的成功经验对内地电影也发挥了重大影响。例如，2006—2009年，在内地上映的香港电影虽然只占全部中国电影数量的四分之一左右，但票房收入却占据大半壁江山。在合拍中，内地与香港你中有我、我中有你，已经越来越难分彼此。

随着台湾马英九执政时期两岸关系的改善，2010年6月，大陆与台湾签署《海峡两岸经济合作框架协议》，为台湾与大陆合拍电影提供优惠政策。台湾电影于2011年大批进入内地市场。

大陆是全球华语电影最坚实的根据地。然而，港台电影北上易，内地电影南下难。港台电影都把市场希望寄托于内地，但港台市场对大陆电影的认知和接受程度都很低。

2012年2月，中美就解决WTO协议中有关电影的问题达成谅解备忘录，中国每年新增14部3D或IMAX分账电影配额；美国的分账比例，也由此前的13%提高到25%。好莱坞"走进来"的电影多了，中国电影"走出去"的步伐却放慢了。进口电影有力地刺激了中国电影市场。当年，超过170亿人民币（27亿美金）的票房总量使中国一跃成为全球第二大电影市场。

随着国产电影业日益资本化、营销化，中国追赶国际潮流的步伐进一步加快。越来越多的中国内地电影企业开始积极参与外国电影的投资，中外电影合作从合拍影片向合资公司转换。互联网影视来势汹汹，网络电影通过点播与收看，市场日益壮大。

四 市场成功与文化效果

中国电影在世界上崭露头角，中华文化也开始受到世界青睐。2000年《卧虎藏龙》获得奥斯卡奖，美国《外交政策聚焦》杂志上《功夫片的地缘政治学》的作者认为："《卧虎藏龙》在国际上的成功催生了一个正在上升的中国形象，并提高了世人对中国文化的评价。"2002年张艺谋执导的《英雄》售出3525万美元的国际版权，被美国媒体评价为"中国最成功的一次文化出口"（李亦中，2011：57）。

然而，直到2015年，中国电影海外销售的影片仍然以合拍片为主，观众多为海外华人。国产电影还处在"产量多，走出去少；参加公益性活动多，进入商业院线少；进入国外艺术院线、华人院线多，进入主流院线少"的"三多三少阶段"（尹鸿、孙俨斌，2016：16）。国产影片在内容题材、价值观念、制作水准、营销能力方面均缺乏国际竞争力，内向型特征仍然鲜明。

中国作为电影大国，主要优势还是体现在巨大的人口市场。2013年，中国贡献了359亿美元全球票房中的36亿美元，成为历史上除美国之外仅有的年度总票房超30亿美元的国家。于是，包括好莱坞在内的世界影视界日益将目光转向中国，影片中尽量插入中国元素，以取悦中国市场。

偶尔在海外获奖的华语影片基本上是以奇观的形式强调文化差异，表现"东方特色"，迎合国际观众对中华文化的想象。这也令人对这些"中华文化"对外传播的真正效果产生深深的疑问。

仔细回顾中国电影追踪国际潮流走向海外、融入世界的过程，可以得出一些简单的印象。首先，中国电影票房的富足表明了中国电影市场的发展。但中国观众消费的增加还不能说明中国电影产业的强大，因为电影市场收益中的一半左右来自海外进口产品的贡献。其次，中国电影产业迅猛的发展更多表现在票房指标，是市场化、资本化等经济操作的业绩，影视艺术究竟传播了多少中国文化，还有待诚实的评估。最后，中国电影的海外欣赏者主要是华人，只有让中华文明深入国外公众的内心，令独特的中华文化为普世人类所接受，才算得上传播的成功。

中华文化海外传播的着眼点应该是影视产品内含的精神文化。中国电影要走出去，不应该只当"金主"，只提供市场和受众。中国影视产品应该提高思想内涵和艺术品质，继续走国际化的道路，让中国文化真正被世界所欣赏，所赞叹，所接纳。

第三节　中国图书的外译出版

中华人民共和国成立后，对外翻译出版成为中国文化海外传播的一个重要方面。若以改革开放的1979年为界，中国的图书出版可以大致分为改革前、改革后两个时代。在这两大阶段，中国对外翻译出版的内容、数量、外译语种、出版机构等方面都发生了根本的变化。随着中华文化走出去的步伐，作为一项着力开发的工程，中国图书成为"走出去"的一道新风景线。

一 改革开放前鲜明的政治特点

自 1949 年至 1978 年,中国图书的对外翻译出版具有鲜明的"政治挂帅"特点。在对外翻译出版的图书品种中,数量最多的是关于马克思列宁主义、毛泽东思想的书籍。其中毛泽东著作的翻译出版、对外发行在这 30 年里占据了中国外文出版发行的绝大部分(何明星,2016:9)。

在"突出政治"的特殊年代,文化、科学、教育、体育等类图书只是作为政治、法律文献之外的辅助内容对外翻译出版的。文学书籍不多,却特别受欢迎。这些书中,既有《红楼梦》等中国古代经典文学作品,也有《林海雪原》《红岩》等红色经典文学作品;既有《鲁迅小说选》、老舍的《茶馆》等现代文学代表作,也有《红灯记》等京剧现代戏剧本;既有《中国民间故事》等通俗文学作品,也有《鸡毛信》等儿童连环画作品,还有人文地理风光等内容,对中华文化在海外的传播产生了久远的影响。

在这 30 年间,对外翻译出版的语种与中国的外交政策、对外宣传紧密相关。外译语种曾高达 44 种。起初,欧美文字是译介重点。但自 1955 年万隆会议之后,对外翻译出版开始大量使用亚非文字,开创了非通用语译介中国文化的新格局。例如,东非通用语斯瓦希里语的翻译出版,就完全是随着中华人民共和国与非洲国家政治、外交关系的发展应运而生的。从 1964 年开始,至 1979 年,15 年间外文出版社出版的斯瓦西里文图书品种达 230 种。这些出版物非常重视思想性和宣传性,其中毛泽东著作 94 种,占品种总数超过 40%;文学艺术类图书只有 20 种,仅占品种总数的 9%。在这 30 年间,中国对外翻译出版的外国文字中,亚非语种数量最多,达到 22 种,比欧美文字多 1 种;但出版物的品种总数 3900 种,少于欧美文字的 5544 种(何明星,2016:15)。

二 改革开放后的多样化文化转型

改革开放以后,中国对外翻译出版恢复了文化中介与沟通桥梁的功能,并迅速走上专业化、产业化的发展轨道。最显著的变化是翻译介绍中国地理风光、各地人文历史的图书品种大量增加,政治理论等内容的翻译出版比例减少,对外翻译出版行业的社会服务性特征日益凸显。这种传播生态是与中国社会的时代变化相吻合的。随着翻译出版的各类外文图书品种数量的稳步增长，译介内容扩大到自然科学和教育领域。

就翻译者而言，在共和国历史的前30年，国家外文局及其所属系统的出版社是对外翻译出版的绝对主力，中国对外翻译出版的图书中98%是由外文局系统独家出版的。后40年间，中国文化对外译介出版迎来了百花齐放的历史新时期，初步形成了以国家外文局、中央编译局、新华社、中新社、中央电视台、《中国日报》等一大批国家级对外传播专业机构为主，人民网、新华网、中国网等国家网络媒体支持，加上上海、广东、深圳、云南、广西等一些特色性地方对外传播机构积极参与，连同市场化翻译服务公司、专职、兼职翻译从业者参与的庞大阵容。目前有能力从事对外翻译出版的图书出版机构扩展到60多家，约占全国出版社数量的10%。至2018年，成立于1982年的中国翻译协会已拥有机构团体会员、企业会员994家，个人会员达到3376名[①]，他们是从事中国对外翻译出版的生力军。

除了中国机构和中国著者、中国译者的对外传播之外，市场上也出现了由外籍作者直接用外文撰写，由中国出版机构对外出版发行的中国内容图书，"多声部大合唱"成为中国对外文化译介的一种新方向[②]。

大量外国出版机构也开始加入中国对外翻译事业，形成了中外专业机构协力翻译介绍中国文化的新局面。除了传统的版权输出模式之外，中国对外翻译出版单位还与外国知名出版机构直接合作，翻译出版中国学者的英文著作，成为欧美大学出版社翻译出版中国图书的一种主要方式。

出于市场规模的考虑，中国文化对外翻译的语种1980年后曾大幅度减少，一度仅有25种，英语翻译出版一枝独秀。但2009年以来，随着"中国文化走出去"的大势，书刊的国际传播获得新的生机。对外翻译出版的视野日益开阔，语种也大为增加。至2014年已达52种（欧美语言31种，亚非语言21种），超过前30年的出版高峰。翻译出版图书最多的语种仍然为英语，其后是越南语、法语、日语、德语、韩语/朝鲜语、西班牙语和泰语，这些语

---

① 王瑞芳：《2018中国译协年会开幕式》，中国网，2018年11月19日，http://www.china.com.cn/zhibo/content_72933780.htm。

② 庄建：《〈国文化对外翻译出版发展报告〉发布中国文化对外译介上演"多声部大合唱"》，《光明日报》2012年12月31日第7版。

种翻译出版的中国主题图书均超过 100 种。近年来，出版界对"一带一路"沿线国家的文化传播极为重视，面向非洲和中亚、西亚、中东等地区的翻译出版在数量和语种方面都得到鼓励和支持。

三 中国图书的对外翻译出版工程

进入 21 世纪，国家推动的各类出版资助计划陆续出台，促进了中国文化的对外翻译出版，例如由国务院新闻办公室和国家新闻出版总署联合主持、于 2006 年正式实施的"中国图书对外推广计划"和 2009 年启动的"中国文化著作出版工程"[①]。这些出版计划规模宏大，成绩骄人，外译品种和数量成倍增长，但文化传播的实际效果尚难验证。

全国哲学社会科学规划办公室则于 2010 年启动了"中华学术外译计划"等，资助英、法、西班牙、俄、德、日、韩国/朝鲜和阿拉伯文共 8 个语种的出版。据学者考察，中华学术外译项目的立项数量呈快速上升趋势，2010—2017 年，8 年间共资助立项 697 个（尹洪山，2018：64）。目前，能在"世界图书馆在线目录数据库"（OCLC[②]）上检索到项目完成的中国图书。

中华学术外译成果开始被世界所认识；不过，文化传播的结果还很难测量。于是，在对各种工程的一片叫好声中，翻译出版业界也强烈要求：必须建构对"走出去"课题的效果评估体系，创新操作办法，重点评估走出去图书的版权收入、发行数量、社会关注、读者反响等数据[③]，获知中国图书在全球的真实影响力。

四 海外图书馆里的中国图书

追踪海外出版成果与评估图书影响效果的工作已经开始。从 2012 年起，

[①] 详情可见《图书里的中国——"中国图书对外推广计划"和"中国文化著作翻译出版工程"成果综述》，《光明日报》2012 年 9 月 2 日第 07 版，http：//epaper.gmw.cn/gmrb/html/2012-09/02/nw.D110000gmrb_20120902_1-07.htm? div=-1。

[②] OCLC（Online Computer Library Center，联机计算机图书馆中心）是覆盖范围较大的公益性组织之一，成立于 1967 年，总部设在美国的俄亥俄州，截至 2011 年底，加盟图书馆数量已达 23815 家。

[③] 刘蓓蓓：《"中国图书对外推广计划"工作会议聚焦"转型期"：走出去提质增效呈现三趋势》，《中国新闻出版广电报》2017 年 9 月 19 日，http：//www.chinaxwcb.com/2017-09/19/content_361421.htm。

中国出版传媒商报社与北京外国语大学联合调查"中国图书海外馆藏影响力",并出版研究报告,至 2018 年已连续发布 7 年。报告以海外图书馆系统收藏中文图书的书目数据为基础,勾勒中华文化在当今世界的传播图景,并对大陆出版机构的表现进行排序。报告认为:中国大陆出版机构在国际品牌、学科领域等方面已经具有一定的影响力,在此过程中形成的核心队伍已经成为中国文化"走出去"的中坚力量。

2013 年 12 月,研究者依据"世界图书馆在线目录数据库"(OCLC),还检索并统计了世界各大图书馆收录中国人文类图书(主要是翻译作品)的情况。挑选标准是最低 30 家图书馆收藏的译作,共发现 59 家出版机构出版的 114 部中国文学作品榜上有名,出版时间从 1970 年至 2013 年,内容以当代文学为主,基本上是英语译本(何明星,2014:15-18)。

通过数据分析,学者还发现:第一,以学术研究为目的的中国当代文学翻译出版仍然以欧美世界为主流,出版机构主要是大学出版社,它们是整个欧美英语世界读者对于中国当代文学接受与欣赏的引领者;第二,以市场盈利为目标的中国当代文学翻译出版开始增多,使中国作家及其作品在英语世界的普通读者中也产生了较为广泛的知名度;第三,无论是以学术研究为目的,还是以市场盈利为目的,欧美国家对于中国当代文学的翻译出版普遍存在强烈的意识形态特征,由学者、出版社、杂志社、大众书店共同构成了接受中国当代文学作品的过滤机制(何明星,2016)。

自 2009 年至 2013 年,是国家对外翻译规划、工程、课题等资助政策出台最为密集的 5 年,初步形成了政府强力推动、社会广泛参与的对外文化传播格局,中国图书自主翻译出版的步伐迅速加快。这 5 年翻译自汉语的图书品种(8752)比 1989—1993 年的品种(4078)超出一倍,也是自 1989 年以来 25 年间增长最多的 5 年(何明星,2016:42-44)。不过,在 8752 种翻译出版的中国主题图书中,由中国大陆出版的品种数为 2363,只占总量的 27%;而中国大陆之外翻译出版的品种数为 6389,占总量的 73%。也就是说,外国翻译出版的中国图书要大大多于中国自己翻译出版的(何明星,2016:44)。

更重要的是,中国译介的图书被世界认可的程度还有待提高——从 OCLC

馆藏中检索到的2363种由中国大陆出版机构对外出版的图书品种只占中国5年间对外出版总品种数量29139种的8%（何明星，2016：46）。大多数中国对外出版的图书都未能列入外国馆藏。

中国图书在世界各地的影响力（受关注度、受欢迎度）是不同的。数据显示：2009—2013年5年中，有8个语种翻译出版的中国主题图书超过100种，排在第一的是全球通行的英语，为4393种；其次是越南语，有840种；其后是法语、日语、德语、朝鲜语（韩语）、西班牙语、泰语，8种语言中亚洲语言占了4种。在52种语言版本中，除了联合国6种官方语言之外，46种非通用语绝大部分是中国周边国家、地区的民族语言，主要分布在"一带一路"沿线地区（何明星，2016：59）。

随着新媒介的发展，OCLC馆藏有关中国主题的图书中互联网资源呈平稳发展态势；但纸质书却在下降。2018年度，中国大陆出版社出版的24757种中文图书入藏海外图书馆收藏系统，比2017年的29608种减少了4851种。这种下降，与国内外出版行业电子化的总体趋势有关。

五　中国对外翻译出版图书的发展趋势

专家认为，中国图书出版文化走出去正呈现出"实践主体多元、利益关切多样、介入角度多层次的新格局"，需要构建一个"社会联动、文化资源共享、各方优势互补的协同体制"。在出版业创造中国形象的主要路径中，包括以"他者"视角讲述中国故事的出版物[①]。

中国图书的海外传播在2014—2017年间出现了一些新的动向。首先，长期以来，购买中文图书的海外最大机构用户是大学图书馆和学术型的研究图书馆。最近，美国的公共图书馆成为另一个增长点。海外公共图书馆的需求旺盛，是2014年进入全球图书馆收藏系统品种大幅增长的主要原因；而促使大量中国文学图书进入美国公共图书馆系统的原因，又是海外华人移民起到的推动作用。中国文学将成为进入公众世界的一把钥匙，通过遍及全美各地的公共图书馆，带动当代中国对美国影响的扩大和深入（中国出版传媒商报

---

① 刘蓓蓓：《2019年"中国图书对外推广计划"外国专家座谈会召开中外出版人共话文明交流互鉴》，《中国新闻出版广电报》2019年8月21日，http：//www.cnpubg.com/news/2019/0821/43961.shtml。

社等，2017：49－51）。

其次，随着数字化时代的来临，一些世界著名的大学图书馆近年来逐步削减中文纸质图书的采购数量。因此，中国大陆出版机构必须尽快从传统纸质图书转向数字出版，加入以主题数据库方式出版中文作品的新潮流。

越来越多地方出版机构因地方历史文献的整理和出版受到海外图书馆系统的关注，使中国出版走出去的阵容呈现多元化局面。同时，海外图书馆偏好中国"面向现实"的文艺作品，收藏了更多当代文学、文艺作品（中国出版传媒商报社等，2018：59）。

中国图书"走出去"亟须注意的是长期以来存在的问题，即实际的传播效果。有学者对图书送出去的方式不以为然，认为不如让对方自行挑选："中国真正有价值的学术产品，西方人会注意到，也会主动'拿来'，用不着我们费力而未必讨好地'送去'。20世纪上半叶，无论是顾颉刚的《古史辨·自序》，还是冯友兰的《中国哲学史》上下册，都是美国人主动翻译、自行出版的，因为他们知道这些著作的价值。我们有时间、精力和费用，不如多翻译一些外国的好东西进来。"[①] 的确，送出去的东西往往不被珍惜；卖出去的图书才可能有市场，才可能被认真阅读，也才可能产生真正的影响力。从这个意义上说，中国图书"走出去"应该主要采取市场化的方式。

对不易"走出去"的翻译出版给予一段时期的资助当然有其必要性，但遴选的标准和资助的程序显然非常重要。应该确保推送出去的文化产品是真正的精品，能产生期望的效益。文化残次品甚至学术垃圾送到国外去，不仅不利于中华文化的海外传播，还可能损害中国的学术形象、文化形象。

第四节　中国电视传媒"走出去"

进入21世纪，中国主流新闻媒体开始实施"走出去工程"。中国电视传媒的"走出去工程"也于2001年正式开始。

不过，"走出去"的电视传媒并非广播电视系统一家。对中国传媒而言，

[①] 顾钧：《〈管锥编〉"走出去"的启示》，《文汇报》2019年4月22日第8版。

"走出去工程"首先是一项国家使命；但在同时，它也体现了一种市场方向和产业政策，是通过海外贸易与国际合作进入全球传播市场的一种经营方式，利益争夺和市场竞争乃是题中应有之义。

一 中国电视"走出去"的行业竞争

大规模的电视"走出去"始于 2010 年。当年最突出事件是中国新华（电视）新闻网（China Xinhua News Network Corporation，CNC，下文简称新华电视）的诞生。经过试播的 CNC 中文频道 5 月 1 日正式播出；英语频道 7 月 1 日通过卫星、互联网、手机 24 小时向全球传播。

然而，新华电视的兴办，与中国传统的媒体格局和媒介的区隔政策并不相符（音视频归广播电视部门管理，按照限定条件播出）。新华电视获得国家批准的一个前提，是从事单纯的对外传播，而不争夺电视系统的国内市场。因此，对新华电视的出现，国内主流媒体几乎没有正式和公开的报道，更不用说大张旗鼓的宣传了。这种不同寻常的待遇说明，CNC 的创办乃投石问路之举，带有试验性质。当时，"融媒体"还不是一个热门话题，即使后来，也只意味着在原有机构下对不同媒介部门的合并管理。不过，CNC 的出现推动了《人民日报》下属的网络版人民电视于 2010 年 3 月 26 日宣布开办，和中央电视台国际频道 4 月 26 日开始向新闻频道的全面改版（CCTV-9 变为 CCTV-NEWS）。同时，中国国际广播电台、中央人民广播电台也纷纷开办比原有音频业务更具市场价值的电视项目。如果 CNC 在国际市场上成功，会带动国家主流媒体纷纷加入更有影响能力和利润前景的电视市场。

然而，虽然彼时的国内电视市场欣欣向荣，正当繁荣之际，但被局限于海外传播的新华电视无法开拓国内市场，以获得稳定可靠的经济支撑。而由于政治身份受到排斥、不被海外公众认可（实际上也很难被西方民众所接受）的新华电视步履艰难。这次对国际电视市场的进取其实是国内主流媒体对国家拥有的以政策"许可"及财政拨款为形式的国际传播资源的竞争。直到 2016 年 12 月 31 日中央电视台下属的中国国际电视台/中国环球电视网（China Global Television Network，CGTN）成立，这一轮竞争才算尘埃落定——中央电视台终于稳固了作为电视对外宣传旗舰的地位。

CGTN 在原中央电视台新闻频道的基础上组建，最初拥有 6 个电视频道、3 个海外分台、1 个视频通讯社和包括 Facebook、Twitter、YouTube 在内的新媒体集群，在全球雇用了众多当地记者。CGTN 的国际化策略获得了相当程度的成功。但与西方发达国家相比，中国媒体的国际影响力显然还不够大。

二 电视"走出去"的努力与困境

中国电视新闻对外宣传方面的改进是渐进的。但有一些标志性的事件和明显的阶段。早在 1986 年年底，中央电视台便开始尝试英语新闻传播。1992 年，中央电视台开办第四套节目，覆盖中国台、港、澳及亚洲广大地区，同时发展卫星事业，覆盖欧洲和南北美洲。1997 年 9 月，英语国际频道（CCTV-9）面向全球播出，目标对象是西方主流社会。进入 21 世纪的中央电视台日益全球化。从 2004 年到 2009 年，中央电视台开始大规模布局全球网点，西班牙语、法语、阿拉伯语、俄语频道陆续开播。

不过，在走出国门的同时，传统的新闻理念和操作惯例仍然顽强地保留着。全球化的西方影响和中国传统的意识形态同时存在，国内宣传与国际传播难分彼此，使中国电视的新闻宣传呈现大起大落的表现。

（一）走向世界的观念冲突

2001 年美国的"9·11"恐怖袭击对中国是一次意外和没有先例的情况。中央电视台由于没有及时得到明确指令，在晚上 9 时左右的黄金时间继续按计划播出"三讲"宣传节目。而拥有大量国内受众的香港商业电视台——凤凰卫视——却立即停止一切正常节目，连续播出有关恐怖袭击的最新报道。有经验的知识精英带动普通观众纷纷转向凤凰卫视，中央电视台输得灰头土脸。

2003 年美国对伊拉克战争却提供了一次好机会。由于有关部门放手让新闻传媒"自选动作"，中央电视台的表现异常突出。在一个多月时间里，持续进行"全方位、多角度、立体式滚动递进战事报道，始终以第一时效引领舆论，……树立了中国电视媒体崭新的国际形象"。[①] 在伊拉克战争期间，中央电视台第一、四、九套节目的收视率较平时分别上升了 10 倍、28 倍和 8 倍。

---

① 《中央电视台概况》，《中国广播电视年鉴 2004》，中国广播电视年鉴社 2004 年版，第 55 页。

在强大的"国家队"挤压下，偏安一隅的香港凤凰卫视只能甘拜下风。

伊拉克战争报道曾经被认为是中国电视的一次国际新闻报道突破。但是，从美国获得资料进行的"客观报道"不能不是一次对战争的"正面报道"。紧随美国议程导向的中央电视台国际新闻报道，以对"先进武器"的技术欢呼取代对战争性质的伦理质疑，从历史角度看，有效性未必带来正当性。

2003年也是国内新闻频发的一个年头。在涉及中国形象的问题上，传统的宣传思维再一次发挥作用。被称为"非典型性肺炎"的SARS疫情是一次涉及公共卫生的危机事件，从宣传角度看，则是早期"捂盖子"导致信息恐慌症，后期以框架设定方式引导舆论制造"英雄主义凯歌"的一次宣传。而对医护人员这个"英雄群体"的"天使化"宣传很快便反转——医改后对逐利医院和无良医生的揭露导向舆论哗然，医患之间的剧烈冲突愈演愈烈。

2003年中国电视这种大起大落、忽西忽东的表现正是全球化的国际影响与中国固有的宣传惯例之间博弈和互动的结果。暴发于2020年，被称为"2019新型冠状病毒肺炎"的大规模流行疫情，再次呈现了这种中国式宣传模式。

（二）被激发的国际传播能力建设

在中国国家形象的历史上，2008年是一个可称为里程碑的重要年份。当年举办的北京奥运会成功地吸引了世界目光，"强盛起来"的中国形象也得到充分展示，中国人自信心大增（Pew，2008）[1]。然而，奥运会之后，"中国威胁论"此伏彼起，甚嚣尘上，中国形象回落迅速（BBC，2009）[2]。面对周围日益明显的恐惧和敌意，中国意识到，作为世界大家庭的重要成员，任由他人涂抹形象的被动不应再继续下去了。中国亟须以更加积极的方式争取国际话语权。

2008年正值中央电视台成立50周年。此时，以电视广泛的国内影响力，中央电视台已经成为中国实际上的大众传播第一媒体。在由中共中央政治局

---

[1] "An Enthusiastic China Welcomes the Olympics", http://www.pewresearch.org/2008/08/05/anthusiastic-china-welcomes-the-olympics/.

[2] WPO Admin, "Views of China and Russia Decline in Global Poll", February 6, 2009, http://worldpublicopinion.net/views-of-china-and-russia-decline-in-global-poll/.

常委李长春代为宣读的给央视庆生的贺信中，时任中共中央总书记、国家主席、中央军委主席的胡锦涛要求中国媒体"适应国内外形势的发展变化，积极构建现代传播体系，进一步提高国内国际传播能力，努力营造良好的舆论氛围和社会环境"。李长春在讲话中也要求央视"把党和政府的声音传遍千家万户，把中国的声音传向世界各地"。前国家领导人江泽民还特地为中央电视台题词："努力把中央电视台建设成为具有国际重要影响力的世界级媒体。"①国家领导人将中国主流新闻媒体对外传播能力的建设提到一个空前的高度。中央电视台立即制定战略规划和实施方案，决心"把中央电视台建成技术先进、信息量大、覆盖广泛、影响力强的国际一流媒体"②。不过，人们可以发现，央视对"世界一流"标准的理解，主要还是科技装备和覆盖体系。

起源于美国 2008 年次贷危机的国际金融震荡突然降临全球，立即将处于奥运辉煌的中国推到了世界政治经济的前台：中国被预测将超过美国，成为新的超级大国；还被要求以"负责任的大国"姿态挽救国际资本主义于金融危机的水火之中。于是，2009 年，数万亿元的中国经济刺激计划应运而生，在大规模修桥铺路的同时，也将"大外宣"工程扶上了马。

（三）国际传播队伍的战略协调

"走出去工程"是一种比喻的用法，并无科学的定义。不过，由于中国媒体的大量使用，"走出去战略"（going-out strategy）和"走出去工程"（going-out project）几乎变成了国际通行的专有名词。这种工程初期指中国主流新闻媒体的海外市场发展项目；随着中国社会进一步开放，"走出去"泛指更多走向海外的国际交流活动。

新华电视的加入曾经意味着国际传播力量重新洗牌的可能性，从而给中国带来国际传播能力建设的新机会。由于驻外机构和外语人才的压倒性优势，新华社本来是最有可能挑战中央电视台国际电视垄断权的国家主流媒体。然而，中国传统的新闻体制和媒体政策禁止 CNC 建立国内电视网，因此不能从

---

① 《庆中国电视事业诞生 50 年大会举行　胡锦涛等祝贺》，中国网，http://www.chinanews.com/cul/news/2008/12-21/1496066.shtml。
② 《中央电视台认真学习贯彻胡锦涛总书记重要指示加快建设国际一流媒体》，央视网，http://cctvenchiridion.cctv.com/special/C22944/20081223/103528.shtml。

国内市场获得足够的经济支持；而带有"中国"标签的新华电视也无法有效地培育国际市场，以获得足以支撑生存的经济机制，于是，经过几年时间自生自灭式的尝试，CNC 最终收缩发展计划，退守网络世界①。"新华网络电视"（CNC）未能像它的先例——美国网络电视新闻网（CNN）那样，成为一个跨国公司和全球媒体。它成为新华网下设的一个网络视频频道，失去了与"人民电视"以及更多商业新闻网站视频频道的根本区别。在新华电视新闻网的试验未能成功之后，中央电视台对外传播的独家作用得到进一步强化，并最终确立了不仅在国内传播，而且在国际传播方面的中国电视领军地位。

电视传播的国际经验和对特定传播视觉模式的娴熟掌控，是央视获得国家信托的决定性因素。在中国所有大众传播媒体中，电视不仅表现形式丰富，感染力强，而且以娱乐为主，意识形态色彩较弱。因此，电视的形象天生比较柔和。此外，中国电视崛起于改革开放的年代，作为后来居上的"新"传播媒体，中央电视台壮大于后"文革"宣传时代的传播实践，说教不是它的强项。与代表官方发布权威消息的新华社和注重主体性言论表达的《人民日报》不同，央视更有市场经验和受众意识——它更加"大众化"。同时，在国际电视市场摸爬滚打多年的央视，已经摸索出一些视觉传播国际化的新套路。

2010 年上星播出从而进入世界公众视野的新华社电视台曾经为央视国际频道带来危机感。但是几年后，CNC 的卫星电视尝试始终未能取得实质性的突破，央视成为这场国际电视试验、也是国内行业竞争的最大获益者——它经受住了挑战，增强了实力。2016 年年底，中国环球电视网 CGTN 成立，标志着中国电视外宣旗舰的诞生。国家主席习近平亲自致信祝贺，要求中国国际电视台展示中国作为世界和平的建设者、全球发展的贡献者、国际秩序的维护者的良好形象②。随着国家电视资源的日益集中，CCTV 及其下属的 CGTN 在中国主流传播界的地位更巩固了。

不过，传统电视的重要性和有效性正在不断被"新媒体"蚕食。网络语言、网络娱乐，病毒式的网络传播点点滴滴但又实实在在地改变着全球包括

---

① 新华网络电视：http://www.cncnews.cn。
② 《习近平致信祝贺中国国际电视台（中国环球电视网）开播》，中国政府网，http://www.gov.cn/xinwen/2016-12/31/content_ 5155302.htm#allContent。

中国的传播生态。在碎片化的忙碌时代，各种"微型"传播方式发挥了关键的影响力，其中，"有图有真相"的短视频扮演着日益突出的角色——无论是在虚构类的娱乐中，还是在对新闻事实的报道中。可以预见，网络短视频将延续、扩大甚至在某种程度上取代传统电视的影响力。"后真相"时代的民粹主义将在很大程度上抗衡主流电视传统的"正能量"传播。显然，中国的主流电视媒体要融合新媒介，融入新媒介，将传统方式升级换代，才不会被边缘化。

互联网的市场成熟度逐渐提高。电视内容生产的垂直度不断加剧。音视频的使用日益互联网化、移动化。视觉对外传播任重道远。无论是新华社、人民日报社还是中央电视台，都把全球社交媒体和网络平台作为新的舞台，不断探索音视频媒介融合的方式方法，继续发挥中华文化海外传播的主导作用。

第五节　中华文化"走出去"的挑战与应战

中国文化海外传播面临的最大挑战，不是经济，不是文化，而是国际政治，是中国的国家形象。在很大程度上，阻碍中国传媒"走出去"、造成中国传媒海外传播困境的，除了中国传媒自身固有的宣传传统之外，还有西方世界贴在中国传媒身上的负面标签。中国式的宣传，有坚守多年的惯性传统，也有随"现代化"变通的改革形式。而在西方标签的背后，则是自由主义意识形态数百年来持续培育的新闻观念及挑战政治权威的不变敌意。这些西方标签和新闻观念具有相当厚重的学术含量和研究积淀，以专业主义的渠道持之以恒，流传甚广，不由分说地将中国置于被动不利的话语地位。它迫使中国主流媒体不得不时时"辩诬"，有时在国际传播中过度用力，却难以发挥应有的效力，甚至在全球留下威胁性的印象。

到21世纪第二个十年，可以说，中国对外传播已经"不差钱"了。凡是用金钱和技术可以堆砌的能力，国家主流新闻媒体已经全都具备。对中国而言，新闻媒体的专业形象，日益成为影响媒体公信力、进而形塑中国媒介形象和国家形象的一个主要因素。因此，中国的新闻传播主流媒体，必须提高专业能力，改善职业形象，克服长于内部竞争、拙于对外进取的固习，兢兢业业，埋头做事，才能发挥真实有效的影响力。

中国图书海外传播的经历从另一角度说明，他人客观的态度和公允的评价对中国而言是更有利的传播。在许多情况下，自我宣传不如假手于人。中国电影国际化的经验则显示，文化产品走向市场容易，走入人心困难。中国需要向世界推介的，是真正的文化吸引力。

当然，中华文化的海外传播绝不仅仅是介绍中国功夫、传播中华美食、推广中华医药那么简单的问题，也不应该止于展览丝绸、瓷器、熊猫、剪纸、茶叶、水墨画这些天然美而无争议的物品。中华文化海外传播的核心目标是弘扬功在千秋、利在全球的中国价值观。这是一个需要克服重重障碍的艰难任务，也是一个需要前赴后继奋力实现的宏伟目标。中国的传播者任重道远。

参考文献

陈日浓：《中国对外传播史略》，外文出版社2010年版。

程曼丽：《以中国的全球战略思维重新审视海外华文传媒》，《对外传播》2015年第10期。

郭镇之：《中国电视"走出去"与新华新闻电视网的创新之路》，《全球传媒学刊》（网络版）2012年第2期。

何明星：《欧美翻译出版中国当代文学作品的现状及其特征》，《出版发行研究》2014年第3期。

何明星：《中国文化翻译出版与国际传播调研报告（1949—2014）》，新华出版社2016年版。

胡正荣、李继东、姬德强：《新理念、新战略、新模式：2014中国国际传播发展报告》《中国国际传播发展报告（2014）》，社会科学文献出版社2014年版。

李亦中：《中国电影"走向世界"动因与文化心态考》，《上海大学学报》（社会科学版）2012年第1期。

李亦中：《中国电影的国际传播路程与路径》，《现代传播》（中国传媒大学学报）2011年第3期。

尹洪山：《国家社会科学基金中华学术外译项目的调查分析》，《出版科学》2018年第4期。

尹鸿：《通变之途：新世纪以来的中国电影产业》，中国社会科学出版社2019年版。

尹鸿、孙俨斌：《2015年中国电影产业备忘》，《电影艺术》2016年第2期。

中国出版传媒商报社、北京外国语大学中国文化走出去效果评估中心课题组发布(何明星执笔):《中国图书海外馆藏影响力研究报告 2015》(2015 年 8 月 25 日);《中国图书海外馆藏影响力研究报告 2016》(2016 年 8 月 23 日);《中国图书海外馆藏影响力研究报告 2017》(2017 年 8 月 22 日);《中国图书海外馆藏影响力研究报告 2018》(2018 年 8 月 20 日),载于《中国出版传媒商报》。

孔子学院的功能定位与安全发展[*]

2014年,在孔子学院第二个十年开始的时候,国家汉办主任许琳女士说,"下一个十年,我们需要摸着石头过河"[①]。实际上,孔子学院已经"摸着"了石头,并探测到了一条可以"渡河"的路径,未来是要在这个基础上架起沟通的大桥。未来的孔子学院,定位须更明确,功能要更专业,才能继续生存并发展下去,这是涉及各国孔院学术合法性的战略问题。

第一节 以语言教学为核心的孔子学院功能设置

目前在世界各国成立的孔子学院和孔子课堂,90%以上是以各种语言教学和培训为主的。孔院的语言类教学活动,一般分为两类。一类是与所在国家合作院校配合,努力适应所在社区的汉语言类教学需要,将孔子学院的教学活动纳入所在国正规教育体制。此类教学合作的基础一般在于,外国合作大学中有正规的汉语言教学院系,需要中国提供师资,合作单位比较友好,没有过多意识形态干扰。

另一类虽然有合作大学,但其教学活动未被纳入所在学校的教学体系中,孔院靠自身发展,成为类似于语言教育培训性质的机构。他们以市场需求为导向,办有各类免费或收费的语言培训课程。其中有的长期语言培训课程也可以持续数年,教学效果不次于正规高等院校。这种语言教学类项目的发展

---

[*] 本文是曾在美国担任孔子学院中方院长的王润泽受邀为本课题提供的论文,原标题是《孔子学院功能定位与安全发展的战略思考》,曾发表于《新闻春秋》2016年第2期。经郭镇之删节编辑。

[①] 许琳在2014年底厦门召开的全球孔子学院院长大会上的发言。

可以达到收支平衡,甚至有盈余,解决了孔院可持续发展的资金问题。

在持续十余年的汉语教学发展中,孔子学院成为海外最具权威的汉语教学机构。首先是,一批当地的外国教师被纳入汉语培养计划中,"本土"师资培养政策推广并取得初步效益。一方面,在全球与外国多家大学合作建立汉语师范专业,专门培养当地的汉语教师;另一方面,邀请本土教师来华进行专业培训、进修等,以提高汉语师资质量。在教授语言的过程中,有许多值得总结的经验。

第一,熟悉语言是文化传播的第一步。在海外教学的过程中,由于语言内容必须符合所在国的教育理念和模式,符合当地的教育目的,对传播中国文化难免打折扣。比如,孔院的中学课程如单纯介绍中国文化,学生的兴趣不大,但将中文变成其主科内容的中文版,就提高了学生学习中文的兴趣。结果,中文教育成为该国文化知识的另一种文字表达。熟悉汉语可以有效地拉近学生对中国的亲近感和信任度。因此,虽然教学内容上发生了变化,但语言教学的基础目的达到了。第二,教材和其他教学资源得到广泛的开发与使用,一些国家的教育管理部门还邀请汉办为该国汉语教学提供标准,增加了大陆汉语教材的权威性。第三,建立世界范围内的汉语考试和认证系统,特别是"汉语水平考试"等收费考试。第四,成立"网络孔子学院",进行网络教学资源的开发,开设网上远程教学。第五,开展高层次语言教学和研究项目,有计划地推出硕士以上的高学历语言教育项目、针对博士培养的"新汉学计划"与针对高校和学术机构的学者来华进行较长时间学术交流的"理解中国"及支持中国教授赴海外大学进行教学工作的项目。孔子学院在汉语教学的师资、教材、考试、高层交流等各个层面开展的颇有成效的工作树立了孔院汉语教学高端、权威、专业、规模化的特点。

由于语言教学的基础性特征,以汉语教学为孔子学院的工作核心,在海外遇到的阻碍比较小,是孔子学院健康发展及在海外长期安全存在的基础。

第二节 文化交流的辐射功能

但孔子学院总部并未将孔子学院的定位仅局限于语言教学。也有媒体直言:"把'孔子学院'定位在汉语教学似乎太低"。[①] Paradise（2009）归纳出孔子学院三个功能：教授汉语、文化交流、为商业贸易提供便利。这几年，公众外交作为孔院另一项功能也越来越凸显。本文认为，这些功能之间是有位差的，汉语教学是基础和核心，文化交流是方向和目的，为商贸提供便利和公众外交应该是衍生功能，不应该成为孔院主动追求的目标。

孔院总部在文化交流、文化传播的投入仅次于汉语教学，一些地区的孔院甚至将文化交流项目作为工作重点，超越语言教学。2014年恰逢孔院成立10周年，根据习近平总书记屡次提到的弘扬传统文化、"讲好中国故事"、"提高中国软实力"的号召，汉办成立了综合文化处，专门负责重要的文化交流项目，不仅顺应国家的需要，同时提升了孔院的价值。

然而，这一目标的实践一定会遇到很多困难。一方面是文化交流本身的多元化、复杂性和长期性，在没有厘清对外文化传播的主要客体和对象、传播路径和目标之前，一个以语言教学为基础的机构在全球范围内大量进行文化推广和传播活动，确实带有盲目性和冒险性，虽然现场参与者反应热烈，但却面临全球主流舆论的质疑和批评。如对美国主流媒体的孔子学院报道进行的内容分析，发现罗织的孔子学院主要罪名是"共产主义的"、"宣传手段或工具"、"邪恶、威胁、危险"和"灌输、洗脑、改变思想、强制影响"（李开盛、戴长征，2011）。这里有主客观两方面的原因。从社会交往心理看，人们普遍对那些不熟悉的交往对象怀有排斥和戒备心理。孔院数量庞大，种类繁多、意义不明的文化推广活动给很多人造成迷惑，导致了对孔院文化活动的抵制。曾有美国学者用以下的文字游戏来戏谑孔子学院给他们造成的混淆"Confucius Institute confuses the Confucius"（译为"孔子学院迷惑了孔子"），真实流露出他们对中国孔子学院定位的排斥。

更值得警惕的是，已经有海外学者借此理由攻击孔子学院存在的合法性。例如，质疑孔子学院反对大学价值观，其理由还是老生常谈的"中国政府出资控制""孔院协议密不公开""教学具有强制性""自我审查和限制言论自由"等（Marshall Sahlins, 2013）。虽然从教育学的观点看，这些论据不堪一

[①] 《孔子学院不应止步于汉语教学》,《香港文汇报》, http://news.sina.com.cn/o/2009-02-04/140315111043s.shtml。

击；但如果有学者提出孔子学院的学术含量不够、从事太多与大学地位和身份不符合的社会活动、没有对应有的大学知识更新和知识交换作出贡献的话，就可能以这种理由随时让孔院离开大学，还可能产生多米诺骨牌效应。这种威胁孔院生存安全的大事，需要未雨绸缪。可见，孔子学院第一个十年采取的"各自为战"的文化传播战术，实际上降低了孔子学院的高定位——中国著名大学与海外著名大学之间联合主办的机构。

这并不是空穴来风、杞人忧天。只要分析一下目前孔子学院对外文化传播活动的内容，就可以看出一些端倪。孔院的文化传播活动以传统文化为多，第一类是中国传统节日推广，如在端午、中秋和春节，大部分孔院会举办大大小小的晚会、表演、文化展位等，以中华美食、服饰、民间手艺、民族音乐舞蹈等为核心内容。这种常态的文化推广活动在一些与中国文化接触甚少、对中国毫无概念的地区比较有效，可以在很短的时间内吸引当地居民关注，满足外国人对中国文化的"猎奇"心态。但随着大家对中国了解越来越多，孔子学院在当地办学的时间越来越长，此类文化活动将慢慢失去吸引力。

第二类是以饮食、功夫等比较低层次的文化内容为主，以短期教学或表演展示为主要特点，推广传统文化的活动，如中国传统体育类项目太极拳、抖空竹等；中国传统类文化活动如书法、书画、剪纸、中国结等；中国传统音乐、民族舞蹈等。一般文化推广类节目以传统的体验式和观赏式为主。

有研究指出，传统文化在海外的传播效果并不明显，很多当地人对中国传统文化仅仅怀揣猎奇心态，一两次满足了后，对中国文化的热度就会降低或消失。传统文化可以作为一种"吸引力"存在，但绝不会成为一种"持续力"。虽然很多美国人认同中国的文化遗产非常丰富，但大多数人不认为中国有非常吸引人的流行文化。如何提升文化传播的品质，特别是，如何使中华文化符合大学层次的要求，成为必须思考的问题。

笔者认为，首先要开展有学术价值和新知含量的学术交流活动，以语言学和文化学为主，兼顾中国国学、中国医学、中国历史、中国艺术等可以体现中国文化特色的人文社会学科。这既是符合孔子学院自身特点的核心职能，也是符合其设立的国内大学与海外大学之间合作的"非常聪明"模式。尤其是建立各个学科国内大学一流专家和海外相关领域一流专家的个人或团队合作，使中外大学之间的合作通过孔子学院建立起血肉联系，这种个体学者间的联系是稳定和长远的。专家之间的学术交流与合作不仅顺应目前世界学术跨学科、跨地域的发展潮流，给更多关注中国问题的专家提供良好的合作桥梁和纽带，而且其合作成果会大大提升中国学术在世界的地位和影响，也会让目前关于孔子学院的很多指责迎刃而解。

这种自上而下的文化传播战略实施可以自然而然地将孔子学院的文化传播活动转向精英文化和深层文化。按照文化分层理论，一个国家和民族的文化分为表层文化、中层文化和深层文化①，表层文化是物质文化，通常体现在人的衣、食、住、行领域，如大批在美国开餐馆的中国移民；中层文化又可被称为精神文化，包括艺术、科学、宗教、制度、礼仪、风俗等；深层文化又可以被称为哲学文化，是渗透在前两层文化中的观念、意识和哲学，属于学术领域的内容。各种文化层级之间互相渗透、融合、交通，你中有我，我中有你。孔子学院在鼓励中外高校校际合作或学科课题合作中，应多引导和支持此类学术交流项目，并重点支持一批充分体现中国文化自信、学术自信、问题自觉、理论自觉的高层次文化研究课题。通过这样高层次交流活动，让所在国精英与知识阶层真实地了解现代中国，从而一点点解除对中国文化的戒备。

第三节　顺其自然的衍生功能

孔子学院在公众外交方面的卓越贡献越来越凸显。国内外政要积极通过孔院释放友好信号。孔子学院的一些活动，常常能吸引或邀请到国家元首、政界领袖或者商界名人参加。但如果把邀请领导人作为活动的目的来进行策划，作为孔子学院绩效考核的指标、评优的因素，哪怕是潜在的，都会背离孔子学院朴实的教育本质，长期下去，一定会因为过于热衷外交和政治介入，

---

① 文化有各种分类，如分为精英文化与大众文化；高层文化、底层文化和中间层文化；还有按照地域分为东方文化、西方文化和穆斯林文化；以及按照时间分为古代文化和近代文化以及现代文化；等等。

背离孔院的初衷，造成孔院在海外生存的合法性危机。

在促进经贸发展方面，美国得克萨斯州圣安东尼奥大学（UTSA）的连大祥教授通过复杂的经济学数据计算得出结论："总的来看，新建一所孔子学院对中国的出口额并无影响，但是增加了48%—118%的中国对外直接投资。对于发达国家（世界经济合作组织国家），孔子学院对贸易和投资的作用均不明显。对于发展中国家，孔子学院增加了4%到27%的贸易额和46%到130%的对外直接投资额"（连大祥，2012）。

其实，除了语言教育带来的经济合作交流的潜在机会外，对于辐射功能，与其说来自孔子学院的主动追求，不如说源于语言熟悉后衍生而出的信任。任何一种语言教育都会衍生这样的结果，并不是孔子学院自身所独有的现象。因此，公众外交和促进经贸，不应该是立足海外大学进行合作的孔子学院的主要功能。

参考文献

Paradise, James F., "China and International Harmony: The Role of Confucius Institutes in Bolstering Beijing's 'Soft Power'", *Asian Survey*, 2009（49）.

Sahlins, Marshall, "China's 'Confucius Institutes' are antithetical to university values", *The Nation*, 2013（10）.

李开盛、戴长征：《孔子学院在美国的舆论环境评估》，《世界经济与政治》2011年第7期。

连大祥：《孔子学院对中国出口贸易及对外直接投资的影响》，《中国人民大学学报》2012年第1期。

中国文化中心的发展镜鉴*

第一节 研究问题的提出：与孔子学院对照

2014年，本课题开始关注在海外设立的中国文化中心（郭镇之、张小玲、王珏，2016）。此时，孔子学院已经成为一种世界"现象"；对孔子学院毁誉参半，也成为一个热门话题（吴晓萍，2011；吴瑛，2012；刘程，2011）。

自从2004年第一个孔子学院诞生于韩国、2009年正式"冠名"以来，到2015年年底，短短十年间，全球已有134个国家建成孔子学院500余所，孔子课堂1000多个[①]。在海外传播中国文化的事业中，孔子学院成为不能不提及的案例。

在各国对孔子学院热热闹闹的关注和沸沸扬扬的议论中，功能与孔子学院大同小异的海外机构——中国文化中心——开始浮出水面。其实，中国文化中心的海外发轫比孔子学院早得多，但在孔子学院的快速推进尤其是孔子学院的辉煌成就面前，中国文化中心黯然失色——它们在海内外默默无闻、鲜为人知。

---

* 本文的英语版（The Cautious Seldom Makes Mistake: Chinese Cultural Centers Learn from Confucius Institutes' Lesson，谨慎一点总没错：中国文化中心应以孔子学院为镜鉴）曾在以色列特拉维夫大学孔子学院召开的"向世界介绍中国——媒介：历史与传统路径"（Introduce China to the World-Media: the history and heritage of approach, 2016.2.20-21）国际学术会议宣读，中文版发表于《新闻春秋》2016年第2期，题目为"海外中国文化中心发展策略思考——以孔子学院为镜鉴"。作者郭镇之、张小玲。本次发表经过编辑修改，并加入了一些新的情况与数据（详见郭镇之、李梅，2018）。

① 根据孔子学院总部/国家汉办网站（http://www.hanban.org/confuciousinstitutes/node_10961.htm）更新的数字：至2019年3月2日（查阅日期），有154个国家（地区）建立了548所孔子学院和1193个孔子课堂。2020年5月27日查阅，是162国家（地区），541所孔子学院，1170个孔子课堂。

同样是中国的文化机构，担负相似的文化使命，为什么在国外的影响力有这么大的差别呢？中国文化中心能否从孔子学院那里借鉴一些经验呢？它能够汲取什么经验？中国文化中心是否应该走孔子学院那样的发展道路？本文的分析和结论是：中国文化中心应该探索一条与孔子学院不同且互补的道路。

第二节　海外中国文化中心的发展过程

中国文化中心是中国文化部设于海外的机构，承担公众外交的使命，它们的对外传播活动是一种国家推动的行为。目前，文化部外联局下属的文化中心处负责海外中国文化中心的联络与监管。与此对照，孔子学院所属的国家汉办[①]是部级单位，另有十几个部级单位保驾护航。不过，孔子学院与中国文化中心都以国家财政拨款为基本保障。

从事国际文化交流活动，经费是个无底洞。海外中国文化中心在"国家买单"提供基础性投资的同时，文化部也积极鼓励各类社会组织、文化机构参与海外中心的建设，特别是助力文化活动的开展。借助文化部的国家核心位置以及享有的广泛社会资源，参与文化中心传播活动的机构和组织包括文化部的直属事业单位和中介机构、非营利性全国社会团体、国有大型对外文化企业集团、大型文化交流资讯网站等，以各种不同的结构、关系和方式围绕在文化部外联局周围。此外，中国文化中心与许多国外机构、团体、公司建立了各种形式的合作。由于成分多元、来源广泛，且以文化艺术为中介，这个合作网络的官方身份易被公众所忽略。

中国文化中心于20世纪80年代出现，最初毫不起眼。它不像一个持续运动的初始，而更像在某个契机下偶然出现的一种例行做法——为两国建立关系或者加强关系带来的文化交流活动。缺乏长期目标和持久动力的行为更像是一种"东一榔头西一棒子"的分散活动，形成不了连续性和凝聚力，在较长的时期里影响甚微。

[①]　"国家汉办"的全称"中国国家汉语国际推广领导小组办公室"并不流行，"汉办"的简称更为人所知。

与孔子学院急剧发展的态势和迅速扩张的影响不同的是，海外文化中心先发后至，发展缓慢。20世纪80年代（1988年）成立的只有非洲的毛里求斯和贝宁两个，整个90年代没有增加，一直到21世纪（确切地说是2002年）才重新上马。21世纪第一个十年也只增加了6个（欧洲的开罗、巴黎、马耳他、柏林和亚洲的首尔与东京）。到2014年，全球仅成立了20家海外中国文化中心，其中2011—2013年成立了6家（尼日利亚、莫斯科、马德里、乌兰巴托、曼谷、墨西哥），而仅2014年一年就建成6家（斯里兰卡、老挝、巴基斯坦、尼泊尔、哥本哈根、悉尼）。发展逐渐加快。目前[1]公布的34个中国文化中心，非洲有5个，欧洲12个，亚洲13个，美洲（墨西哥）1个，大洋洲3个，其中26个成立于21世纪的第二个十年，显示出政府推动力度的不均衡。

与此对比，孔子学院的发展赶上了"中国崛起"的大势，乘上了"文化走出去"的大潮。孔子学院以中华文化最突出的代表人物孔子命名，品牌更加鲜明；而更引人注目的是孔院的国家背景："汉办"有一个令人瞩目的高端理事会，由十几个部级单位的领导人组成。在中国，规格决定资源，决定声誉，也决定权威性。作为国家项目的孔子学院发展速度惊人。

中国文化中心和孔子学院的功能在很大程度上是交叉的——文化中心以文化艺术为主，同时兼顾语言培训；而孔子学院以中文教育为主，也操办一些文化活动。因此，在实施国家海外传播的文化目标时，它们之间存在一定的竞争关系，例如：海外表现的成绩、国际传播的影响力，也包括获得国家支持的资源。

就活动的规模和造成的声势而言，文化中心显然不如孔子学院——后者形象耀眼，组织有序，更容易成为一种现象，一道风景。然而，光彩夺目究竟是好事，还是坏事呢？

第三节　借鉴孔子学院经验：谨慎一点总没错

显然是在孔子学院"成功"的刺激下，中国文化中心也制定了快速发展

---

[1] 本文2020年5月更新的数据，据中国文化中心网站公布（截止日期为2015年2月，实际可能更晚）：http://cn.cccweb.org/portal/pubinfo/001002011/20150620/0c793f933c364d4c90f8fffb54771d00.html。

目标①。按照规划，到 2015 年"十二五"期末，中心总数将达 25—30 个；到 2020 年，全球将有 50 个海外中国文化中心建成，五年之内较前增加一倍。

海外中国文化中心是否能够复制孔子学院的成功呢？它可以走孔子学院的快速发展道路吗？我们的回答是——宜谨慎。必须谨慎的原因，第一是国家不可能同时支持两个目标大同小异的全球"运动"，而孔子学院已经占了先机；第二是，文学艺术发生作用的途径、方式和效果是一种潜移默化的过程，与教育特别是舆论和思想不同；第三也最重要的是，树大招风的孔子学院，本身在海外正面临口碑的困境。

孔子学院的全球发展，在引起广泛注意的同时，也招致高度争议。虽然学术性研究多数态度客观，持论相对公允，视角也较多元（Stambach, A., 2014; Zaharna, R. S., 2014; Hubbert, J., 2014a; Hubbert, J., 2014b; Wang, D., & Adamson, B., 2014; Lo, J. T. Y., & Pan, S., 2014），但更有社会影响力的舆论方式——媒体评论——却以批评性分析居多，而且它们反应迅速，先发制人；学术研究却总是慢一两拍。国外主流舆论对孔子学院的集中批评是：1）孔子学院是中国政府的工具，它们在各国的发展似乎只是为了推进中国的政治议程；2）孔子学院与所在国知名高等院校的合作方式（设立于校园），包括有的孔子学院课程加入国外大学正规课程体系的做法被解释为"侵入"和挤占了各所在国有限的教育资源，说它们以中国特有的行政干预方式影响了合作高校的学术自由（如 Schmidt, P., 2010; Sahlins, M., 2014）。总体而言，海外研究者普遍认为，孔院项目的国家背景和急速推广助长了"中国威胁论"的蔓延。

有学者公允地指出，这种恐惧与怀疑是西方社会自己的认知，不一定建立于事实基础上，但它确实存在着，成为中国无法即时扭转和自行改变的现实困境（如 Lo & Pan, 2014）。事实证明：这种恐惧与怀疑的确存在，并产生了后果。如 2012 年 5 月，美国国务院以孔子学院师资学术资质不够的理由，要求部分中国教师离境；2014 年 9 月，芝加哥大学、宾夕法尼亚州立大学宣

---

① 详见相关媒体报道，如陆培法《海外中国文化中心将建 50 个》，《人民日报》（海外版）2014 年 2 月 25 日第 4 版；陈璐《为对外文化事业创造更美好明天——文化部 2015 年驻外文化处（组）及文化中心负责人工作研讨会侧记》，《中国文化报》2015 年 1 月 12 日第 4 版；韩业庭《今年将投 3.6 亿元建设海外文化中心》，《光明日报》2015 年 2 月 27 日第 9 版。

布停止与孔子学院的合作；2015年6月，欧洲最早成立孔子学院的瑞典斯德哥尔摩大学关闭了设在该校的孔子学院。

与世界其他大同小异的对外文化机构相比，孔子学院前进的步伐太快了。例如，成立于1883年、有130多年历史的法语联盟，迄今在全球也只有1000多个机构，分布于136个国家和地区，学员大大少于孔子学院；1934年成立的英国文化协会，目前只在全球109个地区设有办事处。而1951年成立的歌德学院和近年来出现的西班牙塞万提斯学院（1991年）、韩国世宗学院（2006年）都是以非政府组织及非营利机构的方式独立运行的外国文化机构。

孔子学院前进速度比较激进，动作方式比较生猛，也是事实。如果说，孔子学院在推进中国语言和文化方面显然成功，那是公允的评价，但说孔子学院疾风暴雨般的成功未能改善（甚至恶化了）中国的软权力和国家形象，恐怕也有一定道理。发展过快，来势凶猛，极易招致警惕和批评。

不能说孔子学院的积极进取别有用心，但外界（主要是西方国家）对"修昔底德陷阱"的警惕和对"中国威胁"的怀疑也有一定的理由——因为中国正处于非常特殊的时代（迅速崛起）和非常特殊的地位（弯道超车的全球经济体）。

美国政治学者、国际关系专家约瑟夫·奈提出了著名的"软权力"（国内多译为"软实力"）概念，并解释说，软权力"是一种依靠吸引力，而非通过威逼或利诱的手段来达到目标的能力"，软权力的影响力依赖于"对方的感受"（奈，2013：XII）。根据奈的观点，最好的公众外交效果（即软权力）来自民间社会和非政府的私营领域，因为它们的影响较少引起西方公众的警惕和反感。这种警惕和反感来源于西方社会对政治权力的高度不信任和对政府（特别是外国政府，尤其是意识形态不同的外国政府）动机的深刻怀疑。

一个国家的对外传播，最重要的是具有亲和力与可信度。尤其是中国这样的大国，更要避免咄咄逼人的印象；尤其是中国正在崛起的态势，更要避免以"过度扩张"的行为授人以"中国威胁"的口实。如果中国的海外传播不能完全避免政府色彩的话，那么，这种色彩淡一点为好，这种传播低调一些更好。需要尊重所在国受众的感觉，需要注意大众传媒舆论的反馈。这是孔子学院快速发展提示的经验教训，也是所有对外传播工作者必须理解的国际准则。

就文化传播而言,最重要的是克服"水土不服"的现象。除了尊重国际通行（实际上是西方主导的）价值观和公众心理,避免挑战所在国的社会意识形态底线——如"表达自由""学术独立"等敏感的话题和公共机构"与政府保持一臂之距"的惯例——之外；以中华文化和文学艺术为表达内容的中国文化中心,更应恪守并尊崇中华文明的礼仪传统：温良恭俭让,彬彬有礼,客随主便,以文化艺术这种柔性的表达方式发挥软实力资源应有的润滑作用,中和政治经济军事等"硬实力"增长给世界带来的不适感,给外国公众留下一个亲和的中国形象,建立一种更加友好的民间感情和国与国之间的互信关系。

就建立一种可亲、可信、可爱的文化关系而言,无为之治似更好,谨慎一点总没错。鲜为人知的中国文化中心毕竟没有招来怨怼,挑起西方精英对中国的攻击。中国文化中心可以用文化的力量影响世界,起"随风潜入夜,润物细无声"的作用,中和孔子学院带给世界的过于"进取"的国家印象。

第四节　分析与结论

——中国应如何从事海外跨文化传播？

中国文化中心与孔子学院有异有同,具有对照研究的基础。首先,它们都是准官方的文化机构,负有公众外交的使命,在海外传播中国文化,塑造中国形象。然而,孔子学院强势,文化中心弱势,在国外造成的影响大不相同。其次,虽然它们都从事文化传播,但是孔子学院侧重教育,姿态严谨；文化中心侧重文艺,生性活泼,人们对这样两种事业也抱有不同的观感和期待。再次,孔子学院和文化中心都发展了在海外的国际合作；但孔院与正规教育机构长期"联姻",而文化中心更多与市场团体短期"结缘"。因此,它们给予人们的"组织化""体系化"印象不同。

需要注意的是,孔子学院和中国文化中心最重要的共同背景是中国崛起的趋势,和伴随着中国快速发展盛行起来的"中国威胁论"。因此,中国需要格外小心，避免掉入各种明明暗暗的陷阱，提供与他人预设框架相吻合的"中国形象"。

文化中心所从事的文艺传播与孔子学院的教育传播也存在一定的差异。文化艺术所产生的深入而持久的影响，不可能速成，需要长期的积累和历史的验证。只有不具威胁感和更加友好的方式才能产生可持续的真正成功。

中国文化中心似应坚持以往超脱的地位，继续谦虚谨慎的作风，致力于加深人民之间的友谊，共创和谐世界；同时，发动民间机构，采取市场合作的方式，向国外普通公众推销没有很多政治含义却充满中国文化元素的文化产品，细水长流地进行更有吸引力的柔性文化传播。

当然，文化中心似乎也需要更加振作与积极，采取逐步前进的计划，与国内外的合作者探索更加有效的市场机制和经营策略，以发挥传播潜力及对海外民众的文化影响力。

参考文献

Hubbert, J., "Ambiguous States: Confucius Institutes and Chinese Soft Power in the U.S. Classroom", *Polar: Political & Legal Anthropology Review*, Vol. 37, No. 2, 2014（a）.

Hubbert, J., "Authenticating the Nation: Confucius Institutes and Soft Power", *CPD Perspective on Public Diplomacy*, Vol. 3, 2014（b）.

Lo, J. T. Y., & Pan, S., "Confucius Institutes and China's soft power: practices and paradoxes", *Compare: A Journal of Comparative and International Education*, 2014.

Sahlins, M., *Confucius Institutes: Academic Malware*, University of Chicago Press, 2014.

Schmidt, P., "At US colleges, Chinese-financed centers prompt worries about academic freedom", *The Chronicle of Higher Education*, Vol. 17, 2010.

Stambach, A., "Confucius and Crisis in American Universities: Culture, Capital, and Diplomacy", in *US Public Higher Education*, Routledge, 2014.

Wang, D., & Adamson, B., "War and Peace: Perceptions of Confucius Institutes in China and USA", *The Asia-Pacific Education Researcher*, 2014.

Zaharna, R. S., "China's Confucius Institutes: Understanding the Relational Structure & Relational Dynamics of Network Collaboration", *CPD Perspective on Public Diplomacy*, Vol. 3, 2014.

郭镇之、李梅：《公众外交与文化交流：海外中国文化中心的发展趋势》，《对外传播》2018

年第 2 期。

郭镇之、张小玲：《海外中国文化中心发展策略思考——以孔子学院为镜鉴》，《新闻春秋》2016 年第 2 期。

郭镇之、张小玲、王珏：《用文化的力量影响世界：试论中国文化中心的海外传播》，《新闻与传播研究》2016 年第 2 期。

孔子学院总部/国家汉办网站，http：//www.hanban.org/confuciousinstitutes/node_ 10961.htm。

刘程：《孔子学院国内研究现状及走向》，《云南师范大学学报》（对外汉语教学与研究版）2012 年第 1 期。

[美] 约瑟夫·奈：《软实力：权力，从硬实力到软实力》，马娟娟译，中信出版社 2013 年版。

吴晓萍：《中国形象的提升：来自孔子学院教学的启示——基于麻省大学波士顿分校和布莱恩特大学孔子学院问卷的实证分析》，《外交评论》（外交学院学报）2011 年第 1 期。

吴瑛：《中国文化对外传播效果研究——对 5 国 16 所孔子学院的调查》，《浙江社会科学》2012 年第 4 期。

中国文化中心网站，http：//cn.cccweb.org。

中央电视台第四频道：专题系列片《窗口海外中国文化中心（国家品牌计划）》（三集，45 分钟/集，2015 年 12 月 14 日、15 日、16 日播放，http：//tv.cntv.cn/video/VSET100255692416/f42c6b4354004fcd833bab5506fa65ee）。

学理

对外宣传与全球传播的理论基础

本部分学理基础的内容是对理论思路的探索开掘和研究基础的知识梳理，将中华文化海外传播所关注的问题置于前人学术之上，以框定本研究的格局，并将课题搜集的大量资料以一种有条理的方式综合呈现出来。

　　本部分包含四个篇章。导论性质的"文化与政治、宣传与传播：学术基础与理论思路"（郭镇之）首先对本章内容做一个描述：理论综述主要分为两个方向，一个侧重国际政治，指向宣传性的传播话题；另一个侧重文化间的传播、交流与沟通，指向更广泛的文化类话题。其后，分别梳理了宣传现代化（郭镇之）、文化全球化（赵菁）与文化地理学（郭镇之）的知识谱系，将整个研究置于更加深入广泛的理论基础上。

文化与政治、宣传与传播：
学术基础与理论思路

第一节 学术思路与理论基础

中华文化海外传播的创新研究涵盖非常广博的内容，涉及极为庞杂的现象；同时，面对这些纷繁复杂、相互交叉的实践，前人也早已从各种学术路径进行过思考与探索，研究文献相当丰富。因此，我们需要理论的先导，才能选择恰当的研究思路，设置可行的研究框架。通过文献综述，前人的观察与思考将引导我们循路前行，从而开辟新的天地。

中华文化海外传播是不同文化之间的交流活动与扩散行为。但文化不仅仅是个人的生活偏好，"文化的要旨并不是爱吃饺子还是三明治，爱穿旗袍还是西装，爱打篮球还是爱打乒乓球"的分殊，文化的核心常常是、更可能是要建构一种什么样制度的问题①。全球复杂的文化生态往往受制于云谲波诡的全球政治以及风云多变的国际关系，国际政治、国际传播（也可读作"国际宣传""对外宣传""对外传播"等）的成功与否，反而成为文化能否顺利流行的重要因素甚至先决条件。因此，本研究的基本框架如下。

首先，确定国际传播偏政治性与偏文化性两大传播路径，基于不同的现实和条件，在相关传播理论的观照下进行调查研究。国际政治传播的理论基础主要是国际宣传及对外传播，基于国际关系的理论；国际文化传播的理论基础是文化间传播及国际文化交流，植根于世界主义的理想。

---

① 刘瑜：《巨轮调头的时刻》，2015年11月29日，http：//www.infzm.com/content/113287？url_type=39&object_type=webpage&pos=1。

就国际政治传播而言，基本的全球现实是发展在后的中国与以美国为首、领导全球现代化的西方世界在观念领域各持己见。无论是对现代化的定义、还是实现现代化的方案，中国与西方国家道路都不尽相同，意识形态分歧明显。而中西思想分歧和舆论争议的基本态势是西强我弱，导致中国的国际形象受害于西方话语导向。中国对外传播包括文化类内容传播的动机和实践常常被西方做另类解读，贬低中国文化的积极价值，甚至导向对中华文化的负面印象。近年来，美国又提出了"战略传播"的实操目标，经国际传播、公众外交、国际公共关系的宣传转型，进一步将内外传播的实践现代化、一体化。

中华文化要走出去，首先必须解决对外传播的合法性和公信力问题。如果不能克服西方的意识形态障碍，不能将西方影响（包括它们对中国的界定与描绘）"祛魅"，全球受众仍然会以西方设置的中国形象、中国定义看待中国的传播行为、传播内容。如果中国形象不能得到根本改善，中国在全球舆论场无法获得足够的话语权，那么无疑，中国在世界上的传播将是低效甚至无效的。因此，中华文化的海外传播应该聪明地据理力争，有效地以理服人，从而改善国家形象和媒体形象。

文化传播的目标更广泛，常常通过文学艺术的形式和人民之间的接触与交流，发挥的是柔性的影响，收获的是共情的理解。文化传播的基本方式是讲故事，借助惟妙惟肖的叙事，沟通人类的共同体验，产生同情心、同理心。文化传播得以进行，是因为人类有共同的生理、心理基础，可以互相理解。异文化之间的意识分歧和沟通障碍，主要来自不同的生活方式、历史经验和文化传统构成的独特语境和培养的思维方式。因此，文化传播面对的首要问题就是克服沟通障碍，弥合不同文化间的分歧与差异。世界上的各种文化在接触中冲突，也在竞争中融合。文化传播的最终目标是营造对本国友好的国际环境和对本国政策、本国行动有利的国际氛围。

其次，在大致区分（不可能截然分开）政治思想传播（宣传）和文学艺术传播（交流）的前提下，根据文化地理学和文化全球化的理论指引，参考区域研究的经验，将全球（海外）分为几个略有区别的文化区域。按照与中华文化的亲缘关系，本书纳入观察的地区有：东亚和东南亚等历史上深受中华文化传统影响的大中华文化圈地区；以西方（北美、欧洲）为首的全球市场；近年来才与中国发生较亲密接触的非洲地区。由于语言等条件的局限，本研究对中亚、中东、拉丁美洲等地区暂时无法顾及。

对不同地区和社群的文化传播，不能毫无区别。跨越国界的文化传播不是"一个"传播，而是区分不同文化、针对不同人群的多种传播。例如，在文化传播中，有的社群是想象性存在的，如散在各国的海外华人；有的地区只是概念性的存在，如广泛使用的西方世界。熟悉和了解不同的文化，是文化间传播的第一步。因此，文化学习是重要的。

第二节　国际宣传的现代化

第二次世界大战结束以后，美国成为新的世界领导者。无论是在硬实力方面，还是在软权力方面，美国都不断发展，日益强化，并在与苏联持续的制度竞争中最终胜出，成为不可一世的新霸主。

美国之所以能够维持世界霸权地位，得益于它的世界领袖形象。这种形象的塑造和确立，除了军事经济的强大实力和全球资本主义的体制加持之外，还有一个最重要的因素，就是美国对思想、价值观和制度优越性的努力推销；而美国之所以能够实现这个营销目标，依靠的是意识形态的软权力。国际传播和公众外交，亦即现代化的对外宣传，则是软权力的有效发挥。

第二次世界大战之后，美国研究国际政治和大众传播的知识界发展出一系列以改进宣传为目标、促进对外宣传向国际传播转型的实用型"大众传播学"理论。在战后和平与"冷战"时期，美国进一步开发出以公众外交为核心，包括新闻发布、形象塑造、政府公共关系、危机处理等在内的现代宣传策略和技巧，顺应了美国"领导"世界的战略需要。

美国的宣传现代化实践经验，值得我们积极借鉴。美国发明的政治传播学术话语，我们也必须仔细辨析。本文探讨了这样一些与政治性、宣传性传播相关的话题：国际宣传与国家形象、国际关系与公众外交、软权力概念系列与国际话语权竞争。

一　国际宣传[①]与国家形象

国际传播（亦即国际宣传）主要包括两个方面：一个是讲道理，对冲"可恶"（负面）形象；一个是讲故事，塑造"可亲"（正面）形象。不过，这种道理是否可信，这种故事是否中听，即国际宣传是否有效，却在很大程度上取决于对外宣传媒体本身的公信力，亦即传播学理论所谓的"消息来源的可信度"。同时，宣传和传播的公信力不仅与媒体本身的形象有关，也与媒体和国家之间的关系以及国家形象有关。可见，国家形象不仅是国际关系的重要基础，也是对外宣传发挥影响力的重要前提。

关于国家形象，从媒介话题到学术研究，世界上大约没有哪个国家像中国一样关注。对"国家形象"的定义，中国学者的认识大体上是一致的。国家形象（national image，也称国际形象，international image），是某一国家在世界上其他国家人民心目中特异的主观印象，具有一定程度的整体性和稳定性。国家形象有自我宣传和界定（自塑）与他人构建及认知（他塑）的区别，与实际存在的国家表现既有联系，也存在或大或小的差异。在较少个人直接经验的国际传播领域内，国家形象在很大程度上是由各个国家的大众传播尤其是新闻宣传塑造的，它来自媒体的报道和评论，是一种符号构建的结果。中国学者大多承认，中国对自身形象的界定与中国在全球被传闻的形象，亦即自塑与他塑之间，存在较大的差异。

在全球舆论竞争中，"西强我弱"是总的形势。在国际传播领域，长期以来占据话语强势地位的西方主流媒体掌握着界定各国形象的主导权。自中华人民共和国成立以来，被西方界定的中国形象总体上偏向负面；而偏近负面的国家形象是中国获得全球影响力和争取国际话语权的最大障碍，也成为中国进行国际传播的短板。对于一个正在崛起的社会主义大国，有利的国家形象是有效的国际传播必须迈过的门槛。

除了西方对中国的成见之外，中国形象面临的一个新问题是全球化时代越来越多穿越国界的流动。在出入境的人群中，既有投资设厂的企业家和出

[①] 本文中的"宣传"都是中性词，指称一种客观的现象，并不带有西方话语特有的贬义。

境劳工，也有出国访问的学者和留学生。大批国际旅游者更是近些年来出现的新现象。随着中外接触和人际交往的增加，文化差异凸显，沟通障碍常见，良莠不齐的人员素质也使中国国民形象受损。于是，改善社会环境、提高公民素养也成为改进中国形象的目标之一。

好的国家形象很难建立，坏的印象却很容易形成；好的印象很容易变坏，而坏的印象要变好，却非常困难（Wang, H., 2003）。因此，改善业已形成的消极国家形象是中国面临的严峻挑战。

二 国际关系与公众外交

在现代民主社会，公众有广泛机会接触国家治理事务，传统的官方外交、秘密外交日益公开。在全球传播时代，普通民众也可能深度卷入和高度参与国际事务与国际关系。因应公开化、民主化的现代趋势，20世纪60年代的美国政治学者和外交官为美国政府策划了公众外交（Public Diplomacy, PD）[①]的话语策略及传播方式，主要目的是粉饰形象日趋负面的美国国际宣传。公众外交的说辞弱化了功利性，国民交流的实践也扩大了文化影响，较之实用主义的国际关系和生硬外露的新闻宣传，公众外交有助于国与国之间的了解和民与民之间的友谊，成为美国发挥软权力的成功方式。

公众外交不再仅仅着眼于即时的、明显的宣传效果，而追求对本国友好的国际环境和有利于自身政策的国际氛围。与传统的秘密外交、官方外交不同，公众外交的对象不再限于政府、领导人和外交官，而变成了广泛的民众；活动主体也扩大到作为个体或者组成群体的公民，如政府退休官员、跨国企业家、国际访问学者、国际学生等；信息传播、学术交往、文化交流则成为国际交往主要的沟通渠道和活动方式，取代了军事冲突和经济竞争。

不过，公众外交的主流渠道，始终是政府主导下的国际新闻宣传，其核心功能，仍然是国家的形象构建。而且，公众外交仍然从属于国家的"外交"目标，亦即国际关系和国际政治。除了直接面向外国公众的媒介报道和化解

[①] Public diplomacy 国内一般译为"公共外交"，本文主张译为"公众外交"。对概念的详细辨析可见参考文献：郭镇之，2016a。

国际危机的政府公关之外，由普通公民向国外民众宣讲国家各方面的"故事"，由各路精英介绍并解释本国的理念、政策、成就和问题，描绘积极可信的国家形象，争取国际社会的了解和信任，是公众外交的主要目标。较之一般的文化艺术交流（如文艺演出），公众外交包括更广泛的文化形式，如教育和学术。公众外交也是政府主导下有目的、有计划、有策略的活动，与大多数国民的自然接触和自发交流性质不同。因此，将国民之间的文化交流全都纳入"公众外交"的范围，是将国与国、民与民之间的交往窄化；同时，也将传统意义上外交的核心目标（国际关系、国际政治）大大泛化了。

将民众引进国际关系主体和对象之后的"公众外交"，与作为国际政治特殊形式的政府"外交"本身，已经不完全是一回事，公众外交泛化了国际关系的外延；但更多地体现为一种宣传活动：通过文化交流、文化传播实现的宣传目标。公众外交是在国际宣传基础上扩大了的升级版国际传播。就英文 public diplomacy 而言，"公共外交"既缺乏与传统外交的区别能力，又不能体现公民作为公众外交主体和对象的特指能力，可见，"公众外交"是比"公共外交"更恰当的译法（郭镇之，2016b）。

三 "软权力"系列概念与国际话语权

Soft power（"软权力"，通译"软实力"）与 public diplomacy（"公众外交"）一样，也是近年来中国政治学界和传播学界引进的热门概念。"软权力"这个概念由美国政治学者约瑟夫·奈在20世纪90年代提出，虽然讲的是用"软"力量和以"吸引而非压服"的柔性方法获得人心，但本质上追求的还是"不战而屈人之兵"的权力，带有雄心勃勃的色彩。正如"公众外交"虽是公众交流，却仍然从属于外交目标和国际政治一样，"软权力"话语的本质也仍然是政治学的核心概念——权力。在提出"软权力"之后，包括约瑟夫·奈在内的一些学者又开发出 smart power（中国通译为"巧实力"）的概念[①]。加上原有的 hard power 及其后开发出的另类 sharp power（国内通译为"锐实力"），一系列涉及 power 的词语俨然组成一个概念家族。

[①] 本研究主张对 smart power 取"巧用力""用巧力"的译法，力主中华文化的海外传播借鉴"软硬结合""借势用力"的巧妙传播策略，"用巧力"，"巧用力"。

本研究对 hard power，soft power，smart power 概念群做了专门研究（郭镇之、冯若谷，2015a；郭镇之、冯若谷，2015b；郭镇之，2016a），认为国内理论界对以 soft power（国内通译"软实力"，或曰"软力量"）为核心的系列概念群存在模糊认识；而按照国人想象发展出中国含义的"软实力"概念，及其积极发掘文化资源、推进文化传播的含义，却并不对应美国的 soft power 概念。"软权力"是思想领导权，或称文化霸权，这个词具有"进取"和"控制"的目标，带有进攻性。这个词用于"全球领袖"美国似无不妥；但对于中国，却意味着"威胁"的标签——因为中国正在世界疑惧的眼光中以独特的形象迅速崛起。由猜忌和不安导致的舆论挑战，是志在"和平发展"的中国应该竭力避免的。

然而，"软实力"一度成为中国的热门话题，推进中国文化"软权力"的喧嚣却引来世界侧目。虽然中国是按照对"软实力"概念的安全理解，在国内宣传提升文化"软实力"的，但在全球化时代，大张旗鼓的工程却造成了沸沸扬扬的国际影响，坐实了中国在全球追求文化"权力"乃至世界领导权的印象。这种传播对国家形象不利。

考虑到英文 power 在政治学领域特定的"权力"含义，本研究建议，在国际上谨慎使用 soft power 的概念。全球社会不会按照中国的定义和解释，从温和的方面理解 soft power，全球公众读到的英文仍然被理解为主导性的"权力"概念。当然，中国可以进行概念意义的话语竞争；然而，众所周知，中国并不掌握足以与西方舆论抗衡的国际话语权。

2017 年年底，美国一个半官方的智库——全国民主基金会（National Endowment for Democracy），专门针对其假想敌俄罗斯与中国提出了 sharp power（被译为"锐实力"）的概念，"发动新一轮舆论战，对中俄等国近年来为提升国家形象和国际影响力所做的各种努力妄加指责"。"按照他们的界定，所谓'锐实力'是'威权势力'采用'收买、审查、操纵、胁迫'等'非常规手段'对目标国家或群体施加影响"[①] 的活动及其能力。

"锐权力"概念的采用，说明美国学术界及为之服务的美国政府并不认为

---

① 史安斌：《用"睿实力"回应西方炮制的"锐实力"》，环球网，2017 年 12 月 26 日，http://opinion.huanqiu.com/hqpl/2017-12/11474927.html。

中国可以和自己一样对待。所谓的"软权力"只是"自由民主国家的专利"①，即使是在概念方面，适用于自己的，也未必适用于、甚至肯定不适用于中国。"软权力"的概念用于美国，是体现其世界责任的领导权；但在中国，却是觊觎世界霸权的狼子野心。而所谓的"锐权力"，则是中国"软实力"的真正本质；它断断不会用于美国——虽然美国无论是从经济实力还是军事实力方面都大大"锐"于中国。

从推销自己的"软权力"到指责对方的"锐权力"，体现出美国在对外宣传中不断变换的话语策略。在最基本的含义上，话语是一种互动性社会语言行为。对话语的研究兴趣可以追溯到希腊古典时期亚里士多德的修辞学。但据话语研究专家、荷兰学者图恩·梵·迪克（Teun A. van Dijk）的解释，作为一个跨学科的理论领域，话语研究诞生于人文学与社会科学迅猛发展且交叉互动的20世纪六七十年代（梵·迪克，2015：1）。

话语的符号性与结构性是话语研究的深层学术话题（梵·迪克，2015：3-4）。话语是一种或曲折或直接的意义表达方式，常常采用各种符号工具和修辞手法捍卫自身立场，影响他人感觉。话语权便是言说者的话语在特定场合表达意义的重要性，因而是一种隐性权力。从人类交往及意义表达的维度看，话语是通过多元文本沟通思想、分享信息的渠道。民族志研究的人类学、建构主义社会科学、结构主义语言学、认知心理学及阐释现实和心理关联的社会学、心理学等领域，都影响到传播学的话语研究。

结构性与能动性是话语实践的基本特征。话语的交流被社会的结构所限制，这是一种权力关系。话语是在情境中产生的，受限于现实和语境。然而，在限定的时代、社会和环境条件下，话语也能够不断突破并努力构建新的结构、新的现实和新的权力关系。话语可以增强影响力，也可能产生反作用力。

话语有多种表达形式，大致可分为政治性、思想性的抽象语言，用于讲道理；生活性、文艺性的象征符号，用于讲故事。讲道理的重点在于思想、理念的吸引力，多用于新闻宣传的意义阐发和观点说服。讲故事则讲究题材的选择和叙事的技巧，更偏重文化传播的经验认同与情感激发。

---

① 史安斌：《以理念创新回击西方舆论战》，参考消息网，2018年3月12日，http：//ihl.cankaoxiaoxi.com/2018/0312/2258162.shtml。

第三节　文化地理学与文化全球化

当代文化传播的一个背景是全球化，以及全球一体趋势带来的本土反应（Tomlinson，J.，1999），是一种"世界范围内联系众多遥远地方的社会关系之强化，表现为地方事件被远处发生的事件所塑造、反之亦然的现象"（Giddens，A.，1991：64）。全球化既是一种事实，也指一种感觉。按照美国全球化专家罗伯逊（Roland Robertson）的著名定义，全球化是世界的压缩及其作为一个整体的感觉的强化（Robertson，R.，1992）。

对于全球化的现象及趋势，学者没有异议；对全球化的文化后果及其评价，才是争议的焦点。20世纪70年代，美国社会学家沃勒斯坦（Immanuel Wallerstein）指出，在现代化的发达世界与发展中世界之间存在不平等的关系（沃勒斯坦，2008），这成为研究全球化的主流视角。英国社会学家吉登斯（Anthony Giddens）提出的结构化理论认为，行动者的主观能动性可以改变世界的结构。社会实践中的行动既维持着社会结构，又改变了社会结构（吉登斯，1998）。全球化的后果取决于人的能动性与人和人之间的相互关系。

人员的区域间流动和文化的竞争与融合是自古以来便有的现象。但自16世纪以来，随着资本主义生产方式的出现，随着工业的发达和交通的便利，资金、技术、产业、人员的全球流动成为日益突出的趋势。一方面，人们仍然为战争、饥荒、政治动荡等客观原因而被迫离乡；另一方面，更有雄心的人群也为追求特定的理想与更好的生活而主动出走。随着生产力的极大发展和资本主义生产方式的全球化，以"现代性"命名的一整套意识形态、价值观和生活方式也在全球普遍流行。从这个意义上说，全球化是现代化的重要后果。

一　世界主义、文化地理学与区域研究

文化传播致力于不同文化间人们的沟通，相信人与人之间可以相互理解，全球文化可以逐步交融。这种认知来自世界主义的理念。

世界主义又称世界公民主义，来源复杂、观点众多。最简单的世界主义认为：所有人都立足于共同的人类道德，虽然人们可以根据不同的亲缘关系构成逐层扩大的同心圆关系，但都属于单一的人类社区。世界主义也可以是一种身份认定：世界主义者认为自己不从属于任何特定的地方，而以全球为乡，四海为家。世界主义者基于普遍人性论（人心相通的共性）和社会契约论（人人平等的准则），追求世界大同，理想是建设一种全球所有人共同参与的政治社会，让人类和谐共存。当然，在当前充满各种政治利益和不同文化群体的纷乱世界中，要实现世界主义的理想，需要政治社会的沟通，也需要不同文化间的交流。

当代社会科学常常按照一定的标准将世界的结构划分为若干区域，进行分别研究。最初的基本标准是地理区域。这种区域的边界大多是一个国家（政体），也可能是居于国家之上的各种联合体或联系体，还可能是位于国家之下的区域和地方。这类研究最主要的取向包括文化地理学和区域研究。

文化地理学（Cultural geography）起源于19世纪，研究文化现象在空间上的形成与分布，研究各种文化之间的差异及变化与地理环境之间的关系。文化地理学的"地理"包括各种层级、交叉重叠的文化圈，如亚太地区、东南亚、中华文化圈等。文化地理学关于文化扩散与文化整合的研究强调文化心理的认同，有关语言、习俗等文化接近性的探讨为传播研究提供了有益的思路。

区域研究（Area studies）历史稍短，但影响更大。与文化地理学侧重自然形成的人文传统不同，区域研究具有政治色彩，是由第二次世界大战中逐渐成为全球领袖的美国发起的。区域研究是一种跨学科的研究领域，视野开阔。它根据不同的地理环境、政治经济体制和文化特征，针对不同类型、不同层次的国家和区域，进行分类、分层的个案研究，在各个差异甚大的学科研究实践的基础上进行总体的对象描述。

按照不同的类型和层级标准，区域研究包括国别研究、基于地理条件的区域共同体研究（如欧盟、东盟）、语言文化区域（如阿拉伯地区、讲英语或者法语的国家、大中华地区）研究、宗教（如伊斯兰教及其不同派别）影响区域的研究等。区域研究关注宗主国和殖民地的文化传承关系，重视对某些地区的流散族群和移居现象及其意义的探讨，如对虚拟"想象共同体"的研究。

在威力无穷的大自然面前，弱势的人类文明曾经在很大程度上被地理条件所限定；随着人类征服自然的能力急剧增强，地理环境的局限性被大大突破。全球化的趋势使得世界变得越来越接近，越来越相似，地理环境对文化的解释能力日渐式微。在偏近文化传播的领域，学者基于现代化的全球趋势，提出了文化杂交、文化断裂、文化接近等一系列"现代"概念。

二 杂糅、叠加、断裂与不对称：互动中的文化融合

随着人类接触及文化交流的增加，人种的混血与文化的杂糅成为普遍现象。对这些现象的理论概括被称为文化的"杂交化"（Hybridization）。"文化杂交"理论来源于南美洲。南美洲人是近代以来由当地土著居民（部落印第安人）、来自拉丁语地区的欧洲殖民者、非洲奴隶几部分人群及其后裔长期混血形成的民族，由此形成的拉丁美洲民族文化也具有杂糅的特点。20世纪90年代，杂交化理论出现于西班牙语的原著，并逐渐扩散到英语世界（Kraidy，2005；伯克，2016）。

文化杂交理论认为，本地文化与外来文化通常以渐进的方式缓慢接触，有时也以剧烈的方式突然闯入。在异文化的频繁接触与互动中，无论多么强大的外来文化，或者多么悠久的传统文化，假以时日，都会发生作用，形成一种复合的杂交文化。在大众媒介出现之前，这些文化的杂交是因人群的流动而自然发生的；大众传播媒介的出现则加速了"现代化"的杂交进程。

文化的杂交不同于人种的混血。文化的变迁不是完全均匀的融合，它不仅会以混杂的方式融为一体（所谓的"克里奥尔化"，Creolization），也会以沉淀的方式分层累积。也就是说，杂交的文化不是充分融合的各种文化成分的混合体，而是各种文化成分叠加共存的结合体。原有的文化以紧密或者松散的方式一层层累积起来，新进的文化则以强加或者吸取的方式，在原有文化之上形成新的层级。也就是说，整个文化体成分多元，各个文化层次之间互动、影响、适应并改变。尽管文化杂交理论承认文化的融合发生于有差异和不平等的关系中，但仍然相信，引进文化是互惠的，文化交流是自

愿的。

文化的"杂糅"概念有力地推动了对"文化融合"的新认识：杂交的文化是相互渗透的，但又不是完全融合的。对于这种理论的批评意见主要是：文化杂糅理论忽视了不同文化之间地位并不平等的事实（如殖民地人民被强制服从宗主国文化）；忽略了文化交流及合流过程中不对称权力关系的存在。

对文化融合中的互动也有更深入的观点，例如文化断裂说和不对称依赖说。基于亚洲经验的印度裔学者阿帕杜莱（Arjun Appadurai）于20世纪90年代提出文化的断裂（disjuncture）观点，认为在不同文化的接触与融合中，与文化杂交同时发生的还有文化断裂的相反过程。在其享有世界声誉的《消散的现代性：全球化的文化维度》（2012）一书中，阿帕杜莱以丰富的案例，强调现代世界的文化互动导致政治经济、科学技术、文化生产、内容流动、文化接受等多个维度的分裂。阿帕杜莱认为，文化的断裂形成不同的景象，导致主体的文化认同分殊。文化融合的趋势只能带来更多的文化类型，并产生出分别的多元认同，而非生成相同的类型和同类的认同。

长期专注于拉丁美洲传播研究的美国学者斯特劳巴哈（Joseph Straubhaar）采纳了关于"不对称依赖"的前人理论（Galtung, J., 1971），以文化贸易的经济视角进一步分析全球文化传播中的失衡现象，得出与文化断裂大同小异的结论。他提出，文化市场及其产品的供求双方虽然相互依赖，但两者对依赖的需求是不一样的，不对称的需求关系导致不对等的供给条件。文化接受一方对异文化的竞争能力与抵抗能力也是不一样的，文化混杂化的流动之间既充满融合的动力，又因不对称而倾斜（梁悦悦，2017：56-73）。

成长并长期生活在亚洲的黎巴嫩、精通阿拉伯语的美国教授克雷迪（Marwan Kraidy）认为，文化混杂既不是整体的，也不是多元的，而是综合的（synthetic），其结果便不是简单的西式全球化，而是结构因素与文化主体之间的能动关系。据此，克雷迪提出了"批判性文化嫁接"（critical transculturation）的概念（Kraidy, M., 2005）。

文化的杂交化表明传播受众（也是接受主体）文化认同的开放性与多元化。在大众传播的过程中，个体选择性吸纳多层次的文化，以此建构与保持自己的认同对象和方式。受众根据自己与不同文化间的关系，在地理区域、语言文化、心理传统等原生和次生环境及自身生活经验的基础上产生各种认同,进而选择文化的内容并接受文化的传播。

三 文化全球化与文化接近性

文化全球化是当代独特的传播现象,而全球传播是文化全球化最重要的表现形式。全球传播不仅在规模上更广泛(面向整个世界),而且在意义上带有"普世化""趋同性"的特征,通常意味着西方思想观念和美国娱乐文化的全球扩散。西方现代化过程中长期的殖民主义历史曾催生了文化帝国主义、依附性发展等重要的理论思路。这些观点认为,来自宗主国的外来文化完全支配了殖民地和后发国家的发展道路。

不过,经过后殖民时代的理论反思,又出现了一种与传统文化帝国主义相对立的文化认同理论。这种理论认为,受众更倾向于本地的、与自己义化接近的文化产品和文化服务,"帝国主义"的文化影响力其实没有那么大。或者说,全球文化的影响方式并不那么简单和直接。与相对简单、直接的政治经济全球化不同,文化的全球趋势与地区接触带来了追随、抵抗与兼容、改造等不同的地方反应。本土化即是对文化全球化抵抗式反应的一种理论概括,其较精细的发展被命名为"全球本土化"(glocalization)。

"全球本土化"的观点最初是日本企业家首先提出的产业发展思路。其后,美国教授罗伯逊(Roland Robertson)引进了这种概念。"全球本土化"概念认为,面向全球的文化产品必须进行设计的改造,以适应当地的文化,才能被本土所接纳。这就叫作"全球思考,本土操作"。罗伯逊认为(Robertson, R., 1995),全球本土化意味着普遍化与特殊化趋势的同时共存。外来的全球文化需要采用本地化策略,创造文化的接近性,才能赢得不同地区的受众认同;与此同时,本土文化(包括全国、地区和本地的文化)为了更大限度地获得受众,也吸取了全球文化中广受欢迎的表达形式和文化成分,并在接纳、拒绝、扬弃全球文化的过程中,将自己的优势文化贡献给融合性的全球文化。世界文化的接触和交流是一种相互影响、互相融合的过程。全球文化本身就是各种地方文化的组合。

文化传播能否深入人心,能否被受众接受,决定的因素是传播对象的认同。认同建立于一系列文化关系上。虽然始终存在文化权力的不平等,但在前现代的传统社会中,地理、语言、宗教等因素的接近性往往导致地方文化的天然融合。经常发生的情况是,在接触与交流的过程中,外来文化与本地文化相互影响,相互竞争,最终,强势文化(不管是外来的还是本地的)逐渐胜出,兼并弱势文化并形成了新的杂交文化。

20世纪90年代,斯特劳巴哈提出了"文化接近性"(cultural proximity)的理论(Straubhaar, J., 1991),说明全球、地方、地区之间流动的文化关系,用以解释全球电视融合的条件。斯特劳巴哈认为,很少有人以"全球"为主要的认同对象,自认为"世界公民"。文化认同建立于文化接近的基础上,传统上,地理语言区域所具有的文化接近性构成了文化传播自然流动的空间,如相似的语言、宗教、价值观、文化传统、生活习俗,包括民族历史、集体记忆和政治机制等,种种来自历史传承的稳定特征令文化之间相互接近。因此,在同一地区或者相邻区域,人们对文化有更加相似的选择倾向,例如对电视戏剧的题材、人物、情节、风格、语言的共同爱好。尤其是文化接受的第一门槛语言。例如,在文化传播中最通用的元素幽默,需要即时的语言反应,才能体会并享受。缺乏对高语境的文化理解极易出现交流的文化障碍。

随着现代移民的快速流动和离散人群社会的形成,又出现了跨国的语言文化空间,"文化地理"概念随之改变。斯特劳巴哈认为,在全球流动时代,文化的接近性取决于能动者的文化选择(梁悦悦,2017)。在全球、区域、国家、本地文化混杂的时代,受众在接触铺天盖地的文化消息、文化产品和文化服务时,越来越成为主动的寻求者,而文化的提供者,则必须做出适应与改变,才能"靠近"这些能动的选择者。

文化的接近性来自既存的文化特征,文化的靠近则指一种接近的过程。这是一种传受双方动态吸引与接纳的过程,在这种过程中,多元的、分层的杂交文化使受众产生各种方向、各种层次的认同,进而实现文化的交流及融合。外来文化,包括异族文化,需要通过本地化等方式(最明显的例子是语言的翻译),做出文化的适应与特征的改变,才能与受众产生接近性。

四 讲故事的理论与实践

文化传播的核心目标,是促进传播主体的政治、经济和文化利益,使之被传播对象理解和认可。不过,文化传播通常不像新闻宣传那样意图明确,而采取更加含蓄的柔性方式,娓娓道来,讲述故事。面向海外传播中华文化,要讲述中国故事并讲好中国故事,必须掌握文化靠近的技巧,培养讲故事的能力。

通常的故事是一种文学体裁,讲故事是一种文学手法,侧重于对事件发展过程的叙述和描摹,常常带有内容的戏剧性、情节的连贯性和讲述的生动性。就情节性的策略和技巧而言,讲述故事的中外文学传统完全适用于讲中国故事的任务。但"中国故事"的概念,并不限于情节性、戏剧化的虚构性文学;而"讲"则更多意味着介绍、解释与弘扬。

作为中国文化海外宣传的一种重要方式,讲中国故事常常借助新闻体裁,并带有强烈的时新性和时效性:它致力于将中国的现实图景栩栩如生地描绘出来,将中国正在发生的事实、中国方方面面的现象、中国实际存在的状况、中国独特的发展与问题,以一种令人信服的方式介绍出去。它要让全球和世界各地的人民了解中国、同情中国、理解中国,进而支持中国的发展与进步,促进中国的现代化。此外,各种内容的中国故事都可以用不同方式来讲述。

研究"讲故事"的世界流行学术路径是叙事学。然而,当代西方叙事学的代表性理论是结构主义叙事学,典型的学术路径是对叙事文本作技术分析。这种叙事学提供的思路过于狭窄,这种"科学研究"式的理论与中华文化对外传播的宏大目标似对应不足。

不过,讲中国故事的实践仍然可以借鉴符号学、修辞学等理论思路,通过对修辞的分析批评和对符号的策略构建,达到中华文化和中国故事与传播对象符号系统的融合及双方情感的"共鸣",缩短文化距离并最终达到文化认同的深层效果。

在讲中国故事的对外传播中,需要了解对象国的文化符号系统,熟悉传播对象的文化意义建构方式。本书介绍的几种不太多见的分析路径:多模态修辞分析与符号聚合理论及幻想主题分析方法,可为此提供借鉴。

参考文献

Galtung, J., "A structural theory of imperialism", *Journal of Peace Research*, No.2, 1971: 81 – 117.

Giddens, Anthony, *The Consequences of Modernity*, Cambridge：Polity Press, 1991.

Kraidy, M., *Hybridity, or the cultural logic of globalization*, Philadelphia：Temple University Press, 2005.

Robertson, Roland, *Globalization：social theory and global culture*, London：Sage, 1992.

Robertson, R. Globalization, Time-Space and Homogeneity-Heterogeneity, In Featherstone, Mike (eds.), *Global Modernities*, London：Sage, 1995：25 – 44.

Straubhaar, J. D., Beyond media imperialism：asymmetrical interdependence and cultural proximity, *Critical Studies in media communication*, 1991, 8（1）：39 – 59.

Tomlinson, J., *Globalization and Culture*, Cambridge：Polity Press, 1999.

Wang, Hongying, "National Image building and Chinese Foreign Policy", *China：An International Journal（CIJ）*, Volume 1, Number 1, March 2003：46 – 72.

［美］阿尔君·阿帕杜莱：《消散的现代性：全球化的文化维度》，刘冉译，上海三联书店2012年版。

［英］安东尼·吉登斯：《社会的构成》，李康、李猛译，生活·读书·新知三联书店1998年版。

郭镇之：《国际传播要巧用力》（2016a），《江西师范大学学报》（哲学社会科学版）2016年第1期。

郭镇之：《公共外交、公众外交，还是别的什么?》（2016b），《全球传媒学刊》2016年第2期。

郭镇之、冯若谷：《"软权力"与"巧用力"：国际传播的战略思考》，《现代传播》（中国传媒大学学报）2015年第10期（郭镇之、冯若谷，2015b）。

郭镇之、冯若谷：《中国对外传播的巧用力》，《当代传播》2015年第6期。

梁悦悦：《金砖国家经验与全球媒介研究创新——约瑟夫·斯特劳巴哈教授访谈》，《国际新闻界》2017年第3期。

［荷］图恩·梵·迪克：《话语研究：多学科导论》，周翔主译，重庆大学出版社2015年版。

［美］伊曼纽尔·沃勒斯坦：《现代世界体系》，郭方等译，社会科学文献出版社2013年版。

对外宣传的现代化:西方的
观点与美国的历程[*]

在全球范围内,现在已经很少听到 propaganda 这个词了——除非是指责他人。另一方面,我们每天又都被各种政治号召与商业促销所包围,经受着动员、鼓舞、劝服、引导、忽悠乃至欺骗。这些大同小异的宣传行为现在都被称为"传播"。不过,这并非宣传实质的改变,只是话语包装的变形。本文把这种西方话语随现代观念的演变与时俱进的过程称为宣传的现代化。

宣传学诞生于第一次世界大战之后,作为一种被纳入系统观察的现代现象,最初来自西方国家对国际宣传的学术研究。事实上,propaganda 常常特指国家(政府)的传播行为,和国家之间的传播行为(国际宣传)。国际宣传一直是宣传学研究的重点,本文讨论的也是面向全球对外宣传的话语变迁。

作为西方大家庭的"马首",美国是传播学创始的"原生家庭";从宣传到传播的实践转型,美国也是行家里手。研究对外宣传的话语变迁,美国的经历是一个好样本。

第一节 宣传的现代化

在第一部有影响的宣传学名著《世界大战中的宣传技巧》中,拉斯韦尔对宣传下了定义:以重要的符号(如消息、谣言、报道、图片和其他种种社会传播方式)来控制意见的做法(Severin & Tankard,2006:95),这种定义基本是中性的。后来,宣传分析研究所(Institute for Propaganda Analysis)对

---

[*] 本文作者是郭镇之,原文发表在《国际传播》2020 年第 2 期上,此次出版经过删减。

现代宣传的经典定义是："宣传是个体和群体刻意采取的观点和行动的表达，意在通过心理操控达到影响其他个体与群体观点和行动的目的"（Ellul，1965：XII），这个现代概念已略含贬义，并使宣传带有符号化和修辞化的特征了。对宣传的某辞典定义是"一种带有思想、政治和商业目的、通过或真或假的片面消息，借助大众的和直接的媒介渠道，有意进行的系统性说服，目的是影响特定目标受众的感情、态度、观点和行动。"（Nelson，R.，1996：232-233）总之，宣传不是单纯的信息传播活动，动机性、符号性及可操控性是其特征。

虽然"广而告之"式的宣传是亘古以来许多民族所共有的行为，但是，对宣传的"科学"研究和功利化应用，却完全是现代产物。第二次世界大战中兴起的国际传播研究延续了对外宣传的研究脉络。传播是宣传的升级版、改进版、扩大版；从新闻学发展而来的传播学就是"科学方法"的宣传学。所谓国际传播，就是国际宣传；对外传播，也就是对外宣传。所谓宣传的"现代化"，不仅指宣传学的传播学化，还包括传播观念、传播行为与传播活动的与时俱进。

当代的宣传学并不止于传播学。"科学"的宣传方法还在发展，还在继续"现代化"。新的宣传/传播顺应全球化、媒介化和高科技化的各种变化，及后现代世界的当代情境，继续调整话语、概念和实践，不断产生新的理念和模式，包括"公众外交"和"战略性传播"等晚近出现的宣传概念。在本文中，"宣传"和"传播"大同小异，都是中性的概念；它们与"对话""交流"等概念的基本区别，是操控动机。

一 "宣传"概念的历史变迁

最初的 propaganda 一词来自宗教派别的名称（Severin & Tankard，2006：94-95）。时至今日，宗教传播仍然是宣传活动中非常醒目的一个部分。就概念而言，不仅"宣传"在中文里不是一个坏词，英文"宣传"（propaganda）本来也不是一个负面词语。尤其是战争中的对外宣传，更是具有捍卫国家主权和民族利益的充分正当性。例如，英国政府于1914年和1918年便分别成立了"战争宣传局"（War Propaganda Bureau）和"对敌宣传部"（Enemy Propaganda Department），从事黑白两色的对敌宣传。

从第一次世界大战开始，鉴于德国大量使用 propaganda 一词，有意识进行话语切割的美国便开发出"信息""舆论"等中性词，以示区别。也正是通过战时宣传实践，曾经为威尔逊总统担任顾问的李普曼（Walter Lippmann）发展出他在《舆论学》一书中表达的主要观点：公众意见极易被宣传所误导。

两次世界大战之间，正逢心理学家弗洛伊德精神分析学派的形成。弗洛伊德对人的理性极为悲观。他认为，人是受非理性的本能控制的，个人主义暴民的群体冲动会给社会带来极大的灾难。两次世界大战的惨痛经验似乎证实了个人及群体心理的这种非理性特征。其后，群体心理学、社会心理学等实证研究进一步证实了大众传播的意识形态宣传对民众的动员能力。宣传插上科技的翅膀，被大规模地用于军事动员和社会运动，成为令人恐怖的异己力量。

二　从宣传到公共关系传播

第一次世界大战是英文 propaganda 的含义从中性走向负面的开端。及至第二次世界大战，由于宣传已被界定为散布欺骗性消息和强制性观点的代名词，propaganda 一词声名狼藉。于是，反法西斯一方的对外宣传，特别是国际广播，被标上了"国际传播"的标签，以区别于德意日法西斯国家的宣传。但事实上，国际传播采取的是与对外宣传同样的行径，也分黑白两种。

不过，本质上相同的传播和宣传两个概念还是有区别的："我传播，你说服，他宣传"（刘海龙，2013：4），坏标签只用于敌人身上，这就是话语的功能。传播方法并不是衡量正当与否的标准，谁是传播者才最重要。信源的可信度，也是传播学发现的重要变量之一。

用语的改变建构了新型的宣传方式——更广泛、更开放、更精准、更有效的传播。宣传也有内外之别。对美国而言，对外宣传，包括散布谣言的黑色宣传，是外交斗争和战争动员的有效手段，因而是完全正当的"传播"行为；但以"制造谎言操纵思想"为定义，对内的"宣传"则是必须禁止的非法活动。尽管在资本主义社会，令人眼花缭乱的商业洗脑和政治推销无处不在，但它们都被冠以各种委婉用语，精心包装后才会粉墨登场。

传播实践中最活跃的一支宣传力量是广告及其他商业推销者。弗洛伊德的外甥兼侄子爱德华·伯内斯（Edward Bernays）①成了弗洛伊德思想的另类传人。伯内斯等人将弗洛伊德心理学关于非理性的发现应用于现代消费社会，发明了一种新的宣传行业——公共关系。伯内斯并不否认公共关系的宣传本性；甚至不屑于隐瞒公共关系的心理操纵性。从弗洛伊德对人性的基本判断出发，伯内斯主张，人的非理性不是需要矫治的缺陷（如他的表妹、弗洛伊德的女儿安娜认为的那样），而是应该大加利用的人性弱点。于是，简单粗糙的劝服被精心设计的诱导所取代，即时的宣传鼓动变成了长期的整合营销，以控制民众的感知。伯内斯用公共关系的宣传创造了许多似是而非的时髦概念，将消费者本不需要的商品推销给他们。他最成功的一次公共关系活动是将香烟包装成"女性权力"的象征，以造就女性烟民，打开新的市场。

宣传家爱德华·伯内斯以一种新的话语奠定了现代宣传的正当性。作为公共关系之父，伯内斯明确提出：宣传与民主可以共存，宣传的自由也是表达自由的一部分（刘海龙，77）；但是，资本主义的宣传不是压服式的，而是诱惑式的。基于弗洛伊德心理学对人性的深度认知，伯内斯主张用"自我意识""身份象征"等符号策略营销商品，用消费主义的购物行为转移民众的非理性冲动，从而建立一种使混乱变得有序的共识。这种宣传不是传播者对传播对象的耳提面命，而是行为主体（亦即传播对象）在意识形态笼罩下对所宣传内容的"自主"采纳（购物愉悦及精神满足）。引导不知不觉，影响无声无息，这是一种以"心理科学"为基础的宣传模式。

第二次世界大战以后，现代化的传播变得越来越"科学"。伯内斯开创的公关广告营销技巧成为资本主义知识体系中最为繁荣的一支，商业宣传的洗脑模式明显奏效。消费主义将意识形态、生活方式和价值观植入整个社会，以此方式牢牢控制着人们头脑中各种无意识的冲动。过去常被忽略的这些经验，因将宣传命名为公共关系学而从幕后走上了前台："人们公开谈论利用象征符号操纵大众的技术"，视为"一扇通向社会控制和社会秩序的大门"（刘海龙，27）。随着各种商业宣传水涨船高，随着社会及公众对新型宣传的日益敏感，宣传的改变势在必行——至少是在形式与外观上。这是一种魔高一尺道高

---

① 伯内斯的母亲是弗洛伊德的妹妹；弗洛伊德的妻子则是伯内斯父亲的妹妹。因此，伯内斯既是弗洛伊德的侄子，又是外甥，是双料 nephew。

一丈的较量。

宣传本身的正当性需要不断地制造出来（刘海龙，20）。科学化、中性化、去政治化的宣传观念和术语频频改名换姓，来源于欧洲的心理学和社会理论开始大量涌现，相似的概念和知识聚集在一起，形成了异常复杂的宣传话语网络（刘海龙，20）。正是通过"自我"的"民主"的选择，美国的宣传现代化、当代化了。

三　现代化、科学化的传播话语

宣传话语以多变著称。宣传学研究陆续捕捉到一堆相似概念：洗脑、灌输、再教育、思想改造、思政教育、公共关系、危机管理、政治营销、公众外交、心理战、大众说服、意识形态霸权、社会动员、心理操纵、共识制造、意识操纵等（刘海龙，6），这些概念有正面、中性和负面的意义和表现，现在但都可以归入"宣传学"这个遗产丰富的大家族中，被冠以"传播"的名目，纳入学术研究的大筐。

传播学是宣传现代化最集中的体现。传播学的特征是科学——用量化的方法对各种假设进行验证的社会科学。科学的控制被纳入主流传播学的每一个环节。特别是随着美国民意调查技术的日益成熟，数量化的受众效果研究日臻精细。正是通过传播学，传统的宣传实践和宣传研究具有了"科学"的特点。这种科学的宣传学以信息论、控制论、系统论为基础，实现传播的操纵目标。

从宣传到传播的用语演变，揭示了宣传概念通过科学途径的话语变迁和它的正当化过程。宣传的现代化，就是顺应当代的"现代和后现代"情势改变，不断调整宣传的话语、概念和实践，不断产生新的宣传理念和宣传模式的过程，就是传播观念与传播实践的与时俱进。全球传播时代，现代化的传播创新从美国流向世界。

第二节　对外宣传：从国际传播到公众外交

作为一个研究领域，宣传学在西方的兴起，最初起源于国际宣传。战争最需要动员民众，也最可能动用宣传。战争时期的国际宣传之所以能够奏效，是因为交战双方处于特殊的信息隔绝之中，情势晦暗不明才有利于煽动与蛊惑。

第二次世界大战后，"国际传播"不仅取代了"对外宣传"的名称，也改进了国际宣传的实践。从对外宣传到国际传播的话语更替，彰显了国际交流逐步开放的趋势。用"传播"取代"宣传"的用语，不仅改变了人们对国际宣传的印象，而且在实际上改变了国际宣传的观念，包括国际宣传本身。

"对外宣传"是一个意识形态动机明显、政治目标清晰的词语，而"国际传播"却强化了日常的、亲善的文化交流特色。传播比宣传内容更广、信息更开放、立场更显中立。因此，国际传播不仅足以掩饰许多隐性的对外宣传，而且常常特指那些宣传色彩不那么鲜明的文化传播。

一 对外宣传的话语变迁

20世纪的国际传播针对性更强，可以瞄准特定的目标受众和国别市场。与传统的对外宣传相比，传播学的观念更新也改变了沟通的方式，传播者以更加开放、更加平等的姿态，以公开发布信息和更加透明的记者招待会等渠道，与国际社会的公众交流。

宣传的实践逐步隐身于传播的话语，普遍采用"公布"（publicity）等名词取"宣传"而代之。这是一种话语应对受众的变更，而不是宣传目标的彻底抛弃。的确，宣传之成功与否在很大程度上取决于话语的包装技巧；对于那些缺乏实际接触机会、对异国他乡一无所知的人来说，国际传播中建构话语的能力具有确认"真相"的效果。

对外宣传的实践也与时俱进。20世纪后半期，美国的国际传播不仅以信息发布、公共关系、危机管理、新闻发言人、领导人形象塑造等一系列创新实践发展了传统的宣传方法，而且创造出"公众外交""形象管理""战略传播"等宣传家族的实用概念。在不同的历史时期，美国政府使用了多种含义重叠的术语，指称其对内和对外、公开或隐蔽的宣传活动（吕祥，2011a），如"公众外交""公共事务""心理战""信息战""观念战""心理运作""受控信息散布"等，逐渐成为固定用语及流行用语。其中，20世纪60年代进入美国国家话语库的"公众外交"与21世纪以来的"战略传播"最为突出。这两个概念的提出，是外宣现代化的重要表征。

二 从国际传播到公众外交

公众外交（public diplomacy，PD）这个词近年来成为中国对外传播的热词，通常被译为"公共外交"。本文采用"公众外交"的译法，认为它与原义更加接近（郭镇之，2016）。

一般认为，1965年，美国塔夫茨大学弗莱彻法律与外交学院院长、前外交官爱德蒙德·古利恩（Edmund Gullion）在创建爱德华·默罗公众外交中心（Edward R. Murrow Center of Public Diplomacy）时首创了"公众外交"这个词。但据学者考证，公众外交一词历史悠久；而公众外交的实践也比"公众外交"的名称出现更早。不过，直到20世纪90年代，随着公众外交实践的全球发展，"公众外交"一词才流行起来（Cull, N. J., 2009）。

"公众外交"是一个对外宣传的概念，它的发明是为了给国际宣传换个招牌，让美国政府的海外信息传播活动与带有负面含义的propaganda一词保持距离①。据曾任职于美国新闻署和国务院的美国公众外交专家斯诺（Nancy Snow）的说法："当然，我们不会把我们所做的事情称为宣传。这一词汇（语）的含义过于复杂，而且总是与一些卑鄙的统治者，比如斯大林和希特勒联系在一起。我们委婉的说法是'公众外交'。"（吕祥，2011a）

公众外交是一国政府动员本国民众对外国公众进行的有目的的传播活动，是主权国家通过公开方式与其他国家的公众交流，旨在影响他们的观点，推进本国利益，实现外交目标。公众外交包括学者和学生的教育交流项目、语言培训、文化交流、广播电视，目的是改善"信息发出国"的国家形象和声誉，以便在"信息接收国"中塑造更广泛更有利的政策环境②。

公众外交呼应了国际关系从传统向现代的转型。传统外交一般指官方外交、秘密外交，是国与国之间正式的（国事、政治）交往。公众外交则通过公开的途径，获得公众的参与，它的传播对象主要是外国不同层次的民众。

---

① "What is Public Diplomacy?", https：//www.uscpublicdiplomacy.org/page/what-is-pd.
② "What is Public Diplomacy?", https：//www.uscpublicdiplomacy.org/page/what-is-pd.

公众外交主要是一种传播活动，它可以表现为两种方式：政府机构对外国公众的传播行为；不同国家公众之间的交流沟通。因此，也有学者将公众外交分为 G2P（政府对公众）和 P2P（公众对公众）两个阶段（Snow & Talor, 2009: 6）。

（一）美国的公众外交：发轫于教育交流

有意识的公众外交实践是美国的创新。美国的公众外交政策最迟在第二次世界大战结束时便开始了。1946 年，民主党人、后来长期担任参议院外交关系委员会主席的富布赖特（J. William Fulbright）提议，以出售美国政府剩余战争物资所获得的收益资助美国与其他国家之间的国际交流。富布赖特主张"重义轻利"，不纠缠于经济算计和物质利益，而重在获取人心。具体来说，美国只从贷款和援助中获得接受国的政治承诺，并建立战后集体安全体系。富布赖特最重视的国际交流领域是教育，他提出的是学生和教师、学者的教育交流计划。自 1946 年 8 月美国总统杜鲁门签署为法律之后，"富布赖特项目"在"冷战"及"后冷战"时期以教育交流的方式推动了美国人民与许多国家人民之间的接触。富布赖特项目是美国国会创建的最大一项教育文化交流项目，产生了深远的政治影响。

（二）以国际广播为核心的公众外交

《1948 国际信息与教育交流法》（亦即"史密斯—蒙特"法）讲述了另外一个故事——国际宣传立法的故事。在"冷战"、马歇尔计划和"共产主义阵营加强宣传攻势"的背景下，战后的美国通过了另一项国际交流立法。由共和党人、美国参议员史密斯（Alexander H. Smith）和众议员蒙特（Karl E. Mundt）共同提出的这个法案，要求国会通过拨款立法支持国务院通过广播、面对面接触、书籍杂志出版等交流活动，持续向美国境外的受众传达关于美国的信息，将各种交流活动永久化。

"史密斯—蒙特"法建议的信息和教育国际交流活动比富布赖特项目内容更广泛，服务于政府的动机也更明显。它实际上是美国第一个有意识地用公众外交取代对外宣传的法律倡议，其核心角色是美国政府从事国际宣传的喉舌——《美国之音》（Voice of America，VOA）。

"史密斯—蒙特"法受到了来自美国不同方面的质疑。许多中西部的议员不赞成美国卷入全球事务。另外一些人认为，美国价值观的优越之处不言而喻，推销它们不仅毫无必要，而且自贬身份。更多的人担心政府通过宣传势力坐大。还有人（例如联邦调查局）对"左倾的"国务院极不信任。

那也是"冷战"开始之际。政治家们最担心的，是对外宣传与对内传播之间的关系——在美国，这可是一个核心问题。美国政治家能够认可为了国家利益进行的对外宣传，包括不那么光明正大的宣传活动在内；但以"宣传"的方式影响国内的公众意见，却是美国的民主制度所不允许的（Ciment & Russell，2007）。而且，从事对外宣传的经费来自政府，如果国家媒体 VOA 借此强大实力，将其生产的信息内容用于国内传播，就可能对国内私营传播媒体形成不正当竞争。保护私营媒体的经济利益及其代表的言论自由，在美国是重中之重。于是，从另一种动机出发，美国实行的也是"内外有别"的宣传政策。禁止宣传色彩浓厚的对外广播《美国之音》以及其后的《自由亚洲》电台对美国国内进行广播，是为了避免美国人民抗议自己被宣传洗脑。

（三）宣传的内外之争

"史密斯—蒙特"法最初主张国务院统管对外宣传；但 1953 年实际产生的，却是一个专司公众外交、包括对外宣传的美国新闻署（U. S. Information Agency，USIA，1953—1999）。直到"冷战"结束的 20 世纪末，USIA 才撤销，[①]而将国际广播服务管理移交给 1994 年成立的广播理事会（Broadcasting Board of Governors，BBG）[②]。国务院则重新主管公众外交等对外交流事务。

不过，1948 年修订通过的"史密斯—蒙特"法并没有就对外宣材料用于国内传播的问题作出明确的规定。中国盛传的"史密斯—蒙特"法规定对外宣传品不得用于国内的法令，只是后来的修补。而且经历了几番争斗。

1967 年，由哥伦比亚广播公司（CBS）总经理斯坦顿（Frank Stanton）领衔的信息咨询委员会（后来改名公众外交咨询委员会）在其提交的报告中指出，"史密斯—蒙特"法中并未明确规定，禁止让美国受众获得对外传播的

[①] VOA 等国际广播在苏东国家产生的离心作用是导致社会主义阵营崩塌的重要因素。从这个意义上说，美国新闻署领导的国际传播是决胜冷战的"功臣"。USIA 怎么也想不到，正是它的成功导致了它的"失业"。

[②] 广播理事会（BBG）已经于 2018 年 8 月 22 日更名为美国全球媒体署（the United States Agency for Global Media，USAGM）。详见 https：//www.usagm.gov/who-we-are/history/。

USIA 材料，这是将"始于谨慎的想法固化为政策"了。委员会反对区分"这里"和"那里"的宣传（即内外有别）。但是这种说法遭到反对。1985 年，民主党参议员佐伦斯基（Edward Zorinsky）指出，USIA 的材料无异于苏式宣传，不应让美国人民接触。于是，修订法令规定："所有授权拨付给 USIA 的资金均不得用于影响美国的国内舆论，所有 USIA 准备的节目材料都不得在美国境内发行。"[①] 于是，在 20 世纪 80 年代后期，现实中的自我约束变成了法规的明确禁令。

然而，情况很快发生了变化。随着苏联和东欧联盟的解体，美国不再担心苏联宣传的影响。考虑到伊斯兰军事组织"基地"的宣传活动渗透全球，且日益网络化、社交化的新形势，《2013 财政年度国防授权法案（NDAA）》中对《1948 年史密斯—蒙特法》进行了修订，被称为《2012 年史密斯—蒙特现代化法》，允许国务院和广播理事会制作的材料在美国境内使用。支持这种做法的理由是，这些对外宣传的材料制作费用不低，质量上乘，不用于宣传太可惜，而且，日益跨境化的恐怖主义宣传已经渗入美国，也应从国内进行反击。这个目前仍然实行的政策[②]反映出美国对外宣传从公众外交向战略传播的转型。

（四）美国的文化外交

在文化艺术交流领域，早在 1940 年，尼尔森·洛克菲勒（Nelson A. Rockefeller，他后来曾任美国副总统）便促成了拉丁美洲记者对美国的访问，这被认为最早的美国文化外交活动。后来又出现了卡内基音乐厅文化交流、美国海外音乐巡演等多种形式的国际文化交流活动。此外，作为最得力的美国宣传员，好莱坞在全球极力推广美国的价值观、生活方式和时尚风气，发挥了巨大的对外传播作用。当然，好莱坞的文化传播不仅是自发的市场行为——它们获得了美国文化倾斜政策的支持。

在与苏联"冷战"期间，美国的文化交流计划减少了两国之间的负面情绪。这些文化交流活动包括戏剧、歌剧、博物馆和博览会，不具有政治性，而体现了西方生活方式"人性化"的一面。接触和交流大大缓解了双方之间

[①] https://en.wikipedia.org/wiki/Smith-Mundt_Act.
[②] https://www.buzzfeednews.com/article/mhastings/congressmen-seek-to-lift-propaganda-ban.

不时爆发的紧张局势。美国的文化外交还包括资助语言学习的奖学金计划、国际军事教育和培训计划、国际领导者访问计划、以青年志愿者为方式的和平队和民间大使计划，积极推动美国与其他国家的民间交流及人与人之间的接触。

公众外交是以"人民"为渠道、以"文化"为媒介的活动；但同时也服务于美国全球政治的外交战略。林林总总的交流计划虽然披着"文化""教育""交流""理解"的外衣，但国家利益的政治导向却异常明确。"冷战"结束后，美国转变重心，大幅度削减了对欧洲的交流经费。直到2001年"9·11"事件之后，将文化教育"交流"的机会移到中东及其他伊斯兰文化地区。同时，美国的对外宣传进一步转向"战略传播"的思路。

第三节　战略传播与美国对外宣传的转向

现今通译为"战略传播"的英文词语（strategic communications）更准确的汉语翻译应该是"战略性传播"，是"偏正关系，而非主谓关系"（毕研韬，2017）。也就是说，战略并非传播的内容，而是从事传播的方法；或者可以说，战略性传播是一种对传播的战略式管理。本文认同这种界定。但考虑到语言习惯且力求简洁，将交替采用"战略性传播"和"战略传播"的名称。这里的"传播"在英文里往往是复数，一般指传播的媒介，而非传播的行为，并表明是多种传播媒介或者渠道。这种媒介管理是统合型的、协调式的，机动灵活亦即战略策略式的。

一　战略传播：从企业到国防

20世纪90年代中期，"战略传播"的概念兴起于美国企业界，也被称为"战略性营销"（strategic marketing），或"整合式营销"（Integrated Marketing），相对于产品营销（product marketing）（吕祥，2011a）。战略传播是大型跨国公司进行的涉及公司整体形象和推广目标的营销活动，最大的特点是信息化、协同化，借助国际电信媒介和全球网络设施进行长距离的协调，有利于组织和机构在信息沟通基础上进一步的规划、决策和指导。

进入21世纪的移动互联时代,在新媒介数字化、社交化的传播环境中,政府与民众之间极端的信息不对称状态常常被突破,在全球化/逆全球化、现代化及后现代化/逆现代化及反现代化的当代博弈中,事实、真相与谣传、谎言话语交织,真假难辨。个体信息发布者利用网络和数据的超强扩散能力,往往可以引导舆论,甚至掀起惊涛骇浪。全球各国政府的公信力都在下降。整个西方世界陷于焦虑之中。

互联网时代的国际话语权争夺战继续进行,西方的对外宣传话语也再次转型。2016年11月23日,欧盟议会通过了《欧盟反击第三方宣传的战略传播》决议案;12月23日,时任美国总统的奥巴马签署了《波特曼—墨菲反宣传法案》。这两次立法活动都号称针对俄罗斯和中国的"威胁",显示出西方世界的"新冷战"思维。

美国的反外国宣传法主要包括两个方面:"其一是,制订全国反政治宣传和谣言战略,对外国(主要目标是俄罗斯与中国)的政治宣传和谣言进行反制和曝光;其二是,建立一个基金,培训各国记者,并向非政府组织、民间社团、智库、私营部门、媒体组织等提供资助合同,以识别和抵制外国最新的宣传与信息造假技术",反外国宣传法暴露出"美国的'话语权战略'从冷战后的'润物细无声'重返冷战时的'意识形态战争'"[①]。

最迟在2004年之前,美国国防部已经开始专门研究战略性传播的问题,包括设计美国国家传播体系的系统构成。2011年,美国国防部对"战略性传播"的定义是:"美国政府为理解并触及关键受众以便创造、强化或保持有利于增进美国政府的利益、政策和目标的环境而进行的针对性努力。"(吕祥,2011a)一度,"战略性传播"专指美国军方开展的侧重反恐的宣传活动。

二 战略传播:美国的宣传转型

不过,在对内对外宣传日益混杂的全球化时代,"战略性传播"最终统率了全部宣传活动。2010年,奥巴马总统向美国参众两院提交《国家战略传播

[①] 夏国涵:《美国通过反外国宣传法:新舆论冷战or话语权多极化?美国制定〈波特曼—墨菲反宣传法〉》,察哈尔学会百家号,2016年12月27日,http://baijiahao.baidu.com/s?id=1554830945813125&wfr=spider&for=pc。

构架》，以"战略性传播"的概念统摄了包括公众外交在内的所有对内、对外宣传活动。作为"精心运作的传播"，美国的国家战略性传播"成为直接服务于国家的战略利益和战略目标并围绕相关战略信息而进行的系统化传播活动，实际上也就是由国家主导的制度化、系统化的宣传活动"。美国政府主导的国家宣传体制进入了一个更加具有联动运作能力的成熟发展阶段（吕祥，2011a）。

在这一战略传播系统中，"公众外交"和"国际广播"都是美国政府直接掌控的公开对外宣传活动，以"影响"国外公众为目标；"公共事务"则指美国国务院和国防部面向国内受众的公开传播和舆论引导，以"告知"信息为主。信息/心理操作则更像传统的"心理战"部门，是以"科学"方法和秘密活动为特征的导向宣传。美国信息战概念更新迭代频繁，"足以反映美国战略界绵延不绝的创新与活力"（毕研韬，2017）。多种战略传播渠道的所有目标集中到一点，就是以"认知管理"的方式操控国内外受众的头脑。

根据《国家战略传播构架》，美国的战略性传播系统是总统通过国家安全委员会（NSC）领导的庞大的跨部门体系，包括国务院（负责公众外交和公共事务）、国防部（主要负责信息战、心理战）、广播管理委员会（负责对外广播和网络传播），还有国际开发署、国家情报联合体和国家反恐中心及其他支持机构——传播成为美国对外关系的核心战略。

从这个战略传播构架（吕祥，2011b）可以看出美国政府对传播（亦即宣传）的高度重视。在全球化时代，信息没有国家的边界，国家对内外事务的管理高度信息化、传播化。在信息化时代，大多数决策和施政都有赖于宣传，有赖于宣传所建构的合法性及其形成的影响力。国家的目标依赖传播；国际政治的成功依赖于传播的软权力。

从"美国国家战略传播的运行机制"还可以看出，美国不仅整合了各种类型的传播体系，而且对内宣传和对外宣传也一体化了，整个政府的安全架构都与战略性传播紧紧联系在一起。虽然对外宣传是主要目标，但对内传播也是必要助力。国际关系、国家安全则是美国政府考量的重点。

英文的 strategy 指一种针对重要行动精心策划的系统方略。Strategic 则意味着较长时期、至关重要并具有先发制人和机智有效特点的总体规划性。在美国的世界领导权逐渐式微、全球反恐形势持续严峻及中国经济迅速崛起的当代，美国战略性传播的主要目的是灵敏通畅的信息沟通、协调互动的对外宣传，目标是巩固美国对世界的领导权，并维护这种领导权的永久合法性。

第四节　简短的结语

虽然针对不同对象提供适销对路的产品几乎可以说是颠扑不破的真理；但在全球联通、无界传播的时代，简单的内外区分已经越来越没有意义。为了有效地说服外国受众（对外宣传），达成内部的共识（对内宣传）也是必不可少的。同时，无论内部还是外部，都存在不同的群体、立场、观点和需求。有时候，外部的某些群体和内部的某些群体反而比内部或者外部的不同群体之间特征更加相似，需求也更加接近。因此，长期实行的区分内外宣传的美国"史密斯—蒙特"法才做出了关键性的修订。这说明，美国对外宣传的政策策略，是随着形势和条件的不断变化及时调整的，始终处于现代化的进程中。

在全球社交新媒介连接活跃、中俄等大国宣传被界定为"锐权力"的"假想敌"思维指导下，"战略性传播"是美国政府为了适应全球新变局而不断调整的阶段性对外宣传总战略。战略性传播为"公众外交"（常常也被称为"人民外交"）的柔性外宣添加了一只协同作战的铁拳，是软硬兼施、灵巧用力的体现。从某种意义上说，在经历了从硬（宣传）到软（传播）的轮回之后，在进一步整合软硬两种力量的基础上，美国的对外宣传政策和策略显示了再度向"丛林法则"的硬权力回归的某种迹象。

美国对外宣传现代化的历程和经验说明，对外宣传归根结底是一种政治传播，是以国家利益和国际政治为旨归的。对外传播并非越来越柔和，越来越友好；却是越来越灵活，越来越机敏了。总结借鉴他人的经验，分析思考自己的处境，应该是中国国际传播从业者必备的功课。

参考文献

Ciment, James, Thaddeus Russell, eds., The Home Front Encyclopedia：United States, Britain, and Canada in World Wars Ⅰ and Ⅱ, Vol. 1, ABC-Clio, Santa Barbara, 2007.

Cull, Nicholas J., Public Diplomacy before Gullion: The Evolution of a Phrase, in Snow, Nancy, & Philip M. Taylor (eds.), *Routledge Handbook of Public Diplomacy*, New York: Routledge, 2009.

Ellul, Jacques, Propaganda: The Formation of Men's Attitudes, Trans. Konrad Kellen & Jean Lerner, *Vintage Books*, New York, 1965.

Nelson, Richard Alan, *A chronology and glossary of propaganda in the United States*, Greenwood Press, 1996.

Severin, W. J., & Tankard, J. W. Jr.:《传播理论：起源、方法与应用》，郭镇之主译，中国传媒大学出版社2006年版。

Snow, Nancy, & Philip M. Taylor (eds.), *Routledge Handbook of Public Diplomacy*, New York: Routledge, 2009.

毕研韬：《厘清战略性传播十个基本问题》，《青年记者》2017年2月（上）。

郭镇之：《公共外交、公众外交，还是别的什么？》，《全球传媒学刊》2016年第2期。

刘海龙：《宣传：观念、话语及其正当化》，中国大百科全书出版社2013年版。

吕祥：《美国国家战略性传播体系与美国对外宣传》，载黄平、倪峰编《美国蓝皮书·美国问题研究报告：美国的实力与地位评估（2011版）》（2011a），社会科学文献出版社2011年版。网址：https://www.pishu.com.cn/skwx_ps/databasedetail?contentType=literature& subLibID=&type=&SiteID=14&contentId=1656602&status=No。

吕祥：《美国的战略传播体系》（2011b），《对外传播》2011年第6期。

南加利福尼亚大学公众外交研究中心：https://www.uscpublicdiplomacy.org/page/what-is-pd。

文化全球化：经验研究与理论发展[*]

本文回顾了 20 世纪六七十年代以来有关文化全球化的经验研究与理论发展，梳理了文化帝国主义命题的提出与反思，探讨了"全球—本土"辩证联结、文化接近性、混杂等新理论模型中对于文化权力、文化流动的再认识。文章认为，文化帝国主义命题从政治经济学的视角强调了世界的结构性力量，而新的全球本土化视角则更加关注本土文化的能动性作用。

第一节 "文化帝国主义"争议的语境

围绕"文化全球化"问题有很多的争论。其中之一便是：全球化的结果到底是出现一个整体的全球文化（a global culture），还是会带来全球文化的多元化。

一 "文化帝国主义"命题的提出

"文化帝国主义"这一命题在 20 世纪六七十年代得到世界范围的流行与认同。位于第三世界的"边陲"国家普遍认为全球化进程的文化面向是由欧美及日本构成的核心国家文化向边陲国家的单向流动（one-way flow），在此过程中，传统的、本地的多样文化正遭受毁灭性的攻击。1969 年，政治经济学者赫伯特·希勒（Herbert Schiller）等人将这一现象概括为"文化帝国主义"（cultural imperialism）（Schiller, H., 1971/1992），并得到了当时大量国际传播研究的证明（如 Nordenstreng, K., & Varis, T., 1974）。联合国教科文组

---

[*] 本文是赵菁（香港中文大学新闻与传播学院博士、中国社会科学院大学人文学院讲师）应邀为本项目撰写的理论综述。手稿经郭镇之编辑、删改。

织 1980 年最终形成的马克布莱德（MacBride）报告《多种声音，一个世界》也认同了"文化帝国主义"的基本假设。

汤林森（（John Tomlinson）将文化全球化的进程概括进文化帝国主义的论述，并总结了三个最重要的理由。其一，是西方文化商品的普遍存在，全球文化的同质性（cultural homogenization）相当明显。其二，是西方帝国主义的长期历史以及西方主导的全球话语。其三，是资本主义中心标准化商业文化的负面影响，如好莱坞的垂直产业链及强大的全球分销体系对本土电影工业的打击（Tomlinson, J., 1997）。

二 对"文化帝国主义"的反思

然而，自 20 世纪 90 年代以来，"文化帝国主义"模糊的定义、宏观概括性的批判在越来越多的实证研究中遭到质疑。对文化帝国主义命题的批判主要围绕其三个暗含的假定展开：1）全球文化产品是从西方（中心）向全球（边陲）的单向流动，美国电视节目几乎主导了全球市场；2）美国文化商品在全球占据主导地位，说明受众不加选择地接受了西方文化与意识形态；3）文化的本质主义（essentialism），即形而上学地将文化视为绝对的、静止的、孤立的、不变的存在。

而新的文化全球化理论模型也在对这些假定的反思与批判中应运而生。越来越多的学者将全球化进程视为去中心化的"全球—本土"辩证联结，并详尽分析发生在其中的文化混杂化（hybridization）现象。在"全球—本土"双向互动的过程中，"东西""南北"①各方的文化权力也不再是简单的主导与被主导、支配与被支配的关系了。

第二节 "全球—本土"新模型

1989 年，日本索尼并购了美国哥伦比亚（Columbia）电影公司；1990 年，

---

① "东西"指资本主义与社会主义阵营的对峙；"南北"指发达国家与发展中国家的区隔。相似的还有"西方—非西方"（the West/the Rest）的概念。

松下并购了环球家庭娱乐公司（MCA【Universal】）。一系列动作使日本媒介集团在全球的影响力大增，也使文化的反向流动（从非美国向美国）达到一个高潮。《媒介是美国》（The Media Are American，1977）一书的作者滕斯托尔（Jeremy Tunstall）也修改了看法，认为美国媒体在今天仍然有重大的影响，但已不再占据主导地位，这是美国电视节目本土化的趋势所致（Tunstall，1995）。与此类似，罗伯逊（Roland Robertson）观察日本跨国公司20世纪90年代全球市场策略的变化，发现索尼公司的"全球标准化"（global standardization）市场策略已被"全球地方化"策略所取代。这种全球策略并不强行输出标准化的产品或形象，而会根据地方市场的需要量身定做（Robertson，1995）。

一 全球—本土辩证联结

在对全球文化产品反向流动以及跨国公司本土化策略的观察中，很多学者开始质疑"文化帝国主义"的宏大批判，进而提出了"全球—本土辩证联结"这一新的理论模型。这一模型强调外来文化影响与本土文化实践之间互动的过程，认为文化全球化的结果并不意味着一体性（unity），即形成世界范围内单一的社会文化体。人们日常生活的本土文化常常拒绝被单一的国际文化所束缚，而产生抗拒全球化的本土社会运动。这些抗衡的力量减缓了全球化的压倒性冲击，跨国公司必须与本土的文化资源相互结合，顺应"本土"民众的偏好，才能壮大规模。这意味着外来文化的本土化。新模型强调全球与本土之间互相渗透、互相倾轧、互相建构而形成的全球本土化（glocalization）辩证关系（Robertson，1994）。

二 文化产品的区域流动与"文化接近性"

1983年，也是在联合国教科文组织的资助下，瓦瑞斯再次对电视节目的国际流动做了追踪调查。研究发现电视节目的全球流动大体重复了十年前的情况，但与此同时，阿拉伯国家与拉丁美洲地区之间的电视节目流通有了显著增长（Varis，T.，1985）。随后，越来越多的研究证实，美国文化产品在世界范围内并非完全没有遇到竞争。比如，巴西的TV Globo和墨西哥的Televisa

不只在本国的电视市场份额中逐渐替代美国进口产品，占据主导地位，20世纪70年代以来，其节目更成功出口到其他拉美国家，甚至欧洲国家以及美国说西班牙语的地区中（Sinclair, J., 1992）。与美国文化的单向扩张不同，区域间的文化流动日趋频繁。从阿根廷、埃及、香港以及印度出口电影、音乐、电视剧的情况越来越普遍，甚至形成了区域媒介与文化中心。

国际传播学者开始反思文化帝国主义命题对受众/消费的忽略。将受众看作缺乏反思、被动地吸收任何来自西方信息与意识形态的"文化傻子"，使美国"文化支配"的概念成为一个建构的想象。这种简单的观点已经被许多民族志研究所拒绝。美国学者约瑟夫·斯特劳巴哈（Joseph Straubhaar）从文化研究的立场出发，通过对巴西电视媒体和受众长期系统性的田野考察和民族志访谈，在1991年提出了"文化接近性"（cultural proximity）的概念，作为批判文化帝国主义的理论工具。他发现，虽然在出口数量上美国电视节目占据主导地位，但是各个国家在黄金时间播出的主要是本国生产的电视节目。引进美国节目是为了填充电视剩余时间，特别是在频道爆炸的年代（Straubhaar, J., 2007）。莫利（David Morley）和罗宾斯（Kevin Robins）也发现，如果国内电视不能制作出同样水准的娱乐节目，美国进口的节目会受到欢迎；但是，如果能够选择可替代的国内生产的娱乐节目，受众就会转向本国生产的节目（Morley, D. & Robins, K., 1995）。

"文化接近性"包含两个论点：因为文化的熟悉和接近，受众要么会偏爱全国或地方层面的本国电视节目，要么会偏爱超越国家层面的区域内节目。除巴西的案例之外，日本学者岩渊功一（Koichi Iwabuchi）也证实：日本文化产品在亚洲内部流动中对台湾民众产生了吸引力（Iwabuchi, 2002）。"文化接近性"的概念是从受众角度出发的，主张受众的"文化偏好"会为经济作用设置界限，并在一定程度上保护本土市场的独立性（梁悦悦，2017）。就算美国文化产品依然主导全球流通，它是否能够或在多大程度上对本国、本土文化形成真正威胁，要看受众在消费中的能动作用如何发挥。

三 对"文化纯粹性"的质疑与混杂理论

对文化帝国主义命题的第三个重要批评，是质疑其对"文化"的看法——假定文化的单一起源,过于强调文化的整体性,忽视了文化的多样性及融合性。相反,在"全球—本土"辩证联结范式主导下的全球化研究,非常看重处于弱势位置的第三世界国家在全球化过程中的本土文化实践,包括对外来文化如何挪用(appropriation)并重新赋予意义。在这里,强调"挪用"而不是"模仿",即是强调本土文化主体的创造性与能动性。比如,罗杰斯(Richard A. Rogers)在分析了文化挪用的三种类型——文化交换(cultural exchange)、文化主导(cultural domination)、文化掠夺(cultural exploitation)之后,提出了文化挪用的第四种类型"文化嫁接"(cultural transculturation)(Rogers,2006:474-503)。

"文化嫁接"这一概念明确质疑了前三种文化挪用类型将"文化"看作有固定疆界、单一起源、可相互区别的概念。在"文化嫁接"的过程中,文化形态跨越时间与空间,与其他文化形态与场景相遭遇,创造出新的文化形态,并使文化场景为之改变(Lull, J., 1995:242)。在全球—本土互动的动态中,人们越发难以区分何为本地,何为外来。在本地"挪用""外国"文化产品时,外来文化也会被看作自己的。如对日本或中国台湾年轻消费者而言,麦当劳已经成为"我们世界"的一部分,它们根本就是"本地菜"(詹姆士·瓦森,2000:29)。

"文化嫁接"概念真正值得关切的,是外来文化引进本土后造成的后果,即文化产品的翻译、变异、改编,甚至创造性混杂(hybridity)。在目前文化全球化的研究中,"混杂"已成为一个十分重要且使用频繁的概念。皮埃特斯(Pieterse, J. Nederveen)认为混杂化视角有利于将文化认识从领土/静态模式(territorial/static mode)转向跨地方/流动运动(translocal/fluid movement),意识到文化本质上是多种文化相互混杂的过程与结晶(Pieterse, J. N., 1995:45-68)。在文化全球化以及后殖民研究中,"混杂"意味着不但可以去除单一文化的想象和疆界,而且在混杂的暧昧地带更能提供多元想象与抗拒的空间(廖炳惠,2006:133)。

汪琪与叶月瑜(2007)提出了文化混杂的三种策略:去文化化(deculturalization)、文化特色空洞化(aculturalization)和再文化化(reculturalization)。"去文化化"多用于取材或改编某一族裔故事、但将其文化特色移除,以服务于跨国文化消费者的文化产品，如迪士尼版的《木兰》。"文化特色空洞化"是令某一文化产品不带任何明显文化特色的手法，广泛用于以全球市场为对象的产品。如在全球流行的日本文化商品普遍缺乏"日本味"（Iwabuchi, 2002: 27）。它们仅仅是生产者按照读者反馈，从各个成功的动漫人物身上搜集、分解并归类而成的非叙事的"萌要素"的混成。然而，"去文化化"或"文化特色空洞化"所谓的无文化特色却是一种伪装，因为讲故事不可能不触碰到信仰、态度、价值观。这种被植入或者无意中呈现的文化特色，即为"再文化化"。例如，《木兰》中重新诠释好莱坞理想女性的现代故事，就体现了美国文化的核心价值观。

但是，如果混杂的结果仍然是美国化的价值观，"混杂"理论对于"文化帝国主义"的批判就会失去锋芒。这一理论的活力在于其作为抵抗西方权力话语的场域，具有斗争的不确定性，特别是开启新文化的机会——非西方可以通过混杂的手法，创造属于自己的"第三空间"（Bhabba, H., 1994）。

四　超越民族—国家视角的多层次文化流动

一方面，文化全球化的上述新模型都从文化研究的立场出发，强调受众在文化消费中对文化产品的阐释，将文化自身而非政治经济因素视为影响传播活动的最主要力量，从而瓦解了"文化帝国主义"的结构性论断。但是，不论"混杂"还是"文化接近性"，都并非静止的状态，而是时刻处于变动之中。比如，20世纪七八十年代，东南亚地区的"文化接近性"体现于中国香港、日本等区域文化中心的形成；然而今天的韩国则成为这一区域的重要文化力量。斯特劳巴哈在参与观察中还发现，在巴西人界定其文化身份和选择电视节目时，更重视作为地方的城市和作为地区的州。于是，他进一步提出了"多层次文化认同"（multilayered cultural identities）的概念，说明国家层面的"文化接近性"虽然重要，但它也仅为众多文化认同中的一层，相比于民族—国家的文化，他更强调国内地方层次的文化认同和跨国之上区域的文化影响（Straubhaar, 2007）。

另一方面，受众还可能因为好奇心或其他因素，而被表面上看起来与本土文化截然不同的文化产品所吸引，进而出现区域间乃至跨区域层次的文化接近性。例如对来自韩国的 K-pop 在欧洲的热潮以及在既非亚洲也非西方的中东地区流行的实证研究，都超越了文化帝国主义"中心—边缘"文化流动的范式，全都强调了全球化形成的本土力量与粉丝社群的能动性。因此，岩渊功一倾向于用"跨国的"（transnational）而非"全球的"（global）来形容区域间文化流动的错综复杂的格局（Iwabuchi, 17）。

总结起来，在"文化帝国主义"范式下，全球化是建立在经济与文化权力中心对全球施加霸权的过程之上的，第三世界国家的文化始终处于边缘，并被西方文化所控制。而"全球—本土"辩证联结、"文化嫁接"与"混杂"等概念却强调：处于弱势地位的文化并不容易被主导文化所控制。"多层次文化认同"概念打破了民族—国家在全球化中居于核心的神话。文化的跨区域研究进一步提出：粉丝社群在文化全球流动中成为重要的力量。

首先，"本土化"的全球文化产品以及本土对全球文化产品的挪用，使得全球化过程呈现出一种"推拉"（push and pull）趋势。文化在接触间吸收与去除，将异文化转换。不同的文化可以交汇、嫁接，冲突，你争我夺，全球与本土之间的张力使权力分配不再稳定，除了支配与臣服之外，也形成很不一致或不甚均匀的关系（Pratt, 1992：6）。其次，在文化嫁接与混杂成为全球化"已然如此"的状况下，全球文化的空间存在于不同文化间而非一种文化内。"文化"作为相互关系网络在相互对话中存在，并在流动中产生意义。（Lull, 189-222）当文化的本真性遭到质疑，文化权力也随之弥散在关系网络中。再次，全球化以复杂的方式联结地方的命运，传递极为复杂和多样化的文化经验，这些全球化的文化经验并不相同，不能普遍推广，对全球化过程中文化权力的研究也需要具体分析"全球—本土"辩证联结中的张力和关系网络。这种有关全球化的后殖民论述与先前"由西方到全球"的线性思考模式有根本差别。它消除了中心与边陲的界限、拒绝本质先于存在的文化概念，以及其他形式的两极化思考，从而将人们由国家、社群、种族、阶级的界限中释放出来，展现出一个有如万花筒一样不断变动的集体经验。

第三节　结构与能动、文化与社会

有关文化全球化的论辩在结构与能动的光谱中经历了从结构一方到能动一方的转移。但也有很多学者对这些新范式表示忧虑，认为这些全球化新理论没有正视结构性的不平等，丧失研究的批判性与政治性，有成为新殖民主义与跨国资本共谋的嫌疑。

事实是，第一，那些曾占据主导/中心地位的西方国家依然竭尽所能抓住资源，努力维持过去的地位，有影响力的跨国文化公司仍然局限于少数西方国家，且大部分商业利润仍然会返还回这些国家。岩渊功一看到，虽然20世纪索尼和松下相继并购了美国好莱坞的公司，但这并不代表全球文化的日本化，却从反方向上体现了美国的霸权地位。如果没有好莱坞提供的全球分销系统，《神奇宝贝》等日本文化产品也是无法获得全球影响力的（Iwabuchi，37-38）。日本动漫产业之所以能够成为全球性产业，是依靠西方媒介的权力体系。即便在这一过程中出现了全球的日本化，这也是一种美国赐予的日本化。

第二，去中心化的文化流动趋势并不能取代旧有的权力关系，因为当今文化流动仍然由深嵌于历史之中的帝国主义与殖民主义地缘政治与权力关系所决定，本质上仍然是美国霸权的文化框架。全球大众文化（global mass culture）成拱形地吸收不同的文化，意味着美国文化权力进入一个新的"磁性"阶段（Baudrillard, J. A., 1988：115）。全球文化所展现的多样性，只是一种特殊形式的同质化。"美国"已从一个符号转变为看不见的体系，其消费资本主义的逻辑已经深深渗透进全球化的整个进程之中。（Leslie, S., 1991：135）

第三，区域间文化流动和反向流动的实证研究虽然质疑了文化单向流动的论述，但并未证明非西方"半中心"在全球范围影响力的上升已然威胁到西方主导的"权力几何学"（Thussu, D., 2007：11-32）。从美国角度而言，也许混杂的进程意味着美国文化权力的下滑；但从区域角度看，它却代表了通过新的区域中心（如日本、韩国）而形成的美国权力的再中心化（recentralization)。可见，在关注能动性的同时，也需要考虑结构性因素的制约。

一 阿帕杜莱"全球文化景观"理论

阿帕杜莱（Arjun Appadurai）将新的全球文化经济看作复杂、交叠又裂散的秩序（阿帕杜莱，2012）。他以人类学家之眼关注现代社会媒介和人群同时迁移的联合效应，认为移动的影像与去疆域化的观赏者相遇，二者一同造就了全球化的无规律性，形成了动态的、不可预见的关系。

他从后结构主义概念中汲取养分，主张探索全球化进程中族群、媒介、科技、金融、意识形态这五大景观（scapes）的关联（Appadurai，1990：295 - 310）。他使用"景观"一词旨在描述这些向度之间流动而不规律的状况：构成"想象世界"的建筑材料。在阿帕杜莱的全球景观理论中，想象不仅停留于人们的脑海中，更是一种社会实践——由想象建构出生活的剧本，而这些叙事与幻觉可能激发人们占有和迁移的欲望。

阿帕杜莱的"全球文化景观"理论非常重视个体在日常文化实践中所具备的能动性。这与"全球—本土"辩证联结等诸理论相呼应。但与此同时，他也提出这5个景观维度归根到底是由那些既体验也构成规模更大的结构性势力操纵的，是由他们对这些景观的感知方式制约的。通过对生产拜物教和消费拜物教的分析，阿帕杜莱提醒说，个人在全球文化体验中的自主权是有限的，受制于生产与消费背后更大的支配结构。

显然，描述全球化过程的"景观"概念既是对不稳定的、断裂的文化差异的把握，也是对支配性权力结构的一种描述。从这个脉络来看，全球化并非纯然解放性的，亦非全然规训的。它是一个争议的空间，个人和群体都试图在其中将全球化的力量连接进本土的现代性实践。笼统地用文化的同质化、西方化或多样化等概念界定全球化，难以回应现实的呼唤。

二 批判性文化嫁接

进入21世纪，美国学者马尔万·克莱迪（Marwan Kraidy）提出了"批判性文化嫁接"（critical transculturalism）的理论框架，在一个批判的视野下对文化混杂的概念进行脉络考察，整合了强调结构性因素和文化权力的文化帝

· 174 ·

国主义命题和强调本土文化主体能动性的"全球—本土"辩证联结视角，(Kraidy, M. M., 2005) 从而将两种取向同时引入当代文化全球化的讨论中。

克莱迪首先探讨了本土社会空间内的文化混杂现象，进而提出了"跨本土"（translocal）的思路，重塑了文化帝国主义倡导者加尔通（Johan Galtung）的"车轮模型"（以车轮的轮毂与车圈比喻中心与边陲的关系，以及"轮毂—辐条—边缘"的单向度进程）（Galtung, J., 1971：81 – 117）。在研究中，克莱迪的关注点在于车轮边缘不同点之间的连接，而没有预先确定这种连接必须通过轮毂从中心发散。这种"本土—本土"的视角同样是去中心化的。但这种研究视角又不限于对本土能动性的考察，而通过分析非西方国家的混杂文化是如何在与西方的联系及互动中被形塑出来，而重提文化权力的问题。

为了理解不同文化之间结构性以及主体实践性的因素，他提出"互为语境"（intercontextuality）的概念，描述混杂的文本与文化权力交织在一起的状况（Kraidy, 155 – 156）。这里的"本土"并不仅仅意味着文化实践发生的自然环境或社会场景，也不是单纯接受外来文化或者反抗全球化的一个场地。"本土"也是一个混杂的领域，一种关系性的存在。本土语境一方面形塑文化产品的生产与消费，另一方面也被本土文化的实践行为所建构，从而形成文本与语境互相建构的文化现象。在"互为语境"的理解中，"混杂"不仅是"全球—本土"互动张力下文化多元的产物，也成为一种当代文化条件，它建构了社会环境，同时也被社会政治经济环境所建构。因此，混杂的结果以及权力关系的接合（articulation）就不是注定的，而需要对具体情况和案例进行具体分析。

依据这种跨本土的视角，文化混杂既不是整体的，也不是多元的，而是合成的（synthetic），需要在社会层面上理解各种混杂的规模与方向。比如，在分析墨西哥 TV Azteca 公司复制英国系列剧 *Teletubbies*（天线宝宝）并在本土播出的案例时，克莱迪阐释了各种结构性因素——墨西哥经济的自由化、媒体之间的激烈竞争、当今国际版权的动态等——如何形塑了节目的混杂性（Kraidy, 103 – 115），认为不平等的跨文化关系形塑了文化融合的大部分面向，但也强调，混杂的过程与结果过于繁复，不能像文化帝国主义命题那样用简单直接的政治经济因素解释，结果也不是简单的西方主导，而需要以"批判性文化嫁接"的理论去理解。

在侧重结构与能动的现代光谱中，文化帝国主义的命题强调的是结构对文化流动与接受的决定性作用，其批评者则提出，不可忽略文化主体的能动性及权力的去中心化过程。斯特劳巴哈进一步提出，应跳出民族—国家视角，看到文化流动的接近性与多层次性。阿帕杜莱的"全球文化景观"理论勾连起对结构与能动的共同关注。克莱迪的"批判性文化嫁接"概念则以更加建设性的视角，在动态张力中考察文化混杂的趋势与程度。

就结构而言，克莱迪实际上重新强调了全球化进程中民族—国家的作用。正如岩渊功一以"跨国"取代"全球"的词语，也从反面强调了跨越疆界文化流动的推动力从未脱离国家的力量。从韩国政府在推动"韩流"中的不遗余力，到日本外务省希冀以"酷日本"的文化政策振作经济并改善国家形象，无不可见民族—国家的重要推动。基于对这种政治—经济结构的考量，基于对全球资本主义体系的考量，全球化进程会以何种面貌呈现，混杂的后果如何，都需要通过一个个具体的本土文化实践进行考察。

参考文献

Appadurai, Arjun, Disjuncture and Difference in the Global Cultural Economy, In Featherstone, Mike (ed.), *Global Culture: Nationalism, Globalization and Modernity*, London: Sage, 1990.

Baudrillard, Jean, *America*, London: Verso, 1988.

Bhabba, H., *The location of culture*, New York: Routledge, 1994.

Galtung, Johan, A Structural Theory of Imperialism, *Journal of Peace Research*, 1971: 2.

Iwabuchi, Koichi, *Recentering Globalization: Popular Culture and Japanese Transnationalism*, Durham; London: Duke University Press, 2002.

Kraidy, M. Marwan, *Hybridity, or the Cultural Logic of Globalization*, Temple University Press, 2005: 149.

Leslie, S., *Sociology of the Global System*, Baltimore: Johns Hopkins University Press, 1991: 135.

Lull, J., *Media Communication, Culture: A Global Approach*, Cambridge: Polity Press, 1995.

MacBride, S., *Many voices, one world: Communication and society, today and tomorrow*, International Commission for the study of communication problems, UNESCO, Paris, 1980.

Morley, D., & Robins, K., *Spaces of Identities: Global Media, Electronic Landscapes, and Cultural Boundaries*, London: Routledge, 1995.

Nordenstreng, K., & Varis, T., *Television Traffic—A One-Way Street? A survey and analysis of the international flow of television programme material*, Reports and papers on mass communication, No. 70 UNESCO, Paris, 1974.

Pieterse, J. Nederveen, Globalization as Hybridization, In Featherstone, M. (ed.), *Global Modernities*, London: Sage, 1995: 45 – 68.

Pratt, M. L., *Imperial Eyes: Travel Writing and Transculturation*, London: Routledge, 1992.

Robertson, R., Globalization or Glocalisation?, *Journal of International Communication*, 1994, 1 (1).

Robertson, R., Globalization: Time-Space and Homogeneity-Heterogeneity, In Featherstone, Mike (eds.), *Global Modernities*, London: Sage, 1995.

Rogers, R. A., From Cultural Exchange to Transculturation: A Review and Reconceptualization of Cultural Appropriation, *Communication Theory*, 2006: 16.

Schiller, H., *Mass Communication and American Empire* (2d ed., updated), Boulder: Westview, 1971/1992.

Sinclair, J., The decentering of cultural imperialism: Televisa-ion and globolization in the Latin world, In E. Jacka (Ed.), *Continental Shift: Globalization and Culture*, Double Bay, Australia: Local Consumption, 1992.

Straubhaar, J., TV Exporters: from American Empire to Cultural-Linguistic Markets, in Straubhaar, J., *World Television*, Thousand Oaks, CA: Sage, 2007.

Thussu, Daya, Mapping Global Media Flow and Contra-flow, In Thussu, Daya Kishan (ed.), *Media on the Move: Global Flow and Contra-Flow*, London: Routledge, 2007.

Tomlinson, J., Cultural globalization and cultural imperialism, in Ali Mohammadi (ed.), *The International Communication and Globalization*, Sage Publications, 1997.

Tunstall, J., Are the Media Still American?, *Media Studies Journal* (fall), 1995.

Varis, T., *International Flow of Television Programs*, UNESCO, Paris, 1985.

[美] 阿尔君·阿帕杜莱:《消散的现代性:全球化的文化维度》,刘冉译,上海三联书店 2012 年版。

[日] 东浩纪:《动物化的后现代——御宅族如何影响日本社会》,褚炫初译,台湾:大鸿艺术股份有限公司 2012 年版。

梁悦悦：《金砖国家经验与全球媒介研究创新——约瑟夫·斯特劳巴哈教授访谈》，《国际新闻界》2017年第3期。

廖炳惠：《关键词200：文学与批评研究的通用辞汇编》，江苏教育出版社2006年版。

汪琪、叶月瑜：《文化产品的混杂与全球化——以迪斯奈版〈木兰〉与〈卧虎藏龙〉为例》，载《传播与社会学刊》2007年第3期。

詹姆士·瓦森：《跨国主义与本地化》，萧羡一译，收入詹姆士·瓦森《成功传奇：跨文化经营启示录》，台北：经典传讯文化股份有限公司2000年版。

理论溯源：文化地理学与文化间传播[*]

文化的地理现象显示：文化是地方性的、带有十分明显的地域特点；同时，文化又是散逸式的，流动传播的，界限模糊的，绝不像政治边界那般截然分明。文化地理学探索文化的地理分布、亲缘关系及散布渠道。文化地理研究关注集中的区域文化现象，例如大中华文化圈、西方文化集散地、伊斯兰文化流徙图等文化源地与扩散区域之间的文化关系。对于中华文化的海外传播而言，文化地理学具有基础的认识意义和指导价值，是可资利用的理论资源和学术路径。

第一节 文化地理学的起源与历史

文化地理学起源于地理学。"地理学"（geography）一词来自希腊语，意思是"大地描述"，是一个包罗万象的科学领域：它力求理解与地球环境有关的自然物体和人类现象及其复杂关系。地理学派生出许多分支领域，如环境地理学、人类地理学以及许多次级领域，文化地理学是其中最重要的一个。地理学是所有这些分支领域的学科基础。

地理学通常分为两大分支：自然（物质、物理）地理学和人类地理学。自然地理学研究自然、物质和物理环境。人类地理学通过人与空间和地方的关系，研究人及其社区、文化、经济等与环境的相互作用，并解释其文化意义。

---

[*] 本文原发表在《全球传媒学刊》2019年第2期。

一 地理学的来源与分支

已知最古老的世界地图可以追溯到公元前 9 世纪的古巴比伦。希腊人、罗马人对地球与天体的认识也都有重要的发现。从 3 世纪到 13 世纪，中国便出现了多种地理研究和著述。在中世纪，穆斯林地理学家制作了更详细的世界地图①。

到了 16 世纪和 17 世纪欧洲地理大发现的时代，许多新的土地被发现，重新唤起了欧洲人对更准确的地理细节和更坚实的世界知识的渴望。18 世纪，地理学成为欧洲大学经典课程的一部分；以法国（1821 年）、英国（1830 年）、俄罗斯（1845 年）、美国（1851 年）纷纷成立地理学会为标志，地理学在 19 世纪成为一门独立的学科②。

在康德、洪堡等科学家、哲学家的影响下，地理学从哲学探索变为理性的、经验的学科。康德（Immanuel Kant）于 1756—1798 年间在东普鲁士哥尼斯堡（现在是俄罗斯的加里宁格勒市）的哥尼斯堡大学讲授世界上第一门地理学课程（王恩涌，1989：3）。这是一门研究世界地形地貌、空间分布的偏近自然科学的学科。康德认为，与历史学关心的事物的时间变迁不同，地理学更关注某一静止时间点地球的空间形态。这一观点后来遭受挑战，因为时间和空间都是世界和事物存在的基本方式，难以截然分开。康德已经注意到人类对自然环境、地形地貌的影响，但未对人类地理加以重点关注。康德对探索宇宙秘密怀有深深的兴趣，曾提出关于宇宙自然起源的"星云说"。

普鲁士探险家、地理学家、博物学家亚历山大·冯·洪堡（Alexander von Humboldt）③ 是普鲁士哲学家、语言学家和著名的洪堡大学创立者威廉·冯·洪堡（Wilhelm von Humboldt）的弟弟，现今的洪堡大学就是纪念他们兄弟的。亚历山大·洪堡年轻时喜欢收集动植物标本，成年后曾游历南美洲和非洲，并用"宇宙"统一命名他自己撰述、配有翔实图形的关于各种科学知识和文化现象的多卷论文。康德和洪堡及其他一些科学家、哲学家共同奠定了

---

① https://en.wikipedia.org/wiki/Geography.
② https://en.wikipedia.org/wiki/Geography.
③ https://en.wikipedia.org/wiki/Alexander_von_Humboldt.

地理学的实证基础。

首先作为自然科学出现的地理学科，最初并没有被命名为"自然地理学"（natural geography），或者物理地理学（physical geography）；直到更侧重人类活动与地理之间关系的人类地理学（human geography，也称人文地理学）、文化地理学（cultural geography）先后出现（它们大都属于人文学科），"自然"地理才具有区分意义。又因为文化是区别于其他生物和自然界演化的根本标志，所以，"人类地理学"（中文也常常直接译为"人文地理学"）与"文化地理学"大致同义，只是宽窄有别。学者按照不同的取向界定并侧重于各自的研究领域；而且，"文化地理学"似乎比重视人种、生产方式等"硬指标"的"人文地理学"更侧重人类精神生活和社会表现，特别重视社会心理、社群想象等看不见摸不着的"文化现象"，故本项目多取"文化地理学"的用语。

自然地理学研究地球的地形地貌、山川河流、地质现象、矿产资源等分布，实地调查、量化统计是其主要研究方法，地图则是主要呈现方式。人文地理学（包括文化地理学）研究人口、国家、语言、宗教、政治（包括党派）等人文现象的地理呈现及其与环境之间的关系，主要的研究方法包括历史地理学、文化人类学等，实地调查也是必备的功课。

二 从人类地理学到文化地理学

19世纪末，德国地理学家、民族志学者拉采尔（Friedrich Ratzel）[①] 先后（1882年、1891年）发表了两部专著，命名为《人类地理学》，从而奠定了"人文地理学"的基础。拉采尔重视文化的区域分布，认为文化地理区属于独特的文化集团，是一个具备各种文化特征的复合体。

拉采尔在完成动物学学业后，到地中海旅行并开展实地调查工作，从此由生物学者转变为地理学者。他在通信中描述他的经历，由此得到《科隆日报》旅行记者的职务，也为他提供了进一步旅行的机会。拉采尔历时最长也最重要的旅行是1874—1875年的北美、古巴和墨西哥之旅，其间他研究了德国移民在美国中西部的文化影响，于1876年写作了纪事体《北美城市和文化

---

① https://en.wikipedia.org/wiki/Friedrich_Ratzel.

概况》，助推文化地理研究领域的概念建立。拉采尔认为，城市生活的特点是"混杂、压缩和加速"，因而是了解人性的最佳场所和方式。

不过，拉采尔首先使用了"生存空间"（英文译为 living space）的术语和种族竞争的视角，这种社会达尔文主义的观点为后来的纳粹理论提供了基础。他的著作也影响了一批环境决定论地理学者的观点，如美国地理学会首位女会长森珀尔（Ellen Churchill Semple）。森珀尔推动了人文地理学在美国的早期发展。

20 世纪初，德国后裔的美国文化地理学伯克利学派创始人索尔（Carl O. Sauer）[①]影响了整整一代美国地理学者。索尔职业生涯开始时，环境决定论是地理学的主流理论。索尔激烈地批评这种"科学"理论，更倾向于人类的特殊性和文化的历史性观点，并对现代资本主义摧毁世界文化多样性和环境健康的方式表示担忧。1927 年，他发表了《文化地理学的近期发展》（Recent Developments in Cultural Geography），从而奠定了他的文化地理学基本理论：文化景观是人类施之于物质景观的各种叠加因素及其组合形式。

索尔曾被称为"美国历史地理学泰斗"（dean of American historical geography）。他的许多博士生研究非工业化地理区域，并完成了主题关于拉丁美洲和加勒比地区的论文，从而创立了加州大学伯克利校区拉丁美洲地理学院。他门下弟子人才济济，遍布美国各重要地理学重镇，由此将人文地理研究的核心位置从德国转移到美国。

据《大英百科全书》的定义，"人文地理学是研究多种人文特征的分布变化和空间结构的科学"（转引自王恩涌等，2000：2）。当代人文地理学研究的领域极其广泛，由此产生日益细分的学科领域和日益多元的研究取向，如经济地理学、政治地理学、语言地理学、宗教地理学以及大大小小许多分支领域。因此，只构成一个松散的联合体。不过，人文地理学研究对象具有特定的内核："一是注重区域和空间这一研究的主线，研究人文现象的空间分布，以及它们的形成过程、发展规律和演变趋向"，"二是人地关系的传统"（王恩涌等，2000）。从第二次世界大战以来，北美的人文地理学探讨各种文化产生和发展的地区分布和空间意义；描绘不同群体间的文化联系和传播地图，

[①] https://en.wikipedia.org/wiki/Carl_O._Sauer.

日益以文化为地理研究的核心。

第二节　文化地理学的界定与传播研究

何为文化地理学？最简单的说法可能就是——文化地理学是以文化为（研究）对象的地理学（王鹏飞，2012：10）。那么，什么是"文化"这个研究对象呢？"文化"与"地理"又是以什么样的思考方式发生研究的勾连呢？

近代科学对"文化"的概念数以百计，但以英国人类学家爱德华·泰勒（E. B. Tylor）早期的定义最著名。泰勒在其1871年的《原始文化》一书中界定：文化或文明"是包括全部的知识、信仰、艺术、道德、法律、风俗，以及作为社会成员的人所掌握和接受的任何其他才能和习惯的复合体。（转引自王恩涌等，22）"由此可见，不仅"文化"是一种汗漫无边的概念；对"文化"的地理研究也是一个无边无际的领域。

但是，特定的文化是有疆域概念的。文化的疆域特征体现为具象的文化景观、文化标志，也表现于无形的气质与风情中。地域的文化特征是在长期的社会生活中人类行为与区域环境之间互动的结果。因此，文化地理研究把地球分成不同的区域（文化区），用文化要素的特征及其起源、分布、流通等观点解释错综复杂的人—地关系。

一　文化地理学的概念

研究对象的广泛和研究取向的多元，带来了文化地理学概念界定的困难，也出现了其说不一的许多定义。例如，"文化地理学是研究人类各种文化现象的空间分布、地域组合及文化区域系统的形成、变化和发展规律的一门科学。（它）研究诸文化要素的形成发展与地理环境的关系，以及各种文化现象的区域特征"（夏日云、张二勋，1991：6）。虽然说"一门科学"的定义未必准确，但"各种文化现象的区域特征"算是抓住了文化地理研究的要害。相比之下，文化地理学是"研究与自然环境相关的物质及非物质的人类文化模式和相互作用的一门传统人文地理学分支"（约翰斯顿，2004：130），定义就笼统得多。让人不得要领的定义是许多文化地理学教科书的通常现象。显然，更重视文化特殊迹象和不同文化区域之间联系的文化地理学才更接近文化传播的研究思路。

多样化的文化地理学建立的文化地理研究，都有针对性、合理性和适用性。文化（以及人文）地理学领域宽广，取向分殊。不过，按照一种整合的框架，文化地理学研究传统有五大主要领域（王恩涌等，32），可以分说如下：1）文化区研究，探讨各种主导文化的空间分布，例如核心文化的起源地及其特征、文化区的地理位置和影响范围等；2）文化扩散研究，研究某种文化在时间上的变化、发展，文化的流动、传播等；3）文化生态学研究，关注影响文化产生和发展的各种地理因素，包括自然环境和人文因素等；4）文化整合研究，探索不同文化区及其文化之间的接触、影响和相互作用，包括文化交流、文化征服、文化接纳和文化杂融等；5）文化景观研究，将特殊的人文景观视为文化意义的表征，从中分析出特定的文化传统。

人文地理学、文化地理学不仅研究的目标十分宽泛，方法也多种多样：采用的方法从民族志到调查统计，无一不可。正是由于"人文"和"文化"几乎无所不包的涵盖性，导致人文地理学和文化地理学存在的共同问题——学科多元分散、学者各说各话。各种学者和学派根据自己的关注焦点，采用不同研究方法，寻求本学科和本领域的文化现象及其地理呈现。于是，文化地理学似乎成为一种关注文化地区和文化空间的粗略思路，成为囊括一大堆研究对象的巨大领域，而不是一个严谨的学科方向，也缺乏一种成套的理论体系。

不过，文化地理的诸多思路，特别是文化区域、文化扩散和文化整合的研究取向，都可以被文化间传播研究所借鉴。研究文化间传播的学者关注的重点，是与传播相关的特定现象（如媒介文化），或者在特定地理范围内（如亚洲，如全球）文化的流动和扩散。也许我们能够构建出独特的文化地理学分支，如媒介地理学（邵培仁、杨丽萍，2010），如某一地理区域的文化及其传播研究。

二 文化地理与文化传播

文化与传播的关系本来密不可分：传播的内容就是文化，文化的形成也要借助传播。不过，按照地理学的思路来看文化的传播，有一些特定的观点：首先，文化具有空间性，呈现为文化区；其次，文化是流动的，各个文化区之间的接触导致文化融合。文化地理学研究文化的地域表现，包括文化与地域之间的联系；传播取向的文化地理学重点就是文化的区域性特点及不同文化之间的交流关系。

文化可以呈现于空间并形成区域。核心的、主导的文化有时间和空间上的起源，也有时空变化。核心文化最早出现的地方是"文化源地"，文化从源地向外扩散，形成的共享文化范围就是"文化区"。文化区（或者文化圈）中的习俗文化，例如语言、文字、宗教以及价值观和信念等，带有血缘因素和传承关系，具有相似性、接近性、亲和性。

文化是散逸的。在文化区域相遇时，不同文化之间会出现相互吸引、角逐、冲突甚至对抗的关系，异文化被接纳或者被改变。大小不等、层级不一的文化区，在发生重叠时会出现文化整合，异质性的文化变得越来越接近，甚至越来越一致——人类相通的思想感情是人与人之间能够交流、不同文化得以融合的心理基础。

文化的区域间流通及交会融合，既可能是有意的传播活动，也可能是无意的接触后果。早在远古时期，人类的各种族群、各个部落之间就不断发生接触，既有互利的贸易，也有惨烈的战争——文化影响由此而生。这种文化影响，既有主动的模仿和学习（如日本奈良和平安时代派遣的十九次遣唐使），也包括征服及被迫的接纳（如西方国家对非洲、美洲的殖民和驯化）。强大的文化，或者借助于强势力量的文化，可能融合、兼并、同化甚至消灭居于弱势的文化。

各文化中心的变迁及文化区域的进退、文化交流的路线和文化融合的过程等，亦即文化间传播，正是传播取向的文化地理研究的关注点。

第三节　文化间传播的学科基础与文化地理学

在关注地理取向之前，文化传播学者早就对文化与传播的关系进行过深入思考，形成了一系列相关思路，从而奠定了文化（间）传播的理论基础。

一　从跨文化传播到文化间传播

与文化地理学相关的最早研究是跨文化传播（cross-cultural communication）。这一理论取向诞生于20世纪中期，来源于第二次世界大战后逐步建立起全球领导地位的美国，更准确地说，以1946年3月美国国务院外交学院（Foreign Service Institute，FSI）的成立为标志。FSI培训对外事务雇员，以应对日益增长的全球文化交流的任务。文化交流能力的提高基于实践的需要；培训内容则来自多学科的知识，主要是语言学和人类学。

跨文化交流最著名的人类学家是爱德华·霍尔（Edward T. Hall），他的主要贡献是提示了近身学（Proxemics）、高/低语境（High/Low context）和单一/多元时间利用方式（mono-chronic/poly-chronic time）等现象，及其在跨文化传播中的重要性。他对非口语语言（亦即肢体语言、无声语言）的发现，发表于《无声的语言》《隐藏的维度》，都具有跨文化传播学的开创意义。

另一位跨文化研究领域值得纪念的人物是美国人类学家鲁思·本尼迪克特（Ruth Benedict），她写出了对日本文化富有洞见的《菊与刀》，开创了美国的地区研究先河。

虽然最初的跨文化传播研究主要出于国际传播的需要，但后来，解决美国国内日益尖锐的种族冲突的目标也被提上议事日程，甚至取代了跨文化关系在国际传播中的显要性。于是，在美国国内，跨文化传播似乎变成了针对不同族群之间人际传播的研究范围。

文化间传播（intercultural communication）是对不同文化之间的关系进行的广泛意义上的传播研究，也是对跨文化传播开创的研究领域的理论化。有学科手册（Asnte & Gudykunst，1989）根据"人际"/"中介"、"互动"/"比较"四极关系的视角，将文化间的传播区分为四大类研究：1）偏重人际与互动传播的，是不同文化群体、种族、国家之间个体的互动研究（文化间人际传播研究）；2）偏重人际和比较传播的，是对不同文化内部人际传播之间的比较研究（人际传播文化间比较研究）；3）偏重通过媒介和互动传播的，是代表国家的传播媒体（例如国际广播电台）对其他民族人民进行的大众传播研究（国际传播研究）；4）偏重媒介和比较传播的，是对不同国家的大众媒体及其传播进行的比较研究（媒介体制比较研究、媒介内容比较研究等）(Asnte & Gudykunst, 1989：10)。文化地理学就是穿越文化间（可见的或者无形的）障碍、通过不同文化群体之间文化流动、扩散的传播基础"地图"。

中文"跨文化传播"用语中的"跨"字似有"凌空跳跃"的意思。近来，有学者引进 transcultural communication 的概念（译为"转文化传播"，史安斌，2018），解释为非传统西方中心的、赋权特征的"'新全球化时代'媒介文化传播当中'我中有你，你中有我'"的现象（史安斌，2018：3）。

二 文化地理学与"文化间传播"

文化间传播在自身发展的道路上已经走了很久，那么，文化地理学知识和思路的引进究竟有没有用处呢？本文认为有用。对于传播学者而言，从文化地理学引进的，首先，是文化的区域概念。在文化的"世界地图"上，文化不是一个点，而经常是形成地域的一片，同时，这种文化区不断濡化、浸润、扩散，并与其他文化区相遇，发生碰撞与融合。其次，是区域文化的社群概念。文化以一种集团的方式存续，存在社会心理的联系。集团文化与地方和群体密切相关，包括一些在空间上可能分散（如离散人口）的想象社区（社群）。再次，是地域文化的融合概念。文化是杂糅的，整合的，在人口流动和文化交流的过程中，每一个地区的文化都存在雁过留声、人过留痕的叠加踪迹，都是文化吸纳与排除的双向结果。最后，是文化的接近性概念。文化的融合可能采用暴力的方式（如侵略与征服），但更多的是以日常的方式，在接触和交流中自然发生。文化的渊源及其亲和性在这种天然吸纳的过程中扮演着十分重要的角色。

对文化地理学的借重，在美国产生了综合性、整合性的区域研究和对文化的杂糅研究。区域研究对某一文化地理区进行多方面的文化研究；杂糅研究则发现，影响文化地理和地区文化的多元遗传因素是以混合、叠加等复杂方式融合在一起的。

（一）区域研究

在关注跨文化传播的美国，20 世纪 40 年代后期逐渐发展出对文化的地理视角，并催生出一类新型的研究领域，那就是区域研究（也称地区研究，Area Studies）。地区研究影响和改变了美国人看待世界的态度和方式。

正如最初的跨文化传播研究一样，区域研究也服务于美国的全球战略和国际传播，是货真价实的对外传播研究："在美国，关于外部世界的制度化、专业化研究被称为'地区研究'或者'国际研究'。"地区研究主要关注除美国本土和西欧以外的世界各地区，而这种多学科、多面向的地区研究"不仅是由知识本身构成的体系，也是一种知识生产的组织形制"（牛可，2010：64）。

随着美国全球霸主地位的确立，根据其战略重心的不断移动，美国区域研究——指向陌生的非西方文化区域。虽然初始动机令人存疑，但美国的区域研究项目操作认真，培养了大批跨文化交流的人才，并产生了一大批有质量的研究成果。而一些本来出于美国目的的研究者，却大多对研究对象产生了友好的感情，甚至在某种程度上转变立场，成为美国对外政策的批评者。其中最重要的代表是乔治·卡欣（George McTurnan Kahin，见高子牛，2017），他是美国越南战争政策的主要批评者之一。

第二次世界大战期间，卡欣在美国军队服役，准备被派往日本占领的印度尼西亚。于是他学会了印尼语和荷兰语。战后，他继续追求对东南亚的研究兴趣，并进行实地调查研究。他在斯坦福大学作的硕士学位论文，主题关于中国人在印尼的政治地位；他从霍普金斯大学获得博士学位，论文题目是《印度尼西亚的民族主义与革命》，专著出版后被认为是关于印尼历史的经典之作。卡欣在康奈尔大学创立了现代印尼项目，使之成为亚洲研究特别是东南亚地区研究的一个核心。他一生培养出许多区域和跨文化传播的研究人才，其中最著名的是当代亚洲民族主义研究者、提出"想象的共同体"概念的本尼迪克特·安德森（Benedict Anderson）[①]。

（二）文化杂交与文化接近性

区域文化并非纯粹的单一文化，而是在群体流动和文化交流的历史长河中层层累积的结果，是不同文化通过相互的接触与交融积淀下来的。

按照《文化杂交》一书（伯克，2016）对人类杂糅历史的概括，杂交物

[①] https://en.wikipedia.org/wiki/George_McTurnan_Kahin.

从人种到物品，从文本到行为实践，种类繁多。杂交情势千姿百态，包括势均力敌与力量悬殊，从主动适应到被动接纳。杂交反应多种多样，从追求异国时尚到采取文化净化和隔绝政策。杂交结果杂色纷呈，从文化的"全球化"到"反全球化"再到"逆全球化"，导致全世界的"克里奥尔化"①。特别是，杂交术语丰富多样，许多比喻式的术语都来自别的学科，如经济学（"借用"）、动物学（"杂交"）、冶金术（"熔炉"）、饮食业（"杂炖"）和语言学（"移译"）（伯克，2016：33-34），反映了文化之间调适、对话、协商、改变的融合过程及其结果。

文化的"杂糅"概念有力地推动了对"文化融合"的新认识：文化是相互渗透的，是融合的、杂交的；有时，这种交流是自愿的，如在地人民主动接纳有利的外来文化，有时又是被迫的，如殖民地人民被强制服从宗主国的文化。长期生活在黎巴嫩、精通阿拉伯语的美国教授克雷迪（Marwan Kraidy）认为，文化混杂既不是整体的，也不是多元的，而是合成的（synthetic），需要在社会层面上理解各种混杂的规模与方向，如各种复杂的结构性因素、受众对媒介混杂内容的阐释，其结果也不是简单的西式全球化，而是结构因素与能动的文化主体之间的互动关系。克雷迪在论述杂糅时提出"批判性文化嫁接"（critical transculturation）的概念，构建了一个通过本土文化"批判性介入"引导"文化杂糅"的理论视角（梁悦悦，2017：11）。

"杂糅"概念最初来源于殖民地人种杂交的南美洲，是文化地理学视角和区域研究的重要发现，也是在电视文化杂糅明显的拉丁美洲，学者发现了文化间传播的"文化接近性"特征。长期聚焦于巴西电视研究的美国学者斯特劳巴哈（Joseph Straubhaar）于1991年发表文章，提出了从"文化研究"立场出发的"文化接近性"概念（梁悦悦，2017）。

文化接近性的理论前提其实非常简单：人们总是因相同或者相似的历史、地理、语言、宗教等文化因素而产生熟悉感、亲近感、认同感；这种认同感使人们接近某种文化，并做出接触、接受该文化的选择。不过，"文化接近性"作为理论思路的特殊性在于对文化认同的条件做出了更细的划分：文化

---

① "克里奥尔化"起初指南美洲来自白种人殖民者、印第安土著人和非洲奴隶的人种杂交和语言混合现象，后含义扩大，指混杂后出现的新型融合文化。

接近性可以是天然形成的，如对母语和故乡的感情；也可以是后天构建的（例如，对民族国家的效忠就是经现代西方意识形态的植入而培育的，是一种政治认同）。同时，"文化接近性"并不是一种天然存在的静止概念，而处于动态变化之中（梁悦悦，2017：62）。

斯特劳巴哈以"杂糅"来形容"全球化"的文化，又采用"多层次文化认同"，或"多重文化身份"（multilayered cultural identities）的概念阐释从本土到全球不同层级文化身份的"共存"状态，从而分解了文化的接近性。"多重文化身份"提出了文化接近性"从本土到全球"的"多层次"完整体系，打破了"民族国家中心"的全球化观点：在"地方""地区""国家"三个本土层次的文化认同体系中，民族国家是重要但非包罗万象的层次；同时，在民族国家"以上"的层次，需要更加强调"区域"（如亚洲）而非"全球"的影响。"多层次文化认同"强调受众的能动性：他们具有"杂糅"多重文化身份、使其相互"结合"而非相互"对抗"的能力（梁悦悦，2017）。于是，文化接近性提示了全球传播必须克服陌生感、创造接近性与产生认同感的目标及任务。

第四节　文化地理学的变化与全球化时代的新问题

由于地理学特别是（自然）地理学的名词局限性，常常误导人文地理学的研究者将焦点置于（物质的）人造物对象及人地互动的目标（景观），从而缩小或者偏移了人文地理学的研究范围——文化本身的区域分布与空间流动。

此外，在新技术、新媒介迅猛发展的全球化新时代，"传统"文化地理学的时空也发生了新的变化——地理的区位让位于心理的接近。

一　文化地理学的景观偏向

传统的文化地理学延续自然地理学的思维，关注文化群体与自然环境的相互作用。同时，偏重物理的、具象的景观，以物质景观（如房屋建筑、城镇乡村）解释文化意义，难免忽略了精神现象和虚拟景物。

传统地理学偏向于用"文化"（因素）解释"地理"（景观），而不是用地理（区域分布）展示文化（情状态势）。这种偏重地形地貌的自然地理学传统思路带来了一个问题：文化究竟应该是主题，亦即研究的对象，还是环境和语境，亦即只是影响的因素？更进一步的问题是：人文地理学是否应该倾向甚至局限于物质的可见的形态？文化本应重视的能动与想象作用体现在哪里呢？

某些文化地理学者特别重视景观的空间意义。在传统的地理学中，"景观"（Landscape）一般指地球表面各种地理现象的综合体。自然景观和人文景观（文化景观），往往是实体的、有形的、物质的概念。然而，文化却常常是无形的、意义的、想象的，尤其是在拟像、仿真、虚拟大行其道的电子时代。例如印度学者阿帕杜莱（Arjun Appadurai）提出的现代化过程中种族、媒介、科技、金融、意识的断裂。本文认为，这里的五种按照约定俗成的译法"景观"（scape）不妨命名为"景象"，以表达那种若有若无的不可见联系。

二　全球化时代文化地理的变化趋势

全球化改变了文化扩散的速度，导致文化景观的根本变化。然而，正是文化的全球化，也带来了文化地理的悖论。在远古时代，在前全球化（前资本主义）时代，传统社会的民间文化大多随着具有某种文化特征、携带某些文化元素的文化集团成员的迁移而扩散，文化跨越距离的主要方式是迁徙、战争、贸易、宗教等，扩散的速度很慢；而当代的流行文化多借助现代通信、跨时空媒介等，以前所未有的速度与激情改写文化的区域面貌。

全球化时代的文化扩散产生了与古代不同的文化景象，文化地理学主要关注的独特人文景观日益稀少、迅速湮灭。随之而来的，是时尚，是流行，是千城一面，是大同小异，人们甚至分不清某种文化的起源地（发明权）及其扩散的过程，景观再也不能成为环境的代表和文化的象征。

与此形成鲜明反差的是，利用人文地理学的人造景观概念塑造城市品牌的运动却轰轰烈烈。造城者以一种有意识的文化设计，力求城市空间的时尚化，反映的是他们心目中的文化理想和现代化标准。在这里，景观不再是长期文化积淀的产物，它们与在地民众的日常生活联系微弱。商业性的目的和品牌化的经营使得某些不实用的地标建筑变成无生命的摆设。更有甚者，为达吸睛、吸金的目标，追求怪异、浮华的外形，美其名曰的创新景观造成极大的浪费。

电子传播消灭了时空距离——文化接受可能瞬间实现，文化征服常常隔空完成。文化成为最能盈利的商品，文化产业成为最有力的梦幻推销者。不过，文化产品、文化市场、文化贸易，这些有意识的文化传播也都发现——文化仍然具有区域的接近性和同源的亲和性，只是文化的传播不再限于自然而然的过程，也不再遵循传统地理的路线和途径。人及其文化成为改变地理的最大因素。

参考文献

Asante, M. K., & W. B. Gudykunst, *Handbook of International and Intercultural Communication*, Sage, 1989.

［英］彼得·伯克：《文化杂交》，杨元、蔡玉辉译，译林出版社 2016 年版。

高子牛：《乔治·卡欣：在地区研究和冷战之间》，《文汇报》2017 年 8 月 25 日第八版。

梁悦悦：《金砖国家经验与全球媒介研究创新——约瑟夫·斯特劳巴哈教授访谈》，《国际新闻界》2017 年第 3 期。

牛可：《美国"地区研究"的兴起》，《世界知识》2010 年第 9 期。

［英］R. J. 约翰斯顿主编：《人文地理学词典》，柴彦威等译，商务印书馆 2004 年版。

邵培仁、杨丽萍：《媒介地理学：媒介作为文化图景的研究》，中国传媒大学出版社 2010 年版。

史安斌：《从"跨文化传播"到"转文化传播"》，《国际传播》2018 年第 5 期。

王恩涌、赵荣、张小林等编著：《人文地理学》，高等教育出版社 2000 年版。

王恩涌编著：《文化地理学导论——人·地·文化》，高等教育出版社 1989 年版。

王鹏飞编著：《文化地理学》，首都师范大学出版社 2012 年版。

夏日云、张二勋主编：《文化地理学》，北京出版社 1991 年版。

地缘

以亚洲为例的文化地理观察

要想成功地向海外传播中国文化，首先必须了解我们面对的世界。区域研究的目的，是了解中国对外传播的当地环境、媒介生态与目标对象。按照各国与中国的关系、中国内地与港澳台地区的互动，根据全球各个区域对中华文化的了解和需求，看客下菜，才不会南辕北辙。为此，本研究对东亚和东南亚地区的文化发展进行了集中的探讨。

本部分包含5个篇章，以文化地理为目标进行地区研究。除了第一篇概括性的研究审视（郭镇之）之外，后面几个篇章分别展示了有关日本、马来西亚、新加坡和越南这几个国家的文化传播专题研究成果，包括对近代前后日本从拥抱西方文明到代表东亚文化的历史研究（章蓉）、关于马来西来华文教育与华语传播的研究梳理（杨丽芳）、对新加坡电视多元文化政策及其实践的研究（张渤）和中国电视剧在越南的接纳度由高变低的背景探讨（刘健），集中关注周边文化区域，探讨中华文化走出去与相关国家的互动关系。

文化地理:从文化区域出发

第一节 港澳台研究:中华文化的传统区域

香港、澳门和台湾都是中国的领土。但在历史上的一段时期,由于帝国主义侵略等原因,这三个地区都曾被割让、租借和分割,处于不同的政治体制管控下。就政治关系而言,与祖国内地存在距离,在主体文化方面出现疏离。香港和澳门已经回归祖国;台湾则还在艰难的统一过程中。成百数十年的政治和文化裂缝并不容易弥合。然而,港澳台地区既是中国内地海外宣传的客体对象;三个地区的人民又是中华文化全球传播的重要力量。

本课题主要通过实地调查和深度访谈对港澳台进行研究。研究发现,关于传统文化,港澳台地区与大陆内地虽然在观点和判断方面不尽一致,但几乎没有明显的歧义和障碍。但就当代文化特别是政治体制而言,调研人员观察到香港舆论从逐步认同到渐渐疏离的变化趋势,证实了访谈中的判断:香港地区的确存在部分民众政治认同的短板[1]。不过,总体而言,香港与内地已融为一个市场,尤其是在影视传播方面,合作关系日益密切。大批富有经验的香港影视从业者北上内地,不仅保存了香港的影视制作业,而且为内地影视业的发展带来了活力。

相比之下,澳门对大陆几乎不存在政治认同的挑战(郭镇之、吴玫,2015)。这不仅因为政治经济体量的差异,也与历史上不同殖民政府大相径庭

---

[1] 详见郭镇之对何舟的访谈《文化认同与国际传播——对话香港城市大学媒体与传播系副主任、副教授何舟》,《南方电视学刊》2015年第4期。郭镇之也对香港中文大学的陈韬文教授进行了深度访谈(2015年3月25日),涉及对"港独"等问题的评论。

的治理能力、统治方式及现代化贡献的差异相关。课题组中澳门大学的研究团队将澳门作为一个重要的研究样本，还以澳门为基地，对周边东南亚地区（如马来西亚等东盟国家）进行了比较充分的理论观察和实证研究（如吴玫、杨姣，2014；吴玫、叶琳，2015；吴玫、梁韵，2015）。

澳门是近代以来西方文化登陆中土的第一站，是现代中西文化交汇的起点。西方传教士接触了中国文化之后，将其带到欧洲。澳门也得现代风气之先，率先引进了西方医疗、现代学校、近代报纸。澳门有300年中葡混血的历史，文化特点是兼容并包。近年来，澳门也在致力于经济方式及城市形象的转型，并为此做出了积极的传播探索，研究者对此进行了观察分析（吴玫、梁韵，2015；吴玫、朱文博，2017；吴玫、赵莹，2018）。

台湾与大陆一直存在政治认同的分歧和政治体制的对峙，但本课题组与福建广播电视集团海峡卫视合作的对台湾传播的研究及实地调研[①]得出的印象却是，台湾民众对大陆的民族感情尚好，民间盼望经济合作，两岸存在良好的互动基础。在广播电视领域，大陆与台湾的民营电视台交流密切。台海两岸的接触沟通和文化传播是构建民族认同的重要渠道。不管两岸统一的方式最终为何，通过柔性影响力弥合分歧，密切感情，始终是必要的选项。

第二节 东亚与东南亚：中华文化的古代影响区

所谓古代中华文化的影响区主要指东亚[②]的日本、朝鲜/韩国与以东盟国家为代表的东南亚地区。东亚和东南亚地区是历史上受中华文化影响最深、与中国传统文化最接近的区域；却也是利害相生、关系纠结的邻居。近代以来，随着国际关系的变动，"脱亚入欧"、积极追求现代化、西方化的日本与"经济发展第一""跑步实现现代化"的韩国，还有积极投身全球化同时在中西之间追求平衡的新加坡，则因为发展在前，成为中国现代化的不同榜样。

---

① 本课题组与福建广播电视集团海峡卫视频道的联合课题组于2018年7月28日至8月3日前往台湾（主要是台南地区）进行了实地踏访。

② 也称"东北亚"。但"东北亚"的概念除了"东亚"的中国、日本、朝鲜、韩国，还包括俄罗斯和蒙古国，共6个国家。

一 东亚国家研究

20世纪七八十年代，日本、韩国先后崛起，成为全球经济强国和新兴发达国家。在文化产业方面，日本的影视在全球享有很高声誉，动漫和游戏风行世界，俨然成为东亚文化的代表。韩国的影视产业则后来居上，在亚洲及世界文化市场带来强劲的"韩流"，成为东亚文化的新偶像。章蓉从日本脱亚入欧、与西方交流的历史研究入手，探讨了异文化互动带来的"引进"与"输出"双重后果。韩国的申惠善博士为本项目提供了资料，介绍了韩国支持"韩流"发展的国家政策。近40年来，中国不仅从日本的电视小说、动漫作品和电子游戏产业淘得不少灵感，也从韩国偶像剧、家庭伦理剧和综艺节目模式中获取大量营养。特别是，中国迅速学习日本的全球本土化理念和韩国的区域发展战略，正在成为东亚地区的流行文化大国。

课题组成员盛夏对热播的韩国纪录片《超级中国》进行了话语分析（盛夏，2016b）；还通过对日本电视剧《深夜食堂》的文本分析肯定了日本文化传播的有效性（盛夏，2016a）。

二 东南亚国家研究

东南亚是世界上种族、宗教、政治体制等文化状况最为复杂多样的地区之一。在历史上的战乱和饥荒年代，中土的难民最初集中涌向南方，进而走入东南亚。随着大批华人移居者南下，历史上的东南亚地区深受中国政治和中华文化的长期影响。同时，历代中国与东南亚国家的政治关系错综复杂。

近代前后，被殖民的历史给东南亚区域带来西方"自由""民主"等政治正确的话语，却并不能完全改变文化心理的儒家积淀。本土文化与外来文化之间张力明显。在西方"民族国家"理念的引导下，多种族群间的差异常常导致文化冲突，甚至政治分裂。

近年来，在中国作为新兴大国地位上升的过程中，中国与越南、菲律宾等国家因领土等争议问题，双边关系经历了起起落落。中国传媒大学博士张渤曾在新加坡访学；清华大学博士刘健也曾前往越南进行实地调研，他们应邀分别提供了新加坡和越南的研究样本。张渤从研究中发现，新加坡实行多元文化政策，政府和各群体对族群关系都十分敏感，且倍加呵护；通过电视的多语种字幕等文化杂糅方式，媒体也在尽力促进族群的融合（张渤，2017）。刘健的调研发现，源于文化传统、国家制度和意识形态的接近性，越南的电视剧产业最初是从引进中国产品入手的；近年来，随着双边关系的变化，中国电视剧传播优势渐失，需要与韩国等亚洲国家及越南本土的电视剧产品竞争市场（刘健，2017）。

本课题对中华文化在马来西亚的传播进行了专题研究。这是因为，课题组成员中既有以马来西亚为研究选题的硕博连读生梁悦悦，也有马来西亚学者杨丽芳（Yang Lai Fong）博士。特别是在马来西亚从事高等教育的杨丽芳博士，她为本项目提供了数万字的英文资料性文稿[①]，对马来西亚社会及传媒进行了细致的描述，增进了课题组对马来西亚文化环境的深入认识，了解、体会到马来西亚华人、华社和华校在马来西亚的独特地位及其推广中华文化的不懈努力。华人在以"马来人至上"理念为建国基础的东南亚马来语世界里（如二战后的马来亚和今天的马来西亚），一直处于二等公民的地位。虽然被允许组织华人社团，兴办华语学校，经营华语传媒，但与主流族群仍然不断进到文化博弈和话语竞争。就中华文化的维护而言，马来西亚华人在东南亚是做得最为出色的。

梁悦悦的研究对华语电视在菲律宾、泰国和马来西亚的传播生态进行扫描。在这一系列研究中，她发现：菲律宾电视台播出的华语电视剧存在总量小、时段差、题材单一、区域发展不平衡等问题（梁悦悦，2011）。泰国进口的中国大陆电视剧以古装剧为主，在播出数量上占据优势；但与韩国、中国香港的古装剧比较，在播出时段上却处于劣势（梁悦悦，2013）。马来西亚当地的华语电视扮演着社会整合的角色，既需要寻求市场，又必须承担社会责任。在整个东南亚地区，就当代电视剧而言，中国大陆尚未具备能与韩剧及中国港台电视剧比肩的"文化优越性"。全球化的竞争和当地电视业的发展都对中国电视走出去提出了挑战（梁悦悦，2014a）。

[①] 杨丽芳为本项目提供了其本人对马来西亚传媒、传播和社会文化的大量研究文章（均为英文）。其中相关内容经翻译或者改写，在中国发表。

第三节 有关东部非洲的研究

中国与非洲相距遥远。以往，非洲的地理、历史、人文与动物被中国人所了解，是借助西方前殖民国家，特别是英国人、法国人的视角。近年来，借助全球化的浪潮，中国企业开始进入非洲。随着中非经济交往的密切，非洲也成为传播研究的一个新取向。其中，在肯尼亚等东非国家从事通信传播、包括影视业的四达时代公司在非洲发展的故事就是一个神奇的传说。

一 中国影视进入东非国家

几年前，李亚东作为清华大学的本科生，通过在四达时代公司的实习工作，获得了亲身接触非洲并了解中国电视走出去的难得机会。他应邀为本研究提供了资料。自2008年以来，中国影视节目开始通过四达时代的数字电视平台进入东非国家，并取得了令人瞩目的发展[1]。相关研究发现，中国节目在东非地区的推广以家庭伦理、青春爱情题材等当代中国影视剧为重点；而东非本地观众对亚洲影视产品的传统收视习惯是香港功夫电影。尽管出现过一些热门电视剧，如《媳妇的美好时代》，但中国影视剧若要改变非洲公众总体的收视偏好，还需努力（郭镇之、梁悦悦、李亚东，2017）。

二 非洲记者的中国观调查

学者常江与任海龙从本土文化影响因素的角度对非洲记者的中国观进行了调查研究。通过对非洲东部国家乌干达20位有布干达[2]血统的新闻记者进行深度访谈，这项专题研究发现：中国的政治制度并未成为影响非洲记者中国形象的负面因素。但中国旅非社群（主要是驻非中国企业）的封闭、保守

---

[1] 四达时代网站，http://www.startimes.com.cn/aboutgsjj/index.htm。
[2] 布干达（Buganda）原是非洲的一个古老王国，位于非洲东中部，现为乌干达的一个地区。布干达首府坎帕拉现为乌干达首都。布干达是乌干达（Uganda）国家的核心地区和名称来源。布干达人称干达人（布干达即"干达人的国家"之意），是乌干达的主体民族，语言是卢干达语。

倾向及无意中流露出的种族傲慢色彩，与重视文化多元性的布干达文化之间存在较大反差（Chang, Jiang & Ren Hailong, 2016）。

研究认为，中国与西方在经济合作领域迥然不同的做法无疑成为影响非洲对中国印象的一个正面因素；中国的政治制度和当代文化在非洲也很有市场。中国新闻媒体对中国事务和中非关系的报道是塑造中国在非洲形象的重要途径，央视非洲频道为非洲电视观众提供了一种迥异于西方媒体、更强调"正面"和"成就"的非洲事务报道视角，由此建构了一个更加友好的中国形象。

非洲本土的文化价值观参与了非洲新闻记者对中国在非洲形象的观念建构。布干达文化与中国文化都具有威权色彩，中国不同于西方的政治体制和发展道路也没有成为显著影响受访者对中国感知和评价的一项负面因素。非洲人对中国的印象总体上是积极的，受访的非洲记者也对中国持温和态度，普遍认为中国是非洲发展的经济利益分享者，而不是掠夺者。不过，他们将中国对非洲的援助解读为有利于中国形象的大国责任或国际义务，因此表示：非洲人民对援助并不感到任何情感上的亏欠。

然而，不愿融入非洲社会的旅非中国人却造成了华人与本地人之间的误解和冲突。非洲记者认为：旅非华人社区（如中国企业）流动频繁，封闭性强，很少有中国人会把非洲当作自己的第二故乡，在非洲的中国人基本上只与中国人交朋友，他们的文化保守而封闭。事实上，旅非中国人绝大多数居住在守卫森严的封闭社区里，与本地人只保持极为有限的社会文化接触。这种文化上的隔离乃至不经意流露出的傲慢，是导致中国负面形象的主要因素。

受访的非洲新闻记者，均受西方新闻学教育，也认同西方新闻业的客观性原则，但没有表现出类似西方同行对专业主义的那种忠诚和热情。客观性原则似乎只是一种可以采纳的外部价值观，并非衷心信仰的神圣信条。

第四节　对全球其他地区的观察

当代全球世界主要是在西方意识形态和现代法规制度下架构的。这个西方主导下的世界曾经以文艺复兴时期的欧洲大陆、工业革命时期的英国为引擎，至20世纪则美国成为引领者。观察世界，不能忽略西方文化的全球影响。

欧美国家虽然是中国文化走出去最难逾越的障碍，却也是中华文化通向全球最有效的途径。目前，中国的传播尚未能对世界产生重大影响，对中华文化的解读常常是通过西方国家的涉华传播呈现的。西方世界的界定统摄着全球对中国的认知，也使美欧国家成为中国传播研究的重点。本课题对西方国家涉华传播的关注是全局性的，是纲举目张的核心。本研究认为，中国可以借势用力，通过西方人的眼睛扩大中华文化的影响。

随着21世纪中国经济的腾飞，中国对发展中国家的影响在增强。中国提出的"丝绸之路经济带"和"21世纪海上丝绸之路"（简称"一带一路"，英文为"The Belt and Road"，B&R）项目，以交通先行的方式，深入中亚、西亚、中东和欧洲腹地，力求打通东南亚、南亚、东非和北非等通向世界的新门户。

学者赵丽芳带领研究团队对新疆广播媒体针对中亚五国的传播实践进行了调查。发现新疆与周边丝绸之路经济带国家的文化具有地缘、语言、民俗、宗教等方面的接近性，是可以利用的传播优势。但当地受众更倾向于使用本国媒体获取有关中国的信息；同时，中央级的国家媒体也是中亚国家了解中国的主要信息通道，因此新疆地方媒体对周边地区的传播影响极小。特别需要正视的是，地方媒体基于"文化框架"和"历史框架"的主流叙事，现实观照少，内容老套，效果微弱（赵丽芳、亚力坤，2016）。

中亚国家的文化倾向正在从"俄罗斯化"转向"美国化"。苏联的政治体制特别是俄语因素对中亚国家具有长期持续的文化影响力，不过近年来，这种优势也在逐渐消减，源自美国的互联网大众文化后来居上，直接对年轻一代发挥影响。西方文化不仅在逐渐消解俄罗斯文化的统治地位，对其他文化的进入也形成了屏障。

对波兰学者的访谈（杨颖，2017）也印证了这样的事实：无论是对"一带一路"沿线国家的传播实践，还是对这些国家的文化研究，中国都很不发达。特别是，总体而言，中国对中东欧国家的文化了解十分有限。

参考文献

常江、任海龙（Chang, Jiang & Ren Hailong）, How native cultural values influence African journalists' perceptions of China: in-depth interviews with journalists of Baganda descent in Uganda, In *Chinese Journal of Communication*, 2016, 9 (2): 189-205.

郭镇之、梁悦悦、李亚东：《中国影视作品在东非的数字化传播》，《电视研究》2017年第1期。

郭镇之：《文化认同与国际传播——对话香港城市大学媒体与传播系副主任、副教授何舟》，《南方电视学刊》2015年第4期。

郭镇之、吴玫：《中西文化交汇的起点——澳门地区历史与中外交流》，《全球传媒评论》2015年第9期。

梁悦悦：《华语电视在马来西亚：市场竞争与社会整合》（2014a），《东南亚研究》2014年第4期。

梁悦悦：《中国电视剧在菲律宾：播出历史与现状》，《电视研究》2011年第9期。

梁悦悦：《中国电视剧在泰国：现状与探讨》，《电视研究》2013年第1期。

刘健：《中国电视剧在越南的传播研究》，博士学位论文，清华大学，2017年。

申惠善：《韩国文化产业政策及韩流发展状况》，手稿，2018年。

盛夏：《电视剧〈深夜食堂〉中日本文化的传播》（2016a），《青年记者》2016年第2期。

盛夏：《韩国纪录片〈超级中国〉中的中国形象研究》（2016b），硕士学位论文，清华大学，2016年。

吴玫、梁韵：《对外活动品牌的构建：中国—东盟博览会的符号聚合与复诵》，转引自胡正荣、李继东、姬德强主编《中国国际传播发展报告（2015）》，社会科学文献出版社2015年版。

吴玫、杨姣：《云南对东南亚媒介交流的幻想主题和幻想类型分析——以〈云南信息报〉对越、泰、缅的报道为例》，《广西大学学报》（哲学社会科学版）2014年第36卷第2期。

吴玫、叶琳：《根植在大马的土地上：马来西亚华文媒体人的口述故事》，《全球传媒学刊》2015年第2期。

吴玫、赵莹：《世界休闲之都——澳门媒体形象中非博彩元素符号研究》，《澳门研究》2018年第2期。

吴玫、朱文博：《符号策略与对外传播——一个基于主题分析法的案例》，《对外传播》2017年第6期。

杨丽芳、郭镇之、杨颖：《跨宗教纷争的新闻报道：马来西亚中文报纸、英文报纸和马来语报纸的框架设置》，《新闻与传播评论》2016年。

杨丽芳：《中华文化在马来西亚的传播——中文教育和华文报纸扮演的角色》，丁晓利译，《国际传播》2017年第2期。

杨颖：《旁观中国：波兰教授 Bogdan Goralczyk 访谈录》，《对外传播》2017年第2期。

张渤：《新加坡华语电视传播生态研究——多元文化主义视域下的文本生产与受众解读》，博士学位论文，中国传媒大学，2017年。

章蓉：《从引进知识到输出形象：日本近代的对外文化交流》，手稿，2018年。

赵丽芳、古力米拉·亚力坤：《新疆媒体对中亚的传播策略分析》，《当代传播》2016年第2期。

日本近代的对外文化交流[*]

近代史中，日本是唯一摆脱了殖民地命运，并且成长为与欧美"列强"比肩的亚洲发达国家。虽然面积和人口数目都不大，日本却曾经长期维持了作为仅次于美国的世界第二大经济体的地位，直到2010年才被中国赶超。日本是一个非常善于学习的国家，在上千年的历史中，它努力学习中华文明，近几个世纪又积极吸收西方文化。20世纪后叶以来日本的制造业享誉全球，近年来它的电子游戏、动漫、电视剧、音乐、饮食等文化输出也备受瞩目。本文主要从文化交流的角度来梳理日本以近代为中心的对外交往史，以期对我国的对外文化传播有所借鉴。

第一节　近代以前的对外交流：千年向中国学习的时代

近代以前1000多年的时间里，中国都是日本的老师。日语中现在仍使用的汉字就是在5世纪前后经由朝鲜半岛最早进入日本的。远自日本的奈良、平安时代（8—12世纪）甚至更早的推古王朝，日本就派遣了大量被称作"遣隋使""遣唐使"的留学生向中国学习先进的制度和文化。当时的日本留学生向往先进文明，冒着生命危险渡过东海来到大陆，留下许多日本家喻户晓的故事。

唐代的中日文化交流可谓辉煌。阿倍仲麻吕（中文名"晁衡"）、吉备真备等遣唐使/留学生的名字人们至今耳熟能详，阿倍仲麻吕和李白的友情也是

---

[*] 本文是章蓉（日本东京大学社会情报学博士、日本《朝日新闻》记者和东京大学客座研究员）应邀专为本项目撰写的资料文稿。经郭镇之编辑，章蓉审定。

·204·

流传颇广。鉴真和尚东渡帮助日本建立佛教律宗的历史更是尽人皆知。此外，日本通过和唐朝的交流，不仅学习了中国的大量文化知识和规章制度，还通过中国接触并了解到印度、西域甚至更加遥远的波斯文化。如今珍藏在奈良正仓院的一件件日本"国宝"见证了当时的这段交流史。这种努力向中国学习的姿态，直至镰仓时代（12—14世纪）还以"留学僧"的方式延续。从学问到政治制度乃至日常生活，中国都对日本产生了深远的影响。

可以说，当时日本与中国是"学生"和"师父"的关系。这样的关系，历经室町时代（14—16世纪），即使是在江户幕府时代（16—19世纪）日本采取锁国政策之后，仍然通过唯一的对外通关口岸——长崎的出岛得以延续。也就是说，直到明治维新之前，中国从思想、文学、制度、衣食住行等方方面面依然对日本有较大的影响。故而，近代以前日本长期保持对中国的尊敬，这样的师徒关系的精神立场保持到了19世纪中期。

第二节　江户幕府锁国时期的"兰学"

随着近代西方文明的发展，除了向中国学习，日本在"汉学"之外还兴起了"兰学"。17—18世纪的荷兰，可以说是当时欧洲最为富裕而且科技发达的国家之一。"兰学"指的主要是在江户时代由荷兰人传入日本的文化、科学、技术的总称。字面上可以解释为来自荷兰的学问，广义上也泛指来自西洋的科学文化知识。

江户时代，德川幕府为了防止西方基督教的传播，将葡萄牙等西方国家定义为"南蛮"，并且限制相关人员的出入。德川幕府为了更好地控制海外贸易，1633年颁布"第一次锁国令"，并于1635年开始将外国船只的入港还有海外贸易仅局限于长崎一地，当时除了和"琉球""中国（明朝和清朝）"以及荷兰的贸易，其他所有的货物和人员的进出都被禁绝，日本人的海外旅行和归国也被禁止。这就是江户幕府的"锁国政策"。

荷兰商人在长崎行动也受到严格的限制，不过他们还是从幕府那里获得了在日经商的许可。通过荷兰人，日本人开始了解西方的工业革命和科学革命的知识，数千部关于兰学的刊物得以出版。当时的兰学主要包括医学、物理学、电学等。1838年，日本医生绪方洪庵在大阪成立了一所兰学学校，一般被称为"适塾"（正式名称为"适适斋塾"，来自绪方洪庵的号"适适斋"），日本近代著名的启蒙思想家福泽谕吉（1835—1901）就是该塾的毕业生。

在江户幕府的锁国政策实施期间（1633[①]—1853），兰学对日本学习了解西方的科技和医学起到了相当大的作用，奠定了日本早期的科学根基，对于1854年日本开国之后能够迅速推行近代化做了重要的准备。

第三节　从被迫到主动：融入欧美文明的幕府末期和明治初期

19世纪中后期是日本迅速推进近代化的重要阶段。其间，对于学习欧美文化和开展对外交流，日本政府经历了从"被动"到"主动"的转换。

由于日本是四面环海的岛国，幕府的锁国政策在长时间内确实得到了较为有效的实施。不过随着时代的发展，锁国状态也越来越难以为继。1853年7月，美国海军准将马休·佩里率领"黑船"（近代铁甲黑色军舰）抵达日本，用武力逼迫德川幕府开港，在第二年得以实现。除了美国之外，俄罗斯从北方海域，英国、法国、德国等列强从南方海域也逐渐接近日本。在这个阶段日本和西方列强签订了不少"不平等条约"，这种情况直至明治维新以后才得以逐渐改善。

1868年，日本政府颁布了"王政复古大号令"，自此开始"明治维新"。日本为了废除和西方列强签订的那些不平等条约，提出了"富国强兵"和"殖产兴业"等政策，从器物、建筑、服饰、饮食、礼仪等多方面导入西方文化，表现出了急于融入西方世界的姿态。其中不乏类似福泽谕吉所提出的"脱亚入欧"的思想。这个期间日本的对外交流大体可以来梳理为"人员交流"、"进口书籍"、"欧化政策"和"知日外国人"等方面。

---

① 也有资料认为1612年江户幕府颁布"禁教令"是锁国体制的开始。

一　日本的人员对外交流

从江户时代末期到明治维新这个阶段的对外交流，在政府层面的人员交流主要体现在以下三个方面。

第一个方面是派遣"遣外使节团"。遣外使节团可以追溯到江户时代末期，当时为了直接学习西方的先进文化和文明，德川幕府从1860年就开启了向欧美派遣使节团的先例。从1860年至1868年的9年中，幕府大大小小共派遣了7个使节团。其后，明治政府又先后派遣了8个使节团，总共有300余人出国考察，了解欧美的文化、制度（松村正义，1996：26-33）。1871年，明治政府的"特命全权大使"岩仓具视，以及政府重要官员木户孝允、大久保利通、伊藤博文等组成的大型使团，带着50多名留学生，从横滨出访欧美诸国。其成员之一的久米邦武在《特命全权大使米欧回览实记》中，记载了当时日本所面临的较为困难的国际环境，阐述了其所理解的国家间的相互关系，并对欧洲和日本的风景和文化进行了比较。通过这些实际考察，日本进一步认识到引进欧美先进文明的必要性。日本所需要的不是被动地等待被"近代化"，而是积极地学习和吸收，切切实实地取长补短。岩仓使节团的出访虽然没能修改日本和西方国家签订的不平等条约，但是明治政府高官得以实地接触西方的文化和制度，并引此为借鉴，认识到发展工商业是使国家富强的根本途径，同时必须改革日本的旧有制度，健全法制，移风易俗，改革教育，重视培养人才，等等。此次考察也促进了日本与欧美各国交流关系的建立。

第二个方面是派遣留学生。自1858年日本与美国达成了"日美修好通商条约"之后，日本和荷兰、英国、法国、葡萄牙、普鲁士（德国）等国也陆续签订了类似条约，日本对外交流和贸易的范围逐渐扩大，但当时只是面向外国人的"开国措施"，日本人仍然没有出国的自由，以致幕府时期出现过日本学者为了留学而发生的"秘航"（偷渡）事件。不过，到了幕府后期，幕府开始向外派遣留学生，据记载其间共有46名留学生前往荷兰、英国等地留学。随着1868年明治政府的诞生，在"出国"正式解禁后之后，日本留学生数量急剧增加。

不过私费留学生和公费留学生之间还是有一定差别的。明治前期，公费留学生主要前往以德国为中心的欧洲留学，而去美国留学的则主要是自费留学生。1875—1897年，日本政府以"文部省派遣"的名义送出的留学生，去德国的有104人，英国35人，法国30人，美国28人，比利时和意大利各3人，荷兰和俄国各1人（石附实，1992：268）。从这个数据可以看出，德国是日本公费留学的首选之地。就学习专业技能来讲，当时欧洲是日本最佳的留学选择，尤其是科技发达、思想家辈出、同样采取富国强兵政策的德国。最初日本大量学习了德国的医学知识，随后不仅是医学这样的自然科学，德国的人文、社会科学也对日本造成了巨大影响。私费留学则以英美为主，其中去美国的人数最多。留学美国的日本留学生最多的理由大体有以下几个。1）当时的新兴国家美国是地理上距离日本最近的西方国家。2）美国是打破日本锁国状态的国家，和江户幕府最初建立了外交关系。对日本的遣美使节团，美国政府和民间都表现得比较热情。3）美国人在日本的基督教传教比较成功，因此对日本的教育和医疗有较大影响，这也为日本留学生去美国留学奠定了一定基础（松村正义，1996：37）。和欧洲列国相比，当时的美国在学术方面还没有那么高度的专业化、细分化，故而有利于日本在起步阶段最大限度地吸收近代理论。在去欧洲国家学习高难度的专门知识之前，先去美国学习基础知识不失为一个好的学习方式。

这些留学生中出现了不少后来对日本各行各业起到巨大作用的人物。包括大正、昭和时代日本产业界的领袖——涩泽荣一，作为庆应义塾创办人对近代日本的教育、思想和言论都有极大影响的福泽谕吉，还有津田塾的创办人津田梅子，等等，都是当年的留学生。

第三方面是直接聘请"外国人顾问"。通过派遣留学生当然可以习得西方的先进文化和文明，但是留学生的学习和成长需要时间，想要通过留学生来实现近代化需要较为长期的过程。为了迅速实现近代化，日本明治政府还通过聘请英、美、法、德等国的外国人顾问，更为快速有效地引进当时西方的先进技术和文化。

聘请洋顾问最早也可以追溯到幕府末期，当时一些法国的陆军士官和英国的海军士官受聘来教授英语和法语等科目。伴随明治维新，以"殖产兴业"为目的，为了更快地引进欧洲的产业技术，更多工程技术方面的外国顾问被聘请到日本，前后总数有 3000 多人。当时由于日本属于偏远的远东小国，为了能够吸引到拥有一流技术和相关知识的专家，日本政府开出了相当丰厚的薪资。据统计，外国人顾问的工资水平为一般日本官员的 5—10 倍。外国人顾问带来的先进技术包括造币、学术教育、法律、金融、外交、医学、建筑、交通、艺术等各个方面。而且雇用外国顾问的机构也从政府官方，逐渐渗透到了民间企业甚至个人。虽然其间难免有一些鱼目混珠者，但总体来说，外国人顾问对日本的近代化的确起到了重要的推动作用（梅溪升，2007）。

二 进口翻译西方书报

为了进一步学习海外，除了人员交流，日本还进口了丰富的西方书籍并进行了大量翻译。如前所述，日本接触西方，最早是通过长崎出岛学习到的"兰学"。随着明治维新之后与西方交流的扩大，英文书籍逐渐成了主流。曾经有一段时间日本甚至有人提出废除日语、全面引进英语、日语全部改为罗马字等建议。不过这些提法毕竟不大现实，翻译来自西方的书籍成为非常重要的向西方学习的手段。

幸而日本已经有了 1000 多年学习汉文典籍的基础，再加上"兰学"学者翻译荷兰语著作的经验，所以翻译英、法、德、俄等诸多语言对日本翻译家来说也并非难事。明治时期因为举起了"文明开化"这样一面大的旗帜，大量西洋书书籍的进口和翻译成了可能。

除了科学技术方面的著作，当时日本也非常关心国际法、法律法学方面的内容，相关著作得到了大量翻译。此外，也翻译了和政治社会相关的书籍。

在翻译书籍之外，"翻译新闻"（即"翻译报纸"）也出现了。幕府时期设立的"蕃书调所"不仅翻译了大量的书籍，也翻译了大量在亚洲殖民地出版的西方列强的报纸。1862 年，通过翻译在爪哇出版的荷兰语的杂志促使日语最早的报纸《官板 Batabiya 新闻》的出版，促进了日本近代新闻理念的萌芽。不过日本出现最早的报纸是英文报纸，1861 年于长崎印刷的《长崎航运清单和广告主报》（The Nagasaki Shipping List and Advertiser），每周 2 次定期出版。

三　明治时期的欧化现象

日本在江户幕府时代和欧美列强签署了大量不平等条约。在 1868 年开始明治维新之后，日本政府就急于着手去废除这些不平等条约。为此，需要显示自己已经成为与西方国家同样"文明开化"的国家。当然其道路也是不平坦的。为了急于表明自己的近代化成果，明治时期的日本采取了较为激进的欧化政策，并产生了显著的欧化现象。

从明治时期开始，日本对西方科学技术和文化艺术（包括美术、音乐、戏剧）各方面都全面包容、吸收，而且，基督教传教士也得到了正式的允许。西洋的文化、物品大量流入日本，日本人的生活和文化迅速地模仿"洋风"。1871 年（明治四年），男性剪短头发（断发）、穿制服开始成为潮流。在皇宫里面，明治天皇率先身着洋服、使用椅子，并且饮用牛奶，食用肉类。这导致日本官员和普通民众纷纷效仿，各类西餐（洋食）店逐渐普及开来。

在东京，由以英国设计师设计的西洋式两层建筑为主的"银座大道"成了首都繁华大道的典范。这个阶段，欧化政策的具体象征主要有两个。第一个是 1883 年在东京日比谷完成的"鹿鸣馆"。鹿鸣馆的名字来源于中国的《诗经》中的"呦呦鹿鸣，食野之苹"，顾名思义是主要用来招待国宾和外国外交官的场所。其设计师是英国人，是个总面积达到 14500 平方米的两层砖瓦建筑，当时总工费高达 18 万日元（相当于现在的 40 亿日元，约 2.4 亿人民币）。日本的贵族和高管等各界名流在鹿鸣馆举办了大量西洋式的晚宴和舞会。通过鹿鸣馆，日本政府急于向西方展示自己的近代化成果，以期摆脱不平等条约。但是过于急功近利，不少西方礼仪似是而非，和日常生活脱节严重，在当时就多被诟病。以鹿鸣馆为中心推行的外交被称作"鹿鸣馆外交"，这个时期也被称作"鹿鸣馆时代"，成为极端欧化政策的象征。

另一个就是现在仍然耸立在东京市内的"帝国饭店"，创立人之一就是日本财界的重量级人物涩谷荣一。帝国饭店竣工于 1890 年，作为近代日本的"迎宾馆"最初主要也是用来招待外国宾客的，地址就在鹿鸣馆的旁边。其设计师是从德国留学归来的年轻建筑师渡边让，虽然主要外观都是西洋风格的，但是内部的部分装修加入了一些日本元素。帝国饭店至今仍是日本最高级的酒店之一。

四 "知日外国人"的对外介绍

除了以上日本政府有心为之的对外交流，无心插柳柳成荫的对外交流也不可忽视，这就是所谓"知日外国人"向海外对日本的介绍。"知日外国人"是那些以种种原因来到日本并对日本有一定了解的外国人，他们将当时的日本国情介绍到海外，特别是介绍到了欧美各国。

最早的知日外国人可以追溯到早期的西洋传教士们。16世纪后期到17世纪初期被称为"切支丹（日语"天主教"）的世纪"，当时葡萄牙传教士从日本向本国传回了大量的报告书。其中《耶稣会士日本通信》，特别是1563年传教士弗洛伊斯（Luis Frois）撰写的关于日本安土、桃山时代的报告书《日本史》等颇为著名。其中大部分资料虽然是圣职者的公式报告书，但是具有非常独到的外来者观察视点，包含了大量关于当时日本社会情况的各种生动信息。

此后江户幕府奉行锁国政策，但是，以长崎一带为中心，还是有一些外国人在活动。比如说留下大量日记的荷兰商馆长。一些伪造荷兰国籍的德国医生以及瑞典植物学者，借着"上京"（去东京）的机会，也对当时在江户等地的所见所闻进行了忠实的记载。其中最为有名的，当属被誉为"出岛三学者"的三位外国学者对日本的介绍。

第一位是德国医生Engelbert Kaempfer，他所著写的《日本志》（英译版1727年出版、德文版1777年出版），面向欧洲对日本做了比较系统的介绍。第二位是瑞典人Carl Peter Thunberg，他在滞留日本的一年中写出了《日本植物志》（1784年出版），对于日本的植物学和兰学，以及西方对日本的理解和东方学的发展都作出了贡献。第三位是在日本享有盛名的德国医生兼博物学家Philipp Franz Balthasar von Siebold，他数次来日，著有《日本》（1832—1854年出版）一书，对西方的"日本学"发展具有较大贡献。

除了这些早期的学者，到了江户幕府后期和明治时期，各国外交官也都有手记流传，客观上起到了宣传日本的作用。

比如美国、俄国和英国外交官的手记。从1853年到1854年两次访日的美国的佩里准将在其1855年出版的著作《佩里提督日本远征记》（Narrative of the Expedition of An American Squadron to the China and Japan etc.）中详细介绍了日本。佩里的介绍使得当时许多欧美人觉得日本是"谜一样神秘的国度"，吸引了大量的外国旅行者到访日本。他们进而对这个初次得见的东洋国度进行了方方面面的描绘并出版了相关书籍。此外，首任美国驻日领事 Townsend Harris 的著作《日本滞在记》（The complete Journal of Townsend Harris，1856年），随俄国军舰访日的俄国作家 Ivan Alexandrovich Goncharov 的《日本渡行记》（1858年）也是其中的代表，成为西方了解日本的重要资料。从幕府末期到明治初期，英国首任驻日公使 Sir Rutherford Alcock 写的《大君的都》（The Capital of the Tycoon，1863年），以及他的后任，日语也非常出色的 Sir Ernest Mason Satow 所著的《一个外交官所看到的明治维新》（A Diplomat in Japan，1921年）也是非常重要的著作。

这些外交官之外，在日本的外国人顾问和外国记者们也起到了重要的作用。其中最著名当属以小泉八云之名在日本享有崇高知名度的 Lafcadio Hearn（1850—1904）了。他出生于希腊，后来到美国成为一名记者。1884年因为在新奥尔良世界博览会上看到日本的展品，而开始对日本抱有兴趣，并和日本文部省的官员熟识起来。1890年他来到日本并在岛根县松江担任中学老师，随后和当地的女性小泉节子结婚，1894年成为神户一家报纸的评论记者，并于1896年加入日本国籍，后改名小泉八云，在东京帝国大学文科大学教授英文学。小泉八云的十几本关于日本的著作都在美国出版，代表作是《不为所知的日本的面影》（Glimpses of Unfamiliar Japan，1894年）。小泉在其著作中对日本人的精神生活、宗教、迷信、想法还有言行背后所蕴藏的隐意都进行了探究。小泉八云的观察细致入微，观点独到，虽然时隔一个多世纪，他的作品直至今日依然为世人所津津乐道。

这些外籍人士的著作，还有一些外国传教士、实业家关于在日本见闻的出版和讲演，使日本的情况得以向海外广泛传播。应该说，这些由外国人进行的"传播"效果要比日本人以日本人的感觉对外传播的效果要更好。新堀通也的《知日家的诞生》一书中对他们有如下评价。"如果要让外国人更好地理解日本，那么最为有效、有力的莫过于知日家们了。他们和日本人相比，毋庸讳言，天然具有语言的优势和独特的沟通渠道。而且对于日本，知日家们也深谙认知上的差距，容易获得本国人民的信任。他们充分利用自己的有利立场，向本国人民传递关于日本的知识，并且对对日舆论和对日政策产生影响。不仅如此，他们也还向日本人介绍自己国家民众的对日感情和对日理解，告诉日本人自己也尚未察觉的日本的长处和短处。他们甚至也加深了日本人对日本的了解。故而他们是真的难得的朋友，是卓越的翻译家，也是无比的忠告者。他们是真正的跨越不同文化的'桥梁'"（新堀通也，1985：5）。

第四节　与中国"师徒关系"的立场逆转

前文讲到，日本在上千年里都是中国的学生，直到近代"师徒关系"才发生了转变。1894—1895 年的中日甲午战争，中国战败，导致日本对中国的看法发生了极大的变化。日本人开始在军事、外交、政治、经济甚至文化等各个方面骄傲起来。

当时的清政府也开始认识到甲午战争中国战败的原因是近代化的延迟；日本近代化成功的理由在于重视教育，故而于 1896 年向日本派遣了 13 位留学生。至此，千百年来师徒关系的立场终于发生了逆转。当时清政府向日本派遣留学生的目的也是学习西方的先进文化，而之所以选择日本作为学习近代化的对象，日本学者松村正义认为有以下几个理由。

1）前往欧洲学习，费时费力。日本已经在学习西方的道路上先走了一段，向日本学习更利于去芜存菁，提高效率。2）日本和中国同属使用汉字的国家，语言障碍较小，方便学习。3）日中两国风俗习惯有很多相似之处，对中国留学生来说生活便利。4）地理上接近，方便中国留学生的到来。5）相对欧美，日本留学的费用更为低廉（松村正义，1996：112 - 113）。这些理由也可以解释在近年新一轮的出国潮中许多中国自费留学生为何选择日本。

另外，为了废除和西方列强的不平等条约，日本也在"对外宣传"方面作出了很多努力。前面提到，1861 年在长崎诞生了日本最早的英文报纸，随后在横滨等城市的"外国人居留地"里也开始发行各类的外文报纸。由于不平等条约的存在,在这些居留地里外国人享有治外法权,故而不受日本政府的限制,可以进行相当自由的报道。这些报纸屡屡刊登一些并不符合日本政府心意的文章,时不时揭露一些政府的机密,甚至能够影响日本内阁的命运。这些外语报纸根本上反映的是在居留地的外国人利益,立场上倾向于维护不平等条约,因此有强调日本在各个方面的后进性的倾向。另外,这些外语报纸的发行并不仅仅局限于外国人居留地,很多还被送到本国,使其成为对日不利印象的信息源头之一。

为了消除不利影响并更好宣传"近代化"成果的正面形象,日本政府主要采取了两种对策。一种是秘密收买这些外语报纸,让他们替日本政府说好话。另一种是独自发行日本政府的外语报纸,作为宣传广告的工具,抢夺舆论市场。前者的代表案例是,报纸 *Japan Mail* 的主编英国人 W. G. Howell 接受了日本政府每年 5000 日元的援助金和 468 日元的邮费,向欧美诸国发送 500 份报纸。后者的代表是日本人自己的英文报纸 *The Japan Times*,于 1897 年创刊。

这些报刊对于展示日本的近代化成果和文明形象起到了一定的积极作用。不过当时摆在日本面前的还有一个难题,就是"黄祸论"(the Yellow Peril)。在黄祸论里,日本本身的威胁是一方面,还有一种看法就是日本和中国联合起来形成的"黄色人种联盟"会对西方造成威胁。这种思想是 19 世纪末到 20 世纪初,由德国皇帝威廉二世主导宣扬的。德皇威廉二世在甲午战争结束后的 1895 年就提到,诸如蒙古帝国和奥斯曼土耳其帝国对欧洲的远征,黄色人种的崛起会对欧洲文明乃至基督教文化的命运产生巨大影响,故而欧洲列强必须对黄色人种的兴盛加以压制和抵抗。黄祸论即为对黄色人种的"压制论"。威廉二世还对俄罗斯皇帝尼古拉二世表示,俄国在地理上起着阻止黄祸的前卫作用,为此德国会不吝其力,提供最大的支援。日本也对此作出了应对。特别是在日俄战争之前,为了赢得舆论,日本派出了英文出色的官员,分别前往美国和欧洲进行游说,强调传统友谊而非黄祸。此外,当时的驻外公使馆和民间人士也都积极进行了宣传活动(松村,1996:144-157)。

日本作为非欧美国家获得近代化的成功,又在中日甲午战争、日俄战争中接连取得胜利,都令以实力论成败的世界对日本刮目相看。虽然欧美看日本还是有一定的猎奇心态，也容易给日本贴标签，不过日本的对外宣传应该说是取得了不小的效果——西方对日本的印象中总体来说还是积极成分居多。

第五节　二战后日本的对外交往

在第二次世界大战中，日本输掉了战争，战后因军事上依赖美国而成为"非正常国家"。不过与此同时，日本专注发展经济，经济腾飞取得了瞩目的成就，在很长一段时间内保持了世界第二大经济体的位置。

在经济发展的同时，日本也具备了一定的对外文化输出能力，海外的日语教育得到一定的推广。据日本国际交流基金在2017年公布的统计结果显示，日本之外在正规的教育机构学习日语的人超过了365万。此外，日本通过官方开发援助机构ODA（Official Development Assistance）、国际交流基金、国际协力机构JICA（Japan International Cooperation Agency）等政府、非政府组织积极开展对外经济文化交流，力图建立良好的国际形象。1964年召开的东京奥运会也被认为是日本展现战后重建成果，作为发达国家重新回归国际社会的一个标志。

应该说日本的努力还是取得了一定成果的，甚至使日本成为亚洲文化的代表。比如说，围棋在英语中不是中文发音的"Weiqi"而是源自日语的「碁」（Go），就很能体现日本近现代以来对外文化交流的成效。根据加藤秀俊等人编纂的《成为外语的日语事典》一书，对围棋在西方的传播可以梳理出如下脉络。

围棋在17世纪已经传入了欧洲。据说最早向西方介绍围棋的是意大利人Mattheus，他于1615年在《基督教徒的中国旅行》一书中提到了围棋。这时提到的围棋，都是和中国相关的。而最初将围棋作为「碁」（Go）传到欧洲的是德国人Korschelt Oscar，一位明治政府邀请的德国技师。他从日本回国后在1880年8月的《德国东方学会》杂志中介绍了「碁」（Go）。其后，将碁（Go，I-go）一词加上社会评价，一并介绍给欧洲社会的是英国语言学者Basil Hall Chamberlain，他曾受聘到东京帝国大学工作，归国后于1890年出版的

《日本事物志》中就介绍了"碁"。1895 年美国的民俗学者 Stewart Culin 在《东洋的游戏,朝鲜、中国、日本》中提到了围棋,促进了围棋在美国的认知。此后欧美诸国的围棋爱好者开始逐渐增加,其背后主要依靠日本留学生,以及报社等媒体的记者在普及宣传上的努力。二战后,围棋(Go)和将棋(Shogi,日本象棋)都在欧美获得了固定地位。特别是 20 世纪 60 年代以后日本积极推进了普及运动,在各国都创立了围棋和日本象棋的俱乐部(加藤、熊仓,1999:65 – 68)。围棋不是"weiqi"而以"Go"在国际上取得的地位,是日本对外文化传播成功的一个例子,也是一个缩影。除此之外,漆器、盆景等源于中国而又被外国人误认为是日本文化精髓的例子不在少数。

本文从文化交流的角度简要回顾了日本近代的对外开放史,着重对于江户幕府后期和明治维新这一段进行了分析和介绍。近年来,以日剧、音乐、动漫、角色扮演(cosplay)、电子游戏、"萌文化、宅文化"等为代表的日本文化不仅风靡东亚,更是已经走向世界。对于此现象的论述,在国内已经存在很多,这里就不再赘述。总体来说,日本政府在文化方面的对外交流和对外传播并不像韩国(韩流)那么积极,但是效果却不错,或许这可以说明一个道理:只要向外学习的渠道是畅通的,那么对外输出的渠道也必然存在。

参考文献

Chamberlain, Basil Hall:《日本事物志》(日语),高梨健吉译,东京:平凡社 1895 年版。

Kaempfer, E.:《日本志:日本的历史和纪行》(日语),今井正译,东京:霞关出版 2001 年版。

加藤秀俊、熊仓功夫编:《成为外语的日语事典》(日语),东京:岩波书店 1999 年版。

梅溪升:《外国人顾问——明治日本的配角们》(日语),东京:讲谈社学术文库 2007 年版。

犬塚孝明:《明治外交官物语:鹿鸣馆的时代》(日语),东京:吉川弘文馆 2009 年版。

石附实:《近代日本的海外留学史》(日语),东京:中央公论社 1992 年版。

松村正义:《国际交流史 近现代的日本》(日语),东京:地人馆 1996 年版。

松村正义:《新版国际交流史》(日语),东京:地人馆 2002 年版。

新编森克己著作集编集委员会:《新编森克己著作集 第 5 卷 古代—近代日本的对外交流》(日语),东京:勉诚出版 2015 年版。

新堀通也监修:《知日家的诞生》(日语),东京:东信堂 1985 年版。

中华文化在马来西亚的传播*

海外华人散居在多民族、多语言、多宗教、多文化的东南亚地区,除了受来源于中国的文化影响之外,还受到东南亚其他各种文化的影响。这些文化影响包括来自母语国家的多样化融合性社会价值观及规范;欧洲殖民主义的历史遗存;所在国的公民、政治、经济和社会问题,以及由于全球化的渗透,海外华人适应和接纳的西方价值观(Bolt,2000;Stuart,2003;Suryadinata,2007)。

多样的文化力量塑造着海外华人的当代文化。本文将重点放在现有文献研究中对当代马来西亚华人的认识,重点讨论马来西亚华人的文化、马来西亚的中文教育以及在一个多元文化国家中大众媒体的作用。

第一节 当代马来西亚华人

华人是马来西亚最重要的少数族群。作为前英国殖民地,马来西亚目前拥有3020万人,其中包括人口占明显优势的马来人(68.2%),以及华人(24.6%)、印度人(6.4%)和其他人(0.8%)[①](马来西亚统计局,2014)。

马来西亚华人对维护和传播他们的文化并维护自己的族群身份有强烈的愿望。部分原因是马来西亚华人对于他们的祖先源自中国,他们与伟大、古

---

* 本文原标题是《中华文化在马来西亚的传播:中文教育和华文媒体的角色》,发表在《国际传播》2017年第2期(上),作者:杨丽芳,翻译:丁晓利。译文经郭镇之审定,加入本书时再度进行了删减和编辑。

① "Department of Statistics Malaysia", http://www.statistics.gov.my/main/main.php. Accessed on March 19, 2015.

老又传统的民族有联系而引以为豪；部分原因是马来西亚政府对于土著马来文化极为重视，并将其视为国家文化的核心（Tan, Thock, Ngah and Goh, 2012）。需要特别指出的是，尽管东南亚其他地区（如泰国、印度尼西亚和菲律宾）的华人用当地的名字，说当地的语言，但是马来西亚华人却仍然保留中国本土的名字，说自己的母语（Asma and Petersen, 2003）。

然而，另一方面，据 Nonini（1997）指出，当今的马来西亚华人又认为，他们自己既不属于中国，也不想返回中国。他们认为自己的族裔虽然是华人，然而生活在马来西亚，并且属于马来西亚。尽管根据马来西亚官方的种族划分，他们属于非土著，但是马来西亚是他们的家园，他们认同自己的马来西亚公民身份。而且，Lee（2007）还指出，年轻一代的马来西亚华人并没有清楚地理解他们的中华根源并认同中华文化。目前马来西亚华人中比较流行的一种现代观点是：他们认为自己主要的思维和行为方式是西方化的。

此外，马来西亚华人根据互相难以理解和沟通的语言，又把自己分为至少五个文化群体，这些语言包括闽南语、粤语、潮汕话、海南话和客家语。虽然这些不同地方的语言都来自中国，但是它们都已经适应了马来西亚当地的文化，例如，这些语言已经吸收了当地的词汇、来自马来语的民间概念以及来自英语的某些词语。

马来西亚华人也可以被分为受华语教育和英语教育两种。前者主要来自一些较小的城镇，他们选择传统的中文学校课程，儒家思想的观点在受中文教育的马来西亚华人中比较普遍。受中文教育的马来西亚华人可以阅读并理解英文；但是大多数受英文教育的华人不能读懂中文。虽然这些受英文教育的华人仍然将儒家思想作为自己的核心价值观，但是与受中文教育的华人相比，这些华人对中国的历史、信仰、习俗和节日等表现出相对较少的兴趣。在马来西亚，受华语教育的华人是捍卫中文的斗士和中华文化的保护者，他们有时也因此被人贴上中文"极端派"的标签。相反地，人们对受英文教育的华人的一个主要抱怨，就是他们缺少对中华文化的忠诚度（Asma and Pedersen, 2003）。

两个受英文教育的华人在日常社会交往中使用英语进行交流是非常正常的。但是在来自中国大陆、香港、台湾的同胞看来，这种现象却很奇怪。大多数马来西亚华人通过正规学习、非正式谈话，或者从来自香港或台湾的电影、流行歌曲那里，已经基本上可以理解汉语。但在20世纪70年代晚期，英语学校被取消，取而代之的是马来西亚语学校，授课由英语改为马来西亚语①。对于年轻一代的马来西亚华人来说，他们之间或是与来自其他族裔的朋友讲混杂着华语普通话、广东话、英语和马来语的语言，是很普遍的现象。Asma and Petersen（2003）认为，这正是令外国人惊叹华人语言学习能力的地方。但是，许多马来西亚华人或者马来西亚人只会讲一种总体上"断断续续的"英语，被称为马来西亚式英语（Manglish），这成为很多时候马来西亚的笑话。

第二节　马来西亚的中文教育

马来西亚华人相信"再穷也不能穷教育"，因此他们对教育相当重视和偏爱。此外，教育被认为是儒家文化的支柱，同样也是通向成功、财富、健康、幸福、和谐、财产、身份、地位和尊重的必由之路。在很小的年纪，华人家庭的孩子就被鼓励在学业上出类拔萃，作为获取经济成就和财富的筹码（Asma and Pedersen, 2003; Joseph, 2006）。因此，华人学生的刻苦是众所周知的，他们在压力下的表现也异常优异，这种压力更多时候来自内在的自我激励，而非在国家应试教育体制中其他家庭成员的督促。

相比其他东南亚国家，马来西亚的中文教育历史悠久、持续时间更长且很灵活。早期的华人定居者曾经在殖民当局不干涉中文学校建立的一段时间里建立了自己的学校。马来西亚早期的中文学校可以追溯到1815年的马六甲（Ting, 2009）。随着马来西亚的华人定居者越来越多，中文学校的数量也越来越多。在很长一段时间里，这些中文学校教授中国古典文化，就像他们祖居地方的学校一样，直到19世纪的第二个十年，这些古典中文教育才开始变化（Asma and Pedersen, 2003）。

正如Collins（2006）所写，语言是文化的基本组成部分和民族认同的重

---

① 马来西亚现代标准的马来语。

要元素。语言和教育是维持民族文化必不可少的两个手段。到了20世纪，独立系统的中文学校已经设立完备。英国殖民当局对马来西亚华人这种高水平的社群组织印象甚为深刻，于是让华人实际上不受干预地独自管理他们自己的文化事务。Kua（1999）强调，华人是通过行会和协会组织，使得整个社区都能积极参与进来，保持和推动马来西亚的华语、中文教育和文化传承的。每一年，有数以百万计的捐赠用以支持马来西亚的中文教育。中文报纸则肩负起捍卫中华文化和华人身份的使命。这些中文报纸作出规划，用以支持贫困者完成他们的学业。它们每年也会举办筹款活动，为马来西亚遍布全国的中文小学和独立学校提供捐赠渠道。在马来西亚，捍卫中文教育最有名的群体是根据名称字头为人所知的马来西亚华校董事联合会总会（董教总），董教总包括两个机构，即中文学校董事联合会和中文学校教师联合会，以院外压力集团的角色保卫以华语为媒介的中文教育，以确保后代对华人身份这一重要方面的认同。

学者（Joseph，2006；Kua，1999；Lee，2011；Ong，2007）还提出，马来西亚的中文学校从开始出现的时候就与政治密不可分了。这是因为，从殖民时代开始，社群主义就是马来西亚政治权利的商标。关于中文教育的这个方面或是那个方面的议题已经成为每一次马来西亚大选的特色。此外，一些政府的政策和法律——像1956年的拉扎克报告、1961年的《教育法案》和《新经济政策》——都威胁到马来西亚中文学校的生存。虽然总有批评说：马来西亚的中文学校阻碍民族的融合；华人却辩解道——中文教育可以丰富马来西亚的多元文化，并使其更有竞争力和经济活力（Ou，2009）。更重要的是，接受母语教育是马来西亚华人的基本权利。Kua（1999）指出，马来西亚的中文教育是马来西亚华人群体通过血汗、泪水，纯粹靠政治意愿不停地在这个国家捍卫母语教育的权利，才得以产生的。

如今，马来西亚有1280所中文小学，60所独立的中文中学，并且有两所社区经营的高等院校提供华语学习（Kua，1999）。马来西亚的华语教育体系是除了大中国区之外，在东南亚地区华人群体中最为完善的一个（Ong，2007）。

目前的马来西亚教育体系由小学、中学和高等教育机构组成。在小学阶段包括两个平行的系统，一个是国家型小学，一个是国民型小学（母语学校）。两者都由政府出资并使用国家课程设置；他们的区别只在于教学的语言。在国家型小学，使用的是官方语言马来西亚语；在国民型小学，使用的是华语（普通话）和泰米尔语。

经过六年的小学教育，学生会进入公立和私立的中学。公立中学使用的教学语言是马来西亚语；独立华语中学是自筹资金建立的私立学校，使用普通话教学。也有其他语言的私立学校，像伊斯兰宗教学校，使用的教学语言是阿拉伯语和马来西亚语，这些学校都不由政府出资。在高等院校，公立大学通过马来西亚语进行教学，而私立院校通过英语授课。无论是小学还是中学，英语教学都是强制性的。

第三节　马来西亚的媒体和多元文化

马来西亚的媒介结构很大程度上受国家多种族人口和多语种特征的影响，因而也体现出马来西亚文化的多元性。报纸用不同的语言发行，以满足主要族群的各自需求。马来西亚目前有 50 种报纸，16 种用英语，13 种用马来西亚语，19 种用中文，2 种用泰米尔语。马来文日报达到马来西亚人口的 46.5%，英文日报达到 28.7%，中文日报达到 24.1%，泰米尔日报达到 0.7%。

马来西亚的方言报纸一个最重要的特征是它们倾向于关注与各自族群有关的重大事件（Halimahton, Ngu and Raman, 2006; Mustafa, 2010）；它们也常常扮演着塑造族群政治和社会现实的角色，因为方言报纸的记者和编辑通常是这个群体的精英。不过，这些方言报纸虽然捍卫自己集团的利益，但也承担着责任，寻找解决问题的不同方法。因为马来西亚不同的种族群体被认为在生活水平和经济地位方面都存在层次的区别（Ooi, 2006）。特别重要的是，学者（Halimahtoni, Ngu and Raman, 2006; Lent, 1974; Mustafa, 2010）指出：马来西亚只有英文报纸的读者群可能跨越各种族，因此英文报纸才能够独自担任不同族群之间交流的媒介。英文报纸是被社会精英和受英文教育的读者阅读，他们大多集中在城市。

Lent（1974）的调查显示，早在 1974 年，整个亚洲的海外华人就已经意识到大众媒介对于商业贸易和政治利益诉求的重要价值。以下事实也证实了这种认识，那就是：海外华人的报纸普及率当时仅次于日本。Lent 强调说，除了中国台湾和香港之外，世界上没有任何一个国家像在马来西亚一样，中文新闻业扮演着如此重要的角色。马来西亚早期的华文报纸是有党派性质的，对中国的革命深表同情或者是关注中国在马来西亚的商业业务。华文报纸和他们的读者关系是建立在信任基础上的。今天，华文报纸建立信任的方式主要通过推广被大多数马来西亚华人所认可的中国传统道德和价值观。

随着马来西亚官方语言政策开始日益倾向马来西亚语，许多人认为，年轻一代很少有人会学习汉语了，因此，许多华文报纸的命运也在劫难逃了。但是，通过一个有趣的对比研究，Lent（1974）发现，许多华人是使用双语或多语种的，华文报纸的市场活力因而会得到延续。

至于其他马来西亚人，自 19 世纪 70 年代第一份马来文报纸创办以来，民族中心主义的种子就已经被种下了，并且一直延伸到 20 世纪。马来文报纸被用来培育民族精神，也成为一种渠道，对阻碍马来西亚发展的事件表达反对的态度。事实上，正是马来文新闻业的发展使得马来西亚政党的发展成为可能，其中最引人注意的是《马来前锋报》。此外，泰米尔新闻业也报道了印度人在棕榈油产业和其他经济部门的困境，同时捍卫印度教育，传播文学作品，充当表达政治需求的媒介（Syed Arabi，1989）。

Khattab（2006）指出，自从 1963 年以来，马来西亚国家广播电视台（RTM）就一直充当着国家的喉舌，并经常延续而且深化了不同族群之间的分歧。Khattab 认为，在马来民族统一机构（巫统，UMNO）的统治下，RTM 用一种霸权式和整体化的思想反映马来西亚的文化，并没能呈现出马来西亚内部各族群与土著族群之间的多样化差异。与此同时，她还批评，无论反抗的霸权是什么，在马来西亚媒体上一概被忽视。在很长一段时间里，少数族群的呈现一直都是缺失的。此外，Nadarajah（2004）也发现，在马来西亚少数民族普遍是未被代表的。

马来西亚的官方是由"种族三位一体"构成的，即马来人、中国人和印度人，但这是对马来西亚现实的严重歪曲。在马来西亚有超过 80 个族裔群体，包括混血人（Nadarajah，2004：4）。

第四节　马来西亚的媒介自由

马来西亚的媒介自由（更确切地说是媒介管制或者管治缺失）很长时间以来这都是学者研究的焦点，不同的视角包括建立国家的进程、威权体制下的管制、媒体产业的结构、以及电子媒介和替代性媒体的冲击作用（Holst，2012）。

马来西亚的媒体面临重重法律制约，多种多样的法律如《印刷与出版法》、《国内安全法》、《官方机密法》以及《煽动罪法》，法律允许政府对媒体施加出版前的管制、出版后的惩罚以及僭取官方信息的处罚。此外，媒体所有权由政党和与其关系密切的商界个人所有，也是威胁媒介自由的一大因素。

马来西亚前总理马哈蒂尔过去常常提倡"亚洲民主"的概念，而不提倡西方的言论自由（Abbott，2004；George，2005）。他认为，经济发展应该优先于新闻自由，并宣称，本地媒体应该在积极实施政府的发展计划、在全球化时代吸引国际资本流动和外国投资方面扮演重要角色（Wang，2001）。尽管马来西亚政府认为，为了确保经济发展的速度以及维护族群与宗教的和谐，对媒体的管控是必须的，学者们却认为，正是通过国家权力的建构，意识形态的霸权才得以建立，现状才得以维持（Hilley，2001；Wang，2001；Zaharom，2002）。

马来西亚时任总理纳吉布在2010年的一份声明中也总结了新闻媒体作为政府附属工具的作用——"为国家传递信息，引导民众拥抱和接受改变……媒体与政府之间的共生关系对于我们的未来和国家的发展具有绝对关键的作用"。在政治家看来，国家的发展等同于国民阵线的成功，领导人甚至会因国民阵线在2008年大选中失利指责私营媒体。据当时的新闻、通讯及文化部长莱士耶丁说："媒体没能传递政府的期望，导致国民阵线在大选中的糟糕表现。"在谈到与西方观念相对的马来西亚式新闻自由时，纳吉布与其前任看法一致，他重复了威权政府的普遍观点：

我一直认为，没有责任的自由根本不是自由。我相信世界媒体可以从我们马来西亚媒体学到一些教训。这可能是一些自诩为西方新闻自由监护者的人在一段时间内不能理解的。只要报道没有越过我们现有法律的框架，媒体可以自由地报道相当多的任何事情。（Holst，2012：115）

在马来西亚报业研究所的一次研讨会上，星洲传媒集团的总经理兼编辑部主任C.C.刘做了一个非常简洁而准确的观察，他把五个有关媒介的法律规定比作一个圆的周长：

　　作为新闻从业者，如果你没有胆量，那么你应该留在圆的中心，因为那里比较安全。如果一直在抱怨对新闻自由的限制，但是你却选择留在中心，那么你很难得到什么东西。事实上从外围到中心，有足够的空间。任何一个好的记者应该试着将界限往外推。在违反任何法律规定之前，我们实际上有足够的空间开展工作。（Ou，2009：127）

尽管大众媒体一直在呼唤族群之间的和谐，但是种族主义言论仍然存在，尤其是《马来西亚前锋报》，这是一份马来人报纸。作为巫统控制下的一份报纸，《前锋报》一直在制造马来人与非马来人之间的族群紧张关系（Lee，2010；Lim and Har，2008）。《前锋报》上的新闻报道和言论有一种倾向，试图将巫统在国民阵线联盟和对整个马来西亚社会的控制合法化。它也试图通过证明自己意识形态、话语、态度和政策的合法性来支持巫统的领导权。

独立新闻中心（CIJ）在2008年3—4月间开展了一项关于《前锋报》社论的研究，《前锋报》关于民族议题报道的强度、频率和偏见引起了CIJ的注意和担忧。研究发现，"马来人受到威胁、'敌人'就是非马来人代表的反对派"，类似的言论充斥于该报的新闻网页、社论以及读者来信中。

　　《马来西亚前锋报》强劲的沙文主义议程显然未受当局的控制。如果要证明所有对媒体控制的法律和规定都是为了防止煽动民族主义，那么

《马来西亚前锋报》早就应该被拖出去接受印刷与出版法和煽动罪法的起诉。相反,尽管它采取的极端马来中心主义路线迹近种族主义,但它的行为是得到鼓励的,而认为应该开放理性辩论的空间以增进不同族群之间的理解这样的温和不同意见,却被抑制了。马来人群体通过许多不同的角度确实意识到了政治方面发生了问题;但是被发现的问题却在防止"其他"观点浮出表面的新闻实践中消失了。(Yip,2008:60)

在分析马来西亚报纸关于族群冲突报道的把关过程时,Yang 和 Md. Sidin(2015)发现,亲政府党派的两家报纸(巫统创办的《马来西亚前锋报》和马华公会创办的英文《星报》)承认,所有权的性质对其把关行为有影响;政治因素是影响它们把关族群冲突报道最重要的外部因素。研究还发现,记者/编辑塑造了一种社会现实,反映他们工作于其间的政治经济和意识形态边界。更重要的是,把关还反映了主流社会规范和变革努力之间的斗争。值得注意的是,英文《星报》、中文《星洲日报》、多语种网络媒体《当今大马》并不太关注《前锋报》关于解决族群冲突的建议。所有的四家媒体对马来西亚宗教问题的报道都被政治化了,这也引起了广泛的担忧。在关于族群和宗教间冲突的分析中,Yang 和 Md. Sidin(2015)还发现,《星洲日报》在新闻报道中直言不讳对抗霸权;《星报》采取的是温和策略,而《前锋报》则力图维持现状。

Ou(2009)指出,值得注意的是,中文报纸在肩负捍卫中华文化和身份认同使命的同时,也扮演着监督马来西亚政府和推动变革者的角色:

在 21 世纪,我们仍然面临着像不公平、歧视、压迫进而发生各种不合理行为的问题。马来西亚华人在促进不同群体之间对话方面扮演着重要角色。我们认为,开展对话应该是真诚的。只有真诚,才能带来更多的理解和宽容。作为不同族群、宗教之间对话的媒介,作为监督者以及传递信息的媒介,只要情况需要,华文新闻业都将继续在自我约束的同时无畏地、公平地扮演这样的角色。(Ou,278)

· 225 ·

第五节　互联网传播

互联网的引入导致马来西亚原有的管理条例不再适用，1997年，马来西亚针对互联网宣布了一个多媒体超级走廊（Multimedia Super Corridor，MSC）方案。互联网变成了马来西亚公民在没有政府许可证的情况下用以进行大众传播的第一个媒介。获取电子邮件越来越容易，全球互联网使得政治上被剥夺权利的群体能够和志同道合者或者是同情他们的受众交流。Tang（2009）坚称，2008年大选之后人们得出一个共识，那就是：在反对派获得选民的骤然支持中，互联网对此贡献巨大。随着互联网的发展和市场需求的变化，马来西亚的报纸除了纸质版外，也不断改造他们的技术以提供在线新闻。

虽然主流媒体总有这么一个倾向，就是给有权者以特权；但另一方面，另类媒体也开始给一些弱势、边缘的群体提供好处，为其提供反映底层视角、报道一些未表达的观点的机会（Atkinson，2005）。在马来西亚的政治文化规范中，政府具有对新闻业的实际控制权，并且法律不允许记者报道一些敏感的话题，如种族和宗教。因此，独立的在线报纸《当今大马》一直因为它的独立性和勇气而备受关注。此外，关于另类媒体的研究也显示，它们常常为理性的批判话语提供空间，这对于建立一个公共领域至关重要（Atton，2009；Harcup，2003）。

有这样一种说法："有海水的地方就有中国人"。多样的文化力量塑造着海外华人的当代文化；对这些不同文化力量的欣赏是完整认识海外华人的关键。本文主要探讨了汉语教育和华文报纸在马来西亚这样一个多元文化和威权统治的国家是怎样生存下来的。相比于其他东南亚国家，马来西亚的汉语教育具有持续、悠久且富有弹性的历史。

马来西亚的媒体面对严重的立法和所有权限制。然而，马来西亚的记者和编辑们在他们受到政治经济和意识形态限制的工作中塑造了一种直抵边界的现实。华人报纸在新闻报道中大声疾呼，发出了反霸权的话语，一方面肩负着维护中华文化和身份的使命，同时还充当了监督国家和推动改革的角色。

参考文献

Abbott, J. P. , The Internet, *reformasi* and democratization in Malaysia, In E. T. Gomez (Ed.), *The State of Malaysia: Ethnicity, equity and Reform*, New York: Routledge Curzon, 2004: 79-104.

Asma Abdullah, & Pedersen, P. B. , *Understanding multicultural Malaysia: Delights, Puzzles & Irritations*, Petaling Jaya: Pearson Prentice Hall, 2003.

Atkinson, J. , "Towards an understanding of the complexities of alternative media: Portrayals of power in alternative media", *Qualitative Research Reports in Communication*, 2005, 6 (1): 77-84.

Atton, C. , "Why alternative journalism matters", *Journalism*, 2009, 10 (3): 283-285.

Bolt, P. J. , *China and Southeast Asia's Ethnic Chinese: State and Diaspora in Contemporary Asia*, New York: Praeger Publishers, 2000.

Collins, A. , "Chinese educationalists in Malaysia", *Asian Survey*, 2006, 46 (2): 298-318.

George, C. , "The Internet's political impact and the penetration/participation paradox in Malaysia and Singapore", *Media, Culture & Society*, 2005, 27 (6): 903-920.

Halimahton Shaari, Ngu, T. H. , & Raman, V. , "Covering race and religion: The Moorthy and Nyonya Tahir cases in four Malaysian newspapers", *Kajian Malaysia*, 2006, 14 (1&2): 185-201.

Harcup, T. , "'The unspoken said': The journalism of alternative media", *Journalism*, 2003, 4 (3): 356-376.

Hilley, J. , *Malaysia: Mahathirism, hegemony and the New Opposition*, London: Zed Books, 2001.

Holst, F. , *Ethnicization and Identity Construction in Malaysia*, New York: Routledge, 2012.

Joseph, C. , "Negotiating discourses of gender, ethnicity and schooling: Ways of being Malay, Chinese and Indian schoolgirls in Malaysia", *Pedagogy, Culture & Society*, 2006, 14 (1): 35-53.

Khattab, U. , "'Non' mediated images", *The International Gazette*, 2006, 68 (4): 347-361.

Kua, K. S. , *A Protean Saga: The Chinese Schools of Malaysia*, Kajang: Dong Jiao Zong Higher Learning Centre, 1999.

Lee, E. L. , "The Chinese Malaysians' selfish mentality and behaviors: Rationalizing from the native perspectives", *China Media Research*, 2007, 3 (4): 91-101.

Lee, T. H. , *Chinese Schools in Peninsular Malaysia: The Struggle for Survival*, Singapore: Institute of Southeast Asian Studies Publishing, 2011.

Lee, Y. F. , "Changes in Chinese's political involvement in Malaysia", *Pertanika Journal of Social Sciences and Humanities*, 2010, 18 (1): 11 – 21.

Lent, J. A. , Malaysian Chinese and their mass media: History and survey, *Asian Profile*, 1974, 2 (4): 2 – 19.

Lim, K. H. , & Har, W. M. , " 'Political volcano' in 12th Malaysian General Election: Makkal Sakhti (People Power) against communal politics, '3Cs' and marginalisation of Malaysian Indians", *Journal or Politics and Law*, 2008, 1 (3): 84 – 101.

Mustafa K. Anuar, "*Epilogue*", In E. G. Loo & Mustafa K. Anuar (Eds.), *Journalism in Good faith: Issues and Practices in Religion Reporting*, Shah Alam: Marshall Cavendish (Malaysia) Sdn Bhd, 2010: 196 – 201.

Nadarajah, M. , *Another Malaysia is Possible*, Kuala Lumpur: NOHD, 2004.

Nonini, D. M. , "Shifting identities, positioned imaginaries: transnational traversals and reversals by Malaysian Chinese", In A. , Ong, D. Nonini, D. (Eds.), *Ungrounded Empires: The Cultural Politics of Modern Chinese Transnationalism*, London: Routledge, 1997: 203 – 227.

Ong, P. L. , "Identity matters: Ethnic salience and perception in Malaysia", In Abdul Rahman Embong (Ed.), *Rethinking Ethnicity and Nation Building: Malaysia, Sri Lanka and Fiji in Comparative Perspective*, Kajang: Persatuan Sains Sosial Malaysia, 2007: 216 – 234.

Ooi, K. B. , "Bangsa Malaysia: Vision or spin?", in S. H. Saw & K. Kesavapany, K. (Eds.), *Malaysia Recent Trends and Challenges*, Singapore: Institute of Southeast Asian Studies, 2006: 126 – 139.

Ou, Y. C. , *Walking tall-80 years Sin Chew Daily-Journalism on Malaysian soil*, Petaling Jaya: Sin Chew Daily, 2009.

Stuart, F. M. , *A short history of China and Southeast Asia: tribute, trade and influence*, London: Allen and Unwin, 2003.

Suryadinata, L. , *Understanding the ethnic Chinese in Southeast Asia*, Singapore: Institute of Southeast Asian Studies, 2007.

Syed Arabi Idid, Malaysia, In A. Mehra (Ed.), *Press Systems in ASEAN States*, Singapore: AMIC, 1989: 41 – 56.

Tan, Y. S. , Thock, K. P. , Ngah, K. , & Goh, S. K. , Maintenance and propagation of Chinese culture in a Malay state: the roles of the Chinese associations in Kuala Terengganu, *Asian Ethnicity*, 2012, 13 (4): 441 – 467.

Tang, H. W., "The networked electorate: The Internet and the quiet democratic revolution in Malaysia and Singapore", *Journal of Information, Law & Technology*, 2009, 13 (2): 135 – 151.

Ting, H., "Malaysian history textbooks and the discourse of *ketuanan Melayu*", In D. P. S. Goh, M. Gabrielpillai, P. Holden, G. C. Khoo (Eds.), *Race and Multiculturalism in Malaysia and Singapore*, London: Routledge, 2009: 36 – 52.

Wang, L. K., "Media and democracy in Malaysia", *Javnost-The Public*, 2001, 8 (2): 67 – 87.

Yang, L. F., & Md. Sidin Ahmad Ishak, "Gatekeeping in the Coverage of Interethnic Conflicts: An Analysis of Mainstream and Alternative Newspapers in Malaysia", *Journal of the South East Asia Research Centre for Communications and Humanities*, 2015, 7 (1): 23 – 49.

Yip, W. F., "The racial bias of Utusan Malaysia", In T. C. Kee (Ed.), *March 8: The Day Malaysia Woke up*, Shah Alam: Marshall Cavendish, 2008: 56 – 61.

Zaharom Nain, "The structure of the media industry: implications for democracy", In F. K. W. Loh, & B. T. Khoo (Eds.), *Democracy in Malaysia: Discourses and Practices*, Richmond: Curzon, 2002: 139 – 154.

新加坡的多元文化与华语电视[*]

自1819年开埠以后，多元种族的存在便是新加坡逐渐形成的文化事实。作为东南亚最大的转口贸易中心，外向型经济的发展促进了新加坡与世界各地的沟通往来，多元文化主义也成为新加坡采取的政治实践与传媒实践。

第一节 新加坡的多元文化背景与大众传媒政策

一 新加坡多元文化的社会历史和政治实践

新加坡是以近代移民为主体的杂居社会，国土面积很小。截至2016年，新加坡国民总人口将近400万，其中华族占74%，马来族占14%，印度族占9%，其他族群占3%，这样的族群结构比例一直较为稳定。

在英国殖民时期，英国殖民当局实行"分而治之"的隔离政策。欧洲人占据行政和军队的重要职位；印度人大多从事服务业；华人主要从事工商业；马来人则处于最底层，主要从事农业和运输业。1965年8月9日，新加坡共和国诞生。

新加坡建国时，族群结构非常复杂。除了基督教、天主教、佛教、伊斯兰教、道教这五大宗教信仰外，还有名目繁多的多神信仰。除了华语、英语、马来语和泰米尔语之外，还有多种方言。由于华族人口占多数，新加坡文化具有浓厚的中华文化色彩，同时，马来文化根深蒂固，印度文化也有影响。

---

[*] 本文是张渤应邀为本课题提供的文献资料，由郭镇之摘编、改写。更详细的内容及文献，请查阅张渤的博士论文《新加坡华语电视传播生态研究——多元文化主义视域下的文本生产与受众解读》（中国传媒大学，2017年）。

此外，长达140年的英国殖民统治使西方文化深深浸润到新加坡的文化中。

在处理族群关系问题上，西方多族群国家主要有三种模式：主张少数族群融入主流文化的"盎格鲁—撒克逊"模式；政府主导不同文化融合的"熔炉模式"；承认文化差异、倡导和平共处共同发展的"马赛克模式"，即"多元文化模式"。新加坡独立建国后，以李光耀为首的人民行动党逐步从"熔炉模式"向"马赛克模式"过渡，强调"不以华人族群认同为普遍认同"，确认新加坡作为多元种族共生的国家，保持不同族群的种族与宗教认同，忠于国家与整体的社会利益。

新加坡独立建国后，人民行动党的多元文化政治实践大致经历了三个阶段：最初，新加坡建立了以英语为通用语的国民语言认同。新加坡实行"跳出亚洲"外向型经济战略，需要大量能够与西方发达国家沟通的人才，这决定了英语在该国发展战略中的关键地位，直接影响到人民行动党采取的教育及文化政策：公立学校采用统一规定的教学大纲与教材，以英文为主导的共通语，同时将英语、华语、马来语、泰米尔语都规定为官方语言，推广双语教育。到1975年，新加坡几乎所有的学校都以"中立语"英语为教学语言，英语逐渐成为新加坡实际上的通用语言。

其后，复兴文化传统，与西方文化制衡。以英语为语言中介的学习和认知模式导致西方价值观念的迅速渗透，以华语为语言载体的儒家文化受到抑制。那些从小接受英文教育的精英人群精通英语，具备较强的社会适应能力。但是，他们已不像先辈那样遵守家庭伦理孝道，集体主义价值观念淡漠。在不到一代人的时间里，新加坡人的价值观发生了极大的变化。为了弥补日渐空虚的价值观，儒家文化又受到特别的重视与提倡。政府通过公民教育、道德教育、母语运动等方式，以维系新加坡作为东南亚国家应有的"亚洲价值观"。

最终，以共同价值观推进多元文化。从20世纪80年代开始，新加坡民众的民主意识逐步增强，与儒家伦理中强调的集权领导和绝对忠诚格格不入。同时，过度强调儒家文化与亚洲价值观也遭到来新加坡投资、工作、生活的西方人士反对，引起了国内其他族群尤其是马来族的不满。1991年，新加坡政府在反复酝酿并征求民众意见的基础上公布了《共同价值观白皮书》，"国家至上，社会优先；家庭为根，社会为本；扶持关怀，同舟共济；求同存异，协商共识；种族和谐，宗教宽容"成为不同种族、信仰、语言的民众接受并遵守的共同国家观念。多元文化主义是一种承认差异实现平等的政治。"共同价值观"的推行则成为国家对不同文化形态的包容性政治话语表达。

二 多元文化主义与新加坡大众传媒规制

在一个多元文化社会中，大众传媒要帮助国家建构民族符号，为国民源源不断地提供"想象共同体"的素材。

新加坡政府明确表示，西方的新闻自由体制不适用于新加坡的国情，新加坡的大众传媒必须发挥正面作用。新加坡"发展新闻学"制度的核心观念包括：第一，新闻工作者必须具备高度的专业水平和社会责任感；第二，在跟政府的关系方面，媒体应抱着寻求共识而非对抗的方式；第三，在国家利益和移风易俗的社会运动（如讲华语运动、反对抛垃圾运动等）中，媒体必须支持政府；第四，人民可以对政府提出尖锐批评，媒体也必须尊重政府回答的权利；第五，报道与评论必须分开；第六，记者不能鼓动人民跟政府对抗；第七，只有加入政党才能鼓吹政治主张（毕世鸿，2016：365）。此外，为了实现政府与媒体之间的常效互动、共生共荣，政府高层还经常与传媒界对话。

新加坡建国之前，大众传媒机构以私有为主，不同报章有不同的价值观和世界观，甚至因新闻报道中的种族主义煽动而引起大规模种族骚乱和流血冲突。建国后，为了实现"务实建国"的发展目标，新加坡政府将传媒纳入严格管控范畴。在借鉴英国殖民地时期传媒监管法令的基础上，分别出台了《报章与印刷法令》《诽谤法令》《煽动法令》等一系列法令规章，并多次修订，消除了传媒与政府对抗的可能性。李光耀认为，绝对的新闻自由是追求个人主义的表现，提倡个人奋斗和新闻自由势必导致社会分裂，言论自由和新闻媒介自由必须服从新加坡国家的完整性和民选政府的首要目标。不论是新加坡的本地媒体还是国外媒体，只要在新加坡的言论"越轨"，都可能引火烧身。

广播电视领域的规制，新加坡于1985年通过《广播机构法》和《广播电视法》，1994年以《广播局法令》取而代之，1996年再次修订发布《广播法》，并在同年颁布《互联网操作规则》。以电视媒体为例，虽然新加坡当局并不对电视节目进行直接审查，但在长期的互动中却形成了一条并不清晰的安全界线，确保传媒机构按照安全标准从事内容生产。对引进的电视节目，本地广播电视播出机构会在播前对其可能越线的内容进行裁剪；对本地制作的电视节目，也会审查节目脚本。

在新加坡，主要负责对媒体进行管理的是成立于 2003 年、隶属于新闻、通信及艺术部的媒体发展管理局（Media Development Authority，MDA），主要从行业准入、内容监管等方面对新加坡各种形态的媒体进行管理，监管对象包括数字媒体、电影、电子游戏、音乐、出版、广播电视、教学游戏与软件等，内容涉及国家利益、种族宗教、公共道德、暴力犯罪、新闻倾向、节目语言等方面。

进入媒介融合时代以来，技术与内容之间的关系越来越紧密。2016 年 8 月，新加坡政府通过了针对数字媒体发展与城市管理数字化提升的两项法案，将资讯通信和媒体管理两部分合并，成立新加坡资讯通信媒体发展局（Infocomm Media Development Authority，IMDA），同时扮演监管资讯通信业和媒体业的角色。

第二节　新加坡电视的传播生态

1963 年 2 月 15 日，新加坡电视台启播，当年电视频道增加到两个，即 5 频道与 8 频道。1965 年新马分家后，隶属于文化部的新加坡广播电视台开始生产新的主权国家认同（Lee，2005）。1974 年，新加坡开始播出彩色电视节目。1980 年，新加坡广播公司（Singapore Broadcasting Corporation，SBC）成立，除了经营新加坡电视台之外，也是新加坡广播电视业的管理机构。

一　基于多元语言的传播格局

新加坡电视台在创办初期便实现了两个频道的多语种播出，英语、华语、马来语和泰米尔语四种语言以及多种中国方言（主要是广东话和福建话）都有对应的电视节目供观众收看，受众的族群背景与其观看的节目语言之间高度相关。通过为电视节目配发多语种字幕，新加坡创造出一个在英语之下、各族方言之上多元共存的文化图景，一个可供族群内部与族群之间交流与传播的公共文本空间，缓解了播出时间资源与旺盛收视需求之间的矛盾。这种跨语言、跨族群收视有助于不同族群在电视传播空间的文化交往。

20 世纪 80 年代初，由艾哈德领衔的新加坡东南亚研究中心对新加坡电视媒体开展了调查研究，发现新加坡民众具有明显的"双重"身份认同，即国家身份与族群身份，不同族群均可从覆盖范围广、渗透率强的电视媒体中找到各有与共有的传播语码，成为新加坡多元文化传播实践的重要特征（Erhard，1984：2）。

20 世纪七八十年代，为丰富节目内容，新加坡广播公司将引进后重新配音的节目也列入了自制节目的行列。研究发现，在新加坡广播公司引进的节目中，来自西方国家的节目时长占比 50.9%，来自亚洲的节目时长占比 22%（Erhard，1984：16）。全球节目中，美国最多，其次是中国香港，英国紧随其后。亚洲地区的节目主要来自中国香港、中国台湾和日本。所有的新闻资讯类节目以及超过一半的综艺节目都是本地制作；而教育、纪录片、电视剧等节目则大量引进。

1979 年，李光耀决定在新加坡推广"讲华语运动"，在华族群众中推广汉语普通话。此举一方面为了凝聚华人族群的共识；另一方面则是为了减少汉语方言对青少年学习普通话和英语的干扰。为了配合"讲华语运动"，新加坡的广播电视媒体也停止制作和播出汉语方言节目，所有的汉语节目全部采用普通话制作播出，包括中国港剧和台剧，也必须用普通话配音（陈恒汉，2016：198－199）。虽然政府强制性的措施给媒体的语言转型带来了不小的困难，但也产生了更大的经济效益。

二 立足多元文化社会的电视业发展进路

新加坡广播公司（SBC）于 1980 年成立后，便开始电视剧生产，产业也从华语电视剧发端。1982 年，新加坡广播公司生产了本地的第一部自制电视剧《实里达大劫案》，因故事情节和拍摄场景均取自新加坡，播出后引起强烈反响。1983 年，香港电视制作人梁立人加入新加坡广播局，担任戏剧处处长，并于次年推出了 6 集电视剧《新兵小传》。1986 年，24 集经典怀旧电视剧《红头巾》播出，后又制成英文版本播出。而 1989 年拍摄制作的 15 集电视剧《启航》则首先以英文配音版本播出，1990 年才播出普通话版本。华语电视剧逐渐在新加坡本地原创节目中独树一帜，而马来语和泰米尔语的电视剧仍然依赖进口或配译英语电视剧。至于本地原创的英语电视剧，直到 1994 年 10 月《海的主人》播出，才开先河。

新加坡华语电视连续剧的产量不断上升，到 1984 年以后，单本剧已经难觅踪影，30 集乃至百集以上的大型电视连续剧和室内情景剧开始出现，还销往海外 30 多个国家和地区。如关注新加坡早期华人移民生活的《雾锁南洋》便在国际上赢得广泛关注。

新加坡华语电视剧的生产也处于多元种族文化共存的社会结构之下。考虑到跨族群收视的存在，华语电视剧在拍摄过程中需要顾及多元种族社会的文化，因此制作题材很少涉及暴力，鬼故事与淫秽内容也不被允许，电视剧的总体风格是轻松和睦的、贴近生活的。

新加坡的电视受众结构在全球都很特殊：规模极小的本地市场、多元复杂的族群文化、混合编排的播出方式……这可能是全球广播机构中最不经济的播出模式，仅仅是新闻生产的成本就足以把任何一家私营广播电视机构拖垮。虽然本地制作能力不断提升，但不同族群的收视状况并未同等改善——英语节目仍然依赖引进；马来语和泰米尔语节目生产能力弱，日益边缘化；只有华语节目成为本地节目生产的重点。本地原创节目偏向华族的状况也使新加坡电视面临诸多批评。

20 世纪 90 年代后，随着卫星直播技术的广泛应用以及电视节目全球市场的成熟，新加坡本地媒体面临日益激烈的全球传播竞争。1993—1994 年，新加坡启动媒体私有化进程，借助行政力量推动新加坡全方位市场机制的建立。

但是，随之而来的是越来越难于控制的外部影响。在新加坡本地，能够接收到三个马来西亚的电视频道。尤其在海湾战争期间，越来越多的新加坡人，尤其是马来族中的穆斯林受众，通过马来西亚的电视媒体看到了关于战争的报道，认为马来西亚电视台的报道比美国 CNN 的反萨达姆报道更加平衡。有限的本国频道与捉襟见肘的内容资源，令新加坡监管部门感到不安。

为了扩增传播渠道，新加坡广播局为新加坡有线电视公司（Singapore Cable Vision, SCV）发出第一张十年独占经营的有线电视牌照。该公司于1991年成立，1994年7月重组，在全岛敷设光纤同轴混合网，提供超过40个电视频道的多语种付费节目，与卫星电视抗衡（刘现成，2004：243）。在广播电视方面，1999年新加坡国际传媒机构改名为新加坡传媒机构；2001年改组为私营的新传媒集团（MediaCorp）。

公司化转轨为本地的广播电视媒体赢得了新的发展空间，到21世纪初年，新加坡广播电视媒体的资源上升，缓解了过去不同族群语言节目混排混播的局面。在6个公共电视频道中，有3个英语频道、1个华语频道、1个马来语频道以及1个"聚点播道"。在三大族群语言中，华族和马来族均已获得独立的电视播出频道，泰米尔语节目在"聚点播道"中享有一个固定节目带。在节目内容生产方面，积极借鉴西方国家的节目形态，进行本土化的创作，如：1994年借鉴美国哥伦比亚广播公司的晨间新闻杂志类节目 TODAY，开播了 AM Singapore（华语版为《早安新加坡》）；1994年拍摄制作了新加坡第一部英语电视连续剧《海的主人》（The Master of the Sea）；1995年拍摄的室内情景喜剧《同一屋檐下》出口到澳大利亚、马来西亚、中国台湾、加拿大等地区；1997年，新加坡电视公司还制作出全球第一部泰米尔语室内情景喜剧；1998年拍摄制作的汉语电视剧《神雕侠侣》，更是在中国大陆和台湾地区赢得广泛关注。

新加坡还设计了传媒外向型战略，力图成为"亚洲广播中心"（刘现成，2004：233）。为吸引国外传媒机构入驻新加坡，新加坡多个政府部门简化程序，营造一种"亲商"的监管框架。1994年以来，HBO、ABN、CNN 等重要的国际卫星电视频道纷纷在新加坡开办媒体办公室或者区域总部，卫星电视公司数量从3家增加到16家。这些从新加坡上链卫星传送的电视节目不受新加坡境内电视节目内容管理的限制，也无须接受新加坡当局对节目内容的审查。

进入21世纪不久，不同技术手段与传播平台之间相互结合衍生出的信息终端与内容产品为受众带来了更多选择。传统媒体之间、传统媒体与新媒体之间的整合既存在技术面上的可能，也存在市场面与资本面的必要。

2000年6月，新加坡政府决定进一步放松管制，给本地两大传媒集团——新加坡报业控股公司和新传媒集团分别颁发电视和报纸执照，允许他们彼此进入对方的业务领域，并鼓励双方进军互联网业务（彭伟步，2013：217）。然而，新加坡地域狭小，市场容量有限。在激烈竞争导致两败俱伤之后，2004年，新加坡报业控股与新传媒集团达成合并协议，沿各自媒体的发展路径并行不悖，从此奠定了今日新加坡传统媒体的市场格局。

三 新加坡的电视受众

在新加坡，通过公共电视传播，不同族群的受众被整合进新兴的多元种族国家；不同族群的身份认同又在分语言频道的传播架构中得以维系。然而，新加坡公共电视媒体在不断生产具有新加坡多元种族社会特点的媒介文本的同时，也面临着新媒介环境下受众群体的日益分化。

（一）多元种族特征与目标观众收视

新传媒的节目生产首先要满足国家发展目标与社会建设需求，完全市场化的运作机制难以确立，"受众即市场"的观念需在媒介驯化功能的基本定位下才能寻求实践层面的突破。

新传媒的频道划分标准主要是受众群的语言、族群以及年龄，各频道目标受众之间的兼容性很低。因此，新加坡媒体管理者并不追求以全部收视人口为基数的广义收视率，而更加侧重各频道目标受众在黄金时段的收视表现，并以此作为频道与节目收视的考查标准，此种做法基本上消除了频道之间横向比较与竞争的可能性，也无法产生相应的激励效果。

官方的收视调查数据显示：不同频道之间的受众规模差异悬殊，新传媒的华语8频道为本地受众群体最大的电视频道，受众达50多万；U频道次之，大众化英语频道再次之，人数都有十数万；其余语种的收视群不过几万人。但从收视率表现看，以华语、马来语和泰米尔语播出的电视频道的收视率普遍高于以通用语英语播出的各频道，说明英语只是各个族群交往的社会通用语，在电视娱乐领域，各族群的母语传播依然具有旺盛的生命力。

（二）全球化互联网时代的受众

随着互联网技术的迭代与扩张，更具多样性的世界性文化空间正在快速形成，在重塑"全球—地方—公民"之间关系的同时，也使那些具有地方色彩的电视传播网络逐渐聚合，受众也逐渐从传统媒体时代的读者、观众、听众逐渐衍化为新媒体环境下的"用户"。在新旧媒体并存、媒体边界逐渐被打破的媒介新生态下，受众的媒介接触行为日益具有多场景、自主性、碎片化和多任务整合的特点，促使新传媒也采取"多屏多终端"战略，抢占"中屏"和"小屏"。

近年来，"外劳"大量涌入新加坡，新传媒内部的外国雇员规模不断上升，也带来了全球不同国家的文化价值观和传播理念。从2011年开始，新加坡政府便开始着手对新加坡民众的媒介接触及消费行为开展调查，将受众对媒体的满意度界定为五个维度：媒介内容的质量、媒介内容的多元化、媒介服务的可信赖度、媒介传输的质量、受众服务水平，最后求其总体满意度。调查显示，从2013年到2015年，新加坡民众对本地媒介的总体满意度均在75%以上，数值波动并不明显；民众对媒介的覆盖质量满意度较高，但对媒介内容的质量及多元化满意度则相对较低。

新加坡不同年龄组的受众，对传统电视媒体与网络视频媒体的接触时长依照年龄而呈现差异，"老人看大屏，年轻人看小屏"的趋势和结构日趋明显。电视虽然不像过去那样是生活必需，但作为"环境伴音"的功能却依然存在，有意收视与伴随性收视并存，依然嵌入在新加坡受众的日常生活中。

新加坡的社会公共福利体系与西方国家不同，政府一直倡导"节俭建国"方针，促使土生土长的新加坡公民尤其是年长人士愿意约束自己的物质欲望和闲暇时间，以实现国家的美好愿景。但互联网和新媒体已向年轻受众提供更加多元的消费选择。

第三节　多元文化语境下新加坡的华语电视传播

新加坡不是一个华人至上的社会。新加坡华语电视被纳入国家公共传播的制度框架,决定了新加坡华语电视媒体既要满足华族电视受众需求,又要发挥其国家认同的意识形态效力。因此,华语电视节目在建构华族族群认同的同时,还要规避跨语言、跨频道收视可能产生的传播风险。新加坡华语电视的传媒实践既不是"温和式的"表面和谐,也不是与之相反的"批判式"革命话语,而是在新加坡特殊国情上建构起来的具有威权色彩的自上而下的多元文化主义传播实践。

一 华语电视频道的多元文化传播实践

新加坡电视受众规模很小,节目内容的多元化水平既无法与西方发达国家相比,也无法与华语传媒圈内的中国大陆及港台地区相比。新传媒集团的经营管理仍在政府的掌控之下,需要审慎处理它在新加坡社会中扮演的角色,因而市场化程度不高。近年来,新媒体平台增长迅速。本地的"星和电信"与"新电信"都提供数字电视付费频道服务,受众还可订阅自己喜爱的境外电视频道。但总体来看,新加坡本地观众还是喜欢通过免费公共电视频道获取新闻资讯与娱乐内容,新传媒的7个公共电视频道依然最受本地电视观众的青睐。

华语电视频道的主要受众虽是新加坡华族,占据着本地规模最大的观众群,但在节目生产过程中却不能完全追随目标受众或采取市场动机,必须不断在制度约束与利润驱动之间寻求平衡,进而呈现两个鲜明特征:其一,因新闻节目改革风险较大,任何形式的创新都面临受众的审视与官方的警觉,导致节目形态封闭陈旧;其二,华语频道还需慎重对待"跨频道""跨文化""跨族群"收视可能带来的传播风险。例如,21世纪初,以"谁是百万富翁"为代表的竞猜类节目模式风靡全球,新传媒也引进这一模式,推出了英语节目。但当该节目推出华语版本时,却引起了马来族与印度族观众的不满,有观众在网络社区中发帖,认为这个节目应该直接叫作"哪个华人是百万富翁"。在节目推出第二季时不得不专门制作一个"多元种族特别节目",才平息"民愤"。可见,新加坡的公共电视媒体必须扮演好社会稳定器的角色,华语电视也需要在多个传播目标之间辗转腾挪。

新传媒的两个华语电视频道各有侧重:8频道的节目编排较为全面,以整个华族为目标受众，追求内容的大众化；而 U 频道则大量引进真人秀、综艺节目与电视剧，以时尚朝气的内容吸引年轻受众。

语言字幕成为华语电视满足跨语言、跨族群收视需求的传播特色。新加坡人虽以华族为主，但在 1979 年开展"讲华语运动"之前，汉语普通话却并非新加坡华族语用意义上的"母语"。根据《新加坡的语言与社会》中介绍的，新加坡于 1957 年针对全岛近 15 万人进行语言调查，华族中使用最多的语言是福建话（30%）、潮州话（17%）与广东话（15.1%），此外还有海南话（5.2%）、客家话（4.6%）、福州话（1%）与兴化话（0.5%）等，讲国语/普通话的人仅占调查人口的 0.1%（郭振羽，1985：10）。直到"讲华语运动"启动，新加坡政府要求公共广播电视节目逐步压缩直至取消方言节目后，普通话在华族中的地位才逐渐确立。新加坡媒体发展管理局规定：公共广播节目应使用标准的英式英语和普通话，不鼓励使用新加坡式英语和方言，方言一般只在被采访对象不会讲普通话或者少数获准用方言拍摄的电视剧中才可使用。但华族内部对普通话的掌握水平并不一致，尤其是老一代华人学习和接受普通话的能力有限，对普通话播出的电视节目也常常一知半解。为此，新传媒通过为节目配发中文、英文乃至双语文字幕的方式，让华族内部不同的方言群体乃至其他族群的受众能够通过语言、字幕等多种符号接受华语频道的节目。

新加坡公共电视的频道资源配置既赋予不同受众以特定的文化权利，同时也使公共电视成为小国之中多元文化汇聚与交换的公共空间。这种传媒生态并非建立在单一种族化的群体内部的共同表述基础之上，而是建立在普遍权利和共和主义公民身份基础之上的（布鲁姆菲尔德、比安契尼，2007：155）。

从 20 世纪 70 年代开始，新加坡广播电视台就从中国香港和台湾等地区引进华语电视剧，80 年代末又从大陆引进华语电视剧（苏美妮，2016）。当时的新加坡广播局还从中国香港引进一批华语电视剧制作人才。家庭伦理剧是华语电视题材的"富矿"。它的叙事情境易于融入新加坡民众的日常生活，也更易植入被政治话语建构起来的"亚洲价值观"。

多元文化主义认为，人们应当正视社会中的种族、文化、宗教多样性的历史成因，克服由于文化差异引起冲突而带来的恐惧，鼓励人们延续差别，培养公民从差异中寻求理解与共识，使多元文化在一种被承认的框架下得到维护。在新加坡的文化景观中，一方面可以看到华族文化的显著性及其在文化话语中的主导力量。另一方面，新加坡的华族文化也与来自中国的原生文化保持距离。新加坡既是华语电视剧的消费大国，从中国香港、台湾与大陆引进大量电视剧，同时也通过本土生产，不断丰富全球华语电视剧的地域景观。新加坡的华语电视剧需要在国家内部复杂的族群环境中寻求文化定位，并处理好文化传承与创新之间的关系。这是一个逻辑上看似连贯、但在现实中却需磨合的漫长过程。

二　新加坡华语电视（剧）的传播内容

（一）从"唐山"到"南洋"：二元之乡与在地叙事

作为在后殖民时代崛起的国家，新加坡缺少可供追溯的漫长历史，更缺少多元种族共同的历史书写。各族群的原生文化及其在新加坡落地、演化、生根的过程，便成为新加坡电视剧在创作过程中被不断加工、阐释、放大的主题。"唐山"是很多海外华人对中国的简称，在新加坡的多部历史题材电视剧中，"唐山"都被剧中人物反复提起。如《雾锁南洋》讲述的便是福建"番客"离开家乡前往南洋做工谋生，逐渐扎根的艰苦奋斗史。

在历史题材电视剧中，对故乡的怀恋，成为新加坡本地华族通过公共媒体构建族群认同的重要方式。但这种认同却又包含着非常复杂的认知情绪，包括对"原乡"的某种否定。电视剧中的"原乡"虽南音环绕，古寨错落，但在这些从南洋归来的"番客"眼中，却是战乱频仍、穷困难归的家乡。

新加坡的华语电视剧自诞生之日起，便面临"代际差异"与"在地叙事"的特殊语境：一方面要顾及老一辈华人对中华文化的深度认同，另一方面又要避免与在西化环境中成长起来的年轻华族的代际冲突。因此，新加坡华语电视剧对"故乡"的记忆与塑造，便与生俱来包含了一种忽远忽近模糊不清的特质，更多体现为一种符号移植式的地方叙事，既稀释了华族文化强烈的民族认同感，又能形成与其他族群不同的外在文化符号区隔。

（二）从"新客"到"土著"：文化移植与新爱国主义生成

在英国殖民期间，新加坡尚没有真正意义上的"民族认同"和民族主义。

当那些早年漂洋过海到来的"新客"逐渐成为"土著"时，需要书写新的神话，建立文化认同。此外，20世纪80年代中期以来，大量来自中国的新移民成为新加坡华语电视受众，将这一群体整合进新加坡的国家共同体也就成为新加坡华语电视应承担的社会功能之一。

新加坡华语电视剧成为生产新的文化联结的载体。电视剧并不直接触及关于"祖国"的指认核心，叙事结构基本停留在中西方之间在文化认知与价值观上的冲突。历史上长期存在的华族内部以及华族与马来族之间的隔阂与冲突都被略去不提。通过反复讲述英殖民统治下华族与马来族、印度族之间的亲密友情以及在日占时期多种族共同经历的战火考验，建构出新加坡多元种族患难与共的历史叙事。在历史题材的文本叙事中，新加坡华语电视剧既要符合执政党确立的对新加坡历史的意识形态标准，还要审慎处理华语电视剧中"入籍国"（新加坡）与"祖籍国"（中国）的认同关系，站在当代立场上构造出基于新的国家认同历史观，构建符合新加坡意识形态的电视文化。

（三）从"儒家文化"到"共同价值观"：家庭为根、社会为本的价值引导

传统上，华族倾向于生活在内部联系紧密、外部界限分明的区域。随着新加坡城市化进程的加速及组屋政策的广泛推行，传统意义上的"华人社区"基本消失。伴随着语言政策的变化，新加坡华人又经历了从方言到普通话，从华语向英语的转变。英语作为通用语与"中立语"，在其逐渐普及的过程中也逐渐形成了对"新加坡人"的身份认同（赵靳秋、郝晓鸣，2009：12）。不过，"中国性"的儒家文化却是新加坡社会通行的"亚洲"价值观的基础。

在新加坡华语电视剧中，"现代意义"的儒家文化依然清晰可见，表现为：重视家庭、修身齐家的伦理观念；服从社会、融入集体的价值取向；自强不息、厚德载物的进取意识；以义取利、戒除腐败的价值思想；吃苦耐劳、勤俭节约的生活态度；"天职"至上、敬业诚信的职业道德；精益求精，缜密认真的工作态度；等等（盛邦和，2013）。

"家庭"元素向来是新加坡华语电视剧的叙事核心，对"孝顺"的强调也成为华语电视剧不可违背的道德标准。电视剧中塑造的正面形象大都是工作与生活中的道德楷模，而反面形象则大都对家庭不忠（Gomes，2015：87）。

新加坡华语电视剧中暗含的这种既贴合儒家文化又应和共同价值观白皮书的"道德基模",在日常播出与连续生产中形成了一种具有价值观导向作用的约束性力量。

参考文献

Erhard, Heidt, U., *Television in Singapore*: *An Analysis of A Week's Viewing*, Singapore: Institute of Southeast Asia Studies, 1984.

Gomes, Catherine, *Multiculturalism Through the Lens*: *A Guide to Ethnic and Migrant Anxieties in Singapore*, Singapore: Ethos Books, 2015.

Lee, Chun Wah, "Culture Influences in Television Commercials: A Study of Singapore and Malaysia", *Journal of Promotion Management*, 2005（12）.

毕世鸿等:《新加坡》,社会科学文献出版社 2016 年版。

陈恒汉:《语言的流播和变异:以东南亚为观察点》,社会科学文献出版社 2016 年版。

郭振羽:《新加坡的语言与社会》,台北:中正书局 1985 年版。

吕元礼:《亚洲价值观:新加坡政治的诠释》,江西人民出版社 2002 年版。

刘现成:《跨越疆界:华语媒体的区域竞争》,台北:亚太图书出版社 2004 年版。

彭伟步:《海外华文传媒的多维审视》,暨南大学出版社 2013 年版。

盛邦和:《亚洲价值观与儒家文化的现代评析》,《中州学刊》2013 年第 1 期。

苏美妮:《消费兴趣与文化身份:华语引进剧在新加坡的电视传播研究》,《现代传播·中国传媒大学学报》2016 年第 8 期。

张渤:《新加坡华语电视传播生态研究——多元文化主义视域下的文本生产与受众解读》,博士学位论文,中国传媒大学,2017 年。

祖德·布鲁姆菲尔德、弗朗哥·比安契尼:《文化公民身份与西欧的城市治理》,[英]尼克·史蒂文森编:《文化与公民身份》,陈志杰译,吉林出版社 2007 年版。

赵靳秋、郝晓鸣:《新加坡语言教育政策影响下的〈联合早报〉与华人身份认同的变迁》,《国际新闻界》2009 年第 12 期。

中国电视剧在越南的传播[*]

第一节 研究的缘起和经过

2012年6月下旬至7月初,越南国内有线电视台和卫星电视播出机构开始限播中国中央电视台的节目,特别是电视剧,事前并未通知用户。同时,越南共产党中央宣传部要求各广播电台和电视台提高自制节目的质量,增加播放量(刘健,2017:97)。中国电视剧在越南的传播遇到了什么样的问题?越南为什么要限播中国的电视剧?中国电视剧在越南的传播经历了怎样的变迁、现在情况又如何?自2017年1月起,本研究通过文献研究、实地调查,综合运用焦点小组、深度访谈和内容分析等方法,对中国电视剧在越南的传播进行了调查研究。

本研究主要采取实地调研的方式进行。调查地点依次在国内的云南省昆明市、河口县、北京市和广西壮族自治区;越南的老街、河内、胡志明市等地(在越南实地调研的时间从2017年4月初至5月末)。访谈方式包括面谈和微信视频。中国受访者包括专家、学者、电视台、政府部门工作人员和媒体驻越南记者。对越南受访者考虑了年龄、性别、职业和社会阶层等因素,选择对象的年龄从18岁到55岁,身份有高中生、大学生、普通职员、电视台管理者、演员、导演、政府官员。共有4位越南高级官员接受访谈,其中2位与文化部门直接相关。访谈以文化与政治的关系为角度,了解越南高层对于中国电视剧在越南传播及其影响的看法。根据受访者、特别是越南政府官

---

[*] 本文是刘健(清华大学博士、云南师范大学新闻与传播学院讲师)应本项目的邀请,根据原博士学位论文的研究提供的文稿。经郭镇之摘取并编辑。

员及电视台工作者的要求，文中不提及他们的具体姓名、工作部门及职位。

研究者还到 10 个越南家庭进行了参与式观察，这些家庭分布在越南老街、夏和、河内、胡志明等地。

第二节 中国电视剧近年来在越南的传播

根据文献资料、内容分析的结果及相关访谈，本研究将中国电视剧在越南的传播大致分为三个阶段。

一 文化交流背景下的市场培养期（1993—2000）

中越 1991 年 11 月关系正常化，两国开始在经济、政治、科技等多领域进行交流，在文化、艺术、体育、新闻、广播电视、电影、文物领域开展合作。作为文化交流的礼物，1993 年下半年，中国电视剧《渴望》成为中国在越南播放的第一部电视剧，一经播出，便引起轰动，形成万人空巷之势。这一时期大部分电视剧都是通过赠予方式在越南播放的。据资料显示：从 1993 年到 1999 年，中国电视剧在越南中央电视台、河内电视台非重复性播放的就有 25 部，远远超过其他国家电视剧在越南的播放种类。在此期间，中越还合拍了 2 部纪录片（黎兰香，2012：20）。

这个时期越南播放的中国电视剧题材包括古装神话、家庭伦理、情感、农村建设、刑事破案等，所有电视剧都是当时中国内地新拍摄并且是最受欢迎的电视剧，历史与神话题材居多，家庭情感伦理剧位居其次，没有任何关于中国近代战争的电视剧。

由于此时越南电视机普及率极低，大多存在于发达的大中型城市，中国电视剧只在大城市传播。不过，这一阶段培养了越南人观看中国电视剧的习惯。

二 市场化改革和中国电视剧传播的巅峰期（2000—2007）

进入 21 世纪不久，中国电视剧在越南的传播迎来了新机遇。中越两国在 2000 年 12 月 25 日签署了《关于新世纪全面合作联合声明》，提出发展两国关系的"十六字方针",即"在长期稳定、面向未来、睦邻友好、全面合作"的原则下加强两国在文化、体育、影视、新闻、广播等领域的合作(杜涛,2009:68-73)。随着交流增多,越南政府效仿中国,对电视台进行改革,2001年起实行"(财政)支持预算包干",2006年起实行"财政自主管理"政策,给越南各电视台带来了发展机会。

这一时期越南电视台数量不断增长,电视台靠自己谋生,激烈的竞争带来生存与发展的压力。广告成为各电视台的主要收入来源,电视剧吸引的广告比例占所有节目的50%以上,有的甚至达到了70%—80%。为了最大限度地争取到受众,获得高收视率,换取广告,加上前一时期电视对受众的培养,政治方向正确、内容丰富、制作精良而引进价格极低的中国电视剧此时成为各省级电视台争取收视率的利器。根据越南报纸的统计,2000—2006年,越南60多家电视台一共播出了300多部中国电视剧,几乎涵盖了所有省级卫视。据越南官方统计,这一时期中国电视剧占越南每年从全世界引进电视剧总量的40%。越南中央电视台的引进剧中,中国电视剧更是占了57%(武氏渊,2012:18)。

在这一阶段,越南播放的中国电视剧题材范围有所增加,反腐题材如《黑洞》、推理剧如《冬至》和民国剧如《金粉世家》等也进入越南家庭。越南中央电视台管理者GB认为:"中国电视剧在越南的传播在此一时期达到了两个巅峰:一是越南播放的中国电视剧数量巅峰,二是越南观众对中国电视剧的喜爱程度达到了高峰。"

但随着越南加速融入全球化,越南电视网络也快速发展。特别是中越发生领土争端,越南高层对中国电视剧对本国文化安全的影响日益担忧。同时,越南各级电视台播放外国电视剧的来源国逐渐"多元化",破除了中国一家独大的局面。

三 全球化及政治博弈背景下市场影响力急剧下滑期(2007—)

"全球化"传到越南,已是21世纪。尽管越南在1986年就实行了"革新开放",但战争结束后的越南在很长时间内都对媒体实行严格管控。直到2006年加入WTO,越南才实现媒体的市场化运行。此后,越南与周边国家的文化交流活动不断加强，对进口电视剧的管制稍有放松，电视剧来源多元化，其他国家如韩国、日本、泰国、印度、菲律宾等国家的电视剧也通过免费赠送或者低价转让版权的方式开始在越南各电视台崭露头角，站稳脚跟，与中国分享越南电视剧市场。

根据访谈获得的越南中央电视3台2011—2016年播放的电视剧数量，可以看出这一时期中国电视剧在越南的传播特点。首先，韩国电视剧的总量超过中国；其次，自2014年播出数量跌入谷底之后，中国电视剧基本已被排除在黄金时间之外。

电视剧的播出机会受国际关系特别是双方关系影响。中国电视剧从2012年开始下滑，这一年6月21日越南国会通过了《越南海洋法》，将中国的西沙群岛和南沙群岛纳入越南"主权"和"管辖"范围。2014年中国电视剧的播出又跌到谷底，这一年5月初，中国和越南船只在南海海域发生对峙和碰撞。由此，中国与越南冲突升温，越南反中排华事件愈演愈烈。当年，越南中央电视台三套节目仅播放了三部中国电视剧。

尽管在跌入谷底之后电视剧播出总量有所回升，但此后越南中央电视台三套节目将中国电视剧基本排除在黄金时间之外。黄金时间是依照越南国家电视台不同时间的广告价位确定的，黄金时间是20：00—22：30，每次十秒广告费为6500万—7500万越南盾；次黄金时间段在12：00—13：00，每次广告费为1750万越南盾，在本文中将这两个时间段都作为黄金时间计算。最差的时间段为0：00—6：00，价格是350万越南盾。2014年之后，中国电视剧已经被完全排除于黄金时间（20：00—22：30），每年仅有个别剧目在次黄金时间段播出。

值得注意的是，越南官方宣布限播的是"中国和韩国电视剧"，但从数量上看，韩剧在越南的播放量一直非常平稳，"限播"韩国电视剧只是越南官方采用的"正当性"平衡话语，即限播并非针对中国。而事实上，限播只针对中国。至此，中国电视剧在越南市场的占有率与影响力急剧下降。

第三节　中国电视剧在越南的传播环境分析

中国电视剧在国外电视台的播放平台，主要是针对华人的小众电视台或者影响力较弱的地方电视台（李曦，2016：35－36），这些电视台受众面很窄，很难对海外民众有效传播中国文化。但曾经一度，中国电视剧在越南的传播，无论是从传播的数量、传播的时间与传播的影响力方面，与亚洲邻国相比，都有很大不同。如在缅甸（李法宝，2016：51－54）、菲律宾（梁悦悦，2011：78－80）、泰国（梁悦悦，2013：75－77）、马来西亚（来丰、李法宝，2015：75－76）、朝鲜（李法宝，2015：15－19）、韩国（陈雪颖，2015：17）等国家，中国电视剧的传播都只是小众小量的传播，而中国电视剧曾经在越南主流媒体全天候大量播放。

自1993年《渴望》在越南中央电视台播放开始，在一段时期之内，中国电视剧在越南大量传播，形成从中央到省、市、县级电视台的全覆盖，占据了越南大部分市场（刘健，2017：3）。2007—2015年，越南全国播放的中国电视剧超过600部（阮氏海燕，2015：21）。只是自2012年越南限播中国电视剧以来，情况才急转直下（刘健，2017：97－99）。中国电视剧热在越南的主要原因是文化的接近。

一　历史渊源　文化接近

越南与中国在历史进程、政治制度与社会文化方面曾经十分接近，这为中国电视剧在越南的传播准备了良好的受众与文化基础。胡志明曾这样形容中越两国之间的关系："同文同种""血统相同，文化根基相同"（李法宝、王长潇，2013：29）。中越地理接壤，越南历史上深受中国的语言文化、政治制度、价值观与宗教的影响（梁志明，2014：19－29）。现代的越南也是社会主义国家，两国相继在1978年、1986年提出了市场经济政策和对外开放政策，越南紧随中国革新开放，现代化进程与中国也高度相似。因此，中越两国人民对现代化社会发展带来的正面、负面影响有相似的感受。这种历史联系造就两国很强的文化接近性，进而使越南观众容易欣赏、理解和利用中国电视剧满足自己的需求。

越南观众对于中国电视剧内容的理解基本与中国观众一致，同时，越南观众对中国有一种大国仰望的心态，所以越南观众特别喜欢观看中国的历史剧如《三国演义》等；而中国现代都市情感剧如《蜗居》等，也对照着越南现代化进程中社会变迁带来的各种社会矛盾与生活问题，越南受众在这些电视剧中找到自己的原型，实现了情感的挪移。

政治与意识形态的差异在很长一段时间内阻挡了其他国家电视剧进入越南。而同为社会主义国家，中国电视在越南传播造成政治与意识形态风险的可能性小，因而减少了政治障碍。但随着越南加入WTO后快速融入全球化进程，这种障碍在逐渐减弱。

二　多频道电视内容需求

受众基础与文化接近并不足以使中国电视剧在越南风靡。而越南电视台发展迅速，影视剧产能不足，"壳大核小"及国内电视剧质量粗糙，却为中国电视剧的填补留下了巨大空间。

越南的电视台最早于1966年出现在南方几个省。1975年统一之后，越南开始在全国每一个省市布局电视台。至21世纪，越南全国共有67个省级电视台，超过600家市县广播电视台（易文，2010：79），但直到2011年，越南中央电视1台才实现24小时播放①。此后，越南电视台发展很快，而本国影视剧制作产业却没有跟上：首都河内和经济中心胡志明市总共只有百家左右影视剧和文化传播公司。

越南中央电视台管理者GB在访谈中谈道："……以前没有24小时播放是因为没有足够的电视节目，自己没有足够的资金和相应的资源。国外节目因为意识形态和版权问题，引进量也不够填充所有的时间。……随着越南经济发展，自己生产的电视节目增多，……与中国、韩国、印度、泰国、美国、英国等国家的文化交流增多，从各国进口的电视剧增多，才慢慢解决这个问题。"（刘健，2017：33）

越南著名演员、导演、越南电影学院教授CD也谈道："到目前为止，越南的电影、电视剧发展还有很大的困难，越南主要是由国家投资进行电影、电视的拍摄，如果想要拍出如中国的高质量古装电视剧，一年下拨的资金最多够拍两部……"（刘健，2017：33）越南几乎每个省、市、县都有自己的电

---

① 越南中央电视台官方网站，http://english.vtv.vn/about-us.htm。

视台，但是除了经济特别发达的河内市和胡志明市之外，其他省市几乎没有拍摄影视剧的能力。

越南的影视/传媒文化公司集中于南方。据越南黄页显示，以胡志明市为代表的南方占70%，以河内为代表的北方公司只占30%。越南电视剧内容简单，套路明显，场景布置粗制滥造，加上北方人不喜欢南方电视剧中的价值观、南方的语言发音不同也造成内部文化折扣。中国电视剧在越南的传播，填补了越南电视台多频道内容短缺的空白。

第四节　中国电视剧在越南遭遇的传播问题

中国电视剧在越南遭遇的重大挫折，因很多因素而生，可以分为语言问题、意识形态问题、中国电视剧内在的品质问题与全球化的外部环境四类。

一　语言差异引起的文化折扣

到过越南的外国人可能都会惊讶于越南各电视台播放的外国电视剧，不仅数量多到惊人，更吃惊的是越南播放外国电视剧的语言处理：一部外国电视剧中会同时出现两种语言的声音。一类是电视剧中演员的原声，即出口国的语言，音量比较低，另一类是越南语解说，声音比较大。一部外国电视剧从头到尾所有的角色，无论男女老少只用一个人代理，说是读翻译稿更合适。整个解说过程不表达感情，无论剧中是悲是喜，语音语调完全一致，这个声音基本覆盖了电视剧的原声。这是越南播放大多数外国电视剧的语言状况，只有极少电视剧采用不同角色的配音。这种情况严重影响了电视剧的观感和意义的传达，同时，也影响了越南观众对中国电视剧的选择。

作者在越南期间，设了两个排序题，请多位受访者进行排序。第一个是，当有三个如下选项可以选择：（1）中国没有翻译过的电视剧、（2）越南南方制作的电视剧、（3）越南北方制作的电视剧、你当如何选择？第二个是，当有三个如下选项可以选择：（A）中国翻译过的电视剧、（B）越南南方制作的电视剧、（C）越南北方制作的电视剧、你当如何选择？

一般情况下，越南北方人对第一个问题排序是 312；南方人的选择是 213。对第二个问题的选择，北方人是 ACB；南方人的选择是 ABC。由此看出，当越南播放中国电视剧的语言不通问题解决之后，无论是来自南方还是北方的人，在越南电视剧与中国电视剧之间，首选的都是中国电视剧。但如果存在语言障碍，中国电视剧在越南南北方都不会是首选。但即便如此，对中国电视剧的选择也会超过相同语言、不同地区的电视剧。

出于经济原因，越南各电视台一般不会耗资去找多名工作人员对电视剧进行配音；同时，各出口电视剧到越南的国家，特别是中国和韩国，都只是象征性地收取版权费，每一集一般一两千人民币。因此，除某些特殊因素之外，不可能专门配音再出口，因为配音的耗资远远高于版权费收益。例如，2015 年为配合中国国家主席出访越南而由广西电视台和中央电视台主持翻译的电视剧《北京青年》，整个译制过程共有 50 多名越南籍人士参与翻译和配音，大多是越南在华留学生、越南电视明星和主持人。其中男主角由越南话剧团副团长黎宏光配音，女主角由越南著名演员阮氏青玄配音[①]。在此之前，2014 年 11 月越南语版的《老马家的幸福往事》是中国第一部尝试由中方主导翻译与制作，以越南语为目标语言的国产译制剧，整个译制过程工作周期为 5 个月，参与翻译的人有越南专家、演员和普通民众[②]。如此长的翻译周期和庞大的翻译阵容，使整部电视剧在越南的收入还抵不上一集电视剧的翻译成本。

二 "去中国化"与越南的意识形态考量

（一）越南国家文化安全考量

深度访谈发现，近年来中国电视剧在越南的传播遇阻，除了中越领土争端这一直观因素的影响之外，还有越南关注的文化安全问题。这两个方面的问题常常相互影响，共同阻碍中国电视剧在越南的传播。

2010 年中越合拍片《李公蕴：到升龙城之路》因为与中国古代相近的服

[①] 据访谈中国广播电视总局 GW；2017 年 4 月。
[②] 《从"刘慧芳"到"芈月"国产剧在越南受热捧》，新华网，http：//www.hb.xinhuanet.com/2016-11/02/c_1119833642.htm，2017 年 5 月 9 日。

饰引起了越南政府影视审查当局的警惕，认为该剧缺乏越南特色。一开始要求删除与中国历史电影相近的场景，"以免失去越南历史感，引起外界误会"，后来直接禁播。越南影视管理部副部长黎玉明公开表示，由于该电视剧取景问题引发争议，所以不适宜在河内千年纪念时播出①。

2013年越南新闻网站《越南新闻：全国英语日报》上的一篇名为《韩国与中国电影是本地电视台的祸根》的文章评论了中韩电视剧对越南的文化影响，一些越南人提出了民族主义的看法：越南电视台在推广中韩两个国家的文化。他们问：我们能不能也拍出同样有趣的电视剧？②

调研发现，越南普通民众出于爱国情绪，支持限播外国电视剧，特别是中国电视剧。这不难理解。仅越南国家博物馆记载的中越历史上发生过的战争，就有17次，远远超过越南和法国、美国、日本发生战争的总数；越南官方教育中的越南史，几乎就是一部抵抗"北方侵略者"的历史；在越南的历史博物馆、普通书店，历史教科书中，随处可见历史上的英雄或者神祇，他们大多都是在与"北方侵略者"（中国）的斗争中塑造出来的。

但越南官方限播中国电视剧不仅出于爱国情绪，更有文化安全的考量。越南官员CH在访谈（2017年4月）中谈道：越南自己的民族文化这些年受到很多冲击……，中国影响最大……这是由于中越两国历史的紧密联系而形成的，越南人也很喜欢中国的优秀传统文化，历史不可磨灭，……但是中国电视在越南播放得太多，这对越南民族文化造成了一些影响，越南需要更多的民族自信，需要保持并发扬自己的优秀文化……，多元化是最好的解决方式，对于中国电视剧在越南的播放要把握好度……

越南在文化环境中不断"去中国化"。中国某媒体常驻越南河内记者YJ在访谈（2017年4月）中表示：越南在加紧"去中国化"，最近几年胡志明市公共场合的汉字越来越少……特别是2014年以后，每去一次，感觉就少了一些，这可能是政府行为，也有可能是那边的华人怕越南排华给自己造成危险，所以主动去掉……在"去中国化"的背景下，中国电视剧不可能独善其

---

① 尹鸿伟：《越南人纠结看待涉华史 历史剧太中国化遭禁》，《新华网—国际先驱导报》2010年10月18日，https://news.qq.com/a/20101018/001531.htm。

② Trung Hieu, Korean, Chinese movies blight on local TV, *Vietnam News*: *The National English Language Daily*, https://vietnamnews.vn/talk-around-town/235825/korean-chinese-movies-blight-on-local-tv.html.

身。越南政府限制外国电视剧（主要是中国电视剧）在越南的传播，是既定方针，等待的只是时机，比如领土争端时期。

（二）越南内部意识形态的多元化

同为社会主义国家的历史，使中国电视剧进入越南减少了政治上的障碍。但是越南党内的意识形态并非铁板一块，与中国的差异非常明显。

自1975年南北方统一以来，特别是1990年苏共解体之后，越南政府内部意识形态的斗争从未停止过。2006年越南共产党"十大"时，越南中央政府调查局副总调查长武决胜曾经谈道："我与一些中央和地方领导交谈，我发现多数同志对'社会主义方向'说不清道不明，我自己对这个问题也是一样说不清楚……我认为党应当把这个问题讲清楚。"[1]

越南曾多次出现全民大讨论"多党制"与"多元化"的问题，随着越南南方偏向西方意识形态的政治群体在越南人数逐渐增多，影响力逐渐加大，越南共产党现有的意识形态遭遇严重的挑战。只是由于越南共产党自革新以来，在经济发展方面成果显著与政治民主化方面多有妥协，才使得这些声音没有引发执政危机，并导致意识形态发生根本变化（易文，83）。与中国相似的社会制度，已经不是越南选择外国电视剧的首要考量因素，一旦中越国家利益产生冲突，电视剧这类最容易被控制的文化载体便首当其冲。

三　中国电视剧的文化问题

除了外部因素，中国电视剧本身的质量也是海外发展的内在瓶颈。研究发现，越南播放的大部分中国电视剧是中国几年前甚至20多年前拍摄的，受访者谈到最多、也最喜欢的，都是那些时期的电视剧，即便是在昆明留学的越南留学生大多也如此，他们并不是接触不到最近几年中国制作和播放的电视剧——即便越南电视台不播放中国电视剧，越南人民也可以合法地通过网络观看中国最近几年制作的电视剧（越南不限制国民登录外网），但是他们很少选择去看。很多不同年龄阶层的越南观众对最近这些年中国制作的电视剧

---

[1] 吴远富：《越共"十大"政治报告草案引发全民政治改革大讨论》，2006年3月31日，来源：http：//club. kdnet. net/newbbs/dispbbs. asp？boardid=1&id=1048386，2020年5月14日下载。

感到失望。

越南著名演员、导演、越南电影学院教授 CD 认为：中国的电视剧文化近年来受到商业化的严重影响，正在失去"中国性"，与传统精雕细琢的经典电视剧相比，中国电视剧从传统文化的传奇性、教育性、艺术性过渡到日常性，变得娱乐化、商业化和空洞化，中国电视剧已经不再首选中国传统的经典文化，因而不再是他们仰慕的文化。此外，在创作方面，科技主义和快乐至上成为最受中国电视剧推崇的价值取向。中国近些年拍摄的电视剧普遍存在技术依赖现象，尽管特技效果在视觉上有新颖感和冲击力，但是却缺乏人文内涵，剧情简单空洞，主题不清晰，缺少艺术性、思想性和深度（刘健，2017：88）。

越南电影学院的大学生 HML 谈道：现在中国的古装剧演得太假了，太注重特效，但是特效又不像美国一样好，一看就是假的。我还喜欢中国武功、中国语言，但是现在中国的电视古装剧不如以前，武功不可思议，语言幼稚，服装也怪……（刘健，2017：129）

越南电视台电视剧制作部工作人员 QSF 认为：中国电视剧文化近些年出现了传统文化与西方文化比例失衡的情况……，脱离了传统文化，很多电视剧已经没有"营养"，……对于仰慕中国传统文化的越南观众来说，这种电视剧文化不是我喜欢的。越南现在能看到更多元的外国电视剧，失去了自己的特色，观众们可能会选择做得更好的，比如韩国或者美国电视剧……另外中国古装剧太过于注重特效，但是特效效果却远不如西方，当然比越南好得多，可这没用，我们现在可以选择看特技做得更好的别的国家的电视剧……（刘健，2017：132－133）

四　全球化压缩中国电视剧在越南的传播空间

全球化并没有使越南文化与西方同质化，但它变得越来越多元化。最明显的变化就是消费文化的盛行，越南人更加关注自我，开始关注那些与现实勾连密切的满足其需求的流行文化。

例如，韩国偶像电视剧除了满足了越南人对美好爱情的想象，也满足了越南人对现代时尚衣装的模仿需求。欧美电视剧甚至欧美电视频道已经是越南电视荧屏上最常见的内容。日本这些年也成为越南人最喜欢的国家之一，

2013年越南播放了第一部与日本合拍的《同事》，2015年又播出了合拍片《太阳之歌》。印度电视剧最近两年风靡越南，成百上千集的肥皂剧成为越南女性观众的最爱，聊印度剧剧情也成为她们闲暇生活的重要一部分，而在越南人最喜欢的电视频道之一、胡志明市的 Today TV 上，几乎每天都在播放印度电视剧。

越南政府正在小心翼翼地将全球各种电视剧引进越南，越南观众消费的外国电视剧也越来越多元化。一方面，这是越南外向型经济的特点所决定的，另一方面，这也是越南化解单一国家对其国家文化影响的一种战略。在这场争夺越南市场的游戏中，中国电视剧的空间正在被压缩。

纵观20多年中国电视剧在越南的传播，可以发现它为中越两国的文化交流做出了积极贡献。中国电视剧让越南观众更直观、更深入地观察中国，它在越南有良好的受众基础和广阔的市场前景。虽然目前中国电视剧在越南的传播还面临很多短期内难以解决的困难，但它的未来充满希望。

参考文献

陈雪颖：《中国电视剧对外传播的现状与策略研究》，硕士学位论文，四川师范大学，2015年。

杜涛：《平等互利，合作发展——中越新世纪全面合作关系研究》，《经济问题探索》2009年第2期。

来丰、李法宝：《中国电视剧在马来西亚的收视研究》，《当代传播》2015年第4期。

黎兰香：《1991年后中国电视剧在越南的传播研究》，硕士学位论文，华东师范大学，2012年。

李法宝：《论中国电视剧在朝鲜的传播》，《现代视听》2015年第4期。

李法宝：《中国电视剧在缅甸的传播特色》，《西部学刊（新闻与传播）》2016年第8期。

李法宝、王长潇：《从文化认同看中国电视剧在越南的传播》，《现代视听》2013年第11期。

李曦：《国产译制剧进入东盟国家市场的模式探讨》，《视听》2016年第4期。

梁悦悦：《中国电视剧在菲律宾：播出历史与现状》，《电视研究》2011年第9期。

梁悦悦：《中国电视剧在泰国：现状与探讨》，《电视研究》2013年第1期。

梁志明：《中越关系的历史渊源与发展前瞻》，《人民论坛：学术前沿》2014年第9期。

刘健：《中国电视剧在越南的传播研究》，博士学位论文，清华大学，2017年。

阮氏海燕：《中国电视剧在越南的传播及其影响》，硕士学位论文，华南理工大学，2015年。

武氏渊：《越南电视台发展简史》，硕士学位论文，南京师范大学，2012年。

易文：《越南革新时期新闻传媒研究》，博士学位论文，上海大学，2010年。

传者

新时代环境下的多元传播力量

中国传统上从事对外传播的力量主要是大众新闻传播媒体以及与宣传及外交有关的非新闻传播专业部门。近年来，一些国家级"主流"媒体的新媒介转型、地方新闻媒体的技术融合以及文化教育机构的锐意进取是对外传播中值得注意的新现象，它们大多可以归入体制内对外传播的创新范围。

在国际传播领域，"民间力量"是近年来随着公众外交的发展而逐渐受到重视的一个概念。公众外交当然需要政府的指挥与协调，但真正有效的践行者却是人民，包括民间社群。质朴的民间活动、自发的人民交往，其传播表现不一定尽如人意。但是，只要这种表达恪守"健康"的底线，原生态、草根性反而更有利于文化交流，总体上也更有利于国家形象。可见，民间表达所带来的单纯好感和朴素吸引是重要的"软实力"资源，应该尽量保留这种文化资源的民间属性，发挥其文化交流的天然作用。

本部分包含四个篇章，首先，是导论性质的内容介绍，概述本研究在对传播者实践的研究中发掘出的一些经验（郭镇之）。其后纳入三篇代表性研究成果。一篇关于中国环球电视网节目主播与美国福克斯财经频道主播跨洋对话的案例，揭示了主流媒体"借船出海""乘机出海"的创新意义（郭镇之）；一篇关于族裔媒体及其传播实践的研究综述，介绍了建构海外民族文化认同的一些理论思路（梁悦悦）；还有一篇关于"旅侨"概念的论文，强调了这支力量在中华文化海外传播方面的重要作用（郭镇之）。考虑到海外传播的特殊语境，借船出海、借势用力的灵巧策略是本书研究传播者实践的主要心得。

出海实践：对外传播者的成就与挑战

对外传播的中坚力量历来是国家媒体，特别是中央级主流新闻媒体。近年来，主流媒体在常规的对内、对外新闻传播活动之外，也应用新媒介，借用新渠道，采用新手法，探索出不少创新之路。本课题对主流媒体的新闻创新进行了全面观察，但将焦点集中于非传统、非常规、"小荷才露尖尖角"的渠道和方法。同时，将主要的观察和更细致的笔触用于描绘非国际传播主流的地方大众传播媒体、非传统新闻行业的文化机构、非常规宣传媒介的民间社会、市场主体及其公众传播、商业模式及其新媒介应用。在这些方面，利用地理的便利和人文的接近，融通情感的文化传播具有不容忽视的重要作用。

第一节 主动出海：成绩及问题

研究者首先对新华社、《人民日报》、中央电视台等旗舰型中央媒体利用新媒介走向世界的创新举措进行了观察和调研。

一 国家级主流媒体的新媒介渠道创新

新华社的 Twitter（@XHNews）账号开设于 2012 年 2 月，于当年 3 月 1 日正式发布了第一条推文。2015 年 3 月 1 日，新华社宣布海外社交媒体平台的官方统一账号"New China"正式运行（李冰、汤嫣、张梓轩，2015）。由此，传统的硬新闻借助新媒体增加了传播的渠道，新华社的 Twitter 也在中国的重大政治活动和国务事件中引人注目。

公众对环境导向的心理需求和对主流媒体的长期信任使《人民日报》等

严肃媒体维持了吸引力。"人民日报"微博和微信在主流媒体中的传播量经常排名第一，微信公众号甚至名列社会前茅。《人民日报·海外版》的微信公众号"侠客岛""学习小组"在相当长的一段时期内以"路人"甲乙的面目示人，颇有神秘感；但它们的报道有深度，有内幕，有细节，吸引了各路关注，"用实打实的用户量和舆论场上日益扩大的影响力，证明了在媒体变革的年代，人民日报的采编团队，同样可以一马当先。"① 在网络上假新闻铺天盖地呼啸而来的时候，新华社和人民日报社在中国公众中仍然被认为是最值得信任的消息确认者。不过，由于众所周知的原因，它们在世界上的影响力较小。

中央电视台是中国传媒走出去的成功媒体，其下辖的中国环球电视网（CGTN）已经具备国际化的新闻采编团队，包括记者、编辑和节目主持人。据主导央视节目海外输出的中国国际电视总公司介绍，该公司的节目销售不断转型提升，实现了由"卖节目"到"开时段"再到"建频道"的模式升级（唐世鼎，2017）。以 CGTN 为主品牌的融媒体集群已经成为海外受众了解中国、感知中国的主要渠道之一。

对国家主流媒体对外传播的系列研究（刘滢等，2018）认为，西方主流媒体的全球影响力中国在短期内无法超越，但新媒体的发展水平与西方差距有限，海外社会化媒体，例如国家主流媒体在海外社交平台 Twitter、Facebook 和 YouTube 上设置的媒体账号，是中国对外传播战略的重要突破口（刘滢等，2018：7、10）。

（一）主流新媒体的传播调查

针对"上天容易，落地难"的国际传播难题，在一项"主流媒体对外传播的新媒体策略研究"中，新华社、中央电视台、《人民日报》、《中国日报》四家媒体46%（最大比例）的受访者认为，海外社会化媒体传播效果最好（刘滢等，2018：92-93）。超过一半的受访者认为，中国海外传播的主要障碍是：传播内容没有吸引力（66%）；与国外受众的互动较少（64%）；创新能力不能满足国外受众需求（63%）；对外话语体系没有建立起来（51%）（刘滢等，96）。例如，有受访者指出，获得广泛肯定的关于"十三五"的广

---

① 刘少华：《人民日报发力移动互联网"侠客岛""学习小组"逆袭》，2014 年 12 月 26 日，http://media.people.com.cn/n/2014/1226/c40606-26278658.html。

告宣传片的确让受众获知了"十三五"这个概念,但对"十三五"的内容,海外受众却不甚了了。因此,新媒体产品吸引的短暂注意力无法持续,外国受众对中国报道的关注度很难转化为好评率(刘滢等,97-98)。

在调查中,大多数受访者认为,海外传播内容缺乏吸引力的客观障碍,最大的是体制机制的制约(78%);其次是国家政策的限制(62%)和人才储备不够(53%)(刘滢等,2018:98-99)。"对外传播话语体系"的主要问题是"宣传味太浓"(82%)、表达太严肃(62%)和传统的报道思维(62%)(刘滢等,100-101)。因此,需要解决"无效传播",亦即"传而不通"和"通而不受"的问题(刘滢等,2018:101-102)。

(二)国际传播的绩效对比

通过连续三年(2015、2016、2017)的量化测量,研究者对新华社、《人民日报》、中央电视台(包括后来的 CGTN)、中国国际广播电台、《中国日报》、中新社、《环球时报》等国家主流媒体海外社交媒介的传播效果进行评估;并与美联社、路透社、法新社、《纽约时报》、CNN、BBC、RT 等国际媒体(后增加到全球 48 家国际媒体)的表现进行对比,发现中国主流媒体投入多,获得少。例如,在海外新媒体发稿量(包括文字和视频)等生产能力方面,中国主流媒体表现较强;但在粉丝量、转发数和互动率等体现实际效果的方面,"与国际主流媒体相比还有较大差距"(刘滢等,2018:137)。2017年度对三大海外社交网络平台上的热门贴文、视频、词汇、标签进行的深度剖析还发现:在 Facebook 热词前 20 名中,China(排名 1)、Chinese(排名 5)、Beijing(排名 20)均榜上有名;在 YouTube 前 20 名热词中,China 也占据了第 2 名的位置(刘滢等,160-161),说明中国已经很"显眼",成为全球网民重点关注的对象;但中国的国际形象究竟是歪曲的还是真确的,是正面的还是负面的,则是一个很大的问题。

二 地方广电媒体的方式探索

在主流媒体、传统渠道和常规方式之外也有很多创新举措,例如地方媒体的对外传播。对上海电视台外语频道的实地考察(郭镇之、张咏华,2015;张咏华、王立俊、扶黄思宇,2018),对新疆广播电视台广播状况的调查(赵丽芳、亚力坤，2016），及其他一些研究（刘健等，2019），发现了地方对外传播的更多方式。上海是立足国内、对外传播的案例；新疆等地的案例，是借助地理和文化接近性进行的地方层次媒体的跨境传播。从研究对象那里发现的，有比较成功的经验；也有还在摸索的尝试。

（一）上海广播电视台外语频道：立足本地，对外传播的经验

上海电视台外语频道成立于 2008 年，是以英语播出、在国内进行对外传播的一个渠道，主要针对在沪的外国企业和侨民。外语频道向外国人介绍中国的都市生活、中华文化等他们感兴趣的内容；同时，向国内使用英语的白领阶层、学英语的在校大学生（他们很可能出国，并成为中国形象的代表和公众外交的使者）介绍中国人感兴趣的海外内容，通过中外信息的沟通，穿针引线，牵线搭桥，建构了一种中外之间双向交流的公众外交电视渠道。其重点，是文化交流，而非新闻宣传。为了做好"翻译"沟通，外语频道所有的英语节目都配中文字幕；不多的中文节目也配英文字幕。纪录片选择比较接近国际风格的，以促进文化交流；剪辑播出的国内节目，则力求改变对内宣传的重点和角度。

在一些引起较大反响的专题节目中，外语频道进行了有利于国外受众理解的节目设计。例如，在《中国面临的挑战》中，选择了国际知名的中国问题专家、来自美国的"中国通"罗伯特·库恩（Robert Lawrence kuhn）先生做主持人。《中国面临的挑战》本来是上海电视台为向海外宣传"十八大"而推出的一个专题节目，但外语频道避开了传统的规定动作和宣传思路，以交流而非灌输的方式讲述中国故事。[①] 库恩主持的一大优势，是他能够从美国人的视角选出外国人喜欢的题材；而在文化口味的问题上，用中国人的思维很难判断其中微妙的差异。

选题中的"挑战"一词给外国公众留下中国虽然快速发展但不乏困难和

[①]《中国面临的挑战》后来制作了第二季、第三季。《中国面临的挑战》第一季获第 23 届中国新闻奖一等奖和第 22 届上海新闻奖特别奖。第二季获第 25 届中国新闻奖二等奖，并获第 68 届美国洛杉矶地区艾美奖。详见黄小河《中国面临的挑战》总导演《我们如何向世界讲中国故事》2016 年 12 月 19 日，《澎湃新闻》：https：//www.thepaper.cn/newsDetail_ forward_ 1582822；李君娜《沪产纪录片〈中国面临的挑战〉获美国洛杉矶地区艾美奖》，2016 年 8 月 6 日，《上观新闻》：https：//www.shobserver.com/news/detail？id＝26394。

问题的现实印象，节目呈现了"一个面临困难但又充满希望的中国"，让他们感觉真实，并使"中国媒体惯于报喜不报忧"的刻板成见不攻自破。主持人库恩还以一个长期与中国结缘的外国专家的身份，在第二季的第一集对"中国梦"给出了"和谐的"、"美丽的"、"文明的"、"富强的"和"现代化的"关键词解说，这种解读比中国人自己的宣传更加可信。

(二) 地方媒体的外宣探索：地理接近与文化跨境

文化具有地域的亲近感。地方媒体作为中央级传播媒体之外的另一对外传播层次，利用地理和文化的接近之便，在向周边世界讲述中国故事时可以发挥特殊的作用。通过全球视野和区域视角探索对外传播的多种渠道和有效方式，尤其是借助与周边地区的成功合作，地方媒体可以充当中国文化的海外向导。

利用地理接近和文化相似的条件，地方媒体也做出了不少尝试。为了配合涉疆的对外传播，新疆人民广播电台等广播影视媒体从2004年开始分别与国内外媒体合作，以租赁频道方式运作的广播节目和电视节目，开展对中亚国家的传播，特别是自中国提出"一带一路"倡议以来，对外传播的整体成绩可圈可点。不过，与海外当地媒体和国家主流媒体相比，新疆地方媒体在国际受众中的影响仍然很小（赵丽芳、亚力坤，2016）。

浙江卫视的《中国好声音》在马来西亚的传播是地方媒体综艺节目走出去的成功尝试，实现了与当地华语电视媒体的深度合作。借助本土平台、本土明星、本土话语（如"弘扬华语音乐"与"为马来西亚争光"）等系列"本土化"策略，《中国好声音》在马来西亚主要华人圈引起了广泛关注（梁悦悦，2014b）。这一典型实例说明：在中国电视"全球流动"的过程中，充分利用中国作为海外华人"文化母国"的天然优势，以适应海外华人特殊偏好的"本土化"策略激发其基于"地方层次"的文化认同，可以为中国电视媒体的全球传播提供新的路径。

福建广播电视集团海峡卫视频道则利用地理与文化之便，长期与台湾东森电视台合作，拉近同胞感情、促进两岸关系。据海峡卫视介绍：在制作纪录片式真人秀时，他们的经验是"综艺往后退半步，纪录片往前进一步"，在纪实类的跟拍中既有综艺节目的设计，又不让游戏规则过分干预人的心理和行为，在吸取台湾制作经验的基础上力求创新与超越。2018年，海峡卫视还将主打的首档两岸高校音乐大赛节目《青春最强音》的决赛现场搬到了台湾岛内，影响扩及东南亚，成为青年一代文化交流的狂欢活动①。

三　文化交流机构的海外宣传

教育和文艺是两种主要的文化交流方式，能够有效地沟通感情、建立关系、影响人心。作为两个最重要的中华文化海外推广机构，海外孔子学院和中国文化中心的举措特别值得关注。

（一）孔子学院的成功与困境

在海外教育方面，近年来孔子学院全球推广的力度及其引起的关注前所未有。但是，孔子学院跨境教育的快速发展与较大成功也成为靶子，遭遇"中国推进软权力"和"中国威胁（全球）论"这类警告的声音。在一些西方国家，孔子学院面临抵制和打压，不时传来国外大学停止与中方的教育合作及关闭校内孔子学院的消息。

对孔子学院的舆论反馈，我们的两个研究可以对照来看。一份（吴玫、朱文博，2017b）是对西方大众传媒舆论反应的分析；另一份（杨颖，2019）收集的是国外学术界的观点。吴、朱的研究发现，西方主流媒体主要从既定的思维框架出发，对孔子学院进行了负面的符号化呈现；而杨颖对学术研究论文的梳理则发现，对孔子学院的学术研究立场观点更加多元，且以客观评价为主。可见，"孔子学院威胁论"主要是传媒的炒作。不过，由此可以看出，就对舆论环境的塑造和对公众意见的影响而言，学术分析往往比不上传媒宣传。后者反应敏锐，观点鲜明，传播速度快，话语具有煽动性，比充满数据并力求中立的枯燥学术论文好读多了。

（二）海外中国文化中心的发展取向

由于和孔子学院相似的文化功能和区别显著的海外表现，中国文化中心近两三年才引起一定的关注度（郭镇之、张小玲、王珏，2016；郭镇之、张小玲，2016；郭镇之、李梅，2018；陈博谦、王子诺，2019；陈博谦，2019）。

---

① 据对福建省广播电视台海峡卫视的实地调查（2017年10月）。

研究发现，海外中国文化中心起步早于孔子学院，但在国外的布局有限，长期发展缓慢。不过，这种细水长流、润物无声的文化交流和语言推广是各国在世界其他国家开展文化外交的共同现象，如老牌的法国法语联盟、英国文化交流协会、德国歌德学院、美国文化中心，以及较晚出现的韩国世宗学院、西班牙塞万提斯学院等。除了传统意义上的语言文化大国之外，印度、波兰、匈牙利、罗马尼亚、丹麦、伊朗和以色列等国也都开设了教授语言、传播文化的相关机构（陈博谦、王子诺，2019）。

事实上，各国的文化中心都有一定的官方背景，承担公众外交的使命，甚至获得政府的财政支持。各国文化中心主要以文学、艺术、教育等国际交流方式，与当地人民建立关系，发展友谊，推动所在国民众对本民族文化的理解，塑造积极友好的国家形象，烘托支持本国政策的舆论氛围，以不留痕迹的方式宣传本国文化。海外中国文化中心也正是这样做的；虽然它们的发展显然不够快，影响力确实不够大——尤其是在孔子学院的对照下。在中华文化的传播方面，中国文化中心显然应该更加主动一些。

近年来，在孔子学院狂飙式发展速度的反衬及推动下，海外中国文化中心也开始批量布局，快速发展，努力表现出进取精神。

不过，文化中心与孔子学院的运作机制不同。孔子学院采取与当地大学合作、进入外国教育体系的合作方法，教授以中文为核心的中华文化知识；而文化中心是半官方的独立机构，主要与社会团体、商业机构和民间组织以市场化的合作方式，以艺术表演和文化活动的方式传播偏向文艺类的中华文化。

同时，孔子学院与海外中心有很多重合的功能，一个主攻教育，一个侧重文艺，但相互都有涉足，并形成了一定的竞争关系。具有孔子学院和中国文化中心两种工作经验的陈博谦介绍说，孔子学院只是两国合作开办的非营利性教育机构，应属非官方性质；中国文化中心却是与各国对等互设或获准单设的官方文化推广代表，通常还有两国政府签署的正式文件和互换的外交照会加以确认，是树立国家形象、促进文化交流的权威机构、常规渠道及法定手段（陈博谦、王子诺，2019：65-66），因而建议中国文化中心与孔子学院强强联合。

四 民营公司的海外传播

在公众外交领域，民营机构和民间渠道发挥着日益重要的作用。这种作用，往往通过市场和商业的方式实现。而这种市场和商业的方式，也是全球通用、世界认可的。

2019年3月，中国援非"万村通"项目在尼日利亚首都阿布贾远郊的帕杜玛村启动，它是2015年中非合作论坛约翰内斯堡峰会提出的中非人文领域合作项目之一，目的是"为非洲国家的1万个村庄接入卫星数字电视信号，并向20万个非洲家庭捐赠机顶盒"[①]。最早进入非洲并立足非洲数字电视传播的民营四达时代集团公司，就是负责项目实施并承担后续商业化运营及维护任务的中国民营企业。

四达时代集团创立于1988年，是中国广播电视行业走向世界最著名的系统集成商、技术提供商、网络运营商和内容提供商。2002年，四达时代开始与非洲各国共同推动社会的数字化、信息化事业，至2019年已在非洲30多个国家开展数字电视运营，发展用户近千万[②]。

在数字运营技术设施的基础上，四达时代自2011年开始译制配音播出中国影视剧，推动中国影视"走出去"。四达时代译制配音播出的电影和电视剧，语种包括英、法、葡、斯瓦西里、豪萨、卢干达、约鲁巴、依波语等8个，内容包括武侠、神话、都市言情、青春励志、家庭喜剧等各种题材。随着四达时代不断加大译制、配音和推广的力度，《平凡的世界》《北京青年》《杜拉拉升职记》等一大批中国当代影视剧在非洲受到热烈欢迎。特别是讲述中国普通百姓酸甜苦辣生活的现代都市题材电视剧更激起当地观众的共鸣。这与中国在东南亚地区播出的电视剧以历史剧、古装剧为主的情况是很不一样的。

这些中国影视剧主要通过四达时代自有频道或者平台播出。至2019年，四达时代已在非洲创办了43个频道，其中的中国影视剧频道（Sinodrama）采

---

① 《中国助尼日利亚村民看上了数字电视》，《人民日报》（海外版）2019年3月9日第09版。
② 四达时代公司网站，http://www.startimes.com.cn/aboutgsjj/index.htm，有关数据2019年2月获取。

用英、法、葡三个音轨 24 小时不间断播出中国影视剧；斯瓦西里语、豪萨语等本地语种的频道也播出部分中国影视剧，收视范围达撒哈拉以南 20 个国家。至 2019 年 2 月，数字电视用户总数达 1200 万，手机 APP 用户数为 800 多万。①

四达时代成功走入非洲的原因有很多，最关键的原因，首先，是渠道建设打下了基础。在四达时代出现以前，中国影视剧"走出去"依赖外方渠道，缺乏自主权。与外方合作的版权贸易形式比较单一，逐个谈判效率不高，难以形成规模效应。四达时代投资建立了自身主导的数字电视网平台后，中国影视剧得以全天候、成规模地在非洲播出。

其次，译制配音是对外传播"中国故事"的保障。只有"看得懂"才能"愿意看"。语言相通甚至比节目内容合适更加重要。特别是，非洲农村人口比重大，受教育程度低，只有本地语配音才能打开与广大民众沟通的最后"一扇门"。为此，四达时代投资建设了译制配音中心，建成了配备顶级设备的 34 间录音棚，形成了来自英、美以及非洲各国的 200 多人译配团队，具备多个语种的国际先进译配能力。四达时代还在非洲国家连续举办配音大赛、影视大篷车等各种宣传活动，培养出一批批铁杆"追剧粉丝"。

第二节 中华文化的借船出海

本课题的调查和多种文献的印证都说明，各国人民接触最多、信任度最高的都是本国媒体。中国对自己文化的推广，中国对自身形象的塑造，往往赶不上本土媒体对本国民众的影响力。同时，西方媒体，特别是全球主流媒体在影响全球舆论和塑造民族形象方面也具有举足轻重的地位。

一 外媒外眼看中国

本课题的一个重要研究途径，便是通过深度访谈，了解外国人（主要是

---

① 本节对四达时代的介绍内容许多得自公司提供的素材，时间是 2019 年 2 月。

西方人）眼中的中国。

（一）英国纪录片与英国电视人的中国观

2016年春节期间，英国广播公司（BBC）播出了两部关于中国的纪录片：《中华的故事》（Story of China）① 和《中国新年》（Chinese New Year）。这两部片子在中国网民中引起了广泛的讨论，认为它们的语调和态度，与BBC以往关于中国的纪录片大不相同，如前一年播出的《中国式教育：我们的孩子足够坚强吗？》（Chinese School: Are Our Kids Tough Enough?）、《中国秘密》（Secrets of China）以及更早于2011年播出的《中国人来了》（The Chinese are coming）。中国网友称，不习惯BBC用"赞赏"而非"批评"的语气谈论中国，感觉BBC对中国的立场和态度发生了转型。尤其是《中华的故事》播出后，中国很多观众表示，他们原以为BBC的片子是敌视中国的，几乎不敢相信一向被认为对中国持批评态度（有人甚至用"抹黑中国"这种说法）的BBC竟然以如此友好的视角向西方世界介绍中国。据此，学者对几部在英国和西方世界引起较大反响、也在中国引起民众广泛关注的英国纪录片进行了比较集中的研究，包括对制作者的深度访谈、对文本的分析和对受众的反馈研究。

据英国知名媒介评论家，也是BBC主持人、制片人史蒂夫·休利特（Steve Hewlett）的看法，出现变化的原因，是中国在总体上比以前更加开放了；同时，中英在媒体层面的交流和合作也不断升级，因而产生更多的共同语言。随着中英民间的对话逐渐增多，英国人可以用不同的视角去看待事物，更关注中国的方方面面，而不再集中于"人权""民主"等政治问题。这种看似改变的现象，可以解释为BBC对中国的"接近性"和"熟悉度"的增加。休利特并不认为BBC对中国的态度有实质性的转变，也不认为BBC或者其他媒体会轻易改变尊重客观的一贯风格。他说，纪录片不是展示"友谊"的外交手段，记录片的目的是展现真实（杨颖、潘梦琪，2016）。

《中华的故事》在英国广播公司二台播出不久，2016年1月，课题组成员马诗远在伦敦与《中华的故事》主创团队进行了访谈。制作这部纪录片的

---

① 虽然片头有大大的红色"中国"字样，但制作者强调，这部片子的中文译名是《中华的故事》，似乎是为了表明中国传统文化的特色。

"玛雅视觉"是擅长历史和文化题材国际纪录片的英国独立制片公司。主持人迈克尔·伍德（Michael Wood）是英国 BBC 历史纪录片的明星主持人、历史学家、曼彻斯特大学教授，曾参与制作 100 多部纪录影片。

《中华的故事》导演说，西方人有一种偏见，认为中国人非常难以接近和了解。这部纪录片的目的，就是通过那些能够在情感上吸引观众的个人故事和富有戏剧性的事件，让观众对中国的各个历史时期感同身受。故事的真正主角是中国普通百姓，创作者的目标是尽可能地让更多中国人的声音出现在镜头里，让普通中国人的讲述贯穿整个纪录片。伍德说，作为主持人，他没有觉得自己是站在中国文化之外的观望者；在片中他要做的，就是一个友好的向导，真正陪伴观众去（中国）旅行。

这个纪录片的投拍反映了主观和客观的需要。一方面，英国社会对中国的认知热情很高，英国已有 300 所学校在教中国普通话，中国历史很快将成为英国学校水平考试的课程；另一方面，一个偶然的机遇，伍德的想法得到了中国驻英大使傅莹的支持。傅莹认为，中西文化之间有很多误解，西方对中国不理解的东西太多。也许正是因为《中华的故事》表现出的对华友好态度，2019 年，《中国改革开放的故事》再度出现在中国的互联网播放平台。

马诗远还对 BBC 纪录片《西藏一年》的制片人、华人导演孙书云进行了访谈，探讨如何讲好中国故事、中华文化如何向海外传播的经验。孙书云认为，中国主流媒体制作的片子不能获得国际认可的最大原因，就是中国制作者希望故事是完美的、阳光的。其实，生活充满了非常痛苦的挣扎。如果只能说好的，那就没有人会相信它的真实性。国内同事做的东西，最大的症结就是不能叫人相信。他们把自己的宣传意图强加到世界观众身上，而自己的故事跟西方观众所接受的故事又差距过大，这是中国纪录片不能走出去的主要原因。孙书云认为，不要以为砸钱就可以砸出好的故事。她主张，传播中国文化的外国主持人一定要充满了善良的同情（例如伍德）。要用他们的平台，他们的话语，他们的人格魅力，用西方人喜欢的电视风格讲述中国故事，才是传播中华文化最好的方式（马诗远、杨颖，2016）。

（二）波兰学者眼中的中国和东南亚

华沙大学教授 Bogdan Goralczyk（中文名高山仁）是波兰前外交官、华沙大学国际关系学教授和著名的中国问题专家，借他来中国的机会，课题组成员杨颖对他进行了深度访谈①。

  Goralczyk 教授说，中国是他的宿命。因为哥哥只身前往遥远的中国读大学，父母才生下他作为"替代品"。20 世纪 50 年代，他的哥哥在北京完成了学业，并与一位苏州姑娘建立了特殊的家庭，成为当时留华东欧学生中仅有的 2 例（跨国婚姻）之一。70 年代，哥哥成为波兰驻华外交官，邀请 Goralczyk 访华，于是他开始学习中文，主攻汉学和中国文化研究。他曾先后在华沙大学和波兰政府外交部工作，并赴泰国等亚洲国家当了 5 年大使。其间，他每年至少访华一次，成为波兰少有的"中国通"。

  对于中国的崛起，Goralczyk 教授认为，中国发展迅速，但有点太快了。中国可能需要另一种更稳定的发展模式。目前还是美国在统治世界。中国需要讲究技巧，需要小心翼翼。Goralczyk 教授说，"中国威胁世界"是一种西方思维，但也是一种"正常"的想法，因为毕竟从 16 世纪起，西方就主宰这个世界，它已经习惯了。

  Goralczyk 教授发现，中国之外的许多地方都可以收看中国的中央电视台。而且，中央电视台英语频道的传播内容对西方受众而言是可以接受的。但是"有中国特色的社会主义"概念对西方人而言还是太抽象了。Goralczyk 教授很认同中国小康社会的目标；但觉得有必要警惕强国梦的话语，因为公开宣布目标会遭遇阻力和反抗。此外，中国的报纸与官方说辞过于接近，西方人难以接受。中国在感情上对外国人还不够开放。

  Goralczyk 教授的自我定位是西方文化，这也是很多转型中的前中东欧社会主义国家知识分子的普遍态度。可见，西方文化、西方观点在全球具有很强的文化领导权，它们引领了全球对中国的看法。

  今日的波兰越来越接近西方。Goralczyk 教授说，波兰决策者、波兰主流媒体都开始意识到中国是个新兴大国、潜力无限；但同时也认为中国是个威胁、是个挑战。知识精英认识到，现在是重新认识中国的时候了。中国很受波兰年轻人的欢迎。这些波兰人到中国主要是学习中国的语言、文学以及文化等，他们会成为新的知华派。

---

  ① 杨颖：《旁观中国：波兰教授 Bogdan Goralczyk 访谈录》，《对外传播》2017 年第 2 期。

（三）韩国电视人眼中的中国形象

韩国放送公司（KBS）的中国主题纪录片《超级中国》制作发行后，在韩国获得了很高的收视率，在全球也引起了较大反响。中国观众在第一时间获知信息，并借助各种途径先睹为快。不过，中国观众对纪录片《超级中国》的反应多种多样，从扬眉吐气到疑窦重重，不一而足。大多数人感觉，虽然韩国纪录片对中国的发展和强盛大为赞赏，但隐约透露出"中国威胁论"的气息。

在对KBS原中国代表、现KBS放送文化研究所研究员朴由敬的访谈[①]中，这些观感得到了印证。朴由敬介绍说，公司筹拍《超级中国》的初衷，是看到了韩国民众对中国日益强烈的兴趣，预计做一部客观反映中国发展趋势的专题片会很有市场。纪录片是由KBS独家制作的，没有与中国的机构合作——许多中国单位对这样的选题心里没底。

朴由敬说，这部KBS纪录片主要是希望韩国人认识中国的力量，冷静、长远、全面、客观地看待中国。之前，许多韩国人对经济发展迅速的中国尚缺乏认知，还认为中国落后，世界上最了不起的是韩国人。《超级中国》多少扭转了这种无知。但有的时候，韩国人对庞大的中国邻居也感到恐惧。《超级中国》多多少少强化了这种感受。

《超级中国》播出以后，一些韩国人觉得不太高兴，问KBS干吗自己花钱做歌颂中国的纪录片？一些韩国受众反馈，"超级中国"这部纪录片的名字便显示出制作方的本来意图，是想要显示中国的强大一面。朴由敬承认：从总体上是肯定中国的倾向。但是也有一点批评，有均衡：好的表现是"超级"的，有时候负面的表现也是"超级"的。

在中国待过很多年的知华派，几十年来跟中国有交流、贸易、生意往来的人都觉得纪录片拍得很全面，非常好。朴由敬总结到，这个纪录片最大的亮点是：第一，国外拍的有关中国的纪录片多是负面的，这部纪录片是偏向正面、正能量的；第二，可以说这部片子比较客观；第三，也是最大的亮点

[①] 与朴由敬的访谈有两次，比较正式的一次于2015年8月3日下午在北京某酒店大堂咖啡厅进行，参加的人有受访者朴由敬和课题组成员徐佳、郭镇之和盛夏，时间大约两小时。此外，网上语音访谈一次，郭镇之与朴由敬，2019年3月9日，约一小时。

就是——这不是央视拍的，如果一模一样的纪录片由央视来拍的话，人家就会认为中国自吹自擂，就不买账了。

二 华媒与华人的海外文化传播

华人、华媒、华社遍布全球。华人机构和华语传媒是中华文化走出去的重要渠道。它们与其他媒介一起，构成了中华文化走向海外的可借之船。

以各种传播路径（特别是网络新媒介）传播中华文化是近年来大量涌现的现象。本课题观察了两种传播，一种是当地海外华人及其主持的海外传播机构（如创办有年的报纸和电视媒体）对中华文化的传播；另一种是旅居华侨从事的传播，以教育和传媒产品为主。

（一）传统华语媒体的中华文化传播

在海外华人集中的东南亚，华社、华校、华媒一直在华人社群扮演着维系中华文化之根的角色。华社维护着人际网络，华校从事传统语言文化的传承，而华媒特别是电视频道和视听产品，则以大众文化的方式在海外发挥了重要的文化溢出效应。

课题组成员、马来西亚华裔学者杨丽芳博士一直在本土从事马来西亚新闻业及其传播的教育和研究。在对马来西亚新闻史上最大的一宗跨宗教纷争事件（"阿拉"纷争）中不同族群媒体的相关报道进行的研究中，她对比分析了中文报纸、英文报纸和马来语报纸对纷争的不同报道框架，以及导致框架构建差异的族群、宗教及意识形态因素。论文指出，尽管马来西亚奉行"多元文化"的官方政策，但在偏颇的文化政策引导之下，族群之间的争议和冲突并不容易消弭（杨丽芳、郭镇之、杨颖，2016）。

梁悦悦对菲律宾、泰国和马来西亚的华语电视进行了长时间的专门研究。在其博士学位论文（梁悦悦，2017）中，她以"族裔媒体"的理论思路（梁悦悦，2015），研究了马来西亚华语电视的历史进程以及华语电视在多种族生存环境下的文化发展；并以文化地理学的观察角度，分析了不同世代华裔受众对华语电视的接受心理和收视偏好。研究发现，马来西亚华语电视呈现出"多元化"与"本土化"并行的发展特征，使不同文化地理层次的华语节目"百花齐放"，中国大陆电视剧及综艺节目因此也获得一定发展空间。

（二）新媒介环境下的海外中文教育传播

哈兔网络教育学院是一个更接近当代中国的案例。与遍布全球的孔子学院不同，哈兔以"互联网＋海外华文教育"的理念及民营和市场的方式，成为网上中文/华语教学的一个代表。哈兔的创办人朱敏[①]是一位定居西班牙的浙江华侨，从 2005 年开始，以市场经营的方式针对海外华人在全球推广华文教育和中国文化。

朱敏认为，"文化传播、语言先行"。作为企业，哪怕从事的是文化事业，也必须建立在市场模式上，考虑成本和收益。不过，虽然采用商业收费的模式，但也带着慈善的本意提供少量半公益、全免费的产品，以寻求可持续的发展路径。

朱敏对海外常规华文教育学校存在的问题十分清楚：业余华文教育的进度太慢，国内小学毕业的语文课程要到 18 岁才能完成；周末学习的方式就好比一星期才吃一餐饭，不能做到节奏均匀、循序渐进。朱敏认为，海外存在许多不合格的民营教育和不规范的民营机构。例如，企业家开餐馆没有生意了，就改做教育：今天还是大厨，明天西装一穿，就是校长了。企业家把教育看作一种生意，压低价格，恶性竞争。于是，就无法保证教学质量。一哄而起的海外华文教育、处处开花的网络传播方式，的确带来了鱼龙混杂、良莠不齐的症候（朱敏、郭镇之，2017）。

作为正规教育的一个补充，民营的、市场的、商业的机构在传播中国文化的事业中可以大有作为。但是，市场的、商业的文化教育必须克服企业唯利是图的倾向，真正把教育和文化做成事业。民营教育机构的使命，既有对企业的管理，也有对教育的管理，如何平衡处理两方面的关系还需要摸索经验。

参考文献

陈博谦：《海外中国文化中心发展历程综述》，《对外传播》2019 年第 10 期。

陈博谦、王子诺：《中国文化中心的海外传播路径——以曼谷为例》，《燕山大学学报》（哲

[①] 中央电视台《走遍中国》特别节目《四海共潮生》（由中国侨联支持并指导、由央视中文国际频道拍摄制作的 10 集系列片——"华侨华人与改革开放"专题系列节目）第七集《以侨为桥》中介绍了 4 位海外华侨华人，其中有关于朱敏的"事迹"。

学社会科学版) 2019 年第 2 期。

郭镇之：《"旅侨"概念及中华文化的海外传播》（2018c），《现代传播》（中国传媒大学学报) 2018 年第 11 期。

郭镇之：《乘机出海》（2019c），《全球传媒学刊》2019 年第 3 期。

郭镇之、李梅：《公众外交与文化交流：海外中国文化中心的发展趋势》，《对外传播》2018 年第 2 期。

郭镇之、张小玲：《海外中国文化中心发展策略思考——以孔子学院为镜鉴》，《新闻春秋》2016 年第 2 期。

郭镇之、张小玲、王珏：《用文化的力量影响世界：试论中国文化中心的海外传播》，《新闻与传播研究》2016 年第 2 期。

郭镇之、张咏华：《"立足国内，对外传播——王立俊访谈录"》，《全球传媒学刊》2015 年第 3 期。

李冰、汤嫣、张梓轩：《主流媒体国际传播的新特点——以新华社 Twitter 两会报道为例》，《新闻与写作》2015 年第 5 期。

梁悦悦：《海外华语电视与中国电视"走出去"——以〈中国好声音〉在马来西亚的"本土化"传播为例》（2014b），《对外传播》2014 年第 10 期。

梁悦悦：《全球本土化语境下的马来西亚华语电视变迁》，博士学位论文，清华大学，2017 年。

梁悦悦：《西方传播学语境下的族裔媒体研究：总结与反思》，《国际新闻界》2015 年第 2 期。

刘健、郭丽梅、方汉：《面向东南亚的国际传播思考——以云南日报报业集团为例》，《传媒》2019 年第 4 期（上）。

刘滢等：《主流媒体对外传播的新媒体策略》，清华大学出版社 2018 年版。

马诗远、杨颖：《中国故事"向西讲"——孙书云访谈录》，《全球传媒学刊》2016 年第 3 期。

马诗远、杨颖、祖明月：《中国故事"向西讲"——专访〈中华的故事〉主创团队》，《对外传播》2016 年第 9 期。

唐世鼎：《创新"走出去"方式 讲好中国故事——以开办海外本土化中国时段和频道为例》，《对外传播》2017 年第 11 期。

吴玫、朱文博：《中国文化走出去面临的国际舆论困境》（2017b），《经济导刊》2017 年第 11 期。

杨丽芳、郭镇之、杨颖：《跨宗教纷争的新闻报道：马来西亚中文报纸、英文报纸和马来语报纸的框架设置》，《新闻与传播评论》2016 年。

杨颖：《旁观中国：波兰教授 Bogdan Goralczyk 访谈录》（2017a），《对外传播》2017 年第 2 期。

杨颖：《海外学术视野中的孔子学院形象研究》，《国际传播》2019 年第 3 期。

杨颖、潘梦琪：《BBC 中国话语的新转向？——与史蒂夫·休利特（Steve Hewlett）的访谈》，《全球传媒学刊》2016 年第 2 期。

张咏华、王立俊、扶黄思宇：《地方对外传播媒体的传播路径研究——以上海外语频道为例》，《新闻爱好者》2018 年第 3 期。

赵丽芳、古力米拉·亚力坤：《新疆媒体对中亚的传播策略分析》，《当代传播》2016 年第 2 期。

朱敏、郭镇之：《华文教育网络传播》，《教育传媒研究》2017 年第 5 期。

借船出海、乘机出海*

中国国际电视台（CGTN）节目主持人刘欣与美国 FOX 节目主播翠西·里根（以下简称翠西）的对话，是一次引起关注的跨国"媒介事件"，对中国来说也是一次难得的亮相机会。在这次非常规的国际传播中，CGTN 和刘欣充分发挥了主观能动性、创造机会、不失时机，借助电视的形象化特长，进行了一次有效的国际公众传播。这次对话所展示的中国理性和智慧，是中国文化借船出海、趁机出海的一次重大胜利。

"趁机出海"也可说"乘机出海"。但"趁机"比"乘机"有时机更紧迫、机会更难得的意思；也有行为者更加主动、积极的含义——有时候，这种机会是自己努力争取并借助他人创造的。对于更多的类似情况，如果能够做到"乘机"，亦即等待时机、利用机会，便属难得。

第一节 电视事件、国际传播

国际传播作为一种交流和沟通的活动，不能不考虑环境和语境。由于国际传播话语权长期受英美国家主导的现实环境，考虑到中国的许多表达被自动地按照既定思维解读为负面话语的全球语境，本文认为，创新的中国国际传播（海外传播、对外传播等）需要另辟蹊径、别出心裁，在传统思维、主流渠道、常规实践改革开放的基础上进一步解放思想，创造非传统思维、非主流渠道、非常规实践的各种成功经验。刘欣与翠西的这次对话，就是传统

---

* 本文原标题是《乘机出海》，发表在《全球传媒学刊》2019 年第 3 期上，作者郭镇之。此次发表做了修订。

媒体借助国外主流渠道创造的非常规实践的个案。

一 一场电视秀

对这次非常规的举措，多数人直觉地赞好。但是，出于传统思维和既定理念，也有一些人提出了疑问。其中，白岩松问刘欣的问题——在"辩论"中为什么不提问（实际是"不辩论"、不争论）——是很有代表性的一种。它反映的是一种国际传播的"斗争"传统，而这种"斗争"理念非常普遍。固然，"以斗争求团结（共识）"的方式在某些情况下合理且成功；然而，以"交流"的理念、合作的方式伺机表达观点，也很不错。

这一案例涉及某些更深入的问题。其一，面对根深蒂固的思想分歧，是壮怀激烈地交锋好，还是直率然而温和的访谈好？是明辨是非重要，还是表达观点优先？其二，这样的"隔空辩论"究竟是真正的辩论会，还是电视秀？在这样的电视展示中，思想性、交流性、表演性的分寸如何拿捏？这些不是简单的问题，也不应有一律的答案；但是，它们确实值得我们的国际传播者、电视新闻人认真思考。

本文认为，要从两个层面来认识这起媒介事件。首先，这是一次思想竞争性的国际传播，要"讲政治"；其次，这是一次电视节目（电视秀），要讲艺术。就国际传播而言，"理性"是基本的态度。由于双方观念差异太大，尤其是在无法迅速解决思想分歧的前提下，表达观点（而且是以可被接受的温和态度表达的观点）是最重要的。如果咄咄逼人、争强好胜，反而可能掉入主人（FOX财经频道）为"约辩"节目预设的中方"人设"（意识形态对手、共产国家代表）的框架。只有在理性的基础上，机动灵活，因势利导，才能取得预期的传播效果。

就电视艺术和传播技巧而言，虽然名为"辩论"，这次对话实际上是由FOX一手安排的电视秀场，是双方主播按照各自人设表演的电视节目。

理性传达中国的观点比赢得辩论、说服对手及其代表的美国公众更可行、更现实，也更紧迫、更重要。这不仅因为，要想说服长期在冷战意识形态框架下形成固定见解的美国普罗大众（尤其是福克斯的铁杆粉丝），谈何容易，而且也因为，要想让中国的事实和中国的观点进入美国主流频道，接触大众传播的对象，殊非易事，机会难得。因此，首先，要紧的是将中国观点展示出来，与美国人民直接接触；其次，才是（经过长期交流）进一步影响美国公众改变其中国印象。相信熟悉和了解国际传播全球形势的诸君会同意这样轻重缓急的排序。

对刘欣和翠西的对话充其量不过是一场电视秀的观点，持相同见解的同人就未必很多了。所以，本文重点讨论电视作为娱乐行业（show business）的特点。当然，说辩论是一场电视秀，并非说它不重要，也完全没有贬低的意思，而是说，我们要充分认识视觉大众传播的特殊性。

理性的认知指出，电视与真实的、日常的生活是非常不同的；把电视的表演当作真实的生活，是极大的误解。然而，在人们的感觉中，这种误解其实是相当普遍地存在的：许多人还是不知不觉地将电视世界与真实世界（reality）混为一谈。刘欣与翠西的对话，首先是一次电视节目。所以，我们要把这次辩论（对话）放在"电视节目"的语境中来考虑。事实上，电视秀是"表"，国际传播却可以是"里"。在具体的这个对话节目中，电视秀照样可能、甚至更加可能实现传播的目标。白岩松问刘欣：（这是）一场安排好的作秀？刘欣并未否认[①]。但她回答：我确实觉得我要利用这个机会到美国的主流媒体上，到美国重要的媒体上去与美国的观众直接对话。刘欣说："我一直的定位是到节目去做一个嘉宾"，最后"约辩"成为访谈或者专访的形式。

许多真心关注"辩论"的观众觉得不过瘾，认为时间太短了。问题是，对话16分钟好？还是更长的时间（例如两个小时）好？本文的判断是：16分钟正合适。当然，在这个问题上，翠西作为主持人，有一半以上的功劳。16分钟（或者18分钟、20分钟，总之不是两个小时）的对谈时间，是美国电视媒介长期测算得出的科学结论——观众最多可以容忍的平均时长。不同的人对不同对象的关注度或者耐受力大不相同。日常生活中，知识分子讨论问题可以动辄三四个小时，但是电视观众的注意力是以分秒计算的。在总体时长的控制上，翠西给了刘欣更多的时间——用文本字数粗粗计算，刘欣和翠西大约各占56.1%和43.9%。由于翠西说话的精练程度不及刘欣，感觉两者的时长差异甚至更高。这给了刘欣（以及CGTN）很好的"宣传"机会。

---

① 以下全文引证的刘欣回答和表述均来自2019年5月31日白岩松主持的《新闻1+1》节目。

有些观众遗憾于问题没有完全展开，讨论不够深入。然而，电视节目从来就不是深入讨论问题的场合。电视适合做什么呢？电视适合简短地通告要闻，也就是传播新闻；电视也最适合形象展示；还有，就是以"露面"的形式赋权，表达客体的重要性、显要性。如此看来，电视是一种"浅薄"的媒介。作为"浅薄"的媒介，电视的巨大社会作用来自哪里呢？一个是它的大众化——尤其是福克斯，较之更"传统"的 NBC、CBS、ABC 三大美国电视广播网，它更加"亲近"部分底层民众；一个是它的日常性——它天天在那里，每日与社会、与公众亲密接触，成为公众议程的主要设置者。由此，很多既定的社会观念、许多公众的是非标准、大多数人的思维方式，就靠这样的浸润、这样的滴灌，日积月累，在不知不觉中形成。电视的强大效果，不是来自它的深，而是由于它的"浅"——偶尔需要振聋发聩的戏剧性，但更多借助不显山露水的亲近性。这种日常接触可以把意识形态化身为"自然现象"。假以时日，这种潜在的可能会变为现实，导向翻天覆地的变化。

二 一次漂亮的电视对话

在当代政治中，电视形象成为最有影响力的工具和最具杀伤力的武器。有时候，说了什么（内容）并不重要，怎样说的（表达）才最要紧。在一个关系越来越肤浅、表象越来越重要的社会中，形象成为首要的因素，并在很大程度上决定着世人的感觉、判断、观点和意见。颜值、服饰、表情获得超高的符号价值，着装、相貌、话语、仪态，成为媒体追逐的舆论话题和解读细节。"秀"的环境已经成为我们的现实——媒介建构的现实。

电视具有实际的（如在新闻和纪录片中）和虚拟的（如在影视剧中）形象性。它既可以把看不见的人美化成神圣或者丑化为妖魔，也可以借助具体的、实际的接触，将圣徒或者鬼怪还原为凡人。从刘欣—翠西对话的效果看，电视节目是把原来许多美国人心目中的"不可接触者"（"共产党国家统治下的洪水猛兽"）还原为普通人，甚至在一定程度上还原为可敬可爱的人了。

FOX 的电视传播经验丰富，它把对话变成了一场漂亮的电视秀。不仅是对话的时长、话语的比例控制，而且色彩和交流感也堪称完美：首先映入眼帘的，也是电视观众最为看重的第一印象，是十分养眼的电视画面：两位堪称美女的节目主持人色彩鲜明——一位鲜红衣，金发齐肩；一位蓝绿裳，黑发简练。与人们预期的咄咄逼人、剑拔弩张大异其趣的是两位主播的风度。翠西并未如此前节目中表现的那般锋芒毕露，事实上，她的声调和音量甚至不如刘欣高。而刘欣的态度可以用礼貌温婉来形容，她不急不躁，声调不高不低，语速很快，但不操切。就吸引观众眼球的目标而言，这是一场双赢的电视秀。主人（翠西和FOX）的动机是电视收视率和市场热度，主观为自己；但为中国自塑国家形象的需求提供了一个良机——客观上服务了大家。从福克斯的角度看，成功度或许不尽理想——辩论赛未能创造戏剧冲突、火爆场面、产生 sensational 的效果。难怪福克斯对这场漂亮的电视秀既不无得意，又意犹未尽。

但是，对试图改变形象的中国媒体（CCTV/CGTN）而言，却正合适，刚刚好。从现场表现看，16分钟的时间虽然不长，但在短视频流行的时代，也算不短——它可能已经达到了许多受众观看时事类节目的上限。由于不是辩论，而变成了一次访谈，虽然许多盼望"掐架"的观众不免大失所望；然而对双方来说，这又不失为最有利的选择。我们已经看出，就逻辑能力和辩论水平而言，选美小姐出身的翠西并不是演讲冠军刘欣旗鼓相当的对手——这注定了"辩论"不可对接的无趣性。访谈也避免了翠西的尴尬。从一开始她断定刘欣的共产党代表身份（结果露一大怯），就反映出她的疏于做功课和出言率尔。而访谈可以给刘欣更多的表达机会，让她有条有理、相对完整地说清楚自己的观点，这也比并非势均力敌的"互怼"辩论效果更好。

就气度、语调、表达各方面展现出来的自信而言，用 smart（帅）一词来形容刘欣的表现很合适。最重要的是，她的英语非常完美。美国是一个崇尚优秀的国家。刘欣出色的表现，一定会给美国观众留下不俗的印象。从网上美国观众的评论可以看出，他们对她的"非常聪明"印象深刻，说她的英语比大多数美国人要好（这在一个重视口语交流而且大多数人都十分"能说"的国度，的确是很高的评价）。美国公众不一定同意刘欣的观点，但会认可刘欣的态度，并为她的聪明才智所折服。刘欣的表现不仅让中国人（特别是知识界）振奋，而且给美国的知识界包括普通观众留下了相当正面的印象。刘欣以大大超过个体比例的代表性提升了中国在全球的形象。

第二节 另辟蹊径、有效传播

从对话的内容看，刘欣的回答总体上理性而非感情用事、友好但是态度鲜明，机智、巧妙、不卑不亢。其中原因或许在于，刘欣的目标设计非常清晰，而且实事求是，表现在《新闻1+1》节目中刘欣回答白岩松问题时所表达的传播理念。

一 非常规的国际交流

对于不提问而只作答的方式，刘欣表示：我其实可以提问，但是我选择不提问。她有意识地不去辩论或者"互怼"，不争强好胜，不咄咄逼人，而是首先寻求感情的接纳，以介绍中国的事实、立场、观点、态度为主，以柔克刚。

刘欣非常清醒地认识到自己（也是中国）的局限与不利。她说：因为观众是美国普通的民众，是倾向福克斯观点的观众，对中国有很大不满和误解，因此，先天地带着负面对立的情绪。如果我再咄咄逼人，不断反问，想要打败对手、赢得辩论，那么"我在他们心中的这一形象一定是非常非常负面的"，"对我们现在中美关系、对中美两国人民之间的沟通完全没有好处"。她决定采取坦诚的态度去和他们交流。

刘欣的回答大都是机智的，原因大概是她自己说的：熟悉的事实都已经内化为自身的观点了。特别是第一个问题，翠西说美国企业在中国吃了亏，刘欣回答："你应该去问问美国的企业家。"也就是说，你说的不算，我说的不算，当事人说的才算。这种反驳非常有力量。刘欣显然做了充分的功课，她列举的一些数据和案例足以支持自己的观点。

当然，对刘欣的即时回应，一定会有值得探讨的空间：怎样说得更有力、更策略。本文无意作这种更细致的讨论，而认为，只要"不出错"和"有亮点"，本次对话就达到了理想的目标。这个判断是基于这样的认知：这次对话的符号性大于说服性；象征意义重于实际价值。也就是说，"我说了什么"可能不如"我在说"更重要。

刘欣的自我认知非常明智。她说："对我来说，最重要的是我必须去做我能做的事情和我适合去做的事情"，也就是主持人的事情、对话嘉宾的事情，"我的服装我的服饰都必须要符合我的风格、我的定位，我的语气、我的风格都必须是刘欣的"，"我必须要到那里去做我（自己），（做）叫刘欣的这样的一个人"，"一个感性地去和别人讲故事、去交心"的人，"要让美国观众看到——中国国家媒体的记者也是有血有肉的人，和他们一模一样"，"这样做的效果会比试着去雄辩要好很多"。

交流有一个重要的成功之道，就是个人化的身份。与传播对象交谈的，是具体的、活生生的、有血有肉的人，而不是概念化的、脸谱式的、千篇一律的图像。这就产生了去妖魔化的作用。电视是表演，但新闻中的电视人不是完全的表演（有人称之为"非角色表演"）。它的表演基础是与表面一致的内在本性，是真诚的愿望，而不是单纯的技巧。由于刘欣做了充分的准备，加上背后有很多人的支持，有强大的后援，表里一致，所以表现得格外自信，临场发挥出色。

对于中美两国人民来说，传播与交流的最终目标是理解与信任。理解和信任产生于交流的整个过程，而不仅限于节目本身。刘欣说，在她和翠西交流的过程中，翠西对她的态度慢慢地在发生变化。一开始是："嗨，中国国家电视台"，后来是"刘欣女士"，再后来称呼"欣"，用词、语气、语调和态度都在改变，不仅对刘欣的看法，可能对中国人的看法已经发生了变化——它在柔化，与原来那种习惯性的自以为正确的信心和"真理在手正义在胸"的气势已经不同①。当然，要让广大美国受众的中国印象发生根本改变，中国还有很长的路要走。

其实，刘欣自己的感情和态度何尝不会发生变化？她说，"我当然愿意她上我的节目，我觉得我们这样的一来一往的交往是一个很好的、不打不相识的故事"，她愿意陪翠西到中国的农村走一走，相信亲身经验会进一步改变人的看法。可见，接触、交流自有其不同于宣传的力量。

---

① 翠西·里根确实是一个率尔出言的主持人。在新冠病毒肆虐下的美国，由于她"出言不逊"，2020年3月13日福克斯商业频道暂停了翠西·里根的节目，27日宣布与她解约。

二　借船出海、乘机出海

刘欣—翠西的对话是一次引人注目的跨国"电视媒介事件",一次难得的中国亮相机会,一次有效的国际公众传播。在这次非常规的国际传播中,CGTN 及刘欣发挥了主观能动性,创造机会,不失时机,漂亮地展示了中国的形象。

形象都是以点带面、"以偏概全"的。典型可以充分放大、以一当十。在刘欣与翠西的交流中,她很明智地没有争强好胜,而是坚定却礼貌地表达事实与观点,充分展示出中国人的理性和智慧。

从不同侧面对中美主播跨洋对话进行的解读,观点可能见仁见智,并不完全相同。不过,比较一致的看法却是,中国的国际传播需要进一步解放思想,利用一切可能的机会到达国际受众,做到有效传播;要充分了解自己的传播对象,以美好的形象和个人化的表达进行坦诚的国际交流,消除海外受众对中国的刻板印象;要敢于亮明观点,以理性的精神和礼貌的态度摆事实、讲道理,塑造良好的中国形象。传播者的个人素质,包括"以心换心"的诚实态度、过硬的语言能力、对事实及观点的真诚信念和充分掌握等,也是国际传播成功的必备要素。可以说,这次中美主播的跨洋对话是中国文化借船出海、趁机出海的一次重大成果。

参考文献

Trish talks with Liuxin:CGTN's Liu Xin and Fox Business Network anchor Trish Regan are finally set to face-off on the evolving trade war. HangzhouExpat:https://mp.weixin.qq.com/s/VmQyW53jVljiRWluKuRzhw.

刘欣 VS 翠西电视辩论中英双语全文:https://baijiahao.baidu.com/s?id=1635022193036685651&wfr=spider&for=pc。

视频—白岩松连线刘欣:为什么全程都在回答没有提问?_新浪视频,https://video.sina.cn/news/2019-05-31/detail-ihvhiews5822087.d.html?vt=4&pos=108&wm=1Z。

西方传播学语境下的族裔媒体研究[*]

在族裔媒体研究中,长期以来存在功能主义分析与文化研究两大范式,占主导地位的是功能主义分析范式,其核心议题是媒介的呈现、生产与消费,热点问题是族裔媒体的在地性,而忽视了族群的全球流动以及族裔媒体与少数族裔文化母国之间的联系。采取文化研究范式的学者,特别是来自非西方国家的传播学者,则力图摒弃现存的路径依赖,重塑族裔媒体研究的全球视野。

第一节 理论传统:功能主义分析与文化研究并行

进入21世纪以来,随着全球流动的加剧,"族裔媒介"在北美、欧洲以及澳新等地蓬勃发展,也成为西方传播学界新兴的前沿研究领域。

所谓"族裔媒体"(ethnic media),是指由移民或人种、民族、语言上的少数人群或原住民生产并面向上述人群传播的媒体(Matsaganis, Katz & Ball-Rokeach, 2010: 8)。"族裔媒体"是最宽泛的概念,也可区分不同的情况,如"少数族裔媒体"(ethnic minority media)、"移民媒体"(immigrant media)、"原住民媒体"(aboriginal media)和"离散族裔媒体"(diasporic media)。

传播学者对媒体与少数族裔之间关系的讨论由来已久。早期研究多将"媒体"与"族裔"视为彼此独立的范畴,关注二者之间的互动关系。在微

---

[*] 这篇论文的作者是梁悦悦(清华大学博士,中央民族大学文学与新闻传播学院讲师),论文发表在《国际新闻界》2015年第2期上,标题为《西方传播学语境下的族裔媒体研究:总结与反思》。此次发表经郭镇之删减、编辑。

观层面,传播学者多将"族裔"视为媒介效果研究中的人口学变量和受众"身份政治"的重要特征。在宏观层面,传播学者将族裔视为考察某一国家或群体内部文化差异的重要维度,与"文化多样性"(cultural diversity)和"多元文化主义"(multiculturalism)等概念密切相关。

在西方学者的相关研究中,罗伯特·帕克(R. Park)与斯图亚特·霍尔(S. Hall)的两项研究最具代表性。美国芝加哥学派的创始人帕克早在20世纪初,就对移民报刊帮助外国移民适应美国城市生活进而"美国化"的社会控制手段进行过研究(帕克,2011)。"文化研究之父"霍尔(Hall, 1990)也从讨论离散族裔媒体出发,对加勒比海黑人电影如何在"相似、连续"(similarity and continuity)与"差异、断裂"(difference and rupture)两个不同维度上阐释黑人"文化认同"与"文化身份"的问题进行了分析。上述两篇文献,分别代表了族裔媒体研究的两种不同的理论思路——功能主义分析与文化研究。

通过对美国移民报刊的功能主义分析,帕克认为,少数族群媒体存在的全部意义是帮助少数族群融入主流社会,更将移民报刊视为在美国公众生活中推进社会整合、最终帮助全体美国人民民主地取得一致意见的最重要工具。霍尔针对加勒比海黑人电影的文化研究,则通过具体的符号、话语与意识形态分析,揭示了离散族裔媒体如何在充满张力的跨国、跨文化空间中不断建构离散族群以差异、断裂为根本特征的文化身份认同;以及这一过程如何受到其内部、外围隐含的各种权力结构与意识形态斗争的影响。

功能主义范式催生了本地视域的研究,重点关注族裔媒体在少数族群融入本地过程中发挥的社会整合功能,以及少数族群受众通过族裔媒体赋权建构的多元身份认同。而文化研究范式则催生了全球视域的研究,更关注传播行为超越本土疆界的更广大社会语境,多从批判的角度出发,思考与族裔媒体有关的全球范围跨地域权力博弈等问题。

第二节 热点议题:对媒体在地性的功能主义分析

近年来,传播学界有关"族裔媒体"研究的系列成果,主要围绕"媒介呈现""媒介生产""媒介消费"三大议题展开,并日益呈现出融合趋势。

一 媒介呈现研究:与时俱进

在与族裔媒体相关的研究议题中,以"大众传媒对少数族裔的形象呈现"历史最悠久。大量传统研究多聚焦于负面角度,批评媒体如何将少数族裔与暴力、混乱等意象相联系,以及如何以仇视态度和"新种族主义"的角度看待移民与难民,重在揭示媒体的"种族主义歧视意识"。此类研究基于语言、图片等媒体内容选择性建构"真实"的假设,最常用的理论工具是刻板印象与框架分析,最常用的研究方法是量化内容分析。相关研究发现:少数族裔的媒介呈现往往低于其在现实中所占的人口比例;少数族裔群体的独特性常被媒体贴上"他者"标签;媒体多倾向于对少数族裔进行负面报道。

近期的族裔媒体研究对少数族裔媒介呈现问题的讨论,开启了非传统的相关支脉。其中一部分对传统研究予以发展,重在揭示当代"种族主义"更为隐秘的表现形式。例如加拿大西门莎菲大学主持的"布景上的沉默"(silent on the set)研究,就通过对2000—2001年间加拿大66小时电视剧抽样结果的内容分析与文本分析,揭示了电视剧制作者如何通过既不制造刻板印象,也不挑战文化霸权的呈现方式实现了对加拿大少数族裔肤浅的"正常化"与"隐形化"表达。少数族裔人物多以次要情节中的次要角色身份出现,极少有台词或与其他角色之间的动作、情感交流,也极少体现出少数族裔在语言、饮食、服饰、生活经历上的独特性。研究者以"沉默的布景"比喻少数族裔在加拿大电视剧中呈现的形象,进而批评电视剧制作者以隐蔽的种族歧视违背了加拿大政府所倡导的"文化多样性"政策(Murray,2002)。

另一部分研究则重在揭示族裔媒介呈现的复杂性与差异性,主要关注族裔媒体如何参与了对少数族群生存状态与身份认同的意义建构,以及同化、多元文化主义、反种族主义等政治议程如何对报刊、电视、电影等族裔媒体的媒介呈现产生了历时性影响。如一项研究针对创刊于20世纪80年代与90年代末的两份面向加勒比海黑人的英国小报,比较分析了不同的社会—历史环境对英国族裔媒体报道呈现黑人族群身份时产生的不同影响(Prentoulis,2011)。另一项针对洛杉矶族裔媒体的研究对1993—2000年间媒体呈现的韩裔美国人与黑人关系进行话语分析，勾勒出不同历史情境下由冲突到融合的变化趋势（Thornton, 2011）。

当下关于族裔媒体"媒介呈现"的研究，已不常以刻板印象、框架分析为主要工具，而频繁使用"批判性话语分析"方法，围绕"文本内容"、"媒体内容作为话语实践所处的生产、传播、消费语境"和"媒体作为社会—文化实践所处的政治、社会斗争环境"等三个维度进行综合分析（Cottle, 2000: 18 - 23; Van Dijk, 2000: 33 - 49）。研究目标在于揭示族裔媒体对少数族裔形象、身份的媒介呈现中蕴含着哪些不同于主流媒体的迷思、叙述、话语，反映了怎样的意识形态与权力斗争过程（De Fina, 2013; Guzm An, 2006），并日益转向语言学分析。

二 媒介生产研究：渐入佳境

与历史相对悠久的"媒介呈现"研究不同，"媒介生产"维度的族裔媒体研究长期处于弱势地位。在数量有限的早期研究中，核心议题集中于探讨少数族裔新闻从业者的自身偏见、媒体间竞争、市场压力、官僚机构与新技术等各种因素对族裔媒体新闻生产的影响，以及族裔媒体从业者对新闻价值的特殊判断等（Cottle, 2000）。

近年来，关于族裔媒体媒介生产的研究开始引入新的视角与方法，出现了一些有启发性的新进展（Lay & Thomas, 2012; Pietikäinen, 2008; Sakr, 2008）。相关研究多采用深度访谈、焦点小组与参与式观察等质化研究方法，以族裔媒体内部从业者、新闻生产模式与机构运营方式为主要研究对象。研究者发现，影响族裔媒体生产的社会因素包括来自政府的压力、媒体高层的"把关"、节目制作者的自我审查以及媒体从业者不知如何平衡"少数"与"多数"观众的收视偏好，以保证收视率与广告收益的行业焦虑等。

尤其值得注意的是，族裔媒体生产者的职业身份认同及其与主流媒体生产者间的关系，也日益受到学界关注。例如一项讨论洛杉矶族裔媒体生产者如何建构其职业身份的研究（Matsaganis & Katz, 2013），就从生态学视角出发，创造性地借鉴了"实践社群"（communities of practice）概念，总结了影响族裔媒体生产者职业身份建构的外部生态学因素，包括主流媒体机构与生产者、主流社会机构、族裔媒体的目标社群等。该研究的最大贡献在于，将主流媒体机构及其从业者作为影响因素，纳入对族裔媒体媒介生产的考察。

三 媒介消费研究：蓬勃发展

关于"媒介消费"的研究长期以来都是族裔媒体研究中的"显学"。狭义的媒介消费研究立足于族裔媒体的目标受众本身，重点考察受众对于族裔媒体呈现内容的感想与期待，揭示受众如何结合自身经历、身份对媒体内容产生不同解读，甚至借助新媒体参与到对媒介内容的生产当中。而广义的媒介消费研究则关注受众的消费实践活动，重点考察族裔媒体与作为消费者的受众之间的互动关系，揭示族裔媒体如何卷入受众日常生活、对受众产生了哪些影响、在社群中扮演着何种角色等。

就狭义的媒介消费研究而言，研究主要在以下两方面进行探索：一个是在受众对媒体内容的感想、期待方面，瑞士学者的一项开创性研究考察了来自瑞士法裔、德裔、意大利裔居住区的少数族裔居民如何感知其在瑞士公共电视少数族裔频道上呈现出的形象。基于六个焦点小组的讨论结果，该研究最终发现：受访的各少数族群受众，均同时存在着"拥有更多媒体呈现和参与媒体生产机会"与"不要被频繁置于聚光灯下"两种自相矛盾的希望（Trebbe & Schoenhagen, 2011）。而在新媒体环境对少数族裔受众的影响方面，另一项来自新西兰华裔学者的研究则主张将新西兰华语网络论坛这一族裔媒体，视作当地华裔理解、建构自身华人身份的意义生产与竞争场所。基于对网络论坛内容的文本分析以及对华裔受众的深度访谈，该研究发现：新媒体环境强化了华裔受众与中华文化之间的联系，建构了以网络社群为基础的跨地域华人身份认同（Yin, 2013）。除以上两方面外，性别、阶级、代际等身份特征对少数族群解读媒体内容、建构文化身份的影响，也越发受到学者重视（Anthias, 2002; Kim, 2011; Lee, 2012; Tomlinson, 2003），主要探索少数族群内部不同层次的身份认同如何影响了受众对族裔媒体的消费实践。

就广义的媒介消费研究而言，当下的研究往往从族裔媒体对主流社会文化的"向心"与"离心"作用两个维度出发，分析族裔媒体对受众的影响力，包括是否强化了少数族裔与所在地区、国家之间的联系及与祖国或文化母国之间的联系。大量从功能主义角度出发的研究表明，族裔媒体作为少数族群建构其身份边界的重要场域，对受众的作用主要表现在以下两方面。1）族裔媒体可以为少数族裔受众建立与所在国或文化母国之间的联系提供文化资源（Cormack，2005；Georgiou，2001；Lin & Song，2006），使少数族群在保持其国家、族群认同基础上，进一步形成多元化的身份认同（Mandeville，2001）。2）族裔媒体可以被视为一种权力符号与政治动员手段，促进少数族群对社区、国家事务的参与（Viswanath & Arora，2000）；为少数族裔提供"发声"机会，帮助他们更好地表达自身利益诉求（Pietikäinen，2003；Roth，2000；Santo，2004）。

四 议题融合趋势下的热点问题

在族裔媒体研究前沿成果中，立足于文化研究范式、着眼于跨地域族裔媒体权力博弈的研究，已开始出现在与媒介呈现、生产、消费有关的研究领域；但在数量和规模上与立足于功能主义范式、着眼于本地社会整合的研究依然存在很大差距。特别是在族裔媒体研究重镇北美传播学界，功能主义范式依旧居于主导地位。于是，"族裔媒体的在地性"问题也成为当下的研究热点。

例如，由伦敦政治经济学院领衔的"欧盟国家离散族群与媒体研究"（The Diasporic Minorities and their media in the EU-London）项目，涉及奥地利、比利时、丹麦、芬兰、法国、德国、希腊、爱尔兰、意大利、荷兰、西班牙、葡萄牙、瑞士、英国14个欧盟成员国（Georgiou，2005）。项目旨在揭示生活于欧盟成员国的各离散族群如何通过发展族裔媒体，更好地融入主流社会、参与民主生活；同时，也讨论了欧盟各成员国政府的不同政策对其境内族裔媒体发展所产生的影响。

由加拿大政府资助、加拿大西门莎菲大学领衔的"文化多元性与大温哥华地区的族裔媒体"（Cultural Diversity and Ethnic Media in British Columbia-Vancouver）项目，则提出了"多元文化传播基础结构"（Multicultural Communication Infrastructure）的概念，以强调加拿大本地族裔媒体在引导新移民参与社会事务方面的巨大潜力和影响力。该项研究认为：加拿大本地族裔媒体是有效的社会生产与沟通机制，能以新移民的母语帮助其与所在社区互动、对话，最终融入新的社会环境并积极参与公民事务（Ahadi & Murray, 2009）。

美国南加利福尼亚大学安娜堡新闻学院研究地缘族裔媒介传播与移民身份认同转化的"变形：改变维系的纽带"（Metamorphosis: Transforming the Ties that Bind）项目是最具代表性的一个案例。该项目的"在地"是以人口、文化多样化著称的洛杉矶，研究对象涵盖了城市内包括墨西哥裔、非洲裔、华裔、朝鲜裔、犹太裔在内的 11 个少数族裔聚居区，研究内容主要围绕少数族裔居民的社区归属感，探讨在 21 世纪更好地利用族裔媒体实现社区建设这一宏观命题。在国内传播学者（张咏华，2005）看来，这项传播与转型研究的主要贡献在于提出了"传播基础结构"（communication infrastructure）和"趣闻轶事/故事讲述"（story telling）系统两大概念。每个社区都有自身独一无二的"传播基础结构"。在社区建设中，居民与社区组织以聚焦本地事务的"地缘—族裔媒体"（geo-ethnic media）为中介，共同建构强大的"趣闻轶事/故事讲述"系统，可以有效培育居民的社区归属感并动员公民的参与行为（Lin, 2004）。

由北美及欧洲国家政府资助的上述大型研究，通过对少数族裔聚居区受众、族裔媒体、社区组织的综合分析，有意识地融合了族裔媒体研究中"媒介呈现""媒介生产""媒介消费"三大核心议题，使得对族裔媒体在地性的功能主义分析，成为当下西方族裔媒体研究的热点问题。

第三节 现状反思：重塑族裔媒体研究的全球视野

然而，目前居于主导地位的"功能主义"视角，已经受到部分学者的批评。一项新近研究指出，应该对"族裔媒体赋权其受众"这一流行观点保持警惕，简单地从"同化"或"多元化"的角度概括族裔媒体的功用与潜能是不可取的。该例如，面向黑人进行传播的跨地域族裔媒体"加勒比海国际电视网络"（CIN）不仅没有挑战西方国家的文化霸权，反而对其起到了强化作用（Gentles-Peart, 2014）。因此，当下的研究应更多采用"意识形态分析"

视角，具体分析族裔媒体在建构少数族群意识形态过程中发挥的重要作用，进而揭示族裔传媒如何通过移植或篡改文化母国的意识形态，或挑战或强化了所在国的"主流意识形态国家机器"（Shi，2009）。

国内有学者在评述美国的少数族裔传媒研究时，曾认为其主要缺陷在于大多数研究都以美国境内的少数族群为对象，探讨传媒如何推动外来移民的文化适应和融入，特别是对亚裔移民及其传媒带有歧视和偏见（彭伟步，2012）。本文据此审视族裔媒体研究的前沿成果，认为它们过分拘泥于功能主义研究范式和由之催生的在地化研究思路，一方面以少数族群所在国、特别是西方发达国家的"本地"利益为出发点，过分关注个人、族裔媒体、社群间的三方互动；另一方面却忽略了本地、族群、全球三者间更大范围的互动关系，尤其对跨地域族裔媒体的"全球流动"及其与所在国和文化母国之间的意识形态博弈等问题缺乏讨论。

上述问题出现的原因，主要是大规模族裔媒体研究往往依赖政府的项目资助，因此多将关注点放在政府重视的少数族群通过族裔媒体融入本地社会和生活的问题。少量以批判视角切入的独立研究，虽然会涉及跨地域的意识形态分析等问题，却又囿于研究者人力、经费以及语言能力、文化背景的限制，很难接触到所在国之外的族裔媒体从业者及其少数族群受众，因而难以在全球视域下开展针对跨地域族裔媒体的文化研究。

本文提出，族裔媒体研究未来可从以下三方面谋求改进：首先，来自非西方国家（特别是中国等亚太地区国家）的学者应该积极参与到族裔媒体研究当中，打破欧美学者独霸该领域的局面；其次，以文化研究的角度突破功能主义分析的桎梏；最后，族裔媒体研究应该突破"在地化"研究思路的束缚，将研究的着眼点由特定国家/地区内部的社会整合，放大到族裔媒体在全球范围内的跨地域流动与跨文化适应上，重点考察族裔媒体通过与文化母国及所在国的互动，如何优化少数族群的生存条件，同时拓宽族裔媒体自身的全球视野和话语空间。

中国传播学界应该借鉴北美、欧洲国家学者的研究经验，警惕功能主义研究范式片面强调族裔媒体"在地性"的狭隘观点。重点关注海外华语媒体的全球流动，进而认识华语族裔媒体在中华文化全球传播中重要的中介作用，加强与"文化母国"的合作,提升华人的全球地位与中国的全球话语权。

参考文献

Ahadi, Daniel, & Catherine A. Murray, "Urban mediascapes and multicultural flows: assessing Vancouver's communication infrastructure", *Canadian Journal of Communication*, 2009 (4).

Anthias, F., "Where do I belong? Narrating collective identity and translocational positionality", *Ethnicities*, 2002, 2 (4).

Cormack, M., "The cultural politics of minority language media", *International Journal of Media and Cultural Politics*, 2005, 1 (1).

Cottle, Simon, Introduction media research and ethnic minorities: mapping the field, In S. Cottle: *Ethnic Minorities and the Media: Changing Cultural Boundaries*, Buckingham: Open University Press, 2000.

Fina, A. D., "Top-down and bottom-up strategies of identity construction in ethnic media", *Applied Lingus*, 2013, 34 (5).

Gentles-Peart, K., "Fiwi TV: ethnic media and the west indian diaspora", *International Journal of Cultural Studies*, 2014, 17 (6).

Georgiou, M., Crossing the boundaries of the ethnic home, Media consumption and ethnic identity construction in the public space: the case of the Cypriot Community Centre in North London, *Gazette*, 2001, 63 (4).

Georgiou, M., "Diasporic media across Europe: multicultural societies and the universalism-particularism continuum", *Journal of Ethnic and Migration Studies*, 2005, 31 (3).

Guzm An, I. M., "Competing discourses of community: ideological tensions between local general market and Latino news media", *Journalism*, 2006, 7 (3).

Hall, S., "Cultural identity and diaspora", In J. Rutherford (Ed.), *Identity, Community, Culture, Difference*, London: Lawrence & Wishart, 1990.

Kim, Y., "Diasporic nationalism and the media: Asian women on the move", *International Journal of Cultural Studies*, 2011, 14 (2).

Lay, S., & Thomas, L., "Ethnic minority media in London: transition and transformation", *Media Culture & Society*, 2012, 34 (3).

Lee, Hun-Yul, "At the crossroads of migrant workers, class, and media: a case study of a migrant workers' television project", *Media Culture Society*, 2012, 34 (3).

Lin, W. Y., & Song, H., "Geo-ethnic storytelling: an examination of ethnic media content in contemporary immigrant communities", *Journalism*, 2006, 7 (3).

Lin, W. Y., *Communication and community building: the roles of ethnic media in the Chinese immigrant community of Los Angeles*, PhD thesis, University of Southern California, 2004.

Mandeville, P., "Reimagining Islam in diaspora: the politics of mediated community", *Gazette*, 2001, 63 (2-3).

Matsaganis, D. M., & Katz, S. V., "How ethnic media producers constitute their communities of practice: an ecological approach", *Journalism*, 2013: 1-19.

Matsaganis, D. M., Katz, S. V., & J. Ball-Rokeach, S., *Understanding Ethnic Media: Producers, Consumers and Societies*, London: Sage, 2010.

Murray, C., "Silent on the Set: Cultural Diversity and Race in the English Canadian TV Drama", *Strategic Policy and Research Department of Canadian Heritage*, 2002.

Pietikäinen, S., "Indigenous identity in print: representations of the Sami in news discourse", *Discourse and Society*, 2003, 14 (5).

Pietikäinen, S., "Broadcasting indigenous voices: Sami minority media", *European Journal of Communication*, 2008, 23 (2).

Prentoulis, M., "The construction of the black British community in the voice and the new nation", *Journalism*, 2011, 13 (6): 731-749.

Roth, L., "Bypassing of borders and building of bridges: steps in the construction of the aboriginal peoples television network in Canada", *Gazette*, 2000, 62 (3-4).

Sakr, N., Diversity and diaspora: Arab communities and satellite communication in Europe, *Global Media and Communication*, 2008, 4 (3).

Santo, A., "Nunavut: Inuit television and cultural citizenship", *International Journal of Cultural Studies*, 2004, 7 (4).

Shi, Y., "Re-evaluating the alternative role of ethnic media in the US: the case of the Chinese-language press and working-class women readers", *Media, Culture & Society*, 2009, 31 (4).

Thornton, M. C., "Meaningful dialogue? The Los Angeles sentinel's depiction of black and Asian American relations, 1993-2000", *Journal of Black Studies*, 2011, 42 (8).

Tomlinson, J., "Globalization and cultural identity", In D. Held & A. G. McGrew, *The Global Transformations Reader: An Introduction to the Globalization Debate*, Cambridge: Polity, 2003.

Trebbe, J., & Schoenhagen, P., "Ethnic minorities in the mass media: how migrants perceive their representation in Swiss public television", *Migration & Integration*, 2011 (12).

Van Dijk, T. A., "New (s) racism: a discourse analytical approach", In S. Cottle, *Ethnic minorities and the media: changing cultural boundaries*, Buckingham: Open University Press, 2000.

Viswanath, K., Arora, P., "Ethnic media in the United States: an essay on their role in integration, assimilation, and social control", *Mass Communication and Society*, 2000, 3 (1).

Yin, H., "Chinese-language cyberspace, homeland media and ethnic media: contested space for being Chinese", *New Media & Society*, 2013, 17 (4).

［美］罗伯特·E. 帕克：《移民报刊及其控制》，陈静静、展江译，展江、彭鹏校，中国人民大学出版社2011年版。

彭伟步：《美国少数族群传媒理论研究的进展及缺陷》，《世界民族》2012年第3期。

张咏华：《传播基础结构、社区归属感与和谐社会构建：论美国南加州大学大型研究项目〈传媒转型〉及其对我们的启示》，《新闻与传播研究》2005年第2期。

"旅侨"概念及中华文化的海外传播[*]

近来,一个过去并不常见的名词——expat——引起了与"侨"相关的学界关注。根据汇丰银行连续十多年并有一定影响的调查项目(HSBC Expat Explorer survey),expat 笼统地指外侨,亦即离开原国家、生活在其他国家的原某国人。此处的 expat 应指具有合法居留许可的外国人,但并未规定何种身份——永久、长期或者短期;从对居留地选择意愿的关注点看来,似乎还聚焦于流动中的尚未定居者。同时,虽然 expat 原意特指因宗教和政治原因而被迫去国离乡者,但汇丰项目注重的却是因经济因素迁移的中产阶级移民,并将调查重点放在此类新移民的经济状况及其投资倾向上,因为这才是汇丰这类商业性调查的目的所在。不过,调查所揭示的跨国及跨文化经验和对所在国家优劣的评价,也涉及"国家形象"等更广泛的话题。

对 expat 一词,汇丰调查根据其较窄的定义,称呼为"外籍人士",甚至在其中文版中硬译为"外派人员",概念界定的普适性、严谨性不足为据。但调查对涉"侨"群体的新视角值得借鉴。本文认为,不同研究者出于不同的研究目的,对研究对象的选择及其概念的界定必定不尽相同;以中华文化的海外传播为目标,对华侨、华人的认知与界定也应有独特的取向。

本文关注的涉侨群体,主要是尚未加入外国籍或者取得长期居留资格(美国所谓"绿卡")而旅居国外的经商者、务工者与留学生、海外教师及访问学者等,他们很难被称为"移民",也通常不被视为"华侨",不妨称之为"旅侨"。

---

[*] 本文原发表在《现代传播·中国传媒大学学报》2018 年第 11 期上,作者是郭镇之。本次出版略作修订。

第一节 "华侨"概念和"旅侨"

一 中国"侨"的概念

"侨"是一个历史久远的中国概念。在汉语字典里，对"侨"的解释，一种意义指人，名词，即"寄居在外国的人"；一种意义指状态，形容词，与迁移并客居国外的身份相关，如侨居、侨胞等。在族群融合走向统一的漫长历史上，中原即黄河流域一带的华人很早就产生了对"国家"的归属感——虽然不同时代的"国家"意义不同。迁徙到其他族群聚居的远地，最初有"客家"的概念；出走海外，则有了"侨"的概念。近代前后，在中国周边地区，出现了许多华人侨民。

传统的客家人特别是华侨有一种强烈的归宿感，就是"叶落归根"——作客他乡、寄居在外是暂时的，旅行者终究是要回家（乡、国）的。所以，"侨"的概念中最重要的隐含意义是对中华祖国的身份认同，华侨是客居海外的中国人。

这种对"华侨"概念的界定也反映在国内的相关政策上。例如，《国务院侨务办公室关于印发〈关于界定华侨外籍华人归侨侨眷身份的规定〉的通知》（国侨发〔2009〕5号）界定："华侨是指定居在国外的中国公民。"不过，文件又具体规定：华侨"是指中国公民已取得住在国长期或者永久居留权"及"已取得住在国连续5年以上（含5年）合法居留资格"的人；而"中国公民出国留学（包括公派和自费）在外学习期间，或因公务出国（包括外派劳务人员）在外工作期间，均不视为华侨"。这样，便大大缩小了"侨"的范围。而且，"华侨"似乎成为一种永久的身份认定，一旦拥有，不可剥夺——虽然可能转换，如成为"归侨"。显然，文件是从民政与侨务的观点看问题，考虑的是政策待遇问题，在意的是缩小民政工作的服务对象，限制享受"特殊待遇"者的人数。如果从海外华人与中华文化关系的角度看问题，对海外旅居者存在的意义，判断会大不相同。

将很大一部分侨居海外的中国人（本文称之为"旅侨"）排除在外的界

定已不再适用于当今时代。随着大批人口的全球流动，许多人"随波逐流""居无定所"，侨居或者侨民只是暂时的身份状态，而不是一种永久的固定身份。"侨"在英文中也有一些近义词，反映了中文语境的特殊性与全球人民流动的普遍性。

二 英文涉"侨"名词及概念

英文中，与"移居国外"有关的最常用词是"移民"，包括迁入移民（immigrant）与迁出移民（emigrant）。移民概念不考虑是否具备永久的身份，只涉及他们在故乡与居留地之间的移居关系。"移民"是出入境管理的概念，不含褒贬之意。

"旅居者"（sojourner）也是中性词，常常指单个的人或长或短时期的寄居状态。旅居与地域（包括跨国）之间的移动现象有关，与祖籍、国籍等身份无关。而"外国人"（foreigner 和 alien）却是政治性概念，多少带有隐含的排斥甚至敌对意味——将居住在本国的其他国人视为异类。

"流散人口"或称离散人群（diaspora）是一个历史悠久、具有特定含义的概念，最初来自犹太人被迫离开家园并在全球各地建立散居点的历史。流散人群不仅包含背井离乡的移动性，也具有族群聚居的特点。就其坚持族裔身份及区别于居住地群体的现象而言，流散人群是最接近中文"侨"的概念。不过，这一概念用于犹太人的悲情或贬抑成分现已大大消减，常指全球各种族群在祖籍国之外集结为群落（包括虚拟社群）的现象。

前述汇丰调查项目中的 expat 是 expatriate 的缩写，本意是"前国人"（前缀 ex-有"前"的意思，也有"被排除在外"亦即"放逐者"的意思，patriate 则来自 patriot，意为同胞、爱国者），可以译为"外侨""侨民"。以往，外侨常常指近代以来欧洲因政治、宗教等社会原因而被迫去国者；而现在的全球性移居则大多出于经济及个人和家庭发展的原因。在汇丰调查项目中，外侨已经不具有传统的被迫移居的意义。在 2008 年首次发布的调查报告中，汇丰银行将 expat 定义为"居住在非西方国家的西方人，或任何居住在非祖国的人"（Farquhar, J. D., 2009: 242）; 2017 年的近期调查报告则将其定义为"因决定在非祖国的另一个国家过活而结成的一个国际化社群"，并将侨民的态度与热望、动力与梦想作为调查关注的主要内容（Blackburn, D., 2017: 4）。虽然并未规定居留的性质（永久或者暂住），但调查主要针对中产以上阶级；而难民等更接近 expat 本义的群体却显然不在汇丰银行关注的范围内。

三 "旅侨"概念

"旅侨"是本文强调的概念，主要指或长或短时期内暂住国外的中国籍群体，特指被当前华侨政策忽略的境外中国人，包括海外派遣务工者、留学生、海外教师和访问学者及其家属等。类似"空中飞人"的经商者比较特殊，也可以纳入这个群体——虽然他们中的许多人已经取得外国永久居留身份和国内政策的"华侨"待遇，但仍然以中国为主要活动场所，并在国界之间频繁穿梭。也就是说，暂住在国外一段时期，或者持续地在国界之间流动，是这个概念考虑的重点。本文主张将这些准"侨"群体统称为"旅侨"，纳入"侨"的范围，重视并发挥他们连接中外的桥梁作用。

"旅侨"这个概念并非新创，类似的提法很早以前就在中国出现过。如上海通志馆《上海研究资料续集》中作者胡道静在介绍早期广播电台的发展时，就有"留日华侨"的称谓（胡道静，1985：260），指一位旅居日本的中国侨民出资设立了位于上海的中国境内第一座广播电台。百度百科也有"旅日侨胞"等条目。近年来，从中国"走出去"的人越来越多，各种人群的特征、身份及居留方式则日益多元化，有些人暂时居留的时间越来越长，有些人旅居的地点时常变动。也有短期出差、频繁往来甚至常驻他国的外派员工。特别是，越来越多的中国人倾向于家庭团聚，无法忍受出国带来的分居，外派人员的家属子女会随任出国，并居留较长的时间。这些旅居群体尽管暂住的时间有长有短，但都是实际上的中国侨民，并受中国海外领事对侨民的保护——例如，在战乱地区或灾难时刻成为"撤侨"行动的受益者。

第二节 "华侨华人"的概念体系及其与中国的关系逻辑

根据不同的标准，对于在中国境外居住、生活的国人，历来有各式各样的界定及概念。例如："华人""华侨""新移民"等。"旅侨"（旅外华侨）是本文强调的一个概念，既是国人，又是侨民，旅居海外，暂住性质。

一 辨析华侨华人的概念体系

在华裔血统的含义上，"华人"本是涵盖最广的国人（华人）概念——无论国籍为何，只要出于中华血统，都可以被称为华人。其实，生活在中国境内的本国人更有资格被称为"华人"，但因其不言而喻，所以毋庸赘言。一般而言，"华人"称谓大多用于"海外"，以区别于当地其他种族人口，并特指具有中国血统的外籍人士，如"美籍华人"，以区别于中国籍的华侨。不过，本文主张淡化这种偏严的区分法，而泛指一切海外华人，无论国籍为何。

"华裔"的含义十分明确，也很单纯，它无关乎国籍，只与血缘相关。而且，像"华人"一样，"华裔"一词也极少用于国内人口，只在海外具有意义。

"华侨"特指中国籍的海外华人。虽然许多华侨已经取得所在国的长期居留身份，例如在美国拿到绿卡，成为享有永久居留权及准公民权益的"正式居民"（resident），但他们还是中国人，仍然与国内保持着或紧或松的联系。不过，按照前述文件的规定，"华侨"不包括居留国外的一些中国人，虽然他们暂住的时间可能会很长。"华侨"是一个在国内才有用的概念：在外国，要么是"侨民"（expats），要么是具体的华人（Chinese）、印度人（Indian）等。

本文主张将暂时居住在海外的一切旅居者都纳入"华侨"这个范围。从国家政策的角度看，对不同国籍和身份的海外华人固然要有所区别。从民政待遇的政策角度看，为节省开支，概念限定固然也是偏严为好；但从海外华人对祖（籍）国的感情关系看，概念涉及的范围当然越宽越好。从海外华人与中华文化关系的角度看，参与海外传承与传播的人肯定越多越好。而且，不合适的归类还会带来概念逻辑失洽的问题。

二 华侨华人群体与中国的关系逻辑

"华侨华人"是提及海外华人时最常用的一组概念。如果按照海外"华侨"和海外"华人"并列的关系，则旅居者既然不属于"华侨"，便只能归入"华人"一类。但这样的话，这批数量相当庞大的旅居者群体就不仅变成

"海外华人"类下一个无名的种属，还可能因词语的歧义，造成与"外籍华人"合为一体并混为一谈的窘境。而就国家认同而言，将离中国不远不近的常驻海外的"华侨"除外之后，"海外华人"概念就变成了外籍华人（离中国最远）与旅居者（离中国最近）这种奇怪的两端组合。

当然，"华侨华人"也可以理解为包含和递进的关系，但如果是那样，"华侨华人"词组在突出华侨重要性的同时，便将置于"海外华人"大类下的旅居者湮没了。而按照与中国关系远近的逻辑，旅居者不仅先于外籍华人，也应先于永居者（居侨，目前定义的"华侨"），从近到远的正确逻辑应该是：旅侨、居侨、外籍华人；或者，按照礼让客气的原则，反过来排序。

由于华侨华人概念体系的过时及混乱，随着"走出去"的国人越来越多，有关部门现在倾向于用"新移民"的概念来解决逻辑困境，希望将标准笼统化，甚至用一种统称取消区隔。本文是支持这种态度的。用"新移民"的宽泛界定囊括所有在海外的华人移居者，对于团结一切可以团结的（在海外传播中华文化的）力量，无疑是有利的。但此处也有问题。首先，"新"不是一个确定性的限制词；其次，"移民"本来也不是一个足以划清界限的标志。"移民"的概念可大可小。大而言之，只要移居其他国家的人，都可以称为移民，许多移民并未取得永久居留权，甚至没有合法身份（被称为"非法移民"）。比较严格的移民概念，指取得各种合法身份的外国居留者，特指永久居民。用"新移民"来指称旅侨群体，感觉并不合适。

何况，就国家政策而言，反而需要区别。移民与入籍（他国）者最大的区别在于忠诚对象。外籍人士必须忠于归化国，对祖籍国只有感情的联系，没有忠诚的义务；而所有未入籍的移民在完成身份转换之前，理应忠实于祖籍国，不管他身居何地。华侨的忠诚对象始终是中国；而"旅侨"的忠诚度更高于外国永久居民。一般而言，入籍者、所在国永久居民和旅侨对祖籍国的忠诚及情感是有区别的，理论上是递增的。

本文建议，将"旅侨"纳入"华侨"体系，与"居侨"（永居移民）并列；将外籍华人与华侨（包括居侨和旅侨）纳入"海外华人"的更大类属。同时，以海外华人涵盖所有海外"华裔"群体，淡化"华人"原有的"外籍"指向，而以华裔取代（例如"美籍华裔学者""华裔美国人""海外华裔"），使概念既包容，逻辑又清晰，如图6-1。

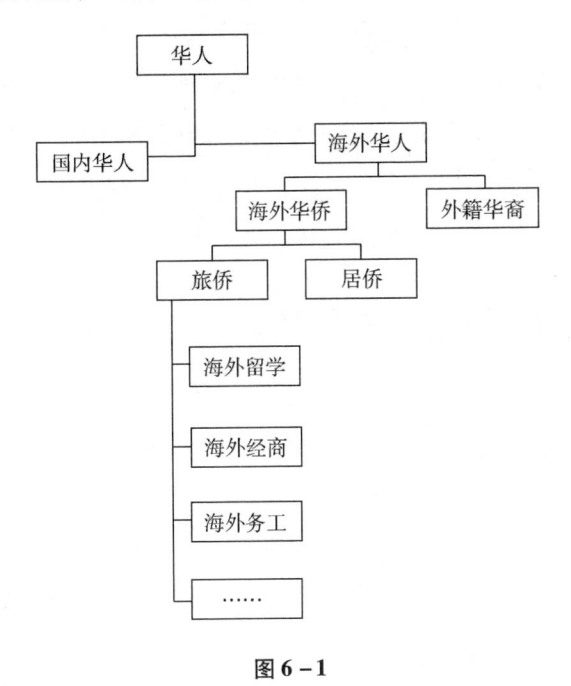

图6-1

```
华人
├── 国内华人
└── 海外华人
    ├── 海外华侨
    │   ├── 旅侨
    │   │   ├── 海外留学
    │   │   ├── 海外经商
    │   │   ├── 海外务工
    │   │   └── ……
    │   └── 居侨
    └── 外籍华裔
```

图6-1

总之，"旅侨"概念的提出，可以解决那些暂时身居海外的中国人"无法归类"而被排斥于华侨群体之外的尴尬处境；同时，又可用"旅居""暂住"的概念与长期、永久居民相区别。而将旅居者纳入"华侨"概念，不仅因为从理论上说，他们是海外最忠诚于祖国的华人，而且实际上，他们是与国内始终保持最直接、最紧密联系的侨民，他们在中华文化的海外传播方面可以发挥主导性的作用。

第三节 旅侨与中国形象及中华文化的海外传播

短期居留海外的人，或者虽然长期居留国外但重心仍在本国的人，都可以被称为"旅侨"。这种暂住可长达若干年，如留学生、海外教师或者"走出去"设厂经商的企业家。多数旅侨或早或晚将回到中国。

中华文化的海外传播主要包括两大方面：一个是中国及中国人形象的海外呈现；一个是中华文化的全球传播。相比而言，旅侨与其他海外华人（外籍华人和永久居民）之间在国家认同和文化联系方面存在比较明显的区别。

从中国形象的角度看，旅侨比外籍华人和永久居民与中国的关系更近，更具有代表中国的意义；就海外传播中华文化而言，旅居华人在海外的影响力与日俱增。旅侨是中国在海外最主要的形象和舆论代表，应该进一步发挥他们在海外维护中国利益、改善中国形象、传播中国声音方面的重要作用。

一 旅侨与中国形象的海外呈现

与尽力同化的入籍者或者追随所在国生活方式的永久居民不同，旅侨是中国人在海外最重要的形象代表。如果说，入籍者必须忠诚于所在的归化国；永久居民属于一身事两主、选择性身份认同和游移归属（其间又有各种不同的情况）的话，那么，或长或短期的旅侨无论是从心理的归属感还是在实际的联系方面与原先国家的关系更近。入籍者与永久居民（不完全的中国身份）多多少少认同于或者被认同于在地国家，而旅侨因其稳定的中国身份，在国外的发展及其各方面的表现对国家形象的表征作用更为突出。

就中国在海外的形象而言，旅居者与旅游者所起的作用及所具有的代表性并不一样。与一般人认为的主要由旅游者导致海外对中国人产生负面印象的观点不同，旅游者所起的作用其实不如旅居者。通常来说，旅游者在其他国家的形象都不会太好，一则因为他们是当地常规生活的闯入者，难免给当地人民带来搅扰（也就是说，多多少少侵犯了别人的居住利益）；二则由于不同文化之间的差异，旅游者大多会呈现（在当地人看来）不适的举动。因此，希望通过旅游者行为的改良促成国家形象的改善，难以奏效。不过，无论如何，旅游者的行为是得到所至国家及其国民一定程度的宽容的，其原因是：旅游作为许多国家的重要产业，必须忍受某种程度的搅扰（旅游及旅游业甚至成为一些地方的常规生态）。此外，旅游者与旅游目的地人民的接触是浅层的。旅游者只是过客。当然，加强出境者的跨文化理解及敏感，使各种行为文明化，至少可以避免进一步恶化国家印象。

居留者才是中国形象的实际代表。然而，令人忧虑的是，各种中国群体在海外的表现并非全都正面积极。例如，30多年来，中国海外留学生的形象发生了根本变化，从20世纪八九十年代国家公派生源优秀、学习刻苦的整体表现，逐步变为以自费留学为主，留学生的表现也更加多元。随着中国经济的迅速增长，在海外留学大把撒金的同时，特别优秀的留学生所占比例反而缩小。

一些走出去的中国企业，对海外务工者实行军营式管理，与当地人民鲜有交流，导致神秘和封闭的负面印象。还有一些经商者，不懂所在国法律，或者不遵守当地习俗，在中外交流中出现文化冲突。所有这些，都需要从中国形象的高度予以重视，并加以改善。近年来，随着"旅侨"群体在中外交流中日益突出的角色，旅侨在海外的影响力日益增强，成为一股亟须引导的传播力量。

二 旅侨与中华文化的海外传播

近年来，中国的海外暂住趋势增强，人际影响越来越大。例如，教育部数据显示，中国已成为世界最大留学输出国和亚洲最大的留学目的国，2016年出国留学人员总数为54.45万人；逾八成留学人员学成后选择回国发展[1]。另据商务部数据，2010年以后，中国派往境外的合法务工人员保持在每年四五十万，累计派出已达850万，仅2016年出境务工人数便有49.4万，年底还留在国外的务工者为100万左右[2]。另外，至2017年12月底，在商务主管部门备案的设立境外企业（机构）已达49045个[3]。就外派的文化机构而言，以海外孔子学院为例，截至2017年9月，全球142个国家和地区已设立516所孔子学院和1076个中小学孔子课堂[4]；另据《孔子学院年度发展报告2016》公布的数据，2016年专兼职教师总数达4.6万人[5]，其中大多数为派驻海外的

---

[1] 教育部：《逾八成留学人员学成后选择回国发展 2016年出国留学人员总数超54万人》，http://www.moe.edu.cn/jyb_xwfb/s5147/201703/t20170302_297870.html。

[2] 金融界资讯：《中国海外"打工仔"一年寄回国4000亿排名全球第二》，http://finance.jrj.com.cn/2017/07/02122222684537.shtml。

[3] 商务部：对外投资备案核准信息发布：http://fec.mofcom.gov.cn。

[4] 《2017年孔子学院"开放日"在京举行》，环球网，http://world.huanqiu.com/exclusive/2017-09/11298522.html。

[5] 孔子学院总部/国家汉办：《孔子学院年度发展报告2016》，http://www.hanban.edu.cn/report/2016.pdf。

汉语教师。

旅居者的流动性特点与传播特别是亲身接触的人际传播关系密切，可以发挥"人媒体"在中外交流中的特殊作用。旅侨的主要群体是往来于中国与其所居住国之间的经商者（所谓"空中飞人"）和留学生（因其定期回国省亲，也被称为"候鸟"）。海外务工人员还以自身的方式传播中华文化。每年派驻海外的访问学者接触知识精英，可能具有高端影响力。海外教师在常规教育中的文化作用更是需要得到重视。他们都需要改变文化形象，发挥交流作用。

在全球，入籍者和永久居民出于实际的需要，最关心所在国的环境及政策，旅侨却与国内利害攸关，联系紧密。国内发生的一举一动，都可能牵扯这些海外游子的心，并导致他们的隔空反应。就中华文化的传播而言，他们是中国声音在海外的积极响应者。

例如，绝大多数留学生奉公守法，与所在国家和人民维持着良好关系，成为中国联系世界的重要桥梁。背井离乡的他们，通常都更加热爱祖国。年轻气盛的他们，也常常以言论呼应国家的诉求，以行动代表中国的形象。在互联网的争议中，他们往往是中国利益的表达者，中国立场的拥护者。他们的舆论呼应，可能产生强烈的正面影响；但若过于激烈，也可能产生负面的作用。对这支重要的海外传播队伍需要好好呵护，善加引导。虽然在异文化中被歧视是很难避免的现象，但应劝导留学生克服"受歧视"的敏感心态，以及民族主义的反抗情绪，力争作跨文化交流的友好使者和中外人民相互理解的桥梁。同时，国内人民也应该善待留学生这个重要的国际交流群体。在抵御新冠肺炎的过程中，曾经出现对留学生群体的歧视和排斥，是非常不应该的。这不仅会寒了这些未来祖国建设者的心，也会损害中国的国际形象，从而伤害中国对外传播的大局。

对所有海外华人，都应该根据他们的不同特点，扩大与所在国家的文化交流及友好关系。例如，就中华文化的海外传播而言，保持外籍华人与中华文化的传统联系，发挥永居华侨在传承中华文化方面的稳定作用，鼓励旅居华侨在表达中华文化方面的能动性和策略性，同时抑制过度与极端，都是十分必要的。总之，在全球流通时代，对人口的分类需要突破本质化的身份区隔，而具有全球视野。突出海外所有涉"侨"、涉"华"人群与中华文化的联系，才能凝聚并充分发挥全球华侨、华人在传播中华文化中的作用。

参考文献

Blackburn, Dean, Expat Explorer: Broadening perspectives, *HSBC Global Report*, 2017.

Farquhar, Jillian Dawes, "International explorer expatriate survey", *International Journal of Bank Marketing*, Vol. 27 Issue: 3, 2009: 242–246, https://doi.org/10.1108/02652320910950213.

HSBC: Expat Explorer Survey-How countries compare: HSBC Expat. https://expatexplorer.hsbc.com/survey/.

胡道静：《上海广播无线电台的发展》，上海市档案馆等编《旧中国上海的广播事业》，中国广播电视出版社、档案出版社1985年版。

华侨大学：《华侨华人研究报告》[（华侨华人蓝皮书），每年一版，主编者不同]，社会科学文献出版社2011—2019年版。

李其荣：《华侨华人在海外传播中华文化新探》，《广西民族大学学报》（哲学社会科学版）2013年第2期。

中国侨网，http://www.chinaqw.com。

内容

话语叙事视角下的传播文本

传播内容是传播者与接受者之间交流的中介物，是精神性的"产品"。传播内容通过文本、符号等象征物传递，并借助编码、解码过程输出和被接受。

对传播内容的制作方法，业界专家具有丰富的实践经验，并不断探索其策略技巧。研究者需要做的，就是通过观察和分析，了解其中的奥妙。对传播内容的研究，本课题采用的主要是质性方法，途径大多是对视听材料（如电视节目和网络视频）进行符号研究与文本分析。

本部分有四个篇章。首先，是导论性质的对文本方法、研究过程及其分析结果的简略介绍（郭镇之），其次，纳入三篇对文本的代表性研究成果：一个是对韩国纪录片《超级中国》的批判性话语分析（盛夏）；另一个是对英国纪录片《中华的故事》的叙事话语分析（郭镇之）；还有一个，分析了几部以概念为主题的对外宣传短视频中多模态话语的应用问题（杨颖），从不同的角度和方法对传播文本的内容进行了比较深入的探讨。

对传播内容的文本研究和话语分析

本篇导论文章的第一节是对文本符号等相关研究方法的介绍。第二节简略介绍了研究的主要发现或结论。第三节是对"他山之石"的研究，主要是对中外文本不同框架的对照，重点放在话语对比及其策略分析方面。

第一节 文本与符号：内容研究的方法论视角

本课题主要采用的定性研究方法着重事物质的规定性，而非量的显著性。定性研究者更感兴趣的是消息的意义而非出现的次数。

在传播学研究中，内容分析（content analysis）是一种具有特定含义的研究方法。起初，内容分析方法专指对传播文本进行客观、系统的观察和定量的统计描述。不过近年来，量化的内容分析方法逐渐与质性研究合流。对文本内容的质性分析主要基于所得材料和调查数据，通过研究者的阅读、收听或观看，依靠主观感受和意义判断进行逻辑分析推理，挖掘文本的深层信息。

一 传播内容的定性研究与文本分析

定性的内容分析方法采用哲学、历史等基础理论对文学作品或者文件资料进行文献研究。各学科的质性研究有不同的实践方法，但都要对包含符码的文本进行系统读解，以揭示文本中存在的意义。定性研究方法大多通过观察和访谈获得第一手资料，基于普遍承认的公理、合理的逻辑推论和大量的历史事实进行分析，依据一定的生活经验与理论思路（如诠释学、现象学、建构主义、话语分析）描述、阐释所研究的事物。定性研究的具体方法包括历史研究、民族志、田野调查、个案分析，用语言文字"深描"研究对象，由具体经验上升到抽象知识。

传播学的质性内容分析方法，是通过分析传播文本中的各种符号及其特性，确认其信息及意义，围绕传播的语境推测这些内容可能对受众产生的影响。对传播内容的分析可以针对各种形式的文本，如书写文件和音像制品。从文本中可以获得许多信息：本义、潜台词、符号、假设及其隐含的价值观。

"文本分析"一词可以理解为一个集合术语，包含各种诠释性和批判性的内容分析。在媒介研究中，文本分析用于考察媒体和流行文化中的传播内容，如报纸文章、电视节目、网站内容、游戏、视频和广告。传播学的文本分析与文化研究密切相关，对媒介的研究常常联系更广泛的社会、政治、文化或者艺术情境。文本分析最重要的功能是对表象的解构，这种探求方法深入文本的内部，能够超越传播的显性内容，发现那些不为普通阅读所知的深层意义。

文本中存在多种意义，亦即文本的"多义现象"。任何文本都可以用多种方式来解释。因此，研究者并不遵循既定的单一方法，而是采用多种分析类型和创意性的思路，如意识形态、体裁、叙事、修辞、性别等，进行文本分析。就像文化研究本身一样，文本分析也借鉴了人类学、文学研究、修辞批评和文化社会学等学科基础，以及符号学、后结构主义和解构主义等知识传统。其中，话语分析及符号研究是最重要的研究方法。

二 多模态话语分析

随着电子科学技术的飞速发展，信息传播和人类交流的方式发生了巨大改变。20 世纪 90 年代，"多模态"（multimodality）成为西方语言学者和符号研究者广泛讨论的术语。新媒介环境下的传播促进了文本、声音、视频以及图像在表意时的融合，多模态话语分析的出现就是这一范式转变的集中表现。

"多模态研究的是一些独立的符号系统在构建整体语篇意义中是如何通过不同的方式共同编码、共同形成语篇意义的"（Baldry & Thibault，2006：21）。"多模态"强调了语言之外其他符号的重要性——它们不只是语言的补充，而是扮演着积极活跃的角色（杨颖，2016a）。

（一）多模态话语的学术路径

自20世纪八九十年代，韩礼德的社会符号学语言传统为多模态研究奠定了学术基础（M. A. K. Halliday, R. Hasan, 1985）。2000年，多模态话语分析（Multimodal Discourse Analysis, MDA）作为一个术语首次出现在《视觉分析手册》（Handbook of Visual Analysis）中（Leeuwen & Jewitt, 2001）。这个学术领域将对语言的研究扩展到其他符号资源，如图像、手势、行为、音乐和声音等。进入21世纪后，许多理论概念和研究框架在全球不断涌现，如中介话语分析、认知语言学研究及批判性话语分析等。

多模态话语既是一种理论框架，也是一种分析方法，研究对象包括多模态比喻、多模态叙事、多模态论辩等。中国学者在引进多模态话语理论和研究方法的基础上，将多模态话语分析工具广泛运用于对各种文本类型的分析，如海报、广告文本、新闻作品（多为平面新闻）、影视作品、漫画、徽标、网页、医学文本、建筑学术文本等，还以多模态修辞和话语分析的视角对纪录片特别是短视频的多模态呈现方式进行文本研究。

（二）多模态话语与对外传播

对外传播是一个国家向外传递信息、树立形象、扩大交流、增强互动的传播活动。然而，国界和语言等天然屏障使传播国需要采取多语种传播等策略以确保"传出去"的目标。对于"跨国界"、"跨文化"和"跨语言"的对外传播，多模态话语交流的方式无异于天然的渠道。有时，一个表情、一个动作往往能够传递出语言无法表达的信息；一幅图画、一件物品也能传达出比文字更加丰富的意义。无论从感知通道，还是以符号系统的标准划分，对外传播都应该是多模态的（杨颖，2016a）。

电子媒介时代话语呈现的多模态与口语时代原始传播的多模态不可同日而语。原始传播中非语言模态的使用是自发、偶然的。如今的人类传播由文字、图像、声音等各种模态综合而成，是自觉、综合的。这种表意系统借助当今世界最重要的信息渠道——互联网，诉诸人类多种感官，为来自不同国度、使用不同语言、拥有不同文化背景的人们提供了更丰富的互动符号和交流工具，产生出更广泛的意义共享空间。

对外传播中的多模态话语能力可笼统地分为直接表意和间接表意两个层

面。在经济和商务活动中,为了尽快与传播对象达成共识,传者在选择和使用多模态话语时,会简单明了、充分表达(如国际展会中的标示或视频等);而在一些政治活动的对外传播中,出于意识形态和其他政治因素的考量,传者选择和使用多模态话语时则以严密而得体为宜(如含有隐喻的政治漫画等)。充分调动包括语言和非语言符号在内的各种模态来传递信息、传输观念、传播文化可以事半功倍。如果不能恰到好处地利用多模态话语形式,弄巧成拙,对外传播可能无功而返,甚至欲益反损。

1. 多模态话语分析的视觉语法

在具体的话语实践中,对外传播的多模态话语能力需要揣摩不同模态的特点,区分主模态和辅助模态、自动模态和有意选择模态,结合具体的传播语境和文本体裁,有的放矢。多模态话语分析中的视觉语法(visual grammar)成为中国学界使用最多的多模态话语分析路径。

视觉语法以社会符号学为基础。根据系统功能语言学的研究,语言以外的其他符号系统(图像、音乐与颜色等)也是意义的源泉,具有韩礼德社会符号学功能语法的概念功能、人际功能和语篇功能。Kress 和 van Leeuwen (1996)将这三大元功能延伸到图像分析,提出了视觉语法理论,指出:视觉图像和语言一样,在意义构建中也具有三大元功能,即再现、互动与构图功能,由此产出对应的三种不同意义潜能。再现意义对应概念功能,主要研究不同符号系统之间或同一符号系统之内各个成分、各个部分之间的表达;互动意义对应人际功能,主要研究视觉模态的创作者与图像观看者、图像表征参与者之间的互动;构图意义对应语篇功能,主要研究不同符号系统或同一符号系统内部不同成分之间的布局和结构。视觉语法根据图像表征参与者与图像观看者不同的接触方式,把图像分为"索取"类图像、"提供"类图像。从水平方向和垂直方向区分五种画面视角:正面视角赋予观看者身临其境的感觉;倾斜视角赋予观看者一种漫不经心的旁观者感觉;俯视表明观看者的权势;平视表明观看者和参与者之间的平等关系;仰视则表明参与者强势的地位。依据图像元素在构图中的不同位置判断其信息的特征,如左侧的信息是已知的,右侧的信息是新到的,上方的信息是理想的,下方的信息是真实的,中心与前景的信息重要,边缘的信息次要,等等。这些视觉语法的提出为人们了解英语受众的多模态话语（尤其是图像）识读方式及其规律提供了扎实的依据和重要的启发。当然，非西方国家的民族和人民，甚至西方国家中不同的民族和人民对多模态话语的识读方式和接受规律都有不同，需要"外外有别"，进行专门的研究与深入的探索。

2. 多模态话语的论辩分析

多模态话语的分析进一步深入，发展出多模态叙事话语、多模态隐喻话语、多模态论辩话语等相关研究（van den Hoven & Yang，2013），为对外传播中根据语境的不同，选择适宜的多模态文本体裁及话语表达策略提供了参考。

传统上，论辩是通过语言进行的，"言语性"是"论辩"的第一属性。但随着传统的口语、文字语言向新媒介的"电子语言"转变，论辩的话语世界已然多模态化。多模态论辩与传统意义上的论辩不同，不是直接以"命题"形式，清晰明确地陈列论点，而是通过复杂符号的多模态文本载体进行论辩（杨颖，2016b）。

三　符号与想象：讲故事的机制[①]

媒介的世界就是符号的世界。课题组吴玫等研究者主要以符号聚合理论的思路和幻想主题分析的方法研究文化认同的规律与讲好中国故事的策略。

（一）符号聚合理论

符号聚合理论（symbolic convergence theory）[②] 起源于对美苏冷战的研究。该理论由美国传播学者欧内斯特·鲍曼（Ernest G. Bormann）于20世纪70年代提出（Bormann, E. G., 1980）。符号聚合理论的基础是符号互动论与修辞学。鲍曼认为，人类所有思维与交流活动都可以用"符号的活动"来解释，并将抽象的意识具体化为可辨识的客观"符号"。按照鲍曼的构想，哪怕是抽象的思维及看不见的互动交往，都可以转变成可操作、可测量的客观指标。在大众传播领域，媒体是"共识制造机器"，它们所呈现的，是传播者通过新

[①] 本节内容主要来自课题组成员吴玫、梁韵、朱文博、赵莹的研究成果（吴玫、梁韵，2015；吴玫、朱文博，2013，2017；吴玫、赵莹，2018）。

[②] 有时也称"符号融合理论"。

闻专业主义手法建构的宏观"符号现实"。这些符号现实与受众发生"符号聚合"反应，汇为一流；同时产生共识，达到"复颂"效果。符号建构的意图不是"客观反映社会现实"，而是"建构和印证主观的符号现实"。

"符号现实"呈圈层结构，包含符号视野、符号类型、符号主题三个层次。最外围的圈层是"符号主题"（也称"幻想主题"），由引领人们超越现实的想象性符号建构而成，其"主题故事"包含场景、人物、行动和合理性机制四个故事元素。中间层是"符号类型"（也称"幻想类型"），是由多个情节类似的主题故事聚合而成的叙事框架或模式，典型的例子就是刻板印象、新闻框架、认知模式。最内层的"符号视野"（也称"语意视野"）是"一种更严谨的结构，一个复合的戏剧，一个更复杂的幻想现象"，代表某种意识形态、世界观、话语体系等。符号现实可分为"正义型""社会型""实用型"三种属性。"正义型"意指基于某种价值观或道德伦理原则建构的符号现实，"社会型"指基于某种社会关系建立的符号现实，"实用型"指基于利益关系建构的符号现实（吴玫、朱文博，2017）。

（二）幻想主题分析的方法

符号聚合理论是幻想主题分析法（fantasy theme analysis）的基础。按照鲍曼的思路，幻想主题分析法的基本分析步骤是：1）找出历史记忆丰富、具有想象空间的关键词（符号线索）和关键句（故事情节）；2）根据关键词、关键句中重复出现的类似场景、人物、情节与合理化机制，找出具有完整故事感的符号主题；3）根据故事情节类似的符号主题，提炼其叙事模式与框架，即符号类型；4）描绘所有主题与类型共同建构的世界图景，确定符号视野；5）综合分析符号视野中的合理化机制，找出意识形态与价值观（Bormann，1980；转引自吴玫、朱文博，2017）。

符号聚合理论和幻想主题分析法揭示出用符号建构方法讲述故事的内在机理，借助这个理论的烛照，不仅可以使人们认清符号对现实的建构关系，这个理论本身也是分析认同建构的一种有效工具。"幻想"是"想象"的同义词。它正确地指出了"想象"的虚幻本质："幻想"与"想象"一样，本意都指人们认为真实而其实并非实在的事物，是心理活动的对象和产物；"幻想"的用语只是更强调了符号活动的虚拟性、建构性。当然，幻想并非全盘虚假——它基于部分的事实、部分的感觉，但又极富想象性，因此，常常导致对现实的幻觉，导向信息的误置和错接。在广告、公共关系等制度化骗术（"忽悠"）已被视为合法、甚至视为当然的今天，传播的世界越来越成为想象的、建构的符号化天地。

其实，就仿真性而言，"幻想"的概念与李普曼的"人们头脑中图像"的概念并无二致。不过，这一概念也容易让大多从事"实证""科学"研究的传播学者止步不前。同时，由于"幻想主题""幻想类型""语义视野"的分层是研究者的主观判断，并不容易分清，因此，在操作中必然存在见仁见智的分野。这种质性研究的价值在于深入性、透彻性，在于提供了认识方法的重要启示。

虽然"幻想""符号"本质上都是主观的、非实在的，但在人们的实践活动中它们却可以呼风唤雨，扮演重要的角色。人们可以通过符号主题的借用、嫁接、聚合、交织等方式，形成符号模块（符号类型），构建新的符号视野；通过"想象"的桥接，引渡认知与情感的投入，进而实现价值的替换与认同的建构（吴玫、朱文博，2017）。

符号聚合理论与幻想主题分析法具有明显的操作性。退，可以揭露真相，进，可以创新话语，它是需要人们理解进而可以掌握的沟通方式和传播技巧。这种既是一种理论思路又是一种实践策略的分析方法，可以成为传扬中国形象、讲好中国故事的有用工具。

第二节　文本研究和话语分析的研究案例

本节介绍对传播文本进行内容研究和话语分析的若干案例。由于这些研究案例都将以代表性文本的方式呈现于后，此处只对研究结论作极简要的介绍。

一　对《超级中国》的文本研究

韩国放送公司（KBS）的纪录片《超级中国》反映了韩国人眼里的中国。

《超级中国》在韩国和中国同时受到欢迎，也说明它讲述的中国故事是有广泛国际基础的。通过对《超级中国》进行的文本研究和话语分析，盛夏发现：《超级中国》突出了中国的经济强盛；但在宣传中国崛起的同时，也隐含着中国威胁世界的预期："《超级中国》展示的中国形象主要是经济飞速发展和国力日益强盛的中国、带有威胁气息的霸权中国和作为意识形态异己的社会主义中国。"对纪录片的话语生产进一步的分析表明，《超级中国》通过有倾向性地使用素材和编排话语，"选择性地突出了显示中国现代性与霸权实力的场景和人物，通过对受访者话语进行编辑与关系建构，以及对事件发展进程的选择性叙述来表达意识形态和意义，在中国重拾霸权和大国兴衰、霸权轮替的预设下解读中国的发展模式"（盛夏，2016b：67）。

二 对《中华的故事》的文本分析

学者也研究了在海内外引来一致好评、被称为"客观中立"的6集BBC纪录片《中华的故事》，重点在纪录片的影像文本及其叙事话语（郭镇之，2016）。分析发现，《中华的故事》是通过伍德这个"友好的采访者和沟通者"的眼光，以一种西方受众容易接受和喜欢的方式展开叙事的。纪录片不完美的画面恰恰带来真实感。按照西方公众倾向于"独立思考"的思维特点，《中华的故事》通过置身现场、接触生活的写实手法，让"画中人"自己张口说话，并穿插很多活泼自然的互动情境，总体的态度是温情的、客观的。观众可以通过纪录片的展示对中国人及中华文化做出自己的观察和判断。

当然，出于制作者倾向西方的思维定式和面向西方的市场需求，纪录片中也充满了不同于中国的深浅不等的话语言说，通过现实场景、文学艺术、背景知识和历史评说由西方人讲述了当代中国人的生活故事。

《中华的故事》表明：借助国际知名媒体业已形成的深远公信力和全球影响力可以部分地弥补中国传播界和传播者国际市场经验不足、国家信誉有待积累的短板，借势用力进行国际传播。就中华文化的海外传播而言，"借船出海"不失为一种更有效的渠道。

对外传播中国的声音，对外讲述中国的故事，最重要的，首先是让世界看到中国，此后才能一步步地熟悉和了解中国。在意识形态、思维方式、表达习惯等方面，中外存在巨大的文化差异。完美无瑕的形象并不可信，"客观中立"的表达优于"一味赞美"的表扬。中国人听来刺耳的话，不一定会损坏中国的形象，反而常常是西方媒体获得公信力的基础。只要外媒讲述的中国故事总体结果是正面的，就值得肯定（郭镇之，2016d）。

三　对短视频宣传片的多模态话语分析

多模态话语分析特别关注修辞者如何借助多模态话语建构的世界达到影响受众对现实认知的传播目的。在研究"复兴路上工作室"制作的一系列视频短片中，杨颖重点分析了几部典型的多模态语篇。研究发现，这些政治广告宣传片开创了中国国家形象宣传后现代的新模式；但在话语中也存在目标受众模糊、模态功能冲突、多种形式混乱等问题（杨颖，2017b）。

例如，《十三五之歌》音乐视频中采用了大量西方文化元素，如明星、嬉皮士形象、大众化汽车、多元族裔、幽默的歌词、明快的节奏等西方后现代表达方式，试图拉近与西方年轻人之间的文化距离；但内含政治口号不断重复的饶舌（rap）音乐却加重了宣传"洗脑"的刻板印象。网络上出现的负面评价大多源于视觉符号与解说言语之间不同话语模态的违和感。

短视频《中国经济真功夫》通过画面中功夫高手一招一式的动态呈现及画外音的经济概念解读，将中国功夫的精髓映射到"中国经济新常态"的概念上，可以降低受众理解这个抽象概念的难度。不过，功夫演绎中过度重复的动作及对经济内涵承载力的不足，使多模态的比喻未能达到理想的传播效果。

多模态话语表达中，不同模态之间存在不同的配合关系，有符号一致并相互强化的，也有符号"对位"并产生间离作用的。无论什么样的关系，不同模态与符号之间配合得自然和谐都是话语生成的较高境界。在这一方面，中国短视频的创作者虽然取得了不俗的成绩，但显然还需要更多的探索与实践。

第三节　对传播文本的对比及话语策略分析

全球传播时代是信息混淆、文化杂糅的时代，外宣与内宣、外宣与宣外①已经难以区分。通过互联互通的传播媒介，对内宣传的消息会有选择地流向海外，并作另类解读；海外信息也会大量涌入国内，动摇民众的既定认知。因此，所有对内宣传的内容，都必须随时准备经受海外传播的检验；同时，面对海量流通的世界信息，无论看来如何杂乱无章，中国都必须随时准备承受及回应，进行对话交流。

传播创新需要学习不同的策略和经验。西方发达国家的主流媒体在全球耕耘已久，捷足先登，占据了"普世"意识形态的主导地位，也具有十分丰富的传播经验。因此，对各种实践案例的比较考察、对相似传播内容的对比分析以及对他国经验的批判性吸取都十分必要。

一　比较方式看"建构"

就海外传播的范围和影响力而言，中国尚未能比肩于西方全球媒体。中国媒体制作的传播内容和采用的传播策略也需要改进。分析发达国家传媒的报道方式和话语策略，可以收借鉴"他山之石"的效应。

（一）不同的建筑话语

在一次文本分析研究中，研究者以比较的思路考察了中外两部同样题材（实际上是同一素材来源、不同制作版本）的纪录片：1) 中外合拍、以外方（主要是英国制片人）创作为主的《建筑奇观·北京轨道交通网》②；2) 中央电视台5集系列纪录片中的一集《超级工程·北京地铁网络》，发现了两种创

---

① "宣外"是在调查研究的过程中听到工作在第一线的传播业者经常使用的词语，意指对内传播中介绍外国信息、宣讲外国知识的内容，例如广播电视中的"国际新闻""世界各地"等类节目。
② 《北京轨道交通网》是由英国独立电视台（ITV）制作的《建筑奇观》（Manmade Marvels）系列纪录片中的一集，与Discovery亚太电视网和（中国）五洲传播中心联合出品。《建筑奇观》以30多种语言在180多个国家和地区播出，"北京轨道交通网"在新加坡获第15届"亚洲电视大奖"最佳剪辑优胜奖。

作思路和表现手法上的有趣差异（张梓轩、曹玉梅，2015）。

首先，就呈现建筑工程的宏观形象而言，北京地铁修建的全景图成为英国版《建筑奇观》中的主要视觉符号，"要做就做大"被界定为"中国方式"，含蓄地批评了中国对面子工程和宏大建筑的迷恋（张梓轩、曹玉梅，2015：81）。而按照中国版《超级工程》的解释，这项工程是为了满足经济发展的需要，北京地铁拥有雄厚的修建资金，这"使观众感受到一种大国正在蓬勃发展的自豪与自信"（张梓轩、曹玉梅，82）。

其次，就现代化中国的人物形象呈现而言，《建筑奇观》镜头里的工人个个面无表情，机械而冷漠。对全国盾构机驾驶纪录保持者，《建筑奇观》描绘的是一位与轰鸣的机器和黑暗的环境为伴、在紧张甚至残酷的氛围中紧张工作的工具化中国工人。而《超级工程》表现的同一人物却选择了盾构机成功贯通的特定时刻，表现清晨的第一缕阳光和他脸上洋溢的幸福笑容。

此外，在现代化中国与西方关系的呈现方面，《建筑奇观》中操着流利英语的中外专家承担了主要的叙事角色，将西方技术作为拯救者，将"总是能够令问题迎刃而解"的西方专家描绘为东方现代化的导师。而对同样的困难，《超级工程》展现了中国解决办法，建构出独立自主进行现代化建设的当代中国形象。研究者认为，就画面而言，两部纪录片以各自的实景呈现，都反映了局部的真实；但在不同的选择标准下，由不同传播者在全球展现的中国故事却呈现出多种形象与多元意义。

（二）美国第一夫人访华报道对比

对美国第一夫人访华这一公众外交事件，研究者发现：中美两国媒体建构出不同的政治意义（姜可雨、王晓晔、张洋，2016）。研究者选择了43篇美国报道和33篇中国报道，从核心议题设定、新闻信源选取、事件背景表述、事件结果定性四个维度进行分析。关于核心议题设定，美国媒体的新闻报道对米歇尔·奥巴马在北京大学所做的有关"互联网自由"演讲内容的报道数量最多；而中国媒体的报道重心聚焦于第一夫人全家参观中国的名胜古迹。就新闻信源而言，美国媒体借助第一夫人"自媒体"的舞台发布消息，并以社交媒体为工具，发挥意见领袖的作用并与中国民众友善联络；中国媒体则以中美两国的政府公告及奥巴马夫人的自媒体消息为主要信息来源。在事件背景表述中，中美两国媒体都采用了对比性的材料凸显此次美国第一夫人访华的意义：美国媒体强调了奥巴马夫人的演讲与克林顿夫人在1995年世界妇女大会上演讲的对比；中国媒体则从双边活动角度对事件进行了共同开创友好关系的意义建构。关于事件的结果，虽然双方都从积极方面界定此次公众外交事件，但重点不同：美国媒体主要从战略传播的效果评估，强调美国价值观的灌输及软外交带来的社会效应；中国媒体多显示中国文化的吸引力及给对方留下的良好印象。

研究者分析认为，美国媒体是将"软实力"视为一种影响他国意愿的无形权力，通过渲染自由民主等西方价值观，争取意识形态的支配地位；而中国媒体将"软实力"视为一种文化资源，努力通过对文化资源的展示与不同国家的传统，构建非对抗的和谐关系。两种报道的进取性显然大不相同（姜可雨、王晓晔、张洋，2016）。

二 符号策略的他山之石

吴玫等研究者以符号聚合理论与幻想主题分析的方法对不同国家、不同人物、不同题材的话语文本进行了一系列分析，揭示出许多差异文本中存在的共同符号规律。

（一）普京对美国民众的修辞攻心战

研究者以俄罗斯总统普京在《纽约时报》上发表的一篇《来自俄罗斯的谨慎请求》为样本，分析了普京对美国精英和民众施展的"修辞攻心计"（吴玫、朱文博，2013）。通过对普京文章进行的深入剖析，研究者认为，短文是一个"巧妙使用文字修辞策略与技巧来争夺国际事务话语权"的突出案例，并发现了它的几点修辞策略："一是借用对方符号，以子之矛，攻子之盾；二是单挑符号短板，主动出击；三是巧换符号概念，一剑封喉。"（吴玫、朱文博，2013：32）

普京的修辞策略之一，是巧妙地借用了美国社会的三个核心的正面符号——"法治"、"民主"和"反恐"，以美国人的核心价值观来批驳美国"军事打击叙利亚"的合理性：将使整个国际法律和秩序体系彻底失去平衡，因此，俄罗斯是在维护国际法治；美国将不再是"民主模范"，而成了"单纯依靠残暴武力,顶着'非敌即友'口号拼凑出的一个联盟";"这种打击将会造成暴力的上升,释放出新一轮的恐怖主义浪潮"(吴玫、朱文博,2013:32-33)等,以美之矛攻美之盾。

普京的修辞策略之二,是单挑一个与核心意义系统咬合不紧、充满争议的符号短板,主动出击,达到扰乱对方概念系统、使其自乱阵脚的目的。与美国在全球宣扬的普世主义价值观相矛盾的"美国例外主义"(American Exceptionalism)就是潜伏于美国符号系统深层、既处于核心地位又充满争议的一个符号"定时炸弹"。普京把奥巴马的讲话贴上了"美国例外主义"的标签,并针锋相对地驳斥道,"无论出于什么样的动机,怂恿国民自视与众不同都是非常危险的。"(吴玫、朱文博,2013:33)面对普京对"美国例外主义"的指责,美国各政治派别、精英和普通民众顿时陷入充满愤怒、质疑、无所适从的内部混乱之中。

普京的修辞策略之三,是巧换符号概念,一剑封喉。在这个策略中,普京用一个美国人家喻户晓的独立宣言箴言——"人人生而平等"直击"美国例外主义"。也就是说,如果美国坚持"美国例外主义",军事干涉叙利亚,就会违背"人人生而平等"的立国宗旨。

从符号融合理论的角度看,普京讲话深刻掌握了美国人的意识图谱,巧妙使用符号、借用、重组、偷换等修辞策略,精确打击美国的符号短板,搅乱了对方的符号思维图谱。其后,美国舆论的万千愤怒、辩白、漫骂、自我支持、不知所措,正是这种效果的反映。

(二)奥巴马在印度尼西亚大学的演讲

其实,美国精英更加擅长符号建构与话语策略。时任美国总统的奥巴马2010年在印度尼西亚大学的演讲就是一个典型的案例。奥巴马的演说恰值美国确定"重返亚洲"战略之时,印尼是重要的游说国家。但信奉伊斯兰教的发展中国家印尼与美国在政治、经济、历史、文化、宗教各方面都存在巨大鸿沟。作为世界上最大的基督教国家的政治领袖,在世界上最大的伊斯兰教国家大学学子面前如何淡化差异处,寻求共同点,奥巴马的演说是一个突出的范例(吴玫、朱文博,2017a)。

在演说中,奥巴马运用大量印尼与美国两种符号系统中政治、历史、信仰、社会等领域的重要符号与主题，建构了一个个符号的"共识"。奥巴马首先从印尼国家、人民和历史入手，进入印尼的意识图谱，并植入西方的核心符号，营造了一个"西化"的"民主印尼"。其次，奥巴马从感情、利益、地理、道义四个视角将两国关系建构为"平等的伙伴关系"，巧妙地把美国和印尼描绘成"太平洋两岸邻居"。最后，在"普世价值"旗帜之下将印尼纳入"民主阵营"。

为了向印尼宣传美国理念，奥巴马将印尼国徽上的格言"殊途同归"与美国国徽上的拉丁语格言"合众为一"进行类比，将原本不同的两国信仰模糊捆绑，从而将印尼的核心价值移入西方价值系统之中。通过一系列符号策略，如符号借用、符号嫁接、符号交织、符号建模等，将自己的意识图景与对方的意识图景巧妙地交织在一起，营造出"你中有我，我中有你"的"共识感"，达到了"润物细无声"的宣传效果。

奥巴马在演说中很少直接提"美国"怎样，多数是用"我们"来指美国，但有时又用"我们"来指美国与印尼两方。把"我"的符号、"我"的故事包装成"我们"的符号、"我们"的故事，这些符号和故事自然也就成了"你"的符号、"你"的故事。在符号群的铺垫之后，就可以将印尼引进西方视野。

在现实与虚构共存的当今世界里，谁掌握了传播的话语权，就掌握了舆论的主动权。西方发达国家的主流媒体在全球耕耘已久，捷足先登，占据了"普世"意识形态的主导地位，在舆论竞争中居于上风。中国要在对外传播的话语权方面追赶及抗衡西方国家，必须用巧力，巧用力。这种博弈和竞争的结果究竟如何，还需要时间的证实和经验的检验。

参考文献

Baldry, A., & Thibault, P. J., *Multimodal Transcription and Text Analysis*, London: Equinox, 2006.

Bormann, E. G., *Communication Theory*, New York: Holt, Rinehart & Winston, 1980.

Halliday, M. A. K., & Hasan, R., *Language, Context and Text: Aspects of Language in a Social-semiotic Perspective*, Victoria: Daekin University, 1985.

Kress, G., & Van Leeuwen, T., *Reading Images: The Grammar of Visual Design*, London:

Routledge，1996.

Van den Hoven，P.，& Yang，Y.，The argumentative reconstruction of multimodal discourse：Taking the ABC coverage of President Hu Jintao's visit to the USA as an Example，*Argumentation*，2013（27）：403 – 424. doi：10. 1007/s10503 – 013 – 9293 – z.

Van Leeuwen，T.，& Jewitt，C.（Ed.），*Handbook of Visual Analysis*，London：Sage，2001.

郭镇之：《"客观中立"的中国故事更有利于对外传播——对 BBC 纪录片〈中华的故事〉的话语分析》（2016d），《对外传播》2016 年第 12 期。

姜可雨、王晓晔、张洋：《不在场的对话：公共外交中的距离建构和话语缺失——以米歇尔访华的新闻报道为例》，《新闻知识》2016 年第 1 期。

盛夏：《韩国纪录片【超级中国】中的中国形象研究》（2016b），硕士学位论文，清华大学，2016 年。

吴玫、梁韵：《对外活动品牌的构建：中国—东盟博览会的符号聚合与复诵》，载胡正荣、李继东、姬德强主编《中国国际传播发展报告（2015）》，社会科学文献出版社 2015 年版。

吴玫、赵莹：《世界休闲之都——澳门媒体形象中非博彩元素符号研究》，《澳门研究》2018 年第 2 期。

吴玫、朱文博：《符号策略与对外传播——一个基于主题分析法的案例》（2017a），《对外传播》2017 年第 6 期。

吴玫、朱文博：《修辞的攻心战：评普京〈纽约时报〉文章的说服技巧》，《对外传播》2013 年第 12 期。

杨颖：《对外传播与多模态话语研究》（2016a），《全球传媒学刊》2016 年第 3 期。

杨颖：《美国媒体涉华新闻的多模态论辩话语分析——以 CNN 一则电视新闻为例》（2016b），《浙江传媒学院学报》2016 年第 5 期。

张梓轩、曹玉梅：《现代化中国的不同形象呈现——纪录片〈建筑奇观〉、〈超级工程〉比较研究》，《中国电视》2015 年第 2 期。

韩国纪录片《超级中国》中的中国形象[*]

本文以韩国 KBS 电视台 2015 年播出的纪录片《超级中国》为研究对象，通过系统分析纪录片的解说词，对纪录片中的中国形象及其表现方式进行探究。研究发现，《超级中国》展示的中国形象主要是经济飞速发展和国力日益强盛的中国、带有威胁气息的霸权中国和作为意识形态异己的社会主义中国。对纪录片的话语生产进行的进一步分析表明，《超级中国》选择性地显示中国现代性与霸权实力的场景和人物，在大国兴衰霸权轮替的预设下解读中国的发展模式。

第一节 引论

2015 年 1 月 15—24 日，《超级中国》作为新年特别纪录片在韩国 KBS 电视台一套的黄金时段播出。这部八集的纪录片分别以《13 亿人的力量》《金钱的力量》《中国治世》《大陆的力量》《软实力》《中国共产党的领导力》《中国之路》《超级中国：我们的未来？》为题，介绍了中国的人口、经济、军事和外交、土地与资源、文化和政治发展的现状，分析了韩国应如何应对中国的崛起。相比于韩国纪录片的平均收视率，《超级中国》受到较大关注，获得了 KBS 优秀节目和韩国放送通信审议委员会节目奖等荣誉。根据纪录片编撰的图书也在韩国出版。

---

[*] 本文摘编自盛夏（原清华大学硕士生、现美国肯塔基大学博士生）的硕士学位论文《韩国纪录片〈超级中国〉中的中国形象研究》。原文近 9 万字，此次发表前，盛夏进行了修订。本文由郭镇之选编、缩写。

一 《超级中国》研究综述

《超级中国》在中国受到了关注。除了中国主流媒体的报道之外，这部纪录片还获得了中国网民的关注。不过，《超级中国》的夸张表达也引起了争议。部分中国网民认为纪录片过度夸耀中国的发展现状，渲染了中国威胁论。

对《超级中国》的大部分研究均肯定《超级中国》所描绘的中国形象采用了不同于主流西方媒体的视角（史哲宇，2015；张迪，2015），尤其是，《超级中国》在一定程度上"肯定了中国目前的领导班子"，刻画了共产党"组织严密、动员能力强"的特征（付砾乐，2015：33）。《超级中国》内容上的创新性还表现在拍摄了以往涉华纪录片未曾展现的中国新兴产业，让世界看到了一个"年轻、兴旺而充满活力"的中国（邹晨雅、董小玉，2015：26）。

不过，评论认为，《超级中国》所反映的仍然是"他者的想象"；尽管不同于以往西方涉华纪录片的叙事框架，却也是基于主体意图、在有限认知下选择性呈现的中国形象（鲍高齐，2016；付砾乐，2015；邹晨雅、董小玉，2015）。有作者（陈文玑、胡水申，2015）将其称为"过滤镜"中的中国，认为《超级中国》在一定程度上存在着"避弱重强"的现象。还有学者这样分析纪录片内容的选择性："在纪录片《超级中国》中，我们看到的只有全球第二的GDP，却看不到国内经济发展的不平衡；看到的只有购买奢侈品的'土豪'，却看不到还未解决温饱的穷人；看到的只有13亿人口迸发的能量，却看不到与之并存的人口负担……"（张悦，2015：92）。

现有研究普遍认为，《超级中国》以"中国威胁论"为基调，将中国塑造为推行"霸权主义"的崛起之国（鲍高齐，2016；付砾乐，2015；贺鸣明，2016；洪亚星、董小玉，2015；黄瑜、徐放鸣，2015；张悦，2015；邹晨雅、董小玉，2015）。有分析认为，"超级中国"背后隐藏着中国征服、控制世界的欲望（贺鸣明，2016）。

总结现有研究，可以发现对纪录片传播"霸权中国"论调的三种分析。1）直接表达的"霸权"。如纪录片以旁白或字幕的形式明确地以"霸权"或带有相似含义的词汇、语句形容中国；2）间接表达的"霸权"。通过场景展示与叙事，如偷拍中国海军基地、介绍中国现役武器装备，营造出紧张、警惕、戒备的氛围；3）以"回避"方式表达的"霸权"。纪录片对中国国情一些方面的视而不见渲染了中国的实力和对世界的影响，转化为隐形的"中国霸权"宣传。

二 本研究的分析方法

本研究以批评性话语分析（critical discourse analysis）为主要工具，在费尔克拉夫（Norman Fairclough）的三维分析理论研究范式指导下展开研究。费尔克拉夫的三向度是：1）文本向度，关注语言学角度的文本分析；2）话语向度，关注文本生产和解释过程的修辞特性；3）社会实践向度，则关注社会分析的问题。文本向度采用描述的方法；后两个向度偏向于阐释方法。本文主要采用第一和第二向度的话语分析，研究两个问题：1）《超级中国》呈现的中国形象是什么样的？2）这种形象是如何被塑造出来的？

在文本分析层面，本文采取两种思路。1）词语的过度表达（overwording），这是对词语使用相对密度进行"测量"的结果，显示出对某一观念或者事物的"强烈关注"（Fairclough，1992：193）。2）及物性（transitivity）分析，从分句语法层面分析话语对社会现实的建构（Fairclough，1992：178），可以揭示话语所体现的社会、文化和意识形态语境。

在话语实践层面，也采取两种思路：1）话语再现（discourse representation），分析话语是通过何种方式表达的；2）预先假设（presupposition），分析文本结构中蕴含的被文本生产者视为当然的先在立场。

本文的研究样本是 2015 年韩国版《超级中国》前六集[①]的解说词文本，包括画外音和人物采访。没有将纪录片的画面作为主要分析对象，是因为《超级中国》属于"阐释型再现"纪录片的体裁，即主要以解说词来组织影片叙事结构和表达制作者观点。曹青（2013）从"再现"方式的角度定义了"阐释型再现"纪录片，论证了对其语言进行话语分析的合理性："阐释型再现"纪录片的突出特征，是对叙事的逻辑连贯性重于时空连贯性，即主要以

[①] 《超级中国》一共有八集内容，前六集分别从六个方面对中国进行了介绍。第七集是前六集的浓缩，内容上有重复之处；而第八集采用演播室嘉宾讨论《超级中国》内容的形式，与前面六集有很大差异。因此，本研究未对第七集和第八集进行分析。

画外音引导故事的发展并提出主要观点,解说词在纪录片中居于主导地位。

本研究话语分析的样本选取主要依靠研究者的经验判断。为了做出相对"准确"的判断,本研究特别关注以下两点。1)"关键处"(cruces),比如文本中异常的不顺畅、突然改变风格或者沉默等;除此之外,本研究也试图通过量化的方式,找出话语中潜藏的"异常值"(如过度表达)。2)已有研究选取的样本,从中找出与个人经验的重合之处。为了平衡定性研究的主观性,本研究适当借用定量研究的一些手段,如内容分析中的词频统计和对片中各类场景频数的统计。

第二节　中国形象在《超级中国》中的呈现

为了回答第一个研究问题——《超级中国》中的中国形象是什么样的?本节从词语表达和及物性两个方面对《超级中国》进行了文本分析。

一　词语的过度表达

本研究对第一集至第六集《超级中国》解说词文本分别进行了词频统计,并对各集主题下的中国形象"关键词"进行了分析。

（一）不同主题下的中国"关键词"

在第一集"人口"主题下,"市场"一词（140频次,下同）是《超级中国》论述的核心。纪录片呈现了广袤的阿根廷大草原和人头攒动的韩国济州岛免税商店——这些地方因庞大的中国"人口"（26）数量、对"黄豆"（16）和化妆品的需求而发生了改变。纪录片以中国南方的"义乌"（15）批发市场、新兴企业"阿里巴巴"（13）和"小米"（15）为例,阐述了人口创造的需求市场在孕育"本土企业"（29）、影响"世界经济"（12）方面的巨大"力量"（12）。

在第二集"资本"主题下,纪录片呈现的是一个"经济"（35频次,下同）发展迅速并在全世界范围内进行"投资"（31）的中国形象:从中国"企业"（38）经营的赞比亚矿山和美国葡萄酒厂,到被中国人"购买"（20）

大量土地、房产的济州岛，从收购希腊国有资产和在秘鲁、刚果开采矿山，到收购金融危机后陷入困境的美国企业、投资美国房地产，展现了中国自引入市场竞争机制后出现的财富积累，展示了中国"资本"（19）在世界各地的影响力。

在第三集"军事"主题下，《超级中国》凸显了中国对军事霸权的追求与争夺。一方面，纪录片展示了中国的武器装备实力、南海舰队的建设以及与越南、日本、菲律宾的领土争端（冲撞他国渔船、对岛屿进行军事化建设）；另一方面，叙述了中国以援建第三世界国家（斯里兰卡、坦桑尼亚、尼加拉瓜）的形式获得了港口、运河的经营权，将势力范围扩展至印度洋和非洲。在词频统计中，除了占前五位的"中国"（139频次，下同）、"美国"（42）、"国家"（24）、"港口"（20）、"运河"（19）等不具有明显褒贬含义的中性词语之外，占第六位的就是"霸权"（18）一词。

在第四集"资源"主题下，纪录片凸显了中国自然"资源"（18频次，下同）的丰富性及其对促进中国"经济"（24）飞速"发展"（22）的巨大"力量"（23）。纪录片展示了中国丰富多样的气候类型和地形地貌，说明丰富的自然资源（稀土、锑、石油）为中国的发展提供了有利因素。同时，中国进行了大量的交通建设，以带动边远地区的"开发"（19）。

第五集"软实力"主题是从文化输出大国角度阐述中国形象的。纪录片从北京奥运会开幕式谈起，列举了在世界舞台上具有知名度和影响力的中国"文化"（39频次，下同）符号，如钢琴家、画家、中国古董，特别是中国"电影"（29）在世界重要电影节中摘得奖项，每天有数十部电影同时在拍摄的规模宏大的横店影视城，并购美国AMC院线并希望继续扩大世界电影市场份额的中国企业。纪录片还着重介绍了中国具有世界性影响的"孔子学院"（16）和"新闻业"（15）。

第六集"共产党领导"的主题着重突出了在中国共产党领导下取得巨大"发展"（13频次，下同）的中国"经济"（13），和共产党"权力"（13）高度集中、党国一体的政治统治，突出介绍了"习近平"（11）上台后的表现和作为：务实亲民的作风、强力的反腐动作。另外，《超级中国》也呈现了中共面临的"问题"（11），如社会贫富差距。

（二）过度表达的语词与意义的传达

语词的过度表达是制作者的主观映射，"表明特定概念在话语生产者头脑中的固化，反映了其独特的思维"（刘世生、曹金梅，2006：110）。从纪录片文本的过度语词化表达，可以总结出：在人口、资本、军事、资源、文化和政治这六个主题下，《超级中国》所展示的中国形象分别为：1）内需巨大并发挥世界影响的"世界市场"；2）开展全球投资的"经济大国"；3）军事力量雄厚并拓展势力范围的"霸权国家"；4）不断提供经济发展能耗的"资源大国"；5）不断进行文化输出并影响世界的"文化大国"；6）经济繁荣而政治高压的"社会主义国家"。《超级中国》对中国建设成就、人口资源持正面态度；对经济、军事力量持警惕态度，经济实力和国家主导性是纪录片突出的两个核心观点，表现了中国政治与经济的紧密联结。

二 表述的及物分析

及物性将人们在现实生活中的见闻和作为分成了若干"过程"，并对与过程相关的"参加者""周围环境"进行说明（胡壮麟、朱永生、张德禄，1989）。及物系统包括六种不同的过程：1）物质过程，通常用动态动词来表示这个过程，由"动作者"、动作的"目标"及其之间的动作组成，描述相对具有客观感（但本质上仍然有对描述方式的选择）；2）心理过程，由表示"感觉"、"反应"和"认知"等心理活动组成，表达主观感受，有心理活动的主体"感觉者"和被感知的客体"现象"两个参与者；3）关系过程，表示事物之间处于何种关系，分"归属"和"识别"两种；4）行为过程，指生理活动过程；5）语言过程，是通过言说交流信息的过程；6）存在过程，存在物是这类过程中必不可少的成分。

《超级中国》最基本的组成单位是一个个在场景、时间、人物、事件上有显著区分的"故事"，每个"故事"包含了若干过程。从上一节主题词频数统计结果可以发现，几乎每一主题下的核心概念中都存在三个参与者——中国、发达国家（如：美国、韩国、希腊）和发展中国家（如：越南、尼加拉瓜）。本研究根据前文所述的"关键点"原则和已有研究的经验，挑选了一些具有代表性的"故事"，对样本中可以进行及物性分析的分句进行了类型编号并进行及物性分析①。

从话语的及物性角度考察《超级中国》中的中国形象，可以发现：在与发达国家的关系中，中国被描绘为新兴的"富裕者"；在与发展中国家的关系中，中国则被描绘为"侵犯者"。纪录片所呈现的中国，一方面由于自身经济实力的增长对冷战后业已形成的世界经济格局提出挑战，另一方面又积极扩展势力范围，追求经济利益的最大化。纪录片突出了中国在国际关系中日益增长的主导性和优势地位，从而展示了中国的"霸权"形象。

第三节　《超级中国》对中国形象的建构方式

对话语实践的研究，主要采取话语再现和预设立场的分析方法。本文以选择性话语描述和互文性解读为视角，对《超级中国》的话语实践进行分析，解答第二个研究问题，即《超级中国》中的中国形象是如何被建构出来的。

一　选择性话语的形象再现

媒介的表达是具有选择性的。李普曼（Lippmann，1922）用"拟态环境"来描述人们对真实环境进行重构而形成的影像。具体来说，拟态环境体现为特定的价值观、兴趣爱好、认知习惯、主观需求及预设立场对现实环境某个方面、某个角度的相对简单的选择和加工（隋雪、杜盼、李欢欢、李雪铭，2012）。

《超级中国》所呈现出的中国形象也是在选择性表达的基础上产生的，是话语实践者观念和意识形态的具化。本研究将按照叙事的要素——时间、地点、人物、起因、经过、结果，对《超级中国》话语实践中的选择性再现进行分析。

对中国历史时期的选择。虽然韩国的"中国观"大致可以分为敬重期

---

① 由于本书篇幅所限，本文无法将具体分析的案例一一罗列，只简述了结论。感兴趣的读者可查阅原文，盛夏：《韩国纪录片〈超级中国〉中的中国形象研究》（2016b）硕士学位论文，清华大学，2016年。

（古代至明朝）、蔑视与敬重共存期（清朝）、蔑视期（日占时期）、敌对期（朝鲜半岛分裂后）和复杂与不稳定期（中韩建交后）五个阶段，但现代中国是《超级中国》话语建构的绝对主体。纪录片中有关古代中国、近代中国的内容在前六集中所占比例大约为4%，有关半岛分裂、中韩对峙时期的内容大约为3%，超过90%的内容均是对中韩建交以来中国当代情况的介绍。这正是中国经济的上升期。

对叙事场景的选择。纪录片叙事对局部类型场景的强调可以影响整体形象的构成。本研究对《超级中国》前六集中选择的叙事场景[①]进行了统计，从国家形象的角度区分出三类场景——"发展性场景"、"问题性场景"与"中性场景"。"发展性场景"指展示中国现代性、发展潜力与国际影响力的场景，如高楼鳞次栉比的现代商圈和中国经营繁忙的海外港口；"问题性场景"指展示中国欠发达性与冲突性的场景，如：破旧狭窄的城市贫民区和中越冲突中被烧毁的中国工厂；"中性场景"则指不明显表达前两种意义的场景。

从统计结果可以看出，《超级中国》对表现中国经济发展迅速、国力强大的场景进行了浓墨重彩的描述，而对表现中国发展面临问题的场景则轻描淡写。例如，纪录片以全球各地的"市场"为主要故事场景，展示了中国消费者在国内、国外市场中的购买力；取景地集中在中国特大城市和东部、南部沿海经济发达省份，展示高楼大厦、车水马龙的现代都市景观。对中西部等经济欠发达地区的呈现较少，且多将这些地区置于发展性的进行时框架中进行叙述。例如，《大陆的力量》一集讲述了发生在中国边境城市黑龙江抚远的故事：建设中的机场和火车站以及俄罗斯游客络绎不绝的餐厅，表现了这个中国边远小城市获得的国际贸易良机。

不过，《中国共产党的力量》这一集在场景选择上呈现出与其他主题不同的特征，表现为"发展性场景"减少和"中性场景""问题性场景"增多。纪录片试图呈现中国普通民众日常生活场景，如群众高唱红色歌曲的公园、企业中的党组织会议、大学校园中的党组织活动，凸显中国作为"他们"

[①] 本研究统计的叙事场景是纪录片中以字幕形式加以说明的场景，纪录片未作说明的、一闪而过的场景不包括在内。

和"我们"在意识形态领域的常态性差异。另外，在意识形态色彩最浓厚的这一集中，展示了更多的负面场景：受"计划生育"政策影响上不了学、找不到工作的21岁女孩及其家人生活的京郊破旧平房、示威者情绪激动的香港"占中"现场、薄熙来庭审现场等，突出了共产党政权下中国的负面形象。

对人物的选择。纪录片选择哪些个案作为中国整体的表征，又如何阐述这些个案，形塑着纪录片所表现的中国形象。对前六集《超级中国》中出现的故事主人公——这里指区别于群像式人物、成为叙事中心的人物——进行的统计发现：首先，《超级中国》选取的中国人绝大部分是身处工业体系中的个体。不论是创业者与企业家，还是音乐家或者律师，这些人物的身份表征着现代化、商业化的工业社会。《超级中国》选择表现工业文明下有知识、物质丰富的中国人形象，而将挣扎在温饱线上、远离商业社会的人们置于一旁，突出了中国经济发展的成果与现代化程度。

其次，纪录片通过人物的选择凸显了中国的海外影响力。《超级中国》选择的海外人物个案传递给受众一个信息——中国的影响力遍及全球。具体分析《超级中国》海外采访的部分，可以发现人物塑造的两个框架，即"冲突—受害者"框架与"困难—受助者"框架：一方面，纪录片塑造了与中国存在争端而利益受损的人物形象，如失业的秘鲁矿工和被中方逮捕的越南渔民，表现出同情怜悯的情感；另一方面，纪录片塑造了因中国的经济援助而问题得到解决的人物形象，如在中国投资企业就业的女工瑞秋，表现人物境况改善后的生活。纪录片在构建这两种人物及其所属的社会关系时也塑造出隐形的中国形象——欺压他国的崛起霸权和在经济上极具优势甚至凌驾于经济霸主美国之上的"财神"。

再次，《超级中国》选择了人物的表现方式。人物并非纪录片中真正的叙述者，而只是纪录片制作者认知和理解的承载者与表现者（邵雯艳，2013）。《超级中国》运用扁平式的人物塑造方法，只表现人物某一方面的特征和特殊类型的经历。例如：在《中国共产党的力量》一集中，纪录片塑造了永联村党委书记吴栋材这一形象。片中的吴栋材在田间了解庄稼收成，穿着工服、戴着安全帽视察企业生产，还坐在摆放着"党员岗"标志牌和与国家领导人合影的办公桌后处理事务。纪录片展示的显著特征是吴栋材集党组织领导和企业管理者于一身,契合了纪录片希望表现的中国形象——"共产党在这里结合了资本主义市场经济和社会主义政治"。

对叙事方式的选择。在叙事的过程中,通过对事件的起因、经过和结果进行选择性的描述,《超级中国》根据纪录片制作者的认知框架"复述"与"重现"了事件场景,例如,在《中国治世》一集中,纪录片展示了中国与越南之间发生冲突的一次过程。在叙述开端,纪录片直接引用了越南当地媒体的报道和事件发生时从越南船只角度拍摄的影像。剧烈摇晃、声音嘈杂的视频片段中,突然出现金属物体碰撞的声音,原来是体型较大的中国船只与越南船只发生了碰撞。随后出现受到损害的越南渔船船体和受伤的船员。纪录片旁白对事件的描述是中方海监船"直接冲撞"越南船只。在讲述撞船引发的在越南的中资工厂冲突时,纪录片摄制组采访了越南的相关人员,对事件从越南方的角度进行了合理化解释,却一直没有出现中方人员的声音。镜头展示了经历大火后"犹如战争废墟"般的中资工厂,画外音是一名越南女工的:"中国总是挑起争端……",建构出中国作为责任者的身份和霸权的形象;而对于事件造成"多人受伤,一名中方管理人员死亡"的严重后果却一句带过。

二 互文性解读的特定立场

互文性(intertextuality)指文本含义由其他相关文本构建的历史性。Fairclough(1992)认为,明确的互文有话语描述和预先假设等不同的情况(胡春阳,2005)。

(一)话语互文描述

首先,《超级中国》话语中采用了一种明确的互文性方式(话语描述)再现中国形象。话语描述指一个文本以引号或报道分句等形式明确标示与被引用的其他文本的关系,常见的四种话语描述形式有:1)直接话语,被描述的内容直接出现在引号中,保留了原有的样貌;2)间接话语,采用分句的形式描述引用的话语,原话语的样貌可能被改变;3)部分引述,在引号中引用了一部分、但不是全部被描述的话语;4)转述话语,不明确出现引用的描述话语（胡春阳，2005）。话语描述强调对话语多样的"报道"方式，而报道者选择了某种方式。不同的话语描述形式间存在"界限保持"程度的差异：在直接描述的话语中，存在互文关系的两个文本之间有清晰的界限；而非直接描述的形式则模糊了文本间的界限。

《超级中国》纪录片选择让受访者出镜叙述的方法，"原汁原味"地展示受访者的话语，在形式上呈现为客观的直接话语描述。但是在内容上，纪录片通过隐蔽的"声像差异性呈现"，对受访者话语进行了特殊的"转述"。这里的"声"指纪录片使用的受访者原声，"像"则指影片字幕。纪录片制作者在编辑画面字幕时，并未严格遵循受访者本意逐字翻译，而是对受访者的原文本进行了有意识或无意识的重新加工和重新解读，融入了制作者的认知或意欲传达的信息。《超级中国》的取景地涉及全球20余个国家，片中出现的受访者多采用非韩语接受访问，而纪录片的主要目标受众韩国观众主要通过经由制作方翻译的文本认识影片展示的中国形象，但对这种话语"转述"难以察觉（盛夏，2016b）。有时，非常细微的表述差别就能带来完全不同的意义理解。

（二）预先假设立场

预先假设也是一种明确的互文形式，指被文本生产者视为已经确立或者"给定"的论点，并且在文本的表层结构上存在"各种正式性暗示"（various formal cues），以表明这些论点已被采纳（Fairclough，1992：120）。这些无须断言的命题关涉文本生产者和文本接受者共同了解和熟知的"社会秩序的精神地图"，预先假设将所要强调的因素连接起来，用于文本的解释（陈岳芬、李立，2012：55）。

费尔克拉夫（1992）认为，预先假设具有操控性。文本的生产者在话语实践中架设了一个虚拟的现实，并在这个虚拟的现实中使话语生发意义。但是，这种预先假设可能违反生产者与接受者共识的前提，而是文本生产者将非共识的命题强加给对方，掩盖了虚假或者存有疑问的命题，传递了包含意识形态的信息（胡春阳，2005）。

《超级中国》中面向未来的最显著论断是中国将成为一个全球性的霸权国家，而这种推论是在对两种历史性文本的回溯中形成的——历史上的世界霸主中国和美国的霸权之路,这里涉及的两个预先假设分别是:中国将"重拾"霸权和"中美争霸"。而这些预设都是有争议的。

第一,中国"重拾"霸权的预设。在历史上,中华文明曾经长期领先于其他文明,并对周边国家有过深远的影响。21世纪中国国力与国际地位的显著提升在一定程度上唤醒了外界对中国曾经辉煌的记忆,并对中国的今昔进行了勾连和想象,构建出曾经没落的"世界霸主"东山再起、"重拾"霸权的虚拟现实。

《超级中国》文本中的诸多话语暗示了纪录片的这种预设,如"凭借着数千年间筑造的文化与传统的基底,中国现在正梦想着成为大国","他们华丽的文化与文明折射了他们曾为世界中心的姿态"和"大部分中国人觉得我们应该恢复到原来的那个样子,还是世界第一"(盛夏,2016b:54)。《超级中国》在叙事过程中,以西方的霸权思想框架对古代中国的国际地位和世界影响进行解释,将有差异的概念混为一谈,赋予了"中国将重掌霸权"这个预先假设的合理性。而命题中的两个情景(中国曾经在国际上享有至高地位和中国将成为霸权国家)之间,本不一定存在因果联系。

第二,中国与美国争夺世界霸权。2008年席卷西方国家的金融危机之后,中国作为崛起的力量受到国际社会的关注。《超级中国》对世界格局的描述方式,采用了新的"G2"话语,认为中国的发展势头引起了其他国家对中国崛起路径和崛起影响的警惕。例如:"中国在富有起来的同时变得更强的可能性更高,中国的欲望也会渐渐大起来","研究霸权轮替的学者们相信,崛起势力的第一个课题,就是要取得对周边国家的有效控制权。……中国也是一样,我们预测它会在东亚扩张它的势力范围,而实际也是如此"(盛夏,2016b:47)。

西方的"权力转移论""霸权周期论"等国际关系理论,构成了当今西方社会国际关系与权力认知的基础(陈岳,2005;朱锋,2005)。对中国崛起的负面评价、担心中国成为亚洲的有力竞争者与身边的霸权国家也构成了韩国民众对中国崛起的主要认知(董向荣、王晓玲、李永春,2011)。《超级中国》认为中国崛起后走上霸权扩张道路是一种必然,在这种"思维定式"下解释中国在国内、国际社会中的作为,并将这种"共识"以不容分说的预设形式嵌入纪录片的话语当中。

《超级中国》叙事的明线是中国崛起的进程，而贯穿了整部纪录片的暗线则是对中美两国综合实力的比较：美国是当今世界"霸权主义"的代名词，中国若走上霸权扩张道路，势必与美国在经济、军事等各方面形成竞争。例如：中国已经在购买力和经济力上超过美国，美国人坚信的经济霸权地位已经慢慢地在改变；十年内中国就会成为最大的经济主体；中国的电影产业已经超越美国，成为世界第一……《超级中国》从人口、经济、军事、资源和软实力等层面对中美实力进行了综合比较，突出表现了：中国已经能够在许多方面与美国抗衡，对美国现有的世界霸权地位形成冲击。

《超级中国》的"中美争霸"预设决定了对中国崛起路径的排他性叙述，在西方霸权更替的"社会秩序"下，以"西方共识"解释中国的发展，凸显中国综合实力对美国构成的威胁与挑战，以此塑造中国"霸权争夺者"的形象。

三 结语：《超级中国》中的中国形象

（一）对《超级中国》的文本分析

在文本分析层面，本研究通过分析纪录片文本中的过度语词表达现象和话语的及物性，发现纪录片突出了中国对世界单极力量格局的挑战和中国在亚非拉国家的积极扩展和利益追求。总的来说，纪录片表现了三种中国形象：1）经济飞速发展和国力日益强盛的中国形象；2）带有威胁气息的霸权中国形象；3）作为意识形态异己的社会主义中国形象。

（二）《超级中国》的话语实践分析

在话语实践层面，本研究发现在纪录片《超级中国》的文本生产和解读中存在选择性呈现和互文性意义建构，以此塑造中国形象。具体来说，《超级中国》倾向于呈现中国现代性和国际影响力的"发展场景"和城市工业体系下单纯具有经济或政治属性的个人，而忽略了中国地区经济发展和城乡人口的差异性；《超级中国》在国家间关系的框架下选择性地呈现了若干凸显中国海外影响力的事件，并在中国重拾霸权和大国兴衰与霸权轮替的预设下解读中国的发展模式，显示了意识形态的倾向性。

参考文献

Fairclough, N., *Discourse and Social Change*, Cambridge, UK; Cambridge, MA: Polity Press, 1992.

Lippmann, W., *Public Opinion*, New York: Harcourt, Brace and Company, 1922.

鲍高齐：《影像意义系统中韩媒关于中国国家形象的塑造——以〈超级中国〉的热播为例》，《视听》2016 年第 1 期。

曹青：《全球视野下的中国形象：英国电视对华报道话语分析》，南开大学出版社 2013 年版。

陈文玑、胡水申：《浅谈纪录片超级中国的创作技巧》，《新闻研究导刊》2015 年第 6 期。

陈岳：《"中国威胁论"与中国和平崛起———一种"层次分析"法的解读》，《外交评论：外交学院学报》2005 年第 3 期。

陈岳芬、李立：《话语的建构与意义的争夺——宜黄拆迁事件话语分析》，《新闻大学》2012 年第 1 期。

董向荣、王晓玲、李永春：《韩国人心目中的中国形象》，社会科学文献出版社 2011 年版。

付砾乐：《试析韩国纪录片〈超级中国〉对中国国家形象的塑造》，《媒介秩序与媒介文明研讨会暨第二届新闻传播伦理与法制学术研讨会论文集》（2015），浙江绍兴，浙江越秀外国语学院，2015 年。

贺鸣明：《国际传播视域下的中国海外形象——从纪录片〈超级中国〉谈起》，《当代电视》2016 年第 2 期。

洪亚星、董小玉：《被仰视的中国：从文本建构到形象塑造——基于纪录片〈超级中国〉的批评话语分析》，《新闻界》2015 年第 13 期。

胡春阳：《传播的话语分析理论》，博士学位论文，复旦大学，2005 年。

胡壮麟、朱永生、张德录：《系统功能语法概论》，湖南教育出版社 1989 年版。

黄瑜、徐放鸣：《〈超级中国〉：中国形象的"他者"构建》，《当代电视》2015 年第 5 期。

刘世生、曹金梅：《思维风格与语言认知》，《清华大学学报》（哲学社会科学版）2006 年第 21 卷第 2 期。

邵雯艳：《论纪录片人物的形象建构》，《社会科学家》2013 年第 3 期。

盛夏：《韩国纪录片〈超级中国〉中的中国形象研究》（2016b），硕士学位论文，清华大学，2016 年。

史哲宇：《异域视野中的中国形象——以韩国纪录片〈超级中国〉为例》，《福建广播电视大学学报》2015 年第 2 期。

隋雪、杜盼、李欢欢、李雪铭：《"拟态环境"研究的回顾与展望》，《青岛大学师范学院学报》2012 年第 3 期。

张迪:《他者视域下〈超级中国〉呈现的中国形象及启示》,《新闻世界》2015年第10期。

张悦:《"他者"视阈下的中国形象——以KBS纪录片〈超级中国〉为例》,《青年记者》2015年第36期。

朱锋:《"中国崛起"与"中国威胁"——美国"意象"的由来》,《美国研究》2005年第3期。

邹晨雅、董小玉:《韩国媒体眼中的中国霸权形象——基于对韩国纪录片〈超级中国〉的文本分析》,《新闻界》2015年第8期。

《中华的故事》所讲的中国故事：
BBC纪录片的叙事话语*

2016年前后，英国广播公司BBC集中播出了几部有关中国的纪录片。与将中英教育理念之间的冲突戏剧化的《中国式教育》和夸张溢美的《中国新年》相比，"客观中立"的六集纪录片《中华的故事》在海内外引来一致好评。

第一节 《中华的故事》：全球影响

《中华的故事》是通过传统电视媒体首先在BBC二频道和美国的公共电视台（PBS）上播出的。这两个渠道面向知识界，偏重文化口味，影响的是西方社会中有影响力的观众。在中国，部分网民（知识阶层居多）则通过网络先睹为快。

新华社、《人民日报》等中国主流媒体也对《中华的故事》进行了正面反馈。据《环球时报》报道，《中华的故事》在英、美播出后，制作者收到大量表扬，包括社交媒体点赞、观众来信、专家评论。作为撰稿人兼主持人的英国曼彻斯特大学教授迈克尔·伍德走在街上，都有人认出他来，并表示很喜欢《中华的故事》。这是他过去拍了上百部纪录片从来没有遇到的盛况。中国网民的反馈也很积极。在每集节目播出后24—36小时，就有《中华的故事》中文版推出，并在朋友圈内流行（黄培昭，2016）。

BBC对这部委托制作的高质量纪录片相当满意。统计显示，BBC在周四

---

* 本文原发表于《对外传播》2016年第12期上，题目为《"客观中立"的中国故事更有利于对外传播——对BBC纪录片〈中华的故事〉的话语分析》。此次发表时略经编辑。

晚上9时黄金时段播出的节目中,《中华的故事》收视率是其他节目的两倍;不少观众还在手机等客户端上收看。BBC总裁表示:这样(叫好又叫座)的片子才是BBC应该出品的(黄培昭,2016)。

BBC和PBS在全球享有"客观公正"的品牌优势;主持人迈克尔·伍德是享有国际知名度的历史学家、作家。《中华的故事》以纪录片的方式"真实再现"中国历史的魅力、中国现实的鲜活,这是中华文化借船出海、中华文化向西讲(马诗远、杨颖,2016)的一种国际传播。

第二节 《中华的故事》:中国形象展示

通过仔细阅览,可以发现,《中华的故事》表现的是正面积极的中国形象。镜头中展现的,有画卷一般的美丽中国、生气勃勃的市场中国、勤劳朴实的人民中国。它既没有刻意美化稍显杂乱的街头景象,也没有肆意丑化在西方人看来"落后"的各种生活场景,如推杯换盏、烧香磕头——这恰恰带来了真实的不完美感。

《中华的故事》是以一种西方受众容易接受的方式展开叙事的。除了高速增长的经济、人口庞大的市场之外,很多西方人希望了解中国文化的深层奥秘,想要获得触及心灵的某种感动——跌宕起伏的历史中所体现的中国人强烈的家国情怀和浓烈的亲族观念,满足了这些需求。

按照西方公众倾向于"独立思考"的特点,《中华的故事》试图通过置身现场接触人物和生活的写实手法,向观众展示活生生的中国社会。伍德的主持风格热情而客观,他说他只是一位深入现场的"友好的采访者和沟通者",观众可以通过影片对中国人及中华文化做出自己的观察和判断。

影片注重与当地人的交流。伍德采访的人中,既有专业人士,也有普普通通的老百姓。很多活泼自然的互动体现出国人的友好和开朗;不少专业人士则表现出较高的素养,包括能够讲流利的英语。

总体而言,《中华的故事》是一部态度友好、方式客观的纪录片,它在全球产生的,应该是对中国友善的影响。本研究对其传播反馈进行的海内外随机简单调查，得到的也大多是正面的评价（郭镇之、杨颖、张小玲、杨丽芳，2016）。

不过，虽然系列片各集标题是以中国不同的历史时期命名的，但如果以为《中华的故事》是一部历史纪录片，那就错了。纪录片表现的是中国的现实。这是一部通过现实场景、文学艺术、背景知识和历史评说讲述的当代中国人的生活故事。出于制作者倾向西方的思维定式和面向西方的市场需求，纪录片中充满了深浅不等的话语言说。

第三节 《中华的故事》：叙事话语

BBC关于中国主题的纪录片要面对的是两个市场：一个是全球市场，受众主要受西方观点的影响；一个是中国市场，需要尊重中国的主流观点。而这两种观点有时针锋相对，大多数时候差异明显。这为话语的表达带来了挑战。由于BBC纪录片针对的主要是西方市场，因此，它所讲述的"中华故事"便基本采用了西方的视角和话语方式。

话语常常是带有特定动机和隐含意图，运用或简单或复杂的修辞方法，表达意义甚至影响对话者的交谈（梵·迪克，2015）。话语不是一般的语言，而是在循环往复、动态交流的过程中产生意义的对话性言语。话语在特定的语境中通过"文本"进行，具有"众说纷纭"和表达"言外之意"的特点，通常携带不便明说、或者不愿直说的潜藏含义。

就BBC这部纪录片的标题而言，尽管片头和出版物上都标明了大大的红色"中国"字样，但正式翻译的中文片名被确认为《中华的故事》。也就是说，纪录片所肯定的、主持人所赞叹的，是"文化中国""传统中国"，因为"中华"更偏向于文化的定义，而"中国"更偏向于政体的含义。对中华传统文化的整体肯定态度，中国和西方没有分歧，但在具体文化元素的评价方面，中外强调的侧面并不一致。例如，纪录片突出了中国人对天命的畏惧和对祖先的崇拜，这与当代中国主流话语对中华传统文化的理解大相径庭。

对历史的判断也是如此。纪录片第三集称宋代是中国历史上最好的时代，也显示出纪录片的西方观点。这种"最好"的评价是从市民生活的悠闲、物质文化的丰盛和市场经济的活跃这些角度出发作出的判断，看重的是社会的宽松，而不是国家的强盛。而且，在解说中，这种宽松特别用于针对唐代和明代政治控制的严苛（虽然这两个朝代似乎更强盛）——批判性不言而喻。

选材及叙事的详略显然也有话语的考虑。尽管在最后一集（《革命年代》）中，纪录片对现代中国的历史介绍极为简略，关于"文化大革命"等过程一笔带过，但通过整部系列片所选择的故事，如清明节秦氏家族的祭祖活动和明清时代乡绅鲍家的坎坷遭遇，多次表达了对那段没有重点涂抹的历史的否定态度。由于中国共产党对"文化大革命"和毛泽东的历史作用都有过明确的政治结论，因此，《中华的故事》对毛泽东的评价偏向负面，对"文化大革命"的否定则贯穿始终。不过，考虑到中国市场的感受，纪录片的表述还是很有节制的。在中国人的耳朵听来，有些用语不免刺耳；但从西方人的角度看，可能还认为蜻蜓点水，说得远远不够"狠"。

片中强调了若干概念，如"天命/天谴"（皇帝受之于天）、"一治一乱"（历史循环论）等，用来解释中国的历史变迁。特别是"革命"一词，意味着社会动乱，即政权更迭、改朝换代，基本是负面词。这与我们通常的理解完全不同。

就视觉符号而言，除了纪录片片头鲜红的"中国"大字之外，奔腾的龙也是一个醒目的标志。不过，中国人认定的"吉祥"符号，在西方人看来却是凶恶的象征。当然，按照伍德的解释，中国龙是中华民族图腾的源头，也是中国文化符号的集中代表，他们并不是从"邪恶"的意义上来解读"龙"的形象。但是，《中华的故事》之迎合西方对中国的想象，符号的话语是明显的；而国外受众看到那只张牙舞爪、呼啸而出的龙形，感受很可能也是惊恐的。

当然，纪录片《中华的故事》也照顾到了中国市场的需求，特别是中国政府的感受。有些话语似乎是为中国而发。在第一集中，主持人强调了中国人对"人群如此多样、文化如此丰富的地方是一个单一国家、单一文明"的集体认同。对西方人而言，这种肯定可能比中国对统一主权的宣示更有作用。同样的，《中华的故事》也针对西方人的某些误解作出廓清。例如，纪录片介绍了中国历史上王朝的强盛及怀柔远人的华夏传统，从侧面反驳了"中国威胁"的论调。在第四集"明朝"中，纪录片通过利玛窦的话将中国和欧洲进行了对比：欧洲人总爱袭扰邻国，满脑子都是称雄称霸；而明朝尽管拥有装备精良的陆海军，能够轻而易举地征服邻国，但无论是皇帝还是他的臣民都根本没想过要发动侵略战争。这可能被野心勃勃、志在开疆拓土的西方人士认为"胸无大志"；但是，从另一方面考虑，这是不是也表明了国人"吾道自足、不假外求"的秉性呢？它是不是在替中国固守中土、对外"不称霸"作解说呢？

不过，总体而言，由于纪录片基本的西方立场和观点，顺耳的话不如刺耳的话引中国人关注。而《中华的故事》采用这种话语方式的背后，也有市场的考虑。

第四节　借势用力：面向全球市场的中国话语策略

事实表明：无论是对中国还是对 BBC 来说，《中华的故事》都是一次成功的实践。对 BBC 而言，通过对"中国"这个富矿的开掘，吸引了一个个趣味虽然不同、意识形态依然对立，但立场和观点却在软化的世界市场，BBC 的疆域拓展了。而对中国来说，通过 BBC 纪录片的全球影响，借势用力，传播了中国虽不完美，但生气勃勃、富有希望的形象，有利于中华民族的复兴。

一　BBC 纪录片的生意经

西方媒体（例如 BBC）关于中国主题的纪录片服务的是两个市场，首先是以西方为代表的全球市场，其次才是中国市场。面向西方市场的纪录片，只能采用西方式的话语，尽管采取了"客观""公正"的姿态，但骨子里对中国现实的批判性始终存在。这也可以理解——纪录片的灵魂是思想，而社会性的历史人文纪录片如果缺乏批判性，在市场上便很难立足。这种纪录片的"文化"（批评）对内对外其实是一样的。说到对中国的评价，西方已经有了一些负面的"共识"，回避是不可能的。如果一味说好话，纪录片就会失去西方公众的信任，哪里还会有全球影响呢？

面对中国这个大热门"题材"，BBC采取了三种讲故事的策略。一种如《中国新年》，基本上就是完成中国委托，展示外表，缺乏思想，鲜有新意，随便而粗糙。另一种是《中国式教育》，BBC投资，"真人秀"式表演，国际市场销售，以题材的有趣和叙事的戏剧化赢得经济效益。还有一种就是《中华的故事》这样比较传统的、以内容和制作的专业性见长的、有稳定的销售渠道和鲜明的品牌辨识的，能因长尾效应获得长期收益。

二 "客观中立"的中国故事更有利于对外传播

在借势用力、通过国外媒体进行中华文化的全球传播方面，中国却面临两难处境。一方面，即使是《中华的故事》这样公认态度友好、立场客观的中国题材外国纪录片，也很难符合中国的话语标准，因而在中国得不到公开发行的机会——中国网友都是通过网络传播（未获版权许可）"非法"收看的——制片方对此持默许态度，也是为了扩大影响；另一方面，按照官方认可的话语对外传播的中国纪录片尽管所费不赀，却常常无功而返。

其实，《中华的故事》塑造的中国形象是友好的，讲述的中国故事是积极的，这就够了，这样的"中国纪录片"就值得推广。对外传播的效果，最重要的不是我们的感觉，而是全球受众的感受。

《中华的故事》的经验表明："借船出海"不失为一种更有效的渠道，可以借助国际知名媒体业已形成的公信力从事国际传播，部分地弥补中国传播界和传播者国际市场经验不足、国家信誉有待积累和国家形象有待改善的短板，借势用力，传播中国的声音，讲述中国的故事。

更多的中外交流有利于相互的理解。应该积极鼓励外国机构到中国拍片，为同情型的制作者提供了解真实中国的便利条件。同时，不能要求"借船出海"的国际传播按照中国的口径说话。只要纪录片塑造的中国形象总体上是积极的，讲述的方式实际上是友好的，对这种"中国故事"就应该欢迎，对其并非"百分百赞同"的态度就不必苛求。

在通过国外媒体进行中华文化的全球传播方面，"客观中立"的表达（如《中华的故事》）优于"一味赞美"的表达（如《中国新年》）。对外传播最重要的，首先是让世界看到中国，进而熟悉和了解中国。我们当然希望更为"友好"的、抱着同情感的展示，因此需要挑选恰当的、类似《中华的故事》主持人伍德式的传播者。但只要不是刻意的抹黑，褒贬参半的呈现对中国也有好处——它们提高了中国在世界上的能见度、存在感。同时，中国人也借此了解外国人对中国的真实看法，而避免因他人或真或假的逢迎而忘乎所以、利令智昏。

不能要求外国人用中国的腔调说话，对不同于中国的国际话语，应该有一定的宽容度。这主要是因为，中国的现状远非完美，国际的批评在所难免。不过，中国人听来刺耳的话，不一定会损坏中国的形象，反而常常是西方媒体获得公信力和受众认可的基础。有时候，为了维持言说者的信誉，面向全球的客观讲述对中国"问题"的批评还是必需的。一方面，中国确实存在不尽如人意的地方；另一方面，中外在意识形态、思维方式、表达习惯等方面存在相当大的文化差异。有些批评不完全是事实，有些事实不那么准确，有些批评不那么公正。但是，默许这类批评有利于外国媒体对中国形象的全面呈现和讲述，而这种形象总体上是积极的——我们应该有这个自信。作为文明大国，中国应有宽容批评的雅量，只要不是有意歪曲和恶意攻讦，我们就应以理性的精神和实事求是的态度对待。

参考文献

[荷] 图恩·梵·迪克：《话语研究：多学科导论》，周翔主译，重庆大学出版社2015年版。

郭镇之、杨颖、张小玲、杨丽芳：《关于BBC中国主题纪录片的两次国外小型受众调查》，《国际传播》2016年第1期。

黄培昭：《BBC中国纪录片撰稿人：讲述中国，西方应告别"老三样"》，《环球时报》2016年3月31日，http://world.huanqiu.com/exclusive/2016-03/8793290_2.html。

马诗远、杨颖：《中华文化"向西讲"——孙书云访谈录》，《全球传媒学刊》2016年第3期。

短视频表达：中国概念对外传播的多模态话语创新*

2017年5月首届"一带一路"国际合作高峰论坛在北京举行。为了让全世界人民更好地了解"一带一路"这个中国概念，中国主流媒体纷纷推出与"一带一路"相关的网络短视频①。例如，《中国日报》5月8日起推出《"一带一路"睡前故事》系列短视频，新华社《国家相册》栏目5月12日推出微视频《大道之行》，《人民日报》5月11日首发"一带一路"广告片"We"，以及5月13日首推"一带一路之歌"（中英文版）等。这些视频形式各异、别出心裁，令人眼前一亮。

第一节　对外传播中的自创概念

新概念作为"对外话语体系的底层话语"和"外宣话语的思想之魂"（刘涛，2017：7），在中国当前对外话语体系的建构中具有举足轻重的地位。"中国只有充分认识概念的话语作用，积极创新概念体系，才能在全球话语斗争场域争取主动权"（郭镇之、杨颖，2017：16）。

"一带一路""中国梦"等属于对外传播中的"自创概念"。这种概念诞生于中国语境，立足于中国国情，植根于中国思维，用中国语言对中国的认识和实践做出抽象、概括的话语表达，成为当前世人认知中国的重要

---

* 本文原发表在《现代传播·中国传媒大学学报》2017年第11期上，作者为杨颖。
① 短视频（包括微视频）目前尚没有统一的定义。从时间长度看，有的指时长5分钟以内的视频短片，有的则指短至30秒、长不超过20分钟的视频短片。本文界定之短视频是时长5—10分钟的视频内容。

标签。

中国概念具有鲜明的中国特色，由于与目标国家在语言使用、语境认知和文化背景等诸多方面存在较大差异，在对外传播过程中不可避免地会遇到难题，如意义输送时的词不达意，可能出现误解、折损情况；意识形态、国家利益等冲突可能导致中国概念遭受曲解甚至抹黑；由于缺乏必要的认知和足够的兴趣等，中国概念亦可能被目标受众所忽略甚至无视。中国概念在尽可能大的范围内得到接收和认可，应该成为中国对外话语体系建构中亟待解决的问题。

第二节　中国概念短视频：一种多模态的创新实践

一　中国概念短视频代表作品概述

被誉为"中国外宣新阵地"[①]的视频制作机构"复兴路上工作室"尽管十分低调，但"作品比'人'红"，常常以特色鲜明的网络视频备受关注。自 2013 年 10 月第一次推出视频短片《领导人是怎样炼成的》以来，截至 2018 年，已推出近二十部短视频，包括《中国共产党与你一起在路上》，《跟着大大走》之博鳌篇、万隆篇、巴基斯坦篇、俄罗斯篇、美国篇、英国篇、非洲篇，《十三五之歌》，《中国经济真功夫》，《我与中国的故事》之"老马的时空旅行""乌哥的中国梦""小贝这个儒学迷""约旦大叔爱中国"，《一带一路之歌》，"党代会三部曲"，《共赢之道》，《希望之源》等。这些视频既有活力四射、朗朗上口的"神曲"风，又有画风酷炫的"动漫风"；既有温情脉脉的"叙事"风，也有视野宏大的"史诗"风；既充满中国化的内容，又迎合了外国人的观感，不拘一格、风格迥异，对讲述中国故事的创作方法进行了大胆尝试。

在"复兴路上工作室"的上述作品中，有三部率先尝试以多模态话语的表达方式对外传播中国概念。其中，《十三五之歌》以"神曲 MV"的形式对

[①] 陆一夫：《复兴路上的外宣新思路》，《时代周报》2015 年 11 月 17 日，http://www.timeweekly.com/html/20151117/31801_1.html。

中国的"十三五"规划进行知识普及;《中国经济真功夫》以"动漫演绎"的手法尝试对"新常态"的重要概念做通俗化解释;而《一带一路之歌》也选择了以"歌曲MV"的形式对当前在国际上曝光度最高的"一带一路"概念进行阐释和演绎。

与"一带一路"主题相关的各种短视频,是以多模态话语对外传播中国概念的典型。如《"一带一路"睡前故事》系列短视频以《中国日报》特稿部主任助理艾瑞克(美国人,中文名为聂子瑞)为女儿讲睡前故事为线索,通过亲子交流的问答互动形式,从"一带一路"究竟是啥,相关国家在哪些方面合作,哪些国家加入"一带一路","一带一路"惠及哪些国家,建设"一带一路"的钱从哪里来五个方面,以每集1分半钟左右的时长向西方儿童"科普""一带一路"这个中国概念。

这些充满创新思维的短视频"颠覆"了中国传统外宣——尤其是政治传播"一本正经"和"高高在上"的刻板印象,尝试以一种轻松活泼接地气的全新方式诠释充满中国特色的抽象概念,无怪乎引发了国内外媒体以及网民的关注和讨论。

二 中国概念短视频的多模态创新表达

创作朗朗上口的解说式外文歌曲,配合符号活泼跳跃、画面色彩鲜明的动漫,是当前中国概念对外传播的重要表现形式。以《十三五之歌》为例,该音乐视频中借鉴了大量西方文化元素,如明星、嬉皮士形象、大众化汽车、多元族裔等,采用幽默的歌词、明快的节奏等西方表达方式,通过不断重复的饶舌(rap)类型音乐,通过互问互答的话语方式试图为受众答疑解惑,说清什么是"十三五"。"复兴路上工作室"的另一部作品《一带一路之歌》则采用类似乡村民谣的曲风,以简单轻快的旋律、容易哼唱记忆的歌词,通过十几个来自一带一路沿线国家的儿童在舞台上唱歌跳舞演奏,共同表演。儿童舞台背景呈现的则是不断变换的现代化图景,意寓"一带一路"的未来发展和繁荣景象。

"歌曲动漫"的短视频形式既简明直观,又轻松有趣,易于吸引受众注意力(眼球和耳膜),在很大程度上弥补了抽象概念形象表现力弱、不易传播的短处。要将抽象的概念具象化，多模态隐喻①是一种很受欢迎的选择。

多模态隐喻是源域和目标域分别或主要用不同的模态来呈现的隐喻，具有生动性、动态性和交互性等特点。一方面，它实现了对隐喻的趣味性表征；另一方面，也使隐喻生成和意义解读充满动感，尽量外显抽象的思维过程。

喻体和对象之间存在的相似性是产生并理解隐喻的关键。隐喻的相似性可分为两类，即以"相似性为基础的隐喻"和"创造相似性的隐喻"。短视频《中国经济真功夫》就是话语修辞者在解释"中国经济"时构建的一个"创造相似性隐喻"的典型案例。该视频通过画面中功夫高手一招一式的动作及画外音的专业名词解读，将"中国经济"喻作"中国功夫"，在此总体框架下"创造相似性的隐喻"，凭借短片中四个更为具体的多模态隐喻，将中国功夫及其精髓的概念映射到中国经济的内涵上，建构受众对"中国经济新常态"的认知。这四个多模态隐喻分别为：1)"以退为进、以静制动"（此时主要画面为功夫高手站立或穿梭于波涛汹涌的大海之中的木桩上练习功夫），喻指中国经济结构调整的"放缓增速、调整结构、助推转型升级"战略；2)"徐疾有序、久久为功"（此时主要画面为功夫高手在炎炎夏日、飘雪冬日和风雨交加之中坚持练习功夫），喻指中国经济循序渐进的改革；3)"天人合一、道法自然"（此时主要画面为功夫高手在生机勃勃的森林和田野之间练习功夫），喻指中国经济可持续发展的"顺势"目标；4)"惠己达人、精进共享"（此时主要画面为功夫高手与其他同伴一起练习功夫），喻指中国经济开放共享的精神。最后，在演绎四个层面的基础上，短片以"功夫即时间，假以时日，方能参透中国功夫之精髓"为喻，揭示"中国经济改革发展之路急不得，要讲办法、有耐心、有毅力"的寓意。由于武术被认为是最能代表中国文化的元素之一，因此，以西方受众比较熟悉的"中国功夫"作为喻体映射相对抽象而且难懂的"中国经济"，并通过手绘漫画的表现形式，可以拉近"新常态"这个中国概念与受众的距离，降低受众理解的难度，并引起受众观看、了解的兴趣。

与多模态隐喻类似，多模态叙事也是中国概念短视频中较常使用的表现

---

① 关于多模态隐喻的相关研究，可参见 Forceville, C. J., & Urios-Aparisi, E., *Multimodal Metaphor*, The Hague：Mouton-De Gruyter, 2009。

手法。以新华社推出的《大道之行》为例，该片采用习总书记的讲述画外音，以时间轴和因果链为线索，回顾"一带一路"提出的历史背景、时代需求和推进现状，在此基础上展望"一带一路"的美好未来。根据叙事发展的一般结构（即"准备、复杂化、转移、斗争、认可"），该片开头以水滴入海、花朵盛开的绚烂画面为喻，随着习近平总书记娓娓道来的叙述推进：充满历史厚重感的泛黄画面色彩模态、相互交错的各种符号模态（如：飞天的壁画、满载的驼队、无边的大漠、袅袅的孤烟、宏伟的古建筑、壮观的白帆前行等）以及悠扬深邃的背景音乐模态，缀以间或夹杂的清脆驼铃声和海鸥声，瞬间将受众带入遥远的古丝绸之路意境及盛世萦绕的和平怀想中。经过上述多模态叙事的准备阶段，随着配乐和画面风格的骤然变换，短片转而呈现当今世界所面临的各种问题、挑战和苦难，在不断加剧的鼓点配乐以及意寓贫困、冲突、危机以及不确定性的画面中，习总书记的旁白提出了"世界怎么了，我们怎么办"这一引发受众共同思考的深刻问题，由此自然引出作为一种解决办法的"一带一路"倡议。通过多模态的视觉呈现和旁白语言的诠释，短片全面将叙事主题推向高潮。戏剧化的表现创意、虚实结合的丰富画面以及极富渲染效果的配乐，都展示了短视频也能具有的大叙事效果。

三 多模态话语的努力方向

当前中国概念短视频的多模态表现虽然可圈可点，但对于如何在非常有限的时间内成功地对中国概念进行符合传播者期待的多模态表达，还是值得进一步探讨的问题。

首先，是符号的选择和模态间的搭配，制约着多模态话语的表现力。在多模态话语的表述中，不同模态之间存在不同的搭配关系：有符号一致并相互强化的，也有符号"对位"并产生间离作用的。无论什么样的关系，不同模态与符号之间配合的自然与和谐都是话语生成的较高境界；而不同模态之间矛盾与冲突导致的"违和"感却常常破坏话语的表达性和传播的有效性。例如，《十三五之歌》大量使用了西方视觉元素和包括长城等西方人耳熟能详的中国文化元素。这些元素作为可能引起人感知觉的刺激物，会在接触者大脑中留下容易唤起的印象，但由于缺乏整体意识，这些元素以及其中所包含的各种符号模态大多以"碎片"的形式存在,没有形成一股表意的合力,难免陷入纯粹的"符号狂欢"中。因此,就传播效果而言,《十三五之歌》有形式大于内容之嫌,可能无法达到国外受众对"十三五"规划的认知期待。倘若传播目标仅是为了刷出"十三五"这一中国概念的存在感,《十三五之歌》可算不辱使命,但如果传播目标是为了向世界解释甚至普及"十三五"的内涵,那么,《十三五之歌》还有很大的提升空间。

其次,协调各模态之间的意义承载能力也需要注意。以《中国经济真功夫》为例,许多国外受众在观影后表示,用"中国功夫"做隐喻的想法很妙,这样的表现形式也很酷,但是要在不到三分钟的时间内让对中国经济不甚了解甚至一无所知的他们理解"中国经济新常态"的实质,有些不切实际。一方面,画面风格的酷炫和动作的单调无法使他们始终保持观看的热情和集中的精力;另一方面,复杂的解说概念也使他们容易失去关注的焦点,神游于内容之外。可见,语言和非语言如何巧妙、恰如其分地结合于多模态话语中,在传播中国概念时需要特别留意。在人类交流中,受众总是倾向于以最小的努力获取最大的信息量。而该短片在整个多模态隐喻中,源域(即喻体,中国功夫)占据了大量注意力,难免使观看视频的受众陷入对功夫演绎的关注,而不自觉地忽略了目标域(即本体,经济新常态)所具有的丰富内涵。因此,在采用多模态隐喻的话语策略对受众宣传陌生的概念,尤其是对抽象概念进行具象化诠释时,只有在"源域"和"目标域"之间寻求最佳结合点和平衡点,对目标域的阐释才能做到既形象生动又恰如其分。

媒介融合和移动终端时代的中国概念对外传播需要多模态话语的广泛和深度参与。然而,中国概念对外传播的多模态表现并非易事。首先,需要"阐释者"对概念有全面、准确和深刻的认识,也需要将概念解释得深入浅出。其次,对国外受众而言,中国概念不仅抽象凝练,更兼语境迥异,这就需要因地制宜,再行创造。如果说概念的提出需要高瞻远瞩的战略眼光和全局思维,那么,多模态化概念的传播则更需细节的表现。

参考文献

Forceville, C. J., & Urios-Aparisi, E., *Multimodal Metaphor*, The Hague: Mouton-De Gruyter, 2009.

杜金榜：《语篇分析教程》，武汉大学出版社 2013 年版。

郭镇之、杨颖：《概念作为话语：国际传播中的引进与输出》，《新闻大学》2017 年第 2 期。

刘涛：《新概念　新范畴　新表述：对外话语体系创新的修辞学观念》，《新闻与传播研究》2017 年第 2 期。

中国外文出版发行事业局、中国翻译研究院：《中国关键词·第一辑》，新世界出版社 2016 年版。

受众

复杂多样的跨国传播接受者

传播对象的接受是传播效果的落实和传播目标的最终体现。国际传播的受众及其接受是一个专门的研究领域。除了一般受众的普遍特点之外，国际受众与对外传播之间最重要的关系，是跨国界、跨语言、跨文化的信息接触。

全球的消息和国家之间的信息沟通，往往不能直接到达外国公众。国际传播还有一个重要的中介，就是目标对象国的媒介把关人，亦即主流媒体和新闻记者。作为国际消息的把关人，如何接受、解读和选择它们即将转达给本国人民的信息，是外国中介者影响消息传播的关键因素。这些中介的媒体是转达消息和散布观点的二传手：一方面，它们扮演着信息扩散的关键角色；另一方面，它们首先是有关消息的最初受众。这些中介者是中国对外传播不能忽视的一个目标对象，恰恰也是中国长期以来不曾重视的一个盲区。

本部分内容包含四个篇章，第一篇是导论性质的研究回顾对国际受众及其效果的研究与调查（郭镇之），介绍本课题重点探讨了作为国际传播中介者的西方媒体和外国记者在中国的对外传播中扮演的双重角色。在介绍了本课题所做的几次小型探索性受众调查的质性研究之后，最终回到"系统性效果/影响评估是检测国际传播效果最可靠也最可信方式"这个结论，并对其建构途径进行了讨论。第二篇是对跨国传播受众研究的理论综述（姜可雨），梳理了跨国受众研究的学术脉络。第三篇和第四篇都展示了本课题小范围的试验性、探索性研究结果，一个面向非洲记者（常江、任海龙），针对他们作为传播接受者对中国的印象和感受，发现本民族文化对其中国形象建构的重要作用；一个面向学生受众（郭镇之、杨颖、张小玲、杨丽芳），讨论他们对BBC涉华纪录片的感想与解读，显示了全球主流媒体对世界范围受众认知的潜在影响。

对国际受众及其效果的研究与调查

国际受众与对外传播之间,最重要的是跨国界、跨语言、跨文化的信息接触。国际传播受众研究除了探讨大众传播一般受众的普遍特点之外,最主要的理论目标是针对跨文化传播的复杂现象,探索其影响异国受众的特定规律。

第一节 国际受众研究的理论回顾

在跨文化交流和新媒体高速发展的时代背景下,受众变得更加主动,更加个体化、自主化及多元化。虽然由于地理、历史、语言、文化的天然屏障,特别是国界和意识形态的人为阻隔,跨国受众可能被国际宣传所操控,但也可能借助全球传播和移动互联成为媒介内容的积极生产者、主动接受者与挑剔的使用者(姜可雨,2018)。[①]

随着全球人口迁徙、文化杂糅与网络社会的崛起,社群共同体越来越不再以地域为基础,民族国家也不再是跨文化传播中最清晰的一个实体。因边界的多样化和流动性,各种文化呈现出交叉、重合的状态。因此,研究者不应基于文化差异的单一假设考察跨国受众对传播意义的解读与接受,而有必要将他们置于更加广阔的多元对话语境中,将传播接受者对跨国经验的建构视为国际受众研究的核心。

为了验证国际受众研究的跨文化传播假设,研究者在一项探索性的质性调查中,以《舌尖上的中国》(英语版)为样本,以焦点小组访谈、深度访

---

① 详见本部分的代表性研究成果:《跨国传播视域下受众研究的嬗变》(姜可雨)。

谈及参与式观察的研究方法，就在武汉的来华留学生对这部纪录片的解读进行了调查。研究的结论认为，在诠释中国当代社会文化变迁与中华传统价值观创新时，要承认差异，拓展人类命运共同体的世界意识，引导国际受众对中华文化产生新鲜体验（姜可雨，2019）。

第二节　对外传播的中介者研究

中国的对外宣传和公众外交，通常不能直接到达国外受众——对来自遥远中国的第一手消息，公众要么不感兴趣，要么无法理解。有关中国的消息常常需要通过本国媒体的报道和评论，才能被当地民众获知；而各国受众也更信任本国的媒体，更熟悉各地的语言，更倾向于相信"自己"媒体讲述的中国故事及其展示的中国形象。于是，各国新闻记者和大众传播媒体以自己的报道成为中国形象在本地的塑造者。本地传播媒体是中国对外传播的真正落点。

中国的对外传播，往往是被中介、被调节的。西方国家的全球传播过滤甚至左右着中国对外传播的实际效果。西方的报道像棱镜一样反射着不同的消息，使中国的传播产生回响——有时是正面的，有时是负面的。而这些西方倒卖的形象和信息，才能实际地被外国公众获知。因此，中国对外传播的成败在很大程度上取决于与西方媒体的关系。

一　中国的公众外交与外国驻华记者

西方媒体不仅是中国消息的可能渠道，体现全球态度的西方舆论甚至应该成为对外宣传的必经途径。2008年北京奥运会大获成功之后，中国发现国家形象不升反降，才惊觉美轮美奂的奥运盛会和自身穷尽功力的对外传播未必能够改善国际关系和国际形象。"中国公众外交成功的一个主要条件来自目标国家新闻媒体的支持或反对"；而因为这些西方国家及其媒体与中国政府的对抗，中国的公众外交所推动的战略叙事面对的是一个艰难的新闻媒介环境（T. Hong，2019：2）。许多既存文献都证实了这种存在"媒介敌意"的研究发现（张志安、叶柳，2009；阴良、张志安，2010；W. Sun，2015；潘成鑫，2016；T. Hong，2019）。

西方媒体早已占据新闻专业高地，并掌握了全球话语权。在世界范围内，占有先机的西方主流媒体通过讲述各国故事，进行道义评价，软权力经年累月地施加文化影响。西方媒体对中国消息的传播以及对中国言行的评价，在很大程度上界定着中国在世界上的样貌。从这个意义上说，外国主流媒体所代表的精英人群和意见领袖，才是中国对外传播的真正目标对象。

国外民众了解中国的最主要渠道是外国记者和国际传媒。国际传媒依据本国和中国的关系，往往持有不同的先在立场。有学者发现，西方记者大致可以分为不了解中国（例如待在本国的新闻编辑、临时派遣的"伞兵"记者）和常驻中国、堪称"中国通"的记者（张志安、叶柳，2009）。两类新闻工作者虽然基于同样的体制和共同的意识形态、价值观，但对中国的态度、报道的厚重度差异明显。"感情的亲疏不同，知识的储备不同，经历的场景不同，对照的体系不同，语言的水平不同，造成了记者不同的认知差异"（阴良、张志安，2010：47）。正如郭可在为《中国怎么样》一书所作序言中指出的：常驻中国的境外记者多数懂中文，熟悉中国情况，建立了较多的社会关系，活动能力强，活动范围广。特别是新闻业发达的西方记者，他们一般在政治上敏感，消息灵通，能量极大（张志安、叶柳，1）。总体而言，身在中国、了解中国是导向西方记者同情性客观报道的重要因素；而这种理解中国现实的同情性报道有利于中国形象。

无论说好还是说坏，西方记者对中国形象的建构都具有关键的影响力。澳大利亚华人学者孙皖宁在其研究中国对西方民众宣传的有效性（W. Sun，2015）时，特别强调驻华外国记者对中国公众外交的重要意义。

（一）中国的公众外交与西方记者的作用[①]

孙皖宁强调，公众外交的目标可以广义地界定为"理解其他国家、文化和人民的需求；沟通观点并改正（对我们的）错误感知"（Leonard，2002：8，转引自 W. Sun，2015：134），公众外交的努力包括长期的新闻管控、中期

[①] 本节内容主要来自 W. Sun, Configuring the foreign correspondent: New questions about China's public diplomacy, 2015。

的策略传播和短期的人际交往活动。其中，媒介和传播都是不可或缺的要素（W. Sun，2015）。于是，大众传媒成为连接中外的主要桥梁。

在各个国家语境中公众外交的历史经验都说明，让其他人替自己说话特别重要，官方的自我宣传远不如专业人士的客观传播。"在某些时候，最可信的公众外交并非自己的声音。"（Cull，2010，转引自 W. Sun，2015：134）因此，亲自上阵不如假手于人，常常，不亲自吹响号角可能对政府更好。孙认为，中国政府的公信力及其官方媒体的传播力正是中国公众外交雄心面临的最大挑战（W. Sun，2015）。

外国媒体的中国报道卓有成效地影响着外国公众的中国认知。如果说，"公众外交是与其他人一道工作以达到我们自己的目标"（Leonard，2002：54，转引自 W. Sun，2015：126）的话，那么，对中国而言的"其他人"中，最重要的就是外国驻华记者。外国媒体及其记者如何报道中国，如何反映中国的现实和中国的舆论，在很大程度上塑造着中国形象，甚至决定着中国公众外交的成败。

外国记者的工作跨越了短期的新闻报道、中期的策略传播和长期的关系构建三个领域，他们是最了解中国的外国人。一方面，他们与中国的各级宣传部门日复一日频繁交涉；另一方面，他们又每日与中国个体和人群密切接触。因此，借助成功的运作，他们可能成为倾听中国公众外交声音的重要目标对象和向本国人民发出有力呼唤的关键传播资源。于是，中国处理与外国媒体关系的成败本身，就是对中国软实力、公众外交和传播策略的检验。

然而迄今为止，外国媒体却被证实为中国国际形象的最大诋毁者。这个最有可能协助中国公众外交的助手同时却是中国对外传播最困难的对手。尽人皆知，外国媒体和西方记者对中国政府通常持有负面的看法，说轻点是不友好，说重点就是充满敌意。

中国政府对外国记者一直存在矛盾的心理：一方面是开放的意愿；另一方面是控制的欲望。为使中国在国际社会中的形象逐步从负面改变到中性乃至转向正面，需要国际社会的理解。但是，外国记者并不容易乖乖就范。于是，控制这个不听话的合作者便成为中国对外传播最艰巨的任务之一。

（二）西方记者的新闻观与中国形象

西方记者与中国新闻管控部门的紧张关系是历史性的；双方之间的戒备

和敌意也是相互的。在外国记者头脑中，对中国政府的压倒性负面印象根深蒂固，隐含的对抗来自制度和个人的因素。西方记者与中国政府的合作与对抗关系，体现了国际冷战外交和新型公众外交的共存和演变——尽管采用了新的话语修辞，但在任何一方的观点中，"外宣"都标志着对地缘政治非友即敌的两极观点，并表现在实际的接触中。一方面，外国记者必须仰赖权威可靠的新闻来源报道消息，因此他们需要每日参与中国的公众外交活动；另一方面，在打交道的过程中，他们又对中国政府发言人、记者招待会和新闻发布会极不信任，内心充满怀疑。他们通过中国公众外交议程的多棱镜分析和理解中国；同时按照西方新闻价值观、新闻选择标准和新闻采集实践报道中国，而且往往对中国的现实和政策做出不利于中国的解释。他们自诩为制造麻烦却对中国的未来潜在有益的人物。这种紧张关系每日都在外国记者的日常新闻实践中表现出来（Sun，2015）。

如果中国新闻当局笨拙地掌控新闻行业，特别是错误地对待西方记者，非常可能损害中国的国际形象；而试图借"笨拙发力"（clumsy power）的压服手段进行修补，却恰恰导致进一步的损害，所产生的副作用是难以被任何聪明的补救所挽回的（Sun，2015：135）。总之，在中国探索与西方记者合作的公众外交活动中，中国需要学习的知识和探索的经验还很多。

通过对16个国际新闻工作者（主要是西方记者）的深度访谈，了解他们的中国观察和中国印象，学者发现（张志安、叶柳，2009），境外记者在报道中国时存在许多客观困难，如缺乏宽松的采访环境，多有新闻政策禁区等中国的限制。在采访中，他们不能随意接触中国的社会和中国的民众，缺乏可靠的信息源——特别是，负责官员不接受采访，难以获得全面真实的情况。就境外记者自身而言，则存在"先入为主"的观察角度和焦点，即思维的"框架"；也会因为话语和表达方式的不同，而对中国官方报道产生误解。凡此种种，不免令西方记者"深感挫折"（张志安、叶柳，2009：1），从而更增加了对"不自由"的新闻环境的挑战意识。

境外记者尤其西方记者对中国的印象总体是负面的。学者通过对"中国崛起"话题的国际文献梳理，发现了西方"中国观察"的一副双焦镜：威胁与机遇。然而，研究发现，这种双重聚焦是游移和不清晰的，是现代西方从

· 359 ·

自我出发、带有极强先导性的主观臆想。它们立足于观察到的部分事实，辅之以程度不等的主观想象，在西方社会掀起一股针对中国的恐惧政治学和恐惧政治经济学，并借助西方强大的话语权，将"中国威胁论"构建为全球流行的意识形态判断（潘成鑫，2016）。然而，正是这种新闻传播的构建，在全球界定着中国的现实和中国的形象。

不过，虽然西方媒体与西方记者可能对中国充满偏见，但某些中国人认定西方记者对中国心怀恶意，甚至将他们的中国报道视为"阴谋"与"陷阱"，也是过于简单的看法。近年来，中国在国际传播中投入了很多力量，寻求软权力的策略性叙事，追求公众外交的战略目标，并着力进行形象建设。但其有效性值得探究。在2019年完成的博士学位论文（T. Hong, 2019）中，Tony Hong通过对《纽约时报》和《金融时报》媒体内容的分析研究，以及对驻华记者的半结构化深度访谈，针对中国的公众外交，分析了复杂的西方新闻业生产机制和影响西方记者中国观的深层因素。

世界公众舆论及对中国的感知来自新闻媒介对中国的再现。在全球化时代，全球的新闻媒介是民众了解世界最重要的信息提供者。正是新闻媒介，特别是全球性西方新闻媒体，为包括大众和精英在内的世界人民建构了包括中国在内的全球世界的镜像。

Tony Hong根据R. M. Entman的架构理论和中介式公众外交模式，通过潘成鑫提出的"威胁""机遇"双重透镜框架，分析了西方新闻界关于中国崛起的四种论调："中国崩溃"、"中国责任"、"中国机会"和"中国威胁"，并进行了新闻文本的内容分析与新闻记者的调查访谈。

Hong研究的对象，一个是《纽约时报》（*New York Times*）——受众批判议程的设置者和美国国家利益的关注者。另一个是《金融时报》（*Financial Times*），它的重要地位反映在读者成分上——它是财政和文化精英阅读的媒体。Hong采用Fairclough三重维度（文本、话语实践、社会实践）模式，通过对文本的话语分析，发现《纽约时报》建构了一种两极对立模式——中国国内的"国家与社会"对立、国际上"犯罪者与受害者"的对立——突出了贬损中国的话语。《金融时报》在肯定中国经济影响力的框架中，突出了机遇的话语、挑战的话语、中国（须）负责任的话语，显示了对抗、紧张和不被接纳的影响力这种中国国际关系的困境。无论是《纽约时报》还是《金融时报》，对中国国内事务的报道总体上采用的是威权主义弊端的话语。就中国的国际关系而言，则强调了困难重重的关系框架，突出了不受欢迎的影响力与国际反对的主题。值得注意的是，为许多中国人带来自豪的在全球崛起和上升的中国"影响力"（influence），在这样的语境中却是破坏性的、负面含义的话语用词。

在对西方记者的访谈中，驻华记者并不认为他们的报道和话语有什么原则性错误。他们不承认自己报道的全是负面新闻，更不认同对他们报道的所谓"坏新闻"的指摘。在访谈中，西方记者解释了对他们的职业行为产生建构作用的一些因素，如"新闻看门狗"的职责、专业训练的理想，特别是西方新闻专业主义的信念体系。他们认为，自己的责任是审视、报道与监视政府和社会，他们有义务面对他们的中国同事不能从事的有风险的工作。他们认为中国当局对外国新闻界表现出敌意，中国缺乏自由、开放和透明的新闻环境。而且，正因为在报道中国新闻的过程中感受到这些负面的管制现实，他们对抗的愿望更会加剧。但他们也承认有短板，包括依赖熟悉的新闻来源（Hong，2019：201）。当然，这些"熟悉的新闻来源"通常是政治异见分子。

中西不同的新闻观和制度体系是导致冲突的首要原因；但影响西方记者认知的，还包括在中国采访报道的糟糕经验。西方记者认为，中国的国家体制和新闻审查制度违反了官员不得干涉新闻的西方金科玉律；而官方新闻来源的不配合，也与新闻透明性的西方理念不相容、不合拍。

以上新闻研究暴露出中国公众外交的局限性和在国际上面临的挑战。如果不能与西方新闻界改善关系，中国的公众外交仍然面临极大的压力与冲击。不过，对于正在中国发生的有好有坏的新闻事实，虽然同样栖身西方新闻专业主义的一统天下，对中国友好的非洲国家观点自是不同。

二 非洲记者调查：中国形象与中非关系

在对布干达新闻记者的中国观调查研究（Chang, J., & Ren H., 2016）中，研究者发现了与西方记者十分明显的差异。这些深度访谈针对非洲东部国家乌干达20位有布干达血统的新闻记者进行，得出这样一些结论：首先，新闻媒体对中国事务和中非关系的报道是塑造中国在非洲形象的重要方式；其次，非洲本土的文化价值观则参与了非洲新闻记者对中国在非洲形象的建构；再次，由于中非两种文化都强调对"权威"的尊重，中国的政治制度并未成为影响非洲记者中国形象的负面因素。但中国旅非社群（主要是驻非中国企业）的封闭、保守倾向及无意中流露出的种族傲慢色彩，损害了非洲记者对中国的印象；此外，非洲记者还对中国企业破坏本地商业环境和社会肌理、侵犯劳工权益的行为表示反感。

不过，受访的非洲记者总体上对中国持有温和态度，非洲人对中国的印象总体上也是积极的。非洲新闻媒体的中国形象总体上也是正面的。乌干达有长期的殖民地历史，受访的非洲新闻记者接受的都是西式新闻教育，也认同西方新闻业的客观性原则。在新闻报道中，这种原则显然会影响他们的事实选择和报道倾向，但非洲记者没有表现出类似西方同行那样对西方新闻学的忠诚和热情。虽然是一次范围有限的调查，但得出的结论却是令人深思的[①]。

第三节　探索性的受众研究

本课题的受众研究都是小规模的、探索性的。澳门大学吴玫等研究者一直在尝试以"符号聚合理论与幻想主题分析"的视角和方法进行传受对比研究，力图在传播者的编码与接受者的解码之间发现一致与不一致的关系，及产生幻想主题符号聚合的可能性。同时，在不同国家的不同族裔受众群体中，研究者也进行了一些定性定量方法的研究尝试，观察受众对涉华传播的内容解读。

一　东盟博览会的宣传视频和受众解读

在对东盟博览会宣传视频传播效果的研究（吴玫、梁韵，2015）中，研究者从东盟博览会官方网站上选取了专为宣传中国—东盟博览会而录制的三

[①] 关于本次研究更详细的内容，请看本部分的代表性研究文本：《本土文化因素对非洲记者关于中国形象认知的影响》（常江、任海龙）。

个对外宣传视频进行文本分析。这三部宣传片是：2009年第六届博览会宣传片"中原之春"、2011年第八届宣传片"相聚到永远"以及常规性的"中国—东盟博览会宣传片"。它们经权威发布，故事性强，信息戏剧化、符号化程度较高，场景、人物、行动等主题元素明显，适合进行符号聚合的幻想主题分析。其后，研究者组织了一个由11位在广西就读的东盟国家留学生组成的焦点小组，进行访谈。这些访谈对象分别来自越南、泰国、老挝和印度尼西亚。

通过文本分析，在三部"中国—东盟博览会"宣传片中可以发现明显重复的三个幻想类型——"国家大事""合作共赢""源远流长 水到渠成"，并有13个幻想主题[①]。其中自设的中国形象幻想主题是"领头人"。宣传片中有两个寓意深刻的镜头反复出现："在天安门前中国女孩拿着水罐收集来自东盟十国的水"是其中之一；另一个是带着国家名字汇聚而成的"10＋1≥11"字样在中国长城上空浮现。它们共同表达的潜在含义是：东盟各国在中国的带领下和谐发展。

焦点小组访谈主要围绕东盟留学生对中国—东盟博览会、中国与东盟各国关系、水的含义、中国印象、中国—东盟博览会宣传片、南宁市这六个方面展开，发现了受众表达中重复出现了五个幻想类型（中国与东盟关系的"共同发展"，"友好合作"，中国形象的"中国强大"，水的"日常用途"和"美好神圣"），21个幻想主题。

宣传片中构建的中国形象与在这些海外观众头脑中的中国形象有相同之处，也有不同之处。双方的幻想主题与语义视野的相同之处表现在中国"强大"、中国处于"中心地位"、中国是"友好伙伴"三个方面。

然而，有的中国设置幻想主题没有在海外观众中引起共鸣。例如，就中国与东盟国家的关系而言，在宣传片中，中国被塑造成一个"领导型"国家，似乎是地区经济快速发展的模范与领头羊。但留学生观众多以"共同发展""友好合作"两个幻想类型来构造中国与东盟的关系。比起领导与被领导的关系，海外观众更倾向于认为各国之间是平等友好的，"伙伴""朋友""共饮

[①] 关于"符号聚合理论"与"幻想主题分析"的研究方法，详见"内容"篇章中"对传播内容文本研究和话语分析"部分的介绍。

一江水的家人"是他们希望维持的关系。因此，如何避免对外宣传中的"等级观念"，用对方感觉舒服的符号主题来表达观点，是值得注意的问题。

同时，宣传片中对中国形象的构建也未能很好地与观众共享，从而达到建构共识的效果。在宣传片中，实力强大的中国处于中心地位。而在焦点小组讨论中，关于中国的形象，东盟观众是从更多的视角（"最大的合作伙伴"、"最强的国家"以及"贸易中心"）构建出对中国"强大"形象的语义视野。而且，海外观众更加关注中国对东盟各国扮演的实际角色。中国被看作"有能力"帮助东盟国家实现经济发展，同时在其有困难时也能提供必要帮助的国家。"中国帮助我们发展"是留学生复颂的重要主题，明显代表了他们希望借助中国的帮助实现自己国家经济发展的强烈愿望。

此外，在宣传片中，南宁被打造成一个"新型的""现代化的""快速发展"形象的城市。而海外观众却表示，南宁的风俗、饮食、生活习惯与他们家乡的相似，给予他们"家"的感觉。他们认为南宁的形象是特有的"传统文化背景"与"自然风光"。可见，宣传片中的南宁现代化图景并没有在留学生中引起共鸣，相反，访谈中发现了"南宁是家"这个非常正面、温馨的主题。受访者对南宁和在广西的留学生活感觉非常正面，也说明了国际交流中亲身接触和实地了解的重要性。

研究者由此得出结论：在中国—东盟博览会会展品牌构建的过程中，信息传达的有效性在很大程度上决定了品牌构建的成败。中国—东盟博览会宣传片中的信息需要准确有效地传达到受众方，才能发挥打动人心的力量。在对外活动的品牌设计中，如果侧重点都放在"我想表达什么"，而忽略了"你怎么想"和"我怎么表达才能打动你"，如中国—东盟博览会宣传片中充满常见的"宏观"话语，缺乏对受众思维图景的真切了解，便流于自说自话。案例研究显示：东南亚留学生既是中国与东南亚人民交流的桥梁，也可以是中国了解东南亚人民最贴近的窗口。在对外活动品牌设计中，应该充分利用这种资源，通过对他们意见的了解，使品牌设计更具有"民心相通"的魅力。

二 关于 BBC 中国主题纪录片的国外受众小型调查

BBC 在 2015 年和 2016 年播出纪录片《中国新年》、《中国式教育》和

《中国的秘密》之后，在全球特别是中国引起强烈反响。2016年3—5月，本课题组的英国诺丁汉大学[①]张小玲博士和马来西亚泰莱大学[②]杨丽芳博士分别基于相关课堂，对来自不同国家的在校学生进行了小规模、探索性的受众调查。调查内容涉及国际学生对中国原有的印象、他们对 BBC 纪录片的评价以及观看 BBC 纪录片是否影响了他们对中国原有印象的改变等问题。调查显示出一些值得注意的结果：首先，大众传媒特别是本国媒体是国外受众形成中国印象的主要渠道；其次，个人的经验和亲友的传播可能对受众的中国印象产生各种影响；再次，纪录片如单纯展示光明和美好的一面，可能传播效果较差；最后，地理的接近性和文化的距离感也是影响受众接受心理和评判标准的重要因素（郭镇之、杨颖、张小玲、杨丽芳，2016）。这些小规模的课堂调查虽然远不具有代表性，但提示了一些值得注意的启发性思路[③]。

归根结底，国际传播的受众研究要基于大规模的调查研究和更广泛的数据统计。发达国家对此进行了很多实践探索与策略尝试。

第四节　探索国际传播的效果评估

从事传播的机构和各国政府都喜欢"成功的"故事；而国际传播的效果评估常常发现令人失望的结果。而且，很多时候，评估混淆了传播的生产/产出（output）与结果（outcome）的差异（Banks, R., 2011: 14）。产出是明显可见的传播成绩，而结果则往往隐而不显，是需要长期观察和深入探索才可能发掘出来的真相。传播了文化不等于产生了实效。

更重要的是，传播的效果与文化的影响还是不同层次的反应。效果一般是短期的、即时的、可见或者可触的，能够当即测量但又可能迅速消失的结果。而文化影响，则可能是隐性的、潜在的、看不见摸不着但长期存在的后果，呈多因果的、生态型的表现，常常需要持续跟踪，才能得出一些趋势性

[①] 诺丁汉大学（The University of Nottingham）是位于英国诺丁汉市的一所著名公立大学。
[②] 泰莱大学（Taylor's University）是马来西亚一所历史悠久的私立大学。
[③] 关于本次研究更详细的内容，请看本部分的代表性研究文本：《关于 BBC 中国主题纪录片的两次国外小型受众调查》（郭镇之、杨颖、张小玲、杨丽芳）。

的模糊结果。这又为绩效评估带来了新的困难。

国际传播的文化影响更难评估。国际传播的效果测量和影响评估不仅需要花费大笔资金和大量劳动，而且因为涉及不同类型的国家和差异极大的文化，很难精准。因此，在一些欠发达国家和地区，几乎没有视听率调查；一些发达国家知难而退，常常不将中国的传播纳入监测范围（刘燕南、谷征，2012：27-28）。而且，就国际传播调查而言，全球共同存在的问题是将绩效视同一体，以绩代效。

对国际传播效果的调查评估毕竟十分重要。2001年"9·11"事件之后，美国建立起系统、专业的国际传播评估系统；英国则于2004年重新开始国际传播的受众研究，集中评估英国的公众外交（Banks，R.，2011：19）。近年来，西方国家采用创新技术，对新形式的国际传播（公众外交）进行效果评估，尤以美国为突出。

一 美国公众外交的评估经验

美国国际宣传特别是公众外交的核心目标是增进世界对美国政策和文化的理解，增加对美国的好评，提升美国在世界上的影响力（Banks，R.，2011：81）。就具体评估而言，有对投入力量（"绩效"）的评估（如传播项目的数量、投入的预算数量以及对外信息的发布数量等），有对产出结果（"效"）的评估（包括公众外交参与者的数量、国际新闻报道的数量等）；有对综合投入与整体产出的效果评估；也有对不同类型的传播对象产生何等效果和哪些影响的分别评估，包括调查态度改变、对好感度增强等变化情况的研究。

美国新创的公众外交效果评估还开发出系统的工具和方法：如启动于2006年的公众外交影响力（The Public Diplomacy Impact，PDI）项目，主要利用传统的民意调查和焦点小组的方法，对比前5年间参加过美国公众外交项目的国外精英（实验组）和该地区未参与项目的精英（控制组）之间的态度差异（Banks，R.，2011：79）；2007年美国国务院研发的任务活动跟踪器（Mission Activity Tracker，MAT），是一种在线绩效测评报告工具，能够在线收集质性和量化数据，按照要求及时做出反馈（Banks，R.，2011：

37）；2009年美国政府委托专业机构开发的公众外交绩效评估模型（Public Diplomacy Model for the Assessment of Performance，PD-MAP），则可以量化公众外交活动的各项结果，并检测其战略目标的执行情况（Banks，R.，2011：80）；如此等等。通过美国总统直接领导下的美国国家战略传播系统的具体实施，这些效果测评及对策研究提升了美国公众外交战略策略的有效性（Banks，R.，2011）。

二 中国国际传播效果评估存在的问题

中国的国际传播带有浓厚的政治经济色彩和宣传性功利诉求。中国传播者的观念也有问题。按照线性思维的习惯，某些官员往往认为，只要投入，就有产出；投入越多，产出越大，还以为"我说了什么你就听了什么"（刘燕南、谷征，2012：27）。而事实却很可能是，投入与产出并不相当，如月中吴刚伐桂，砍之不尽；又似西西里弗推石，永动而无果。甚至有时，绩与效呈反相关，使劲越大，收效越差；动作越猛，反作用力倒越强。

据研究者认为，中国公众外交（此处可读为"对外传播""国际传播""海外传播"等）的效果评估长期受到忽视，主要原因是"评估周期长、效果模糊又难以预期、可能面对无效指责以及学者关注度低"等（陈雪飞，2018：56）。因此，独立负责的国际传播效果研究屈指可数。而为了迎合上峰需求而进行的"靶向"调查，得出的又多属"正反馈"的结论，无法为决策提供有效的另类选择和创新方案。

近年来，建立评估体系的呼唤声此伏彼起。然而，中国目前尚无一套得到各方公认的国际传播效果评估指标体系，各种媒体、不同渠道的国际传播检验评估各行其是，标准不一，方法各异。特别是，由于中国国际传播的传统是重投入、轻产出，重"绩"而轻"效"，采用的评估指标体系缺乏"对标"，评审有从"体检表"变为"成绩单"的危险（刘燕南、刘双，2018：14）。

此外，由于指标设置不合理，缺乏准确、可靠和易得的数据来源，权重分配缺乏统计基础和科学依据等原因，目前的测评技术笼统而不宜操作，国际传播效果评估体系大都停留在纸面上。要将评估体系从"设计图"转化为切实可行的"施工方案"，必须打通从研究到实操的"最后一公里"（刘燕南、刘双，2018：14）。

效果评估是中华文化海外传播无法回避的环节，已经由"选答题"变成了"必答题"（刘燕南、刘双，2018：9）。中国亟须建立一套共性与个性相结合的、集稳定与变通于一体的常规性制度体系。2009年以后，国际传播能力研究呈爆炸式增长，研究论文从之前的零至个位数迅速增加为两位数，"新闻媒体国际传播能力的评价指标体系"成为不断突破的一个新领域（陈国昌，2014：26）。例如，程曼丽、王维佳在其专著《对外传播及其效果研究》的第七章"对外传播效果评估的指标与方法"中区分了对外传播效果评估中的客体指标和主体指标（程曼丽、王维佳，2011），刘滢等学者在对国家主流媒体国际传播能力评估指标体系和海外社会化媒体传播效果评估指标体系的研究中，都尝试构建了评估体系的框架结构（刘滢等，2018：110 - 118）。这些构建的效果评估指标体系的有效性和实用性正在实践中继续验证，逐步完善。

对外传播的效果评估最重要的是摒弃"重政绩""轻实效"的传统习惯，将对外传播的资助、考核、评估与激励建立在真实有效的基础上，以提高决策的科学性，因此，必须不断寻求创新动力，以建构适应中国自身传播特点的理论框架和应用模式。

三 国际传播效果研究的新目标和新探索

在效果研究领域，科学方法的电视收视率调查因其具体实用的商业价值，自从20世纪80年代后期进入市场以来，经营多年。1999年，中央电视台开始进行全国观众满意度调查，使满意度与欣赏指数成为收视率量化指标之外的"品质导向"指标。电视收视率调查和观众满意度调查先后投入应用，已经成为成熟的产业。随着网络新媒介的加入，学者力求适应新的形势，纷纷开发各种新的模式、新的算法（喻国明、李彪，2010；张树庭、张文良、余延殊，2010；周勇、陈慧茹，2013；周勇、赵璇，2017）。

目前专门针对国际传播效果评估指标体系宏观架构的研究（刘燕南、刘双，2018）由多个维度的不同指标组成，包括受众调查、视听率测量、网络监测等，分传播能力（包括基础建设和内容产制）和传播效力（效果）两大范畴①。这一体系对"市场经营"能力和效力的界定可以推动一向"只求投入、不计回报"的国家主流传媒机构在国际传播中开启市场或半市场化经营模式，降低成本、提高效率，追求可持续的长期发展。当然，与市场效果评估之动机强烈与饶有经验不同，国际传播的效果评估不能仅仅依赖短期的效果测量，而必须立足长远、志在深入（刘燕南，2011）。

可见，国际传播效果评估指标体系应该是一个既有定性元素又有量化方法，既有具体指标又有可调性参数，既有联系又有区别的整体性有机框架。测评指标体系的建构需要各方面专家的广泛参与，经过分阶段、试验性的各种调试，并在实践中反复验证修改，才能完善起来。

四　对国际传播效果评估的多元思考

缺乏对外传播的效果调查，缺乏真实准确的反馈数据，对真实形势便难以把握，对存在问题也很难对症下药。

为了提高中国对外传播的能力，增进对外传播的效果，许多学者都对国际传播的评估体系进行了探索和设计（程曼丽，2016；高岸明，2015；戴元初，2014；韩冰，2015；刘燕南、史利，2011；唐润华，2015；陈国昌，2014）；一些机构（如中国外文局对外传播研究中心/当代中国与世界研究院、《环球时报》舆情中心）对中国的国家形象和对外传播的状况进行了全球调查，提出了一些值得深思的问题。例如，唐润华认为，加强中国国际传播效果与能力需要四个创新：力量投放、传播理念、运营方式和效果评估；在效果评估方面，应从"模糊定性"转向"科学定量"，建立符合中国实际的国际传播效果能力评估体系的核心指标并加以细化（唐润华，2015）。高岸明提出，要建立一个"既往可追溯、现实可监测、未来可预警"的传播效果评估体系，以奖优罚劣（高岸明，2015：32），代表了学者专家对评估结果科学性、可靠性的期待（范思翔，2017）。

针对目前中国对国际传播的实际效果缺乏准确判断的现实状况，本课题建议强化对国际传播效果的定性、定量调查和数据分析，以提高决策的科学

---

① 在本文中，这种区分被分别称为"绩"和"效"。

性。当然，国际传播效果评估指标体系的构建需要各种专家的群策群力。综合式评估体系的指标因素还需要继续完善，测量参数还需要不断调整。在建设国际传播效果评估指标体系方面，中国还有很长的路要走。

参考文献

Banks, Robert, *A Resource Guide to Public Diplomacy Evaluation*, Los Angeles: Figueroa Press, 2011.

Chang, Jiang & Ren Hailong（常江、任海龙），"How native cultural values influence African journalists' perceptions of China: in-depth interviews with journalists of Baganda descent in Uganda"（《本土文化因素对非洲记者关于中国形象认知的影响——基于在东非国家乌干达的深度访谈》），*Chinese Journal of Communication*（《中国传播研究》）2016 年第 9 卷第 2 期。

Cull, N. J., "Public diplomacy: Seven lessons for its future from its past", *Place Branding and Public Diplomacy*, 2010, 6 (1): 11 – 17.

Entman, R. M., "Theorizing mediated public diplomacy: The U. S. case", *International Journal of Press/Politics*, 2008, 13 (2): 87 – 102. https://doi.org/10.1177/1940161208314657.

Hong, Tony, "Making the World in Our Image: The New York Times & Financial Times' Mediation of China's Public Diplomacy Messages, A PhD thesis submitted to the School of International Studies at the University of Nottingham Ningbo China", 2019.

Leonard, M., *Public Diplomacy*, London: The Foreign Policy Centre, 2002.

Sun, Wanning, "Configuring the foreign correspondent: New questions about China's public diplomacy", *Place Branding and Public Diplomacy*, 2015, 11: 125 – 138. doi: 10.1057/pb.2014.20; published online 8 October 2014.

陈国昌：《中国新闻媒体国际传播能力建构研究综述》，《广东外语外贸大学学报》2014 年第 3 期。

陈雪飞：《公众外交效果评估的能力建设》，《公众外交季刊》2018 年（秋）。

程曼丽：《国际传播研究的新问题、新理念》，《新闻与写作》2016 年第 1 期。

程曼丽、王维佳：《对外传播及其效果研究》，北京大学出版社 2011 年版。

戴元初：《大数据时代对外传播效果的评估与提升》，《对外传播》2014 年第 10 期。

范思翔：《我国媒体国际传播效果评估体系研究综述——兼述评估体系建构的思考与建议》，《声屏世界》2017 年第 4 期。

高岸明：《全球视野　中国观点　遵循规律　提升效果——简析中国国际传播面临的挑战、

机遇与对策》，《对外传播》2015 年第 1 期。

郭镇之、杨颖、张小玲、杨丽芳：《关于 BBC 中国主题纪录片的两次国外小型受众调查》，《国际传播》2016 年第 1 期。

韩冰：《中国日报新媒体实验室的国际传播效果评估实验》，《中国传媒科技》2015 年第 10 期。

《环球时报》舆情中心：《中国媒体对外传播效果评估和提升策略——以〈环球时报〉为个案的研究》，全国对外传播理论研讨会 2011 年版。

姜可雨：《跨国传播视阈下受众研究的嬗变》，《湖北大学学报》2018 年第 6 期。

姜可雨：《移情、反思、质疑：美食类纪录片跨文化传播的解码分析——基于一项对武汉来华留学生的质性研究》，《现代传播》2019 年第 1 期。

刘燕南：《电视评估：公共电视 vs 商业电视——英美及台湾的经验与思考》，《中国地质大学学报》（社会科学版）2011 年第 1 期。

刘燕南、谷征：《我国国际传播受众研究的现状与问题探讨》，《现代传播》2012 年第 9 期。

刘燕南、刘双：《国际传播效果评估指标体系建构：框架、方法与问题》，《现代传播》2018 年第 8 期。

刘燕南、史利：《国际传播受众研究》，中国传媒大学出版社 2011 年版。

刘滢等：《主流媒体对外传播的新媒体策略》，清华大学出版社 2018 年版。

［澳］潘成鑫：《国际政治中的知识、欲望与权力：中国崛起的西方叙事》，张旗译，社会科学文献出版社 2016 年版。

唐润华：《中国媒体国际传播能力建设战略》，新华出版社 2015 年版。

吴玫、梁韵：《对外活动品牌的构建：中国—东盟博览会的符号聚合与复诵》，载胡正荣主编《中国国际传播发展报告（2015）》，社会科学文献出版社 2015 年版。

阴良、张志安：《外国驻华记者报道的影响因素研究》，《新闻实践》2010 年第 12 期。

喻国明、李彪：《电视收视全效指标评估体系研究——以电视剧为例》，《电视研究》2010 年第 7 期。

张树庭、张文良、余延殊：《电视节目网络人气指数体系（IPI）的初步建构》，《现代传播·中国传媒大学学报》2010 年第 12 期。

张志安、叶柳：《中国怎么样：驻华外国记者如何讲述中国故事》，南方日报出版社 2009 年版。

周勇、陈慧茹：《多级传播路径下的网络视听信息影响力评估体系建构》，《现代传播·中国传媒大学学报》2013 年第 3 期。

周勇、赵璇：《融媒体环境下视听传播效果评估的指标体系建构——基于 VAR 模型的大数据计算及分析》，《国际新闻界》2017 年第 10 期。

跨国传播视域下受众研究的嬗变[*]

随着世界性的人口迁徙与流动,以及媒介融合技术的发展,信息、话语、意义在跨越地域、民族、国家的传播时会发生一系列的变化。由于这些信息所面临的跨国受众过于零散和不同,以至于整合成统一的概念是难以做到的(Antique,2014)。在这种背景下,"跨国传播流"成为一个复杂的问题,"跨国受众"这一术语也出现了不同指称(丹尼斯·麦奎尔,2006:305)。本文将追溯跨国传播视域下受众研究的嬗变轨迹,并对其研究特点和趋势进行分析。

第一节 国际传播"民族"范式的跨国受众研究

有关国际传播受众的研究经历了两次世界大战、冷战和冷战后时期三个阶段(刘燕南、史利,2011)。在这些阶段,"民族国家范式"(nationalist paradigm)成为主导性范式,以民族国家为代表的信息发送者是国际传播的主体,"国际受众"(international audience)和"跨国受众"(transnational audience)是宣传的对象或称客体。考察国际传播受众的媒介选择、使用、意见和态度的"行为性研究"(behavioral research)应运而生,目的在于通过受众的行为来解释媒介的影响,从而改进和强化传播效果。

一战爆发前,以通讯社为主导的"通讯社—报刊"模式在跨国传播中起

---

[*] 本文是姜可雨(武汉大学跨文化传播学博士,现湖北大学新闻传播学院讲师)应邀撰写的理论综述,原标题为《跨国传播视阈下受众研究的嬗变》,发表在《湖北大学学报》2018年第6期。经郭镇之删改、编辑。

主导作用。通讯社消息多用无线电波传送，报刊则充当电讯的"二传手"。一战爆发后，交战双方都意识到宣传的重要性和消息传播的时效性，以参战国政府主导的国家传播开始进入高速运转期。研究者也将视线转向跨国受众的行为，例如拉斯韦尔于1927年出版的博士论文《世界大战中的宣传技巧》就包含了对敌对国受众心理和行为的探讨。从此，跨国受众研究开始进入萌芽时期。

二战中，各国政府均成立了国际宣传机构，外语短波广播成为实施政治和外交斗争最重要的宣传工具。从20世纪40年代到70年代冷战期间，国际广播业发展迅速，跨国听众成为跨国受众研究的主要对象，围绕跨国受众进行的调研也逐渐增多。由于跨国受众调研需要跨越语言、国境、文化等各种阻碍，非资源雄厚的国家和机构很难开展，不少研究活动只能由实力强大的政府主持或委托相关机构进行。例如，英国广播公司（BBC）从20世纪30年代中期开始就在一些国家成立听众调查部和收听调查网，定期了解跨国受众的行为和意见。美国之音、自由欧洲电台等也陆续开展了跨国听众研究，并为保持和扩大听众范围而努力建构易被受众识别的身份（Chancellor, 1967）。

进入20世纪70年代，随着世界的主要冲突从政治领域转向经济和文化领域，国际传播"民族国家范式"脉络下的跨国受众既被视为宣传对象，也被视为一种消费者。与此同时，随着卫星电视、有线电视、数字通讯等新传播技术进入国际传播行列，随着国际旅游、移民和文化交流的日益频繁，人们对于国际信息的需求也不断提升。这一时期的受众研究逐渐从宣传转向更广泛的传播。

这一时期的跨国受众研究，可以概括出以下几个特点：第一，关注主体多为政府、大型媒体和跨国公司，也有少部分学术机构和学者；第二，研究主要源于政治宣传与媒介行业的需要，目的是获得有关媒介接触的受众心理与行为、受众市场等方面的量化信息；第三，这一类型的研究多以受众调查、节目绩效检验的定量方法为主。

第二节 全球传播"接受研究"范式的跨国受众研究

20世纪90年代冷战结束，美国成为一家独大的超级大国。以美国模式为代表的流行文化、大众文化，包括电影、电视、流行音乐、杂志等，流通范围之广、流通速度之快达到高峰。与此同时，随着全球化浪潮的新一轮兴起，世界多极化趋势也不可阻挡。跨国传播蹒跚着走向多元化，跨国受众研究也呈现出一些新动向和新特点。

面对以美国为主导的西方文化大量传播、消解第三世界民族文化认同并压抑其创造性的形势，一批欧洲学者遵循法兰克福学派的学术脉络，探究文化帝国主义与媒介效果的关系，出现"接受研究范式"的两种脉络：第一，全球文化的同质化与混杂化；第二，本土文化的抵抗与协商。

一 全球文化的同质化、混杂化与跨国受众研究

从20世纪70年代开始，当代法国著名传播学者阿芒·马特拉（Armand Mattelart）以去西方中心化的视角，从文化帝国主义、传播的世界化和文化多元性等三个层面表达了他的观点。1975年他和传播学者多夫曼（Dorfman）一起完成了批判传播学研究的经典之作《如何解读唐老鸭：迪斯尼卡通片中的帝国主义》。认为全球化过程重现了一张世界不平等的地图，传播对现代社会的渗透完全是一种工业化的生产方式，直接后果就是全球文化的同质化。

在文化帝国主义视域下，国际关系被视为以美国为代表的西方对第三世界国家的文化侵略与剥削，文化在从以美国为中心的西方国家向边缘附庸国流动的过程中，也将其资本主义的意识形态与消费主义的价值观传播到这些国家中，并与跨国的当地受众产生难以预料的互动结果。学者应用民族志的研究方法对非洲国家摩洛哥进行田野调查，发现"年轻摩洛哥人"受到西方传媒文本的影响并实现了西方文化的移植，扩展了西方国家的文化地理空间与现代性影响范围（萨布里，2008）。

按照马特拉的观点，全球化体系在和地方文化互动的过程中会产生与地方文化相互抵抗、然后相互适应、最后地方文化成为俘虏的几个阶段，这种情形可以概括为一种"文化混杂化"现象。"文化的混杂化"（hybridization）概念借用生物学、人类学的人种混杂现象来解释外来文化和本土文化相互撞击后所形成的新的"杂交"文化。

一批欧洲学者关注的核心话题是，传播技术的飞速发展使得媒介文化产

品间的相互模仿、相互借鉴成为可能，为媒介文化产品的混杂化提供了丰厚的土壤。媒介文化产品的输入与输出通过文化解构和文化重构的途径实现了文化的转移。在这个过程中，那些原本无法得到全球跨国受众理解、欣赏和认同的特殊文化元素，在被抹去和置换后，却成为跨国目标受众的文化体验。

二 本土文化的抵抗与主动的跨国受众研究

与上述悲观论调不同的是，许多研究者反思文化帝国主义的理论，对全球化表示乐观。很多研究认为，散落在世界各地的跨国受众完全具有自行解读外来文化的主动性。由于本土化与地域性的影响力，输入国的文化并不会在输出国文化的表面下消失，跨国受众会运用这外来信息自行建构或结合自己的信息。

受众的接受研究最早可追溯到1973年斯图尔特·霍尔的《电视话语的编码与解码》（Hall，1980）。这一研究改变了行为研究对传者与受众关系的线性理解，重构了"受众"观念。霍尔认为：传播的意义不是传者单向传递的，而是接受者自行生产的，编码和解码并没有必然的一致性。他总结出三种假设的立场，亦即解码方式：顺服"主导—霸权立场"、"协商符码立场"和"对抗符码立场"，从而开创了文化研究中的接受分析传统。后来许多跨国受众研究都延续了这一理论框架，对跨国电视新闻、电视剧、纪录片等电视文本的接受情况展开分析。

跨国电视新闻首先成为主动的跨国受众研究的第一个焦点领域。霍尔的学生戴维·莫利（David Morley）考察了BBC晚间新闻节目《全国新闻》受众的意义解码，确认了影响意义生产的两种决定性因素：一种是符号因素，通过文本组织产生；另一种是社会因素，由传统的社会结构性产生（莫利，2005）。这种新受众研究方法又称"受众民族志"（audience ethnography）研究，用人类学的方法研究"诠释社群"（interpretive community）。根据这种研究路径，研究者们越来越关注社会结构和文化语境对于受众接受行为的影响，研究视野也从媒介传播转向日常生活的"诠释群体"（interpretive community）；研究路径从"媒介—受众"的关系偏向"社会文化—受众"的关系。在对电视剧的研究中这一点反映更为明显。

例如，对一部热播美剧《达拉斯》的受众解码方式研究（利贝斯、卡茨，2003），通过语境化的焦点小组讨论，归纳出"直线式"（Linear）、"片段式"（Segmented）与"主题式"（thematic）三种复述类型，以揭示受众的种族与叙述形式之间的相关性。还有许多围绕文化帝国主义对本土文化影响的研究，都强调了受众的主动性与积极性。如运用葛兰西的霸权理论和霍尔的"编码—解码"理论对菲律宾妇女收看韩剧情况进行的分析发现（B. F. Espirtu, 2011），尽管有一部分年轻女性受韩剧全球资本主义的价值观影响，但大多数观众呈现的是对抗性和协商性解读的框架。在自主观看的过程中，许多年轻女性从韩剧中识别出妇女生活贫困、阶级不平等及男权价值观等社会问题。中国学者则从青年主动收看美剧的质性研究中提炼出中国青年对西方文化的民族主义解读框架（陈阳，2015）。

纪录片不同于影视剧，而与电视新闻一样十分强调真实性。那么，全球化语境中的跨国受众在观看纪录片的过程中，会具有怎样的解码类型？科纳和理查森在《纪录片的意义和解释的话语》（Documentary meanings and the discourse of interpretation）一文中首次提出"透明的"（transparent）和"中介的"（mediated）两种框架，显示受众在解释纪录片意义时的不同观点（Corner, J. and Richardson, K., 1986）。使用"透明"框架解释时对电影画面的真实度有高度认可，将影片的表述认同真实世界中的真实事情。而"中介"框架认识到纪录片的建构性，从而认为它们呈现的意义只是一种表述（即经过调解的意义），而不是真正的生活事件（哈里德拉纳斯，2006）。

全球传播脉络下跨国受众的研究，大致可以概括出几个特点。1）关注文化语境的差异对于受众解码的影响。文化语境将文化视为一个相对稳定的结构和一种先在的状态。跨国传播就是要"穿越"或"超越""民族国家"这样一个稳定的共同体和一种先在的文化语境。2）主要采用受众民族志等定性研究方法，强调对"人"的再发现，承认"主体间性""社会建构论"的世界观，属于典型的"诠释主义"研究范式。许多研究将跨国受众研究置于更为多样的社会和文化语境中观察，并出现从大众媒介传播转向人际传播和组织化传播的趋势。3）研究路径从跨国传播转向跨文化传播。跨国传播流不但瓦解了空间的距离，也瓦解了过往被建构起来维系国族及文化的认同迷思，让一般受众借与外来文化的接触,产生多样的认同参考框架,通过文化互动产生出变化多端的"跨文化性"、"创生性"与"混杂性",进而松动既有的文化结构。

第三节 从跨国传播到跨文化传播:研究转向及研究特点

跨国受众研究从国际传播的民族国家范式转移到全球传播的接受研究范式。与此同时,传播与受众的关系也经历了从跨国到跨文化的研究转向。许多研究在承认文化差异、文化冲突给受众接受带来影响的前提下,已经注意到语境差异,并从"跨文化对话"的维度来思考如何克服和管理这种文化差异。

一 全球公民社会的产生与网络社会的崛起

"全球公民社会"意味着每一个个体、每一种政治力量和经济力量都可以在"公民社会"这样一个中介空间中通过社会契约的方式进行协商与再生产。围绕着环保运动、女权运动对全球公民社会的促进,一些学者开始从超越差异、寻求对话的视角进行研究,提出了针对"社会基础设施"的研究(A. Snyder, 2005)和"全球对话主义"的主张(金惠敏,2010)。

以互联网、手机为代表的新媒体将世界构筑成一个相互联结、相互交织的全球信息网,网络中跨地域、跨文化的信息铺天盖地。作为网络节点的成员和群体在互动对话中极大地促进了信息传播和文化交流。在这种背景下,许多学者围绕网络社会的结构改变,对跨国受众研究提出了新的研究路径。例如"互惠新闻学"(reciprocal journalism)的概念(S. C. Lewis, 2014),与"受众参与理论"相比,更加强调现有的互动新闻中媒体与观众之间互利的关系。

二 跨文化对话视域下的跨国受众研究的特点

按照单波的观点,"跨文化传播"中的"跨文化"来自三个不同的英文概念:"inter-cultural""cross-cultural""trans-cultural"(单波,2010:3),实际上包含着三种形态的跨文化研究方向:居间("在……中间,inter")的、穿越("交叉、穿越",cross)的、贯通("贯通、超越",trans)的。但无论哪一种意义，都有一个共同的预设，即文化是有边界的（孙玮，2015：65）。跨文化对话强调跨国传播研究的"主体间性"与"文化间性"，为跨国受众的研究提供了一种新的发展方向与观察视野（姜可雨，2017），其特点有以下几点。

首先，基于文化语境差异的单一研究假设发生了改变，社群共同体越来越不再以地域为基础，民族国家也不再是跨文化传播中最清晰的一个实体。各种文化因边界的多样化和流动性呈现出更多交叉、重合状态，族群、语言、地域、宗教也越来越难聚焦到一个清晰的研究对象。

于是，学者将传者与受者的关系视为一种基于跨文化互动的交往经验，跨文化对话视域下的跨国受众研究不再将文化尤其是民族文化看作单独存在、相互隔离的概念。在这个过程中，文化不再被看作静态的、不变的和同质的实在。传播不再被简略地理解为单向传递文化的一种手段，而是构成文化的基本方式。传者与受者的关系也不再是一种主体和客体的关系。在互动过程中，不同语境的文化会在跨文化的对话中构筑起交叉、冲突、融合的新型文化空间。

此外，传播受者的跨文化经验及其建构方式成为跨国受众研究的核心，个体和民间团体开始成为推动跨国传播的主要力量。在这种重视跨界及语境的视野中，作为跨境者的移民文化和旅客传播也得以不断地创新与重构。文化和主体不再只存在一一对应的关系，了解受众多个文化身份、多种交往经验的跨文化传播就成为跨国受众研究的核心。

通过梳理跨国受众研究的发展脉络，不难发现，在跨文化交流和新媒体高速发展的时代背景下，受众变得更加主动，更加个体化、自主化及多元化。跨国受众虽然可能成为被操控的大众，却更可能成为媒介内容的生产者、主动的消费者与挑剔的用户。研究者的关注点有必要从国际传播脉络下的国际受众研究与全球传播脉络下的跨国受众研究中扩展开来，将跨国受众研究置于一个更加广阔的多元对话的语境中进行观察。

参考文献

Antique, Adrian, "Transnational audience: Geocultural approaches", *Journal of Media & Cultural Studies*, 2014（1）.

Chancellor, John, "International Broadcasting and the Changing World Audience", *American*

Academy of Political and Social Science, 1967 (1).

Corner, J. and Richardson, K., "Documentary meanings and the discourse of interpretation", Corner, J. (ed.), *Documentary and Mass Media*, London: Arnold, 1986.

Espirtu, Belinda Flores, "Transnational audience reception as a theater of struggle: young Filipino women's reception of Korean television dramas", *Asian Journal of Communication*, 2011, 21 (4).

Hall, Stuart, "Encoding/Decoding", in Stuart Hall, *Cultural, Media, Language*, London: Unwin Hyman Ltd., 1980.

Lewis, S. C., Avery E. Holton, "Mark Coddington, Reciprocal Journalism: A concept of Mutual Exchange between journalists and audiences", *Journalism Practice*, 2014 (2).

Snyder, Anna, "Transnational dialogue: Building the social infrastructure for Transnational Feminist Networks", *International Journal of Peace Studies*, 2005 (2).

陈阳：《"主动的受众"之再思考：美剧与当代中国青年的国族意识》，《国际新闻界》2015年第6期。

姜可雨：《感知中国：跨国受众与跨文化经验的建构——〈舌尖上的中国〉的跨文化解读》，收入单波、肖珺主编《中国媒体发展研究报告》，社会科学文献出版社2017年版。

金惠敏：《积极受众论：从霍尔到莫利的伯明翰范式》，中国社会出版社2010年版。

［英］拉马斯瓦米·哈里德拉纳斯：《纪录片的意义和解读的语境：对印度"话语"的观察》，［英］罗杰·纳入迪金森、拉瓦斯瓦米·哈里德拉纳斯、奥尔加·林耐编《受众研究读本》，单波译，华夏出版社2006年版。

［英］泰玛·利贝斯、埃利胡·卡茨：《意义的输出：〈达拉斯〉的跨文化解读》，刘自雄译，华夏出版社2003年版。

刘燕南、史利：《国际传播受众研究》，中国传媒大学出版社2011年版。

［法］阿芒·马特拉：《传播全球化思想的由来》，陈卫星译，《国际新闻界》2000年第4期。

［美］丹尼斯·麦奎尔：《受众分析》，刘燕南、李颖、杨振荣译，中国人民大学出版社2006年版。

［英］戴维·莫利：《电视、受众与文化研究》，史安斌等译，新华出版社2005年版。

泰瑞克·萨布里：《摩洛哥人放弃"古斯古斯"转向卫星电视——环球电视，感知与文化移植》，叶晓华译，《新闻与传播评论》2008年。

单波：《跨文化传播的问题与可能性》，武汉大学出版社2010年版。

孙玮：《后结构主义视角下的跨文化传播研究》，纳入单波、肖珺主编《文化冲突与跨文化传播》，武汉大学出版社2015年版。

本土文化因素对非洲记者关于
中国形象认知的影响[*]

近年来，随着中国和非洲之间经贸与政治往来的日趋密切，中国在非洲的形象呈现出显著的复杂性。本文以东非国家乌干达境内的布干达王国为研究对象，通过对20位拥有布干达血统的新闻记者进行深度访谈，考察布干达本土文化价值观如何影响其新闻从业者对中国与中国事务的理解与接受。本文发现，两种文化都强调对"权威"的尊重，使中国的政治制度并未成为影响中国形象的负面因素，而最主要的观念冲突来自中国封闭、保守、种族主义的旅非社区文化与重视文化多元性的布干达文化之间的反差。

第一节 中国在非洲的形象

随着中国对非洲经济援助的逐年强化，以及中国对非洲地区事务介入的日渐深入，关于中国在非洲究竟是何种形象的问题，日渐引发研究者们的兴趣。尽管不少学者的研究表明，中国在非洲总体上营造了作为经济援助者和非对抗性政治与意识形态伙伴的正面形象，并与旧式的非洲—西方关系形成了有利于中国的差异（A. Askouri，2007：110），但也有不少非洲人认为中国

---

[*] 本文原为英文，作者常江（时任清华大学新闻与传播学院副教授），任海龙（北京语言大学讲师）。新华社坎帕拉分社记者袁卿对此研究亦有贡献。原题为 How native cultural values influence African journalists' perceptions of China: in-depth interviews with journalists of Baganda descent in Uganda（《本土文化因素对非洲记者关于中国形象认知的影响——基于在东非国家乌干达的深度访谈》）。文章发表于 *Chinese Journal of Communication*（《中国传播研究》）2016年第9卷第2期。作者提供了中译文。原文较长，经郭镇之删改。本文主要反映了研究的结论，具体操作过程和其他细节资料可参阅原文。

是取代了西方的新式殖民主义者和帝国主义者（C. Alden，2007：37-38）。关于中国在非洲形象的各种描述，积极的或消极的，均可被纳入下述三个框架：帝国主义、全球化与团结（P. T. Zeleza，2008：174）。

大量经验研究表明，中国在非洲的形象呈现出双重性特点。一方面，中国对非洲的援助的确比美国附加更少的政治和经济条件，因而普遍受到认可（B. Sautman & H. Yan，2007：34-38）；但另一方面，"不介入"政治的立场也时常被自由派学者指责为默认和支持腐败的非洲领袖，以及对非洲国家人权及新闻自由的间接破坏（H. Wasserman，2013：1-5）。还有一些学者在描述中国的非洲形象时，明显使用了东方主义的叙事，在他们的著述中，"中国要么被呈现为一个咄咄逼人的'他者'……要么就是一个神秘的、富有异国情调且不可知的力量，仿佛一条'可怕的巨龙'"（H. Wasserman，2012：339）。Wang 和 Elliot 在对七个撒哈拉以南非洲国家进行实地考察并对相当数量的非洲本地以及来自中国与美国的政治家、官员、商人、工人、学者、学生以及新闻记者进行访谈的基础上，得出了令人信服的结论：一方面，在经济合作领域，中国式的政治制度和中国文化在非洲拥有越来越多的拥趸，中国正毫无疑问地成为与西方迥然不同的一个极大影响非洲的外部力量；另一方面，也有越来越多的非洲本地人开始对中国的"机会主义"乃至"掠夺式"行为产生反感，认为中国在本质上与原来的西方殖民者没有什么不同，其在非洲的形象总是与破坏本地商业环境和社会肌理、侵犯劳工权益以及扰乱劳动力市场密不可分，"中国为赢得非洲人的心而付出的努力就像一场艰苦的斗争，结果如何无法预知"（F. Wang & E. A. Elliot，2014：8）。

新闻媒体对中国事务和中非关系的报道，无疑是塑造中国在非洲形象的重要方式。Wasserman 将南非媒体对中国和其他金砖国家的报道进行对比研究后发现，南非媒体的涉华新闻报道在总体上既没有呈现为显著的"积极"，也没有呈现为显著的"消极"，而是具有较好的平衡性。Wasserman 认为，有三方面的原因导致了这一状况的形成：中国与南非的合作关系、新闻专业主义之"客观性"原则对南非新闻从业者的影响，以及南非现任总统 Jacob Zuma 所采纳的更为务实的国际关系策略（H. Wasserman，2012：351）。Gagliardone 对中国官方的中央电视台非洲分台的研究也表明，CCTV Africa 建构了一个更加积极的中国形象，它不是通过直接塑造的方式，而是通过为非洲电视观众提供一种迥异于西方媒体的、更强调"正面"和"成就"的非洲事务报道方针来实现的。CCTV Africa 开办时，正值非洲经济飞速发展的关键时期，但其国际形象却被西方媒体塑造为"艾滋病加大饥荒"的刻板偏见，因此 CCTV Africa 发明的"崛起的非洲"新闻叙事就对塑造中国的"伙伴"形象起到了促进作用（I. Gagliardone，2013：38）。

尽管关于中国在非洲形象的研究可谓丰富，但其中也存在一些比较明显的问题。第一，在解释中国在非洲形象的成因时，往往强调经济（中国对非洲的经济援助）和政治（中国政府与非洲国家政府之间的友好关系）的因素，而文化的因素，如非洲本土文化与中国文化之间可能的冲突之处，以及非洲人和中国人对同一行为或概念可能的不同理解，在很大程度上被研究者忽视。第二，多数研究对中国在非洲形象的分析主要从中国经济援助和政治介入的动机、模式和效果出发，通过逻辑推演，"设想"中国的形象会在多大程度上受到上述因素的影响；而具体的、活生生的非洲人的想法和观点，却并没有显著地体现在现有的研究成果中，这实际上表明：现有的研究是站在作为"批评者"的西方和作为"援助者"的中国的视角看问题，对于非洲人——中国在非洲形象的真正定义者——的主体性却重视不足。第三，或许是出于叙述的便利性考虑，大多数研究倾向于将非洲视为一个整体，对于非洲作为全世界面积第二大的大陆、拥有数千族群、使用超过 3000 种语言的复杂性视而不见，其研究结论就算具有总体上的合理性，但对于具体的、特定的非洲人个体或群体而言，却可能并不合适。

第二节　文化价值观对新闻记者的影响

本文的研究主题是非洲本土文化价值观对非洲新闻记者的影响，这种影响导向对中国的认知和理解，进而参与了对中国在非洲形象的塑造。

如 Sahlins 所言："事件并不只是单纯发生在世界上的一件事，而是'发生了什么特定的事'和既存符号系统之间的一种关系。"（M. Sahlins, 1985：

153）在社会科学研究领域，无论采取狭义的文化概念（将文化等同于具体的文化产品/文本），还是广义的概念（将文化视为人类的全部生活方式），都默认文化"是意义、信仰、实践、符号、规范与价值的复杂共同体，对社会中每个人都有深刻的影响"（S. H. Schwartz，2004：43）。在人类学领域，对于文化价值及其社会影响的研究成果颇为丰厚，其主要议题包括对工具价值与终极价值的概念化，传统文化与现世文化之间的冲突以及对文化价值进行指标界定以使之服务于实证研究的方法论建构等。其中 Hofstede 将文化价值划分为五个维度，分别是：男性气质、个人主义、不确定性规避、权力距离以及长期目标，对于从文化视角展开的媒介研究产生了直接的帮助（G. Hofstede，2001）。

新闻学研究领域已普遍认同文化或者符号的力量对新闻记者观念及其生产新闻方式产生的深刻影响，这些力量不但左右其对新闻价值的判断，也是构成其自身职业和身份认同的重要因素。不同文化背景下的新闻记者和新闻媒体可能对于同一概念、同一事件做出截然不同的解释。如 Hanusch 就使用了 Hofstede 设计的文化价值五维度体系，对比德国和澳大利亚两国报纸报道"死亡"事件时在观念和操作上体现的显著差异（F. Hanusch，2013：612 - 626），Ravi 的研究则表明，亚洲国家媒体与西方国家媒体在报道伊拉克战争时关注重点的不同，源于前者更重视集体价值，而后者更强调个人主义（N. Ravi，2005：45 - 62）；而 Winfield、Mizuno 和 Beaudoin 的研究也表明，尽管中国和日本两国拥有显著的政治与经济差异，但集体主义价值观却在两国新闻媒体的日常实践中扮演了相似的重要角色（B. H. Winfield，T. Mizuno & C. E. Beaudoin，2000：323 - 347）。

第三节　研究方法

从前文的文献检视我们可以提炼出三个明确的研究前提：第一，多种原因导致中国在非洲混杂形象（甚至偏负面形象）的形成，这与中国官方的期望就算不是背道而驰，也相去甚远；第二，非洲本地新闻媒体和新闻记者对中国情况的认知与理解，影响着中国在非洲形象的塑造；第三，非洲本地记者的中国认知和报道实践，可能受制于他们浸淫其中的本土文化价值，进而直接或间接地影响非洲媒体的涉华新闻生产，并最终左右中国在非洲的形象。因此，本项研究旨在考察非洲本土文化价值如何影响非洲记者对中国（含具体的政体中国和抽象的文化中国）的认知和接受，借此尝试提供理解中非关系的一种独特视角。

本文的研究对象是东非地区布干达族的新闻记者。布干达是现代国家乌干达领土范围内原有的一个古老王国，其人民被称为布干达人（Baganda，复数/Muganda，单数），而其通用的语言则被称为卢干达语（Luganda）。在日常言谈中，该王国的人民也简称为干达人（Ganda）。布干达族总人口约600万，占乌干达全国人口的16.9%，是该国治下最大的族群。布干达王国于14世纪开始具备国家形态，并在18世纪和19世纪成为东非地区最强大的国家。在瓜分非洲的浪潮中，布干达王国维持独立的努力在英国殖民主义的压迫下最终失败，于1894年成为乌干达保护国的一部分；而乌干达的国名，正来自斯瓦希里语的布干达一词。如今，布干达王国是乌干达治下的一个拥有高度自治权的君主立宪国，大致位于乌干达中部，包含首都坎帕拉。布干达王国的文化在乌干达具有相当强势的地位。在乌干达，民族语言Luganda和英语并列为使用者最多的第二语言。由于布干达王国位于乌干达政治和文化的核心地区，尤其包括了首都坎帕拉，因此可以保险地推断，布干达人是构成现代乌干达社会文化精英群体的最主要族群。

中华人民共和国是乌干达独立后最早承认它的大国之一，两国于1962年10月18日建立外交关系。中国和乌干达一直保持着紧密的经济与政治往来。从2000年到2011年，中国总计对乌干达投入了54个援建项目，其中包括从恩德培国际机场到首都坎帕拉的收费公路，以及乌干达的国家体育场。不过，据常江和袁卿的调查，绝大多数乌干达人并不知道这座正式名称为"曼德拉体育场"的重要文化设施是中国援建的（常江、袁卿，2013：47）。

乌干达的新闻媒体主要由报纸与广播电视构成。全国性的英文日报主要有三张，分别是创办于1986年的 *New Vision*、创办于2004年的 *The Observer* 和创办于1994年的 *Daily Monitor*。其中 *New Vision* 为国有报纸（政府持股53%），而

The Observer 和 *Daily Monitor* 为私营报纸。此外，娱乐小报 *Red Pepper* 也拥有大量的读者。在广播电视方面，乌干达效仿英国的公营体制，在2004年《乌干达广播公司法》（*Uganda Broadcasting Corporation Act*）的规定下，原来的乌干达电视台和乌干达广播电台合并为一家全国性公共广播公司——乌干达广播公司（UBC）。UBC同时运营一个电视频道和五座广播电台，完全为乌干达政府所有，站在政府立场进行报道和运营，并由政府提供经费。

本文对20位拥有布干达族血统并自我认同为布干达人的乌干达籍新闻记者进行了深度访谈，旨在考察布干达民族/本土文化价值观对于这些记者认知、接受和评价中国以及中国事务的影响。20位受访者均供职于上文列举的三张主流英文报纸以及UBC，其中14位男性，6位女性，年纪最长者47岁，最年轻的只有23岁，超过一半受访者的年龄位于30—40岁。受访者普遍拥有较高的受教育程度，其中13位拥有大学本科及以上学历，其余7位则接受过相关的职业训练。所有受访者均以卢干达为母语，但可以熟练使用英语。所有受访者均参与过各自供职的媒体对中国事务以及中乌关系的报道，对中国有一定程度的了解。访谈时间在2012年6月28日至8月6日，全部以面对面的方式进行，地点均在坎帕拉，采访用英语进行。

第四节　研究发现

布干达文化有十分复杂的内涵，可以在家庭构成、人际关系、个体成长以及对待异文化的态度等层面被感知和实践。本项研究的20位受访者均明确表示自己深受本民族文化价值观的影响，而且会有意识地运用这些文化价值观去指导自己的日常生活。

经过简单的比较，我们发现，布干达文化与中国文化具有一定程度的相似性：一方面，布干达文化具有高度的威权主义色彩，每一个父系家族的族长和部落的首领，在家族和部落内拥有至高无上的权威，而国王的精神领袖地位更是无人能比；另一方面，人际关系在布干达文化中占据十分重要的地位，一个人的社会地位往往取决于他能够和什么样的人建立起一种恩庇侍从关系，以及他愿意在多大程度上与社区内的其他人分享自己所拥有的东西。布干达儿童往往会在比较幼小的时候离开父母，被送到其他年长者的家庭去生活几年，以习得上述观念。这种对权威、社区、秩序和人际关系的重视，在某种程度上决定了受访者总体上对中国持有相当温和甚至偏向积极的态度，因为中国传统文化具有与之相似的内涵。

不过，布干达文化也有一个和中国文化不尽相似之处：前者比后者具有更加开放、多元的特点，并且道德话语在社会生活中的作用也弱于后者。比如，异族通婚在布干达的历史上从未成为一个问题，遑论一种罪过，布干达人更强调文化而非人种上的纯粹性；而离婚、再婚在布干达也是十分普遍的现象，并不像中国那样受到传统价值观的鄙视。

上述异同，不但极大影响着受访者对中国的认知及态度，也持续地影响着他们在日常工作中处理与中国相关的报道方式。

一　中国是分享者，不是掠夺者

针对关于中国在非洲形象的流行迷思——掠夺者、新殖民者、帝国主义者等，绝大多数受访者表示不赞成，他们大多认为这些标签体现了某种傲慢与偏颇，往往出自不了解中国的人之口。一些受访者甚至尖锐地指出，这些标签都是西方媒体发明后再灌输给非洲人的。关于中国在乌干达的大量援建项目，绝大多数受访者表示了解并赞扬。但除了一位女性受访者外，其他人均表示"不需要感谢"。其中一位拥有十余年从业经验的受访者表示：

> 中国不是掠夺者，也不是什么新的殖民者，这些词汇已经过时了，它们无法准确描述现时的情况……我更倾向于将中国看成是一个分享者，将自己的一些资源和经验带给与自己友好的国家……中国既然将自己视为大国，那么做出这样的事（指对非洲进行大规模援助）也是一种责任。

在布干达文化中，分享的精神被普遍视为社会地位崇高者的一种必须尽到的义务，是构成其权威性的重要组成部分，也是一种得到族人普遍认可的高贵品质，是一种与功利剥离开来的行为。这一价值观明确地体现在受访者对于中国经济援助的态度上。他们认为中国在国际社会中的权威地位需要通过这样的慷慨分享行为来维系和巩固，假定中国已经在国际社会中拥有了某种权威性，就必须要以某种方式来实现这种"分享"。在他们看来，援助行为更多是一种大国责任，是中国人为获取高贵品质而采取的一种方法，因此并不需要得到受援助者的感谢。对于中国援助采取的"无附加条件"策略，受访者也普遍认为理所应当。相应地，尽管有一些学者质疑中国对非洲的援助以非政治的方式进行，是否会对非洲构成另一种伤害；或中国一直有干涉的意图，只不过处于隐藏的状态而已，如此等等，受访者普遍不认同，他们认为，中国的援助方式相对于西方国家更为"得体"；虽然良好的初衷在实施的时候遇上很多具体的问题。

不过，有三位受访者尽管表达了与其他人相同的看法，却是基于不同的原因。例如，一位供职于某报纸的年轻记者说：

> 毫无疑问……中国有自己的利益诉求。中国需要在国际事务中得到非洲国家的支持，所以援助在本质上是一种交易，用经济支持来换取政治支持……这一点，中国、非洲和西方都是心照不宣的。

不过，这三位采用了某种"阴谋论"框架的受访者均很年轻，他们坦言本民族文化对自己的影响远不及年长的同胞深厚。

但无论怎样，我们都不难看出本土文化价值观如何影响了受访者关于中国对非援建的基本态度。通过将本土文化中对于"分享"行为与"权威性"之间的结合关系"挪用"至国际事务领域，受访者普遍将中国对非洲的援助解读为一种大国责任或国际义务，是中国获得权威性并维持这种权威性的必要手段，因此非洲人民对此并不感到任何情感上的亏欠。

二 "中国模式"的输出

关于中国在非洲形象的争议，有一个方面一直很受研究者的关注，那就是中国是否正在将自己的发展模式输出给人权现状原本就很成问题的非洲国家，制造与惯于扮演政治"保姆"角色的西方国家之间更为尖锐的矛盾。针对这个话题的访谈发现较为复杂。

在全部20位受访者中，有16位表示自己对中国式的带有威权色彩的发展模式并不反感，其中有11位甚至认为，非洲国家应该在不同程度上效仿中国的发展路径以获得更快的经济增长。其中两位去过中国的受访者更是直言不讳地表明"非洲应当沿着中国的道路前行"。其中一位受访者这样说：

> 只要生活水平能够提高，我不认为国家权力大一些是什么问题……事实上，"独裁"这个词本身就很成问题。年长者拥有更多的智慧和更丰富的经历，由他们来治理国家是理所当然的事情，这要比那些通过民主的形式选举出来的并不称职的领导者要好得多。

还有一位受访者表示，"威权"其实等于对"权威"的尊重：

> 一个政治领袖拥有的威权，其实是用来保障他的权威性的，而他需要这种权威性来组织他的国家、他的人民，让他们过上更好的生活……我不介意给予政治领袖更多的权力，只要他懂得如何使用那些权力。当然，这些权力需要得到监督，人民有权更换领袖。

这种对威权政治的好感或许来自乌干达现有的政治经济结构：一方面，它是全世界经济最不发达的国家之一，寻求经济的快速增长显然是国家发展的当务之急；同时另一方面，从1986年就开始执政的穆塞韦尼政府采用的温和开明的统治策略也使得乌干达成为整个非洲政局与社会最稳定的国家之一（尽管时常受到破坏民主的指责）。但不难发现，受访者对于政治威权主义的温和态度与布干达文化价值观有密切的关系。布干达在家庭、社会和国家结构层面上，始终呈现出显著的威权主义色彩，家族的族长和部落的首领往往在各自的势力范围内拥有极高的权威（前提是他们本身也具有权威者所需的品质）。

不过，也有四位受访者比较尖锐地反对中国对一些非洲国家领导人的支持，认为中国的到来加重了非洲国家"不民主"的程度。一位受访者这样说：

欧洲人来的时候，左手拿着枪，右手拿着《圣经》……现在中国人来了，枪换成了钱，没有了《圣经》……武器的威胁换成了金钱的收买，难道情况就变得更好了吗？完全没有。非洲仍然贫穷，也没有得到应有的自由。

另外，还有一位受访者专门通过对 CCTV 的评论，批评中国媒体管制思路的输出：

CCTV 对非洲事务的报道的确比 BBC 和 CNN 更平衡、更公正，但 CCTV 存在一个根本问题：对于很多非洲人非常感兴趣的中国国内的政治议题，它根本只字不提。我觉得这是很愚蠢的……遗憾的是，现在一些非洲国家政府正在效法中国，对媒体进行管制。

需要强调的是，这四位持有尖锐不同意见的受访者是所有 20 位受访者中较为年轻的四位（年龄均在 30 岁以下）。

对于中国政治制度，也包括乌干达现行的带有显著威权色彩的政治制度，受访者总体上持温和态度。对于中国可能或不可能对援助国输出其发展模式，尽管只有很少的受访者（两位）表示出对"中国道路"的浓厚兴趣和强烈支持，但显然，中国不同于西方的政治体制和发展路径并没有成为显著影响受访者对中国感知和评价的负面因素。

三 不愿融入非洲社会的中国人

旅非华人社区呈现出流动性强和封闭性强两个特点，尤其后者，时常造成华人与非洲本地人之间的误解和冲突。常江和袁卿对旅非华人的研究显示："很少有中国人会把非洲当作自己的第二个故乡，哪怕他已经在这里生活了大半辈子。在非洲的中国人基本只与中国人交朋友，他们的文化保守而封闭。与非洲人结婚生子的中国人几乎没有，偶尔有一个，也往往成为其他中国人的谈资和笑柄"（常江、袁卿，2013：12）。而 Wang 和 Elliot 的观察也显示了相似的结论："（旅非）中国人绝大多数居住在守卫森严的封闭社区里，与本地人只保持极为有限的社会文化接触……我们几乎没有听说中国人和非洲人谈恋爱或结婚的事，我们采访过的旅非中国人中没有一个打算在非洲永久居住。"（F. Wang & E. A. Elliot，2014：9）我们在访谈中发现，比起中国的政治体制来，旅非中国人在文化上的高度保守、封闭乃至傲慢，是导致中国负面形象的主要因素。

一位受访者直言，中国人的封闭性令他"难以理解"：

> 据说现在有超过 100 万中国人在非洲，光坎帕拉就有好几万，可是我很少在商场、饭店和街上看到他们。他们只去中国人开的餐馆吃饭。我采访中国人总是比较麻烦，他们往往不肯接受采访，或者十分不情愿地接受采访……我难以理解中国人为什么不愿意和外界交流。

另一位受访者则较为自觉地从本土文化的视角出发，做出了自己的评价：

> 我们的文化非常看重多元性，从小我就被灌输这样的观点：要容纳和自己不一样的人和事物。我们对于自己的文化传统也很自豪，但是我们不会把自己封闭起来……比如说，我就娶了一个非布干达族的女人为妻子，得到了家人和族人的祝福；我的一个女性朋友嫁给了法国外交官，她也没有被视为叛徒……我不知道为什么中国人不这样想。

有 5 位受访者则直白地采用了种族主义的框架，表明自己在与中国人打交道的过程中能够或多或少地感觉到歧视。同样，他们认为中国人这种莫名其妙的优越感没有任何道理。

几乎所有受访者都表示，中国在乌干达要想建立起良好的形象，必须首先将自己作为一种文化元素融入乌干达社会的文化多元性之中，而这种多元性又是乌干达本土文化的核心特征。中国社区的封闭性和中国人对异文化的保守性，是受访者对中国持有的最主要负面印象。其中一位对中国颇有一些了解、较为年长的受访者也从他的职业经验出发，做出了相应的描述和评价：

在坎帕拉生活的中国人据说超过一万,这不是个小数目,我也曾经和其中的一些人打过交道,但是结果总是令人郁闷。就拿语言来说,能够熟练使用英语的中国人,据我所知,非常少。而我从来没有遇见过一个会讲斯瓦希里语或者 Luganda 的中国人……你会发现,我们布干达人是非常善于学习外语的,我在家里说 Luganda,在工作中使用英语,在采访中使用斯瓦希里语和法语,而且我还在学习汉语……拜托,这是一个全球化的时代,不学习非洲的语言,怎么了解非洲?

值得注意的是,有两位受访者将中国人与西方人进行比较,指出后者更乐于和普通非洲人打交道、交朋友,而前者则被批评为"傲慢"。

布干达文化价值观对多元性的重视显然与中国文化的相对保守性形成了尖锐的冲突,进而形成负面的中国形象。不过,非洲中国人社区体现出来的自我封闭的特点也有其结构上的原因,比如在中非经贸迅速发展的背景下,主要是国家而非个人的兴趣在中国人涌入非洲的过程中扮演了决定性的角色。

四　新闻实践中的服从

由于受访者的职业为新闻记者,所以我们在访谈中必然要涉及他们如何对中国和中国事务进行报道的理念和操作问题。

几乎没有受访者公然反对西方新闻业的客观性原则,尤其是在大学或其他教育机构接受过正统新闻学教育的受访者,但也没有一位受访者对客观性原则表现出类似西方同行的忠诚和热情。例如,其中一位受访者将客观性原则当作一种为避免错误而采取的策略:

> 我们从一开始就接受了客观、公正这样的要求,这似乎是一种共同的职业目标,也是将各种新闻记者,包括报纸、广播、电视的记者联合为一个整体的唯一途径。同时,我也认为,遵循客观的原则可以让记者少犯错误。把自己放在一个旁观者的角度上,在很多情况下,其实是对自己的一种保护。

这段表述说明了两方面的问题：第一，客观性原则与受访者的基本文化价值观并无根本性的冲突，因此是可以被采纳和使用的一种外部价值观；第二，受访者对客观性原则的使用首要地是一种回避风险的策略，是一种文化研究意义上的"权宜之计"（a tactic of "making do"），而客观性意识形态对受访者的征召（interpellation）作用则并不明显。

在谈及自己从事过的中国事务报道时，有13位受访者坦言自己并未做到完全的客观报道，原因是受到媒体编辑方针的干涉，尤其是主编的干涉。只有很少几位受访者表示自己会公开反对主编的压力。

有几位供职于国家媒体的受访者表示，自己在报道与中国有关的新闻时会感到为难，因为在本地发生的新闻多为负面事件，但客观报道的愿望却往往受到压制。一位受访者对此感到苦恼：

> 一方面，我们被告知应当客观报道，因为这样显然更符合"行业规范"；但另一方面，又有一些东西决定着我们不能进行百分之百的客观报道……我是说，我们毕竟是社区的一份子，也是报社的一份子，我们遵从这个集体的要求，似乎也是合情合理的。而中国和乌干达现在的密切关系，决定了纯粹的客观态度就算不是不可能，也往往被视为不合时宜。

不过，也有4位受访者表示，乌干达媒体对中国事务的报道总体上呈现出的积极面貌并不是官方直接操纵的结果，而主要源自记者的自主选择。其中一位年轻的记者说：

> 在新闻界有一些受过良好教育的人——其实也就是所谓的精英——是对中国有好感的，他们认为乌干达应当向中国学习，这种情感肯定会影响他们在职业领域做出的决定。还有一些人，其实是把对中国的友好当作是对西方的一种对抗……对他们来说，中国似乎在某些地方和自己的文化更接近。

布干达文化中对于权威的尊重和服从在很大程度上影响了新闻记者对客

观性原则的接受以及对中国问题的报道策略。客观性原则并没有成为布干达新闻记者所普遍信奉的专业意识形态。在对本地发生的与中国有关的事件进行报道的时候，有非常复杂且微妙的文化因素在发挥作用，其中既有记者本人的文化价值倾向，也有国家控制、媒体干涉等结构性因素的影响。本地新闻媒体上的中国形象总体较为正面，并不能证明报道者本人对中国持完全正面的评价。

五　结论与讨论

本土文化价值观影响了非洲新闻记者对中国形象的认知和接受过程，进而也就在很大程度上影响了非洲新闻媒体对中国形象的塑造，这是本文的基本逻辑。经过对20位布干达族新闻记者的深度访谈，本研究考察了布干达文化中的某些重要价值观对其新闻从业者看待与理解中国的机制及其产生的影响。

研究发现，布干达本土文化价值观与中国传统文化价值观的异同，对于布干达记者理解中国与中国事务产生了显而易见的影响。双方共有的价值观，如对权威与秩序的习惯性服从，使得中国迥异于西方的政治制度并未如很多人预料的那样成为中国在非洲形象的负面因素；而布干达记者对于中国形象的最为负面的认知，并非来自国家层面的所谓经济掠夺和制度输出，而来自中国旅非社区高度保守、自闭，甚至带有种族主义色彩的特征，这一特征与布干达社会强调的开放性和多元性产生了难以调和的矛盾。这样的结论与从更为宏大的政治经济学角度做出的观察并不完全一致，表明对中国在非洲形象的成因研究应当在更加具体和微观的语境下进行，并充分考虑非洲社会和文化的复杂性。

本文似乎采用了一种"文化中心论"的视角，即完全在文化的视野下解释"中国形象"的复杂成因。事实并非如此。笔者认为，政治和经济因素对于非洲人认知与理解中国同样起着至关重要的作用。例如一位受访者表示，一些布干达人对中国持友好态度的一个很重要的原因是某种"布干达人民族主义"，即将中国作为抵制西方国家和乌干达国内其他政治势力对布干达文化殖民的一种外力，这本身就是一种政治诉求。另外，乌干达政府作为某些主流媒体的所有者以及这些媒体需要政府津贴生存的现状,势必会对新闻记者的观念产生潜移默化的影响。本文的宗旨主要在于修正过往那种将复杂的文化现象简单还原为政治经济结构的倾向,这种还原主义的做法就算能够得出有价值的结论,也因为罔顾文化的内在复杂性而做出过于简单的判断。我们必须看到,"中国形象"是在一系列混杂了政治、经济包括本土文化因素的复杂影响下形成的。

囿于客观条件,本文还存在一些不足之处。如研究样本较小、单纯采用深度访谈方法以及英语作为第二语言在访谈双方语言转译的过程中可能出现的意义变化。本文期望借助这一独特的个案研究,在"中非关系"研究领域内倡导一种创新的研究思路,那就是立足于对文化生产者和传播者个体的微观考察。本文最主要的价值在于昭示这些文化因素所具备的复杂性和文化研究可能在该领域激发的潜能。

参考文献

Alden, C., *China in Africa: Partner, Competitor or Hegemony?*, London: Zed Books, 2007.

Askouri, A., et al., *African Perspectives on China in Africa*, Cape Town: Panbazuka Press, 2007.

Chang, Jiang and Hailong Ren, "How native cultural values influence African journalists' perceptions of China: in-depth interviews with journalists of Baganda descent in Uganda", *Chinese Journal of Communication*, 2016, 9 (2): 189–205.

Gagliardone, I., "China as a persuader: CCTV Africa's First Steps in the African Mediasphere", Ecquid Novi-African Journalism Studies, 2013, 34 (3).

Hanusch, F., "A Product of Their Culture: Using a Value Systems Approach to Understand the Work Practices of Journalists", *International Communication Gazette*, 2013, 71 (7).

Hofstede, G., *Culture's Consequences: Comparing Values, Behaviors, Institutions, and Organizations across Nations*, London: Sage, 2001.

Ravi, N., "Looking Beyond Flawed Journalism: How National Interests, Patriotism, and Cultural Values Shaped the Coverage of the Iraq War", *The Harvard International Journal of Press/Politics*, 2005, 10 (1).

Sahlins, M., *Islands of History*, University of Chicago Press, 1985.

Sautman, B., & H. Yan, "Fu Manchu in Africa: The Distorted Portrayal of China's Presence in the Continent", *South African Labor Bulletin*, 2007, 31 (5).

Schwartz, S. H., "Mapping and Interpreting Cultural Differences around The World", In H. Vinken, J. Soeters, & P. Ester (Eds.), *Comparing Cultures: Dimensions of Culture in a Comparative Perspective*, Leiden: Brill, 2004.

Wang, F., & E. A. Elliot, "China in Africa: Presence, Perception and Prospects", *Journal of Contemporary China*, 2014, 23 (90).

Wasserman, H., "China in Africa: The Implications for Journalism", Ecquid Novi, *African Journalism Studies*, 2013, 34 (3).

Wasserman, H., "China in South Africa: Media Responses to a Developing Relationship", *Chinese Journal of Communication*, 2012, 5 (3).

Winfield, B. H., T. Mizuno, & C. E. Beaudoin, "Confucianism, Collectivism and Constitutions: Press Systems in China and Japan", *Communication Law and Policy*, 2000, 5 (3).

Zeleza, P. T., "Dancing with the Dragon: Africa's Courtship With China", *The Global South*, 2008, 2 (2).

常江、袁卿：《再见巴别塔：当中国遇上非洲》，北京大学出版社2013年版。

关于 BBC 中国主题纪录片的两次国外小型受众调查[*]

2016年2月中，英国广播公司（BBC）播出了中英两国联合拍摄的纪录片《中国新年》（*Chinese New Year* 2016），观众目睹了中国猴年春节的到来。2月29日，该纪录片登陆中国国内各大视频网站；3月12—14日，该片中文字幕版在中央电视台9套纪录片频道播出，让中国观众再次回味了"过年"的视觉盛宴。

第一节 研究缘起及问题

《中国新年》引起了国内外受众的热烈反响。据该片中国制作方——五洲传播中心——介绍，这个三集（主题分别为"返乡""团圆""庆祝"，每集约1小时）的系列节目在英国非常受欢迎：第一集的播放量达161万，第二集和第三集分别是187万和118万，这部纪录片在国内各大互联网视频平台的播放量已突破1200万[①]。对中国网民而言，这部讲述中国春节故事的纪录片着实令人意外——这一次BBC对中国不吝赞美之词，与其过往制作的被认为是"黑中国"的纪录片风格迥异（杨颖、潘梦琪，2016）。对此，网上议论有的欢欣鼓舞，有的不以为然，认为BBC是在溢美。

那么，国外受众的反应又是如何？面对BBC这样一部有别于往日风格的

---

[*] 本文是课题组的阶段性研究成果，原发表在《国际传播》2016年第1期上。
[①] 据《中国日报》网站统计：http://www.chinadaily.com.cn/kindle/2016-03/17/content_23919197.htm，数据截至2016年3月。

中国主题纪录片,他们是怎么看的?他们的看法会和我们一致吗?还是觉得这种变化不值得大惊小怪,甚至根本不觉得有这种转变?他们对中国又有什么看法呢?带着这样的问题,研究人员进行了两次小规模、实验性、试探性的研究。

第二节 研究设计及调查方法[①]

一 研究的设计

首先,本研究设计了一份调查问卷[②],考察被调查者对中国和BBC纪录片的一般印象和总体认知及其形成渠道、观看中国主题纪录片时的内容识读和总体评价及观众对不同中国话题的BBC纪录片的认识和比较。作为参考,除《中国新年》之外,调查问卷还提供了两部BBC于2015年拍摄、广受关注的中国主题纪录片的名称,《我们的孩子够坚强吗?中式学校》(Are Our Kids Strong Enough? Chinese School,简称中国译名《中国式教育》)和《中国的秘密》(Secrets of China),请被调查者作简单对比。《中国式教育》这一真人秀形式的纪录片意在对比中英教育的区别,并对"中国式教育"的严苛和刻板有所嘲讽;《中国的秘密》则采访了问题少年训练营、职业网游玩家、北京高考生、香港抗议活动等,并毫不意外地把话题引向了"中国的体制问题"。在一些中国网民看来,它们是BBC"黑中国"式的纪录片。

本研究不是严格意义上的"科学"调查,因此不具有代表意义;目的只是为后续研究提供启发。

二 研究的实施

第一次小规模的调研于2016年3月初在英国诺丁汉大学进行,以学生在课堂填写问卷的方式展开(事先布置学生选择收看了节目)。此次问卷调查对

[①] 本书只选择调查的主要内容和发现,更详细的信息请阅:郭镇之、杨颖、张小玲、杨丽芳:《关于BBC中国主题纪录片的两次国外小型受众调查》,《国际传播》2016年第1期。

[②] 详见文末附录:"BBC中国主题纪录片受众调查问卷提纲"。

象共 9 人 (男生 3 人、女生 6 人),均为该校"当代中国研究"相关专业在校生,8 人为英国籍(其中 1 名为亚裔),1 名中国籍。由于专业背景的缘故,与一般外国人相比,这些受访对象对中国的了解较多。本次调研集中在学生对《中国新年》的反馈,兼及对《中国的秘密》《中国式教育》等 BBC 节目的评价。

第二次调查于 2016 年 4—5 月在马来西亚泰莱大学(Taylor's University)进行,分别针对《中国新年》和《中国式教育》两部纪录片,以焦点小组访谈的形式分两组(每组 7—8 人)开展。合计参与访谈者 30 人(男、女生各 15 人,马来西亚学生 27 人,另有印度、斯里兰卡、巴基斯坦各 1 人,年龄 19—22 岁)。

三 调查的发现

(一) 对中国的总体印象

9 位诺丁汉受访大学生对中国的印象涉及范围广泛,但比较笼统。其中,有 2 人在描述时,采用了明显具有褒义色彩的空洞表述,如"伟大的文化""拥有丰富文化的独一无二国家";有 4 人使用了概念化的中性措辞描述他们对中国的印象,如"幅员辽阔""地区差异""发展中的文化""有趣的历史""国家控制的经济体制""有一个强力政府的大国""超级大国""共产主义的";另有 2 人则使用了简单的"不同"一词,将中国与"西方"和"英国"进行区分。在 9 份问卷中,唯一一份对中国持完全负面印象的,是受访对象中唯一的中国人(出生在英国),其对中国印象的描述是"即使亲眼所见,所有的东西也都是假的,都是赝品"(Everything is unreal & fake even when you see it)。

在泰莱大学调查中,对中国的印象主要包括三个方面:①对中国总体国情的描述;②对中国社会氛围的描述;③对中国人印象的描述。受访的 30 位泰莱学生,4 人做出了完全肯定的积极描述,7 人做出了完全否定的消极描述。

结合谈话语境、措辞的感情色彩以及个人情感态度的不同,以关键词形式归纳,就总体国情而言,积极的描述为:建筑美、现代化;中立的描述为:

（国家）大、人多、食物多、多元、贸易多；消极的描述为：拥挤、嘈杂、凌乱、肮脏、怪异的食物、废墟、不文明。就社会氛围而言，积极的描述是：喜庆、注重家庭；中立的是：重视教育、教育严格、忙碌、竞争、压力大；消极的是：不使用英文、不快乐。就其对中国人印象而言，积极的是：富有创造性、勤奋、人品好、守纪律、有决心、尊重人、坚持不懈、不言败、忠诚、上进、积极性高；中立的是：严厉、自我意识强、直接、直言不讳、严格、保守、严肃；消极的是：粗鲁、说话大声、不好相处、复杂、不善社交、不爱排队。

根据访谈中关键词出现的频率统计，泰莱大学马来西亚受访者最认可的中国印象分别为：粗鲁、人多、（国家）大、说话声嘈杂、勤奋、拥挤、忙碌、竞争激烈、压力大。虽然只是小样本的粗浅调查，但与诺丁汉受访大学生相比，泰莱大学学生对中国的印象更加具体而偏向负面。

（二）形成中国印象的主要来源

调查显示，诺丁汉大学学生对中国的印象主要来自媒介（包括电视、报纸、电影、网络）渠道，其后为亲身接触（到过中国）、亲友影响。其中，对中国持完全正面印象的2名受访者对中国的印象均为亲身到中国体验所得。而对中国直接持否定态度的那位中国人所指出的印象来源为"所有真实的事情"，本文将其归纳为亲身经历获取的印象。9人中，有7人表示其对中国的印象受本地媒体的影响，其中有2人具体指出了BBC，有7人认为纪录片是了解中国的一个好途径。

与诺丁汉受访对象相似，泰莱受访大学生的中国印象形成渠道按比例首先为媒介传播，其后依次为亲友影响和对中国的亲身体验。在明确指出媒介形式的受访者中，电视（特别是"国家地理"频道）和网络（特别是谷歌）成为他们认识中国最重要的两个渠道，其余媒介渠道依次为报纸、电影和杂志。30人中有6人明确表示纪录片是形成其中国印象的渠道。而在《中国新年》调查二组的访谈中，大多数人讨论认为：人际传播才是了解中国的最好途径。

在4位对中国持有完全肯定印象的泰莱大学生中，除一位没有表明其印象来源外，其余三位均未到过中国，他们对中国的印象都来自媒介接触，分别为纪录片（2位）和电影（1位）。而在10位到过中国、有亲身体验的人中，6 人在描述中国时都明确给出了负面评价，如"凌乱、肮脏、粗鲁、嘈杂"等，而他们到访的中国城市多为北京、上海、广州、杭州、深圳这类经济发达的城市。此外，周围亲友与中国的接触也对泰莱大学受访者产生了偏负面的影响。这不知是否与有些中国人将外国人分为三六九等、对亚洲人比较轻慢的待人接物习惯有关。

（三）对 BBC 纪录片的观看习惯及总体印象

在诺丁汉大学受访的 9 位大学生中，有 7 人明确表示经常看 BBC 纪录片，认为它"有趣""增长见闻""可靠/有效""有探索精神"，其中仅 1 人认为 BBC 纪录片某些时候存在偏见。

在对 30 位泰莱大学学生的焦点小组访谈中，11 人表示有时会看 BBC 纪录片；9 人对 BBC 纪录片作出了正面的评价，其中最多提及的有 4 人，都认为"质量好"，其余还有"专业""增长见闻""透彻""有趣""实事求是""新颖""喜欢设身处地观察思考"等评价。

（四）对 BBC 相关中国主题纪录片的看法和评价

1. 诺丁汉学生对《中国新年》的评价及与其他 BBC 节目的对比

对于《中国新年》这部纪录片，诺丁汉学生中有 6 人表示该片有助于了解中国。对该片印象最深的内容，除了中国人和中国传统文化之外，还有片中使用的技术、春晚后台和冰湖捕鱼。在用关键词对该纪录片进行总体评价时，认为 BBC 存在"恭维"的有 4 人、"可接受"的 2 人、"客观"的 1 人、"可靠"的 1 人、"片面"的 1 人。其中，2 位对中国持有完全正面印象的受访者在对《中国新年》进行评价时，分别选择了"恭维"和"片面"，而不是"可接受"等相对中性或正面的评价；其中一人指出，春节只不过是一个关于新年和食物的特殊事件，似乎吹捧也不值得大惊小怪。而唯一一位对中国印象作出完全否定描述的中国人则给出的是"可接受"的评价。

9 份问卷中，有 4 份将《中国新年》与《中国的秘密》或者《中国式教育》两部 BBC 纪录片进行了对比（其中，2 人评价了《中国的秘密》，1 人评价了《中国式教育》，而另 1 人则对这两部片子都进行了评价），认为《中国新年》与这两部片子存在明显的不同，后者更加客观、深刻、对真实生活更有作用。对于风格的差异，有 2 人认为纪录片的主题不同，呈现自然不同；1

人认为，纪录片揭示了中国的另外一面。

2. 泰莱大学受访者对《中国新年》的评价

泰莱大学《中国新年》访谈一组的学生（共7人）对于"是否认为纪录片是了解中国的一个好途径"这一问题，均给予了肯定。对于该片印象最深的内容，3位同学对"中国人为了回家所作的努力"印象深刻，其他令该组受访者印象深刻的内容还有"中国人非常重视家庭""经济上的聪明""黑龙江的冰雕建造""技术上的聪明""确保每个人回家安全"等。而第二组（共7人）的同学中，有6人都表示了对片中"鲜花拍卖"这部分内容印象深刻，"中国人对中国新年的重视及在庆祝新年时的每件事、每件物品都有象征意义"引起了该组同学的讨论。不过，在对《中国新年》进行总体评价时，14人中有9人对纪录片提出了质疑，认为纪录片"不准确"（4人提及）、"片面"（3人）、"只谈好的一面，而避谈不好的一面"（3人）、"过于正面"（2人）、"只展示中国的好生活而忽略穷人过新年的内容呈现"（2人）、"为中国裹糖衣"（2人）。有一人表示，该片"与其说是营销中国新年，不如说是在营销中国"。尽管如此，泰莱大学少数受访者在讨论中亦部分肯定了该片，2人觉得该片让人"第一印象好、感到温暖"，3人表示该片内容"与马来西亚文化相似"，产生了共鸣，还有1人指出，"纪录片出于旅游宣传或其他目的而只展示好的一面是可以理解的，该片对于不了解中国新年的人来说，很开眼界"。

3. 泰莱大学受访者对《中国式教育》的评价

泰莱大学《中国式教育》受访组的访谈记录显示，该片令他们印象深刻的内容包括：早操（"令人神清气爽""团队精神""让人喜欢"，3人提及）、中国老师让学生守规矩的方式、老师的严厉、在校时间之长、英国学生对老师的粗鲁行为、老师们的奉献等。

而对《中国式教育》的总体评价，《中国式教育》访谈一组的受访者中，除了两位没有做出明确表示外，其余5人均对该片给予了正面的评价，如"准确、没有偏见"（2人）、"值得信赖"（2人）、"可理解、可接受"（1人）。此外，5人中有1人表示对片中的中式教育感觉熟悉，1人表示片中的中式教育与当地中文教会学校相似。而《中国式教育》访谈二组的受访者对该片的评价则与此大相径庭。在发表评价的5人中，1人认为该片就是一场

"真人秀",1人认为该片"流于表面、可预期",1人认为该片"不够深入",1人觉得该片"不够准确",还有1人表示"不确定该片的真实性",这些泰莱大学生对中国教育问题非常关心,讨论相当热烈,超过了他们对纪录片本身的关注。而两个组的差异似乎显示了焦点小组访谈中"意见领袖"的观点对群体讨论的引领作用。

(五)观看体验与中国印象形成的可能关系

对于"观看之后对中国的印象是否有所改变"的提问,9名诺丁汉受访者中,只有1人表示该片使其更加了解中国传统文化和中国人对传统文化的态度,其余均明确表示:看完该纪录片之后对中国的印象没有发生改变。值得一提的是,调查中唯一对中国持完全负面印象的中国籍学生明确表示,尽管观影后对中国印象没有发生改变,但该纪录片使其更了解中国文化。

相较而言,泰莱大学受访者对"观看之后对中国的印象是否有所改变"的讨论则更加多元。访谈中,《中国新年》一组有2人表明了态度。1人表示该片"使其想去中国体验片中人所做之事",1人表示"有兴趣了解中国文化"。在《中国新年》二组参与该话题讨论的4人中,2人明确表示,观影之后对中国的印象依旧是否定的;受访对象中对中国作出完全积极评价的1人则表示,不管人们说了中国哪些负面的东西,观影之后他确定要去中国;另有1人表示:在片中看到中国的文化是很有趣的,希望能亲自到中国体验。而在《中国式教育》调查中,第一组有2人明确表示观看纪录片后并没有改变对中国的印象,第二组有3人明确表示其对中国的印象并没有因纪录片而改变;其中1人还特别提出,对英国孩子的印象倒是改变了(觉得他们粗鲁);另有1人指出,中国老师比其想象中更有耐心。只有1人在观影后表示,对中国的印象有所改进。

第三节 关于调查结果的讨论

尽管调查样本和调查方法并不具有代表性和科学性,但是,从这样小规模的探究中,却可以发现一些值得我国对外传播关注并思考的现象,简单归纳如下。

第一，大众传媒是国外受众形成中国印象的重要渠道。无论是对英国诺丁汉大学（西方）的学生进行的问卷调查，还是对马来西亚泰莱大学的学生开展的焦点小组访谈，都显示传统的大众传播媒体和新兴的网络媒体对于界定和解释受众较少亲身接触的其他国家发挥了作用；但距离中国更远的英国学生比距离中国较近的马来西亚学生受媒介传播的影响更大。同时，本国媒体、特别是具有公信力的媒体（如BBC之于诺丁汉大学学生）的传播作用可能较大。

第二，个人的亲身体验和亲友的人际传播（如他们对中国的描述）可能导致受众产生印象。例如，泰莱大学学生比诺丁汉大学学生受个人体验和人际传播的影响略大，涉及的印象也更加具体，显示了地缘距离和文化相通的作用。与实际状况的对比可能产生"祛魅"的作用，减弱大众传播的影响力。

第三，让两地学生印象深刻的共同内容，多是纪录片中让外国人感到新鲜和能够触动人类感情的地方，如《中国新年》中的冰雕、冰湖捕鱼、花市拍卖、春晚活动等，对外国人来说比较新鲜；而中国人为春节返乡所作的努力，触动人的内心情怀，也给国外受众尤其是泰莱学生留下了深刻印象。相比而言，单纯展示光明和美好的纪录片（《中国新年》）效果较差，而带有批评的纪录片（《中国式教育》《中国的秘密》）则较易获得赞同。

第四，东西方学生之间也存在差异。诺丁汉学生对《中国新年》的评价比泰莱学生要高；而泰莱学生对《中国式教育》的评价高于《中国新年》，这种结果显示，泰莱学生对中国主题纪录片似乎抱有更加批判的眼光，他们也更纠结于纪录片中的内容与真实中国之间的差距甚至鸿沟；而诺丁汉学生则更倾向于以一种轻松的旁观者心态对待中国主题的纪录片。这种差异或许也可以用地理的接近性和文化的距离感予以解释。

附录　BBC中国主题纪录片受众调查问卷提纲

Before watching the video（观影前）：

1. Could you share with us your general impressions about China?（Please use

3 – 10 key words to describe it）（可否请您用 3—10 个关键词与我们分享您对中国的总体印象？）

2. From which channel（s）did you get those impressions？（您的这些印象是通过哪些渠道形成的？）

3. Do the images shown in your local media relating to China influence your impression about China？And how？（您所在地的地方媒体对中国的报道是否影响了您对中国的影响？如何影响？）

4. What do you think of BBC documentary？Do you like to watch them？（If no，please skip No. 5）[您对 BBC 纪录片有何看法？您喜欢观看 BBC 纪录片吗？（如果答案是否定的，请跳过第 5 个问题）]

5. What topics of BBC documentary do you like most？And why？（您最喜欢的 BBC 纪录片主题有哪些？原因何在？）

After watching the video（观影后）：

6. Do you think the documentary is a good way to know more about China？（您认为该纪录片是让您更了解中国的一种好渠道吗？）

7. Does it meet your expectation about China？To what extend does it help you learn more about China？（它是否符合您对中国的期待？它在何种程度上帮助您更了解中国？）

8. What impressed you most in the documentary about China？（这部关于中国的纪录片中使您印象最深刻的是什么内容？）

9. After watching the documentary, do you think your impressions about China changed？（观看这部纪录片之后，您认为您对中国的印象是否有所改变？）

10. What do you think about this documentary about China？（acceptable？accountable？Biased？flattering？）[您对这部关于中国的纪录片如何评价？（可接受？可靠？片面？恭维？）]

If more than two documentaries are shown for comparison（for example：The secret of China/Chinese School vs. The story of China/Chinese New Year）[若可能，对比不同的中国主题纪录片（例如：《中国的秘密》/《中国式教育》vs.

《中国的故事》/《中国新年》)]：

11. Do you find any big differences or changes in those documentaries about China?（在这些中国主题纪录片中，您是否发现很大的不同或变化？）

12. If yes, what do you think of the reasons that lead to those changes?（如果是，您认为引起这些变化的原因何在？）

13. Which one do you think is more objective and why?（您认为哪部纪录片比较客观？为什么？）

参考文献

徐喆：《BBC 纪录片《中国的秘密》总结中国主流价值取向》，观察者网，2015 年 8 月 27 日，https：//www.guancha.cn/politics/2015_08_27_332173.shtml。

杨颖、潘梦琪：《BBC 中国话语的新转向？——与史蒂夫·休利特（Steve Hewlett）的访谈》，《全球传媒学刊》2016 年第 6 期。

《英国 BBC 纪录片〈中国春节〉，居然看哭了亿万中国人！》，搜狐网，2017 年 1 月 25 日，https：//www.sohu.com/a/125155651_404499。

《中国教师团 PK 英国熊孩子》，腾讯网，2015 年 8 月 6 日，https：//new.qq.com/cmsn/20150806/20150806024441。

对策

新媒介条件下中华文化海外传播的战略与策略

从技术的角度看，传播渠道研究实际上就是媒介研究，目的是了解我们的传播手段。传播渠道包括软、硬两个方面，硬的是技术设施；软的是符号系统。就传播的"硬件"而言，改革开放以来，特别是进入21世纪以来，主流新闻媒体在国家战略规划下，构建传播网络，布局媒介设施，已经做出了令人瞩目的成绩。不过，在西方主导的全球传播世界里，中国的官方对外传播即使设施先进、设备精良，甚至新闻迅捷、内容上乘，也很难进行有效的传播。

海外传播的战略与策略是本研究的目标。在信息化的环境中，传播的"软件"将成为突破的重点。在由符号、编码、话语和叙事建构的巨大媒介世界里，不仅符号的能指和所指常常并不一致，用不同的眼光判断同一能指，也可能意味着完全相反的意义。这种认识，导向对他人传播的洞悉，也引导自己传播时灵巧用力。

灵巧用力，是传播的战略策略问题。传播战略立足当前媒介社会、观念政治的全球现实，面对后现代性、民粹思潮、全民参与的传播现状，承认传播现实的符号化建构性及其关键的影响。在复杂混乱的全球格局和西方世界警惕、周遭国家戒备的当今环境中，树大招风的中国身处旋涡，最要紧的是不能授人以柄，坐实"中国威胁论"的罪名。传播策略则要聚焦细节，注重技术战术的精准、艺术技巧的精妙。

本部分包含五个篇章。第一篇导论性质，首先，概括介绍中国互联网电视和网络视频在基础设施方面的结构性发展（郭镇之）；其次，提出软件方面另辟蹊径、别出心裁的创新思路，强调非传统、非主流和非常规的传播战略与软硬结合、因势利导、灵巧用力的传播策略。第二篇至第五篇是代表性研究成果，以实际研究案例，从宏观和细节层面展示了传播战略策略相互结合的创新途径，特别强调符号、话语及叙事革新的重要意义。四篇研究成果中，首先，《概念作为话语：国际传播中的引进与传播》（郭镇之、杨颖）阐述了概念话语在中外交流中高屋建瓴的地位，提示了思想性传播的重要性。其次，《对外传播与多模态话语研究》（杨颖）介绍了多模态话语在对外宣传中的应用；《澳门媒体形象中的"非赌城"符号研究》（吴玫、赵莹）则探讨了澳门形象由"博彩"向"休闲"转型的符号建构及想象融合问题，从理论和实践两个方向展示了符号建构在国际传播中的作用。最后，关于"软权力"与"巧用力"的文章（郭镇之、冯若谷）进一步提出了国际传播极端重要的宏观战略问题。

新渠道、新话语：新媒介环境中的战略与策略

以卫星通信为标志的电子媒介实现了传播的全球化、即时化。当今世界，互联网成为关键性基础结构和最有力的公众传播媒介。在信息化、社交化的全球世界里，国际传播的真正挑战存在于移动性网络、个体化传播。国际传播的有效创新建立于对网络新途径、新方式的了解和运用。

第一节 "互联网电视"与网络视频：政治经济与文化

从传统电视转向网络视频，今天的"新型电视"已经不是我们熟悉的"电视"含义（郭镇之，2016c）。在新技术与媒介融合的"互联网+"生态中，网民既是内容的接受者，有时又是消息的传播者。娱乐性的内容生产和来自规模效应的市场利润成为新的奋斗目标。

新型电视是一种混杂形态，它融合了广播电视节目与网络视频产品，可以通过电视机、电脑、手机等接收端多屏收看。网上传播的视频产品有几大类：一类是以用户生产的内容（UGC）为主要卖点的视频分享网站（最初的YouTube模式）；一类是传统媒体通过网络新渠道转发电视节目及其他相关内容的分销点播网站（Hulu模式）；还有一种专门的视频订制网站，是将专业生产的内容以流媒体的方式首先或者主要通过网络发布、观众付费收看的一种新营利模式（Netflix模式）。后两类也被称为专业内容生产（PGC）。随着产业模式的交融与流通渠道的渗透，各种网络视频内容的制作与发行方式也在合流。

一 分道限行的"互联网电视"

中国的"互联网电视"具有特定的政策含义（郭镇之，2016c），指封闭式地直达电视机的"健康"节目，不包含电脑及网络开放渠道传递的大部分庞杂内容。与"比你自己还了解你"的互联网服务及越来越丰富的网络资源相比，承担"互联网电视"职能的传统电视机构虽然享受着最高级别的特权，却又受限于特别严格的规制，很难关门坐大。在与视频网站内容的竞争中，传统电视的观众与广告双双流失，经济效益断崖式跌落。由此看来，"互联网电视"实乃一种"按渠而流、按轨而驰"的"区隔式"思维习惯。中国主流媒体在全球传播中本来就四面受敌、步履维艰；在互联网时代，以"限行"方式指导的主流传播更难免腹背受敌、进退维谷。

网络视频成为新的经济增长点。在中国，网络视频的播放也有行业准入、资格限制和行为约束，但总体上"自由"得多。资本驱动的网络视频扩张能力十分惊人，成为前景远大的新兴产业。然而，利润导向的商业性网络视频领域混杂无序，虽监管频繁，但约束费力。

通过对中国网络视频行业特定概念的辨析、历史进程的回顾与管理体制及管治措施的分析，可以看到一个既与全球相通又颇具中国特色的网络视频世界（郭镇之，2016c）。面向海外传播中华文化，则必须因应国际形势的变化，接受全球市场的检验。而且，商业市场的成功，也不能完全代表文化的影响力，例如中国电影的全球表现。在电视/视频竞争激烈的今日全球，孱弱的主流"互联网电视"与日趋商业化的中国网络视频要承担讲好中国故事、向海外传播中华文化的重任，正面临极大的挑战。

二 财源茂盛的网络视频

就网络视频的经济机制而言，中国影视内容的国际贸易传统上依靠 Hulu 式的版权模式。不过近年来，YouTube 的广告分成模式以及 Netflix 的会员付费点播方式也日益受到重视，得到开发。在视频制作者中，"业余"与"专业"的界限日益模糊，相互融合。"网红主播"成为新的流行现象，"直播带货"成为新的营利趋势，一个名不见经传的小姑娘"李子柒"瞬间火遍全球。

面向全球市场、囊括各种用户，被称为"油管"的 YouTube 由于运营成本较低，分账模式稳定，"成了国内众多影视内容出海的第一站"，被称为海外华语内容的"集散地"①。华语影视剧综可"出海"的题材范围很广，在 YouTube 上传的影视剧内容几乎囊括了国内所有热门剧集。

就网络视频海外创收的经济机制而言，不同于所有影视娱乐都要付费观看的英文内容，顺应中国观众长期养成的"免费"习惯，YouTube 上的华语内容，包括新旧大众传媒的官方频道，影视剧综均可免费观看。统计技术提供可靠数据、视频营销目标可期，是 YouTube 的极大优势。YouTube 结合多维度的指标，如观看时长、次数、地理位置、观众黏度、互动度、设备端、操作系统等多种因素，综合计算视频的 CPM 值（每千人播放成本）。根据不同的表现和 YouTube 的算法，通过精准计量，广告分账，收益会天差地别。例如，北美地区的 CPM 值最高，欧洲、澳洲次之，东南亚则较低。供应方会根据自己的视频内容选择合适的植入广告，而广告主也会根据视频的题材、内容、质量、热度等标准，挑选搭配。平台还会根据对用户数据的监测，精准"推荐"。

除了 YouTube 这个最集中的平台，华语内容的海外发行公司会将优质影视内容分销至海外本土电视台、国际网络视频平台等渠道。但各国出于保护本土文化产品的考虑，都会制定限制国外电视剧的各种政策，甚至禁止海外剧进入主流电视台。文化折损也是明显的障碍。中国的现实题材影视剧，谍战、抗战等类型影视剧，就不受海外电视台欢迎。

中华文化虽然可以借助 YouTube 成功"出海"，却常常不能成功"出圈"。发行到海外市场的华语内容的受众大多还是世界各地的华人，其次才是"不同肤色的海外观众"②。中国影视剧综大规模出海之路依然漫长。

三 海外传播的生态与模态

全球化时代，媒介生态日益电子化、视频化、移动化、互动化，融合是

---

① 刘景慕：《〈都挺好〉登陆 YouTube 背后：你不知道的掘金故事》，2019 年 4 月 7 日，http://www.wangqianfang.cn/19166.html。

② 刘景慕：《〈都挺好〉登陆 YouTube 背后：你不知道的掘金故事》，2019 年 4 月 7 日，http://www.wangqianfang.cn/19166.html。

大势所趋。媒体时常上演兼并大戏，无论是纸质的还是电子的。传媒内容越来越拆分不开，小说改编影视，影视导向书籍。受众也在融合，不再分国内还是国外、读者还是观众。消费方式日趋多元；媒介经济机制正在变化：广告、付费、整合营销，你中有我、我中有你。传播形态非驴非马；大屏加小屏成为收视常态：实录的、虚构的、真实的、游戏的。在社交媒介和公民传播的时代，言论市场充斥着民粹主义的狂欢，"自由"的传播使鱼龙混杂。

传媒环境、传播生态的这些变化，意味着我们不大分得清楚：互动双方谁在对谁说话——谁是受众、谁是传播者；是谁在说话——是眼前的发言者，是实际的所有人，还是背后的推波助澜者，我们甚至不知道，谁是可能的二传手，谁是最终的获益者。我们不太了解信道和消息是否可靠——是忠实的转达还是别有用心的操控；是文化的创造还是商业的生产。我们不太确定人们说话的动机——是直白的表达还是含蓄的暗示。人们的思维方式在变化，社会的观赏习惯也在变化；人机关系在变化，人际关系也在变化。

在充斥媒介拟像的当代传播环境中，国际传播也在经历巨大转型，中国的国际传播更是面临严峻挑战。国际宣传已经现代化了。信息化、透明型的新闻压倒了说服性、劝导型的宣教。注重人民之间直接接触和文化交流的公众外交在很大程度上取代了传统的运动式宣传。国内外人民对宣传的识别力和对事实的辨别力大增，不再轻易相信、盲目跟从。与此同时，劝服伎俩也水涨船高。

中国的国际传播正在升级换代。不过，新闻传播界虽然接纳了"软实力""公众外交"等现代话语，在实践中也力图改进，但仍不免望文生义，误解误用；而某些宣传机构仍然坚持传统思维和惯性实践，以狂轰滥炸、大水漫灌的方式在全球推广中国概念，却可能事倍功半。形势的改变提示了符号、模态、修辞与话语改革的极端重要性。

在语言不通、文化差异的环境中，以视频为中心的符号融合性传播文本（网络视频尤其是短视频）扮演着突出的角色。流动的影像减少了语言障碍，短小精悍的文本更易于流通。在本研究中，还多次采用了符号融合理论与幻想主题分析的研究方法（吴玫、梁韵，2015；吴玫、朱文博，2017a；吴玫、朱文博，2017b；吴玫、赵莹，2018）。基于幻想主题的符号融合现象不仅可以作为一种传播事实进行分析,也可以作为一种传播技术加以应用。这些模态和符号系统,是基于新媒介结构的传播软件。

第二节 创新中华文化海外传播的战略

在前面几个部分的任务设置与形势扫描、理论综述与区域研究、理论分析与实践探索的基础上,基于对传播效果的关切,本部分进入本课题的核心问题——中华文化海外传播的战略与策略。

为了达到全球民众认可中国及中华文化这一终极目标,中华文化的海外传播需要创新战略和策略。本书强调对外传播战略的非传统思维、非主流渠道、非常规方式,主张另辟蹊径,别出心裁,避免咄咄逼人、好勇斗狠、笨拙用力、硬干蛮干。就传播策略而言,本书主张共情叙事与意义分享,用巧力、巧用力,春风化雨、润物无声,持之以恒地传播中国文化,扩大中国影响。

一 别出心裁的创新思路

马克思主义的辩证唯物主义重视物质现实的巨大构造力量。是物质性的存在,推动着人类的发展与社会的构成。不过,上层建筑与经济基础也是相互构建的。在现代社会,随着经济基础的极大发展,物质在很大程度上退居为发达社会中"不成问题"的条件,变成了现代化和后现代性的前提,成为当代人类活动的背景和舞台。而人的能动性和"创意",则具有越来越大的反作用力。英国社会学家吉登斯以结构与能动的相互关系看待当代的全球化和现代化,他认为,社会结构不仅对人的行动具有制约性,也是使行动成为可能的前提;社会实践既维持着社会结构,又改变了社会的结构(吉登斯,2016)。也就是说,行动者的主观能动性可以改变世界及其结构。

在信息社会,传播的生态环境是符号化的。国家之间的博弈场域已经从现实政治进入观念政治(史安斌、王曦,2014)。中华文化的海外传播在内容和形式方面必须与时俱进。

中国对外宣传的最大障碍是被视为"威胁"的国际关系和被涂抹为负面的国家形象。从客观方面说，西方国家对崛起的社会主义中国始终心怀疑虑，意识形态分歧往往导向敌意和攻击。从主观方面看，中国的宣传意图过于明显，新闻传播过于直白，也容易导致反感与抵制。与西方巧妙的话语技巧和高明的包装技术比肩而行，中国思维的传统方式、国家媒体的主流渠道和新闻传播的常规实践都需要与时俱进。

（一）非传统、非主流和非常规的传播战略

长期以来，中国的新闻传播是官方的、正式的、直接的、线性的。传统的思维是"我传你受""我打你通"，行为即效果；主流的渠道是国家媒体的正面报道、新闻宣传，报喜不报忧；常规的方式是国家主流媒体的统一步调、舆论一律，媒体即政府。传统、主流与常规三位一体，其实是一回事儿。目前，传统、常规、正式的传播仍然是中国当前的主流；但在国际传播升级到2.0（公众外交）的时代，转换思维（非传统）、创新方法（非常规）、开拓途径（非主流）却显得格外重要。

与传统思维、主流渠道、常规方式相对，非主流的传播者指不同于官方新闻宣传媒体的机构、公司、群体与个人；非传统的传播渠道指市场化的媒体或者民间性的群体；非常规的传播方式指与官方外交和思想运动相区别的公众外交和文化交流。非传统、非主流、非常规的特点是多元的、立体的、曲折的传播，是更多人与人、心与心之间的交流。

中华文化的海外传播在不同阶段面临不同的挑战，国外受众从"听不见"到"听不懂"再到"听不进"，面对的是不同的问题。随着主流媒体海外布局的日益完善，中国声音"听不见"的问题已经基本解决。举国上下讲好中国故事、创造融通中外的新概念、新范畴、新表述的传播规划已经列入议事日程，语言"翻译"的技术接近完成，中国声音"听不懂"的问题也在解决过程中。中国下一步要进行的是价值观的传播，需要面对的是"听不进"的问题，亦即国外特别是西方受众不感兴趣，视而不见，听而不闻，这是中国全球传播的天大障碍。

对于中国的各种不解、误解和曲解，按照传统的、主流的、常规的做法，是置之不理、正面回击或者自我宣传；自行"辩诬"，却未必有效。如果采用非传统的思维、非常规的思路、非主流的方法，则可能探索出若干新路。

例如，被世界广泛接受、普遍流行的西方新闻观念是：媒体与政府要保持距离。由于中国主流新闻媒体和政府的一体关系，使中国媒体的专业信誉遭受质疑，主流传播低效甚至失灵。而作为非主流渠道的自媒体及人媒介——民间社团、普通公众、民营企业包括商业媒体，则虽然缺乏主流媒体的专业能力和传播能量，却具有主流媒体不可替代的文化接近性与人际亲和力。这些非主流的传播更自然，更可信，反而能够产生意料之外的影响。

作为文化资源的软实力与作为思想霸权的软权力是大不一样的。中国海外传播的症结并非文化资源贫乏，而是思想影响孱弱。思想霸权即领导权，指国际话语的定义权、解释权、引导权和影响力。软权力未必能够容易获得；而奋力争取可能还会适得其反。

中国软权力的困境来自当代文化。意识形态的马列主义传统和政治体制的苏式遗产在西方世界被视为异端。与此同时，中国硬实力的迅速增长让西方世界其他国家感到意外与不适。硬实力与软力量相得益彰，可以生成软权力。例如，随着经济发展，中国在全球发言的声量的确在增高。但如果软力量与硬力量背道而驰，也会导致南辕北辙的结果。例如，财大气粗、耀武扬威的形象话语就与中国追求亲切友好平等合作的宣传目标各执一端，可能损害影响力。中国一向被西方世界视为异类；近期又被美国置于假想敌的位置。对中国崛起的国际担忧多于普遍欣赏；日益增长的中国自信心与世界上许多国家的不信任形成鲜明对比。中国要争夺全球话语权和文化影响力，必须首先洗刷已被描绘成丑陋的国家形象，无论是国际形象还是国内形象。中国新闻宣传要改革开放。

非传统、非主流和非常规的传播战略是一种统摄性的思考框架。这种总体目标既包括传统媒体的新闻宣传，又纳入了公众外交等文化活动；既包括对外传播，又涵盖对内宣传，并特别注重创新的资源调动与力量配置。这种战略架构将分门别类、各司其职的传播力量和沟通行为协调起来，相互配合，以发挥整体大于部分的效果。

策略是战略的具体实现，表现为实践细节。就策略而言，不利和后起的地位决定了；中国的国际传播更需要善用巧力，巧妙用力。

（二）软硬结合、因势利导的传播策略

传播策略重在技巧、细节与实效。借用西方学者的"巧用力"概念，就是软硬结合、因势利导，打破常规讲好中国故事，另辟蹊径传扬中华文化，特别是以柔克刚，为中国赢得更多的世界民心。

1. 对外传播巧用力

中国文化并不完全由中国自己界定和解释。被全球人民感知、理解和肯定的中华文化，主要是中国的古代文化遗产。当然，中国当代文化也逐步进入全球视野，但与中华传统文化是有区隔的。想要将意味着丰厚、美好的中华传统文化自然导向当今的现实，波澜不惊地在全球推广当代中国的文化，目前还是奢望。对于意识形态的异己，西方从来不吝啬批评的权利和舆论的武器。长期负面的界定和丑陋的描绘，使当代中国在面对意识形态争议时"先天地"处于不利的位置。除了新闻舆论批评的自由，学术争论和概念界定也成为思想斗争的方便形式。

"巧用力"[①]（smart power，中国通译"巧实力"）亦即用巧力。巧力的核心，是处理好硬软两种力量的共同体关系，使之相得益彰。巧用力是一个偏向实践的概念，"巧"，是一种对行为、动作的描述和判断。使狠劲，用蛮力，甚至知其不可而硬为之，软资源和硬实力便不仅不能生成影响力，亦即"软权力"（soft power），反而导致副作用，甚至产生破坏力。

中国当然不能盲目搬用美国的经验，但可以批判吸取美国的概念，创造出与中国实践相匹配的策略思路。不能照搬美国的地方，是中国不能像美国一样，公然宣称对世界的领导权，乃至统治权；不能像美国一样，直言不讳、大张旗鼓地自称"卓越""例外"。扛着"民主""人权"等政治正确话语大旗的美国，的确有时耀武扬威而令世界人民奈何不得。中国却不能趾高气扬，咄咄逼人。其原因，是不能给"中国威胁论"提供把柄。中国只能通过可亲、可信、可爱的姿态，以春风拂面的方式沟通与交流，获得世界人民的尊重与爱戴。可见，"软权力"用在中国身上并不是一个"好词"。

不过，在传播中被证明有效的一些美国策略，如"巧用力"（smart pow-

[①] 其反面可以是 clumsy power（笨拙用力，用傻力），详见 W. Sun（2015：135）。

er）却可以借鉴。巧用力有两大原则：一个是软硬结合；另一个是借势用力。例如，较之政府的传播，人民的交流（公众外交）更易被接受。因此，背靠强大起来的国家实力，以可持续的、有动力的市场运作和民间行为进行文化交流与公众传播，中国的形象会更加友善。同时，不单靠主流媒体按照传统方式，突如其来、宣传运动，而是春风化雨、细水长流，中华文化的海外传播会更加有效。因势利导的民间文化交流和软硬配合的中国故事讲述最有利于改进中国的国际形象，因而是中华文化海外传播策略的创新重点。

2. 软硬结合　因势利导

中国文化走向世界，首先要面对的是西方主流媒体的全球传播。现代化的西方国家（特别是当今美国）的话语权、价值观主导着世界风向。在总体不利的国际舆论环境中，中国应该据理力争，当仁不让，但也无须高腔大嗓，声嘶力竭。真理会越辩越明。

在全球传播时代，中国人的思维方式要改变。在讲友谊、讲合作的同时，也要打破"一团和气"的中国传统思维习惯，按照全球通行的平等理念，采取西方崇尚的辩论方式，重事实、讲证据，针锋相对。在某些情况下，摆事实讲道理的辩论不仅无伤和气，反而会赢得尊重和友谊。

在辩论中，中国学者需要提升概念的普适性和理念的可论证性，不能习惯性地自说自话，要学会交流与对话。国际传播要强调人类的共同点，构建多元共识的价值认同。这样，各国人民才可能在各种事实与许多观点的包围和竞争中，通过常识判断和亲身接触，同情并了解中国的立场、观点与概念。这是中国传播走向世界的唯一可行之路。同时，按照春秋时代诸子百家观点争鸣的传统，打比方，讲故事，借事说理，推广中国式辩论风格，也能创造一种新的中国式争鸣思维。

中国与西方世界的竞争，包括生活方式和价值观念，但主要是在思想、信仰、制度和道路方面。外界对中国当代政治制度的批评，有率直的见解，也有挑剔的苛求，需要通过交流加以识别，通过交锋获得了解。一种结果，是中国吸取了批评意见，导致世界改变看法；另一种可能，是通过实事求是的说明，让世界矫正了错误的观点。这是需要双方努力互动的。在文化交流的世界里，好勇斗狠并不奏效，只有借助日趋正面的积极形象，以理性与韧劲坚持不懈地沟通，才可能改善中国的国际环境。

如果说，讲道理是以理性的中国观点影响世界人民，那么，讲故事就是以鲜活的中国事实感染全球公众。讲道理要理直气壮；讲故事要实事求是。

新闻报道就是讲新闻故事。在公众不大可能亲身接触的国际传播领域，秉承新闻专业主义准则的国内外主流媒体仍然扮演着一锤定音的角色。中国主流媒体对新闻事实的报道只有更加真实、更加客观，才能赢得世界公众的信任。

与据实直录的硬新闻不同，策划性新闻、专题性报道常常应用传播技巧，对已有事实进行策略性讲述，对新闻事件进行故事重现、意义阐释和价值引导。全球学界越来越倾向于主张，所有新闻都具有建构性，都可能带来事实的变形与形象的偏倚；所有的传播都带有目的性，是为了意义的推广和目标的说服。社会对宣传的标准变得日益宽容。

在宽容宣传的普遍语境中，面对全球讲述中国故事可有两种路径。一种是，讲中国的好故事，挑选适合国际讲述的有利于中国形象的事例，提供不同于受众本国媒体和西方全球媒体的另类报道图景，起到一种输送新知、纠正偏见的作用。当然，这种宣传是否会被认可，是否会因他国媒体长期宣传而产生的铺垫作用及受众本身的选择性接纳而被过滤和淘汰，值得思考。归根结底，讲多少中国好故事并不具有决定意义；国外受众认可多少好中国故事才最重要。

另一种是，讲有好有坏的中国故事，讲好真实中国的故事。多面性的中国具有特殊的真实感，会使有正常判断力的国外民众特别是对中国有一定了解的国外民众因其真实而信服，从而对中国产生好印象。讲故事有各种叙事技巧和话语策略，负面事实也可能收获正面效果，就看讲得"巧"不"巧"。于是，叙事传播更关心内容的吸引力、故事的趣味性和讲述的生动性，以娓娓动人的方式创造情感的接近性，使自己的故事更加走耳入心。

二 另辟蹊径的传播渠道

文化出海可以"四面出击""各显其能"。按照后现代的发散性思维方式和非线性行为逻辑，随着国际交往的渠道越来越多，中华文化可以借助许多非主流的传播者和大量非常规的传播内容走出去。

就大众传播渠道而言,"造船""买船""租船""借船"的争论由来已久。"造船"和"买船"(海外置业、全球布局)虽然自主性最强,最能体现自我意志,但成本也最高,还有水土不服的问题。"租船"(中外媒体有偿合作),成本低,进入易,是海外传播遭遇文化抵抗阻力最小的方式。"借船"[①]即"搭车",指通过免费的"赚得媒体"[②]意外获得的传播,产生的影响可能最大,但正负效果可控性低,对其传播之符合己方意愿不能期望过高。不过,西方主流媒体的传播至少能引起关注——在后现代的语境下,传播最怕无人喝彩、无人理会甚至无人叫骂。无声无息效果为零;有时候,批评导致的影响也是生产力。

(一)搭车西方媒体

世界人民最熟悉且最信任的是本国媒体;当地传媒是各国人民主要的消息来源。此外,西方主流媒体在全球享有很大的话语权,直接或者间接地影响着世界舆论。中国的发展、变化、情况和形势,中国的立场、观点、态度和思想要走向世界,"全球主流媒体"的关注和评判(常常意味着批评)是一道迈不过去的坎儿。

不过,西方主流传媒也可以成为中国文化"走出去"的顺风车,借助这些"赚得媒体",中华文化可以发挥强大的海外传播效果。就新闻传播而言,自诩"客观公正"的西方媒体是不许可且不屑于"被收买"的。但是,新闻传播本身就是"免费"的宣传,或者正面,或者负面。如果能够促使西方全球媒体或者海外当地媒体从正面积极的方面展示中国,便是一种比自夸的国际传播更加有效的免费传播。

早在国民政府时期,作为全国执政者的国民党和作为地方执政者的共产党就都认识到借助西方媒体面向世界进行国际宣传的极端重要性。斯诺的《红星照耀中国》曾在很大程度上改变了西方舆论对中国共产党和红军的认识。学者发现(李习文、郭镇之,2015),在抗日战争时期,与共产党主要依

---

① 狭义的"借船"是无偿享用;而广义的"借船"包括有偿的买和租。此处用的是狭义。
② 从媒介渠道的角度看,不同媒体可分为"付费媒体"(paid media)、"自有媒体"(owned media)、"赚得媒体"(earned media)和"分享媒体"(shared media)等,详见吴玫、赵莹(2018)。

靠公开事实和真诚态度进行国际交流不大相同的是，国民政府已经形成了一整套制度化的宣传渠道和机制性的宣传策略。在与国外政府和国际媒体打交道的过程中，国民政府有开放、有合作、有限制、有斗争，以堪称成功的对外宣传奠定了二战后中国在世界上的重要地位，也为中华人民共和国在新的时代条件下进行全球传播提供了历史经验。

改革开放迄今，中华文化海外传播影响最广泛的还是大众传播媒介，如电视。进入21世纪，外媒对中国的关注日益增加，报道的角度渐趋多元。如享有世界声誉的英国广播公司（BBC）近年来在全球发行了多部关于中国现状的纪录片，以较多元的视角展示多维的中国形象，有褒有贬。韩国公营的KBS电视台独立制作的《超级中国》纪录片，本意是针对韩国国内忽视中国发展的"盲点"，但一经发行，便在全球引起很大关注。虽然许多中国人感觉纪录片存在"中国威胁论"的迹象，但纪录片总体上赞扬了中国的发展速度和中国人的创新精神。越南等亚洲国家的主流媒体则积极开展与中国的影视合作，大批中外合拍纪录片促进了双边及多边的友好关系，拓宽了文化理解的渠道。这些传播有意无意地扩大了中国的世界影响，比较客观地塑造了中国的国际形象。近年来，中国外交官和传媒人士开始公开接受西方主流媒体的采访，显示出日益积极主动的倾向。

借势用力、借船出海是一种效果特殊的国际宣传。中国在国际传播方面的弱国地位提示我们：通过更有公信力的他人喉舌表达和捍卫中国的立场、观点、利益和形象，委"重任"于他人是可行的选择。正如制播《超级中国》时KBS的中国代表朴由敬所说，韩国人说中国的好，与中央电视台说中国的好，效果是大不一样的①。

"赚得媒体"报道的信息当然是高度选择的；按照西方媒介的专业主义标准，也是充满批判性的。但如果它们仅仅呈现"三分"中国成就的话，也是实实在在的"三分"，其影响力往往超出中国自己推出的"十分"优点。相对于同时存在的困难和问题，"三分"成就会更显真实。而中国自己推出的百分之百完美形象，往往不被采信，甚至不受关注，实际效果反而不如好坏参

---

① 朴由敬目前已回韩国，担任KBS研究院的研究员。这次网络对话日期是2019年3月9日，时长近55分钟。

半的评价。

当然，借来的船终究不是自己的船，由不得自己做主。"赚得媒体"的报道、评论、表达、叙事，亦即它们所讲的故事，与中国的期待可能天差地远。有差异，有距离，是人类认知的普遍现象；对于西方国家的观点，更不能强求与己一律。对"赚得媒体"表达的不同立场、观点和感情，尊重与宽容是必须的。只要报道的态度总体上是诚实的，我们就应该接受，哪怕是对中国的批评。对中国形象的真实（包括负面）表达和中国对各种（包括批评）意见的诚恳接纳，都有利于中国形象。独立和批判的思想是传播公信力的来源。相反，如果把国际友人变成了自己的传声筒，那就不仅无益于中国的形象，还可能败坏朋友的信誉。按照 BBC 制片人休利特的说法，外国媒体能够客观地介绍中国，得益于中国坦诚地开放自己（杨颖、潘梦琪，2016）。中国必须保持开放，进一步开放，才能打破外界对中国"神秘""封闭"的消极印象。

（二）借力当地媒体

"租船"，可以指狭义的"租借"，也可以包括一切有偿的使用。传播比喻中的"租船"包括在海外购买外媒旗下的频道、时段或者租借使用权等。借助当地渠道扩大传播影响的最佳途径是获得可信可靠的合作伙伴。近年来，中国电视剧在东南亚等中华文化影响悠久的区域有长足的发展，就得益于与当地华人、华社与华媒的合作共赢。

中华文化需要动员一切可以动员的力量，除了主流新闻宣传及大众传播媒体的常规渠道之外，除了西方全球媒体、海外当地媒体等非常规的渠道之外，多元一体的传播力量还包括"走出去"的民间机构、公司和社团，包括海外华侨华人群体的文化参与。在东部非洲国家，民营企业四达时代公司在开发非洲电视事业的拓荒中取得令人瞩目的成绩。借助汉语这个文化工具，包括孔子学院在内的官方和民营对外汉语教育机构促进了中国语言的全球传播，推动了中华文化与当地文化的交流与融合。这些都是借船出海的成功尝试。

中外合作最可靠的途径是法治、契约、市场与公平。与海外合作文化产品的方式有多种，主体性表达的程度可分为不同层次。委托制作最单纯，只需审核验收即可，受托方可以按照自己对本地市场的了解进行整体设计，思路和逻辑一般较为完整。中外影视合拍需要较高的沟通成本，而且因为文化差异，更需要多方迁就，导致整体风格难以圆融。有时，合作各方只能按照自己的理解，发行不同的版本。

近年来，随着中国海外传播的投入不断增加，中外合作大幅度增长，"走出去"项目的质量及效果日益受到关注，效果评估的呼声此起彼伏。对合作项目评估的必要性，不仅关乎真金白银的巨大投资花得值不值、收益是否相当的问题，而且，投机取巧、滥竽充数的"对外宣传"还可能败坏中国的国际形象。在广交朋友时，不能不积极；在选择合作对象时，又不能不慎重。

（三）靠海外华人支持

目前中国在海外的侨民和后代已经有 6000 万①，在世界银行 2018 年统计的 229 个国家和地区中，只比居于第 22 位的法国人口（6500 万）略少，比第 23 位的意大利全国人口（5900 万）还多②。华人华侨群体是在各个国家和地区传播中华文化的天然"二传手"。通过他们对中华文化的选择与扩散，潜移默化地影响着当地社群和其他族裔对中华文化的接触。如海外华语传媒，便是对当地民众具有影响力的中华文化传播渠道，通过它们对中国内容（特别是电视娱乐节目）的吸纳和扩散，为中华文化搭建了与海外民众接触的重要桥梁。

海外华人推动中国电视剧、综艺节目在当地的传播，贡献明显。首先，他们成为中华文化产品的第一批消费者；其次，他们又成为影响当地的扩散渠道；最后，他们还可能成为文化市场的参与者，例如合作者及投资者。

不同的华人群体可以发挥不同的作用。研究者认为，"侨二代"（侨 X 代）和"旅侨"在传播中华文明和中国文化中具有重要作用。"侨 X 代"是一种形象的说法，指生长在国外的年轻世代海外华人。他们虽然对中华文化

---

① 国务院侨办：《海外华侨华人达 6000 万中国将逐步降低"绿卡"门槛》，侨报网，2014 年 3 月 5 日，http：//scholarsupdate.hi2net.com/news.asp? NewsID=14335。

② 《世界人口排名 2018，最新世界总人口数量 2018 年》，https：//www.phb123.com/city/renkou/21215.html。

了解不够，但与当地年轻人有更密切的联系（郭镇之，2017a）。"旅侨"指旅居海外的非当地居民，目前并不被认为"华侨"。但他们与中国和中华文化的关系最为密切，他们的存在和表现在国外具有很大影响力，是中华文化在海外的主要形象代表和舆论代言人（郭镇之，2018）。

对于华人华侨在海外传播中华文化的影响力，译介武侠小说的网站 Wuxiaworld（《武侠世界》）在全球青年人中掀起的网上阅读热是很好的例子。作为"侨X代"的华裔年轻人赖静平（网名 RWX，是武侠人物"任我行"的拼音字头）纯粹出于对武侠小说的热爱，最初以一己之力创办了这个专门译介中国武侠网络文学的英文网站。几乎是在不经意中，迅速获得海内外广泛关注和众多武侠爱好者的加盟，从而发展成一种跨文化、跨语言的国际产业链。值得注意的是：RWX 介绍的是武侠小说（最有代表性的传统中华文化）；《武侠世界》是以改造了传统的内容（当代创作）和方式（网络文学），通过国际化的语言（最初是英语，后来扩大到其他外语），通过新媒介（互联网及手机等），借助网状社群（全球范围的跨文化粉丝群体）和市场渠道（网络支付），产生了堪称突出的传播效果。《武侠世界》契合了青年文化和流行文化的潮流，在世界上广泛地传播了中华文化。其影响大众的力量几可与"中华学术外译"等高端学术经典影响小众的力量媲美，而后者，可是耗资巨大的国家项目。

通过民间社团和公众交流，文化影响更扎实、更持久；通过非官方人士、非正式活动，中国形象更正常、更积极。公众外交的最好效果来自社会，来自公共领域。

第三节　建构中华文化海外传播的策略

全球化时代，对内传播与对外传播已经打成一片，对外传播的成败可能成为国内话题；而国内传播的热门话题也往往被外媒报道，引起国际关注。举凡国内各种大大小小的事件，包括大众文化、青年文化、华人文化、民营企业文化、旅游文化等传统上"非主流"的现象，都可能具有海外传播的意义和价值,并流传出去,产生国际影响,包括政治经济文化影响。

一 另辟蹊径传扬中华文化

文化调查多次显示,世界对中国的兴趣集中在对争议问题不那么敏感的传统文化和经济发展领域。据中国外文局《中国国家形象全球调查报告2013》,全球民众列举认可为"中国文化载体"的,武术位居第一,为52%;饮食第二,46%;中医第三,45%[①]。2016—2017年中国外文局再度调查,对"中国文化代表因素"的问题,海外民众回答饮食的最多,占52%;中医药次之,占47%;武术第三,占44%[②]。2018年报告,中餐占55%,居第一;中医药50%;武术46%,紧随其后[③]。可见,武术、中餐和中医药是海外民众认可度最高的中华文化前三甲。

对中国文化有益无害的认知符号,如熊猫、竹子、丝绸、瓷器,可以大力介绍,多多益善,这些细水长流的文化传播,能够加深世界对中国的印象,有效促进熟悉和好感。在不那么政治化和意识形态化、有利益判断共同标准和依法行事明确规范的经济领域,用传播沟通立场、态度、意见和诉求,也能够促进更多的经贸合作。而中国哲学的天下观,亦即国家之间的和平共处、人民群众的安居乐业,更具人类情怀,也应该努力宣扬。通过非常规渠道传播中华文化,已经有一些很好的案例。

(一)太极锻炼与公众外交

在传扬中华传统文化方面,非政府、非主流的民间力量已经开始走向世界。与《武侠世界》自发传播中华文化、收获粉丝无数的现象异曲同工的,是太极锻炼的世界走红。研究者发现,风行全球的太极运动不仅是一种健身活动,还是一种自发的公众传播。太极练习创造了官方媒体和主流传播难以

[①] 《中国国家形象全球调查报告2013》,图7,第11页。国际民众对中国文化载体的认可度,网上可读:http://news.china.com.cn/2014-02/21/content_31547018.htm。

[②] 中国外文局对外传播研究中心和凯度华通明略:《中国国家形象全球调查报告2016—2017》,图20,https://www.sohu.com/a/214759384_748609。

[③] 当代中国与世界研究院课题组:《2018年中国国家形象全球调查分析报告》,《对外传播》2019年第11期。另外可见当代中国与世界研究院、凯度集团《中国国家形象全球调查报告2018》,http://theory.gmw.cn/2019-10-18/content_33244879.htm。

企及的文化效果，形成了中国"软实力"在全球成功的一个案例①。

自中国改革开放以来，太极便成为重要的国际文化交流活动。太极大师们被邀请到海外传授功夫，受到当地弟子的极大尊敬，成为中国与其他民族发展友好关系的民间大使。太极锻炼的普及性、参与性与包容性吸引了广泛的海外民众；终身学习的可持续性使太极社群建立了长期的信任关系。通过与外国学生一起练习，太极大师们带去了"中国的生活方式"和富有魅力的东方价值观，传统的中国哲学和中华文化也借此走向世界（X. Zhang, 2019）。

民间起源的太极模糊了国家之间的边界。作为一种超越语言、社会和文化差异的运动方式，太极把不同族群的人们聚集在一起，从小规模群体健身活动上升到全球范围的养生网络及社交现象。太极理论博大精深，学习者感兴趣的方面各不相同；但大多数练习者通过太极对中国文化产生了兴趣，并与中国人交上了朋友。这些互动极大地改变了海外民众对中国和中国人的成见，使中国形象越来越人性化、多样化（X. Zhang, 2019）。

因为传授太极的大师们的实践是自发的，且不涉政治，因而普遍受到国际社会和海外社群的信任。太极的传播向国际民众展示了一个更人性的中国社会，使世界各地的人们更加了解中国文化的丰富性、多样性，无形中改善了中国形象。张小玲认为，太极有助于创造文化交流环境，促进良好的形象和长期的友谊，是一种中国式的软实力。作为文化信使的太极大师们既是软实力的源泉，也是公众外交的实行者，这种民间传播中华文化的方式比孔子学院等有争议的官方机构更令人信服。张小玲提出，公众外交是可以将软资源转化为吸引力的影响过程，应关注太极互动空间的开发模式，促进亲和力、欣赏力和参与力的形成。

起初，中国政府并没有将太极遗产视为对外宣传和公众外交的工具。但热爱太极的个人和团体扮演了主动者、行动者的角色。不过，随着国家的重视和太极社会的合作，共同创造出一种中国式的公众外交"协作模式"（X. Zhang, 2019）。

---

① 关于太极方面的研究发现，来自 Xiaoling Zhang（张小玲），"The Ignored Soft Power Actors in China"；"Rising Powers and Public Diplomacy：the case of China"（均为手稿：2019 年 2 月获得）。

本书认为，政府当然可以支持太极的民间运动；但应让民间力量主动发挥，而无须越俎代庖。如果"收编"的动作过于明显，可能使太极活动背离健身的初衷，失去原有的民间公信力，损害太极的声誉，同时也就损失了中华文化海外传播的一种有效方式。过于热心的介入可能带来事与愿违的结果。

(二) 中餐及中医药的"对外宣传"

中国外文局2018年2月17日首次发布了《中国话语海外认知度调研报告》，报告显示：中国话语以汉语拼音的形式在国外的接触度和理解度大幅提升，拼音和汉字的"中为洋用"正在成为英语圈国家的一种新现象。在排名前100个海外民众最有认知度的中国词中，日常生活文化类词语所占比重最大，如武术类的功夫、气功、师父、少林、太极、武侠等；食品类的煎饼、馒头、豆腐、宫保鸡丁、枸杞、火锅、饺子、蘑菇等①。美食作为中国传统文化中最有魅力的前三甲之一，传播潜力不可低估。

自从《舌尖上的中国》风靡全国、流向世界以来，美食类纪录片的海外文化传播价值骤然显现。2019年春节，由美食纪录片的核心人物、塑造"舌尖"品牌的著名导演陈晓卿领衔的《风味人间》等产品又开始在网上热播。《风味人间》走红的原因，除了《舌尖》系列长期形成的品牌效应，旅居海外的华侨华人对中国美食趋之若鹜，也起到了极大的推动作用。中华美食已经走向世界；它的影响力是"更上一层楼"的问题。

在三大传统中华文化代表中，中医药的海外传播影响力最弱——全球中医药的市场代表仿佛是日本与韩国。这固然与国内医药行业长期以来自废武功的"科学化"政策有关，也与国内知识界对中医药的贬损性认知、大众传媒报道的忽视以及公众舆论的混乱有关。

突如其来的一场新冠肺炎疫情，再次证实了中医药的功效。有专家指出，中西医结合，双管齐下，防病治病，是中国人的福气。中华文明之所以能够保持五千多年的生命力，中医的防疫体系立下了汗马功劳。中华文化是一种保持生机的文化，一种以"中"为"医"的文化，一种以防为治的文化。中医不仅是一类技术，而且是一种哲学（郭文斌，2020）。

---

① 《外国人最常说的100个"中国词"出炉第一个你绝对想不到……》，中国青年网，2018年2月18日，https：//baijiahao.baidu.com/s?id=1592734359802294910&wfr=spider&for=pc。

中医认为，治病必须寻求病因，对因治疗。为了治本，中医强调"食饮有节、起居有常、不妄作劳"。"许多中华传统节日，本身就是防疫设计"，过年习俗，就是让人们享受生活，滋养生命，以大静为大动预作储备，让"大自然力"成为生命的源头活水。这就是中医的"中"。中医强调预防。中医预防瘟疫的"卫生"思想是让生命保持生机。对生命的尊重，不但是修养，而且是信仰。所以，中医少用"杀毒"的概念，而说"解毒"（郭文斌，2020）。

千百年来，中医中药不仅救死扶伤，诊治疾病，维护着中国人的肌体，而且是强身健体、预治"未病"的最佳途径。科学与否，并非衡量医学真理的唯一指标；防治实践，才是检验中医有效性的黄金标准。与世界上越来越多的国家开始承认中医中药的世界贡献很不相称的是，中国自己的认识、政策和制度还游移不定，中医药的许多宝贵资源还未被充分开发，中医中药人才日益流失。中国需要促进中华医学文化遗产的发扬光大，振兴中医药应该海内海外双管齐下。

（三）面向当代的中华经典

近年来，虽然中国影视界日益紧随世界潮流，追踪当代流行文化，但中国出口海外的电视剧却大多是历史剧、古装剧。传统文学经典始终是中华文化潜力深厚的软资源。

不过，文化经典的当代传播需要针对普世的文化心理和世界各地人民不同的需求偏好，克服自恋情结及潜在的宣传意识，提供适销对路的文化产品，才能使中华文化的影响力绵绵不绝。研究者对2016年热播的一部国产动画电影《西游记之大圣归来》进行了分析（万婧，2016），主张在新媒介时代以现代方式将中国经典故事讲给世界听。

《大圣归来》在原著《西游记》的基础上加入了许多国际化元素和现代创意，取得了市场成功。例如，《大圣归来》塑造的孙悟空兼具东方侠义精神和西方个人英雄的典型特色；西方文化所推崇的"在路上"生活状态和将生命视作一段旅行的无畏精神也可以与唐僧师徒长途跋涉"万里取经"的故事重叠。可见，国际文化改编应突出东西方文化的共同点，寻找人类共通的文化理想。

《西游记》是世界上改编和传播最多的中国古代名著之一，海外有不少戏剧和影视作品。这些融入了异文化元素与演绎者理解的改编，使"美猴王"(Monkey King)在获得很高亚洲知名度的同时，也流传到西方。将中国经典文学作品引荐至海外，是一段艰难的西行之路。将中华文化的神韵传播四海，需要玄奘般坚韧不拔的精神，也需要悟空般灵活应对困难的头脑。研究建议，对经典可以持更加开放的心态，融合世界文化与当代元素，给传统作品注入新的活力（万婧，2016）。

（四）国际旅游与中国形象

通常，国家形象是由大众传媒的报道及其话语构建的，是人们"脑海中的图像"。但在不同国家的人民有机会相互造访的全球化时代，通过个体的观察和亲身的接触，更能体会国家的面貌和社会的风情。

1. 让入境游客认识真实的中国

国际旅游与国家形象息息相关。在国家形象的问题上，往往是政治因素扮演重要角色。但在旅游这个领域，构成形象的一个关键因素，可能却是与政治没有太大关系的服务质量。

旅游服务也是国际宣传。接待入境外国游客是对送上门来的受众传播，旅游服务是一个宣传"美好中国"的绝佳机会。境外游客来到中国，接触的第一个形象宣传大使就是中国的旅游服务业。好的服务能够让外国游客宾至如归。事实上，许多西方民众在踏上中国土地和接触中国人民之后，便不再相信社会主义中国是洪水猛兽的宣传了；许多入境游客还对中国城市的发达、中国社会的安定、中国人民的友好赞誉有加。可见，国际旅游可能成为改善中国形象的难得契机。

国际游客是文化交流和文化传播的人媒介。普通外国游客在接触中国现实、产生个人印象的同时，往往会用自己的纸笔、照片和录影，通过即时通信、个人记录，通过人际交往、口耳相传，以最为真切、最为可信的方式塑造中国的形象。这种个人传递的国家形象，瑕瑜互见，但更令人信服。随着互联网的传播，这种千万人的口碑甚至可能超越媒体的影响。

入境旅游除了能让境外游客认识中国大陆，还能促进中国自身的改良。如果外国游客的亲身经验印证了本国媒介的许多批评——北京雾霾严重、小城镇脏乱差、环境和食品不卫生，特别是遭遇忽悠骗人的旅行社、强逼购物的导游和宰客没商量的旅游点商家的话，外国游客的投诉便可能成为舆论的话题，逼迫涉事者改弦更张，进而提高国内旅游业的整体服务质量，一步步改善中国的旅游环境。

不过，统计数据显示，来华的外国游客远远少于出境旅游的中国公民。入境游的增速也远远低于出境游的增速，外国游客入境与大陆游客出境形成明显逆差①。

中国旅游资源丰富，应该成为吸引入境游客反复踏访甚至定期"报到"的旅游目的地，让外国游客一而再、再而三地来。如此，好风凭借力，中国的美好形象也会通过这些义务宣传员之口遍传全球。

2. 改善出境中国游客的国际形象

近年来，中国已经进入大众旅游时代，国内民众旅游需求旺盛。然而，相较于旅游发达国家，国内旅游服务粗放，不仅阻断了外国游客的兴致，也往往吓跑了荷包渐鼓的国内新兴消费者。忍受不了国内旅游粗劣服务的国人，许多干脆选择出国游。特别是，由于地理接近的因素，中国与亚洲各国的直接接触包括国际旅游越来越多。

不过，大量出境的中国游客在国外的表现却给中国带来了负面印象。大众媒介因此常常讨论中国游客的素养问题，呼吁："每个行走在外的国人都是一张中国名片，让我们共同擦亮这张名片"②。近年来，随着游客表现改善明显，"赞的多了，贬的少了"③，中国的流动名片形象也在变化。

素养不是一日形成的，它与人们的日常行为、生活习惯息息相关。从塑造良好的中国形象的角度看，打破与"中国制造"类似的"中国服务"（包括旅游服务）价低质次的传统印象需要做很多努力，中国的旅游业应该与中国游客的素养一道提升。对旅游从业者（特别是涉外服务人员）的职业

---

① CCG 研究报告（No. 807. 2017）：《出境游持续火热，中国入境游发展还需要更大提升》，http://www.ccg.org.cn/dianzizazhi/chujingyou.pdf。
② 青木、黄文炜、钟玉华：《中国游客海外形象今非昔比》，环球网，2019 年 5 月 6 日，http://world.huanqiu.com/exclusive/2019-05/14843120.html?agt=15438。
③ 青木、黄文炜、钟玉华：《中国游客海外形象今非昔比》，环球网，2019 年 5 月 6 日，http://world.huanqiu.com/exclusive/2019-05/14843120.html?agt=15438。

培训及对出境中国游客文明习惯的文化教育，应该成为公众外交重要的"基础建设"。

二 谦虚谨慎从事文化传播

"跨文化传播"是具有天然差异的不同文化之间的交流。文化传播并非线性的"我说你听"，而包括接受者的选择、吸纳、抵制和融合等过程。在西方话语的长期影响下，世界对中国的传统文化欣赏多；对中国的当代文化抵制强。因此，面向海外传播中华传统文化，应以细水长流的魅力吸引为主；对海外传播当代中国文化，则宜软硬结合、以柔克刚。

在进行对外传播时，中国存在一些缺点和误区，如对文化差异不够敏感，对文化冲突不够警惕，常常不知不觉踩踏红线（文化禁忌）。本书认为，鉴于对中国不利的国际舆论环境，由于中国传播者缺乏处理海外文化差异的经验，现在需要特别强调行为的低调、言论的谨慎。

（一）教育传播须谨慎低调

近年来，海外孔子学院等文化推广机构经常遭到西方媒体的质疑、抵制和攻击。"中国威胁""软权力攻势"等西方指责使孔子学院成为自己快速成功的牺牲品。毫无疑问，孔子学院是快速推进海外中国文化传播（主要是语言教育）的典型案例。现在的问题是：文化传播的目标如何体现，文化传播的影响如何检验？对于中华文化的海外传播而言，究竟是大张旗鼓地攻城略地好，还是润物无声的感情交流好？

1. 国外舆论对孔子学院的反应

研究者对孔子学院创办十三年（2004—2017年）的国际舆论进行分析，发现孔子学院在对外传播方面缺乏系统性话语设计，在舆论争夺战中反驳乏力（吴玫、朱文博，2017b）。通过改进了的符号聚合理论与幻想主题分析方法，解析国际舆情的话语策略，可以发现不同外媒围绕中国形象和孔子学院建构了三大符号视野：友好的"中国和平崛起"、敌意的"中国威胁世界"及"共产主义独裁"。在正面的"中国和平崛起"的符号大视野下，境外友好媒体在"复颂"中形成了两套正面符号体系——"创造美好未来的契机"和"架起中外友谊之桥"。不过，这种正面符号视野的国际舆论影响力居于下风。

"中国威胁世界"是近期西方媒体上流行的对华负面符号视野,营造的是一个具有地缘政治色彩的传统大国与现存统治力量争夺霸权的符号图景,显示了一种"实用论"符号类型:"中国国家机器"。"共产主义独裁"更是源于"冷战"时期东西方阵营意识形态斗争的符号视野,体现于此的"中共外宣喉舌"和"中国特色'特洛伊木马'"的符号主题则充满敌意,成为孔子学院在"走出去"过程中遇到的最大舆论阻碍及符号围攻(吴玫、朱文博,2017b)。

针对西方媒体的攻击指责,中国外宣媒体积极展开舆论反击。然而,研究者发现,中国反驳西方负面舆论的观点,大多数是在承认西方意识形态或价值观的基础上以"没有干涉学术自由""大家都这么做"进行的辩解和澄清,反驳无力。中方也出现了一些跳出西方话语体系和意识形态、反驳西方论点的"独立"符号主题,如"西方需要开放包容的思想""双方签署的合同具有法律效力"等,但话语设计不够有力,没有融入中国智慧与中国话语,价值观的根基仍不扎实(吴玫、朱文博,2017b)。研究者建议:在"中国威胁论"依然严重的情况下,要避免落入西方符号陷阱。如中国外宣话语"文化软实力"和"魅力攻势"就屡被西方媒体断章取义。最重要的是,要在争议和辩论中建构能够占领道义制高点的外宣符号和话语体系,须全面提升国际传播中的外宣精细化水平(吴玫、朱文博,2017b)。

2. 国外学术对孔子学院的研究

与吴玫等研究者针对海外新闻舆论进行分析的关注焦点不同,在梳理海外研究孔子学院的学术论文时,杨颖发现,孔子学院在海外发展的道路并非一帆风顺。其主要原因,是孔院隶属"汉办"(国家对外汉语教学领导小组办公室),官方身份屡遭诟病;广布世界的孔子学院则被一些西方政客认为是宣传中国意识形态的海外分支(杨颖,2019)。

西方学术界对孔子学院的研究兴趣集中于国家形象、公众外交和中国"软权力"的框架,对孔子学院的国际政治影响,关注远远大于其他方面。许多研究者都被导向"孔子学院的扩张是否代表了中国软权力的崛起"这一研究议程,对功能价值的构想高于对其实际表现的测量,研究取向是高度政治化的。不过，按照学术研究的规范和方法，这些研究也呈现出多角度、多路径的特点，学术观点总体上趋于中立。许多研究认为，孔子学院是中国政府的国际战略工具；孔子学院向世界传递的是"正确版本"而并非"真实"版本的中国形象；不过如此一来，反而限制了中国软权力的提升——因为只有真实的中国才可信；而只有可信的中国才有影响力。虽然这些研究的视角和方法都较多元，但正面结论势单力薄，居于边缘，声音弱小，远不能占据话语的主流。

3. 孔子学院的生存安全

曾经参与孔子学院海外教育实践的学者王润泽对孔子学院的未来发展提出建议：为保证自身的合法生存及安全发展，孔子学院应符合在海外大学从事高等教育的设置规则及功能定位，应以语言教学为核心，教学内容必须符合当地的教育理念和教学模式（王润泽，2016）。

研究认为，孔子学院以文化教育为核心，不应过分强调公众外交目标，因为这种实践肯定会遭遇很多批评，如"共产主义"的"宣传手段或工具"，以及"邪恶、威胁、危险"和"灌输、洗脑"等罪名（王润泽，2016：14）。有海外学者还提出，孔子学院的学术含量不够，从事过多与大学地位和身份不符的社会活动，没有对大学应有的知识更新和学术交流做出贡献。以这种理由让孔院离开，大学显得理直气壮。因此，过于热衷公众外交和政治介入，会造成孔院在海外生存的合法性危机，应予避免（王润泽，2016）。

（二）海外发展：谨慎一点总没错

与孔子学院对比鲜明的是，从事文化艺术交流的中国文化中心系统几十年来在海外缓慢发展，一直默默无闻。而立足于驻外使馆的文化中心才是在海外组织公众外交活动的核心机构。

1. 海外发展须稳扎稳打

中国文化中心在海内外均少有人知。作为公众外交的一种通行方式，中国文化中心最初于20世纪80年代出现时，缺乏明确目标和持久动力，是一种例行的外交姿态和人民之间的文化交流渠道。不过，默默无闻的中国文化中心也没有招来西方精英的怨怼和攻击。这不仅源于文化中心建立在双边关系基础上的官方外交合法性，而且因为各文化中心长期以来恪守本分、内敛低调。

孔子学院的诞生和发展乘上了中国文化"走出去"的大潮，发展如暴风骤雨。由于文化中心和孔子学院之间存在一定的功能相似性，在"大干快上"的总体氛围中，文化中心面临孔子学院的竞争压力。

然而，文化中心不可能复制孔子学院的成功。发展过快、树大招风的孔子学院正四面受敌。如果说，孔子学院疾风暴雨般的成功并未能如预期那样增加中国的软权力（文化的影响力和政治的引导力），恐怕有一定道理。因为软权力依赖于"对方的感受"。而孔子学院面临的口碑困境、招致的警惕和批评可能有害于中国形象。

当然，与孔子学院相比，文化中心的公众外交活动似乎还可以更主动一些。不过，一个国家的对外文化传播，最重要的是具有亲和力与信任感。尤其是经济发展迅速的中国更要格外小心，避免咄咄逼人的印象，防止掉入各种明明暗暗的陷阱，呈现与他人预设框架相吻合的"中国形象"。

中国文化中心所从事的文艺交流和文化推广是一种细水长流的活动。就建立一种可亲可信可爱的的文化关系而言，谨慎一点总没错，潜移默化似更好。中国文化中心应以加深人民之间的友谊、致力于共创和谐世界为目标。通过文艺表演和文化活动等柔性方式，向国外普通公众推销没有很多政治含义而充满人文精神和中国元素的文化产品，开展富有长远吸引力的文化传播。

2. 提高跨文化的敏感度

海外文化传播最重要的是克服"水土不服"的问题。除了尊重全球通行的（实际上是西方主导的）国际规范和公众心理、避免挑战所在国的文化底线、培育友好的民间感情和建立国与国之间的互信关系之外，以中华文学艺术为内容的文化传播，更应恪守中华文明的礼仪传统：客随主便、彬彬有礼、温良恭俭让，发挥软资源所应具有的润滑作用，中和政治经济军事等"硬实力"增长给世界带来的不适感，给外国公众留下亲和友善的中国形象。跨文化传播特别紧迫的任务，是提高海外传播者对跨文化关系的敏感性。

在 2018 年中央电视台面向全球播放的春节联欢晚会上，有一个本意表达中非友谊的小品《同喜同乐》，说的是中国援建肯尼亚的蒙内（蒙巴萨—内罗毕）铁路开通，中非人民共同庆祝。小品表现一位非洲大妈误以为女儿将嫁给中国技术员，欢欣不已，笑料百出。但是，小品昧于文化间传播的敏感区域，并接受了西方刻板式的非洲印象，表现出一些令非洲人民不快的"非洲形象"：臃肿肥胖的非洲大妈（由中国女演员涂着黑脸，套上假胸假臀扮演），手臂涂成黝黑肤色、扮成猴子的演员（欧洲殖民者曾将非洲人贬称为猴子）。在中非关系上，则毫无顾忌地表达了中国施恩、非洲感恩的主题。这不仅造成了中国人对非洲和中非关系的误读，也引起了少数看过节目的非洲人士的不满[①]。

一时间，网上恶评连篇。恰逢春节所在的2月是美国的黑人历史月[②]，这个节目被网络批评称为"无知、可恶、不敬、无感、残酷、邪恶、封闭、原始和种族主义的垃圾东西"（Ignorant, disgusting, disrespectful, insensitive, cruel, vicious, close minded, primitive, and racist piece of JUNK）。也有人分析：编导者无知，缺乏跨文化知识："简单说，是土不是坏。"有人设身处地地评论："如果（在）美国最大舞台上，有个白人装成华人，故意眯眯眼，然后牵着一条黄种人扮的狗。之后一个白人出现，华人吵着要把女儿嫁给他。最后一堆清朝服饰的人来跳个舞，中国人开心吗？"[③] 在全球流通时代，尤其是在像春晚这样的超级中国节目中，重要的不是央视编导者的初衷及好意，关键在于非洲人民的观后感受。其实，即使是中国人，只要稍有文化间传播的常识，都会对节目感觉不适，更何况非洲兄弟的被冒犯感了。编导者对异文化的无知，对非洲人民心理的无感使他们对自身无意识的中国优越感浑然不觉。

糟糕的是，这种优越感在国人中还无处不在。随着网络短视频的盛行，一些生活在非洲的中国人在社交媒体上直播非洲的风土人情、分享他们的异国生活已经成为一种常见现象。以非洲为描绘对象、"直播非洲"的小视频正在成为"以惊人速度崛起的产业"[④]。但是这种"中国式直播"呈现的是非洲

[①] 游润恬：《中国女艺人涂黑脸装假臀扮非洲大妈 央视春晚小品被指歧视非洲人》，新加坡《联合早报》2018年2月18日，http://www.zaobao.com/znews/greater-china/story20180218-835934。

[②] 自1976年以来，美国将每年的2月指定为"黑人历史月"。加拿大、英国等国家也效仿美国，指定了"黑人历史月"，于是时时开展纪念或者庆祝活动。

[③] 大帝叶良辰：《关于同喜同乐，我的一个外国黑人朋友的看法》，虎扑网，https://bbs.hupu.com/21460915.html，2018-02-16 15:55，当月获得。

[④] 白云怡、刘欣：《"直播非洲"火了引发的喜与忧》，2019年2月14日，http://www.sohu.com/a/294588133_162522。

贫困、落后、肮脏的刻板印象，如用毛毛虫做的"美食"，用垃圾与废旧纸板搭成的窝棚，一名独自睡在地上没人理会的非洲小孩，虫子在她的身上爬行……贫困、肮脏、搞怪，成为这些影像传递出的非洲印象。

《环球时报》记者注意到，有一类非洲视频内容最为常见，也最容易得到点赞，那就是拍摄者以恩赐者的姿态送给非洲人面包、矿泉水等在中国常见的食品，或者是一沓钞票，然后收获他们喜悦感激的神情。显然，这些中国直播者自认为在做恩主，并很享受这种高高在上的感觉。这样的非洲传播在部分中国观众中已经引起争议，被批评为对当地社会文化的"闯入"和消费[1]。

可以想见，正如当年"先进的"西方丑化"落后的"中华一样，一旦这些"形象塑造"被非洲民众接触或者获知，很难不引起他们的反感和愤怒。那么，中国为建立中非友好外交关系所付出的巨大努力，就会因这些"种族主义的"歧视性表达而遭遇抵抗，中国"走出去"的成果甚至可能付之东流。

人性都是相通的。无论是中国人在被侵略者、压迫者歧视时体验到的受侮辱感，还是在"崛起"后无意识地流露出的优越感，其他民族以前也曾有过，或者将来会有。中国人必须培养同情心、共感力，能够理解其他民族的文化心理，也能化解自身的思想误区。一方面，傲慢与偏见并非白种人所独有，中国人照样应该自我警惕；另一方面，暂时发展在后的民族也应得到其他人民尊重。这是西方"自由""民主""平等"等概念获得世界广泛认可的主要原因——这些概念本身是有魅力的，殖民者的言行不一是另一回事。中国现在还处于现代化发展的早期阶段。只有在文化交流和理解的基础上，认同那些共识性的观点，中国才能顺利地走向世界。只有谦虚谨慎，戒骄戒躁，构建出世界普遍认可的中式理念，中华民族的优秀文化才能被世界人民所认同。

参考文献

Bormann, E. G., *Communication Theory*, New York: Holt, Rinehart & Winston, 1980.

---

[1] 白云怡、刘欣：《"直播非洲"火了引发的喜与忧》，2019年2月14日，http://www.sohu.com/a/294588133_162522。

Sun, Wanning, Configuring the foreign correspondent: New questions about China's public diplomacy, In Place Branding and Public Diplomacy (2015) 11, 125 – 138. doi: 10.1057/pb.2014.20; published online 8 October 2014.

Zhang, Xiaoling and Zhenzhi Guo, "The Effectiveness of the Overseas Chinese Cultural Centre in China's Public Diplomacy", in Daya Kishan Thussu, Hugo de Burgh, Anbin Shi (eds.) China's Media Go Global (Taylor & Francis: Routledge, 2017): 185 – 198.

Zhang, Xiaoling（张小玲）, "Rising Powers and Public Diplomacy: the case of China; The Ignored Soft Power Actors in China"。手稿，2019 年 2 月获得。

［英］安东尼·吉登斯（Giddens, Anthony）:《社会的构成：结构化理论纲要》(The Constitution of Society: Outline of the Theory of Structuration)，李康、李猛译，中国人民大学出版社 2016 年版。

郭文斌:《许多传统节日，本身就是防疫设计》，《文汇报》2020 年 3 月 10 日第 12 版。

郭镇之:《国际传播要巧用力》（2016a），《江西师范大学学报》（哲学社会科学版）2016 年第 1 期。

郭镇之:《公共外交、公众外交，还是别的什么?》（2016b），《全球传媒学刊》2016 年第 2 期。

郭镇之:《新型电视：中国网络视频的传播》（2016c），《兰州大学学报》（社会科学版）2016 年第 6 期。

郭镇之:《"侨二代"与中华文化的海外传播》（2017a），《国际传播》2017 年第 3 期。

郭镇之:《旅游服务差，国家形象不会好》（2017b），《环球时报》2017 年 8 月 16 日第 15 版。

郭镇之:《"旅侨"概念及中华文化的海外传播》，《现代传播·中国传媒大学学报》2018 年第 11 期。

郭镇之、冯若谷:《"软权力"与"巧用力"：国际传播的战略思考》（2015a），《现代传播·中国传媒大学学报》2015 年第 10 期。主要是对软权力的概念辨析。

郭镇之、冯若谷:《中国对外传播的巧用力》（2015b），《当代传播》2015 年第 6 期。

郭镇之、李梅:《公众外交与文化交流：海外中国文化中心的发展趋势》，《对外传播》2018 年第 2 期。

郭镇之、杨颖:《概念作为话语：国际传播中的引进与输出》，《新闻大学》2017 年第 2 期。

郭镇之、张小玲:《海外中国文化中心发展策略思考》，《新闻春秋》2016 年第 2 期。

李开盛、戴长征:《孔子学院在美国的舆论环境评估》，《世界经济与政治》2011 年第 7 期。

李习文、郭镇之:《"抗战中国"与世界反法西斯盟国的媒体交往与宣传合作》，《新闻与传播评论》2015 年第 00 期。

史安斌、王曦：《从"现实政治"到"观念政治"——论国家战略传播的道义感召力》，《人民论坛·学术前沿》2014 年第 12 期。

万婧：《讲好中国经典故事：〈西游记〉的改编与海外传播》，《对外传播》2016 年第 5 期。

王润泽：《孔子学院功能定位与安全发展的战略思考》，《新闻春秋》2016 年第 2 期。

吴玫、梁韵：《对外活动品牌的构建：中国—东盟博览会的符号聚合与复诵》，《中国国际传播发展报告（2015）》，2015 年。

吴玫、赵莹：《世界休闲之都——澳门媒体形象中非博彩元素符号研究》，《澳门研究》2018 年第 2 期。

吴玫、朱文博：《符号策略与对外传播——一个基于主题分析法的案例》（2017a），《对外传播》2017 年第 6 期。

吴玫、朱文博：《中国文化走出去面临的国际舆论困境》（2017b），《经济导刊》2017 年第 11 期。

杨颖：《对外传播与多模态话语研究》（2016a），《全球传媒学刊》2016 年第 3 期。

杨颖：《短视频表达：中国概念对外传播的多模态话语创新实践》（2017b），《现代传播·中国传媒大学学报》2017 年第 11 期。

杨颖：《海外学术视野中的孔子学院形象研究》，《对外传播》2019 年第 3 期。

杨颖、潘梦琪：《访谈/BBC 中国话语的新转向？——与史蒂夫·休利特（Steve Hewlett）的访谈》，《全球传媒学刊》2016 年第 2 期。

中国外文局当代中国与世界研究院课题组：《2018 年中国国家形象全球调查分析报告》，《对外传播》2019 年第 11 期。

中国外文局对外传播研究中心：《中国国家形象全球调查报告 2013》，http：//news.china.com.cn/2014-02/21/content_31547018.htm。

中国外文局对外传播研究中心和凯度华通明略：《中国国家形象全球调查报告 2016—2017》，https：//www.sohu.com/a/214759384_748609。

概念作为话语:国际传播中的引进与传播[*]

随着人类对"话语"现象的认知不断深入,学者已经认识到:话语无处不在。符号是表现的话语;叙事是讲故事的话语;而作为论辩及思想的主要工具,概念所发挥的话语作用尚未得到充分的探讨。

概念也是话语,概念的使用是一种话语方式。作为话语的概念可以是自创的,也可以是引进的。本文认为:在对外传播中,引进概念需要透彻理解既定的含义,在此基础上进行话语的创新和意义的改造;概念的对外传播需要明了由谁来自创概念更为有利且有效以及怎样传播概念等一系列问题。话语竞争的后来者中国只有充分认识概念的话语作用,积极创新概念体系,才能在全球话语场域争取主动权。

第一节 概念作为话语:特点与功能

话语不是一般的语言,而是在循环往复、动态交流的过程中产生意义的对话性言语。话语的意义由对话者(有时又可分为传者与受者)在特定的语境中通过"文本"产生,不同主体对同样的"言语"可能产生差异极大、甚至完全相反的理解。语言的多义性和言说的不确定性使话语具有"众说纷纭"、"见仁见智"和表达"言外之意"的特点,也使概念的运用存在极丰富

---

* 本文是课题组的阶段性研究成果,作者郭镇之、杨颖曾被国家外文局推荐,参加"第三届全国哲学社会科学话语体系建设理论研讨会"(2016年10月,上海)。原文发表在《新闻大学》2017年第2期上,标题为《概念作为话语:国际传播中的引进与输出》,"输出"就是"对外传播"的意思。为了尽量避免可能发生"输出革命"式的负面解读,此次纳入本书,题目做了更改,原文中有的地方也将"输出"改为"传播"或者"对外传播"。

的多样性。

一 概念话语的特点：理论抽象、高屋建瓴

虽然所有的言语和行为在某种程度上都可以被认为"话语"，即带有特定动机和隐含意图，运用或简单或复杂的修辞方法，表达意义甚至影响对话者的交谈，但在"话语"由浅入深、从"无意"到"有意"的整个连续体中，存在千差万别的情况。话语分析就是以多种理论思路对这些纷繁复杂现象进行的学术解析（梵·迪克，2015）。

话语分析的最初对象是语言文本；论辩是其发现的重要功能。其后，非语言符号，如姿态、动作、表情、着装，也成为话语分析的对象，证明了颜值、服饰等视觉符号作为话语的重要传播价值。而承载意义空间更大的叙事话语则以讲述故事的特定方式，如情节、人物、事件的过程（发生、发展、高潮、转折和落幕）等表达各种意义。叙事作为话语，产生了更多的解读方向。近年来，英国广播公司推出了一批中国题材的纪录片，如《中国式教育》《中国的秘密》《中华的故事》《中国新年》等，由于采用了不同的叙事方法，包括复杂的讲述技巧，观者见仁见智，在中国内外引起很大反响。各种多模态话语传播的价值还将继续得到确认和挖掘。

不过，"概念（的运用）也是话语"的认识，却是话语分析朝思想和论辩传统的回归。概念高屋建瓴，是理论抽象的话语形式。就中外之间的文化传播而言，是否可以这么说，底层基础是大众娱乐，也就是中国式的"群众文化"或者西方式的"商业文化"；居中的是政治、经济、文学艺术等专业性的社会活动，新闻事实的报道也在其中；而位于顶层的，则是思想、理论、学术、价值观的传播，概念包括在内。思想和价值观是对外传播的灵魂；而概念是思想和价值观的集中表现。

中外传播的不断深入，使概念推广成为国际传播最重要的方式之一。随着全球化浪潮滚滚而来的，也有西方理念、价值观的大规模"引进"。这些西方思想虽然常常通过影视剧、流行歌曲、网络游戏等多模态的话语形式潜移默化地影响"容易被影响的人群"（大众），但也通过理论、学术等抽象程度更高的模态，作用于中国的知识界、传媒业，以"影响有影响力的人群"（精

英）。这种高层次的思想影响从上到下，渗透到中国社会各界的话语体系，其中就包括了概念使用；而对于以"理论""学术""概念"等"中立"方式引进的思想，中国知识界存在一定的盲目性，有时认识不到概念的"话语"本质，存在误解、误用的危险。

二 概念的话语功能：意义竞争的工具

概念的表达形式是词语。但是，概念并不是一般的词语——而是处于语境之中、带有特定含义、需要深入理解的词语。概念意义的不确定性很大：词语的含义可以界定；概念的意义却只能解释。在对话的过程中，概念的意义是变化的、能动的。

据学者研究（李宏图，2012），"概念"具有意义的不确定性、影响的竞争性和对现实世界的建构性，亦即明显的话语特征。首先，是概念的歧义性（多义性）。概念是与词汇联系在一起的，但词语之所以成为概念，是因为某些群体不断使用，使其具有了确定的意义功能；而不同时代、不同行为主体则对这种意义不断进行再概念化，使相互关联的若干概念及其不同解释形成"概念谱系"，并发生意义的衍变。概念的多义性构成了话语理解的极大空间，也意味着"偷换"概念、"僭用"意义的巨大政治机会。

其次，概念的竞争性（斗争性）。在历史的进程中，概念成为各种派别依照不同意图进行政治斗争和社会实践的武器，这意味着，对概念的意义争夺可以维护或者改变现状，吸引并动员那些追求不同价值，甚至处于完全对立状态的政治和社会群体，以相同的概念为武器，"去说服、去协商，去战斗"（周保巍，2012：9）。概念的斗争性与话语的"论辩"本质异曲同工——它们都是意义的竞争者。

最后，但也最重要的，是概念的能动性（建构性）。概念可以通过拓展意义空间，达到"批判"的目的；也可以通过赋予旧概念以新意义，生成新的社会实践。于是，就意义的建构而言，概念成为最重要的话语形式——它以"理论"这种人类抽象思维的最高形式引领社会（李宏图、周保巍等，2012：4-11）。

由此可见，把概念仅仅视为学术的运载工具，以为概念是中立的、透明的，乃天真的想法；以为将国外的热门概念引进中国，就可以"自然地"解释中国的现象，直至解决中国的问题，是需要反思的做法。

第二节　概念引进中的话语问题

在全球化的时代，某些概念变成通用语，甚至流行话语。而话语一旦占领舆论的制高点，便可能成为思想和观念最高效、最经济的传播渠道。

概念虽然是意义共享的交流方式，但在目前，就概念的国际传播而言，还是西方概念从理论的"发达国家"向"发展中国家"流动、倾销，并在全球大行其道的单行线。西方国家（尤其是美国）在全球输出并被发展中国家广泛引进的许多概念，如"人权""民主"，正属于体现"文化领导权"的这种观念。在很大程度上，美国就是以话语的"软权力"控制着世界。

不过，技术的便捷性和媒介的多样化促成了话语的四方蔓延，也使全球话语"市场"成为各种概念斗争的场域：任何一种重要概念都会引来辩论和争议，从而带来"再概念化"和意义改造的机会。

一　概念引进中的话语挑战——意义分歧

作为全球世界日益重要的一部分，中国已经开始以全球通用（亦即西方建构）的话语体系与世界对话；但在引进西方理论的一些重要概念、推进学术发展的同时，也出现了邯郸学步的现象，例如经济学界常常表现出的那种对自由市场经济学的盲目崇拜、生搬硬套，这使理论经济学界几乎成了西方概念的一统天下，并在很大程度上影响了中国经济的发展方向。

传播学本来就是一门舶来的学说，借用的是整套美国和欧洲学术话语。近年来，一些新锐年轻学者开展对西方（主要是美国）传播学的批评性研究，在一定程度上纠正了盲目追随西方理论、学术、概念、思想的趋势。但中国尚未形成标志性的传播学概念体系，未能对传播学的世界发展提供足够的理论贡献。

概念含义的不确定性和话语使用的灵活性也使中外对同一概念的理解针

锋相对,这在政治传播研究领域比较常见。例如,中外学者对 Soft Power ("软权力"／"软实力")的解读,就存在巨大差异。美国学者约瑟夫·奈提出"软权力"概念的动机,是维持美国对世界的领导权;其途径是从军事和经济强权转向文化霸权(或称文化领导权)(Nye, J., 1991; Nye, J., 2004)。中国学者虽然把 Soft Power 翻译为"软实力"①,以减弱其"权力"机锋,并在"开发传统及当代文化资源"等柔化意义上使用这个概念,赋予概念"无害化"解释,但对 Soft Power 的这种中国界定,在全球尚未获得广泛认同。

相反,由于美国掌握了全球话语权,特别是发明和主导了对"软权力"的意义解释,因此,当中国人按照自己对中文"软实力"的理解,大量使用这个心目中的褒义词时,在全球传播的英语世界语境中,却可能带来中国争夺世界文化霸权的负面标签,如许多国际评论在涉及中国崛起的事实时自然而然地以"中国软权力"(Chinese Soft Power)的框架来概括一样(巴尔,2013; Hubbert, 2015)。这种"修昔底德陷阱"式的西方敏感,不能不引起中国足够的话语警惕。

中国学者在引进和使用西方概念时,不能简单地拿来就用,更不能望文生义,随己意,想当然;必须考虑其全球语境和潜在意义,甚至洞察概念创造者的动机,预测概念使用的后果。"橘生淮南则为橘,生于淮北则为枳"。只有在正确理解概念的基础上,适当开展意义的协商与竞争,才能成功地进行话语创新和意义改造,引进的概念也才能为我所用。

二 概念引进中的话语策略——意义改造

作为当代全球市场经济和现代社会的后来者,中国还主要是在引进发达国家亦即西方概念。引进概念必须洞察概念的话语本质,正确地使用别人的概念;同时,从中国的现实出发,在意义协商的基础上开展概念的竞争,亦即思想斗争;直至提出替代性的解读,才能让有价值的西方概念在中国落地生根。

---

① 这种翻译似非准确。关于 Soft Power 概念体系的讨论,可见参考文献:郭镇之、冯若谷(2015a);郭镇之、冯若谷(2015b);郭镇之(2016a)。

引进概念重在意义的竞争。面对多义性的概念世界，一团和气并不可行。西方思想传统倡导理性主义，强调思想辩论，尊重学术争鸣，因此能够营造健康的人文生态，推动社会的发展。在概念竞争中，应该以西方认可的规则与之积极对话，争取对意义的解释权。要从中国和非西方国家的实际出发，通过批评带有西方偏颇的概念含义，使之再概念化，改造并产生中国主张的意义。

中国可以对流行的西方概念赋予不同的含义，争夺概念的意义及其定义权。例如，中国曾将西方对"人权"概念的纯政治解读转义为"生存权""发展权"，有力地揭示了西方只以"自由""民主"等政治概念理解"人权"的狭隘性，在全球发展中世界获得了相当大的认同，也为发展中国家的人权事业指出了一条可行的途径。人权的争取与获得是有轻重缓急的，中国和其他发展中国家面临着同样急迫的生存和发展问题，"衣食足"才能"知荣辱"。

意义竞争的理想结局是获得广泛认同。中国当然也可以将 Soft Power 确认为"软实力"，将其解释为独特的文化资源、传统及当代的文化遗产，而非以文化方式实施的柔性控制；不过，这里的关键是——能否将这种解读变成一种世界通用的概念含义，使"再概念化"的意义得到世界公认，成为全球共识。这个目标，看来还有困难。就概念创新而言，需要针锋相对，也需要理性平和。

第三节　概念对外传播中的自创问题

习近平主席在 2013 年全国宣传思想工作会议上提出：要精心做好对外宣传工作，创新对外宣传方式，"着力打造融通中外的新概念新范畴新表述"[1]。作为话语方式，"融通中外的新概念"可以是引进的，也可以是自创的。自创概念需要解决"由谁创造概念"和"怎样传播概念"等一系列问题，才能在全球话语斗争场域争取主动权。概念的全球传播有合理性——每个民族都应

---

[1] 倪光辉：《习近平在全国宣传思想工作会议上强调胸怀大局把握大势着眼大事努力把宣传思想工作做得更好，刘云山出席会议并讲话》，《人民日报》2013 年 8 月 21 日第 01 版。

该为人类的精神发展作出贡献。

一 概念创新的意义

话语被喻为"语言的战争"。而概念,是思想的高度概括和话语的浓缩表达。作为话语的概念,解读可以多种多样,但主导性的意义却是关键。在当今全球话语斗争的场域,可以说,谁掌握了概念的定义权和解释权,谁就赢得了"'语言的战争'的意义的战争",就可能控制思想的流向。从这个意义上说,被全球广泛接受的概念具有高端影响力。

(一) 自创概念的意义

自创概念重在意义的建构,概念化的过程更加主动。作为社会主义道路的探索者,中国在建设新中国的长期实践中曾经创造了许多富有生命力的中国概念,如对内的"自力更生",至今还是中国人民建设伟大祖国的宝贵精神财富;对外的"和平共处五项原则",在不结盟国家中获得广泛认同。在新闻传播领域,"群众办报"其实也是一个代表先进理念的实践概念,只需在更新"意义"、再造语境的基础上,对"人人掌握麦克风"的新媒介时代作出解读,便可为当代的公民传播实践提供理想支撑。可惜,随着时间的流逝和社会的变化,一些宝贵的概念早已被人淡忘,例如"艰苦奋斗、勤俭建国"的精神。而更加令人遗憾的是,许多富有价值的历史概念,例如"新民主主义"和"政治协商",虽一度被传为响亮的政治口号,但并未有效实施,并产生实际的、长期的社会效果,更未能"融通中外",在全球广泛传播。对这些反映优良传统、在中国历史上扮演过重要角色的概念,应该实事求是地予以评价,并在新的时代条件下重新挖掘其有效含义和现实价值。

在新的历史时期,也出现了许多新的中国概念,如经济领域"小康社会"的目标、"共同富裕"的理想,政治领域"举贤任能"的选拔机制、立足于"民心"的执政基础等,如果能够——实现,对中国、对全球都具有莫大的价值。这些建构性极强的概念在中国已经深入人心,但在全球还有待认同。因此,创造"融通中外的新概念新范畴新表述"不仅是一种话语问题,还是一个实践目标。

为了抗衡西方话语的"入侵",近年来,中国社会从国家领导人、专家学者到普通民众,提出了许多新颖的概念,如"中国梦""和主义""中国道路"等。利用自创概念传播理想和价值观,是中国对外传播的一大进步。这些新概念和新术语也开始在全球建构"中国的声音",乃至"全球共享"的理念。不过,在面对不同文化的对外传播中,如果对话者在概念的理解上莫衷一是,如果话语的创造者不能让对方接受自创概念的意义,那么,轻则传播无效;重则欲益反损。

(二) 如何创造中国概念?

自创概念需要面对许多问题的挑战。第一个问题是:由谁来创造和提出概念?政府和国家领导人当然是提出中国概念的合适角色:因为政治领导人具有地位显要的权威性和民众关注的吸引力,能够将所提概念设置为国家政治的焦点、新闻传播的热点。其不利因素则是,由于西方社会传统上对政治领导人持质疑态度,这些中国概念有被西方认为"中式政治口号"(史安斌、薛瑾,2016:8)的危险,在全球被视为政治宣传,可能遭遇抵制,或被反向解读。

随着互联网新媒介的兴起,普通民众也有幸成为掌握自媒体的传播者,甚至可能成为概念的倡议者。事实上,民间不乏有识之士和真知灼见。不过,大众概念缺乏"认证"机制,品质良莠不齐;许多民间概念语境很特殊(如"土豪""吃瓜群众""打酱油""PK"等),虽然形象生动,风趣活泼,但多以"调侃""自嘲"等面目出现,往往无补于中国形象,不适宜对外传播。

就自创概念而言,学者责无旁贷。首先,学术概念的提出,有一定的认证程序和质量标准(如同行评议、学术发表)。学者提出的概念基于严谨的研究,借助大量实证数据和理论资料,最容易得到学术界的资格认可,进而获得理论的"合法性"。其次,学者研究需要做文献梳理,所提出的概念语境深广,并因学术传统的脉络和理论话语的互动,使其行之久远。而且,学术概念通常是开放的、非定论的,具有意义探索和概念完善的巨大空间,会因争鸣而引起较大反响,因交锋而获得改良生机。如中国学者提出的"中国模式"概念,曾经引起很大的争议,遭到尖锐的批评,但在此基础上更新的"中国道路"概念,却对中国实际产生了更可行的解释力。

不过,中国学者对自创概念的自信和定力似乎不足,常常是率尔提出,又轻易放弃，初则既不能严谨周详、滴水不漏；继之又不能反复言说，坚持到底；最终更不能直面批评、因势利导。这或许与许多中国学者理论基础薄弱，研究不扎实有关。对自创学术概念，应该立足于深厚的研究基础，既不能墨守成规，重弹老调，也不能脑袋一拍，灵感乍现，而必须持续提供有理有力的事实证据和逻辑自洽的理论阐述。这样的学术努力才会被认真对待。

自创概念的第二个问题是：应该创造什么样的概念？"中国经验，全球价值"值得提倡。就对外传播而言，中国经验是中国最有可能产生国际影响力的概念来源，传统中华文化和当代中国实践提供了创造中国概念的丰富资源。

任何概念都是从特殊经验中抽象得出的。西方理论及其概念，来自不同国家的发展经验，不一定适合所有的西方国家，更难以通用于全球世界。西方经验及其理论概念绝不等同于普世价值。不过，"全球价值"是一种理论概念，指获得世界认同、能够在不同国家的人民中获得广泛认可的经验升华。这些全球价值虽然得自特殊经验，但经过恰当的理论概括，能够抽象出更为普遍的意义，为整个人类的发展作出贡献。我们可以从中国经验中发掘出具有普遍意义的价值理念，如传统的"天人合一"观、"道法自然"术，当代的"生存""发展"人权观、"民心"执政基础论，包括近期讨论的"中国道路""和主义"等，以中国智慧对当代全球资本主义发挥纠偏除弊的矫治作用。

当然，有价值的自创概念需要艰苦的理论探索。任何概念都不是白手起家，平地起高楼的。需要深入细致地了解相关概念的学术脉络，需要对整个概念谱系进行针对性的比较分析，需要在新的时代语境和中国意义的基础上进行理论创新和概念更新——学者的艰辛自不待言。总之，创造中国概念应该成为整个社会群策群力的共同事业，学者尤其应该发挥创造学术话语权的优势。

二 如何传播自创概念？

概念话语的实现，需要在动态的传播中完成。为了让自创的概念变为流通的概念，传播中的解释变得分外重要。

概念的话语作用，来自意义的解读。可以说，谁掌握了概念意义的解释权，即话语权，谁就赢得了一半的话语战争。自创概念的优势在于话语解释的主动权、主导权，然而并不意味着对概念意义的垄断权——正如我们可以对别人的概念进行意义争夺一样，自创概念也面临着多元解读和来自他人的意义竞争。

那么，如何赢得或者维持对概念的话语权、解释权呢？首先，是始终参与概念的意义竞争。有生命力的学术概念，具有含义的丰富性、解释的竞争性和对现实的建构性等特点。创造概念、传播概念、发展概念的必由之路也是意义的辩论和思想的竞争。生动自由的讨论才能确认概念的合法性和话语的有效性。因此，概念提出者必须面对争议，随时准备接受学术的挑战，以雄辩的事实、严谨的逻辑展开论辩，而不能寄希望于对自创概念的独家解释权和对概念意义的话语垄断权。也就是说，学者不仅需要主动地创造概念，而且需要积极地投入全球概念的话语论争。

就中国概念的对外传播而言，翻译是一个经常遇到的实际问题，也是一个文化解读的问题。中国的各种概念，包括口号，如果需要面向国外，都应以意义解释的明白晓畅为标准。例如，"四个全面"的战略布局，就可以翻译为在建成小康社会、深化改革、依法治国、从严治党四个方面（领域）的整体规划，而不宜直接翻译为 Four comprehensives。

提出并解释中国的概念，还需要了解西方学术的相关语境，尤其是东西方思维的巨大差异。例如，提出"中国崛起"的概念时，就应该考虑近代以来西方大国争夺霸权的历史过程，了解"修昔底德陷阱"等相关概念，甚至在提出"中国崛起"的概念之前就进行后果研判，并预作"答辩"。如果不能确保概念的有效性，不妨暂缓提出，退而做更进一步的研究；或者由内而外，开展充分的学术论证。

概念的提出也需要有针对性、挑战性，才能凸显特点。例如，"举贤任能"的选拔机制是针对西方的大众选举制度的；"民心"的执政合法性是针对"民意"的。此外，中国社会强调和谐；西方社会重视竞争。虽然"竞争"与"和谐"都非绝对之意，但在全球市场经济日益陷入恶性竞争的当代，"和主义"的提倡无疑具有优越性。

概念话语的优越性是建立在实践基础上的，概念与现实是相互"建构"

的。如果概念与现实差距过大，构成强烈反差，便可能在网络话语中产生"反讽"的效果。总之，自创概念本身需要有竞争性，需要有相对于其他选择的优胜性，也要有实践的可行性。学者需要做的，是将概念建立于有力的学术基础上，让中国的概念传播得更广、更远、更深入。

参考文献

Hubbert, Jennifer, "Confucius Institutes and Soft Power", in CPD, ed., *Rising Soft Power：China*, Los Angeles：USC Center on Public Diplomacy, 2015：11 – 20.

Nye, Joseph Jr., *Soft Power：The Means to Success in World Politics*, New York：Public Affairs, 2004.

Nye, Joseph, Jr., *Bound to Lead：The Changing Nature of American Power*, New York：Basic Books, 1991.

［美］迈克尔·巴尔：《中国软实力（的挑战）：谁在害怕中国》，石竹芳译，中信出版社2013年版。

［荷］梵·迪克，图恩：《话语研究：多学科导论》，周翔主译，重庆大学出版社2015年版。

郭镇之：《国际传播要巧用力》（2016a），《江西师范大学学报》（哲学社会科学版）2016年第1期。

郭镇之、冯若谷：《"软权力"与"巧用力"：国际传播的战略思考》（2015a），《现代传播·中国传媒大学学报》2015年第10期。

郭镇之、冯若谷：《中国对外传播的巧用力》（2015b），《当代传播》2015年第6期。

李宏图：《概念史与历史的选择》，《史学理论研究》2012年第1期。

史安斌、薛瑾：《治国理政理念与实践的对外传播：框架分析与对策建议》，《对外传播》2016年第3期。

周保巍：《概念史研究对象的辨析》，《史学理论研究》2012年第1期。

对外传播与多模态话语研究*

现代科技的日新月异和人类传播方式的推陈出新使多模态话语研究成为当下跨学科研究的一个热门课题。本文结合多模态话语研究的理论视角和相关成果，从对外传播的多模态属性、对外传播的多模态话语能力以及对外传播的多模态话语实践三方面论证了以多模态话语研究的视角观照对外传播的必要性和可行性。

第一节 多模态研究的兴起

20世纪90年代，"多模态"（multimodality）成为西方语言学者和符号研究者广泛讨论的术语。社会符号学研究者们认识到，新媒介环境下的传播促进了文本、声音、视频以及图像在表意时的融合。"专注于文字表意的研究已远远不够，意义在其他的表意系统，如视觉、听觉、行为以及其他编码中强烈并广泛地存在着"（Hodge & Kress，1988：Ⅶ）。"多模态"一词的提出，就是为了强调语言之外其他符号的重要性（Iedema，2003）。

所谓"多模态"，即"传播行为和事件中不同符号模态的组合，例如，语言和声音的结合"（Van Leeuwen，2005：281）；"多模态研究的是一些独立的符号系统在构建整体语篇意义中是如何通过不同的方式共同编码、共同形成语篇意义的"（Baldry & Thibault，2006：21），多模态研究的意义在于，它明确指出，多模态的形式是现实传播的中心，而不只是语言研究的补充，因此需要发展一种以这一现实为中心的理论以及用以分析涵盖各种模态表达形式

---

* 本文原发表于《全球传媒学刊》2016年第3期上，作者杨颖。本文经郭镇之编辑。

的方法。"多模态"已成为把所有文本都看作多模态、并以多模态方式对其进行解释的一种研究范式（Iedema，2003：39）。多模态话语分析的出现就是这一范式转变的集中表现。

第二节 多模态话语分析及其研究概述

2000年，多模态话语分析（Multimodal Discourse Analysis，MDA）作为一个术语首次出现在 Van Leeuwen 和 Jewitt 编著的 *Handbook of Visual Analysis*（《视觉分析手册》）中（Van Leeuwen & Jewitt，2001）。这是在话语分析基础上产生的一个前沿学术研究领域，它将对语言的研究扩展到对语言及其他符号资源，如图像、手势、行为、音乐和声音等的综合研究上。

在韩礼德（M. A. K. Halliday）研究语言的社会符号学方法（Halliday，1978；Halliday & Hasan，1985）基础上，O'Toole（1994）以及 Kress 和 Van Leeuwen（1996；2006）于20世纪八九十年代开始把文字、声音和图片的意义潜势作为一系列相互联系的系统和结构进行研究，为多模态研究奠定了基础。O'Toole 的 "*The Language of Displayed Art*"（《展示艺术的语言》）以及 Kress 和 Van Leeuwen 的 "*Reading Images*"（《阅读图像》）这两本书成为该领域建立的标志性作品。他们承袭了韩礼德对文本与情境、实例与潜势的研究，不同的是，O'Toole 提出了一种（自下而上的）语法分析路径（grammatical approach），将韩礼德的系统功能模式运用到对展示艺术、绘画、雕塑和建筑的符号分析中；而 Kress 和 Van Leeuwen 则把研究重点放在图像和视觉设计，采用一种特定意识导向的（自上而下的）语境分析路径（contextual approach）总结出视觉设计的一般原则。这两种分析方法进一步发展，并应用到一些新的领域，如语音、声音和音乐研究（Van Leeuwen，1999）、科学文本研究（Lemke，1998）、超媒体研究（Lemke，2002）、行为和肢体语言研究（Martinec，2000）、教学研究（Jewitt，2006）和文化素养研究（Kress，2003）等。21世纪第一个十年的中后期，Ron Scollon、Suzanne Wong Sollon 和 Sigrid Norris 从中介话语分析出发，以社会互动语言学和跨文化传播研究为基础，开展了多模态互动分析（Norris，2004；Norris & Jones，2005；Scollon，2001；R. Scollon & W. Scollon，2004）；Charles Forceville 则以认知语言学（Lakoff & Johnson，1980）为基础，对多模态隐喻进行认知研究（Forceville & Urios-Aparisi，2009）。此外，基于社会符号学和其他批判传统的批判性话语研究路径也得到发展（Machin，2007；Van Leeuwen，2008）。许多不同的理论概念和框架在多模态研究领域不断涌现。

中国多模态话语分析始于 21 世纪初①。李战子 2003 年于《外语教学》第 5 期发表的《多模式话语的社会符号学分析》一文，可谓国内第一篇探讨多模态话语分析的论文，开创了中国多模态话语研究的先河。该文首次向国内学界介绍了 Kress 和 Leeuwen 提出的多模态话语社会符号学分析方法（李战子，2003）。此后，语言学者胡壮麟（2007）、朱永生（2007）、辛志英（2008）、张德禄（2009）、杨信彰（2009）、韦琴红（2009a）等也对多模态化、意义的多模态构建以及多模态话语的理论基础和研究方法等进行了代表性研究。21 世纪第二个十年，多模态话语分析研究在国内风生水起，研究文章大致可分为以下六类：①多模态话语分析理论研究，此类文章注重对国外多模态话语研究的引介和反思，也尝试对多模态研究做出的一些理论和方法上的探索创新；②运用西方多模态话语分析的方法对不同文本类型进行分析，即多模态话语分析方法的运用型文章，此类文章基本出现于 2010 年之后，且占据了半壁江山；③多模态话语分析对语言教学的意义和作用；④多模态话语分析与多元识读能力的培养；⑤对多模态研究现状的综述类文章；⑥书评类文章，包括对一些国外多模态研究的书评以及国内该领域的学界动态介绍等。专著方面，尽管当前多模态话语分析已被纳入许多语言学教材中（如杜金榜，2013），但国内以多模态话语研究为主题的专著还十分有限。专著《视觉环境下的多模态化与多模态话语研究》②（韦琴红，2009b）算是国内最早出版的以多模态话语研究为主题的专著。而后出版的《多模态叙事语篇研究》③（刘晓琳，2015）一书是将多模态话语分析引入叙事语篇研究的研究成果。此外，

---

① 由于多模态话语一词源于西文 multimodal discourse，故早期国内学界对该领域进行的研究中，亦有人用"多模式话语""多模式语篇""多模态语篇"的表述。
② 该书内容为英文。
③ 该书内容为英文。

《多模态话语分析理论与外语教学》（张德禄，2015）一书则对多模态话语研究作了较为全面而详细的介绍。总体而言，我国目前对多模态话语的研究更多是将国外的多模态话语分析方法作为一种文本分析工具，广泛运用于分析各种文本类型，如海报、广告文本、新闻作品（多为平面新闻）、影视作品、漫画、徽标、网页语篇、医学语篇、建筑学术语篇等。多模态话语分析既是一种理论研究框架，也是一种话语分析方法，可以从多模态话语研究的视角探讨具体传播实践中多模态话语的生产、信息传递和情感交流等。

第三节　多模态话语研究视角下的对外传播

作为一种有着明确主体和目标的传播行为，对外传播在当前媒介环境和社会传播语境中，离不开多模态话语的积极卷入和重要参与。但从现有研究成果来看，从多模态话语研究的宏观视角直接分析对外传播的研究还很缺乏。本文认为，从多模态话语研究的角度观照对外传播，不该只是停留在对个别文本的话语分析层面，而应该以多模态的思维方式和解释方法进行全面深入的理论研究。

一　对外传播的多模态属性

从概念界定上说，模态既是媒体表达信息的结果，也是人们通过感官感知的交际结果，主要指信息接收者所感知的话语模式。模态的划分主要有两种标准：感知通道、符号系统。人类的感知通道主要包括视觉、听觉、嗅觉、味觉、触觉五种模态。话语所涉及的符号系统，模态主要包括语言（文字）、言语（声音）、副语言、图像、肢体动作、音乐等（杜金榜，2013：227）。

对外传播是一个国家向外传递信息、树立形象、扩大交流、增强互动的传播活动。它以外国政府、组织和公众为目标受众，目的在于影响目标受众对传播主体国家的印象和态度，引导其建立对传播国的积极认知和友善态度，形成有利于传播国发展的国际环境，为传播国的国家利益服务。狭义的对外传播特指传播国面向对象国进行的有目的的新闻报道活动，而广义的对外传播则涵盖了传播国跨国交流中的各种经济、商务、文化、政治、教育等活动以及存在于旅游、移民等跨国行为中的人际交流活动（郭可，2003：1-2）。对外传播中，语言不通、文字各异等交流障碍是一道道天然屏障，成为制约对外传播效果的直接因素。因此，对外传播与生俱来的跨国界、跨语言等特性使传播国需要采取翻译、多语种传播等策略以确保达到"传播出去"的目的。事实上，人类在使用各自语言的同时，也利用着肢体、五官以及其他外部符号进行各式各样的交流活动，一个表情、一声叹息、一个动作往往能够传递出语言所要表达的信息；有时一幅图画、一张照片、一件物品却能传达出比文字更加丰富的意义。如果说，语言的障碍为对外传播设置了一道障碍，那么，超越语言的多模态话语则开启了另一扇沟通之门。多模态话语交流的方式对于有着"跨国界"、"跨文化"和"跨语言"特性的对外传播而言，无异于一道福音。

二　对外传播的多模态话语能力

现代科技是多模态话语发展及其研究的外部条件和物质基础。尽管从本质上看，人类传播自口语时代起就具备了原始的多模态特性，但与电子媒介时代话语呈现的多模态化程度相比，两者不可同日而语。电子媒介使人类话语世界发生了质的改变。如果说以前人类传播中非语言模态的使用是自发、偶然的，那么，如今人类传播中由文字、图像、声音等各种模态综合而成，借助屏幕、键盘诉诸人类视觉、听觉等多种感官的多模态表意系统则是自觉、综合并与科技发展密切相关的。互联网成为当今世界最重要的信息载体，计算机界面和网络文本的多模态性更使多模态话语充斥人类传播的各种活动。

诉诸人类多种感官的多模态话语为跨国、跨语言和跨文化的交流行为提供了更广泛的意义共享空间，为来自不同国度、使用不同语言，拥有不同文化背景的人们提供了更丰富的互动符号和交流工具。娴熟地运用多模态话语进行对外传播，即在对外传播中生产出高质量的多模态话语，应该成为新媒体时代对外传播的一种重要能力。

本文认为，对外传播中的多模态话语能力可笼统分为两个层面：一是直接表意的话语能力；二是间接表意的话语能力，应当根据对外传播不同的受众、目标和战略，开展不同的诉求和实践。例如，在对外传播的经济和商务活动中，为了确保尽快与传播对象在最大范围内达成共识，传者在多模态话语的选择和使用方面，应当更多地做到简单明了、充分表达（简单常见的例子如国际展会中的指示标识或视频等）；而在一些政治活动的对外传播中，出于意识形态和其他政治因素的考量，传者对多模态话语的选择和使用则当以巧妙含蓄、严密周全而又不失得体为宜（典型特殊的例子如含有隐喻的政治漫画等）。因此，培养对外传播的多模态话语能力要求我们结合具体的传播语境和文本体裁，揣摩不同模态的特点和作用，在具体话语实践中分清主模态和辅助模态、自动模态和有意识选择模态，有的放矢，充分调动包括语言和非语言符号在内的各种模态来传递信息、传输观念、传播文化。相反，则有可能事倍功半，无功而返；甚至弄巧成拙，欲益反损。

三 对外传播的多模态话语实践

多模态话语分析为研究整体话语之中不同模态之间如何互动从而生产意义，即多模态话语意义生产的机制和规律，提供了根据，可以更科学、更精准地使用不同模态组织话语，尽可能达到理想的话语传播效果。例如，多模态话语分析研究中提出的视觉语法（visual grammar）便对我国对外传播中多模态话语的生成提供了很大启发。

视觉语法以社会符号学为基础，将系统功能语法的概念创造性地运用于视觉分析，为多模态研究提供了形而上的理论支持和形而下的分析工具。根据系统功能语言学的研究，语言以外的其他符号系统（图像、音乐与颜色等）同样具有概念功能、人际功能和语篇功能。Kress 和 van Leeuwen 以此三大元功能为基础，将韩礼德的功能语法延伸到图像分析，提出了视觉语法理论（Kress & Van Leeuwen, 2006）。该理论指出，视觉图像和语言一样，在意义构建中同样具有三大元功能，即再现、互动、构图功能，由此产生出与之相对应的三种不同意义潜势。再现意义对应概念功能，主要研究不同符号系统之间或同一符号系统之内各个成分、各个部分之间的关系；互动意义对应人际功能，主要研究视觉模态的创作者与图像观看者、图像表征参与者之间的关系；构图意义对应语篇功能，主要研究不同符号系统或同一符号系统内部不同组成成分之间的布局和结构。该理论一经提出，就被广泛运用于各种多模态文本的分析和评价，也成为中国学界目前使用最多的多模态话语分析路径。该研究中的许多发现，如：根据图像表征参与者与图像观看者接触方式的不同，把图像分为"索取"类图像、"提供"类图像；从水平方向和垂直方向区分五种画面视角，指出正面视角赋予观看者身临其境的感觉，倾斜视角赋予观看者一种旁观者漫不经心的感觉，俯视表明观看者的权势，平视表明观看者和参与者之间的平等关系，仰视则表明参与者强势的地位；依据图像元素在构图中的不同位置判断其信息值，如，左侧的信息是已知的，右侧的信息是新的，上方的信息是理想的，下方的信息是真实的，中心与前景的信息重要，边缘的信息次要等。可以说，视觉语法的提出为我们了解英语受众的多模态话语（尤其是图像）识读方式和规律提供了扎实的依据和很大的启发。在以英语受众为对象进行传播时，在制作面向英语国家的多模态传播文本时，就能够根据受众的认知和行为习惯及思维定式进行更加到位的对外话语传播。当然，非西方国家的民族和人民，甚至西方国家中的不同民族和人民，对多模态话语的识读方式和接受规律都不相同，需要我们以"外外有别"的思路，分别进行专门的研究与深入的探索。

此外，基于多模态话语分析进一步深入而发展的多模态叙事话语、多模态隐喻话语、多模态论辩话语（van den Hoven & Yang, 2013）等相关研究，也为对外传播中如何根据语境的不同选择适宜的多模态文本体裁及话语策略进行表达提供了参考。

对外传播的话语文本是一个国家向外传递信息、构建形象的重要载体，是国际受众对该国产生认知、建立情感、激发行为的重要介质，因此，如何根据受众对象设计并生产符合受众接触行为和心理的话语，应该成为对外传播的重中之重。新媒体时代，多模态话语分析从独立的语言研究向对语言和其他符号资源进行整合研究的范式转向，是话语分析家们对存在于各种媒介（包括如今的互动数字技术）中的多种符号资源所承载的意义进行解释的一种探索，有利于推动我国对外的话语和符号传播实践。

参考文献

Baldry, A., & Thibault, P. J., *Multimodal Transcription and Text Analysis*, London: Equinox,

2006.

Forceville, C. J. , & Urios-Aparisi, E. , *Multimodal Metaphor*, The Hague: Mouton-De Gruyter, 2009.

Halliday, M. A. K. , & Hasan, R. , *Language, Context and Text: Aspects of Language in a Social-semiotic Perspective*, Victoria: Daekin University, 1985.

Halliday, M. A. K. , *Language as Social Semiotic: The Social Interpretation of Language and Meaning*, London: Edward Arnold, 1978.

Hodge, B. , & Kress, G. , *Social Semiotics*, Cambridge: Polity, 1988.

Iedema, R. , "Multimodality, resemiotization: extending the analysis of discourse as multi-semiotic practice", *Visual Communication*, 2003(2): 29 – 57. doi: 10. 1177/1470357203002001751.

Jewitt, C. , *Technology, Literacy and Learning: A Multimodal Approach*, London: Routledge, 2006.

Kress , G. , *Literacy in the New Media Age*, London: Routledge, 2003.

Kress, G. , & Van Leeuwen, T. , *Reading Images: The Grammar of Visual Design*, London: Routledge, 1996.

Kress, G. , & Van Leeuwen, T. , *Reading Images: The Grammar of Visual Design* (2nd ed.), London: Routledge, 2006.

Lakoff, G. , & Johnson, M. , *Metaphors We Live by*, Chicago and London: The University of Chicago Press, 1980.

Lemke, J. L. , "Multiplying Meaning: Visual and Verbal Semiotics in Scientific Text, In Martin", J. R. , & Veel, R. (Ed.), *Reading Science: Critical and Functional Perspectives on Discourses of Science*, London: Routledge, 1998: 87 – 113.

Lemke, J. L. , "Travels in Hypermodality", *Visual Communication*, 2002, 1 (3): 299 – 325. doi: 10. 1177/147035720200100303.

Machin, D. , *Introduction to Multimodal Analysis*, London and New York: Hodder Arnold, 2007.

Martinec, R. , "Types of Processes in Action", *Semiotica*, 2000, 130 (3 – 4): 243 – 268. doi: 10. 1515/semi. 2000. 130. 3 – 4. 243.

Norris, S. , & Jones, R. H. , *Discourse in Action: Introducing Mediated Discourse Analysis*, London: Routledge, 2005.

Norris, S. , *Analyzing Multimodal Interaction: A Methodological Framework*, London: Routledge, 2004.

O'Toole, M. , *The Language of Displayed Art*, London: Leicester University Press, 1994.

Scollon, R., & Scollon, W., *Nexus Analysis*: *Discourse and Emerging Internet*, London: Routledge, 2004.

Scollon, R., *Mediated Discourse*: *The Nexus of Practice*, London and New York: Routledge, 2001.

Van den Hoven, P., & Yang, Y., The argumentative reconstruction of multimodal discourse: Taking the ABC coverage of President Hu Jintao's visit to the USA as an Example, *Argumentation*, 2013 (27): 403 - 424. doi: 10.1007/s10503 - 013 - 9293 - z.

Van Leeuwen, T., & Jewitt, C. (Ed.), *Handbook of Visual Analysis*, London: Sage, 2001.

Van Leeuwen, T., *Speech*, *Music*, *Sound*, London: Macmillan, 1999.

Van Leeuwen, T., *Introducing Social Semiotics*, London: Rouledge, 2005.

Van Leeuwen, T., *Discourse and Practice*: *New Tools for Critical Discourse Analysis*, Oxford: Oxford University Press, 2008.

杜金榜：《语篇分析教程》，武汉大学出版社 2013 年版。

郭可：《当代对外传播》，复旦大学出版社 2003 年版。

胡壮麟：《符号学研究中的多模态化》，《语言教学与研究》2007 年第 1 期。

李战子：《多模式话语的社会符号学分析》，《外语教学》2003 年第 5 期。

刘晓琳：《多模态叙事语篇研究》（*The Study on The Multimodal Narrative Discourse Analysis*），哈尔滨工程大学出版社 2015 年版。

韦琴红：《论多模态话语中的模态、媒介与情态》（2009a），《外语教学》2009 年第 30 卷第 4 期。

韦琴红：《视觉环境下的多模态化与多模态话语研究》（*Studies on Multimodality and Multimodal Discourse in Visual Surroundings*）（2009b），科学出版社 2009 年版。

辛志英：《话语分析的新发展——多模态话语分析》，《社会科学辑刊》2008 年第 5 期。

杨信彰：《多模态语篇分析与系统功能语言学》，《外语教学》2009 年第 30 卷第 4 期。

张德禄：《多模态话语分析综合理论框架探索》，《中国外语》2009 年第 1 期。

张德禄：《多模态话语分析理论与外语教学》，高等教育出版社 2015 年版。

朱永生：《多模态话语分析的理论基础与研究方法》，《外语学刊》2007 年第 5 期。

澳门媒体形象中的"非赌城"符号研究*

为摆脱澳门的"赌城"形象及设计"世界休闲之都"的品牌身份,本研究选取了报纸报道、旅游局手册以及个人博客中关于澳门城市的描述,挖掘出与博彩无关的澳门符号元素,及其在不同媒体中的分布,以提供新的传播思路。研究将这些媒介区分为赚得媒体、自有媒体和分享媒体,发现与非博彩相关的幻想主题11个。不过,研究发现,不同媒体呈现的城市意识图景虽有差异,但呈现的符号现实多为表象的感官体验和景观描绘,缺乏深层价值观层面的符号想象。

第一节 导论

澳门作为一个具有中西文化交融特色的小城,始终保留着中国传统文化和欧陆风情的人文景观和闲适的生活特色。但自澳门赌权开放后,博彩业成为澳门的支柱型产业,其城市也主要以"世界博彩之都""亚洲拉斯维加斯"等赌城形象示人。自2008年国务院首次提出澳门作为"世界旅游休闲中心"的城市品牌定位以来[①],博彩元素之外的经济多元化发展成为澳门城市建设的发展方向。而媒介作为品牌传播的载体,通过符号的呈现激发受众关于城市特点和形象的联想,在城市形象的塑造和传播中有着不可忽视的作用。

---

* 本文原名《"世界休闲之都"——澳门媒体形象中非博彩元素符号研究》,发表于《澳门研究》2018年第2期,作者为吴玫(澳门大学传播系副教授)、赵莹(澳门大学硕士)。原文较长,由郭镇之进行了简化与缩写,只突出了研究发现。感兴趣的读者可查阅原文。

① 《珠江三角洲地区改革发展规划纲要(2008—2020年)》,国家发展和改革委员会,2008年,第52页,http://www.cuhk.edu.hk/oalc/doc/RiverPearl.pdf。

本文将美国传播学家欧内斯特·鲍曼（Ernest Bormann）提出的符号融合理论和幻想主题分析法用于澳门城市品牌研究中，在访澳旅客人数最多的国家和地区的媒体中，选取了5个不同国家的14份报纸共22篇中文及英文报道，描绘并对比其对澳门的符号现实（意识图景）；同时在澳门政府旅游局网站中选取了7份旅游手册及38篇个人博客，作为分析样本，找出幻想主题及其延伸出的语义视野，描绘该文本所呈现的符号现实。本研究对自有媒体、赚得媒体和分享媒体三种不同媒体所呈现的澳门非博彩元素的符号现实进行对比。

一 媒体类型

在营销领域中，多种不同的媒体类型被应用于品牌营销和受众关系建立的过程中。在线和线下活动的媒体可分为以下几种类型：付费媒体、赚得媒体、自有媒体和分享媒体[①]。本文主要涉及赚得媒体、自有媒体和分享媒体。

自有媒体（owned media）是品牌自己控制下的媒体（Stephen & Galak，2012），如官方网站、专属页面、品牌手册及其新闻通稿。自有媒体操作方便，对受众的目标指向和传播效果上优于其他媒体类型（Baetzgen & Tropp，2015）。本文中自有媒体主要为澳门政府旅游局网站的旅游手册。

赚得媒体（earned media）。赚得媒体不受品牌的直接控制，而是通过口碑传播和新闻媒体的无偿报道，以达到品牌宣传的目的（Burcher，2012）。赚得媒体主要指报纸、杂志、电视等大众媒体，本文中为报纸。

分享媒体（shared media）。分享媒体指基于互动行为的社交媒介，使品牌信息在不同节点的受众之间扩散更加便捷。分享媒体包括脸书、推特、博客，本文指个人博客。

自有媒体、赚得媒体和分享媒体相互联系又相互区别，之间并没有清晰的界限。尤其社交媒介，可以是三种媒体中的任何一种。自有媒体可控性最强，在品牌传播中起主导作用；赚得媒体是赢得受众高度信任的媒体，通常是良好品牌营销中的关键角色；分享媒体则可为自有媒体提供参考。

---

① http://www.toprankblog.com/2011/07/online-marketing-media-mix/.

二 符号融合理论及幻想主题分析

符号融合理论源于1978年美国明尼苏达大学的鲍尔曼关于群体决策的研究，主要强调群体成员如何通过赋予含义的叙事来构建现实。幻想主题通过群体成员之间的符号互动而产生（Bormann，1972），群体成员形成一个互动网络，在传播活动中不断提升他们的一致性，逐渐形成群体共识，并构建成共同的语义视野。这个理论基于两个基本的假设：第一，符号现实是在传播过程中被创造出来的；第二，人们在共享符号的同时，也共享符号的意义（Vaughan，2009）。

符号融合过程中涉及几个不同的层次，包括戏剧化信息、幻想链条、幻想主题（fantasy theme）、幻想类型（fantasy type）和语义视野（rhetorical vision）（Bormann，1985）。戏剧化信息涉及叙事、寓言、模拟、比喻、双关语、幽默等形式的内容。一些戏剧化信息可引领其他人产生幻想链条。当戏剧化信息在幻想链条中被反复传诵，幻想主题便形成了。幻想主题可以是一个词语，一句话或一个段落，呈现群体成员中的共有经历，并培养了共享的观念（Cragan，1975）。多个相同或类似的幻想主题聚集在一起并产生联结时，幻想类型就形成了。语义视野是使得符号融合成为可能的一种更严谨的结构，它是幻想主题和幻想类型聚合后形成的。语义视野是赋予事物在某个议题上的符号现实，实际上是整个思维意识图谱在该议题上的生动再现（Bormann，Cragan & Shields，1994）。

幻想主题具有组织性和艺术性的特点，是满足心理和修辞需求的创造和想象。对幻想主题的分析可以进一步推理行为动机，进一步理解社会共同经历背后的含义和价值观（Bormann，1972）。符号融合理论和幻想主题分析法采用文字数据和音像材料的归纳检验与焦点小组访谈方法进行研究。

第二节 研究方法

本研究应用幻想主题分析法找出中文和英文媒体对澳门的不同幻想主题，

描绘并对比它们对澳门构建的语义视野。同时，按不同媒体类型，分别对媒体报道、宣传材料和博客数据进行分析，得出三类媒体对澳门城市的不同幻想主题，描绘并对比它们对澳门构建的符号图景。从这两个维度中深入了解并挖掘澳门在博彩元素之外的多元化元素。

一 研究抽样

本文选取了五个不同国家中的14份不同报纸，共22篇中文及英文报道，同时在澳门政府旅游局网站中选取了7份旅游手册及38篇个人博客作为分析样本。并将样本按赚得媒体、自有媒体和分享媒体进行分类。所选取的报道、旅游手册及博客的内容故事性较强，符合信息戏剧化、符号化的要求，亦即幻想主题分析的要求。

在赚得媒体类型中，根据澳门特别行政区政府对入境旅客的统计资料，按照近5年不同国家及地区的入境旅客总数，选取前15名国家及地区2011—2015年中文报纸与英文报纸中有关澳门的报道共计22篇，中文报道为14篇（大陆地区4篇，来自《人民日报·海外版》；香港地区5篇，来自《明报》和《东方日报》；台湾地区5篇，来自《联合报》、《自由时报》、台湾《苹果日报》），英文报道8篇（分别来自中国大陆、澳大利亚、新加坡、菲律宾和印度）。

自有媒体类型选自澳门特别行政区政府旅游局制定的旅游小册子，内容涉及澳门各处旅游景点的信息介绍和旅行攻略。因旅游手册分为中英两种语言，内容完全一致，因此仅选择了中文版本的7本旅游小册子。

分享媒体类型中，选取了澳门旅游局网站博客专区来自不同博主的37篇中文个人博客及1个英文个人博客的网页（详细筛选过程见吴玫、赵莹，2018）。

二 研究步骤

本文研究按照幻想主题分析法的步骤（Bormann，1972）严格进行：①找出清楚的可分析文本，如报道、旅游手册和博客文章，并将文本按赚得媒体、自有媒体和分享媒体分类；②在所选择的文本上逐字细心地找出具有语义修辞的关键词；③在文本中找出故事要素（角色、情节、背景），找出不断重复，覆诵的字词句子，即媒体用于诠释现实的戏剧化信息；④尝试找出幻想主题，再将重复的幻想主题归纳为幻想类型，进一步构建语义视野；⑤描绘并对比不同类型媒体中所构建的关于澳门的语义视野。

第三节　研究发现

本文对关于澳门非博彩元素的相关报道、宣传和博客数据进行幻想主题分析，并进行中文媒体和英文媒体所构建的语义视野对比，以及赚得媒体、自有媒体和分享媒体所构建的语义视野进行对比，发现了关于澳门非博彩元素的 11 个幻想主题，分别为："古韵新声"、"中西合璧"、"休闲胜地"、"欧陆风情"、"节日盛世之都"、"中国风"、"人文风情"、"宗教圣地"、"艺文气息"、"美食天堂"和"融合料理"（Fusion cuisine）。这些幻想主题均为形成有历史记忆的幻想类型和有索引价值的语义视野。

一　幻想主题描述[①]

（一）古韵新声

在中英文媒体类型中均出现"古韵新声"这一幻想主题，主要体现为澳门"旧区改造"、"都市更新"及新旧元素融合并存的特征。澳门历史城区的名人故居，如郑家大屋、牛房仓库、何东图书馆等，虽然是具有年代性的古屋，但被赋予了新的生命。尤其是牛房仓库将旧建筑与前卫的当代艺术结合，被赋予了新的内涵。

"古韵新声"体现在新颖奢华的现代化建筑与古典窄巷之间的对比。文中反复出现"古朴""传统""现代""新生命""新内涵"等关键词，体现了澳门这座城市"古意之中又有新风"，新旧元素鲜明对比与和谐共存的景象。在英文分享媒体中注重于中国传统节日氛围和现代化夜生活之间的对比。中

---

① 更详细的分析和图表，请查阅原文（吴玫、赵莹，2018）。

文分享媒体中的"古韵新声"体现在美食老店中，成为澳门"怀旧之旅"的特色。

（二）中西合璧

"中西合璧"这一主题在中英文媒体类型中均有出现，描绘了中西文化融合在建筑风格中的体现。自有媒体中反复出现"混合中西特色""中西合璧""中葡文化"等关键词，通过对公园、建筑、街巷、博物馆等描绘，包括西式教堂与中式庙宇并存，体现了澳门在历史上担当的中西文化交融的角色。

自有媒体中也强调澳门在贸易和茶文化遗产中的地位，文中反复出现"东西文化交汇点"和"通向世界的门户"。赚得媒体类型中多次出现"澳门历史城区""中西建筑共存"等关键词，并强调"澳门历史城区"被联合国教科文组织列入《世界遗产名录》，保持多项"中国之最"纪录，还提到澳门人亲和与包容的性格。分享媒体类型中除了关注澳门中西结合的文物古迹外，也提到了澳门丰富多元的美食文化。英文媒体主要通过"中西文化交融""中葡""中欧之风"等关键词描绘澳门。

（三）休闲胜地

"休闲胜地"这一主题在中英文媒体类型中均有体现，除了优美的自然风光和新鲜的空气外，还提及公共场所设施多元，为居民和游客提供了休闲的环境。中文媒体中反复出现"悠闲舒适""放松""清幽宜人""休憩""自然环境优美"等关键词，唤起人们对休闲和放松的幻想。

英文媒体着重于娱乐方面，澳门在"亚洲拉斯维加斯"的称号之外，也是包括高尔夫、温泉、赛马、赛狗及丰富夜生活的"亚洲娱乐之都"。例如，澳门旅游塔于 2006 年 6 月推出全球最高的 764 英尺高飞跳，英文分享媒体中"活力四射的旅客""不可思议的景象""无与伦比的假期快照"，中文分享媒体中"刺激感""惊喜"等关键词句，唤起人们对弹跳空中的刺激想象。此外，澳门的魅力还在于其动静皆可、华丽悠闲皆可、时尚复古皆可的潜在魅力。

（四）欧陆风情

"欧陆风情"这一主题在中文的三种类型媒体及英文赚得媒体中均有出现。中文自有媒体中反复出现"南欧风格""欧陆情调""巴洛克风格""葡萄牙风格"等关键词，展现葡萄牙殖民期间留给澳门的独特西方印记。

赚得媒体和分享媒体在装饰、壁画、地景以及葡萄牙土风舞表演和美食的描述中，反复出现了"葡萄牙风情""异国风情""葡式丰采"等关键词。英文媒体主要讲述澳门作为欧洲国家在亚洲的最后一个殖民地保留的西方特色建筑，以及徒步漫游了解澳门历史及其独特西方印记的感受和体验。

（五）节日盛世之都

"节日盛世之都"的主题在中文和英文的赚得媒体中均有体现，如澳门每年11月举办的格兰披治汽车大赛、美食节、娱乐展、音乐会等，促进了澳门同世界各地不同文化的多元交流。中文媒体中反复出现"活动多""赞不绝口"等关键词。英文媒体中主要以关键词如"五颜六色""照亮了城市的天际线""壮观的烟火"等色彩鲜明、视觉冲击力较强的词描绘生动壮观的节日景象。

（六）中国风

"中国风"这一主题在中文的自有媒体、赚得媒体和分享媒体中均有体现。关于这一幻想主题主要是具有浓郁中国风格的建筑、园林、庙宇等，自有媒体中反复出现的关键词为"中国苏州园林风格""中华传统庙宇特色""中式大宅"等，着力体现澳门保留传统且富于中国文化特色的部分。赚得媒体和分享媒体主要侧重庙宇建筑和茶文化。

（七）人文风情

"人文风情"这一主题在中文赚得媒体和分享媒体中均有出现，均以"风土人情""人文风情""温暖"等关键词体现。赚得媒体主要描绘澳门人包容东西方文化的性格，以及容纳不同民族生活方式的特点。另外，对澳门的历史城区以"知性旅程""小径漫游"等关键词描述，指引出另外一种发掘澳门魅力的独特途径：澳门的地理面积较小，但随处皆风景，徒步漫游即可认识。

分享媒体类型中对"人文风情"的体现是通过与赌场的对比，呈现出一个具有静态人文之美的不一样的澳门。

（八）宗教圣地

"宗教圣地"这一主题在中文自有媒体和赚得媒体中均有出现。它们除了提及澳门的教堂数量多，历史悠久，且对教堂的外观等有所描绘以外，自有媒体主要关注葡萄牙人使澳门成为天主教传播之地。文中反复出现"西方天主教的少林寺""宗教圣地"等关键词，体现了澳门在教会人才培养和宗教传播中的重要角色。

而赚得媒体主要强调400多年的葡萄牙统治历史，使圣诞节成为澳门延续至今的重要节日，文中反复出现"耶诞气氛""耶诞灯饰"等，体现出澳门宗教佳节的浓厚氛围。

（九）艺文气息

"艺文气息"的主题在中文自有媒体和赚得媒体中均有，自有媒体主要以景点为主体，反复出现"艺术文化""文化氛围""文艺气息"等关键词。不过，澳门的"艺文气息"不仅体现在城市建筑和街道巷弄之中，在当地文创产业艺术家和生意人的带动下，创意产业，尤其是原创作品正形成一股新势力，如个性鲜明的创意服饰、原创性文具等。澳门的艺术节活动及艺术表演也出现在中文赚得媒体中。

（十）美食天堂

"美食天堂"这一主题仅在中文媒体的分享媒体中出现，而且篇幅较多，可见博主们来澳旅行过程中，关于美食的体验是必不可少的环节，中西饮食文化的结合也成就了澳门独特的美食特色。除了金碧辉煌的米其林餐厅，也有古朴地道的巷弄小店。关键词如"风味十足""品种繁多""美味""好吃""香醇"等反复出现，还有"干净明亮""气氛赞""服务好"的就餐环境；此外，"令人惊喜""满足"等关键词也体现了美食体验过程中给人带来的情感想象。

（十一）融合料理

澳门的殖民历史打开了西方文化进入的大门，融合了欧洲、南美、印度和中国的多元因素体现在澳门的饮食、文化、建筑中。这个主题没有单独强调中国文化和西方文化的混合，而是着重于多元性混合的特征，特别体现在美食文化中。这一主题仅在英文的赚得媒体中出现，如"融合料理""文化融合的标志""文化熔炉"等。

二 中英文媒体类型所构建的符号现实

（一）中英文赚得媒体中的幻想主题对比

中英文赚得媒体中共有的幻想主题为："休闲胜地""古韵新声""中西合璧""节日盛世之都""欧陆风情"。"休闲胜地"——对澳门优美的自然风光和景观，中文赚得媒体着重于浪漫、温暖以及小巧、怡人，而英文媒体强调娱乐项目繁多且强烈的刺激体验。"古韵新声"——英文媒体主要体现在现代化发展与古老街巷并存之景象，而中文媒体除了现代与传统的对比之外，还注重旧建筑活化利用、注入新内涵等。"中西合璧"——中英文媒体对这一主题的描述差别不大，均体现在中西文化对澳门的建筑、街巷、地景以及生活中的种种影响。"节日盛世之都"——英文媒体主要通过节日中的色彩和强烈的视觉冲击效果体现浓厚热烈的节日氛围，而中文媒体主要着重于介绍节日细节。"欧陆风情"——英文媒体主要体现在葡萄牙对澳门的殖民影响，而中文媒体主要体现在欧式的建筑和景观中。

就独有的幻想主题而言，中文赚得媒体针对"中国风""艺文气息""宗教圣地""人文风情"这些主题，主要体现了澳门仍然保留的中国气息，如中国传统的园林风格、中国古典建筑以及其他中国风格的文化和生活方式。在宗教方面，通过"宗教圣地"这个主题，中文媒体详细描绘各种天主教教堂等建筑，也展示了浓厚的耶诞氛围，体现了天主教在澳门的历史地位。此外，中文媒体对澳门人因特殊历史而形成的多元包容特征和多民族生活方式也做了描绘。对于澳门在发展文创产业中涉及的文创产品、表演、展览等方面也多有介绍，是为中文媒体中独有的主题。

英文媒体中独有的幻想主题为"融合料理"，这个主题体现于澳门在建筑、美食、文化等方面多元交融的特征，尤其是对于澳门丰富多彩的夜生活和刺激的空中漫步、高空跳项目多有提及，主要体现其多种多样具有活力、刺激、娱乐的特点。

（二）中英文分享媒体构建的符号图景对比

"休闲胜地"——中英文媒体对这一主题均体现在娱乐的刺激感体验中，但中文媒体还提及"休闲"的生活方式和自助游方面。"古韵新声"——中英文媒体对这一主题均体现在现代与传统的对比中，但英文媒体着重于中国传统的生活方式和节日习俗与现代化夜生活之间的对比；中文媒体着重于澳门现代化发展中对传统和古老建筑保留的新旧元素之交融。"中西合璧"——中英文媒体均体现于中西建筑风格并存之美，但中文媒体还体现为中西并存的美食文化。

中文分享媒体中独有的幻想主题为"人文风情"和"美食天堂"。这两个主题分别体现在澳门除赌场之外的静态人文之美，以及汇聚了中西多元文化的美食体验。

（三）中文媒体中三种媒体类型内部所构建的符号图景对比

中文的自有媒体、赚得媒体和分享媒体三种类型中，相同幻想主题5个，分别为"休闲胜地""中国风""欧陆风情""中西合璧""古韵新声"。自有媒体的目标指向性较强，对品牌内容的控制性也强于另外两种媒体。但其幻想主题多为对景观、建筑的表象描绘，以及表面的感官体验，缺少深层的价值内涵。因而也很难触碰受众对澳门的深层感受。

"休闲胜地"这一主题，自有媒体中主要体现在澳门的建筑风景和街区巷弄的景色描绘，赚得媒体中除了对自然环境的描述外，在感观体验上也强调澳门给人的浪漫感受以及这座城市潜在的发展空间。而分享媒体中主要体现于娱乐项目的刺激体验及浪漫感觉。

"中国风"这一幻想主题在自有媒体中体现于中国的苏州式园林风格、中华传统庙宇特色以及典型的中式大宅。在赚得媒体中除了中式建筑外，也提及中国传统饮茶文化。同时，饮茶文化内容也体现于分享媒体。这说明自有媒体在"中国风"主题中缺乏澳门在贸易地位方面的内容，赚得媒体和分享媒体所提及的饮茶文化为自有媒体提供了补充。

自有媒体类型中关于澳门西方元素的"欧陆风情"幻想主题主要体现在建筑、地景、公园这几方面，忽略了游客对表演和美食方面的体验内容；而赚得媒体和分享媒体中，虽然不如自有媒体类型中描绘得细致，但还提及了葡萄牙土风舞表演、酒店、餐厅和美食等更广泛的内容。

在中西元素交融的幻想主题中，自有媒体除了"中西合璧"这一幻想主题外，体现了另外两种媒体类型中所缺少的澳门在贸易和茶文化中的历史地位。而赚得媒体中所体现的文化细节，如圣老楞佐教堂的中国化名称（"风顺堂"）是"东风西渐"的成果，这类细节是自有媒体中所欠缺的。同时，赚得媒体还提及澳门人的生活方式及其亲和包容的性格，同时也强调"澳门历史城区"入选《世界遗产名录》和保持多项"中国之最"纪录这类体现澳门城市地位的内容。分享媒体类型主要突出对澳门美食文化的关注。

"古韵新声"这一主题中，自有媒体凸显旧城风韵和历史气息，而赚得媒体强调"旧区改造"和"都市更新"，分享媒体则关注美食老店。可以看出赚得媒体和分享媒体紧跟社会变化趋势，更关注于受众体验，为自有媒体应做的适时更新提供了参考依据。

除三种媒体类型共有的幻想主题外，另有一些幻想主题为其中两种媒体所共有，分别为：自有媒体和赚得媒体中共有的"艺文气息"和"宗教圣地"。自有媒体的"艺文气息"体现在地区、景点和建筑的描绘当中，而赚得媒体在这一主题中的表现较自有媒体丰富，也体现在戏剧、音乐、舞蹈等艺术表演中。此外，赚得媒体中独有关于艺术文化的幻想主题，展现了澳门文创产业的发展。关于"宗教圣地"的主题，自有媒体中除体现建筑特征鲜明之外，还提及贸易和商业中心、传教之地，以及教会人才培养方面；而赚得媒体中主要体现在教会活动及庆典中，强调西方宗教给澳门带来的浓厚耶诞气氛。

赚得媒体和分享媒体共有"人文风情"的主题。关于人文元素，赚得媒体中涉及范围较为宽泛，主要体现在澳门人的包容性格和不同民族生活方式的特征，而分享媒体主要体现赌场之外的静态之美和人文价值。

除了共同的主题之外，赚得媒体类型中独有的幻想主题为"节日盛世之都"，主要体现了澳门对文化交流、文化庆典的重视。分享媒体类型中独有的幻想主题为"美食天堂"，对具体美食的外观、口感有详细的描绘。

由上可知，自有媒体虽然控制度较强，但在符号影响力上并未达到理想的状态，除了对澳门的建筑、街区、巷弄、公园等的表层描绘之外，更深的语义影响力并没有形成。对比于赚得媒体和分享媒体，虽然相似主题所涵盖的内容范围少于自有媒体，但这两个媒体类型中所体现的人文感受和体验内容是自有媒体所欠缺的。受众对城市的感知受到其与城市互动程度的影响，他们对城市的知晓度和满意度则反映了城市品牌的外在形象。如果缺失价值观、受众体验和人文感受的深层内容，便难以在受众头脑中构建更深刻的意识图景并产生深刻的历史和文化共鸣，会影响受众对澳门这一城市品牌的充分认知。

（四）中英文媒体中三种媒体类型内部所构建的符号图景对比

中英文媒体中共有的幻想主题也有5个，分别为："古韵新声""中西合璧""欧陆风情""休闲胜地""节日盛世之都"。无论中文媒体还是英文媒体，均体现了澳门元素中东方与西方、新与旧的结合。澳门作为"休闲胜地"的宜游特点也均被体现。

通过众多的庆典活动进行文化交流是澳门另一特色。此外，澳门旅游塔则体现了澳门除历史和文化之外的活力与刺激。

中文媒体中的赚得媒体和分享媒体更突出受众的体验和感受。赚得媒体由于具有新闻特性，因此更重视澳门城市的文化地位和历史价值。

中文媒体类型中呈现的主题较英文媒体要详尽许多，表现形式多内敛、平和。而英文媒体中则以多元混杂特征宽泛概括，表现形式多为鲜明、强烈的感情色彩。虽然分享媒体是三种类型中最受欢迎的公众交流平台，但无论是中文媒体还是英文媒体，对分享媒体平台的使用都不够积极主动。

第四节 讨论与结论

本研究通过对澳门城市在中文媒体与英文媒体中的呈现形式，分别在自有媒体、赚得媒体和分享媒体中总结出11个幻想主题，分别为："节日盛世之都""中西合璧""人文风情""美食天堂""古韵新声""休闲胜地""宗教圣地""艺文气息""中国风""欧陆风情""融合料理"。但这些主题均没有形成有历史记忆的幻想类型和有索引价值的语义视野。

自有媒体、赚得媒体、分享媒体呈现出的澳门城市符号图景也有差异。自有媒体虽然掌握关于澳门城市品牌的主体信息、对信息的控制度也强于其他两个媒体类型、幻想主题及相关内容的比例明显高于赚得媒体和分享媒体；

但符号现实多为表象的感官体验和景观描绘,并未触及深层的价值观层面,且因缺乏个人体验和感受方面的内容,缺乏与读者亲近交流的吸引力,很难形成震撼心灵的符号图景,对品牌构建难有深层作为。赚得媒体中独有的针对澳门节日、文化和活力的主题内容以及分享媒体中的刺激元素都为自有媒体提供了有价值的参考。同时,自有媒体也应充分利用社交平台,加强分享媒体的传播效果。

凯乐(Keller, L. K., 2007)指出,成功的城市品牌必须能够唤起公众,创造强烈的联想和想象。本研究中涉及的元素符号,如:"休闲胜地"这一主题中所涉及的澳门优美的自然风光、优越的地理环境、全面的公共设施和种类繁多的户外活动等,仍然流于表层,没有挖掘这些感官符号所代表的深层意义和价值元素,因此缺乏打动人心的力量。

中文媒体和英文媒体因其语义环境和文化氛围的差异,也呈现出不一样的澳门城市图景。中文媒体中多以内敛、平和、温婉精致的表现形式呈现澳门城市的符号图景;而英文媒体中多以个性鲜明、情感强烈的表现形式来呈现澳门的符号图景。尤其是英文媒体对生活方式、节日氛围等方面的着重强调,也为针对英文媒体的澳门城市品牌宣传提供了策略依据。

符号融合理论和幻想主题分析法为媒体中的符号图谱提供了一种具有操作性的理论和方法。本研究通过描绘符号图景并发掘城市品牌中的符号资源,通过分析幻想链条中的主题进一步挖掘语义视野、幻想机制和意义(Bormann, 1985),试图为品牌的战略传播提供新的尝试。

本研究也有一定局限性。本研究中的样本主要为文本,而关于澳门城市的营销推广信息形式多种多样,如食品和图像、视频等。同时,本研究未针对的付费媒体也具有重要的研究意义。此外,采用焦点小组访谈的方式,与文本分析相结合,对进一步理解游客对澳门的体验具有重要意义,可以进一步挖掘这些体验如何被受众所整合,进而拓展关于这座城市的文化想象。

参考文献

Baetzgen, A., & Tropp, J., "How Can Brand-Owned Media be Managed? Exploring the Managerial Success Factors of the New Interrelation Between Brands and Media", *The International Journal on Media Management*, 2015, 17 (3): 135-155.

Bormann, E. G. , "Fantasy and Rhetorical Vision: The Rhetorical Criticism of Social Reality", *Quarterly Journal of Speech*, 1972, 58: 396 – 407.

Bormann, E. G. , "Symbolic Convergence Theory: A Communication Formulation", *The Journal of Communication*, 1985, 35 (Autumn): 128 – 138.

Bormann, E. G. , Cragan, J. F. , & Shields, D. C. , "In Defense of Symbolic Convergence Theory: A Look at the Theory and Its Criticism After Two Decades", *Communication Theory*, 1994, 44: 259 – 294.

Burcher, N. , "Facebook usage statistics by country, Dec. 2008 – Dec. 2011", www.nickburcher.com/2012/01/facebook-usage-statistics-by-country.html.

Cragan, J. F. , "Rhetorical Strategy: A Dramatistic Interpretation and Application", *Central States Speech Journal*, 1975, 26: 4 – 11.

Keller, L. K. , Strategic Brand Management, Building, Measuring, and Managing Brand Equity (3rd ed.), London: Pearson Education, 2007.

Stephen, A. T. , & Galak, J. , "The Effects of Traditional and Social Earned Media on Sales: A Study of a Micro lending Marketplace", *Journal of Marketing Research* (*JMR*), 2012, 49 (5): 624 – 639.

Vaughan, D. , "Symbolic Convergence Theory", *Encyclopedia of Communication Theory*, 2009: 944 – 946.

吴玫、赵莹:《「世界休闲之都」——澳门媒体形象中非博彩元素符号研究》,《澳门研究》2018年第2期。

"软权力"与"巧用力":国际传播的战略思考*

2015年,美国哈佛大学教授、战略学家约瑟夫·奈在《人民日报》上发表文章——《提升国家软实力是中国的明智战略》(2015年2月16日第15版),重申"软实力是一种依靠吸引力而非通过威逼或利诱的手段来实现目标的能力"。他认为,一个国家的软实力主要来源于"文化、价值观和政策",其影响力还依赖于"对方的感受"。

第一节 概念问题:软硬实力、权力与策略

奈于1990年提出 Soft Power(Nye,1990)的概念,通译"软实力"①。其后,他与其他学者又分别提出 smart power(Nye,2004;Nossel,2004)的概念,通译"巧实力"②,形成了一个概念体系。Power 这个英文词有多种含义,基本是"力量"(force)的意思③,虚实兼备,如动力、能力、体力、权力等,有时也指代"大国"。从中外学者对 Soft Power 的解释(Wilson, E.,2008;吴晓萍,2011)看,"软力量"既包括文化(通常被理解为传统文化或

---

* 本文原发表在《现代传播·中国传媒大学学报》2015年第10期上,作者是郭镇之、冯若谷。收入本书时重新进行了编辑。

① 早期有"软权力"的译名(王沪宁,1993;刘德斌,2001;苏长和,2007)。后来,"软实力"成为通用词组。台湾学者则译为"柔性权力"(见约瑟夫·奈伊《柔性权力》,吴家恒、方祖芳译,2006)。

② 关于 Smart Power 的概念,可参阅张顺生,2010;Wilson,2008。本文主张翻译为"巧用力"或者"用巧劲",详见下。

③ 因此,也有学者将 Soft Power 翻译为"软力量"(吴晓萍,2011)。据说,"至少(有)三个中文词(实力、权力和力量)带有'Power'的意思。"(奈、王缉思、赵明昊,2009:10)

文化遗产）等资源性的要素，更特指价值观、政策等文化影响力和领导权，或称霸权（hegemony）。文化霸权体现了一种影响与被影响、领导与被领导之间的权力关系。

一 聚焦"软权力"

本文认为，就国际传播的最高目标——实现影响力——而言，Soft power 应被译为"软权力"。软权力的关键是硬软资源的调配和巧妙策略的施展，亦即聪明灵活（"巧"）地"使用"力量。也就是说，要用对用好巧力（策略），调动硬实力和软实力（资源），才能有效发挥国际影响力（表现和结果），并掌握思想的领导权（软权力）。

由于奈提出的概念界定并不清晰，因此，这个表述一经流行，立刻引起学界的讨论和广泛的争议。在一份被广泛引证的兰德公司报告（Tellis, et al., 2000）中，泰利斯等指出：权力（Power）概念构成了大多数政治分析的基础，也是社会科学中争议最大的概念之一。一本权威的社会学词典（Boudon and Bourricaud, 1989）对 power 的概念进行界定，作出了"资源分配"、"使用计划"和"战略角色"的三重区分（Boudon and Bourricaud, 1989：267）。根据这种定义，兰德报告提出了一种对 power 的三重表述法，即"资源"（Resources）、"战略"（Strategies）和"结果"（Outcomes）（Tellis, 2000：14），以此作为测量国家影响力的基本思路。扎哈纳（Zaharna, 2014）提议，用软权力细分（soft power differential）的方法来表达这样的理念：软权力本质上来源于传播的行为；不同的传播策略可能产生不同的软权力结果。

二 软权力的"权力"意涵

最有启发性的概念辨析来自哲学著作。早在1968年，艾兹翁尼（A. Etzioni）便在一本论述主动型市民社会的政治学专著中对 power 作出了"权力"的定义。主动型社会（Active society）不是一种权力命定的社会（如皇权专制社会），或者主从关系依惯性延续的社会（传统社会），而是一种主动者竞争影响力的社会。艾兹翁尼指出：权力总是建立在关系之上的，是对比形成的（Etzioni, A., 1968：314）。也就是说，权力表现于相互的关系：谁领导谁，谁影响谁。显然，当今全球社会正是一种主动型的社会：各国都在竞争国际社会的一席之地，并力求通过国际传播获得话语权和影响力。同时，中国的国际传播也正面临变革的困局。一方面，我们要扭转全球（主要是西方社会）公众对中国的成见——这是西方传媒通过日积月累的信息滴灌形成的刻板印象；另一方面，中国的经济崛起正在打破美国的全球霸权，新的不平衡激发了美国的抗拒。

艾兹翁尼认为，在一个行动者的资源潜力（亦即实力）和他的实际能力（亦即权力）之间存在系统的差异：潜力和能力不能被视为一体，也不能用其中的一个（潜力）去预测另一个（能力）(A. Etzioni, 1968: 315)。这里，作者区分了资源（权力实现的潜在可能性）与权力（实际影响力）本身。这是权力细分的关键。

中文文献中对"软权力/软实力"的讨论也很多（如王沪宁，1993；刘德斌，2004；沈壮海，2009；黄金辉、丁忠毅，2010；吴晓萍，2011）。国际政治学者，如王沪宁、苏长和等，都从政治学的核心概念——权力——的角度理解 Soft Power，并将其译为"软权力"。其后，因为"软实力"用法的流行，出现了许多从文化资源角度，特别是从传统文化角度界定"软实力"的文章，例如沈壮海、吴晓萍的论述和综述。值得注意的是一篇哲学学者的文章（霍桂桓，2010），作者认为，从现实背景和学术脉络的角度看，这个概念"完全处于国际政治、国际关系研究领域，而非国内研究者通常所涉及的、一般的人文精神培养与建设领域抑或文化研究领域"（霍桂桓，2010：73），因而建议对"软实力"概念进行哲学的批判反思。之前，政治学者李智也提出，在社会学或政治学中，"权力"是一种非均衡、不对等的压迫性关系，并非占有的资源（李智，2008）。

本文认为，应从政治学的核心概念——"权力"——出发，在国际政治和国际传播的学术脉络中寻找 Soft Power 的研究框架。根据政治学和国际政治对权力的细分概念和对国际传播现实的分析，本文提出，用"有形的（军事、经济）力量"来解释 Hard Power，译为"硬实力"。在用文化资源等潜在的影响能力指代 Soft Power 时，译为"软实力"；而以"控制关系""话语权"等无形的影响力来理解 Soft Power 时，则译为"软权力"。在以策略、应用等实践方法可预见及实现的有效性来解释 Smart Power 时，可以译为"巧用力""用巧力"。

在这组概念中，硬实力、软实力、软权力和巧用力扮演着不同的角色。如何准确地界定这些与力量和能力相关的概念，区分不同的功能、表现及相互作用的机制，进而以巧妙的策略灵活地调动资源，在国际社会中增强中国的影响力与话语权，是本文的关注点。

第二节 软权力与巧用力：国际传播的目标与策略

本文认为，软权力与软实力是有区别的。软权力不是一种表现为（精神性）"实力"的文化资源，而是一种产生（控制与被控制）"关系"的结果。巧用力也不是一种本质化的概念，如特定的国际传播方式，而是多种传播方略相互结合的动态实践。"巧"的关键在于：它不是一种既定的"力量"，而是一种可以随时发挥的"能力"。

一 软权力：国际关系与国际传播

软权力可能来自硬实力的延伸，如军事威慑和经济控制衍生而出的影响力，也可能来自软实力的吸引，如灿烂的历史文明与悠久的传统文化，更可能来自具备吸引力的意识形态，如解放性的"自由""民主""平等"价值观。这种软权力既可能来自历史传承和国际联系所产生的传统影响力，也可能借助国际交往，通过精神和思想等符号系统"自然而然"地建构出来。软权力让别的国家自愿地、主动地索取该国想要给予的东西，而不是强令他国去追求本国所欲达致的目标。因此，软权力的核心是经由文化传播等非强制方式建构起一种"影响与被影响的非对称的权力关系"（李智，2008：55）。当前，国际合作与文化交往在国际关系中扮演着更加重要的角色，借助军事施压、经济利诱迫使他国就范的权力运作不仅受到普遍质疑，在现实中效果也越来越差。而借助传播所产生的"劝服"和"吸引"，通过价值观念、生活方式和社会制度的"合作"力量（co-optive power）（李智，2008：55），影响力则与日俱增。

"软权力"的概念与国际关系的理论一脉相承。现实主义的理论以理性主义和利益原则为根基，认为无政府性所产生的国际冲突是国际关系不可移易的常态，尽管新现实主义更强调谈判的方式与和平的手段。自由主义理论偏向理想主义，提倡以国际合作抑制世界冲突，特别是新自由主义对国际制度的强调"突破了物质权力这一现实主义的硬核"（秦亚青，2003：11），将制度、规范这些非物质性内容作为衡量国际政治和国际关系最主要的理论概念和研究变量。植根于后现代性的建构主义国际关系理论则进一步认为，国家可以造就一种从根本上趋于合作的国际政治文化。从现实主义到自由主义再到建构主义，国际政治领域在不断地探索以非强力与合作的方式克服冲突，以文化特别是柔性力量的方式建构和平共处的人类社会。

建构主义国际关系理论崇尚一种基于共识的"影响—被影响"关系，而这种软权力的共识主要是通过传播建构出来的。正如建构主义国际关系理论的奠基人温特（A. Wendt）所指出的，国家间的观念互动（亦即传播）形成了特定社会环境中的共同理解，从而产生一种共享的权力关系结构，并将决定国际关系的现实（A. Wendt，1992：135）。按照建构主义的理念，软权力不仅可能产生他国对本国的正面认知和态度，以及本国在国际舆论中的话语权，更能再造一种现实主义地缘政治视野之外的文化规制力。

例如，古代中国就曾是世界文明的一个核心区域，它对周边国家具有的强大软权力，依赖于中国文化、制度与生活方式等柔性资源对周边民族和国家的吸引力，特别是以陆上丝绸之路、海上丝绸之路为代表的中外贸易、文化交流体系支撑下的传播（刘德斌，2004：59）。可以说，古代中国的"国际形象"很好，它对周边国家具有明显的影响力（软权力）。再如当今的美国，利用现代化进程这种得天独厚的历史机遇，它曾经赢得了横扫全球的影响力。但在变化了的情势下，美国也主动调整了全球战略（史安斌、王曦，2014），加强"观念政治"的推行。软权力和巧用力概念的提出，正是一种主动社会行为者的选择。

建构主义国际关系理论不仅强调柔性权力，而且突出了"国家形象"在国际文化交往中的重要作用，以及传播对建构国家形象可能发挥的功能。"国家形象"涉及界定者的权威性、可信度等影响因素,也涉及对象国文化魅力、亲近感等吸引力因素。"国家形象"的文化改善有助于软权力的实现,因此,持之以恒的跨文化传播应当成为中国国际传播的长期目标。

中国在传统文化方面的软实力有助于中国软权力的发挥。不过,真正影响"国家形象"的软肋是与话语权有关的中国当代文化,亦即涉及制度、价值观、意识形态和对外政策、包括国际传播的政策和行为。中国在全球的形象长期地、反复地被抹黑,肯定有中国自身的问题,但也是主导全球舆论的西方传媒传播的后果。在国家层面,欲改变中国负面的国家形象,确实任重而道远。

二 巧用力:整合资源,借势用力

从传播角度总结中国形象的利弊得失,是现实而可行的路径。改变中国的国际形象,必须用巧力、巧用力。Smart Power 的概念提出只有十余年,并且只有一些简单的解释性说明。例如,奈一再强调,外交政策中最有效的战略需要融合硬、软等各种力量。这个概念的另一位提出者、也曾经是外交官的诺索尔(S. Nossel)解释说,巧用力就是"权力的巧妙使用"(smart use of power),是对各类资源和硬、软实力的灵巧调动和相机行事,是高度策略性的实践,目的是以复合的资源产生效果更好、效率更高的影响力。诺索尔说,巧用力意味着美国自己的手脚并不总是最好的工具:美国的利益是通过调动代表美国目标的其他人来推进的,是通过联盟、国际机构、审慎的外交和思想的力量来实现的(S. Nossel,2004)。美国前国务卿希拉里·克林顿带领美国重返东南亚,挑起风波,制造麻烦,自己则坐山观虎斗,用的就是四两拨千斤的巧力。

什么是国际传播的硬实力?全球传媒架构、网络基础设施、人员布局、渠道设置等"有形"的物质资源,包括财政拨款等资金投入便是。什么是国际传播的软实力?特有的历史遗产、价值观、意识形态、社会制度等"无形"的文化要素便是。而巧用力是在这些资源和要素之间进行的取舍与整合。巧用力基于自知之明和知人之明,是在扫描形势、盘点资源的基础上设计出来的切实可行的传播方案和巧妙实施的策略行动。在国际传播的具体实践中,巧用力没有一定之规，它是在实践和学习的基础上不断摸索的经验，是通过巧妙的实施建构出的影响力途径。

第三节　巧用力：培育中国国际传播的影响力[①]

强调软权力，提出巧用力，不是否定或者忽略硬、软实力，而是因为，近年来国内对作为资源和基础的硬实力和软实力的重视与日俱增，软、硬资源已经不是问题所在。不过，随着中国的强盛，偏重资源（硬、软实力）、误解权力（影响力）且忽视实际效果（巧用力）的惯性却催生出以为资源成就一切的观念和以发展取代一切的倾向。本文针对的正是中国的国际传播不"软"不"巧"，硬实力明显上升而影响力始终不足这个日益突出的矛盾。

一　软硬实力与影响力的方枘圆凿

软硬两种力量虽然可能相互促进，但并不必然相关；有时甚至效果相反。当前，中国的国际传播一方面表现为基础设施的快速增长和高调运作，另一方面则是影响力的明显不足——中国缺乏具有国际号召力的文化符号和价值理念，媒体公信力不足。这两种互相矛盾的趋势徒增"威胁"他人的负面观感——周边国家往往是、并正在从反面理解中国传播硬实力的增长。

进入21世纪以来，随着中国传媒产业"走出去"工程的实施，中国国际传播的硬实力加速膨胀。中国在境外落地的电视台、频道、节目，发行全球的报纸杂志，在海外建立的驻外记者站以及各类文化推广机构已颇具规模，中国国际传播的全球布局和基础架构已经成形。伴随着综合国力的提升，中国的国家形象得到了一定程度的强化，在国际舆论中的声音也不断增高。然而，"中国威胁"的论调却盛行起来。国际传播赢在公信力。文化吸引力来自亲和感。在国际传播领域不利于中国的西方话语占据主流的情况下，中国传媒铺天盖地的发展态势带来的更多是怀疑和恐惧。

[①]　鉴于Soft Power在全球传播中的敏感性，本文建议慎用这一带有特定含义（不适合美国以外的国家）的词语，而在主张时以意义相似但不含侵略性的"影响力"取而代之。

近年来，文化软实力的作用也日益受到重视。在世界各国开办的数以百计、千计的孔子学院和孔子课堂，积极致力于中国语言文字和中华文化的海外传播。但是，迫不及待的全球推广再一次引发"中国入侵"的批评。面对激烈的国际文化竞争，中国传统的软资源尚未充分展现魅力。而与表现为现代性特征的法国自由、平等、博爱精神，代表着渐进主义协商政治的英国议会制度和体现了大众民主思想的美国流行文化相比，中国文化的现代性建构严重不足，当代的中国道路、中国制度和中国理论还受到广泛质疑。与其他传播大国相比，中国的软资源亟待挖掘；中国的文化思想、象征符号及其表达方式亟待转型；中国国际传播的影响力亟待构建。

目前中国国际传播的硬实力和影响力处于矛盾状态：经济资源和基础设施硬，思想吸引力软；硬实力持续增长，影响力明显滞后。特别是在"走出去"项目的具体实施中，还存在着将各种力量混为一谈，以为仅仅通过基础设施的改善和文化资源的挖掘便可实现对外传播目标的思想误区。结果是，用力越多，招致他国的警惕和反感越大，往往事倍功半，甚至适得其反。

因此，盘点中国对外传播的硬实力和软实力资源，设计恰当而富有弹性的巧用力策略，培育在全球传播格局中的软权力，是中国面临的重大课题。

二 用巧力培育国际传播的影响力

如何解决长期以来"重硬轻软"、忽视影响力的传播弊病？本文认为有以下几点。首先，是优先发展柔性资源，挖掘、整理和建构具有中国特色的、对国际社会具有吸引力和同化力的文化符号和表达方式。一方面，要激发中国古典文明的现代活力；另一方面，要整合当代中国文化的优势资源，培养中国文化和思想的影响力。

其次，是平衡发展传播的渠道与内容。一方面，要大力扶持具有传播优势的文化生产内容；另一方面，要实施"弹性"的渠道发行策略，以中国香港、中国澳门、中国台湾以及东南亚等具有中华文化接近性的地区和美欧等具有全球影响力的国家为突破口，通过各种授权方式走向全球。

第四节　简短的结论

国际传播的"权力"可以细分为"资源"、"策略"和"影响力"。当前，就中国的国际传播而言，资源性的"硬实力"不是问题，"软实力"没有大的问题；作为"影响力"表现和结果的"软权力"是个重要问题，而策略性的"巧用力"则是关键问题。

本文提出，在用文化资源等影响元素指代 Soft Power 时，继续采用"软实力"的提法，而以"控制关系""话语权"等思想影响力来定义时，慎用全球通行的"软权力"词语，可换用相近的"影响力"概念。针对海外传播中侧重硬实力的长期惯性，现在需要特别重视"影响力"这个中国传播的软肋，聚焦"巧用力"这个传播策略的实践问题。

软权力是一国经由文化吸引等传播方式对他国形成的影响力。作为国际传播的最高目标，强大的软权力表现为良好的国家及媒体形象和重要的国际舆论话语权。在国际传播实践中，巧用力是一种灵活机动地整合、调配并运用传播硬实力（包括渠道、设施、人才等）和传播软实力（文化、价值观、制度等）以实现思想和行动影响力的策略和方法。

巧用力并未提供一种现成的应用模式，而只是给予主体一种关于自身处境、资源占有和战略目标三者之间彼此联动的思维方式和运作谋略。巧用力需要根据中国资源禀赋和国际传播环境，制定巧妙调度与平衡开发的策略，动员各种力量，激发传播资源的最大效能，推动国际传播效果的不断优化，为中国的和平发展提供良好的全球舆论环境。

参考文献

Boudon, Raymond and Francois Bourricaud, *A Critical Dictionary of Sociology*, University of Chicago Press, 1989.

Etzioni, Amitai, *The Active Society: A Theory of Societal and Political Processes*, London, Collier-Macmillan; New York, Free Press, 1968.

Nossel, Suzanne, "Smart power", *Foreign Affairs*, Mar./Apr. 2004.

Nye, Joseph S. Jr., *Bound to Lead: the Changing Nature of American Power*, New York: Basic Books, 1990.

Nye, Joseph S. Jr., *Soft Power: The Means to Success in World Politics*, New York: Public Affairs, 2004.

Tellis, Ashley J., et al., *Measuring National Power in the Postindustrial Age*, Santa Monica, Calif.: RAND, 2000.

Wendt, Alexander, "Anarchy is What States Make of it: The Social Construction of Power Politics", *International Organization*: The MIT Press, 1992.

Wilson, Ernest, J. III., "Hard Power, Soft Power, Smart Power", *The ANNALS of the American Academy of Political and Social Science*, March, 2008.

Zaharna, R. S., "China's Confucius Institutes: Understanding the Relational Structure & Relational Dynamics of Network Collaboration", In J. Wang (Ed.), *Confucius Institutes and the Globalization of China's Soft Power*, CPD Perspective on Public Diplomacy, Los Angeles: Figueroa Press, 2014.

黄金辉、丁忠毅：《中国国家软实力研究述评》，《社会科学》2010年第5期。

霍桂桓：《关于软实力的几点哲学思考》，《南方论丛》2010年第1期。

李智：《软实力的实现与中国对外传播战略》，《现代国际关系》2008年第7期。

刘德斌：《"软权力"说的由来与发展》，《吉林大学社会科学学报》2004年第4期。

刘德斌：《软权力：美国霸权的挑战与启示》，《吉林大学社会科学学报》2001年第3期。

秦亚青：《西方国际关系学：知识谱系与理论发展》，《外交学院学报》2003年第3期。

沈壮海：《文化软实力的中国话语、中国境遇与中国道路》，《马克思主义研究》2009年第11期。

史安斌、王曦：《从"现实政治"到"观念政治"——论国家战略传播的道义感召力》，《人民论坛·学术前沿》2014年第24期。

苏长和：《中国的软权力——以国际制度与中国的关系为例》，《国际观察》2007年第2期。

王沪宁：《作为国家实力的文化软权力》，《复旦学报》1993年第3期。

吴晓萍：《约瑟夫·奈的软力量理论及国内研究述评》，《通化师范学院学报》2011年第1期。

约瑟夫·奈伊：《柔性权力》（*Soft power: the means to success in world politics/Joseph S. Nye, Jr.*），吴家恒、方祖芳译，台北：远流出版事业股份有限公司2006年版。

约瑟夫·奈、王缉思、赵明昊：《中国软实力的兴起及其对美国的影响》，《世界经济与政治》2009年第6期。

张顺生：《"Smart Power"的由来、内涵与译法》，《上海翻译》2010年第3期。

结论

创新中华文化海外传播的对策建议

中华文化海外传播的总体目标是将有关中国形象和中国文化的丰富信息传播至尽可能广泛的海外受众，并为他们所接受。国际传播的实际效果[1]是海外传播的根本目标。

本研究的总目标是战略策略创新，战略创新是在原有传统、常规实践和主流传播的基础上，发掘新的途径，动员新的力量，推荐新的方法，进行不同文化之间的传播。总的策略原则是灵巧用力，背靠硬实力、侧重软力量，以可亲可近可信可靠的国际形象增强中国在世界上的话语权和影响力。

整个研究遵循这样的路线：首先提出问题；其次研究文献；再次理论思考加实证调查；最后提出对策建议。按照这样的逻辑，本书第一部分是导论，首先在绪论中提纲挈领地对全书内容做了先导式简介，介绍研究的思路和布局，使读者有一个预期。第二部分是任务与形势，对中华文化海外传播的创新目标进行了题解；同时分析了中国面临的严峻挑战——主要是遭到贬损的国家形象和不被西方主体社会认可的公信力。第三部分是历史回顾，以文献研究的方式展示了中华文化走出去的历程，将海外传播既取得成绩又充满艰辛的历史背景作为继续创新的出发点。第四部分是学理基础，以理论综述的方式介绍了国际宣传现代化的发展趋势、文化全球化的时代环境和文化地理学的历史影响等理论脉络，以此奠定本书的研究思路和学术框架。第五部分是地缘观察，选择与中国文化接近的几个东亚和东南亚国家，以案例研究的方式探讨了它们的文化地理条件及与中国的文化传播关系。第六至第九这四个部分主要是由课题研究者自行完成的专题性调查研究，在对中华文化海外传播实践进行理论思考和实证调查的基础上，提出了相应的战略策略分析。本书按照传播力量、传播内容、传播对象及效果、传播战略和策略的大体分类，介绍与展示了本研究理论性、经验性研究的成果，以实例的展示说明、解释和支撑研究的结论。第十部分在理论思考、文献研究和实证调查结果的基础上，在归纳了战略策略创新的要点之后，提出了主要的对策框架：构建中国海外传播的顶层协调机制，完善对外传播效果和影响的评估体系。

---

[1] 本篇的"效果"一词根据语境的不同有宽窄两种含义。一种是效用，即宽泛的"有用"含义；另一种是传播学效果研究中严格意义的"效果"，即可观察、可测量、可指标化的因素，或称变量，这种短期可测评的效果常常与长期才能观察到的深层影响意义相对。

本部分（第十部分）是对策建议。有三个篇章，第一篇是结论（郭镇之），首先，是对本研究主要创新发现的概述；其次，列举了关于中华文化海外传播对关系的思考和中华文化海外传播五个方面的建议；最后，是对建构中华文化海外传播评估体系的思考和对中华文化海外传播协调机构的对策建议，归纳出体制机制创新的结论。

第二篇《"讲故事"与"讲道理"：国际传播中的新闻报道与话语创新》（郭镇之）和第三篇《结语　多元一体，讲好中国故事》（郭镇之）是代表性的研究成果，从战略和战术角度对动员多元传播力量、软硬结合进行中华文化海外传播的创新方略进行了具体的阐述。

中华文化海外传播的对策建议

中华文化海外传播的创新必须立足于对国际传播真实状况和对外传播实际效果的正确判断。通过对国际形势、全球趋势和中国对外传播的文献研究，通过国别性、地区性的专题研究及电影、图书、电视等行业的资料综述，课题组对中华文化在海外的存在状况获得了较为全面的认识，并产生了两方面的思路：①政治性传播，即借助新闻报道主要介绍中国事实、表达中国观点的传播，具有不可避免的意识形态抗争特点；②文化类传播，即以文学艺术等途径讲述中国故事，以"润物细无声"的方式进行情感交流。两大类思路缺一不可，应根据不同的时势变通传播策略，并朝深化、细化、精准化的方向前进。

第一节 中华文化海外传播创新研究的主要发现和成果

通过对政治传播、文化传播的深入思考，对文化全球化、宣传现代化和文化地理学理论思路的梳理及对相关地区的案例分析，通过对传播者、传播渠道、传播内容、传播对象，特别是传播实践和技巧及其效果和影响的专题研究，针对传统理念、常规途径、主流方法在中华文化海外传播中遭遇的困境，本研究提出了另辟蹊径、别出心裁的总体创新思路和非传统思维、非常规实践、非主流渠道的传播战略和借势用力、软硬兼施的策略方法。非传统、非常规、非主流的战略和善用巧力、巧妙用力的策略，是本研究的主要发现。

一 中华文化海外传播的主要发现

通过文献研究、理论辨析、实证调查与深度访谈，本研究发现以下几点。

结论　创新中华文化海外传播的对策建议

首先，中国的对外传播仍然面临严峻的挑战。一方面，中国的现代化不断进步，中国国力明显增强；另一方面，中国在国际上的总体形象却并未得到根本改变，中国对自身形象的定位与海外对中国形象的认知之间还存在巨大差异。对中华文化全球推广的激进手段、自称"厉害"的话语方式，国内外舆论存在深刻的分歧和明显的争议。国家形象始终是中国对外传播有效性的最大软肋。中华文化的海外传播形势严峻、挑战艰巨，任重而道远。

中国必须通过宣传方式的现代化革新，增强国际传播的正面影响力。在对外传播中，急功近利的宣传效果适得其反。应避免导致普遍猜忌的运动式、工程化操作，尤其要警惕符号和话语的陷阱。应该坚持理性的态度，摆事实讲道理，通过话语的竞争达到概念的共识，既辨明是非，又求同存异。

其次，是在国际交流中民间力量大有可为，公众外交、文化交流潜力巨大。"国之交在于民相亲，民相亲在于心相通"。国际传播应该借助文化接近性的散播规律，创新各种接近受众的柔性渠道、方式与方法。应避免因误解和曲解产生国际争议与文化冲突，只有尊重其他国家和人民，理解不同的文化及习俗，润物无声、细水长流，中国才能树立可亲可敬可爱可信的国家形象。

动员多元成分的传播力量，有赖于国际传播观念的改变与政策的革新。要提高讲故事者的信誉及其讲故事的能力，下功夫、用巧力，看客下菜、立足长远，才能发挥文化传播增益国际友好关系的桥梁作用，把中华文明的精髓和中国文化的精华推向全球，与世界分享。

此外，是受众的地缘差异和文化影响。研究发现，不同地区的民众对中国的印象大多来自本国媒体的传播，他们对中国对外传播内容的解读和反应受制于本国文化、本国媒体及本国与中国的关系；而中国人对域外文化的感知普遍不深。因此，文化传播要借势用力，因势利导，与了解国情民意的他国及当地传播者密切合作，言所当言，行所当行，才能入乡随俗，增益国与国之间的友好关系，并将中国的优质文化和美好形象传扬出去。

中华文化的海外传播是在西方媒体覆盖全球、西方话语统治世界的环境中进行的，面临外界对中国形象存疑和中国国际话语权不足的困难。对外传播不能按照线性思维，以数量和强度取胜，必须机智灵活、随机应变，可以通过"买船"、"租船"与"借船"等多种渠道，用巧力、巧用力，塑造中国的良好形象，扩大中国的积极影响。现代化过程中日益强健的中国需要持续开放与改革的形象。利用国际新闻报道的客观公正原则，通过西方专业主义媒体的全球传播，也不失为一种有效的对外传播策略。

最后，是创新的战略策略。根据研究所发现的传统理念、主流途径、常规方法在中华文化海外传播中遭遇的挑战与困境，考虑到全球化环境中人际接触渠道的大量增加，本书主张：对外传播要另辟蹊径，别出心裁，强调非传统思维、非主流渠道、非常规实践的有效性，更多采用公众外交、文化贸易等国际通行且行之有效的途径和方法。文化走出去主要依靠民间社群的作用和市场经济的力量，努力改善中国国际形象和涉华舆论环境，最终扭转中国对外传播的被动形势。

二 中华文化海外传播的研究成果

海外传播的战略策略必须基于坚实的理论基础。本书基于全球本土化、文化地理学、宣传现代化、国家形象建构等理论背景的梳理，通过文献综述和理论辨析，对"软权力""巧用力""公众外交""文化接近性"等概念话语及其传播实践进行辨析，提出了另辟蹊径、别出心裁的创新观念和采用非传统思维、非常规实践和非主流渠道等一些理论思路。

通过对移动电子传播媒介和网络视听传播的历史考察、对中外传播文本的内容分析和对海外传播对象的专题性调查研究，研究将认知和判断建立在牢固的资料基础上，进一步导向海外传播创新的战略策略研究，建议通过过程考察及结果核验等方式，改善项目资助、活动开展的实践，最终落实海外传播的实际效果，达到中华文化"走出去"、面向全球发挥影响力的创新目标。

在理论创新方面：本研究指出了概念的话语本质和引进及输出概念所应抱持的清醒态度。在方法创新方面：本课题借鉴符号聚合理论和幻想主题分析、多模态话语分析等创新的方法，取得了一些独特的观察结果。在知识创新方面：本课题对多元主体的传播参与、外国媒体的涉华传播等进行了多侧面、多层次的探索。在战略策略创新方面：本书主张，战略上用巧力软硬结合，动员多种传播力量，因势利导，另辟蹊径，争取国际话语权；策略上巧用力以柔克刚,通过民间交流和文化传播,培养信任及好感,塑造中国可亲可信的良好形象。

第二节　中华文化海外传播创新的战略策略思考

通过对中华文化海外传播的创新实践进行文献与案例、定性与定量、理论与经验等多方面的专题探索,为了提高国际传播的有效性,本书对一些关系的差异和界限进行分析、反思,探讨与廓清了一些容易混淆的概念。

一　对八种重要关系的反思

(一) 主流与主体

中华文化面向海外进行传播的各种力量,亦即传播参与者,可以采用"主流"与"主体"两种概念来认识。主流即中坚,非国家新闻传播媒体莫属。这些传统新闻媒体长期从事大众传播活动,经验丰富,政治敏感,整体文化素养高。同时,他们有比较明确的专业意识和法纪界限,自律性强,能够较好地完成国家的宣传意图。他们的体量虽然有限,却是对外宣传的核心力量。

主流新闻工作者也有他们的局限性。主要是,他们被固有体制和传统观念束缚得很紧,思想不够解放,行动畏首畏尾,大多不敢越雷池一步。与反映人民的呼声相比,他们更重视的是遵循上面的旨意。他们向世界展示的,是与政府高度一致且相互雷同的面目。这种形象缺乏对世界民众的说服力、感召力。因此,单靠主流媒体及其传播者是无法实现面向全球传播中华文化的艰巨目标的,必须动员尽可能多的传播力量。

开展公众外交的非新闻传播行业的各种机构及其人员、参与文化外交的各类群体、与中外交流和对外传播相关的市场主体、商业公司及个体,包括普通的公众和活跃的网民,构成了中华文化海外传播的主要群体。特别是,在当今网络世界,由各类群体组成的网民成为公众外交和文化交流的主力军。民间力量的"文化大使"作用日益凸显,完全可以另辟蹊径,别出心裁,采取不同路径和方式,完成中华文化海外传播的庞大任务。

这些传统上的非传播机构和一般公众本来并不擅长中外交流,大多也无意从事对外传播,但在他们有意无意的言行中间,能够反映多元的中国舆论,可以展现客观的中国形象。虽然原生态的中国形象还需要改进,但我们应该有这样的自信——中国的形象本来就是积极向上的,越来越多的国际交流实践也会增进中国人的开放意识和传播经验。而在外国人看来,无功利目的的民间交流更真实,非宣传目标的文化更可信。因此,发动庞大的多元群体参与中华文化海外传播的创新实践,既有必要,也很重要。

不过,非专业新闻工作者的传播者也存在缺点。他们缺乏"真实客观公正"的新闻传播标准的常识,也缺少国际传播的意识和经验。特别是普通网民,常常传播不实消息,也往往散布情绪化的言论。而一些从事公众外交的非新闻传播部门机构、社团组织,则名为民间,实为官办,缺乏信息传播的专业训练和公开透明的交流习惯,甚至官僚气味浓重。在由媒介调节的当代世界,人人都需要学会交流与沟通。一些与国际交流有关的机构和人员特别需要提高新闻传播的常识与技能。在提升全社会传播素养和交流技能的过程中,新闻传播教育者可以发挥重要作用。同时,公民的自我教育也是社会发展中不可或缺的一部分。

主流与主体可以分工协作、互相配合,既要区别对待,又要统筹协调。例如,主流传播可以是"国家队"从事的内容严肃、品质精良、有国家背书的官方信息传播,不以数量取胜,权威性是其特征;主体传播是由多元群体在各个领域分别进行的大众交流与文化贸易,充分体现灵活性。同时,应充分认识并积极发挥港澳台地区和华侨华人在中华文化海外传播中的特殊作用,他们是既熟悉当地民意又了解祖(籍)国文化的海内外沟通的二传手。此外,借用具有较高专业素质和良好声誉的国际主流外媒和国外当地传媒的传播渠道,对全球和各地受众传播中国故事,具有更高的传播效果,也都是可行的战略对策。

(二)海内与海外

在全球传播的时代,"海内"与"海外"已经很难分开。中国传统上遵循"内外有别"的传播原则,有"内宣"和"外宣"的区分。不过,在海内海外鲜有阻隔的全球化时代，分门别类、定向供应的信息传播方式面临巨大挑战。通过新技术和新媒介的渠道，国内消息很快便会流向国外，甚至引起轩然大波；国外动向包括娱乐内容也会瞬间传遍国内，导致强烈反应。加上驻外记者的普遍制度化和各种自媒体的活跃存在，中国信息的对外泄露与国际消息的国内流传早已不分彼此；新闻传播者恪守"内外有别"的传统、护卫各自经营的疆界已经不太现实。对不同地区和各种群体，分工与融合是主流的趋势。既有必要看客下菜，因势利导，一国一策甚至一例一策，但在同时，内宣（国内宣传）和外宣（海外传播）、宣内（讲述中国故事）与宣外（介绍外国知识）也具有相通性、可互换性。

目前，已有大批中国人侨居国外，常驻与居留国内的外国人也越来越多。因此，"对外传播"的概念已经由地理的变为对象的、由固定的变为流动的。特别值得注意的是，对内传播会产生流散外界的全球反应；对外传播也可能出现"飞去来器"的国内效应。中国的海外传播面对的常常是流动的群体和移动的媒介，传播的方式和内容也必须根据传播对象随时调整。

有鉴于此，宣传主管部门不能再盲目地相信国内传播的严密控制力，也不能再期望对外传播的内容自然而然地导向对外宣传的效果。中国的外宣与内宣已经相互融合，难以截然分开。无论聚焦海内（国内）还是针对海外（全球），定向的传播必须时刻准备全球的流通。

（三）宣传与交流

宣传是怀有说服目的的传播，交流往往指无特定动机的交往。在现代社会中，这两种传播都很常见，但各有不同的方式方法。宣传需要高超的沟通技巧，必须有的放矢，不可自说自话。在有效的对话中，双方对概念的界定不必相同，但应该一致；编码与解码必须顺利沟通，才能相互理解。宣传中的叙事与符号可以加强说服力和感染力，但必须能够被人认同和接纳。

在无特定目的的交流中，其实也有一个最宽泛的期望，那就是产生友谊。导向友谊的好感最容易产生于非功利性的交流和娱乐中。中国深厚的文化资源、民间丰富的想象能力和灵活实践可以产生文化交流的无限动力。基于文化交流的公众外交是当代传播创新最重要的途径。

（四）主体与客体

现在的全球公众已不再是消极的受众，不再是"我打你通"的单纯对象。

他们不仅是信息的积极解读者，而且往往是消息的活跃扩散者，甚至是内容的主动生产者。其中，特别值得注意的是庞大的网民群体。在新技术媒介条件下，网络交流成为公众传播的主要渠道，甚至引导传统的大众传播，进而设置社会的公共议程。网络内容的通俗化、网络技术的简便化，使得集合的网民成为一个庞大的集团——既是消费者同时也是生产者的产消者（prosumer）。

随着主体与客体的转化，传统意义上的传播者与传播对象、主动受众与被动受众的区分已经不再截然分明（仍然具有理论上的意义）。媒介内容的接受者是独立的、批判性解读者。他们不会轻易地按照传播者既定的方向、路径、解释和含义去理解传播内容。

新媒介没有森严的技术边界，这使产消者的活动成为没有疆界阻隔的信息流动。在这里，"对外传播"的概念只具有理论区分的意义，在实践中已经变为个体与整个外界（国内、国际与全球）的关系。而如何界定及影响这批非传统意义的产消者，是当今中国文化传播必须面对的问题。

值得注意的是，近年来，由于中国的崛起，中国传播者在与第三世界发展滞后的国家建立文化交流的关系中，不自觉地表现出盲目的优越感，下意识地以援助者、领导者自居，往往忽略了对方的感受。糟糕的感受可能会将整体的积极努力和正面的传播成绩消弭于无形。对传播对象主体性的忽略，是中国对外传播进一步改革创新需要解决的问题。

（五）"造船"与"借船"

十余年来，作为主流传播者的传统新闻媒体，对外传播十分用力，也取得了明显的成果。但由于国际公信力不足，始终难以实现海外传播的关键突破，因而需要改进传播策略和方法，扩大传播渠道。除了传统的"造船"，亦即国家主流新闻传播媒体的全球布局、自行出海的主动传播之外，尝试"买船、租船与借船"等多种途径，借势用力，努力提高对外宣传的成绩特别是效果，不失为可行的指导思想。

"买船"和"租船"可指购买或者租用海外媒体及频道，与当地媒体实行互惠互利合作。"买船"和"租船"也可以泛称"借船"（"借助""通过"之意），但"有偿"是关键；严格的"借船"则指国外媒体的涉华报道，如果信息真实，态度客观，立场公正，可以在全球传播中国的声音、形象，表达中国的立场、观点，此时，外国媒体成为中国免费利用（"赚得"，earned）的传播渠道，而且往往是更有效、更可信的传播渠道。利用新媒介和社交传播，与国际社会和当地人民密切交流，也可以成为一种免费或者低成本的公信力来源和传播渠道。

当然，西方媒体在涉华报道及关于中国的传播中，会带有自身的动机，肯定也会使用隐含的话语策略。不同内容待遇有别：某些硬核事实，不妨客观报道；遇到混沌不清，可以上下其手；涉及重大分歧，不掩鲜明态度。对此，中国应有足够的警惕并采取相应的对策，分别不同情况及时反馈。必要时据理力争，以正视听，同时又礼貌得体，有理有利有节。

随着中国影视行业的增长，与海外合拍的尝试越来越多，方式方法也多种多样。中国在合拍项目中的自主权和主导权越来越大，角色也从追随转向引领。不过，在与海外的合作中，需要克服傲慢的"金主"心态，宽容不同意见，尊重文化创作的自主性和主动权，以最佳的海外传播效果为首要目标。

如果说，"借船出海"是中华文化海外传播渠道的空间拓展的话，"趁机出海"、"乘机出海"（"借机出海"）就是中华文化海外传播行动的时机把握。重实效、抓机遇需要敏捷的反应和灵活的机制。机会稍纵即逝，对外传播必须眼疾手快。总之，动员软硬力量相互结合，抓住时机借船出海，借机出海，是中华文化海外传播创新的有效路径。

（六）引进与输出

"引进"与"输出"既可以指文化产品实际的进出口行为，也可以用于传播的比喻意义。非政治宣传性的文化传播主要通过文化交流和文化贸易两种渠道。无论哪种传播，都要有来有往，有去有回。文化交流一般指非功利性、非商业性的文化交往，是最单纯的人民之间的接触，最容易相互了解、产生友谊。文化贸易则是商业行为，奉行经济规则。文化贸易虽然受利润驱动，但却是最常见、最便捷的全球通道，也是最广泛、最有效的传播渠道。

在文化市场中，中国既交流，也贸易；既输出，也输入。东亚和东南亚国家与中国交往的历史悠久，与中国有割舍不断的文化关系。由于地理与文化的接近，东亚和东南亚的民众对中国和中华文化有更深入的认识，甚至有共同的文化偏好。对这些地区的人民进行文化传播，可以基于共识性的传统，在互利共赢的领域开展文化产品的友好合作，例如合拍片。不过一般而言，由于市场奉行的主要是实力与利益的原则，较发达的市场与欠发达的市场之间，输出与输入并不均衡。

在与更发达的市场（如西方发达国家尤其是美国）的文化贸易中，中国则可能继续是入超国。阶梯式流向的原则是：水总是从高处来，向低处走。在现代化发展的许多方面，特别是在文化产品和文化市场方面，日本和韩国走在中国前面。它们的市场经验可以提供中国借鉴，日、韩的文化产品也是流入中国多于来自中国。

文化交流的"流出"与"流入"虽然有多有少，但从来都是双向的。这意味着，一方面，中国文化要"走出去"，让世界人民更多地了解自己；另一方面，也应该开门纳客，拥抱世界，让外面的文化和人民"走进来"。我们应该精选优良的中国本土文化，对外推广，但也应该去芜取精，吸取世界优秀文化。只有让世界人民及其文化更多地走进来，才能让中国文化更好地走出去。

出入境旅游是一个极有前景的朝阳产业。为了让世界人民特别是周边国家的人民更深入、更真切地了解中国，应该大力发展国际旅游贸易事业，让人民友好往来，亲身接触。除了中国游客走出去之外，也要吸引其他国家尤其是周边国家的人民入境旅游，用他们自己的眼光打量中国，以他们自己的身心体验中国，成为中国形象主动且独立的建构者。

应该对真实中国的积极形象充满自信。这种自信可以表现在不惧观察，不畏点评上。在一个开放的世界中，臧否不由己。因此，也可以创造条件，让国外媒体"走进来"，更方便地观察和报道中国，帮助其民众了解实际的多面的中国，而不仅是想象中的负面的中国。其实，无论是某些西方媒体笔下的一团漆黑，还是中国媒体宣传中的一片光明，都不是正常中国的形象。正常的中国形象是我们以及外来者每日都能看到的中国：既有历史的包袱，又有改革的成绩，有好有坏、喜忧并存。允许外国人及外国媒体亲身观察，有助于打破中国"封闭"的负面形象。

当然，见客总要穿戴整齐、言行得体。为中国形象计，除了中国出境游客需要检点自身行为，留意海外形象之外，国内也需要不断改革、持续开放，用心改善国民素质，努力增进国家表现。

（七）长远与短期

改革开放40多年，中国的经济发展速度惊人，走过了西方国家数百年才走过的现代化道路。这种奇迹般的发展速度让许多中国人产生了一种"时不我待"的紧迫感，相信"一万年太久"，要"只争朝夕"。在全球文化市场上，中国的发展速度也很惊人。例如，中国电影观众体量惊人，票房惊艳，已经成为全球数一数二的大市场。因此，许多中国人期待中国的文化也能够像经济一样一飞冲天，迅速成为世界文化强国。这种赶超先进、"做大做强"的心态根深蒂固。

不过，盘点起来，中国文化产品的繁荣主要还是经济的成果，而不是文化的景象。文化经济的成就如过眼烟云，随用随弃，而在"文化"的本来意义（精神升华、传统延续）上，当代中国文化却总体上创新乏力。亦步亦趋地追随海外成功的市场经验，极力追逐经济数量和金钱标准的后果是，中国文化产品的品质反而有滑落的迹象。

集中的努力能够催生短期的绩效，甚至明显的成就，但文化的积累是一种"慢工出细活儿"的长期耕耘。文化的交流是一种相互吸引的弥漫接触，文化的接纳是一种浸润性的漫长融合。也就是说，对外文化传播的短期"绩"易得，海外文化影响的长期"效"难寻。传播工程固然可以疾风暴雨，效果如何却需要几代人的共同努力。

（八）成绩与效果

传播成绩是看得见的成果，一目了然。传播效果却往往是间接的隐形影响力，需要用科学方法去测量，用长期的观察去思考、分析、理解和解释。关于传播表现，的确有一些部门在生产数据，但大多基于市场或者为了市场。急功近利操弄之下，有的测量方法不可靠，有的测量结果不可信。

对外传播的效果却更难测量，存在经费不足、观念陈旧、数据可靠性差等问题（刘燕南、谷征，2012）。在主流媒体汇报对外传播及"走出去"工程的项目时，最常见的做法是以成绩代替效果（以绩代效），以"做了些什么事情"的答话回应"获得了什么影响"的问题。文化传播的实际效果究竟如何，始终是个疑问。

传播实绩并不能代表传播效果。道理很简单。做出了什么（工作）与得到了什么（收益）并不一致，不一定是成正比例的关系，有时甚至南辕北辙。如果效果欠佳，还只是得不偿失；如果效果相反，则投入越多，结果越糟。可见，如欲得知对外传播的实际效果，常规的、定期的、持续的调查研究势在必行；准确的、客观的、实际的效果评估必不可免。

二 创新传播的五种着力面向

基于课题对传播者、传播渠道、传播内容、传播受众的细致考察，特别是聚焦于对传播效果的深层思考，经过多种主题、方法、对象、路径的探索，本书对中华文化海外传播的传播者、传播对象、传播途径与传播内容，以及最重要的传播效果，提出了系统性的创新对策。

（一）动员中华文化的多元传播者

中华文化面向海外进行传播的动员力量，可以区分主流传播者与主体传播者。主流传播者是传统的新闻传播媒体及其新闻工作者，他们是对外传播的中坚力量。对主流媒体及其新闻工作者来说，中华文化海外传播的主要创新方法是摆脱传统体制的惰性，从常规思维的束缚中解放出来，超越惯性的话语和叙事方式，通过传播机制的创新，实现传播公信力的突破，重塑中国传媒的国际形象。这是一个长期的目标，也需要一个漫长的过程。

中华文化海外传播的主体包括庞大而多元的群体，包括活跃的网民，这些传统上的非传播机构和一般公众在参与中外交流中是中国形象的义务宣传员，是中国信息的免费传播者。民间文化交流可能不那么"高大上"，但有利于反映中国的多维形象。而在外国人看来，民间的、非功利、"不完美"的传播肯定更真实、更可信。

对那些自下而上的公众文化交往，一定程度的政府支持是可以的（这也是"公众外交"含义之所在），但深度介入、大力推广却大可不必，因为这样做可能导致相反的作用，为本来自发的活动带来官方的色彩、政府的印迹。质朴的民间活动、自发的人民交往所带来的文化吸引和单纯好感也是重要的软实力资源，应该尽量保留这种"软实力"的民间属性。

当然，公众外交活动的内容和品质也是对外传播需要考虑的问题。自下而上的活动难免商业组织的介入和市场行为的推动。如果不能保持清醒的文化认知,不能保证一定程度的纯净动机,公众传播的品质就可能退化,进而导致交流活动的颓败,甚至影响中国形象。

处处有文化,时时在传播。对非专业的传播者来说,重要的问题是增强对"异文化"和"准传播"的敏感性,培养良好的传播意识和真诚的交流愿望。当然,各种传播群体和个人都存在这样那样的缺点,尤其是网络社群的极化和网络言论的非理性,是很难避免的——唯其如此,社会生活和传播生态才更"正常",更真实。但是,难以避免不等于无所作为。培育良好的社会生态,除了需要法规的约束之外,也需要有意识的专家评论、有良知的传播批评和专业性新闻媒体坚持不懈的正面示范。整个社会都应该营造理性、温情的传播生态——而这正是中华文化的特点和优势。

国民形象是国家形象的一部分,而国民形象,说到底是公民素养的外露。提升公民在国际交往方面的认知和素养,是公民教育的重要组成部分。尤其是在全球化时代直接接触机会大量增加的情况下,改善行为方式和加强沟通能力,也有利于促进中外交流与对外传播。对最有可能涉足中外交往的目标群体,可以分别轻重缓急,进行针对性的培训,对出国留学、访学人员,对海外经营的企业家和务工人员,对大量出境游的中国游客,都可以针对性地进行有关国家形象的知识教育和行为引导。在转型时期的中国,构建一种与时俱进的中华精神,建立共识、凝聚民心,是非常具有民族特色的任务。

海外媒体也可以成为中华文化海外传播借势用力的"合作伙伴"和"赚得媒介",包括海外当地媒体、全球媒体(特别是西方主流媒体)中的多元声音。就国际受众而言,当地媒体和国际主流媒体所讲述的中国故事更可靠、更可信,外国记者眼中观察到的中国形象更真实、更客观。发达国家的主流媒体长期从事对外传播,不仅在全球隐然掌握着国际话语的主动权,而且非常重视区域文化研究和全球舆论调查。对全球国际传播的成功案例进行分析,可以促进我们吸取他人的有效经验,推动中国新闻宣传和文化传播的现代化。

(二)探索中华文化的传播渠道与方式

在全球化和新媒介时代,中华文化海外传播的创新路径更可能是电子的、视听的、网络的、移动的,传播往往通过互联网络进行。即使是"传统的"书刊媒介和影视流通,也日益朝融媒体和多媒体方向发展。

虽然影视和书籍仍然在中外交流中扮演着重要角色，但在碎片化阅读和快速消费的时代，通过互联网络传送的短消息和短视频势必成为面向海外大众传播的主导方式。特别是网络短视频，因其叙事的直观性（最低限度的语言障碍）、模态的丰富性（符号的多元及多变）、互动过程的生动性和网络扩散的便利性，成为海外传播最流行的渠道。

全球电子传播的主要特点是瞬时即达，无远弗届。网络难以控制的传播速度和演化过程肯定会产生不可预测的后果，使得风险预防和危机控制成为一种社会治理的常态。险情和危机的发生往往事出偶然，令人猝不及防；而一旦发生，就可能是全球影响。

同时，有目的、有意识的策划传播却很难保证有效，甚至不能保证有利。网络传播效果既受制于品质，也受制于机遇。特别是文化间传播，还需要克服话语障碍、穿越文化距离，适应不同国家的社会条件。例如，短视频能否流行，便取决于海量竞争中动态碰撞的瞬间机会，传播后果是随机发生的。

视频传播的文化取向会影响中国形象。如果不论品质，只要传播力强、影响力大即为成功，便很可能带来低俗文化的泛滥。对此，法律和规制是一方面，整个中国社会和全体华人社群的共同行动是另一方面。高品质的微传播适得其所、恰到好处，国外受众广泛接受、衷心认可，才是中华文化海外传播的成功。

（三）创新中华文化的传播内容

在互联网全球传播时代，在后现代民粹主义盛行的当今世界，一定程度的真相不难获知，遮遮掩掩、半真半假的披露可能带来更糟的结果。当然，与西方新闻专注的"乌鸦文化"不同，中国的成就与进步也在必须报道之列。要警惕的，只是单纯的"喜鹊文化"，只是自高自大、自吹自擂——这种方法在全球毫无市场。

讲故事是中华文化海外传播的有效途径，可以有效地调动感情，引发共鸣。世界对中国的兴趣主要集中在传统文化和经济发展领域。对中国传统文化中有益无害的象征，如熊猫、竹子、丝绸、瓷器，乃至长江、长城、黄山、黄河，凡是可以促进外国人民产生对中国熟悉感觉和友好感情的传统文化元素，都应该大力弘扬。在对争议问题有明确的共同判断标准（利益）、同时不那么意识形态化的经济领域，用文化传播沟通立场、态度、意见和诉求，寻求了解与理解，也是可行之策。

然而，发展新的文化元素并建构新的中国故事更为必要。中国有数不胜数的好"故事"，需要的是创新，是与时俱进。如武术和太极，本身一直是知名的传统中华文化现象，近年来则以民间群体健身活动的方式流行海外，在一定程度上成为公众外交、民间外交的特殊途径，发挥了不可取代的文化影响。

对外传播的当代文化内容中最难克服的是思想差异、制度分歧。对当代中国的误解，对中国政治制度的批评，需要通过交流加以改变或者改善。中华文化海外传播的内容创新既要能讲故事，又要会讲道理（郭镇之，2018a）。具有真知灼见的中国学者应该不惧怕思想的交流、观点的碰撞、意见的交锋，以西方认可的逻辑和方式进行话语与叙事的竞争。

（四）研判中华文化传播的接受者

面向世界上各类国家、不同地区和全球民众的中华文化海外传播，是不同文化之间的传播。要实现有效甚至精准的国际和文化间传播，不仅应针对群体进行调查，也必须面向区域进行探究。只有在区域文化研究与当地受众调查的基础上，才能进行针对性的传播创新。需要注意的是，区域内相似国家的民族文化并非铁板一块；民族国家中流动的，也非均匀一体的主流文化。区域文化的多样性和地方人群的多元性构成了特点纷呈的传播对象。传播信息的供给方必须因地制宜、看客下菜。

中华文化及中国传媒走向世界，首先要面向西方进行全球传播。现代化的西方国家，特别是当今美国，不仅执全球经济之牛耳，而且其价值观影响着世界风气。国家之间的和平共处，全球人民的共同幸福是"人类命运共同体"的天下观。中国应以独特的中式"世界观"补充西式现代化的理念基础和话语体系，在西方的"自由""平等""公正""民主""法治"等基础上增加中国的"和谐""友善""诚信""爱国""敬业"等社会主义核心价值观，在融合的人类理想中彰显中国美好的精神个性。

中国与西方世界的观点分歧主要体现在政治制度和价值观上。在与西方精英阶层进行思想博弈的同时，也应对深受其文化影响的普通民众普及中华文化的常识。对于与中华文化关系最近的邻国,例如东亚和东南亚的民众,则应利用文化接近性的优势,借助高语境的文化理解,讲述更加贴近的传统故事,传播更加深入的当代文化,挖掘共同的文化心理和文化传统,追求更多的精神沟通和文化交融,建立更加密切的交流关系。

文化从来都是双向流动而非单向取代的。来而无往非礼也。文化也是杂糅的,不同地方的文化会互相汲取,形成"你中有我、我中有你"的新文化内容和新文化形式。按照日本的经验,恰恰因为首先引进西方文化,招徕西方学者,才使得日本文化捷足先登,在世界上成为东方文化的代表。韩国积极主动地推动"韩流"文化,也间接培育了亚洲市场,并产生了反向的文化流动。中国既要向海外推广精美的中华文化,也要从世界吸取优秀的各国文化,才能向全球展示既特殊又普遍的世界文化中的绚丽一支——中华文化。

中国近年来在非洲的文化传播势头强劲。首先以援助基础设施的方式解决了当地居民长期匮乏近用媒介的问题,继而以内容输出的方式化解了当地文化资源的不足,从而深得民心。中国赴非洲的公司和个体,需要继续加强对文化差异的敏感性,进一步践行中华文化"温良恭俭让"的精神,注重传播中华文化的柔性符号和魅力元素,才能建立永久的文化关系并产生深远的文化影响。

(五)落实中华文化海外传播的效果

传播效果指中华文化"走出去"所产生的实际成果与真正影响。效果是中华文化海外传播创新的落脚点,不过迄今为止也是最薄弱的一环。它是迫切需要解决的"问题",也是传播创新的瓶颈。

中国花费巨资在海外进行的传播活动究竟获得了多大效果,传播操作在多广的范围和多大的程度上产生了影响,中华文化海外传播到底存在哪些障碍,应该如何解决这些"拦路虎"和"绊脚石",都是效果研究不可缺少的信息。然而,对于中华文化在海外生存的现状,以及中国文化面向海外传播和发展的实际,大多数国人不甚了了;研究者往往胸中无"数";政府及相关部门可能也并不完全掌握具体的数据和实际的情况。

中华文化的海外传播是对全球不同地区、不同背景、不同人民进行的文化传播,是一种跨越文化障碍、穿越文化隔阂、融合文化差异的心灵交会之旅。需要面对不同地区的不同文化，针对千差万别的不同受众，动员各种传播力量，总结经验、改进策略，解放思想，大胆创新，才能争取良好的传播效果。

第三节　构建有利创新的中华文化海外传播体制与机制

国际传播是一项国家使命。判定这项国家使命完成与否、效果优劣及影响大小，有助于减少公共政策的盲目性，推进活动目标的理性化，优化资源分配，使投入真金白银的国资产出物有所值。它与一般大众传播媒体的日常传播效果调查以及商业机构对传播市场的绩效评估不可同日而语。

一　思考中华文化海外传播的效果评估指标体系

针对目前我国对国际传播效果/影响情况不明、心中无数的实际状况，本课题建议，加强对国际传播效果/影响的定性和定量两方面研究，在强化数量调查和数据分析等系统标准的同时，也对文化端倪和迹象进行评估和判断。

（一）对国际传播效果评估的宏观思考

就方法论而言，评估国际传播文化影响的宏观体系与测量国际传播项目效果的具体标准既有联系，又有区别。例如，电视收视率测量与公众外交影响评估在架构与层次上便大为不同，需要提出两种思路：①区别社会效益与经济效益；②区分政治说服与文化影响。

1. 社会效益与经济收益

对传播的绩效评估，发达国家进行了很多实践探索。如英美国家公共服务与商业节目在电视评估中设定不同标准的历史经验（刘燕南，2011）便可资借鉴。商业电视和公共电视的评估目标各有追求：商业电视以"市场"为导向，追求经济效益，目标单一；公共广电综合平衡节目品质、媒介影响、社会服务和市场表现等各方面的价值因素，评估目标复杂。商业电视大多采用量化收视率系列指标；公共电视则采用以社会共同价值为核心的多指标综合性评估体系。此外，商业电视更看重播前评估，指标具体，操作性强，可以规避风险、提高收益,这些经验被公共电视所汲取;而在互动交流的过程中,公共电视的社会价值观和公共服务意识也逐渐渗透到商营系统(刘燕南,2011)。

建立国际传播的评估标准,首先要考虑传播的"社会效益"。对中国而言,主要指国家形象的改善和国际影响力的增强。中国的国际传播一方面要促进更为公平、更为合理的国际秩序,创造一个建立在理性和同情基础上的国际社会;另一方面,也要让各国、各地人民了解中国的真实状况,让世界逐渐熟悉、理解和喜爱中国、中国人民和中华文化。

"正常"的中国形象将会产生积极的国际印象。这种正常的亦即真实的中国形象是一个既发生巨大变化、又存在复杂问题的社会,它有美好也有丑陋。这种国家形象应该开朗、坦率,不遮遮掩掩。它的真实呈现既有利于中国,又有利于世界——除了整个国际环境和国际关系的改善,还将带来中国国际影响力的提升。对此,中国主流新闻传播媒体应该深思。

对于所有从事海外传播的机构与个体来说,传播的文化标准都是一个重要的话题;对于民营的、市场的、商业的营利传播主体而言,更是一个不容回避的问题。文化标准事关社会效益。利润驱动的经营常常以降低文化品质为创收代价,而媚俗主义传播所产生的,是丑陋低俗的中国形象。因此,反对利润至上、坚持文化标准也是衡量全民对外传播效果的题中应有之义。

当然,民营企业、商业公司的文化标准不能也不必与主流大众传播媒体一样"高大上"。不必,是因为它更符合"民营""公司"的身份。不能,是因为世界上并不只有高尚的文化标准。中华文化有雅有俗,可以满足中国与世界不同层次人民交流的文化需求。当然,国际传播既要反映多元的中国文化,也要恪守"健康"的文化底线,这是中国正常的国家形象,也是传播应该呈现的国际形象。

"经济效益"或者说传播成本,也是必须考虑的问题。首先,经济效益是国际传播可持续发展的前提,花钱无算,海量资源终究有枯竭的一天。其次,无计算的单方面撒钱,会被认为土豪暴富,"人傻钱多",不仅被榨取,填不满无底洞,还会被鄙视,不利于良好形象的建构。花人民的钱精打细算、"物"有所值,对于国家宣传机构、主流国家媒体尤显重要。随着国家的法治化、社会的民主化,人民的授权必然导向财政预算的公开化、透明化、合理化、理性化；国际传播的财政支出必须经得起专业的检验和社会的质疑，以往那种对外传播不计成本、不问效果的单方面政府授权方式将不可持续。因此，在对外传播中，要反对官僚主义、形式主义，政绩主义等一切不利于海外传播实际效果的操作，通过海外传播本身，塑造廉洁、正直的中国形象。

对于市场主体、商业机构来说，对投入产出的精打细算似乎不必提醒——这些本来就是企业经营的题中应有之义。不过，目前许多商业机构的海外传播项目和活动，多来自政府的委托和授权，花的也是人民的钱。如果滥用，那就不仅仅是浪费，而更可能是贪污国家财产了。所以，必须加强监管、审计，警惕委托和操作过程中的寻租、贿赂及糊弄、欺骗。目前，中国对于国家经营活动中各种形式的腐败监管越来越严格、打击越来越有力，国际传播领域不可能置身事外。当然，财政监管应该立足于科学合理的基础，避免僵硬和苛刻。所有的社会主体和社会活动都应置于法律的监管之下，存于法治的框架之内。

对外传播的效果评估应采取多种综合的方式方法。这种评估可以是国际传播政治经济效益的国家总体核算评估，也可以是政府有关部门对特定委托项目的传播效果验收评估，还可以是社会监督、公众批评和媒介评论，一方面检验经济的损益，另一方面考虑社会的得失。

2. 政治说服与文化影响

国际传播可以分为政治宣传性传播与文化交流性传播。这是两种目标不同、方法各异的传播。政治宣传性对外传播的目标是服务于党和国家的外交大局，传播中国的理念、观点、思想和立场，捍卫国家的根本利益，树立良好的中国形象。这种传播的首要目标对象是西方，主要的传播内容涉及道义、理念、利益和争议，主要的传播方法是在舆论场上摆事实、讲道理，在学术圈里开展辩论、竞争。这种"思想和话语的斗争"也能为文化传播扫清障碍，使中华文化顺利走出去。

政治宣传性传播主要由国家主流媒体承担，影响和效果目标是国家形象的维护与国际关系的改进。这种效果很难被评估标准量化，只能通过长期的民意调查和制度化的舆情监测观察端倪，掌握趋势。基于数据和资料包括舆情的专家评析及专业研判，也是影响评估的重要渠道。就是说，虽然量化数据是重要的判断基础,但最终确认文化影响力的途径,还是定性研究。

文化交流的目标是传播中华优秀文化,借助中华传统文化和当代中国文化的魅力,通过公众外交、文化交流等渠道,采取讲故事、表演文艺节目、出口影视产品、推介中国文化活动等柔性方式,向世界介绍中国,让世界人民了解中国文化和中国人民,建立友好往来。这些活动,当然有国家的参与,但主要的承担者是文化单位、民间团体、商业机构、市场主体和各种个体。人民之间的来往与交流采取的基本机制是互惠互利的;而互通有无、公平交易的商业、市场方式也是全球化世界所熟悉与信任的。按照市场经济的原则和方法进行文化交流,可以避免许多不必要的海外猜疑与对手妄议。

公众外交、文化外交等人民之间的交流活动虽然必须考虑成本与收益,但不应以营利为目的,国际传播不应过于纠缠投入产出比,而应该放眼未来、立足长远。但文化交流也需要稳定可靠的经济机制保障其可持续发展。同时,只要花费国家资金(包括只占一定比例的投入),至少也需要成本核算和效益评估,以免资金被僭用甚至打水漂。而且,市场评估也有利于总结经验、提高能力、避免昏招、增强效益。

(二) 构建海外传播效果评估的指标体系

对外传播的参与者包括实行成本核算的国家媒体和文化单位、自负盈亏的社会组织、市场经营的商业公司和投资或者投身文化交流事业的个体和群体,成员差异较大。但无论是非商业性的政治宣传还是市场化的文化交流,都需要持续可靠的经济机制。项目评估,尤其是对"走出去"项目的评估,更应该建立可靠的评估标准体系,以进行科学、准确的效果测量。

1. 中立科学的调查研究

对国际传播效果的调查统计需要由中立机构或者第三方实施。具有可信资质的专业公司的调查研究不仅操作程序更可靠,所得结果也更具公信力,能在全球取信于人。评估系统也应包括国际国内的专家学者、社会各界和普通公众的各种代表,他们的作用主要体现在定性研究、公众舆论和社会监督方面。中华文化海外传播的效果评估可以由政府监督的专门机构主持制定具有权威性、普适性的指标体系,通过公开透明的程序操作,并定期向社会公布结果。

这种评估体系应该是社会效益和经济效益兼顾的、定性和定量兼备的整体性、系统性架构。市场和商业行为的经济效益可以通过量化方法得出比较精确的结果，例如收视率的指标统计、网络传播的大数据等。但还需要辅之以其他质性调查手段获得的资料，才能拼出全面的传播图景，并基于整个海外传播的得失成败建构对外传播的战略、战术、对策和决策。

对外传播项目的评估分为项目前的可行性评估、项目中的执行评估和项目后的效果评估。在对外传播项目的申请阶段，申请者提交的先期计划中应该包含对接事后效果的预期目标，以便在项目完成后进行"对标"。这些调查不仅是对传播项目"值不值"的考核，也是对传播改善的持续探讨，是一种必要的经验积累。项目的中期考核可以及早发现差距，改正、扭转和弥补相关的问题。评审制度应该设置相对稳定的指标体系，以便长期执行、持续评估，进行历时性的监测与对比。

2. 清晰分明的检验指标

在效果评估中，首先，要区分功绩与实效，计算投入与产出。评估既要有"做了哪些"的报告，更需要确认"获得多少"的结果。功绩是衡量投入的标准，检验努力与否；而实效则检验这种努力指向正确与否、程度是否恰当以及投入是否值得，要从对后果的反思倒推回去，确认目标和行动的决策正确性。

正确评估行动的价值和活动的效益，需要有经济学的衡量方法——投入多少，产出几何，才能明确得失，以便今后兴利除弊，把有限的宝贵资源（人民财富）用到最需要的地方。定量测量可以使人心中有"数"。但数据的意义必须正确解读和深入理解。同时，也须对定性的资料亦即文化影响进行观察和分析，才能得出合乎事实的整体把握和趋势判断。

效果评估要统筹近效与远益，兼顾个案与整体。传播的成效有远有近。近期的效果容易确认，远期的影响需要深究，不能只看眼前，忽视长远。近期的效果可能转化为长远的影响，也可能随风而逝，不留踪影，还可能成为值得反思的惨痛教训和令社会痛心的长期记忆。

一次次具体的成功活动可能导向远大目标的实现。但某个看来成功的具体项目也可能带来违背宏伟目标的消极后果；某项挫折却也可能导向意外的收获。因此,衡量个别结果与整体目标之间的长期一致性也是一项必要任务。

此外,效果评估与海外传播本身一样,都有目标与操作是否吻合的问题。效果评估的调查目标是了解真实的的情况。如果操作不得法,或者有意无意地扭曲数据,就很难达到反映真实情况的目的,所得数据、结果和调查研究本身,也不一定能得到公认,并在全球产生公信力。

总之,在统筹一致的框架下,构建一个个分门别类、不同层次的对外传播效果评估体系,是一项需要长期实践、反复核验的框架目标,需要不断深化、细化、科学化、精准化。

针对中华文化海外传播效果认知的短板,中国的对外传播需要构建公开透明、持续一致的评估体系,以获知对外传播的真实效果;同时,在吸取经验的基础上设计不同层次的战略及策略,建构协调配合的国际传播体制与机制。

二 构建中华文化"走出去"的顶层设计及协调机构

国际传播是一项国家使命,更是一项富有挑战性的艰巨任务。中华文化的海外传播要实现突破,关键是体制机制的创新,也需要顶层设计的建构。本研究建议,建立一个相互协调的总体机构,构建一种互动配合的传播机制,以提高对外传播的有效性。

中国的海外传播涉及方方面面,需要灵活机动、"各自为战"。用统一机构来管理多元一体的各种群体与具体活动,并不合适。不过,设计一个高度配合的顶层互动协调机制,却很有必要。

要构建这样一个顶层结构,从传播者的构成(主流媒体、民间力量)、传播对象的调查了解(文化区域和目标人群)、传播内容的开发创造(文化产品的形式和流派)、传播渠道的开拓扩展(硬的设施、软的模式)等,都需要有通盘考虑、灵活处置,都需要针对性的决策,特别是传播力量的整合与传播对象的调查是构建灵活机动传播对策的基础。

(一)体系整合——传播力量的机制协调

就有意识的国家形象塑造和对外传播活动而言,中华文化海外传播主要涉及主流新闻媒体的对外宣传,各党政机构包括政治、经济、军事部门的对外发言，各海外机构（如中国文化中心、孔子学院）的文化传播，还有各种文化、学术方面的中外交流包括智库的沟通咨询等，涉及党和政府的许多核心部门。就自发的形象展示和文化交流而言，有民间团体、商业市场、海外华侨华人的各种经济文化活动，有出境游客的境外表现和走出去的企业与当地人民的经济文化交往等，甚至本地民众的交流态度，主体十分复杂，活动极为分散。因为很难统一性质纷繁多样的各种活动，新闻传播又只是各个部委、机构工作中的一个方面，因此，建立一个统一的全方位管理机构也许并不合适，但成立一个类似联席会议的机构，在党和政府最高层的主持下协调各自的声音与行动，还是十分必要的。

设计一个顶层协调、各方互动的联席机构意味着，在中华文化海外传播的整体事业中，底层需要放松（放开、放宽），顶层需要联通（联合、协调、沟通、统一），声音必须多元但靠谱；行动各有特点但方向一致——多元一体讲好中国故事。

这个高层的协调机构需要下设专业的指导委员会从事咨询、评估、建议、培训等工作。专业委员会的功能可以分为几个部分：一种类似智库，由专家组成，主要提供创新的思想、外界的信息，包括对输出输入的理论概念进行研讨与评估，并对国际传播的决策提供宏观建议；另一种功能主要由专业的组织和公司承担，从事效果评估的具体实施，包括定量和定性的测评，这类评估应吸收各界代表参加，主要提供各方面的信息和观察，保证对外传播意图的真正实现和传播效果的有效落实；再一种功能是教育和培训，由高校等教育机构和专业性社会团体承担，对各级涉外机构和人员进行培训，内容包括思想观念、文化知识、传播技巧等方面，从上到下，持之以恒，让中国从领导干部到普通公民都具有全球化时代的文化敏感、国家形象意识和良好的公民素养。

这个协调机构需要建立定期和不定期的会议制度，有便捷的沟通渠道。各个部分应能共享真实情况和准确数据，数据经得起讨论和质询，并能产生向社会公开提供的概括信息。这个机构最重要的职能是信息沟通、行为协调，以免各吹各的号、各唱各的调。研究咨询部分要经常报告国际舆情和话语动向。各个部分要经常沟通影响中国形象和对外传播效果的关键问题和解决之策。这个机构最重要的作用是战略决策。

(二) 调查研究——各国国情调查、海外传播对象研究

中华文化海外传播的战略和策略在很大程度上需要建立在调查研究的基础上。目前我国的对外传播存在一定的盲目性，很重要的一个原因，是媒体对全球形势和各地文化了解不深，对海外传播的实际状况心中无数。加强国际传播整体的调查研究十分必要。

首先，需要对各国国情和文化进行深入细致的调查研究。对外传播要做到一国一策，一地一策，需要加强区域研究和国别研究、不同民族和族群的研究，特别是加强对世界上主要国家和民族、与中国关系密切的重点国家和民族的研究。根据不同地区、地方的地域历史和文化条件，分步骤、有重点地推动中华文化的海外传播。对全球不同政治经济文化区域的基本知识、对不同"传播市场"的定期调查和对海外动态趋势的实时掌握，应该成为对外传播的基础性工作。按照许多国家的经验，可以征召从事国际关系研究或者国别研究的学者到使领馆担任文化官员，既可以提供他们亲身接触和实地调研的学习机会，也可以将国际文化交流置于专业性知识的基础上。

其次，是针对特定时期、特定问题对特定对象的专项调查研究。例如，在对外传播项目实施前，申请单位应该有面向对象"市场"的专项调查，从而确认传播的方向、目标、途径、做法，并预期实施的进展。在项目完成之后，才能根据实施前的设想进行"对标"，以确定传播的成败得失。这些调查可以有许多种。例如，对区域文化、经济市场、传播受众、产品消费者的调查，是在"下菜"之前对"客人"需求和偏好的了解。某项传播活动进行之中和结束之后，也可以进行传播效果和影响的研判，总结经验教训。

调查研究有粗略、细致不等的级别。例如 BBC 对全球国家形象的调查，就仅仅限于各国民众对某些国家"正面""负面"的感觉，属于很粗浅的民意认知；不过，这种调查如果历时长久，便可以看出国家形象的变化趋势。皮尤调查除了对各个国家民众之间相互看法的"态度趋势"（亦即国家形象）调查之外，多数来自委托的专题调查，因而更详细、更多样，涉及大大小小的范围和许多不同的话题。国家外文局的"中国国家形象全球调查"属于单个国家形象的国际调查，调查目标集中，内容也更细致，但主要为国内服务，

国际公信力尚待提高。《环球时报》的国际舆情调查，专题专项，反应灵敏，内容及时，但导向意图比较明显。中国既需要常规的、定期的大型基础性调查，也需要针对突发性事件的舆情调查[①]。最重要的是，必须提高这些调查的可靠性和公信力，才能获得相应的全球影响力和话语权。

对外传播要摒弃"重政绩""轻实效"的惯性，以准确、有效的科学评估标准为指导，将对外传播的资助、考核、评价与激励机制建立在真实可靠的基础上。同时，通过体制机制的创新，制定精准的战略策略，并不断寻求改进之策。在构建对外传播效果评估的指标体系和中国国际传播的顶层设计探索中，中国的传播学者任重道远。

参考文献

Banks, Robert, *A Resource Guide to Public Diplomacy Evaluation*, Los Angeles: Figueroa Press, 2011.

郭镇之:《"讲故事"与"讲道理"：中国的新闻报道与话语创新》（2018a），《新闻与写作》2018年第2期。

刘燕南:《电视评估：公共电视 vs 商业电视——英美及台湾的经验与思考》，《中国地质大学学报》（社会科学版）2011年第1期。

刘燕南、谷征:《我国国际传播受众研究的现状与问题探讨》，《现代传播·中国传媒大学学报》2012年第9期。

[①] 目前，各种机构就不同突发问题的舆情调查数目极多，但基础不一，各自为战，可沟通性、可比较性较差，难以形成系统可靠的知识基础。除了提供印证结论的资料之外，很难产生进一步的研究价值。

"讲故事"与"讲道理":国际传播中的新闻报道与话语创新*

要精心做好对外宣传工作,创新对外宣传方式,就要创造"融通中外的新概念新范畴新表述",讲好中国故事,传播中国声音①。本文将对外传播中的新闻报道和概念话语概括为"讲故事"与"讲道理"两个问题,认为讲故事要实事求是;讲道理要理直气壮。

第一节 讲故事:中国的事实与中国的形象

新闻报道就是讲新闻故事。在全球讲中国故事,讲"好中国"的故事,"讲好"中国的故事,是中国对外宣传的重要目标。在中国,新闻报道讲述的新闻故事大致可以分为两种:一种是记录和追踪突发事件的事实报道,亦即所谓的硬新闻;一种是根据特定的框架、观点对非突发性事件进行的故事重现、意义开掘和理念概括——通常,这类新闻故事可以是软新闻、策划新闻与专题报道。

一 事实性新闻报道、硬新闻与新闻专业主义

事实性新闻报道被称为硬新闻。按照全球通行的新闻专业主义的规范和标准,硬新闻讲究事实的准确与呈现的"真实"(其实是社会和个人根据自身

---

* 本文原发表于《新闻与写作》2018年第2期,标题为"《"讲故事"与"讲道理":中国的新闻报道与话语创新》",作者郭镇之。此次收入本书,重新做了编辑修订。
① 习近平语,转引自倪光辉,2013。

经验判断得出的逼真感觉）。新闻专业主义对硬新闻的界定规则就是新闻的客观性，亦即"客观新闻学"。

对"客观新闻学"历来有不同的看法，对新闻客观性的批评由来已久。一种主要的批评是说，自诩"客观公正"的新闻对公众而言具有"真实"的欺骗性。例如，美国新闻评论家李普曼就曾指出，大众传媒关于世界的图像是建构的，此种"拟态环境"的真实性大可怀疑；但不论这种建构离真实的世界有多远，它还是被视为"现实"，公众还是将它认作环境本身。而传播学的议程设置研究也揭示：新闻媒介通过日复一日的新闻筛选与展示，影响公众对关键议题的确认及其在公众议程上的显著性。这些洞察及批评鞭辟入里。于是，时至今日，大多数新闻学者都承认，新闻事件的完全真实、报道者立场和观点的不偏不倚都是新闻报道难以企及的标准，充其量只能做到"相对（真实）"与"接近（中立）"。理论发展的结果，新闻的客观性变为只是对新闻要素（五个W等事实）的认定，其认定标准被大大降低。

当然，客观新闻学的道德约束力并未消失，反而深入骨髓，变成全球社会的共识，它在有限的范围内具有基础的合法性，是不需要提醒、拿来便可评判的一种"自然"准则，也是随时随地发出质疑声音的方便武器。

新闻客观性之所以成为被西方乃至全球认可的新闻规范，是因为客观性新闻通过对周遭环境的监测，为公众提供了生活的确定性和安全感。特别是在网络时代，假新闻铺天盖地，"后真相"传言纷纭，客观新闻学可以满足人们对信息的导向需求，能够在一定程度上指导社会对可信消息的判断。

电子新技术及新传播媒介的积极介入，彻底改变了新闻传播的传统生态。现在，人人掌握麦克风，个个都能当记者——公民记者。不仅公众个人可以通过大众平台直接发声，一些社交媒体甚至可能影响公共议程。讲故事的"人"不计其数，所讲故事的版本多种多样。各种故事真假难辨，或真或假的消息满天飞。然而，在鱼龙混杂的传播环境中，却出现了某种程度的新闻回归。在最初"媒介解放"的兴奋消散之余，公众转向具有较高公信力的传统媒体，特别是公共服务媒体，以求证形势的真实性及消息的可信度（冯建三，2018），由此也提示了新闻专业主义更高的社会责任——在一片传播混沌中，新闻只有更加真实、更加客观，才能赢得公众的信任。特别是在公众不大可能亲身接触的国际传播领域，秉承新闻专业主义准则的国内外主流媒体仍然扮演着一锤定音的角色。

讲中国故事，应该从事实出发，客观地讲，公正地讲，将真实中国的实际状况（事实）传播到全球。

在中国发生的新闻事实数不胜数。选择哪些进行客观报道，则大有讲究。在对外传播中，当然应该更多展示真实中国的美好一面、光明一面，因为这是国外公众从专事"预警"报道的西方主流媒体那里得不到的，也是平衡外界抹黑式宣传所必需的。但传统的新闻价值观，亦即时新性、重要性、接近性、显要性和趣味性等，在选择新闻事实时仍然是基本的标准。例如，重要的天灾人祸等坏消息，虽然不愿意事件发生，但既然出现，便不得不报。因为如果主流媒体背离国际受众心中早已存在的客观公正标准，便将失去公信力，并导致其他正面传播的失败。客观公正的呈现是所讲故事取信于人的必要途径，也是对外传播应有的报道选择。

从新闻专业主义的观点看来，更侧重讲述技巧的软新闻与策划性新闻（所谓"假事件"）都属于"不予讨论"的另类，因为策划性新闻与专题报道本质上都不是新闻，而只是带有时新性的宣传活动。

二 宣传性引导、意义解释及价值阐发

与据实直录的硬新闻不同，策划性新闻、专题性报道常常是应用传播技巧，对已有事实的策略性讲述，可以是对已经发生的事件进行故事重现、意义阐释和价值引导，也可能是为了某一目标组织的公共关系事件。

必须指出，在中文/汉语的语境中，宣传并不是一个"坏词"，它不仅在大陆被广泛采纳，在中国的另一个地区台湾，也存在"文宣""宣导"等实际使用的名词，历史悠久，且延续至今。1982 年，香港中文大学传播系主任余也鲁教授陪同著名的传播学者施拉姆来大陆访问时，余也鲁给施拉姆起了一个中文名字。他对施拉姆说，中国有一个家喻户晓的词语与传播的含义最接近，那就是"宣传"，你就叫宣伟伯吧，意思是在宣传研究方面的一位伟大长者，施拉姆欣然同意（孙瑞祥，2017）。可见，不应该将中文的宣传与已经污名化的英文 propaganda 等量齐观。其实，传播正是宣传的一个代名词，是

掩饰主观性、偏颇性，自诩客观反映、公正衡量新闻实践的理论假设。从这个意义上说，传播学正是社会科学领域里的某种"客观新闻学"。

时代在变化。在全球化与后现代的氛围里，现在，人们不仅对宣传（包括英文 propaganda）概念的理解见仁见智，更加多元（刘海龙，2013），社会对宣传性的传播也更加宽容——或者说，无可奈何。政治宣传固然常遭质疑；商业宣传则每每防不胜防。对隐显不等、包装各异的政治与商业宣传，学界越来越倾向于主张：与其界定哪些是（具有负面含义的）宣传动员，哪些是（表达正面含义的）消息传播，不如提高社会和人民的新闻传播素养，认识到所有新闻都具有建构性，都可能带来事实的变形与形象的偏倚；所有的传播都带有目的性，是为了意义的推广和行为的说服。随着学界观点的让步，社会的标准也在变化。

在宽容宣传的普遍语境中，面对全球讲中国故事可有两种路径。一种是，讲中国的好故事，挑选适合国际讲述的、有利于中国形象的事例，呈现正面的事实，博取良好的中国印象。大多数从来没有到过中国的国外民众往往受到在地媒体的偏颇宣传，形成对中国的刻板印象及负面形象。中国对自身的宣传可以提供不同于受众本国媒体报道的另类图景，起一种输送新知、纠正偏见的作用。当然，这种宣传是否会被认可，是否会因当地媒体长期宣传而产生的铺垫作用及受众本身的选择性接纳而被过滤和淘汰，也值得重视。归根结底，讲多少正面中国故事并不重要，国外受众接受多少积极信息才最重要。

另一种是，讲有好有坏的中国故事，讲好真实中国的故事。真实中国有光明面也有阴暗面，但唯其自然生动，多面性的中国才具有特殊的真实感，才会使有正常判断力的国外民众特别是对中国有一定了解的国外民众因其真实而信服，从而对中国产生好印象。当然，讲故事有各种叙事技巧和话语策略，负面事实未必产生坏的印象；也可能收获正面效果。这就是"讲好"故事的要求。

如果说，讲故事是以鲜活的中国事实感染全球公众，那么，讲道理则是以理性的中国观点说服世界人民。理性的方式多种多样，本文只想涉及两点：概念话语的重要性和说理争辩的必要性。

第二节　讲道理：中国的话语与中国的概念

具体事实的点滴传播虽然有助于国外民众对中国的认识和了解，能在潜移默化中改进他们对中国的印象，从长远看来，能够增进其对中国的好感与友情，但对于中国政治形象的树立与国际地位的改善而言，却未必十分迅速和有效。其原因就在于，被西方传媒设定的中国政治形象年深日久、根深蒂固。这种由西方界定和长期传播的负面形象短时间内很难改变。

毋庸讳言，中国的发展道路与发达国家特别是"世界领袖"美国存在巨大差异，中国经济地位的上升也伴随着利益竞争与国际秩序的变动。此外，中国秉持的社会主义价值观与西方世界观更是泾渭分明，一直受到公开抵制。为了抗衡西方世界对中国价值观的反面宣传，应该进行文化竞争，让全球人民熟悉并了解中国人民，中国思想，包括中国的价值观和中国概念。

当然，概念的差异、话语的竞争并不意味着只有斗争，没有团结。相对于自然界而言，人类毕竟是一个最大的命运共同体。对各持己见的人群来说，求同存异是维护世界和平、获得人类发展的唯一途径。同时，思想体系本身就是一个多层次、多方面的复合体。在每个群体或者个体总的意识形态框架中，既有独特之点，也有共同之处。除了思想交流、观点互动可能带来的变化之外，作为浓缩思想的概念，具有广泛的经验包容性。近年来，习近平主席提出了"人类命运共同体"的全球化新理念，有意识地在全球争取共识和支持。

一　中国概念与人类理想

在人类的交流活动中，话语无处不在。讲故事是叙事的话语；而作为论辩及思想的主要工具，概念的使用也是一种话语方式。在对外传播中，思想和价值观是灵魂；而概念则是思想和价值观的集中表现。概念是思想的高度概括和话语的浓缩表达。中外交流的不断深入，使概念推广成为国际传播最重要的方式之一。

被全球广泛接受的概念具有高端影响力。在国际传播中，重要的是首先强调人类的共同点。如果说普世价值的用语是错误的话，那是因为，西方国家将他们独特的现代性资本主义价值观披上了"普世"的外衣；而实际上，这些价值观是否适用于非西方的世界，发达国家按照传播学的发展视角和创新扩散观推广的西方工程是否考虑了发展中世界的利益和诉求，都存在着极大的疑问。一句话："普世价值"绝非"西方价值之意"。

为了创造一个和谐的全球世界，为了实现人类的团结与合作，构建一种或者数种共识性的价值认同，也是必要的。对此，中国应该为人类作出贡献。中国数千年的古代文明和在近现代发展中正反两方面的长期经验，以及中华文化知识宝库里数不尽的智力装备，都可以为人类社会提供借鉴。近年来，中国致力于企业、人员、资金和产品包括传媒行业的走出去，正可以将宝贵的中国财富与世界共享。

不过，在"走出去"的过程中，中国思想和概念的传播却不够有力。其中的原因，固然部分出于竞争者的阻挠，但也源于近代以来中国思维方式的停滞与僵化。落后的经历让中国在并不短的时间内一度失去自信。中国人学习外国的知识、经验特别是理论，心悦诚服，亦步亦趋；但是对提出中国独特的发展理论、在全球范围推广特别是将其普世化的努力还做得不够。就新闻传播学而言，我们在全球几乎失语——先是追随苏联的宣传新闻学，然后又拥抱美国的客观新闻学。中国近代将近两百年来丰富的新闻实践及其理论概括，又有哪些值得一记、奉献于世的里程碑呢？

当今世界，新技术媒介造成了空前的传播机遇和对人类交流活动的严峻挑战。中国在电子技术应用和媒介发展中弯道超车、后来居上，不仅具有了体量上的极大优势，也带来了创新方面的巨大机会。中国的特殊经验与独特思想，应该为全球实践提供普适性的理论。例如，新技术传媒的使用给人类带来哪些可逆的和不可逆的后果？法律、伦理、道德的规范如何适应新时代与新媒体？互联网、移动媒体应该如何合法地治理？在新媒介时代，社会共好的维持与个体权益的保护如何兼顾？人类整体与个体面对的一系列问题都向中国提出来在新媒介领域总结新经验、提出新理论的责任和义务。

中国在世界的话语权正在逐步上升，这与中国国力及中国地位的上升是一致的，但并不合乎比例。这是因为，虽然话语权与国际地位之间有密切的关联，但也需要主动的进取，还需要以积极的作为提高话语竞争的技巧。

二 话语竞争与概念传播

在当今全球话语斗争的场域，谁掌握了概念的定义权和解释权，谁就赢得了意义的战争，就可能控制思想的流向，而中国在话语特别是概念的传播方面尚未做到驾轻就熟。话语竞争的后来者中国只有充分认识概念的话语作用，正确地理解引进概念，积极创新概念体系，才能在全球话语斗争场域争取主动权。

概念的国际传播有引进与输出之别。在采用国际流行的概念话语方面，我们存在一定的盲目性，常常未能认清西方概念的话语本质，望文生义，误解、误用，留下国际传播的话柄。例如，全盘采纳对中国具有潜在负面含义的"软权力"概念和被动接盘"无中生有"的"修昔底德陷阱"概念[1]，就曾陷中国于被动。

自创概念的优势在于话语解释的主动权、主导权；然而，正如我们可以对别人的概念重新解读一样，自创概念也面临来自他人的意义竞争。有生命力的学术概念具有含义的丰富性、解释的竞争性和对现实的建构性。创造、传播、发展概念的必由之路是意义的辩论和思想的竞争。生动自由的讨论才能确认概念的合法性和话语的有效性。因此，概念提出者必须随时准备接受挑战，以确凿的事实、雄辩的推理展开论辩，而不能寄希望于对自创概念的独家解释权和对概念意义的话语垄断权（郭镇之、杨颖，2017）。

在创造特别是传播中国概念及话语时，翻译中不能生硬照搬，让外国人不明就里；解释时不应自说自话，不考虑外国的语境和意义。同时，概念的创造也需要不断论证，坚持推广。其实，流行的话语未必无懈可击。精确的概念必定不畏争论，历经质疑，反复修订，才能站得住脚；而正是学者成果

---

[1] 这是美国中国问题专家、宾夕法尼亚大学教授 Arthur Waldron 评论"修昔底德陷阱"的提出者、哈佛大学教授 Graham Allison 最新著作 *Destined for War: Can America and China Escape Thucydides's Trap*（《注定战争：美中能否逃脱修昔底德陷阱？》）的一篇书评。文中的主要观点是批判 Allison 生造了不存在的"修昔底德陷阱"概念，最终结论是"事实上，也许不是战争，而是文化与政治合力，才是（美中关系）注定的（趋势）。"

的可争辩性、可修订性才能界定并确认自创概念及其话语的合法性。由于学者提出的概念具有理论的脉络性、学术圈的认证途径及随之而来的认同感及规范作用，因此，他们应该更主动地从事概念的研究与话语的生产。

在全球化时代，中国人的思维方式也要改变，要打破"一团和气"的中国传统思维，在讲友谊、讲团结的同时，也要在某些情况下按照全球通行的规矩，按照西方的辩论方式针锋相对，据理力争。哲学建立于思辨的基础上。无论是中国哲学，还是西方哲学，历来讲究争论与辨析。而西方从理性时代以来，特别重视、非常崇尚学术领域的斗争哲学，相信真理越辩越明；同时，尊重事实的呈现和逻辑的推理，赞赏雄辩而礼貌的风度。辩论中有理有利有节，不仅不伤和气，反而会赢得尊重，甚至获得友谊。

中国学者需要提高理念的普适性和可论证性。例如近年来，在新媒介方面，对于隐私权、互联网管治，中国与西方世界之间既存在共识，又存在分歧。在共识方面，中国可以丰富与细化"人格权""治理"这些西方概念，并提出自己的意义主张；在分歧方面，中国可以用中外大量事实和案例，以雄辩的逻辑，反驳西方对中国实践的指责。事实上，新媒介的乱象及其治理，对世界上所有国家来说都是新情况和新问题，大家都在探索之中，没有哪个国家能够雄踞全球，傲视世界。中国的实践也是探索的途径之一。在这种千帆竞发的竞争环境中，中国正可以大胆进取，在理论、概念和话语领域放手一搏。虽然中国的理念与实践随时都须准备迎接质疑与挑战，但对于互联网治理这个全球共同面临的问题，所有人都必须接受质疑与挑战。

第三节　结语：国际传播中的新闻报道与话语创新

在新闻领域，对外传播的方式与内容可以分为"讲故事"与"讲道理"两大类。讲故事通过新闻报道和新闻宣传进行。新闻报道主要通过客观报道新闻事实予以呈现，新闻专业主义是其合法性和公信力的来源。新闻宣传的讲故事则可分为讲"好新闻"的故事和"讲好"各种新闻故事的方式，需要提高叙事技巧和话语策略。

因地制宜、一例一策的具体设计在国际传播中十分必要。对于早已浸淫于、执着于"新闻客观性"神话的全球受众特别是西方受众而言，不露痕迹、客观讲述的新闻故事是最有效的宣传方式。全球流通时代，许多国外公众来过中国。有好有坏的呈现、实事求是的讲法，对于来过中国、有一定实地经验、对情况有所了解的受众而言，更易获得认同，因而更加有效。

讲道理主要通过理念、话语特别是概念的方式进行辩论性传播。在国际传播中，引进概念必须认清西方概念的话语本质，积极开展意义竞争。同时，中国学者应该努力构建中国概念，持续开展学术竞争。对外传播的中国概念应注意理念的普适性，加强概念的可论证性，通过持之以恒的意义争夺，使中国概念在全球获得普遍认同及合法地位。

通过讲故事与讲道理，各国人民可以在各种事实与多元观点的包围和竞争中，通过常识判断和亲身接触，同情并了解中国的立场、观点、理念与概念。这是中国新闻传播界走向世界的不二路径。

参考文献

Waldron, Arthur, "There Is No Thucydides Trap", June 12, 2017, http://supchina.com/2017/06/12/no-thucydides-trap/.

冯建三：《公共服务媒体、共和民主论与"假新闻"》，《全球传媒学刊》2018年第2期。

郭镇之：《"讲故事"与"讲道理"：中国的新闻报道与话语创新》，《新闻与写作》2018年第2期。

郭镇之、杨颖：《概念作为话语：国际传播中的引进与输出》，《新闻大学》2017年第2期。

刘海龙：《宣传：观念、话语及其正当化》，中国大百科全书出版社2013年版。

倪光辉：《习近平在全国宣传思想工作会议上强调胸怀大局把握大势着眼大事努力把宣传思想工作做得更好，刘云山出席会议并讲话》，《人民日报》2013年8月21日第01版。

孙瑞祥：《大众传播学破冰中国暨复旦回忆——国际传播学先驱施拉姆访华35周年记》，《重建巴比塔》，2017年11月20日，https://mp.weixin.qq.com/s/mMR8hf8AX7iw-KM-DHGU9HA。

结语　多元一体，讲好中国故事[*]

沟通消息、交流观点，建立关系，是大众传播的主要功能。就国际传播而言，对外国公众宣讲有关中国的消息，表达来自中国的观点，建立亲近中国的关系，更是中国传播者的目标。

随着全球形势的变化和新技术媒介的发展，传播逐渐从新闻宣传向公众外交转型，从新闻报道向讲述故事倾斜。公众外交的主体可以多种多样，多部和声才能讲好中国故事。

第一节　传播的转型：从国际宣传到公众外交

新闻传播业者所从事的"宣传"，本来不是一个贬义词。直到第一次世界大战，编造的、夸大的国际宣传才使这个词的含义变了味——西方公众开始警惕宣传"魔弹"的洗脑作用。第二次世界大战中，德国的戈培尔更以公然的喧嚣使 propaganda 在西方彻底变成负面词语。人们都不愿意智商受到低估，更反感被指挥及改造，因此，公然的宣传是一种不讨人喜欢的活动。

然而，宣传又是客观存在的信息沟通与社会整合活动，是难以避免的实际操作。在资本社会，宣传实际上铺天盖地：除了政治意识形态的推介，还侧重于消费主义价值观的宣扬。不过，为了显示不与纳粹的宣传同流合污，大半个世纪以来，英美等国的知识界构建出许多大同小异的名词，以中性甚至褒扬的话语修辞，掩盖实质上的宣传本性，如：传播、公共关系、公众外交、形象构建、品牌营造……事实上，大众传播学就是一种以学术化的方式

---

[*] 本文原发表于《对外传播》2018 年第 9 期，作者郭镇之。此次发表进行了少量文字编辑。

和泛化了的内容掩盖交流活动宣传实质的话语创新。

当然，宣传并非一般的传播活动，而是带有位差、隐含权力的信息沟通行为，它一般指从上到下、从机构到个人的信息和观点扩散。同时，宣传常常是带有目标和动机的说服工作，伴随强势者的各种资本，与无功利目的、轻松随意的人际沟通和平等交流并不一样。因此，随着公众对宣传意图的不断敏感，对露骨甚至隐蔽宣传的日益警惕，人们更愿意相信、更乐意接近普通人的非功利性信息传播和情感交流活动；而排斥带有说服、引导目的的宣传行为——当代人愿意自己对周遭世界作出判断、得出结论。

不过，对国际问题，人们要稍微谦虚一些。毕竟，对可以亲身接触的国内事务，人人都觉得自己具备发言权——尤其是在信息自由、消息灵通的社会。而面对远在天边的国际问题，就很少有人敢自称专家了。于是，从一开始，宣传学的关注重点就是国际传播。这从拉斯韦尔第一部系统研究宣传技巧的著作即可得知。总体而言，宣传活动在国际传播领域享有相当的合法性。

在著名的"1948年史密斯—蒙特法"辩论中，美国的政治家将对外的宣传与对内的新闻区分开来，以防止宣传误导美国人民；同时批准对世界人民进行美式宣传。二战中设立《美国之音》国际广播，二战后成立从事对外宣传的美国新闻署，都是为了美国的国际宣传。不过此时，"思想和意志"的争夺已经走向"赢心入脑"的说服，必须应对不时变化的新情况，不断构建"道高一尺，魔高一丈"的新套路——公众外交就是国际宣传的新套路。

第二节 公众外交：从新闻报道到讲述故事

"公众外交"的概念是美国的话语发明。在此之前，虽然有法国、德国、英国等老牌帝国主义、殖民主义国家针对全球不同地区（主要是被其统治的人民）进行的文化传播，但像这样提出明确观念、构建成套思想并付诸系统实践的，美国还是第一家。

美国是在第二次世界大战后逐步登上国际领导者舞台并开始公众外交实践的。当时，社会主义阵营的崛起正在成为"现象"；反帝国主义、反殖民主义运动在世界各地风起云涌。能否成为胜任的国际领导者，美国必须迎接全球考验。

一 国际宣传与公众外交

美国的公众外交主要有两种思路。首先是国际新闻宣传。从 1953 年美国新闻署成立，直到 1999 年它并入国务院，以《美国之音》为代表的国际新闻宣传一直是美新署的主要职责。不过，美新署还从国务院手中争得了文化交流项目的控制权，也就是说，主导了美国的公众外交活动。二战以后，通过富布赖特等常规性的教育交流项目，以及《史密斯—蒙特法》批准的一般文化交流项目，美新署在动员各类人物、各种团体及创办各式活动方面，积累了丰富的经验，这是公众外交的第二个思路：各种身份、不同活动的人际文化交流。事实证明，这样的人际交流和文化传播有时效果更好。因此，1965年，当美国前外交官爱德蒙德·古利恩"发明""公众外交"的概念，在塔夫茨大学创建爱德华·默罗公众外交中心时，便将教育、艺术等方面的文化交流及传播视为最重要的宣传活动[1]。

美国注意到了各国创办文化中心（如法国法语联盟、英国文化教育协会、德国歌德学院等）的经验，但美国有它的文化宣传独家秘笈——全球流行的好莱坞电影。得到政府各种支持的好莱坞大制片厂，早已致力于在全球讲述美国故事，而且讲得娓娓动人、精彩纷呈。显然，好莱坞讲述的美国故事比《美国之音》讲述的美国故事要更柔软、更动情。因此，冷战结束后美新署于1999 年撤销，不仅意味着在新的世纪里，国际宣传将由新闻向更广泛的文化教育艺术交流的传播转型，而且预示了公众外交将进一步从新闻报道向讲述故事倾斜。

"公众外交"的词语与致力于"向世界说明美国"的美国新闻署前署长、著名新闻记者爱德华·默罗的名字紧密地联系在一起。据说，肯尼迪总统在任命默罗担任美新署署长时，曾托付他"向世界讲述关于美国的故事"。讲故事，讲好故事，成为国际宣传的主要目标。

---

[1] "What is Public Diplomacy?", http：//uscpublicdiplomacy. org/page/what-pd. 详见美国南加州大学公众外交研究中心网站，http：//uscpublicdiplomacy. org。

二 国际宣传与讲国家故事

传统的外交是政府之间（G2G）的交往。最初的公众外交主要指政府对公众（G2P）的外交；而新型的公众外交则是人民之间（P2P）的外交（Snow & Taylor，2009：6）。G2P 的公众外交主要是按照国家意图、由特定媒体实施、对外国公众进行的国际宣传；同时，重视由政府组织的教育、文化机构的交流活动，可以被称为公众外交 1.0。而目前流行的 P2P 外交，则主要指公众之间的互动——虽然也在政府支持之下，但由公民作为交往主体，以更大的个人能动性参与活动，故可以称为公众外交 2.0。P2P 的公众外交也称"人民外交"（people's diplomacy，张莉，2016：111）、"公民外交"（citizen diplomacy，Snow，2009：127），或者干脆统称"民间（nongovernmental）外交"，这种公众外交实际上已经脱离"高大上"的正式外交，也与政府拉开了距离，而更接近民间交流、公众传播的本意。

公众外交，或者说公众传播、民间交流，最主要的方式是讲故事，而非报道新闻。这是因为，民众并非专业的新闻工作者，不可能按照新闻职业的标准从事五个 W 倒三角式的客观公正新闻报道。即使讨论新闻事件，也是采用讲述故事传说八卦的方式，可能绘声绘色，难免遗漏情节，有时也添油加醋。

就媒介宣传而言，新闻事实的报道也有比较大的局限性。首先，事件性的新闻，亦即真正的硬新闻，是先有事实发生，后有新闻报道，符合心愿（期望中）的新闻事件是可遇而不可求的；而没有严格时效规定和新闻标准的故事却更加广泛地存在于人世间，可以从更广泛的角度寻找题材。其次，基于事实的新闻必须遵守准确性的约束，不能编造事实；而一般故事却有更广阔的想象空间，介乎事实与虚构之间。其实，"故事"（story）的含义本身就接近文学，带有构思和创作的天然属性。虽然新闻报道在英语中也常常被称为新闻故事（news story），但在指出新闻报道的实质并非纯客观的同时，新闻故事的重点却在事实本身，"讲"是有框架局限性的。正如新闻报道中，记者可以把一场火灾讲成英雄救援的故事，但不能把火灾本身说成一场文艺表演。从这个意义上说，故事更适合宣传。这里的中国故事，不一定是有头有尾的戏剧性情节剧，而只是在中国发生、与中国有关的事情，可大可小；讲故事的语境，也不一定郑重其事，而可以千差万别。

人际交流中的讲故事，信息可能并不完全准确，讲述也并不一定十分精彩，但就其对听者的影响而言，却可能更加有效。这是因为，普通人的亲和力、人际交流的真实感、语音和表情等传播要素的生动性以及面对面交流的可信度，都会使公众的表达产生独特的作用。

第三节 多部和声：让人人都学会讲中国故事

一般公众讲述的中国故事内容更加丰富。在讲故事的能人口中，这些故事产生的影响可能并不逊于对真实事件的新闻报道，反而可能具有更强大的感染力。那么，这些潜在的外交使者和宣传家是哪些人呢？他们是各式各样的人，包括退休官员、公众人物、记者、学者、留学生和纯粹的老百姓——只要他们有机会接触其他国家的人民。

一 公众外交、全民外交

退休官员尤其是退休外交官不用说，依照知名度的高低和社会资本的多少，他们的信息和人脉都非常人所有；如果职业的洞察力依旧，反而可能因为退出公职而将影响力释放出来。公众人物，包括娱乐圈明星，享有较高的社会知名度，会吸引众多的眼球，尤其是对粉丝，他们的一举一动都可能带来轰动效应。媒介记者比媒体本身更加个人化，也更易于以个体的身份发挥影响。不可忽视的是普通人、特别是能够接触外国人民的普通人所产生的中国印象，例如涉外接待人员、入境游的导游，包括大街上的普通行人。还有一个比较特殊的群体是出境游客。虽然他们不是经过选举的代表，但在境外却实实在在地代表着中国的形象——表现好为中国带来光彩，表现差则使国人蒙羞。

不应忘记的还有网络媒体及网民的传播。在全球化时代，社交媒体是最有效的公众传播媒介。国际化的社交媒体更增加了中外网民的日常接触和直接交流。消息在社交媒介上传播更快，言论和观点在全球范围散布更广，社交媒介和网民在讲述中国故事方面潜力极大。

二 公众外交的改进之道

作为讲中国故事的对外传播，公众外交的优势十分明显。首先，是淡化了政府的影子。其次，作为活生生的人，通过可以触摸的气息，能够产生人与人之间的亲近感、共情性。再次，公众交流的目的性不那么强。最后，教育、文艺等比较柔软的方式，可以产生润滑作用，有利于建立友情。

不过，由于公众外交的主体大多是非专业的传播者，公众外交活动主要是以非正式的方式进行交流，因此，也可能在"外交"（对外交往）中产生一些问题。在对外交往中，民众的缺点在所难免，行为有待改进。

由公民作为主体进行的公众外交或者说对外传播，当然不会像主流媒体的新闻传播那样使命清晰，目标明确，行动一致，口径一律。七嘴八舌、各行其是的民众，肯定会讲不同版本的中国故事。例如，非官方的社交媒体，会有不同于主流媒体的话语方式，包括不一样的事实报道和不相同的观点陈述。不过，在法治社会，自由不是无限制的随心所欲，人人都应该自律，在法律的框架内对自己的行为加以约束。

社交媒介和普通公众常常缺乏国际宣传意识，而即使有意识地宣讲中国故事，普通国民的整体水平也很难达到专业工作者的标准。即使是作为知识分子的学者，作为前执行政策者的官员，对当前国家政策的了解和表达也未必全然合意。从国家的角度看，应允许公众在话语表达、国策理解上呈现一定的开放性和差异度，只要总体上有利于中国在全球的形象。只要不是刻意歪曲，个体化的表达有时反而有利于国外对中国舆论空间的认可。众口一词、千篇一律的政府工作报告式表达可能给人虚假、表演的印象，不利于中国形象。

公众外交的力量在于个体的可信性，而这种可信性大部分建立于交流的非功利性上。这种非功利性应该是真诚的，而不是伪装的——因为真诚与否，是很容易被看穿的。当然，既是传播，便有目的，关键是区分功利性的目标和正常交往的目的之间不同的动机。希望把中华文化介绍给世界，与朋友共享；希望外国人了解真实的中国，不仅是中国的不足，也包括中国的优点，这就是有目的而非功利。如果想将中国形象打扮得完美无缺，进而文过饰非，那便是功利。

就对中国的看法而言，专业人士基于专业知识作出的解释和判断有时比官员的通告和官方媒体的宣传更可靠、更可信。因此，在讲中国故事方面，学者专家应该扮演更加重要而积极的角色。不过，中国的专家学者在国际上的形象有时也不够好。中国学者给人的印象，历来是谨遵上意，随声附和。另外，许多中国学者缺乏创新精神和批判意识，也需要从根本上改变中国的学术文化。

公众的传播行为常常是无意识的。虽然越来越多的人意识到，个人的行为，尤其是在外国人面前的行为，可能影响中国形象，但很多时候，惯性的动作是习焉不察的，造成的后果往往是感觉不到的。因此，需要媒体和社会经常提醒：翻新"面子"要从改造"里子"开始，改进国民素质的努力永远不会过时。

有区分、有对位的和声才是最美的音乐。只要中国海外传播的各色主体都具有较高的公民素养，并发出真诚的声音，那么，这种多元一体的多部和声一定能够讲好中国的故事，展示真实美好的中国形象。

参考文献

Snow, Nancy, & Philip M. Taylor（eds.），*Routledge Handbook of Public Diplomacy*, New York: Routledge, 2009.

张莉:《国际多边组织的公共外交:欧盟实践评析》,《全球传媒学刊》2016 年第 4 期。